인터넷 마케팅

INTERNET MARKETING

박길상

비앤엠북스

머/리/말

디지털 시대를 맞이하여 사회는 물론 기업의 경제적 환경도 급속히 변하고 있다. 이러한 환경변화는 마케팅에서도 새로운 패러다임으로의 변화를 요구하고 있다. 소비자는 기업의 마케팅에 수동적으로 반응하는 존재가 아니라, 인터넷을 통하여 수많은 정보를 쉽게 얻을 수 있게 되었다. 기업은 과거에는 소비자 한 사람의 기호나 취향에 대하여 무시할 수 있었으나, 이제는 중요한 고객에 대하여 개별적 관심을 보이지 않으면 안 되게 되었다.

결국 인터넷의 도입으로 인하여 마케팅의 패러다임은 매스마케팅에서 개별마케팅으로 빠르게 이동하고 있다고 할 수 있다. 그러나 인터넷마케팅 분야의 이론과 실제에 대한 연구는 양적으로나 질적으로 아직 흡족하지 못한 실정이다. 이러한 관점에서 인터넷마케팅에 대한 체계적이고 포괄적인 연구가 요구된다고 하겠다.

이 책은 독자들이 인터넷마케팅을 체계적으로 이해하고 연구하는 데 도움이 되도록 다음과 같은 순서로 서술하였다. 즉, 1부에서는 인터넷마케팅 기초, 2부에서는 인터넷마케팅 환경분석, 3부에서는 인터넷마케팅 전략수립, 4부에서는 인터넷마케팅 믹스전략, 그리고 5부에서는 인터넷마케팅 관리를 다루고 있다. 큰 틀에서 본다면 이 책은 환경, 전략, 관리 등 삼박자를 기본적으로 하여 종합적이고도 체계적으로 집필하였다. 즉, 첫 번째 단계는 인터넷마케팅 수행을 위한 환경에 대한 이해를, 두 번째 단계는 이와 같은 인터넷마케팅 환경에 대한 이해를 토대로 구체적인 인터넷마케팅 전략의 수립을, 세 번째 단계는 인터넷마케팅 전략에 의한 인터넷마케팅 관리를 다루고 있다.

따라서 이 책의 특징은 첫째, 인터넷마케팅의 환경, 전략, 관리에 대한 내용을 체계적으로 집필하였다는 점이다. 둘째, 대학에서뿐만 아니라 실무현장에서도 활용할 수 있도록 이론과 함께 최근의 생생한 사례들을 제시하였다는 점이다. 셋째, 웹사이트를 통한 마케팅활동의 다양성 및 중요성과 관련하여 인터넷마케팅을 심도 있게 서술하였다는 점이다. 따라서 이 책을 통해 학생들에게는 인터넷마케팅에 대한 전반적인 흐름과 이해를, 기업인에게는 인터넷마케팅활동의 바람직한 방향을, 연구자에게는 인터넷마케팅에 대한 이론 및 전략수립의 가능성을 모색할 수 있기를 기대한다.

이 책이 출판될 수 있도록 도움을 주신 비엔엠북스 정광식 사장과 고영훈 부장, 그리고 편집인 및 직원 모두에게 깊은 감사를 드린다. 아울러 평소 많은 지도와 편달을 아끼지 아니한 무역학과 동료 교수들께 감사의 마음을 드린다. 또한 힘들 때 뒤에서 많은 위로와 격려를 보내준 가족에게 고마운 마음을 전하고 싶다. 무엇보다도 여기까지 인도해 주신 하나님께 깊은 감사를 드린다.

모든 영광을 하나님께 올리며

2013년 7월

저자 씀

※ 이 책은 2011년도 상지대학교 교수연구년제 지원에 의한 것임

차/례

제1부 인터넷마케팅 기초

■ 제1장 인터넷비지니스의 이해 ■

■ 제2장 인터넷마케팅의 이해 ■

제3장 전자무역

제2부 인터넷마케팅 환경분석

제4장 인터넷 마케팅조사

제10장 인터넷 가격전략

제11장 인터넷 유통전략

제12장 인터넷 촉진전략

제5부 인터넷마케팅 관리

제13장 e-SCM

제14장 e-CRM

INTERNET MARKETING

제1부

인터넷마케팅 기초

제1부
인터넷마케팅
기초
제2부
인터넷마케팅
환경분석
제3부
인터넷마케팅
전략수립
제4부
인터넷마케팅
믹스전략
제5부
인터넷마케팅
관리

제 1 장

인터넷 비즈니스의 이해

학습목표

인터넷비즈니스의 개념 및 특징에 대해 살펴보고, 인터넷비즈니스의 유형 및 모델에 대해 학습한다. 아울러 최근 성장하고 있는 전자상거래에 대해서 학습한다.

제1장 인터넷비즈니스의 이해
제2장 인터넷마케팅의 이해
제3장 전자무역

제4장 인터넷 마케팅조사
제5장 인터넷 소비자행동분석

제6장 인터넷 마케팅전략
제7장 e-Segmentation
제8장 e-Targeting과 e-Positioning

제9장 인터넷 제품전략
제10장 인터넷 가격전략
제11장 인터넷 유통전략
제12장 인터넷 촉진전략

제13장 e-SCM
제14장 e-CRM

사례연구 인터넷비즈니스의 이해

획기적인 인터넷 쇼핑몰 '지메이크'

이미 아는 사람들은 안다. '하루에 한 가지.' 어린 시절 즐겨 보던 만화영화 속 주인공 바람돌이가 외는 주문이 아니다. 인터넷 쇼핑몰 '원어데이'(www.Oneaday.co.kr)가 고수하는 원칙이다. 이준희 원어데이 대표(48)가 쇼핑몰을 운영한 지도 벌써 5년째다. 그는 최근 또 한 번의 획기적인 쇼핑몰 '지메이크'(www.Gmake.com)를 선보였다. 이번엔 '선주문 후생산'의 획기적인 원칙을 적용했다. 인터넷 경매 사이트 '옥션'의 공동창업자이기도 했던 이 대표의 톡톡 튀는 아이디어가 어디까지 진화할지 궁금하다.

이 대표는 1997년 이재훈 공동대표와 함께 '옥션'을 창업한 인터넷 쇼핑몰 창업 1세대로 불린다. 평소 새로운 시도를 즐겨하는 편이라는 그는 2001년 이베이에 옥션을 매각하고 동영상 사이트 '디오데오'를 창업했다. 이 대표는 "동영상 포털이 언젠가 뜨겠다 싶어 실행에 옮겼고 결과적으론 맞았다고 본다. 하지만 저의 경우엔 시기가 안 맞았던 것 같다. 그래서 그만두고 e-커머스에 대해서는 계속 관심을 갖고 있다가 이제 미니멀리즘으로 가는 시대가 올 것이라는 예측을 하게 돼 원어데이를 실행에 옮기게 됐다"고 설명했다.

원어데이는 지난 2007년 1월 오픈했다. 처음엔 직원 다섯 명으로 시작해 지금은 마흔 명으로 식구도 늘었다. 사람들과 정겹게 이야기도 나누고 흥정하는 온라인 동네가게를 만들겠다는 취지에서 '풍년상회'라는 가칭으로 불리다 '하루에 한 가지를 판매한다'는 쇼핑몰의 성격을 반영해 '원어데이'로 이름을 붙였다.

그해 4월 'MPO MG 10'이라는 MP3 제품 판매를 시작으로 매일 제품 한 개씩을 쇼핑몰에 내놓았다. 원어데이는 자정부터 24시간 동안 하나의 품목만 판매하며 다음 날 판매할 물건은 당일이 될 때까지 알 수 없다. 그날의 제품을 둘러싼 정보는 만화나 간략한 글을 통해 소개되고 동영상과 리뷰 등이 제공되며 인터넷 공동구매 등 소셜커머스의 한 형태로 판매가격은 매우 저렴하다는 특징이 있다. 판매 리포트를 통해 제품의 구매자의 성별과 연령별 · 시간대별 · 지역별 판매율 등을 확인할 수 있고 매출과 재고 현황까지 신속하고 정확하게 관리할 수 있는 장점도 있다.

그 결과 원어데이는 입소문이 자자해지면서 마니아 고객층이 형성됐다. 지난 5년간 매출도 증가해 지난해엔 200억 원의 매출을 올렸다. 뿐만 아니다. 잘 알려지지 않았던 업체들이 일약 스타기업으로 떠오른 사례도 있다. 업체와 제품에 대한 정보가 스토리텔링 방식으로 전달되기 때문에 가능했던 일이다.

그간 대박 난 상품을 이루 다 꼽을 순 없지만 5만~6만 원대의 전자사전을 9,900원에 판매해 하루에 5만 개 이상 판매하기도 했다. 화장품의 경우엔 3만 개 이상 매출을 거둘 때도 있었다. 아울러 카메라, 만화책 등 하루 매출만 3억~5억 원에 이르는 제품들도 속속 등장했다. 이 대표는 "크게 확장된 것은 아니지만 원어데이란 모델이 원데이몰의 대명사가 되는 역할을 했기에 나름대로 보람이 있었다"고 밝혔다.

그런 그가 지난 3월 7월에는 또 다른 형태의 획기적인 쇼핑몰 '지메이크'를 선보였다. 이번엔 '선주문 후생산'방식이다. 주문을 먼저 받고 수량이 정해지면 그때 업체에서 바로 생산해 소비자들에게 보내주는 방식이다. '모이면 만든다, 만들면 할인된다'라는 공식이 구현되는 것이다. 생산 후 판매한다는 기존의 방식과는 완전히 반대되는 개념이다. 현재로는 시험단계로서 주로 TV, 핸드폰 등 IT제품을 다루고 있지만 앞으로 가구, 화장품, 생활용품 등으로 확대해나갈 계획이다. 이 모델은 많은 중소기업을 비롯해 다양한 생산업체에 중요한 판로가 되고 있어 판매자들에게 더 큰 호응을 얻고 있다. 기존 유통채널의 질서를 깨지 않으면서도 판매자도 좋고 소비자도 좋은 소셜커머스 모델로서 유사 기업들의 벤치마킹도 잇따를 것으로 예상된다.

특히 지메이크 내에는 '파머스 마켓' 코너가 운영되고 있다. '맛없으면 환불'이라는 과감한 조건을 내건 만큼 이 대표의 자부심이 여간 큰 게 아니다. 농산물과 수산물 등 식재료를 선주문 후생산의 방식으로 생산자와 소비자 간 거래를 가능하게 했다는 점도 눈길을 끌 만하다. (서울경제, 2012.4.11)

토의과제

1. 인터넷 쇼핑몰이 성공하기 위한 몇 가지 요건을 든다면?

2. 인터넷 쇼핑몰 '지메이크'의 강점은 무엇인가?

3. '원어데이'가 성공한 이유는 무엇인가?

제1절 인터넷비즈니스의 개념

1 인터넷 비즈니스의 의미

(1) 인터넷비즈니스의 정의

e-비즈니스(e-Business)가 무엇인지 정확하게 정의한다는 것은 어려운 일이다. 여러 학자들이나 경영자들이 서로 다른 관점을 지니고, 특정한 상황에만 적합하도록 e-Business를 이해하고자 하는 것도 한 이유이다. 하지만 다양한 경영환경하에서 적용할 수 있는 넓은 의미의 e-Business를 그 특성을 중심으로 정의하는 것은 가능하다.

결국 e-비즈니스(e-Business)는 새로운 기술과 프로세스를 응용해 기존의 경영방식을 향상, 발전, 혹은 대체하는 경영원리라고 할 수 있다. 즉, e-Business의 대상이 기존의 경영방식이나 환경과 완전히 별개의 것이 아니라 오히려 기존 경영방식의 진화 · 발전과 관련된다는 것이다. 예를 들어 Amazon.com은 책을 판매하는 기존의 방식을 새로운 기술을 이용해 향상 · 발전시킨 것이지 완전히 새로운 경영방식을 창출한 것은 아니다.

e-Business의 핵심기술은 인터넷을 중심으로 한 컴퓨터와 통신 기술들을 포괄한다. 인터넷은 경영환경에 전통적으로 존재해왔던 시간 혹은 지역적인 경계를 제거해 고객과 공급자를 포함한 새로운 가상 커뮤니티 구축을 가능하게 했다. 예를 들어, 인터넷을 이용할 수 없었던 때에 한국에 있는 사람이 미국의 책방에서 책을 주문해 산다는 것이 거의 불가능했을 것이며, 설령 가능했다 하더라도 경제적으로 가치가 없었을 것이다. 즉, 지역적 경계로 인한 제약이 컸다.

한편 e-Business는 전통적으로 인식되어온 규모의 경제라는 개념을 크게 변화시켰다. 기존 경제하에서는 대규모 물리적 생산용량을 지닌 기업이 규모의 경제를 누린다고 했다. 하지만 e-Business 경제에서는 물리적 생산용량보다 새로운 아이디어를 통해 혁신적인 비즈니스 모델을 구축하고, 이를 이용해 단기간 내에 가상 커뮤니티를 크게 확장시키는 기업에게 규모의 경제가 있다고 본다. 즉, 물리적 생산용량이 아니라 기술적 역량이 중요한 것이다. 이러한 변화는 e-Business가 글로벌시장 지향적이라는 원리와 함께 큰 의미를 지닌다.

글로벌시장 지향성은 인터넷이 가지는 시간과 지역적 한계를 뛰어넘는 개방 시스템이라는 특성에 의해 가능해졌다. 그런데 물리적 크기가 중요한 기존 경제에서는 큰 기업만이 글로벌시장을 상대로 비즈니스를 할 수 있었다. 즉, 중소기업들은 글로벌시장에 진출할 만한 자원이나 능력이 부족했다. 하지만 e-Business 경제하에서 인터넷을 이용해 규모가 작은 기업들도 글로벌시장에서 글로벌고객을 상대로 사업을 할 수 있게 되었다. 이는 결과적으로 과거에는 상상할 수 없을 정도의 새로운 시장 가능성을 발굴하는 기회를 제공하게 된다.

또한 e-Business 환경에서 기업은 빠른 변화에 적응할 수 있는 능력을 갖추어야 한다. 인터넷을 이용해 정보의 흐름이나 의사결정과정이 빠르게 진행되고 시간과 지역적인 제약이 사라지면서 글로벌시장을 상대로 한 극심한 경쟁상황이 벌어졌고, 이에 맞춰 경영환경의 변화속도는 갈수록 빨라지고 있다. 기업이 e-Business 환경에서 지속적인 경쟁력을 유지하기 위해서는 우선 인터넷을 축으로 한 새로운 기술들이 제공할 수 있는 가치창출 잠재력을 이해하고 받아들여 기업전략의 핵심부분으로 통합해야 한다. 이는 고객에게 보다 가까이 가기 위해서, 사업 파트너와의 커뮤니케이션을 위해서, 백 엔드 데이터 시스템과 연결하거나 혹은 거래를 체결하고 단순히 현재의 위치를 고수하기 위해서라도 그 어떤 목적을 가지든지 해야만 하는 필수 과제이다.

(2) 인터넷비즈니스의 특징

인터넷 사용인구의 급속한 증가와 함께 빠른 속도로 확산되고 있는 e-Business는 기존의 거래형태와 다른 많은 특징을 보이고 있다. 일단 시장환경부터 기존의 사업은 지역경제 기반의 소품종 대량생산체제였다고 볼 수 있으나, e-Business는 전 세계를 배경으로 하며 소비자들의 기호에 맞춘 다품종 소량판매를 지향한다.

또한 영업활동의 시간과 공간에 있어서도 인터넷은 24시간 접속이 가능하고 전 세계와 연결되어 있기 때문에 제한된 영업시간 내에서만 거래를 하는 기존의 상거래와는 달리 언제 어디서라도 정보를 수집하고 상품 거래를 할 수 있다.

마케팅 방식에 있어서는 예전에는 별도의 시장조사를 하거나 영업사원이 직접 고객의 수요를 파악해야 했으나 전자상거래의 도입으로 고객의 수요 및 개인 성향을 고객활동 자체에 근거하여 실시간으로 파악할 수 있게 되었다. 기존의 일방적인 마케팅 활동 대신 소비자와 일대일 커뮤니케이션이 가능해져 고객불만 대응과 고객 요구사항의 파악이 빨라진 것도 e-Business의 특징이다.

유통채널의 측면에 있어서도 기존의 상거래가 기업에서 도매상과 소매상을 거쳐 소비자에게 상품이 전달되는 복잡한 방식이었던 데 반해, 인터넷을 통해 직접 소비자에게 전달되기 때문에 채널이 단순해지면서 이 과정에서 발생하였던 불필요한 비용의 발생을 줄이고 소비자에게 보다 더 저렴한 가격으로 상품을 제공할 수 있게 되었다. 기존 상거래는 시장이나 상점 등 현실공간을 판매거점으로 하였으나 인터넷을 통한 전자상거래는 가상공간에서 판매활동과 각종 기업활동을 하는 것이 가능하다. 따라서 매장을 직접 방문하지 않아도 상품을 구입할 수 있으며 거래방식도 직접적인 대면보다는 간접적인 대면방식으로 이루어진다고 할 수 있다.

재고관리의 측면에서도 전사적 자원관리(ERP) 시스템과 공급망관리(e-SCM) 시스템, 전자조달(e-Procurement) 등이 도입되는 경우 재고를 최소화하면서 최적의 물적유통을 기할 수 있다. 소비자가 정보를 얻는 방식도 기존의 상거래에서는 중개인을 통하거나 실제 상품의 이용을 통해서 하였으나, 전자상거래에서는 인터넷에서 생산자로부터 직접적인 상품정보를 얻을 수 있고 각종 인터넷 기술의 발전에 따라 2차원 또는 3차원의 사진자료와 음향자료 등을 통해 상품구매 시 다양한 정보를 통한 신중한 판단이 가능하게 되었다.

그 밖에도 판매와 관련한 비용 측면에 있어서 전통적 상거래방식은 영업점 운영을 위한 토지나 건물 등의 구입 또는 임대 부담 등으로 인해 사업 전개를 위해 비교적 거액의 비용을 요구하였으나, e-Business 환경에서는 영업점 운영 대신 PC나 서버의 구입 혹은 임대, 홈페이지의 구축 등의 비용만이 요구되기 때문에 비교적 소액의 자본으로도 사업활동이 가능하게 되었다.

2 인터넷비즈니스의 효과 및 구현요소

(1) 인터넷비즈니스의 효과

e-Business를 통해 구체적으로 기업들이 얻게 되는 효과는 무엇인가? 미국의 한 전문 조사기관이 기업들을 상대로 이와 같은 질문을 설문한 결과 가장 첫 번째로 꼽은 것이 고객 서비스의 증대였다. 그리고 비즈니스 프로세스의 개선과 매출 증대, 수익의 증대, 비용의 삭감 등의 효과를 얻고자 한다는 것이 그다음의 순이었다.

소비자 측면

인터넷 및 전자상거래의 발전으로 소비자들은 상품구매와 관련하여 시 · 공간에 제약을 받지 않고 최신 제품정보를 쉽게 접할 수 있으며, 유통단계의 축소에 따른 저렴한 가격과 신속한 배송 등의 혜택을 누릴 수 있다. 또한 최근에 발전된 역경매방식 등을 통해 기존의 판매자 중심의 상거래가 아닌 소비자 중심의 개방형 상거래로의 전환 등의 획기적인 계기도 마련되었다고 할 수 있다.

기업 측면

e-비즈니스는 기업의 측면에서 보면 기업의 내 · 외적인 환경 변화를 많이 야기하고 있다. 구매 · 유통 · 생산 · 마케팅 · 고객 서비스 등의 기업활동에 전자상거래를 통한 업무 프로세스의 혁신과 각종 비용의 절감 효과를 거둘 수 있고, 시장의 확대 및 다각화도 동시에 가능해졌다. 또한, 아웃소싱(outsourcing)이 용이해짐에 따라 기업의 구조도

핵심역량 위주로 변모해가면서 기업 전반의 생산성과 수익성을 크게 향상시킬 수 있게 되었다.

- 산업 및 국가 측면

산업 및 국가의 측면에서 인터넷 전자상거래는 지식정보화 기반 경제로의 전환을 한층 더 촉진시키는 가운데 기존 산업의 구조적 변화와 함께 새로운 산업의 출현을 계속적으로 가속화하고 있다. 또한 기존의 폐쇄적이고 수직적인 산업구조에서 개방적이고 수평적인 구조로 변화해가면서 기업 및 산업 간의 통합 · 제휴가 원활하게 일어나고 있고, 전문화를 위한 글로벌 아웃소싱(outsourcing)도 활발히 전개되고 있다. 이와 같은 전반적인 변화는 국가경쟁력을 높이는 데 크게 기여하여 국가경제의 활성화를 위한 기폭제가 되고 있다.

(2) 인터넷비즈니스의 구현 요소

e-Business가 보편화됨에 따라 생겨난 새로운 사업 기회 및 기업운영의 효율화 기회를 이용하기 위해서 기업은 e-CRM, e-Procurement, e-SCM, e-HR, e-EBS, e-SEM 등의 e-Business 구현을 위한 필수요소들을 갖추어야 한다.

- e-CRM

One-to-One 마케팅의 구현을 위해 개별고객의 상세한 거래특성 정보를 획득/분석하여 고객의 기여도를 극대화하는 제품/서비스를 제공하는 기능을 담당한다. e-CRM의 영역에는 e-Marketing, e-Selling, e-Service, SFA, Call Center Solution 등이 포함된다. e-CRM의 도입을 통해 기업은 고객기여도에 따른 차별화된 마케팅을 수행할 수 있으며 고객특성에 따른 Offering의 제공으로 Up/Cross Selling 기회를 확보하고 대고객활동 비중 증대로 고객신뢰도를 제고할 수 있다.

e–Procurement

e-Procurement는 핵심원자재와 비전략자재(MRO) 구매를 위해 전자상거래 또는 Internet Technology를 사용하는 것을 말하며, 이의 도입을 통해 구매성과 개선과 원가 절감의 효과를 얻을 수 있다.

e–SCM

대리점, 협력업체 등 Supply Chain 파트너 간의 업무 협조(Collaboration) 및 정보/실물 흐름의 동기화(Synchronization)를 위한 On-Line Communication 수단의 활용을 말한다. Supply Chain 전체를 범위로 하는 재고 최적화 및 가용성 확인, Supply Chain 모니터링 및 이상 발견 시 자동경보, 제품개발 시 Supply Chain 정보의 전략적 활용의 기능을 갖는다. 이의 도입을 통해 고객 서비스 수준의 제고, 원가절감, 이상 발생(재고 부족 등)에 대한 대응력 강화, 유통채널 및 협력업체와의 긴밀한 연계로 신제품 품질 향상 및 출시 기간 단축 등의 효과를 얻을 수 있다.

e–EBS

사내의 ERP를 Intranet 기반으로 확장함으로써 외부의 Extranet과 연계가 용이해져 e-SCM, e-CRM, e-Procurement 등 기업 외부와의 관계에 있어서 다양한 e-Application의 효과를 높이는 기능을 한다. Internet Capacity는 향후 Business Solution의 필수 기능으로 고려되어야 하며, 이미 구축된 ERP도 e-Business를 지원할 수 있도록 강화되어야 한다. Internet 환경을 이용하여 거래 처리비용과 시스템 관리비용의 절감을 기대할 수 있다. 그리고 e-Business의 도입에 의해 프로세스의 기업 내부 통합수준에서 외부시장과의 Business 통합 및 기업 간 상호 협조체계로 발전할 것이 예측된다.

e–HR

Web을 기반으로 HR 관련 정보를 수집, 공유, 처리하고 관련 업무를 수행하는 시스템을 말한다. 인재 개발(On-line 매체를 활용한 교육/훈련), 인원 배치, 인사 정보관리, 급여관리 등 On-line 매체를 활용한 홍보활동의 기능을 담당하게 된다. 이의 도입으로 인력 확보 및 배치효과를 제고할 수 있고 HR에 대한 직원만족도와 업무 효율이 제고된다.

e-SEM

전략적 경영 의사결정을 지원하는 통합 경영관리를 통칭한다. 투자자/주주관리에 의한 기업가치 제고, 경영전략의 효율적인 내부 수행관리, 통합된 목표 설정, 계획관리 및 실적분석의 기능이 있다. e-SEM의 도입을 통해 ERP의 Data를 기반으로 의사결정 지원 정보의 신뢰성 강화시킬 수 있고, 성과관리체계의 합리성 향상, 활동 중심의 관리에 의한 지속적인 프로세스 개선, e-Business 환경의 다양한 기회에 대한 신속 적절한 경영 의사결정을 지원하는 효과 등을 얻을 수 있을 것으로 기대된다.

3 인터넷비즈니스의 유형

e-Business의 유형을 구분하는 방법은 여러 가지가 있는데 그중 가장 일반적인 것이 거래 주체에 따른 분류이다. 거래 주체는 크게 기업, 소비자, 정부로 구분할 수 있으며 e-Business는 이들 간의 거래로 **그림 1-1** 에서 보는 바와 같이 기업 간 거래(B2B), 기업과 소비자 간 거래(B2C), 소비자 간 거래(C2C), 기업과 정부 간 거래(B2G) 등으로 구분할 수 있다.

(1) B2C

B2C(Business to Customer)는 기업이 개인고객을 상대로 비즈니스를 수행하는 형태의 e-비즈니스를 의미한다. 1990년대 중반 웹이 사용되기 시작한 초창기, 즉 e-Business 시대가 열리는 초창기부터 발달한 유형으로서 다른 유형에 비해 가장 먼저 발달하기 시

그림 1-1 인터넷 비즈니스의 유형

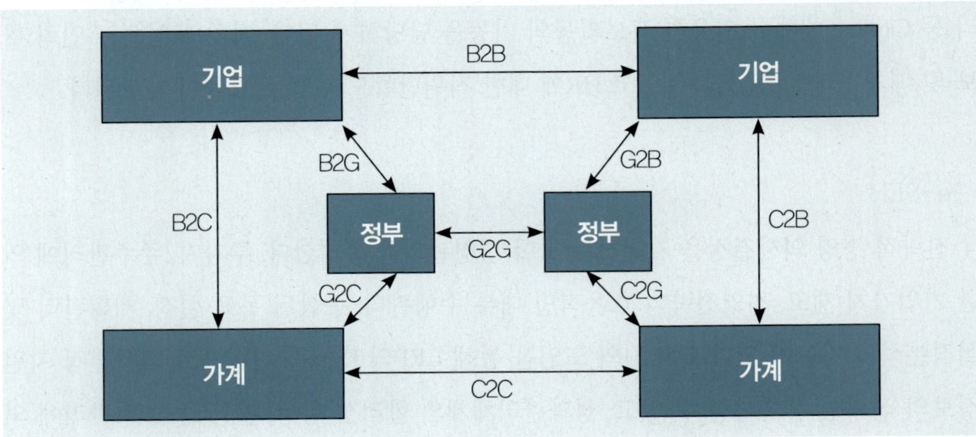

작했다. 당시에는 닷컴기업들을 중심으로 정보검색 서비스 및 이메일 서비스를 제공하는 포털사이트가 주류를 이루었으며, 인터넷 쇼핑몰들도 빠르게 늘어나기 시작하였다. 불과 5년도 안 되어 닷컴기업들의 상거래 형태를 모방한 기존의 굴뚝기업들의 e-Transformation이 본격화되고 2000년 전후로 B2C e-Business가 성숙한 수준에 도달하였다.

이제 개인고객을 대상으로 한 기존의 대부분의 비즈니스 활동들이 e-Business 환경에서 병행되고 있다 해도 과언이 아니다. 쇼핑은 물론이고 은행 거래(홈뱅킹), 주식 거래(홈트레이딩), 교육(e-러닝 또는 인터넷 교육), 오락(게임, 영화, 음악), 방송 등 개인들의 문화 및 경제활동과 관련된 거의 대부분의 활동들이 이제 인터넷을 기반으로 한 가상공간에서 이루어지고 있다.

(2) B2B

B2B(Business to Business)는 네트워크를 통하여 서로 연결된 2개 이상의 기업이 생산성 향상을 위하여 원자재 및 부품의 조달, 유통 등의 물류활동이나 신제품의 공동 개발 및 생산 등을 전자적인 방법으로 수행하는 비즈니스로, e-비즈니스의 유형 중 시장규모가

가장 크다. 초기에는 거래관계에서 주도권을 가진 대형기업들이 시스템을 구축하여 일대다(一對多) 비즈니스를 수행했지만, 이후 다대다(多對多)거래를 중개하는 중개형 e-마켓플레이스가 등장하여 B2B 활성화에 많은 기여를 하고 있다.

즉 B2B는 재화나 용역 생산 시 원자재 조달과 제품 개발, 금융업무, 제품 운송 등 기업 간의 업무처리를 네트워크를 이용하여 디지털 매체로 수행하는 제반 과정을 의미한다. B2B는 주문, 조달, 생산, 판매, 송장 수 · 발신, 물류 등 기업활동상의 정보를 사설 데이터 시스템(PDS: Proprietary Data System)이나 부가가치통신망(VAN: Value Added Network) 등의 네트워크상에서 교환하는 것이다. B2B는 전자문서교환(EDI: Electronic Data Interchange)이나 광속상거래(CALS: Commerce At Light Speed)를 통하여 이루어지고 있다. 최근에는 전통적이고 폐쇄적인 EDI에서 인터넷 기반으로 전환되고 있는 것이 일반적인 추세이다.

B2B가 등장했을 당시에는 불특정 다수의 공급자와 수요자가 모여 자유롭게 거래할 수 있는 일종의 가상시장(Virtual Market)인 e-마켓플레이스(e-Marketplace)가 거래의 주요 수단으로 자리 잡을 것을 전망하였지만, 닷컴 거품 붕괴를 겪으면서 수많은 독립형 e-마켓플레이스(Independent e-Marketplace)가 사라졌다. 현재 가장 선호되는 방식의 B2B는 특정 수요자 또는 공급자만 참여할 수 있는 폐쇄적인 사설 마켓플레이스(Private Exchanges)이다.

B2B e-비즈니스의 궁극적인 목적은 기업의 생산성 향상을 위해 공급사슬(supply chain)상의 기업 간 거래 및 협력관계를 향상시키는 것이라 할 수 있는데, 성공적인 B2B e-비즈니스를 위해서는 전방위(front-end) 프로세스와 후방위(back-end) 프로세스가 효율적으로 연동될 수 있어야 한다. B2B e-비즈니스의 가장 대표적인 예는 e-조달(e-procurement)이다. e-조달은 조달의 전 과정을 자동화함으로써 절차비용 및 시간을 줄일 수 있어 조달비용을 절감하는 효과가 있다. e-조달 시스템은 ERP 시스템과 같은 내부의 정보 시스템과 효율적인 연동이 이루어질 때, 그 성과가 극대화될 수 있다. B2B e-비즈니스 전반에 대한 기대효과로는 관리, 구매, 재고, 거래와 관련된 비용 절감, 개발 및 생산 프로세스상의 협업을 통한 제품 사이클 단축, 보다 향상된 고객 서비스의 제공 등을 들 수 있다.

(3) G2B

G2B(Government to Business)는 기업과 정부가 인터넷을 통해 물건을 사고팔거나 정보를 교환하는 비즈니스 활동이다. 국내 G2B의 예로 조달청의 국가종합전자조달서비스인 나라장터(www.g2b.go.kr)를 들 수 있는데, 이는 정부기관들에서 필요로 하는 기자재 및 물품을 구매하기 위해 운영된다. 이 서비스는 입찰 및 쇼핑몰 등을 이용한 방식으로 물품을 구매할 수 있도록 지원하고 있는데, 입찰방식의 경우 각 정부기관에서 필요한 기자재 등을 직접 공고하고 입찰에 낙찰된 기업으로부터 물품을 구매할 수 있는 기능을 제공하고 있다. 또한 쇼핑몰 기능을 통해 다양한 행정용품들을 빠르게 구매할 수 있도록 지원하고 있다. 이상의 서비스 외에도 나라장터에서는 여러 기관에서 이용되는 각종 신청서 및 세무 양식의 비치, 작성이 완료된 양식의 전송, 공과금 납부, 기업정보 갱신, 질의응답 요청 등과 같은 각종 서비스를 제공하고 있다.

(4) G2C

G2C(Government to Customer)는 정부기관들이 국민 개개인에 대해 의료보험의 지급, 각종 세금 납부, 민원서류 발급 등과 같은 각종 행정 서비스를 인터넷을 기반으로 제공하는 e-비즈니스의 유형이다. G2C는 B2C 및 G2B에 비해서는 상대적으로 늦게 시작되었지만, 선진국가의 중요한 인프라로서 많은 주목을 받고 있다.

우리나라에서는 대한민국전자정부(www.egov.go.kr)라는 이름으로 행정 서비스를 온라인으로 제공하고 있다. 주민등록등본(초본), 장애인증명서, 국민기초생활수급자증명서 등 각종 서류들을 인터넷이 사용 가능한 곳이라면 어느 곳에서든 발급받을 수 있다. 원하는 서류를 선택하고 필요 사항들을 입력한 후 사용자 프린터로 직접 출력하여 사용할 수 있다. 싱가포르 정부의 경우 기존 오프라인에서의 질 높은 대민 서비스 역량과 함께 e-Government Action Plan을 통한 대대적인 G2C 투자로 국민이 시 · 공간의 제약 없이 온라인상으로 서비스를 받을 수 있는 체제를 갖추고 있다.

(5) C2C

C2C(Customer to Customer)는 네트워크를 통하여 소비자들 간에 상품을 거래하거나 정보를 교환하는 형태의 e-비즈니스를 말한다. 이 경우 소비자가 구매자이면서 동시에 공급자가 되기도 한다. C2C는 크게 개인 간 경매와 P2P(peer to peer)로 구분된다.

개인 간 경매

국내의 옥션(www.auction.co.kr)이나 해외의 e-Bay(www.ebay.com) 등이 대표적인 예로, 판매자가 경매 사이트에 팔고자 하는 물품을 올리면 최고가를 제시한 입찰자가 물품을 낙찰받는 e-비즈니스의 형태이다. 옥션이나 e-Bay와 같은 업체는 단순히 경매를 위한 사이버 공간을 제공해주는 대신 거래액의 일정 비율(즉, 거래수수료)을 받는다.

예를 들어 옥션의 경우 물품구매 희망자들이 지금까지 제시된 입찰가격을 보고 더 높은 가격을 제시하는 방식으로 경매가 진행되기 때문에 입찰가격은 지속적으로 상승하며, 경매 마감 때까지 가장 높은 가격을 제시한 물품구매 희망자에게 최종적으로 물품이 낙찰된다.

개인 간 경매는 누구나 참여가 가능하고, 자신에게 필요 없는 물품을 자유롭게 판매할 수 있으며, 필요한 물품을 저렴한 가격에 구입할 수 있다. 또한, 입찰과정에서의 다른 입찰자와의 가격경쟁은 엔터테인먼트적인 요소를 제공해줄 수 있다. 초기에는 입찰자와 판매자 간의 신용문제, 결제문제, 배송문제 등이 지적되기도 했으나, 이제는 이러한 문제들이 시스템적으로 거의 해결된 상황이다.

P2P

P2P(Peer to Peer)는 개인들이 공급자 또는 소비자 입장에서 다른 사람들의 컴퓨터에 저장된 파일들을 검색하여 자신의 컴퓨터로 가져오거나 다른 사용자에게 파일을 제공하는 활동을 의미한다. 파일을 가져오는 입장에서는 소비자라 할 수 있고, 자신의 컴퓨터의 파일을 누군가 가져간다면 공급자가 되는 것이다. 즉, 개인용 컴퓨터는 클라이언

트인 동시에 서버의 역할을 하기도 하며, 개인 자신은 소비자이면서 동시에 공급자가 되기도 한다.

P2P 서비스는 다른 e-비즈니스 유형과 달리, 웹사이트를 통해 모든 서비스가 이루어지는 것이 아니라, 개인용 컴퓨터에서 사용하는 별도의 P2P 프로그램을 통해 수행된다. 대표적인 P2P 프로그램으로는 e동키(eDonkey) 또는 e뮬(eMule)을 들 수 있다. 이러한 프로그램을 이용하여 사용자는 원하는 P2P 서버에 접속해서 그 서버에 접속되어 있는 다른 개인들의 PC에 저장되어 있는 파일들을 검색하고 다운로드받을 수 있다. 일반적으로 P2P 서버는 파일들의 저장공간을 제공하는 것이 아니라, 그 서버에 접속 중인 사용자들의 IP 주소 및 파일들에 대한 인덱싱 정보만을 저장하고 있다.

P2P는 서비스가 등장한 초기에는 개인 간의 원활한 정보교환을 통한 지식창출의 인프라로 기대를 모았지만, 최근에 P2P상에서 공유되고 있는 음악, 영화, 전자책 등과 같은 콘텐츠에 대한 저작권문제로 인해 각종 소송이 끊이지 않고 있다.

4 인터넷비즈니스의 과제

e-비즈니스 환경이 도래하면서 디지털 격차, 보안, 신뢰, 인터넷 예절과 외설, 지적자산 보호, 과세 등과 같은 이슈들이 부각되고 있다. 이러한 이슈들은 사회적, 법률적, 윤리적 관점에서 많은 논쟁이 되고 있으며, 지속적으로 해결하기 위한 노력을 기울여야 할 과제들이다.

(1) 디지털 격차

디지털 격차(digital divide)는 컴퓨터와 인터넷을 사용하는 집단과 그렇지 못한 집단 간의 문화적 · 경제적 차이를 의미한다. 인터넷과 웹의 사용 초기에는 학력과 경제력이 나은 집단이 그렇지 못한 집단보다 사용률이 높았다. 사용자들은 인터넷에 의한 정보력,

효율성 등의 혜택으로 인해 그렇지 못한 집단에 비해 문화적 · 경제적 이득이 증가하는 반면, 그렇지 못한 집단은 사회적 소외감이 커지는 경향이 심화되고 있다. 이러한 두 집단 간의 격차는 사회갈등 원인의 하나로 지적되어왔다.

다행스럽게도 기술 발달과 하드웨어 및 네트워크 서비스 비용이 저렴해지면서 사용자들의 범위가 넓어지고 있다. 그럼에도 불구하고 디지털 격차는 모든 사회에 존재하고 있으며, 이로 인한 사회적 갈등의 해결 노력이 필요하다. 미국의 경우, 통신회사들은 USF(Universal Service Fund)에 수익금의 일정 부분을 적립하도록 되어 있는데(이것은 흔히 E-rate로 알려져 있음), 이 기금은 가난하거나 농촌 지역의 전화 사용자들을 위한 보조금으로 사용되며, 학교와 도서관에서도 이 기금의 도움으로 인터넷 접속 사용료를 할인받는다. 인터넷 인프라는 이제 교육환경의 중요한 부분으로 인식되고 있음을 고려해볼 때, 교육 기회 평등이라는 사회적 관점에서 디지털 격차를 줄이기 위한 정책들이 지속적으로 개발될 필요가 있다.

디지털 격차는 국가 간에도 존재한다. 단순하게 보더라도 인터넷 인프라가 잘 구비되고 사용자 비율이 높은 국가가 그렇지 못한 후진국에 비해 산업발달이 보다 가속화될 소지가 높다. 그러나 후진국에서 인터넷과 웹 기술을 적극적으로 사용한다면 선진국과의 격차를 줄이는 계기가 될 수도 있다.

(2) 보안

보안(security)문제는 전형적으로 해커(hacker)에 의해 발생한다. 해커는 정부기관이나 기업의 시스템에 침입하여 기밀정보를 빼내어 가거나 시스템에 이상한 그림을 올리기도 하고 심지어 망가뜨리기도 한다. 해킹에 의한 피해는 해킹을 당한 조직에 그치지 않고 유출된 정보로 인해, 관련 개인, 더 나아가서는 사회 또는 국가 전체에 커다란 해가 될 수도 있다는 데 그 심각성이 크다. e-비즈니스가 보편화될수록 이러한 심각성은 더욱 커질 것이다. 해킹의 심각성은 다른 물리적인 손상과 달리, 직접적인 피해 내용 즉 유출된 정보가 구체적으로 무엇인지 몰라서 향후 사태에 대한 대비의 범위를 어떻게 설정해야 할지 판단이 어려울 수 있다는 데 있다.

그동안 해킹이 개인적인 차원에서 이루어져온 것이 일반적이지만, 최근에는 전쟁수단의 하나로 인식되면서 국가나 조직에서 군인을 양성하듯이 의도적으로 해커들을 양성하고 작전에 대비하고 있다는 추측이 공감대를 얻고 있다. 역으로 생각하면, 이러한 해커들은 다른 국가 또는 조직의 침략을 방지하기 위한 보안기술자들로서의 역할을 수행할 수 있다는 점에서, 해킹 위협에 대비한다는 점에서 필요한 요소이기 때문이다.

(3) 신뢰

신뢰(trust)는 고객들이 전자상거래활동에서 불안요인들을 제거해주는 것이다. 고객들은 종종 제품 구입과정에서 제공한 자신의 주소, 전화번호와 같은 개인정보가 부적절하게 사용되지 않을까 하는 염려를 한다. 특히, 신용카드번호를 비롯한 재무정보 제공에 대해 불안심리는 더욱 크다. 또한, 주문한 제품이 실제 기대한 제품과 좀 다를지도 모른다는 불안감도 가질 수 있다. 의류의 경우, 수치상으로는 같은 사이즈일지라도 제품에 따라 막상 입어보면 차이가 있을 수도 있고, 색상 및 촉감이 사진과 다를 수도 있다. 또한, 제품 교환 및 반품에 대한 판매업체의 비협조 등에 대한 불안감이 있을 수 있다.

따라서 e-비즈니스 업체들은 이러한 불안감을 감소시키고 고객들의 인식을 바꾸기 위한 노력을 기울일 필요가 있다. 이러한 불안감을 감소시킬 수 있는 방법으로는 판매업체가 직접 나서는 것보다 제3의 보증기관이 신뢰를 보장해주는 방법이 효과적인 것으로 알려져 있다. 미국의 WebTrust, TRUSTe 등이 그 예이다. TRUSTe의 경우, 개인 프라이버시 표준을 충족하는 웹사이트를 인증해주고, 인증받은 웹사이트는 TRUSTe 아이콘을 게시할 수 있다. WebTrust의 인증은 특별히 훈련받은 공인회계사(AICPA)들을 통해서 이루어진다. 공인회계사들은 웹사이트에 대해 업무 관행, 거래 투명성, 프라이버시 보호정책 등이 WebTrust 표준에 맞는지 분석하고, 마찬가지로 이 결과에 의해 인증을 받은 웹사이트는 WebTrust 인증표시를 게시할 수 있다.

(4) 인터넷 예절과 외설

인터넷의 쌍방향 커뮤니케이션 특성은 큰 장점임에도 불구하고 많은 문제점들을 수반한다. 대부분의 웹사이트에는 쌍방향 커뮤니케이션 수단으로 게시판을 제공하고 있다. 사용자들 간에 채팅 기능을 제공하는 웹사이트도 많다. 이러한 기능을 이용하는데 있어 문제는 사용자들의 매우 부적절한 언어 사용이다. 소위 넷티켓(netiquette 또는 network etiquette)이 인터넷 사회에서 중요한 윤리적 개념으로 강조되고 있다.

또 하나의 문제는 외설이다. 음란 사이트가 성행하고 있는데, 웹서핑 중에 무차별적으로 접속되는 점이 문제이다. 어린이들에게까지 음란물인 것이 확실해 보이는 스팸(spam)메일이 발송되기도 한다. 최근 많은 조직들이 이메일 서버에 스팸메일들을 걸러주는 소프트웨어를 설치하여 직원들의 부담이나 피해를 많이 줄이고 있긴 하지만, 대다수의 개인들은 아직도 외설적인 스팸메일이나 음란 사이트에 노출되어 있다. 따라서 이를 방지해주는 소프트웨어의 확산이 시급하다. 최근, 스팸메일 발송자 및 음란 사이트들에 대한 정부의 법적인 대응이 강화되고 있긴 하지만, 그러한 위협으로부터 완전히 벗어날 수 있을 것으로 기대하는 네티즌은 거의 없다. 앞으로도 스팸메일과 불법적인 외설물의 유포 방지를 위해 많은 사회적 비용이 들어갈 것으로 전망된다.

(5) 지적자산 보호

e-비즈니스의 주요한 걸림돌 중 하나는 저작권이나 특허와 같은 지적자산(intellectual property) 보호가 쉽지 않다는 점이다. 인터넷 환경에서 지적자산 보호문제가 부각되는 주된 이유는 디지털 데이터의 복사 및 배포가 쉽고, e-비즈니스 모델의 모방이 쉽기 때문이다. 일반적으로 웹사이트에 게재된 많은 자료들이 'copyrighted'라는 저작권 표시가 되어 있음에도 불구하고, 허락이나 출처의 인용 없이 복사해서 사용하는 경우가 많다. 교육적 목적이 아닌 이윤추구 목적으로 이용하는 경우에는 로열티를 지불해야 하는데, 아직 이러한 수준의 윤리의식이 보편화되지 못한 것으로 보인다.

또한 음악 및 미술 작품 등의 콘텐츠에 대한 저작권을 무시하고 웹사이트를 통해 유통되는 사례들도 저작권문제의 주요 쟁점이다. 미국의 Napster(www.napster.com)는 2000년 7월 26일 법원으로부터 서비스 중단 선고를 받은 바 있다. Napster는 개인 사용자들이 가지고 있는 mp3 음악파일 목록을 게재하고 다른 사용자들이 이를 다운받을 수 있는 서비스를 제공했기 때문이다.

한편 2000년을 전후로 닷컴 붐이 불면서 특허문제로 인한 법적 분쟁이 크게 늘어나고 있다. 닷컴기업의 비즈니스 모델은 독창적 아이디어에 기반을 둔 지적자산으로서 특허를 통해 보호될 수 있다. 그러나 이러한 모델 자체는 기술특허와 달리 모방이 쉬워 선발기업들의 비즈니스 모델을 모방한 후발기업들은 짧은 시간 내 경쟁적 위협요소로 크게 부각되어왔다.

비즈니스 모델과 관련한 특허의 범위에 대하여 기술적인 부분만을 인정해야 하느냐, 아니면 비즈니스의 절차나 요소까지도 인정해야 하느냐에 의견이 일치되고 있지 못한 실정이다. 비즈니스 모델의 특허 개념을 기술적 부분에 한정하고 절차나 요소와 관련된 아이디어는 사회의 공공자산으로 인식해야 한다는 관점과 이에 반대하는 관점이 대립하고 있는 실정이다. 또한, 모방이냐 아니냐를 분명히 구분할 수 있는 기준 자체도 논란의 여지가 많다. 그러나 e-비즈니스가 성숙되면서, 보편화된 비즈니스 모델에 대해 법적인 시비를 가리고자 하는 것은 별 의미가 없다는 인식이 확산되고 있다.

(6) 과세

또 하나의 과제는 인터넷 거래에 대한 세금부과(taxation)문제이다. 디지털 제품 판매에 대한 세금을 어떻게 부과할 것인지, 인터넷상의 유료 서비스는 어떻게 세금을 부과해야 하는지 등 과세에 대한 문제가 대두되고 있다. 또한, 국가 간 전자상거래에 대한 관세 부분도 국제사회에서 해결해야 할 과제로 인식되고 있다.

과세대상의 성격을 정의하기가 쉽지 않다는 점 역시 문제가 되고 있다. 프랑스의 경우 인터넷을 통한 서적의 유료조회가 서비스업으로 분류될 경우 20.6%의 부가가치세가 부과되지만, 출판업으로 분류되는 경우에는 5.5%의 세금이 부과된다. 따라서 이러한 서비스를 어떻게 정의하느냐가 논란이 되고 있다. 그리고 또한 논쟁의 여지가 있는 부분은 기업에 대한 과세이다. 이제까지 국세청은 기업의 본사를 대상으로 세금을 징수했지만, 인터넷상에서 기업의 존재는 더 이상 지리학적으로 분류될 수 있는 존재가 아니기 때문이다.

제2절 인터넷비즈니스 모델

1 인터넷비즈니스 모델의 개념

인터넷마케팅은 사업의 기반이 되는 비즈니스 모델을 명확하게 규정하는 것에서부터 출발한다. 비즈니스 모델이란 기본적으로 기업이 어떤 방법으로 수익을 발생시킬 것인가를 보여주는 것으로, 매우 단순한 사업 모델부터 매우 복잡한 사업 모델에 이르기까지 다양하다.

비즈니스 모델에 대한 확립된 정의는 없으나, 일반적으로 ① 거래에 관여한 당사자들과 각각의 역할을 포함한 상품, 서비스, 정보의 흐름, ② 거래에 참가하는 당사자들에게 제공되는 편익, ③ 수입원 및 이의 배분방식에 대한 정확한 서술 등이 포함되어야 한다고 정의하고 있다.

기존의 off-line 산업들, 예를 들면 자동차산업, 철강산업, 유통산업, 가전산업 등에서는 원료나 상품의 흐름, 결제의 흐름, 상품정보의 흐름이 원료공급자에서 생산자, 소비자에게로 이루어졌다. 또 산업 내의 각 구성원들(원료공급자, 생산자, 유통업체 등)의 수익원천이 판매 및 구매, 물품대금의 지급에 의해 발생되었고 판매수수료 등도 산업 내에서 크게 차이가 없었다.

따라서 기존의 산업은 그 자체가 하나의 큰 비즈니스 모델이었다. 그러나 인터넷이 도입되면서 고객의 욕구를 중심으로 산업 간 통합 모델이 나타나고, 한 산업 내에서도 서비스와 정보의 흐름에서 기업 간에 큰 차이가 생겨나고 여러 수익원천이 통합됨에 따라 과거에는 볼 수 없었던 새로운 비즈니스 모델들이 많이 생겨나게 되었다. Bambury(1998)는 전자상거래 사업 모델을 크게 인터넷에 이식된 기존의 비즈니스 모델(transplanted real-world business models)과 인터넷 고유의 비즈니스 모델(native internet business models)의 두 가지 형태로 구분하고 있다.

기존 off-line 사업들이 산업 내의 상거래 전통이나 기존의 채널구성원들의 반발로 인해 새로운 사업방식의 도입이 어려웠던 것에 비해, 인터넷 환경에서 off-line과 유사한 사업을 하는 기업들은 가치 있는 기업활동들의 조합을 통해 기존 틀을 뛰어넘는 비즈니스 모델을 만드는 것이 off-line에 비해 용이해졌다. 또 정보통신의 발달에 따라 기존의 off-line 사업들처럼 자원의 희소성에 제약을 받지 않고 정보의 풍부성(abundance)에 기초하여 만들어졌다.

순수한 인터넷비즈니스 모델로는 여섯 가지를 들 수 있다.

① 무료 정보검색을 기초로 사업이 이루어지는 정보도서관 모델(library model)
② 소프트웨어 기술 발전, 인터넷 이용의 편의 도모를 목적으로 한 소프트웨어의 다운로드, 무료 사용을 기초로 사업을 전개하는 프리웨어 모델(freeware model)
③ 인터넷을 통해 개인 간 또는 개인과 기관 간의 원활한 정보교환을 추구하는 정보교환 모델(information barter model)
④ 이미지, 영화, 애니메이션, 오디오, 텍스트, 소프트에어 등 디지털화된 모든 정보를 디지털로 보급하려는 목적의 디지털 배달 모델(digital delivery model)
⑤ 인터넷 이용 활성화를 위해 인터넷 접속 서비스를 제공하는 접속제공 모델(access provision model)
⑥ 웹호스팅 모델

이 모델들은 상업적인 사업 모델로 발전되기도 하고 고객확보를 위한 전략적 유인책으로 무료로 제공되기도 한다.

2 인터넷비즈니스 모델의 구축방법

기존 비즈니스 모델의 이식

기존의 off-line 사업들을 인터넷을 통한 사업으로 변환시키기 위해서는 그동안 기업들이 추진해왔던 EDI, CALS 등의 기업 정보화 및 산업 정보화 노력이나 ERP로 대표되는 기업의 전산화 및 정보 시스템의 구축에서 아이디어를 얻는 경우가 많다. 이러한 기업들의 정보화 및 정보 시스템의 강화활동은 기업경영 프로세스의 자동화, 합리화, 통합화를 통해 기업경쟁력을 증대하기 위해 이루어져왔다.

기존의 off-line 사업을 인터넷화하기 위해서는 크게 두 가지 방법이 있을 수 있다.

첫 번째 방법은 기업 내부활동(즉 가치사슬의 구성요소) 중에서 인터넷화가 가능한 부분을 인터넷에서 구현함으로써 경쟁력을 강화시키는 방법이다. 간단하게는 판매나 홍보 혹은 고객 서비스 부분을 인터넷 홈페이지나 인터넷 쇼핑몰을 통해 구현하는 것을 고려해볼 수 있다. 예를 들어 신세계백화점이나 롯데백화점은 기존의 쇼핑몰에 새로운 인터넷 유명 채널을 만들면서 인터넷 사업에 진입하였다. 기존 조사회사들도 인터넷이라는 새로운 매체를 통해서 마케팅조사를 실시하게 되었다.

두 번째 방법은 기업의 내부활동 중 일부를 분리시켜(spin-off) 독립된 인터넷 사업으로 만드는 것이다. 이는 기존 기업활동 프로세스의 세분화를 통해 분리해야 할 활동을 파악하고 이들을 재통합화하는 과정에 의해 실현된다. 기업활동 프로세스의 세분화과정은 기업 내부활동들을 가치사슬의 구성요소별로 확인, 분석하는 것을 말하며, 재통합과정은 가치사슬 구성요소들 간의 상호관계를 고려해서 분리시켜도 상관없는 프로세스를 파악한 다음 이 중에서 일부의 활동들을 통합시켜 독립된 부분으로 만드는 것을 말한다. 자동차회사들이 구매기능을 분리해서 인터넷에서 B2B 사업을 새로이 수행하거나, 자금결제 시 신용인증을 위한 부분을 인터넷에서 독립된 사업으로 분리시키는 것들을 예로 들 수 있다.

기업활동의 분리를 통해 새롭게 만들어진 인터넷 회사는 수익의 실현과 기존의 조건 투자비용 및 유지/관리비용의 감소로 인해 기업의 경쟁력을 높이는 데 기여한다. 기업의 내부활동 중 독립된 인터넷 사업으로의 분리를 통해 기업의 경영성과에 기여할 수 있는 부분들로는 재고관리, 주문관리, 고객관리, ARS 서비스, 고객 서비스, 텔레마케팅, 전산관리, 네트워크 관리 서비스 등이 있다. 이를 그림으로 나타내면 **그림 1-2** 와 같다.

그림 1-2 기업의 가치사슬

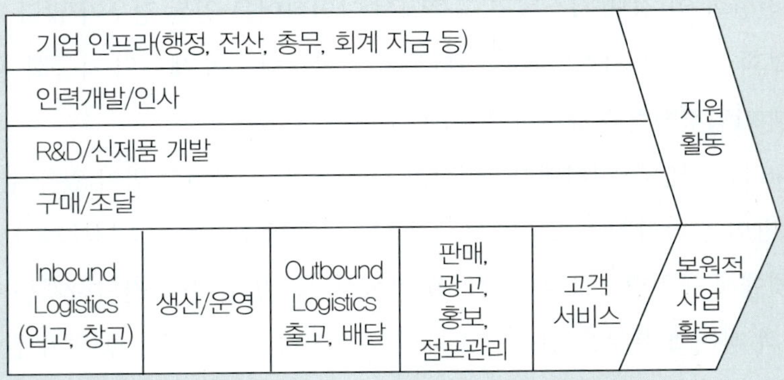

인터넷 고유 비즈니스 모델의 구성

off-line에서 이식된 인터넷 사업은 업무의 형태나 역할은 off-line과 흡사하지만 인터넷을 통한 업무수행을 통해 경쟁력이 더 강화되는 사업을 의미한다. 이에 반해 인터넷 고유의 비즈니스 모델은 인터넷 방송국, 인터넷 경매, mp3를 판매하는 사이트나 P2P 사업 등과 같이 인터넷이 아니면 존재할 수 없었던 사업들을 말한다.

물론 인터넷 고유의 비즈니스 모델이라 할지라도 기존의 off-line과 유사하거나 혹은 기본적인 경영원리에서 동일한 사업일 수도 있다. 예를 들어, 인터넷 경매사업의 기본 원리는 off-line 경매와 비슷하다. 하지만 기존의 경매방식이 지역이나 시간의 제약이 큰 반면에 인터넷 경매는 참여자들의 자유로운 경매 참여, 품목의 다양성, 제공되는 정보의 깊이, 정보의 흐름, 상품의 흐름에서 큰 경쟁우위가 있다.

인터넷 고유 비즈니스 모델을 구성하는 방법은 시장분석을 통해서 찾아내기는 힘들며 많은 경우 사업가의 창의적인 판단에 의해서 비즈니스 모델이 생겨나게 된다. 창의적인 사고에 도움이 될 수 있는 방법으로 다음의 네 가지를 들 수 있다.

첫째, 기존의 off-line 사업은 인터넷이라는 시각으로 판단하여 off-line 사업에서는 핵심경쟁력이 되었던 요소나 진입장벽이 되었던 요소들 가운데서 인터넷 환경에서는 더 이상 중요하지 않게 된 것을 찾는 것이다.

둘째, 유사한 경쟁 인터넷 기업들의 비즈니스 모델을 분석해서 그들이 잘못하고 있는 점들을 개선하는 것이다. 포털사이트 중에서 야후가 구현하지 못하는 자연어 검색을 실현시키는 포털사이트인 엠파스(empass)가 그 예라고 할 수 있다.

셋째, 새로운 인터넷 관련 기술을 보다 발전시켜서 이를 적용시키는 것이다.

넷째, 소비자의 관점에서 소비자가 원하는 것을 충족시킬 수 있는 모델을 찾아내는 것이다. 이 방법은 소비자들이 표현하는 욕구를 사업화하는 창의적 아이디어를 필요로 한다. 일반적으로는 전혀 새로운 개념의 기술이나 세상에 존재하지 않는 비즈니스 모델을 소비자 조사를 통해 알아내기는 매우 어렵다. 소비자들은 이를 보고 평가할 수는 있어도 구체적인 아이디어를 제공해줄 수는 없기 때문이다. 따라서 소비자조사를 통해서 얻을 수 있는 매우 일반적인 소비자 욕구나 사회문화적인 요구를 실현할 수 있는 새로운 방법(예를 들어 기존 비즈니스 모델을 분리, 통합한다거나 off-line과의 제휴를 실시함)을 찾아내는 창의적 노력이 필요하다. 예를 들어, P2P의 냅스터(www.napster.com)와 같은 사이트는 공짜로 음악을 듣고자 하는 소비자 욕구를 해결해주려는 창의적인 아이디어로 생겨난 사업 모델이다. 결국 인터넷 고유의 비즈니스 모델은 창의성과 혁신성, 그리고 기존의 off-line에서는 가능하지 않았던 기능 통합을 얼마나 구현했는지 등에 의해 평가될 수 있을 것이다.

비즈니스 모델을 찾는 것은 CBP 접근법에 그 토대를 두고 있다. 비즈니스 모델이 혁신성이나 기능통합성에서 아무리 우수하다고 하더라도 소비자가 이를 원하지 않는다면 성공적인 비즈니스 모델이라고 할 수 없다. 특히 인터넷 고유의 비즈니스 모델의 경우에는 그 사업 모델이 고객에 주는 혜택의 정도와 고객이 이를 진정으로 원하는지를 반드시 검토해보아야 한다.

비즈니스 모델 중에 기존의 off-line의 기능이나 역할을 단순히 인터넷상에서 구현한 모델의 경우에는 고객의 욕구나 선호보다는 기업 내부의 효율성에 더 중점을 둔 것들도 있다. 그러나 인터넷에서 새롭게 구현된 사업 모델의 경우 고객이 이를 외면한다면 장기적으로 안정적인 모델이 될 수 없을 것이다.

따라서 비즈니스 모델을 확정짓기 전에 기업은 소비자분석을 통해서 자사의 비즈니스 모델이 대한 고객들의 호의성 정도, 그들의 특성과 구매욕구를 파악하고 표적고객집단을 선정한 다음, 이들의 마음속에 경쟁사와 차별화된 포지션을 정립하는 작업이 필요하다.

3 인터넷비즈니스 모델의 구성요소

그림 1-3 에서 볼 수 있듯이 신(新)경제의 비즈니스 모델은 가치명제, 제품/서비스, 자원 시스템, 수익 모델의 네 가지 구성요소로 이루어진다. 경영자는 이들 개별 구성요소의 의미를 이해하고 이들을 조심스럽게 개발하는 것이 중요하다. 비즈니스 모델을 구성하는 이 네 가지 요소는 순차적으로 개발되어야 한다.

그림 1-3 인터넷비즈니스 모델의 구성요소

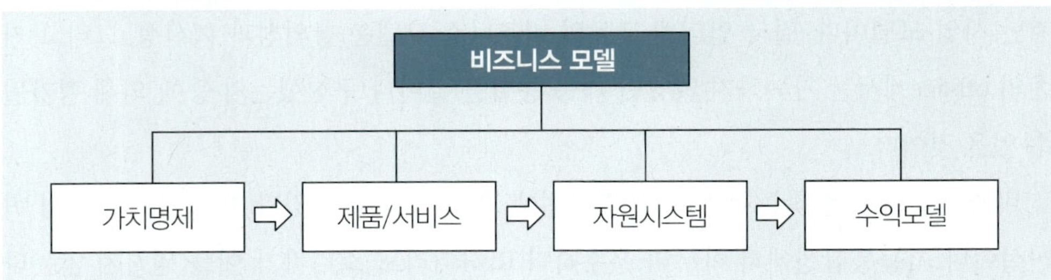

(1) 가치명제

가치명제(value proposition)란 타깃 고객군(群)과 주요 경쟁기업이 누구인지, 그리고 자회사 제품이 경쟁사 제품과 어떤 점이 고유하게 다른지를 보여주는 요약문이다. 즉, 기업이 제품과 서비스를 묶어 고객에게 가치를 제공하는 독특한 방식을 내포하고 있다. 일반적으로 가치명제는 다음의 세 가지 요소를 포함하여야 한다.

① 타깃 고객계층
② 고객에게 주어지는 가치 혹은 혜택
③ 기업이 고객가치가 담긴 제품 혹은 서비스를 동종산업의 경쟁사들보다 더 탁월하게 제공할 수 있는 이유

위에 정의된 가치명제는 매우 단순한 고객가치 개념을 내포한다. 반면, 요즘 들어서는 가치군(價値群) 개념이 보편화되고 있다. 즉, 가치명제는 이제 단수가 아닌 복수의 가치 개념으로서 아래의 세 가지 요소들로 구성되어 있다.

① 타깃 고객계층
② 제공 중인 고객 중심 가치 혹은 혜택의 모음
③ 기업 및 협력사들이 해당 가치군을 경쟁사보다 더 탁월하게 제공할 수 있는 강점

타깃 고객계층의 선택

가치군을 개발하는 데 있어 우선 결정해야 하는 요소는 타깃 고객계층이다. 시장기회를 신중하게 분석함으로써 기업이 경쟁력을 지닌 시장계층을 발견할 수 있다. 고객계층을 결정하는 데 있어 고려하여야 하는 주된 두 가지 사항은 시장의 매력도와 기업의 시장 내 경쟁능력이다.

우선 시장의 매력도는 여러 변수들이 복합적으로 작용하지만, 기본적으로 다음의 세

가지 요소에 의해 좌우된다. 즉 ① 시장의 규모 및 성장률, ② 충족되지 않은 고객 니즈, ③ 경쟁사의 부재 혹은 약세이다. 반면, 특정 고객계층 내에서 기업이 경쟁할 수 있는 능력은 고객가치를 뒷받침할 만한 기업의 비즈니스 핵심능력이 경쟁사에 비해 얼마나 우수한지를 고려함으로써 평가할 수 있다.

주요 고객가치의 선택

가치명제나 가치군을 선정하는 데 있어 두 번째 단계는 타깃 고객계층에게 제공되는 주요 가치나 혜택을 결정하는 것이다. 일반적으로 오프라인 마케팅에서는 기업이 한두 개의 핵심고객가치를 제공하는 데 주력하여야 하는 것으로 인식되고 있다. 가령, 볼보자동차는 안전이란 가치를, 사우스웨스트항공사는 편의성과 저가의 가치를 기치로 내걸고 있는 것이 좋은 예라고 할 것이다. 이는 복수의 가치를 추구할 경우 소비자들에게 혼돈을 줄 우려가 있고, 또 때에 따라서는 두 개의 가치가 상충하는 경우가 발생할 수 있기 때문이다. 예를 들어, 신속 배달과 낮은 가격을 주된 가치로 추구한다고 할 때 둘 모두를 충족시키기가 어려워 결국 두 부문에서 중간에 머무르고 마는 사례를 종종 찾아볼 수 있다.

그러나 온라인 비즈니스에서는 상황이 달라진다. 온라인 기업들은 한두 개의 가치는 물론 다수 가치를 제공하는 데 초점을 두기도 한다. 가령, 인터넷에서 꽃 제품을 판매하는 대부분 사이트들은 싱싱한 꽃을 배달하는 가치를 내세운다. 그러나 이 중심적 가치 이외에 추가적으로 내세우는 가치들은 해당 사이트들마다 다르다. 일부 사이트는 특정 꽃 제품의 무료 증정을, 일부 사이트는 신속 배달을, 일부 사이트는 저렴한 가격을, 또 다른 사이트는 이들 중 두 가지를 동시에 주요 가치로 내거는 것을 볼 수 있다.

독특한 차별적 능력의 선택

가치명제의 세 번째 요소는 특정 온라인 회사가 단수 혹은 복수의 고객가치를 경쟁사보다 훨씬 더 탁월하게 제공할 수 있는지에 대한 강력한 논리적 대응이다. 따라서 앞의 두 가지 요소들에 비해, 차별적 능력의 선택은 기업 외부보다는 타깃 고객가치의 탁월한 제공을 가능하게 하는 기업 내부 및 협력사 관련 요인들과 관련이 깊다. 흔히 이들 요소를 일컬어 핵심능력(core competencies)라고 한다. 여기서 주요 이슈는 이들 핵심능력이 가치명제를 구성하는 주요 고객가치와 직접적으로 연관이 되어 있는지의 여부이다. 핵심능력은 크게 유형자산(가령 장소), 무형자산(가령 브랜드네임), 및 조직업무 수행능력(가령 공급망관리) 등을 포함한다. 즉, 기업이 특정 능력들을 탁월하게 수행할 수 있음에도 불구하고 이들 능력이 주요 고객가치를 제공하는 데 별 관련이 없을 수도 있다는 의미이다. 주요 고객가치를 제공하는 데 기여를 하지 못하는 핵심능력은 쓸모가 없다.

(2) 온라인 판매대상 제품/서비스

일단 가치명제가 구성되면, 그 다음 단계는 온라인상으로 제공하는 제품, 서비스 및 정보에 대한 결정이다. 웹사이트의 콘텐츠 및 외관 디자인을 설계하기보다 온라인상에서 판매하게 될 실제 제품이나 서비스에 대한 전반적인 서술을 하는 단계이다. 구체적으로 판매대상 범위를 정하고 소비자 의사결정 프로세스를 정한 다음, 판매대상 품목을 고객 의사결정 프로세스와 매핑하는 일이 필요하다.

판매대상 범위

범위란 사이트상에서 판매될 제품 및 서비스 유형의 수를 뜻한다. 온라인 기업 중에는 오직 한 부류의 제품만을 판매하는 업체(예: Flower.com, Yes24.com)가 있는 반면, 매우 다양한 부류의 제품들을 판매하는 업체(예: Samsungmall.com, Interpark.com)도 있다. 일반적으로 중견기업이나 대기업의 경우에는 충분한 자금이 확보된 상태에서 광범한 범위의 제품들을 다루는 사이트로 시작하는 경우가 흔하지만, 영세규모의 온라인 업체들은 경영자가 가장 잘 아는 특정 분야 제품들만을 전문으로 하는 사이트를 구축하는 데 주력하는 양상을 보이고 있다.

소비자 의사결정 프로세스

온라인 판매대상 제품 및 서비스를 결정하는 데 있어 두 번째 단계는 다양한 제품부류에 대한 소비자 의사결정 프로세스를 결정하는 것이다. 소비자 의사결정 프로세스는 구매 이전, 구매, 구매 이후의 세 단계로 구성된다. 구매 이전 단계에서는 소비자가 아이디어 및 제품의 검색, 대안평가 등과 같은 세부단계를 거치게 된다. 구매 단계에서는 소비자가 구매결정을 내리고 구매 프로세스를 진행한다. 끝으로 구매 이후 단계에서는 구매 이후 시점에서의 만족도 평가를 하며, 궁극적으로 충성도 높은 고객이 될 것인지 검토한다.

제품 및 서비스의 매핑

그다음 단계는 온라인으로 판매할 제품 및 서비스를 소비자 의사결정 프로세스에 매핑(mapping)하는 것이다. 웹사이트는 전체 구매결정 사이클에 대해 소비자가 직접 경험을 거치게 하여야 하며, 사이클을 지속적으로 재방문하도록 소비자를 독려하여야 한다. 의사결정 사이클은 사이트에 포함된 개별적인 제품부류들에 대해 모두 반복적으로 수행되어야 한다. 제품 및 서비스의 매핑은 우선 소비자가 특정 제품유형에 대해 거치게 되는 의사결정 프로세스의 단계들을 정의하는 것으로 시작된다. 그 다음으로 이 다양한 단계들을 거쳐 진행하는 과정에서 소비자에게 도움이 될 수 있는 제품, 서비스 및 정보를 규명해야 한다.

(3) 자원 시스템

가치명제 및 판매대상 제품/서비스의 결정은 회사의 자원 시스템에 영향을 미치므로 비즈니스 모델 개발과정에서 매우 중요하다고 할 수 있다. 자원 시스템(resource system)은 회사가 가치명제나 가치군의 효과를 제공하기 위해 내부 시스템을 어떻게 조정해야 하는지 보여줄 수 있다. 일반적으로 성공적인 회사와 그렇지 못한 회사를 판가름하는 데 있어 주된 요인에는 가치명제뿐만 아니라 가치명제를 제공하는 데 이용되는 활동 및 자산의 선택도 포함된다.

자원 시스템의 구축

온라인 환경에서 자원 시스템은 다음과 같은 다섯 단계를 통해 구축될 수 있다.

① 1단계

가치군의 주요 효과를 결정한다. 가치명제나 가치군을 결정하는 과정에서 주요 효과들을 명시한다. 가령 적절한 가격, 강한 브랜드네임으로 인한 접근 용이성, 기존의 프랜차이즈 네트워크 등이 이러한 효과의 예에 속한다.

② 2단계

각 효과와 관련되는 역량을 결정한다. 두 번째 단계는 소비자에게 특정 효과를 제공하는 데 필요한 역량들을 열거하는 단계이다. 여기서는 회사가 역량을 제공할 능력이 있는지보다 역량과 효과 간의 연계에 주안점을 둔다. 일례로 접근용이성이란 효과에 대해 웹사이트 인지도, 높은 고객도달률, 브랜드네임 등의 역량을 고려할 수 있다.

③ 3단계

각 역량에 대해 자원들을 연동시킨다. 역량들이 정해지면, 각 역량을 제공하는 데 필요한 자원들을 결정하여야 한다. 이를테면 기업역량을 만들어주는 주요 자산, 활동, 협력관계 등이 곧 자원이다.

④ 4단계

기업이 각 역량을 얼마나 제공할 수 있는지 결정한다. 네 번째 단계는 회사 내부를 상세히 점검하는 단계이다. 회사가 필요한 모든 역량들을 지니고 있는지, 외부 전문업체에 의뢰할 것인지, 아니면 협력사와 연대해 부족한 역량들을 채워나갈 것인지를 점검한다.

⑤ 5단계

역량을 제공하는 데 필요한 협력사들을 결정한다. 끝 단계는 자원 시스템을 채울 수 있는 주요 협력사들을 찾는 단계이다. 가령, 높은 고객도달률이라는 역량을 실현하기 위해 MSN, 네이버, 야후와 같은 온라인 회사들과의 협력이 필요하다고 할 수 있다.

자원 시스템의 평가기준

자원 시스템의 품질을 평가하는 데에는 여러 가지 기준이 적용될 수 있다.

① 시스템의 독특성: 독특성이란 기업이 제공하는 효과, 역량 및 활동이 경쟁사와 비교해 차별화되는 정도를 의미한다. 경쟁사가 쉽게 모방할 수 없도록 자원 시스템이 독특하게 구성되어야 한다.

② 역량과 효과 간의 연계: 역량들이 각각 고객의 기대효과를 제공하는 데 기여하는가? 그러한 기여의 정도가 강한가, 약한가?

③ 역량들 간의 연계: 역량들과 활동들이 상호보완적이고 또 지원적인 관계인가? 역량과 활동 간의 연계는 단단한가?

④ 자원들 간의 연계: 특정 자원들이 상호강화적인가? 자원들이 상호보완적인가? 또 이들 자원이 다양한 효과들과는 조화를 이루고 있는가?

(4) 수익 모델

수익 모델의 정의

수익 모델(revenue model)이란 기업이 온라인 비즈니스를 통해 수입을 발생시키고 이윤을 내며, 투자자본에 대해 높은 수익을 낼 수 있는 방법을 뜻한다. 수익 모델과 재무 모델은 흔히 동의어로 사용된다. 기업은 이윤 하나로만 성공적인 기업이 될 수 없으며, 이윤을 발생시키고 투자자본에 대해 투자대안들보다 더 높은 수익을 내야 성공적인 기업이 될 수 있고 또 생존할 수 있다. 가령 소매점에서 소비자에게 TV 제품을 판매한다고 할 때, 원가보다 더 높은 가격에 판매함으로써 이윤을 발생시키게 된다. 그런데 소매점이 처음 사업을 시작할 때 초기자본이 있어야 공급사로부터 제품도 구매하고 매장시설도 설치하고 또 종업원도 고용할 수 있는데, 이때 초기자본은 흔히 은행에서 차용하거나 다른 방법을 통해 동원되는 자금이다. 사업을 운영하며 발생되는 이윤은 이러한 투자자본에 대한 수익으로 간주되며 이러한 수익은 부동산투자, 주식투자 등 다른 투자

대안의 수익보다 더 높아야 한다.

수익 모델의 종류

기업이 온라인 공간에서 수익을 발생시킬 수 있는 대표적 방법으로는 크게 다섯 가지를 언급할 수 있다.

① 광고 수익 모델

트래픽이 많은 특정 사이트에서 배너 등 광고를 게재하거나 사이트 후원업체 지정을 통해 광고수입을 발생시킬 수 있는 모델이다. 흔히 이들 사이트에서는 사용자들에게 콘텐츠나 서비스를 제공하는 동시에 광고를 노출시킨 다음 광고주들로부터 광고료를 받는 모델이다. 회원수가 많거나 회원들이 전문화, 차별화되어 있을 경우 광고단가가 더 높다.

② 판매 수익 모델

사이트에서 재화를 판매함으로써 발생되는 수입을 뜻한다. 제품이나 서비스나 정보를 소비자에게 판매해서 수입을 올리는 방법이다. 아마존닷컴, 롯데닷컴, 인터파크몰 등이 그 예이다.

③ 거래수수료 수익 모델

고객-판매자 간의 거래를 촉진시키는 대가로 수수료를 부과하거나 거래액의 일부를 취하는 데서 수입을 내는 모델이다. 예를 들어, 이베이는 가장 규모가 큰 경매 사이트로 온라인 경매 마켓플레이스를 소비자들에게 제공해주고 소비자 간의 온라인 판매가 성공할 경우 판매자로부터 적은 거래수수료를 청구한다.

④ 온라인 구독료 수익 모델

온라인 콘텐츠(가령 잡지, 신문, 혹은 그 밖의 정보 서비스)를 구매한 고객으로부터 받는 구독료 수입을 의미한다. 무료 콘텐츠를 유료화할 경우 성공하기 위해서는 유료 콘텐츠가 높은 부가가치를 지니고 있고 또 타사가 쉽게 모방해 제공할 수 없다는 점을 부각시켜야 한다.

⑤ 제휴관계 수익 모델

제휴관계 수익 모델은 트래픽 밀도가 높은 사이트에서 고객들이 제휴관계에 있는 제3자 업체의 사이트에서 구매하도록 유인함으로써(가령 온라인 판촉 이벤트를 소개함) 매출 기회를 확대시켜주고 그 대가로 추천수수료를 받는 모델이다. 이 모델에서는 일반적으로 매출이 실제로 발생한 경우에 한해서만 수수료를 받는다.

4 인터넷비즈니스 모델의 유형

인터넷비즈니스 모델은 시각 및 관점에 따라 다를 수 있으나 여기서는 표 1-1 에서 보는 바와 같이 열 가지로 분류한 다음 ① 소매 모델, ② 중개 모델, ③ 콘텐츠 서비스 모델의 세 가지 카테고리로 나누어 설명하기로 한다.

(1) 소매 모델

최종소비자를 대상으로 온라인상에서 제품을 판매하는 사이트들이 소매 모델(digital storefronts)에 해당한다. 소매 모델은 이러한 온라인 판매 사이트를 운영하는 방식에 따라 온라인 소매, 온-오프 병행소매, 그리고 직판의 세 가지 형태로 나뉜다.

온라인 소매

온라인 소매(e-tailer)는 완전히 온라인상으로만 존재하는 소매상점으로서 쇼핑몰과 같은 닷컴기업들이 이에 속한다. 이 사이트에서는 끊임없는 혁신으로 양질의 고객 서비스를 제공하는 것이 핵심이슈로 인식되고 있다. 아마존의 경우 창업자 제프 베조스(Jeff

표 1-1 인터넷비즈니스 모델의 유형

유형	설명	예
온라인 소매	웹상에서만 제품을 판매하는 소매업체	아마존, 버추얼와인
온-오프 병행소매	전통적인 소매업체가 기존의 오프라인 상점과 웹사이트 상점을 병행해 제품 판매	반스앤노블, 롯데쇼핑
직판	제조업체가 생산한 제품을 중간유통과정을 거치지 않고 직접 웹을 통해 판매	델컴퓨터
e-허브	웹상에서 판매자와 구매자가 함께 제품을 보며 B2B 거래를 할 수 있는 공간 제공, 시장조사에서 가격 협상 및 제품 발송에 이르기까지 거래프로세스와 관련한 서비스 제공	빌더스넷(건설), 켐라운드(화학), 푸드머스닷컴(식음료)
경매	판매자를 위한 경매 진행, 판매자에게서 거래가격에 비례하는 수수료를 받음, 순경매 · 역경매 등 여러 형태가 존재함	이베이, 옥션
거래중개	판매자와 구매자가 거래를 성사시키기 위해 필요한 서비스 제공(지불서비스, 정보서비스 등)	페이팔, 에스크로우, E*TRADE
정보중개	제품과 관련한 특징, 가격, 공급사 등의 정보 제공을 통해 판매자와 구매자 간의 제품매매를 촉진함, 광고 혹은 판매자 소개에 의해 수입 발생	인스웹
검색 에이전트	구매자의 요청에 따라 제품이나 서비스의 가격 및 재고 보유 여부를 자동으로 찾아낼 수 있는 소프트웨어 에이전트	마이사이몬, 야비스
콘텐츠 제공	음악, 사진, 동화상 등의 디지털 콘텐츠를 유 · 무상으로 제공하고, 콘텐츠 전체 혹은 일부에 대해 유상 판매를 하거나 광고배너 판매를 통해 수입 발생	전자신문, 아이뉴스24, 아이튠(음악), 코비스(사진)
포털	기본적으로 일종의 검색엔진에 해당하며, 흔히 뉴스, 엔터테인먼트 정보 등 부가가치를 높일 수 있는 다양한 콘텐츠나 서비스를 제공함	네이버, MSN, 야후, 알타비스타

Bezos)의 리더십 아래 개인화, 관련 상품 추천 등 다양한 창의적인 기법의 적용으로 온라인 소매분야에서 선두를 달리고 있다.

온-오프 병행소매

온-오프 병행소매(click and mortar)는 전통적인 매장을 가지고 제품을 판매하는 오프라인 상점이 온라인 판매 시스템을 구축해 두 가지 판매 채널의 시너지 효과를 추구하는 모델이다. 전통기업(brick and mortar)과 온라인 기업(click and click)의 병행형태가 click and mortar에 해당한다.

직판

직판(direct model)은 제조업체가 생산한 제품을 중간유통과정을 거치지 않고 직접 웹을 통해 판매함으로써 속도를 향상시키고 비용을 절감하는 비즈니스 모델이다. 델컴퓨터가 처음 시작하였으나 IBM 등 다른 하이테크 제품 메이커들도 이를 도입하고 있는 추세이다.

(2) 중개 모델

비즈니스 거래에서 중개자(broker; intermediary)란 구매자와 판매자를 서로 소개해주고 거래를 촉진시키는 역할을 수행한다. 흔히 중개자는 B2B, B2C 및 C2C 시장에서 각각 중개역할을 담당하며 성사된 거래에 대해 수수료를 부과한다.

네트 마켓플레이스

네트 마켓플레이스(Net marketplace)는 인터넷 기술에 기반을 둔 B2B e-커머스 사이트로서 네트 거래소(Net exchange) 혹은 e-허브(e-hub)라고도 불린다. 네트 마켓플레이스는 웹사이트상에서 많은 구매자들과 많은 판매자들이 함께 모여 거래를 할 수 있는 공간을 제공한다. 흔히 특정 산업부문을 전문으로 하며 관련 콘텐츠를 제공하고, 시장조사에서 가격협상 및 제품발송에 이르기까지 거래 프로세스와 관련한 서비스를 제공하는 것이 특징이다.

경매중개

경매중개(auction broker)는 우리가 흔히 알고 있는 전통적인 경매를 인터넷 환경에 옮겨놓은 형태로서 주로 골동품, 미술 작품, 농산물 등 매매가격을 정하기가 애매한 상품을 판매하는 데 적합한 거래형태이다. 판매자가 판매할 물품과 관련한 명세, 사진, 경매 시작일, 경매 종료일, 시작가 등의 정보를 등록하면, 해당 기간 동안 관심 있는 구매자들이 시작가 및 현재 최고가보다 더 높은 가격을 명시하며 입찰(bid)을 온라인상으로 제출한다. 경매가 종료되면 시스템이 제출된 입찰 중에서 가장 높은 가격의 입찰자에게 낙찰을 통보하며, 판매자와 구매자 간에 대금지불 및 물품 발송절차가 수행된다. 인터넷 경매에는 순경매, 역경매 등 다양한 형태가 존재한다.

거래중개

거래중개(transaction broker)는 판매자와 거래자가 온라인상에서 시간 및 노력을 절감하며 용이하게 거래를 수행할 수 있도록 거래에 필요한 서비스를 제공한다. 페이팔(PayPal)과 에스크로우(Escrow.com)는 거래대금 결제 서비스를, 그리고 E*TRADE는 온라인 주식매매를 위해 주식투자 결정에 도움이 되는 경제 및 기업재무 관련 정보를 제공하고 있다.

정보중개

정보중개(information broker) 사이트는 구매자들이 제품구매에 필요한 정보를 얻기 위해 방문할 수 있는 공간이다. 제품과 관련한 특징, 가격, 공급사 등의 정보제공을 통해 판매자와 구매자 간의 제품매매를 촉진한다. 중개자는 광고를 게시하거나 혹은 구매자 소개에 대한 판매자 수수료를 부과함으로써 수입을 발생시킨다.

검색 에이전트

검색 에이전트(search agent)는 '로봇'이라고도 알려져 있는 소프트웨어 에이전트로서 쇼핑몰들에 대해 실시간으로 특정 제품이나 서비스의 가격을 탐색하거나 찾기 어려운 정보를 찾아내는 목적으로 이용된다. 검색 에이전트의 역할은 이용자가 수행해야 하는 웹상에서의 정보탐색 과업을 대신 수행함으로써 이용자의 시간을 절감해주는 데 있다. 우리나라의 가격비교 사이트로는 네이트(nate.com), 네이버(naver.com) 등이 있다.

(3) 콘텐츠 서비스 모델

이용자들의 관심대상이 될 수 있는 콘텐츠를 사이트에 구축하고 이를 이용자들이 방문하도록 유도하기 위한 수단으로 삼는 사이트들이 콘텐츠 서비스 모델에 속한다. 콘텐츠가 중심이 되므로 타깃 이용자들의 흥미를 끌 만한 관심사항을 분석하고 이에 따라 콘텐츠를 적절히 구성하는 노력이 관건이다.

콘텐츠 제공(content provider) 모델은 뉴스, 사진, 동화상, 음악, 게임, 강의 모듈 등의 전문 콘텐츠를 웹사이트에 구비해놓고 이를 필요로 하는 이용자에게 유 · 무상으로 제공한다. 수입은 유상으로 콘텐츠를 판매하거나 광고를 게재함으로써 창출한다. 우리나라의 인터넷 신문들을 통해서도 알 수 있듯이, 웹사이트에서 제공하는 무형의 디지털 상품은 물리적 상품과 달리 유상으로 판매하는 것이 매우 어려우며, 콘텐츠의 유료화는 오늘날 디지털 콘텐츠를 판매하는 닷컴기업들에게 주요 관건이 되고 있다.

포털(portal)은 일종의 검색엔진을 통해 인터넷에 존재하는 다양한 정보자원으로 연결될 수 있는 단일 관문이며, 이용자들의 방문을 유도하기 위해 뉴스, 날씨, 오락 등 다양한 무상 콘텐츠를 지속적인 업데이트를 통해 제공한다. 우리에게 익숙하게 알려진 네이버, MSN, 야후가 모두 포털의 예에 속한다.

현재 우리나라의 인터넷 포털시장은 네이버, 다음, 네이트의 3파전으로 정리되어 있다. 몇 년 전까지만 해도 엠파스, 파란, 하나포스, 드림위즈 등 군소 포털들도 일정한 시장점유율을 확보하고 있었지만 결국 경쟁에서 도태되면서 역사 속으로 사라졌다. 네이버, 다음, 네이트 세 포털사이트는 발전을 거듭한 끝에 현재는 서로 비슷한 서비스들을 제공하고 있다. 가령 한 포털사에서 로드뷰(road view) 서비스를 시작하면 경쟁업체에서도 이에 질세라 같은 서비스를 진행하는 식이다.

제3절 전자상거래

1 전자상거래의 의의

(1) 전자상거래의 개념

전자상거래(EC: e-commerce)란 재화 또는 용역(이하, 재화 등)을 거래함에 있어서 그 전부 또는 일부가 전자문서에 의하여 처리되는 방법으로 상행위를 하는 것을 의미한다. 즉 전자상거래는 컴퓨터 등의 정보처리 시스템을 이용한 전자문서에 의하여 재화나 용역의 거래에 있어서 그 전부 또는 일부가 처리되는 거래라고 할 수 있고, 여기에는 그에 부수적인 활동이 포함된다고 본다. 이러한 개념정의는 다음과 같은 구성요소를 갖는다. 첫째로 컴퓨터 등의 정보처리 시스템을 이용한 전자문서에 의하여 이루어지는 거래, 둘째로 재화나 용역의 소유권이나 사용권의 이전 기타 이에 부수하는 거래, 셋째로 거래의 전부 또는 일부가 전자문서에 의하여 이루어지는 거래 등을 말한다.

그러므로 소비자가 인터넷 서점에서 책을 구입하는 행위, 인터넷 경매에서 물품을 구입하는 행위, 재화나 용역거래와 관련된 인터넷뱅킹 등이 모두 전자상거래 범위에 해당된다. 그러나 전자우편에 의한 주주총회 소집 통지, 인터넷에 의한 민원서류 발급신청 행위 등은 단순한 의사의 통지(각종의 최고, 거절 등)이거나 관념의 통지(채권양도의 통지와 승낙 등) 행위이므로 전자상거래에 해당되지 않는다. 기존 상거래와 전자상거래의 차이점을 정리하면 **표 1-2** 와 같다.

(2) 전자상거래의 등장배경

1960년대에 국제 운송회사들이 운송서류를 신속히 전달할 목적으로 전자문서를 표

표 1-2 기존 상거래와 전자상거래의 차이점

구분	전자상거래	전통적 상거래
유통 경로	기업-소비자	기업-도매상-소매상-소비자
대상 지역	전 세계	일부 지역
거래 시간	24시간	정해진 업무시간
판매 공간	가상공간	판매 공간 필요
고객 수요 파악	온라인을 통한 수시 획득	시장조사 및 영업사원 획득
마케팅 활동	일대일 마케팅	대중 마케팅
상품 정보	소비자 직접 확인	광고 등에 의존
고객 대응	고객 문의/불만사항의 수집 용이, 즉각적 대응 가능	고객 문의/불만사항의 수집 어려움, 즉각적 대응 어려움

준화하여 사용한 것을 시초라고 볼 수 있다. 이것을 전자문서교환(EDI: Electronic Data Interchange)이라고 하며, 이것은 종이서류 없이 신속성과 비용절감효과를 장점으로 기업 간의 거래성립을 가능케 했다.

그러나 EDI는 전자상거래(EC)에 적용되면서 한계를 갖게 된다. 전자상거래(EC)는 EDI를 포함하여 기업 간의 효율적이 활동을 도와줄 수 있는 공통의 데이터베이스를 공유하면서 사람과 사람 간의 상호 통신교류 및 자금의 이전을 가능하게 하는 거래이기 때문이다. 이런 필요성은 인터넷과 정보통신기술의 발전과 함께 CALS, EC로의 이행을 실현시켰다.

CALS(Commerce At Light Speed)란 광속상거래로 상품의 설계, 개발, 생산, 판매, 유지 보수, 폐기 등 상품의 전 주기에 걸친 기업활동의 전반을 전자화하는 것을 말한다. 이는 기존의 시스템 수명주기 전반에 걸친 문서 중시의 업무처리방식에서 탈피, 디지털 형식으로 상호 정보공유와 교환을 가능케 하는 체계통합 및 자동화 전략이라고 할 수 있다.

EDI와 CALS의 관계를 그림으로 나타내면 **그림 1-4**와 같다. CALS와 EDI는 표준화된 자료를 컴퓨터를 통해 처리한다는 점에서 유사점이 있으나, CALS는 EDI에 의한 EC 환경에 제조업 중심의 비정형 데이터의 교환을 통한 프로세스 개선 등이 추가된다는 점에서 차이가 있다. 따라서 광의의 EC는 CALS와 EDI를 모두 포함한다고 볼 수 있다.

그림 1-4 EDI와 CALS의 개념

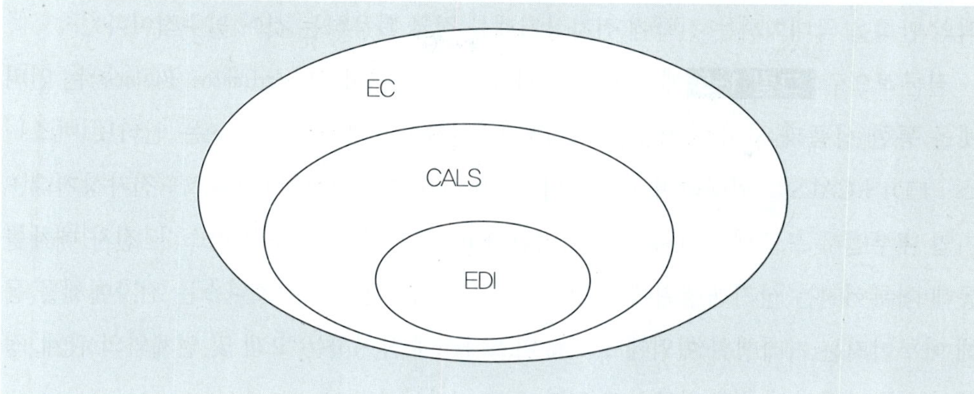

(3) e-비즈니스와의 차이점

전자상거래(EC: Electronic Commerce)가 주로 상거래에 초점을 맞추고 있다면, e-Business는 이와 같은 개념을 포함하여 비즈니스 프로세스의 디지털화에 역점을 두었다고 할 수 있다. 즉, e-Business는 인트라넷을 통한 효율적인 내부 업무 프로세스, 엑스트라넷을 통한 기업 간의 연결, 시스템을 접목하여 인터넷을 이용하는 모든 비즈니스 업무형태이다.

전자상거래는 기업, 고객, 정부 등 경제주체 간의 제품, 서비스, 정보 및 지식을 정보통신기술을 이용하여 교환하는 방식을 말한다. 기존의 시장은 물리적인 제품을 가지고 에이전트를 통해 거래가 이루어졌지만, 전자상거래환경에서는 디지털화된 제품이 디지털화된 에이전트를 통하여 디지털화된 프로세스를 통해 거래가 이루어진다. 따라서 전자상거래는 제품, 프로세스, 에이전트 중 어느 하나 이상이 디지털화되어 있는 거래방식을 의미한다.

오늘날 기업은 전자상거래를 통하여 공급자로부터 구매자에 이르는 공급사슬을 하나로 연결할 수 있으며, 이를 통해 프로세스 시간 단축, 비용 감소, 신규고객 창출 등의 다양한 효과를 얻을 수 있다. 특히 요즈음과 같은 무한경쟁시대에는 고객의 정보를 즉

시 입수하고, 이를 공급사슬 내 파트너들에게 전달하고, 정확한 수용예측을 통하여 고객의 만족을 극대화하는 전략에 전자상거래를 적극 활용하는 것이 필수적이다.

결론적으로 **그림 1-5** 에서 보는 바와 같이 인터넷비즈니스(Internet Business)는 인터넷을 통한 상품과 서비스 거래를 의미하며, 전자상거래(e-Commerce)는 인터넷 비즈니스+EDI+CALS를 의미하며, e-비즈니스(e-Business)는 인터넷비즈니스+전자상거래+기업 내부업무 프로세스(Process)를 의미한다고 할 수 있다. 즉 e-커머스가 전자 매체를 통해 이루어지는 상거래행위에 초점을 맞추고 있는 반면, e-비즈니스는 전자매체를 통해 이루어지는 거래행위 이외에 on-line 비즈니스에 참여하는 고객 및 업체와의 관계, 정보의 커뮤니케이션 등을 강조하고 있다.

그림 1-5 인터넷비즈니스, 전자상거래, e-비즈니스의 개념

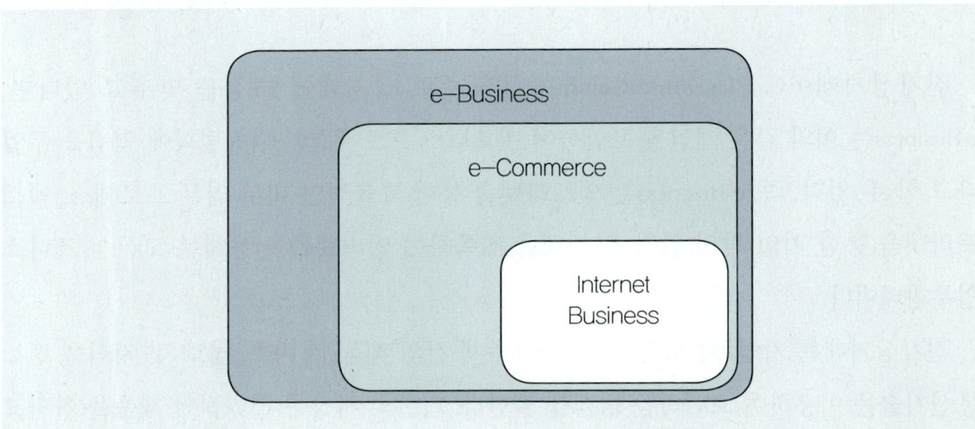

2 전자상거래의 장점

전자상거래의 장점을 정리하면 **표 1-3** 과 같다.

표 1-3 전자상거래의 장점

구분	전자상거래의 장점
구매자 측면	– 시간과 공간의 제약 없이 구입 가능 – 상품/서비스를 다양하게 비교한 후 구입 가능 – 주문대금 결제를 네트워크상에서 처리 가능 – 디지털 상품의 경우에 다운로드를 통해 구입 가능
판매자 측면	– 소비자와의 직거래를 통한 유통비용 절감 – 상점 임대료, 판매원 인건비 등 관리비용 절감 – 365일 24시간 영업 가능 – 전 세계 판매영역 – 상품 진열을 위한 판매장/점포 재고 불필요 – 주문에서 대금회수까지 전 과정이 네트워크상에서 처리 가능하여 관리 일원화 기능 제공 – 고객요구 파악 용이, 신속한 불만 처리 – 목표고객에 대한 양방향 커뮤니케이션 가능 – 소자본 창업 가능으로 신규사업 기회

(1) 소비자의 입장

시장에서 사업자와 소비자는 정보의 불균형관계에 있다. 그러나 전자상거래에 있어 소비자는 실질적이고 많은 구매정보를 활용할 수 있어 시장에서 갖는 지위가 향상되며, 이는 소비자의 선택권과 구매력을 증가시키게 된다. 또한 전자상거래는 시 · 공간적 제약을 극복하여 구매의 편리성을 가져옴은 물론, 전통적인 거래보다 저렴한 가격에 구매할 수 있다. 그러나 제품에 대한 정보탐색에 있어 한계가 있고, 이용 및 결제 시 개인정보(신용정보 포함) 누출의 우려가 있으며, 비대면의 특성상 인터넷 사기 가능성이 높아서 전자상거래 사업자에 대한 신뢰성 부족의 결과를 가져오게 된다.

(2) 사업자의 입장

기존에는 소비자와의 거래가 성립 가능한 시장으로의 진입장벽이 높았지만, 전자상거래시장은 저렴한 비용으로 상품을 전시하고 비용을 절감할 수 있는 등 시장진입이 용이하다고 볼 수 있다. 또한 소비자에게 자신의 제품이나 상점을 알리는 광고비용을 줄일 수 있으며, 시간과 공간의 제약 없이 판매할 수 있고, 고객의 구매형태 분석이 용이하여 판매방식 등에 활용이 가능하다. 그러나 진입장벽이 낮아 그만큼 치열한 다수의 상점이 존재하는 시장에서 소비자의 선택을 받지 못하면 경쟁에서 살아남기 어렵다. 또한 상품규격의 표준화 부족, 물류 및 배달체계의 의존성이 커 이의 효율적 구축이 요구된다. 또한 관련법에 명시된 대로 소비자의 개인정보 보호와 결제 안전을 위한 안전하고 신뢰할 수 있는 보안 및 결제 시스템 구축에 따른 비용 부담이 생기게 된다.

관련법에는 재화 등을 판매하는 사업자(이하, 사업자)가 우편, 전기통신 또는 광고물, 광고시설물, 전단지, 방송, 신문, 잡지 등을 이용하여 재화 등의 판매에 관한 정보를 제공하고, 비대면의 방법으로 소비자의 청약을 받아 재화 등을 판매하는 것을 통신판매라고 정의하고 있다. 그러므로 전자상거래는 통신판매에 해당된다고 본다.

소비자가 광고물, 전단지, 방송, 신문, 잡지 등을 이용하여 재화 등에 관한 정보를 취득한 후, 사업자에게 전화하여 재화 등을 구입하고 대금은 텔레뱅킹 또는 계좌이체 등의 방법을 이용하여 지급할 경우 이는 통신판매에 해당된다. 그러나 소비자가 인터넷 사이버몰 등에서 사업자의 재화 등에 관한 광고를 본 후 사업자의 상점을 방문하여 재화 등을 구입한다면 이는 통신판매에 해당되지 않는다. 이는 판매에 관한 정보의 제공이 비대면으로 이루어진 것일 뿐 청약이 비대면으로 이루어진 것이 아니므로 통신판매에 해당하지 않는다. 또한 사업자가 소비자에게 전화를 하여 재화 등의 구입을 권유하는 등, 소비자의 응답을 유도하고 대화를 함으로써 청약을 받거나 계약을 체결하는 것은 통신판매에 해당되지 않는다.

3 전자상거래의 성립 및 취소

(1) 전자상거래의 성립

첫째, 전자상거래는 일반적으로 계약은 청약과 그에 대한 승낙의 의사표시의 합치로 성립한다. 이러한 계약체결의 의사표시는 구두나 문서에 의하여 이루어진다. 전자상거래의 경우 컴퓨터 통신망을 이용하여 전자문서에 의해 청약과 승낙의 의사표시가 이루어지고, 이러한 전자문서는 일반 서면문서와 같은 효력이 인정되므로 전자적인 방법으로 계약의 체결이 이루어질 수 있는 것이다. 즉, 인터넷 사이버몰을 이용한 전자상거래의 경우에 거래의 성립은 소비자의 물품구매 청약과 그에 따른 사이버몰의 승낙에 의하여 성립한다.

둘째, 전자상거래에 있어서 컴퓨터가 인간의 의사표시를 위한 도구로 이용되는 경우와 컴퓨터가 인간의 의사결정영역에 개입하는 경우로 나누어 후자를 전자적 의사표시 또는 자동화된 의사표시라고 부른다. 전자적 의사표시는 컴퓨터에 내장된 소프트웨어 프로그램에 의하여 자동적으로 의사표시를 보내는 경우이다.

셋째, 사이버몰상에서 이루어지는 전자상거래의 경우 청약의 유인과 청약 및 승낙을 구별하는 것이 매우 중요하다. 웹사이트상에 제품을 진열하고 광고 및 선전을 하거나, 상품 목록 및 견본을 교부하는 행위는 상대방에게 청약을 하도록 유도하는 것이 목적이고 청약 자체는 아니므로 이를 청약의 유인이라고 부른다. 따라서 청약의 유인에 대하여 승낙의 의사표시를 하더라도 직접적으로 계약이 성립되는 것은 아니다. 청약의 유인자에 대하여 하는 의사표시(구매신청)가 청약이고, 이에 대하여 청약유인자가 승낙함으로써 비로소 계약이 성립한다. 여기서 승낙여부는 청약유인자의 자유로운 판단에 의하여 이루어진다.

종종 웹사이트상에 표시된 가격이 잘못되었다며 사업자가 판매 거절을 하는 분쟁이 발생되는데, 이 경우 사업자가 판매를 거절할 권리가 있는가는 웹사이트상에 표시된 가격이 청약의 유인인가의 여부에 의하여 좌우된다. 즉, 웹사이트에 가격을 표시한 것이 청약의 유인인 경우, 소비자들의 구매신청은 청약이 되고 이에 대해 사업자가 승낙을 하지 않고 거절할 수 있다. 그러나 웹사이트의 가격표시가 청약이라면, 소비자들은 계약체결을 위하여 구매신청을 함으로써 승낙을 할 수 있기 때문에 사업자는 그 계약을 이행하여야 한다.

넷째, 청약에 대하여 승낙이 있어야 계약이 성립되며, 의사표시는 그 통지가 상대방에게 도달한 때로부터 효력이 생긴다. 또한 격지자 간 거래의 경우, 승낙의 의사표시를 발신한 때 계약이 성립한다. 전자상거래를 대화자 간의 거래로 보면, 승낙의 의사표시가 도달하였을 때, 격지자 간의 거래로 보면 승낙의 의사표시를 발신하였을 때 계약이 성립된다. 전자상거래는 물리적으로는 격지자 간의 거래라 볼 수 있으므로, 승낙의 의사표시가 이용자에게 도달한 때 계약이 성립한다고 본다. 즉, 사이버몰 운영자는 이용자의 청약에 대하여 수신확인 통지의 형태로 승낙의 의사표시를 하고, 이 승낙의 의사표시가 이용자에게 도달한 때 계약이 성립한다. 승낙의 의사표시가 사이버몰 이용자에게 도달한 때라 함은 이용자의 정보처리장치에 입력되는 순간 도달이 있었다고 본다.

승낙기간을 정한 경우에는 그 기간 내에 승낙의 의사표시가 도달되어야 하고, 연착된 승낙은 새로운 청약으로 본다. 승낙기간을 정하지 않은 경우에는 즉시 승낙이 없는 한 청약은 효력을 잃게 된다. 전자계약이 성립한 후에도 전자상거래 사업자가 착오로 가격표시를 잘못한 경우에는 전자계약을 취소할 수 있다.

(2) 전자상거래의 취소

청약은 의사표시가 상대방에게 도달한 이후에는 청약자가 이를 마음대로 철회(취소)하지 못하는 것이 원칙이다. 또한 승낙기간을 정한 청약은 그 기간 내에 취소할 수 있지만, 승낙기간을 정하지 않고 격지자에 대하여 한 청약은 상당한 기간 내에는 취소할 수 없도록 정하고 있다.

해당 규정의 민법에 준거하면, 전자상거래의 청약은 실시간으로 사업자의 서버에 도달하므로, 전자상거래 사업자의 사이버몰이 수신확인 시스템을 채용하고 있는 경우에는 소비자로부터 청약이 있고, 사이버몰이 수신확인 통지(메일)를 소비자에게 송신함과 동시에 계약의 이행을 한 경우에는 청약의 취소를 할 수 없는 것이 원칙이다.

그러나 기존의 방문판매법 중 통신판매 규정을 별도로 분리하여 전자상거래의 개념을 추가해 만든 「전자상거래 등에서의 소비자보호에 관한 법률」 제17조(청약철회 등)에 의하면, 소비자에게 청약을 취소할 수 있도록 규정하고 있다. 간단히 요약하면, 재화공급 혹은 공급 개시된 날(서비스)로부터 물건을 원 상태로 반환하면 7일 이내에 취소 가능하고, 재화 등의 내용이 표시·광고된 내용과 다르거나 계약내용과 다르게 이행된 경우에는 당해 재화 등을 공급받은 날로부터 3월 이내, 그 사실을 안 날 또는 알 수 있었던 날로부터 30일 이내에 청약철회를 할 수 있다.

4 전자상거래의 문제점

(1) 미성년자거래

미성년자와 같은 행위무능력자의 전자상거래에 있어서의 법률행위에 대한 문제이다. 미성년자인지를 구분 짓는 나이에 대해 민법에서는 만20세, 청소년보호법에서는 만18세, 정보통신망법에서는 만14세로 명시하고 있다. 전자상거래에 있어서 만14세의 기준을 따르고 있으며, 법정대리인의 동의 없는 계약은 취소 가능하며, 처음부터 무효가 된다. 사업자는 받은 대금이 있다면 반환해야 하고, 미성년자는 현존하는 이익의 한도 내에서 반환하면 된다.

그러나 미성년자의 적극적인 사술, 즉 성인인 것처럼 상대를 속여서 거래를 성립시키는 경우는 계약취소가 불가하다. 그 밖에도 여러 예외적인 경우가 발생할 수 있다. 사실상 전자상거래가 가진 비대면거래의 특성상 사업자가 가진 프로그램을 포함한 시스템만으로 확인이 어려워 사업자가 이를 극복할 수 있는 시스템상의 방법을 강구해서 피해를 줄여나가고자 노력하고 있다.

(2) 의사표시의 불일치

전자상거래 거래과정에서 내면의 효과의사와 외부에 표시된 의사가 다른 경우가 있다.

① 제품을 살 마음도 없으면서 허위로 구매신청을 한 경우는 사업자가 이용자의 진위를 알았거나 알 수 있었던 경우에는 무효이지만 그 외의 경우는 유효하다. 전자상거래 사업자의 명백한 악의가 입증되지 않는 한 이런 경우 그 청약은 유효하다.

② 상대방과 통정하여서 한 허위의 의사표시는 무효이다. 여기서 상대방이란 전자상거래에 있어서는 사업자가 될 수 있으나, 이용자가 사업자와 통정허위표시를 하는 일은 드물 것이다.

③ 법률행위의 중요 부분에 착오가 있는 경우에는 이를 취소할 수 있다. 착오란 내면의사와 표시된 내용이 불일치함을 표시자 자신이 알지 못하는 것을 말하며, 전자상거래의 특성상 다양한 유형의 착오가 발생될 가능성이 있다. 목적물 자체, 수량이나 가격 등 법률행위의 중요 부분에 착오가 있는 경우에는 그 의사표시는 무효로 된다. 다만, 착오에 대하여 표의자에게 중대한 과실이 있는 경우에는 표의자 자신은 착오의 무효를 주장할 수 없다. 중대한 과실이라 함은 표의자의 입장에서 통상인이라면 당연히 기울였을 주의를 현저히 결한 경우이다.

④ 사기와 강박에 의한 의사표시는 취소할 수 있다. 사기란 기망(다른 사람에게 잘못된 판단과 인식을 하도록 하는 행위)에 의해 표의자가 착오에 빠져서 의사표시를 하는 것이고, 강박이란 상대방으로부터 협박을 받아 공포상태에서 표의자가 의사표시를 하는 것을 의미한다.

(3) 무권한거래

권한이 없는 자가 다른 사람의 명의로 거래를 하거나 아이디와 비밀번호 등을 도용하여 거래를 하는 것을 무권한거래라 할 수 있다.

① 타인이 본인을 가장하여 본인의 비밀번호를 입수해 본인인 것처럼 행세하여 거래를 한 경우에는, 본인의 의사표시가 없기 때문에 기본적으로는 아무런 법률관계가 발생하지 않으며 따라서 책임을 부담하지 않는 것이 사법의 일반 원칙이다.

② 대리권이 없음에도 불구하고 대리인으로 행세하여 대리행위를 한 경우에는 이를 무권대리라고 하며, 무권대리인에 의한 계약은 그 효력이 본인에게 귀속되지 않고, 본인이 계약에 대하여 책임을 지지 않는다. 다만, 본인이 무권대리 행위의 성립 후에 무권대리인의 대리권을 인정하거나 추인한 경우에는 처음부터 유권대리로 취급되어 본인이 책임을 부담한다. 또한 무권대리인이 본인의 대리인으로 행세하여 전자상거래를 한 경우에는, 본인과 무권대리인의 사이에 어떠한 특별한 관계가 있다고 볼 수 있는 경우에는 표현대리가 성립해 본인이 책임을 부담한다. 그러므로 아들이 부모의 명의로 인터넷 서비스 제공업체에게 가입하고 부모가 이를 승낙한 경우 또는 부모가 자식에게 패스워드를 알려주고 인터넷 이용을 허락한 경우 등에는 표시에 의한 표현대리가 성립할 수 있다.

연습문제

1. 인터넷비즈니스의 도래는 산업경제에 어떤 변화를 가져왔는지 설명하시오.
2. 인터넷비즈니스를 통해 기업이 얻을 수 있는 효과는 무엇인지 설명하시오.
3. 인터넷비즈니스 환경이 도래하면서 생긴 문제점은 무엇이며, 해결해야 할 과제는 무엇인지 설명하시오.
4. 기존의 오프라인 사업을 인터넷화하기 위해서는 어떤 방법이 있는지 설명하시오.
5. 전자상거래의 문제점은 무엇인지 설명하시오.
6. EC, CALS, EDI의 차이점에 대해서 설명하시오.

제 2 장

인터넷 마케팅의 이해

학습목표 먼저 인터넷 마케팅의 기본적인 개념에 대해 살펴보고, 최근 주목받고 있는 모바일마케팅에 대해서 심도 있게 학습한다. 아울러 국제마케팅에 대해서도 학습한다.

제1장 인터넷비즈니스의 이해

제2장 인터넷마케팅의 이해

제3장 전자무역

제4장 인터넷 마케팅조사

제5장 인터넷 소비자행동분석

제6장 인터넷 마케팅전략

제7장 e-Segmentation

제8장 e-Targeting과 e-Positioning

제9장 인터넷 제품전략

제10장 인터넷 가격전략

제11장 인터넷 유통전략

제12장 인터넷 촉진전략

제13장 e-SCM

제14장 e-CRM

사례연구 인터넷마케팅의 이해

데카르트 마케팅이란?

기술(tech)과 예술(art)을 결합해 브랜드의 품격을 높이는 '데카르트 마케팅'이 다양한 분야로 확산되고 있다. 처음엔 차가운 이미지의 가전이나 IT제품에 감성적인 예술을 접목하는 마케팅에서 시작했다. 이젠 IT제품을 넘어 식품 · 생활용품 · 공사장 가림막에 이르기까지 전 방위로 퍼져나가며, 보다 폭넓은 개념인 '예술 마케팅'으로 거듭나고 있다.

예술 마케팅은 크게 세 가지로 분류된다. 첫째는, 제품에 기존 예술작품을 활용하는 방식이다. 해태제과는 2007년 식품업계 최초로 예술 마케팅을 적용, '오예스' 포장에 심명보 작가의 장미 작품을 새겨 넣었다. 회사는 5억 원에 작품을 구매해 본사에 전시하고, 제품 패키지 활용을 위한 판권도 통째로 넘겨받았다. 해태제과 관계자는 "단순히 먹는 과자를 넘어서 소비자들에게 즐거운 경험을 주고 감성적인 욕구까지 충족시키는 효과가 있다"고 말했다. LG전자는 2008년부터 팝아트의 거장 키스 해링(Haring)의 작품을 탑재한 휴대전화를 꾸준히 내놓고 있다.

둘째는 유명 예술가 혹은 명품 브랜드와의 협업을 통한 콜래보레이션(Collaboration)이다. 1975년부터 세계적인 예술가들과 손잡고 '아트카 컬렉션'을 선보여온 BMW가 대표적이다. BMW는 앤디 워홀, 로이 리히텐슈타인 등 현대미술의 대표적 아티스트들과 함께 지금까지 총 17대의 아트카를 내놨다. 삼성전자도 마시모 주끼(Zucchi), 앙드레 김 등 유명 예술가들의 작품을 그려 넣은 가전제품을 잇따라 선보이고 있다. 삼성전자 관계자는 "예술작품으로 소비자의 감성을 자극해 여성이라면 누구나 갖고 싶어 할 만한 명품 가전을 만드는 데 주력하고 있다"고 말했다.

셋째는 제품디자인 자체로 예술을 추구하는 방식이다. 대표적인 브랜드가 뱅앤올룹슨이다. 전자업체로는 드물게 국제적인 디자인상을 90회 이상 수상했고, 뉴욕현대미술관(MoMA)에 18개의 제품이 영구 소장돼 있을 만큼 예술성 높은 디자인으로 유명하다. 전자제품은 사용하지 않을 때 집 안에 하나의 인테리어 작품이 된다는 점에 주목한 것. 1992년 3,000달러에 판매한 '베오랩 8000' 스피커는 현재 4,500달러를 호가하고 있다. 아이팟용 스피커 도크 '베오사운드 8'은 출시 6개월 만에 2만 5,000대가 팔려 나갔다.

건물 벽면이나 공사장 외벽에도 예술 마케팅을 적용하는 사례가 늘어나고 있다. 서울역 앞 서울스퀘어는 건물 벽면을 디스플레이 공간으로 활용하는 '미디어 파사드'의 명소가 됐다. 서울스퀘어는 건물 벽면 LED 조명을 활용해 영국 팝아티스트 줄리언 오피의 '걷는 사람들'을 비롯한 다양한 작품을 선보이고 있다. 지난해 서울 종로구 소격동의 국립현대미술관 서울관 공사현장에는 벌거벗은 모나리자의 그림이 그려진 가림막이 설치돼 시민들의 눈길을 끌었다. '모든 것을 보여주는 미술관'이라는 의미를 전달하기 위해서다. 미술관 측은 겨울이 되자 모나리자에게 목도리를 거는 퍼포먼스를 벌이기도 했다.

그러나 이 같은 예술 마케팅이 모두 성공을 거두는 것은 아니다. 현대자동차가 지난해 프라다와 손잡고 내놓은 '제네시스 프라다'는 국내외 2,000대만 한정 판매했지만, 매출은 지지부진한 상태다.

컨설팅회사인 리드앤리더 김민주 대표는 "예술 마케팅은 스포츠 마케팅과 다르게 단기간에 효과가 나타나지 않기 때문에 방향성을 갖고 지속적으로 추진해야 한다"며 "소비자의 관점이 양(量)에서 질(質), 상(像, 이미지), 격(格)으로 점차 진화하고 있기 때문에 앞으로 예술 마케팅은 더욱 중요해질 것"이라고 말했다. (조선일보, 2012.4.30)

토의과제

1. 데카르트 마케팅의 핵심요소는 무엇인가?

2. 데카르트 마케팅이 소비자들에게 새로운 관점으로 인식되는 이유는 무엇인가?

3. 마케팅의 미래는 점차 어떻게 진화되리라고 보는가?

제1절 인터넷마케팅의 의의

1 정보화와 인터넷

(1) 인터넷의 등장

인터넷은 산업혁명시대에 철도와 전기가 한 것과 같은 중요한 역할을 지식혁명의 시대에 주도하고 있다. 즉 인터넷을 통하여 정보의 습득, 처리, 유포 및 지식의 창출이 실시간으로 이루어지고 있다.

인터넷은 지금까지 출현한 신기술 중에서 기업의 경영활동과 마케팅과정에 가장 중요하고 획기적인 변화를 가져올 도구 중의 하나이다. 사실 인터넷과 전자상거래는 디지털 혁명(digital revolution)을 상징적으로 대표해왔으며, 디지털 혁명의 중추에는 인터넷 혁명이 자리 잡고 있다. 따라서 인터넷이 제공하는 기회를 기업이 어떻게 살릴 것인가 하는 것은 앞으로 기업의 미래를 좌우하는 큰 분수령을 이룰 것이다. 인터넷은 디지털 경제의 첨병이며, 인터넷마케팅은 이 첨병을 마케팅 활동에 활용하는 것이다.

1969년에 미국 정부의 리서치 네트워크로서 개발된 ARPANET가 대학과 기업에서 그 잠재력이 인식된 후 30여 년이 지난 현재, 인터넷은 기업경영과 기업의 마케팅 활동 및 기업과 고객, 기업과 기업 간의 커뮤니케이션 방식을 혁신적으로 변화시키고 있다. 그러나 인터넷이 사용화된 것은 비교적 최근의 일로서, 1990년대 초반까지도 인터넷은 주로 대학 등 교육 및 연구를 목적으로 하는 기관 간의 커뮤니케이션과 국가안보 목적의 비상 커뮤니케이션망으로만 사용이 제한되었다.

(2) 디지털로의 전환

인터넷상의 모든 문자, 그림과 사진은 디지털이다. 따라서 인터넷은 디지털화된 정보가 아날로그형 정보에 대하여 갖는 모든 이점을 갖는다. 따라서 인터넷을 활용하는 인터넷마케팅도 기본적으로 디지털의 장점을 최대한으로 활용하려고 한다. 여러 가지 장점 중에서도 비용 측면에서 인터넷을 통해 정보를 전달하는 것이 훨씬 경제적이라는 점과 고객과 직접 접촉할 수 있는 기회가 늘어났다는 점을 들 수 있다.

정보처리비용의 절감

디지털 정보의 최소 단위인 비트를 활용하고 보관하고 처리하는 비용은 급속하게 떨어지고 있다. 인텔의 공동창업자인 무어(Moore)는 기술의 발전으로 인해 더 작은 공간에 더 많은 부품을 장착할 수 있다는 것을 발견하였다. 인텔에서는 18개월마다 새로운 칩 제품이 공개되었는데 그때마다 이전 제품과 비교하여 절반의 면적에 동일한 수의 회로(circuit)를 장착할 수 있었다. 그 결과 동일한 제품의 가격을 기하급수적으로 낮출 수 있게 되었다.

고객과의 직접접촉 기회의 증대

디지털 기술의 활용이 증대됨에 따라 점차로 세상이 디지털화되고 있다. 디지털 기술이 가장 강력하게 나타나는 분야는 사이버 공간의 구축에 있다. 사이버 교육, 사이버 점포, 사이버 커뮤니티 등 생활에서 디지털 세계는 급속히 확장되고 있다. 디지털 세계에서는 기업과 고객이 한 장소에서 만날 수 있다.

(3) 인터넷과 소비자

인터넷의 확산이 소비자에게 미치는 영향은 다음과 같다.

첫째, 전자상거래시장의 확산으로 소비자는 수동적 소비자에서 능동적 소비자로 참여하게 되었다.

둘째, 모든 소비자가 과거에 누릴 수 없었던 맞춤식 제품과 서비스를 요구할 수 있게 되었다.

셋째, 다양하고 풍부한 정보에의 접근이 가능해졌다. 웹사이트를 통해 소비자들은 폭넓은 정보를 얻을 수 있게 되었고, 자신들이 원하는 맞춤화된 정보에 빠르고 쉽게 접근하는 것이 가능해졌다.

넷째, 제품구매와 관련된 여러 가지 비용을 절감할 수 있게 되었다. 지금껏 소비자들은 보다 유리한 조건(보다 싼 가격, 보다 유리한 지불조건, 보다 많은 서비스 품목 등)으로 구매를 하기 위해서는 금전적으로나 시간적으로 많은 대가를 지불해야 했다. 또한 해당제품을 직접 찾아가서 구매하는 데 따른 추가적인 비용부담이 불가피했다.

마지막으로, 믿을 수 있는 판매자와 돈독한 관계를 구축할 수 있게 되었다. 요즘은 고객과의 관계마케팅(relationship marketing)을 통해 단발적인 거래가 아닌 장기적인 관계를 구축함에 따라 구매자나 판매자가 모두 이익을 얻는 윈윈 전략이 가능해졌다.

2 인터넷마케팅의 개념

(1) 인터넷마케팅의 등장배경

최근 들어 전자상거래가 폭발적인 주목을 받으면서 인터넷마케팅에 대한 관심도 크게 증가하고 있다. 일반적으로 마케팅이란 목표고객의 욕구를 확인하고 충족시킴으로써 가치를 창출하는 활동이다. 이를 위해서는 고객과 경쟁 및 환경요인을 파악하고, 고객의 욕구를 분석하여 전략적인 계획에 의해 제품개발, 촉진, 유통, 가격결정의 활동을 전개하여야 한다. 이러한 관점에서 인터넷은 효과적인 커뮤니케이션 채널이며, 마케팅 커뮤니케이션의 활동적 수단이라고 할 수 있다. 이를 그림으로 나타내면 **그림 2-1** 과 같다.

그림 2-1 인터넷마케팅의 등장배경

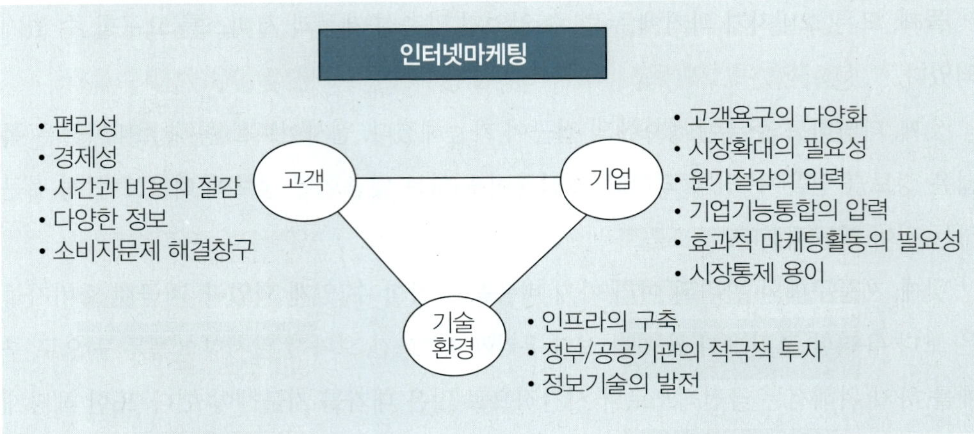

기존의 오프라인 시장에서 사용되던 마케팅 개념을 온라인 시장에서는 조금 다르게 접근할 필요가 있다. 왜냐하면, 인터넷이 가지고 있는 상호작용성과 동시접속성, 친밀성, 경제성 등으로 인해 새로운 전략적 접근이 필요하기 때문이다. 기술의 발달로 인한 인터넷의 등장으로 마케팅전략뿐만 아니라 기업경영에 있어서도 거대한 패러다임의 변화가 요구되고 있다.

인터넷의 기술발전이 급속도로 진행되면서 인터넷마케팅의 꽃이라 할 수 있는 전자상거래, 특히 인터넷 쇼핑몰의 성장속도가 급속히 빨라지고 있다. 인터넷 쇼핑몰은 매년 200%씩 성장하는 추세를 거듭해오고 있다.

(2) 마케팅 패러다임의 변화

디지털 산업사회로의 급속한 환경변화에 따라 마케팅의 개념과 수단도 달라지고 있다. 인터넷마케팅은 **표 2-1** 에서 보는 바와 같이 여러 가지 마케팅 패러다임의 변화를 가져왔다.

표 2-1 마케팅 패러다임의 변화

	오프라인 마케팅	인터넷마케팅
마케팅목표	시장점유율	고객점유율
마케팅전략	대중/목표 마케팅	일대일 마케팅
마케팅과정	거래 마케팅	관계마케팅
마케팅 커뮤니케이션	일방향 의사소통	양방향 의사소통
대상	대중	표적집단
시장접근방법	비차별적 마케팅	차별적 마케팅
경제원리	규모의 경제	범위의 경제
관리	제품관리	고객관리

마케팅목표

인터넷마케팅은 시장점유율(market share)보다 고객확보, 즉 고객점유율(customer share)이 마케팅목표가 되고 있다. 장기적인 관점에서 고객가치를 판단하고 고객을 확보 · 유지하는 노력은 시장점유율 유지에 비해 비용이 적게 들며, 기업의 이익을 높이는 방안이 되고 있다.

마케팅전략

구매의사가 있는 고객을 선별하여 집중적인 마케팅을 하는 전개수단으로 인터넷이 활용되고 있다. 대중 마케팅(mass marketing)이나 표적 마케팅(target marketing)에서 일대일 마케팅(one-to-one marketing)이 전략적인 대안이 되고 있다.

마케팅과정

많은 고객에게 제품을 판매하는 거래 마케팅(transaction marketing)의 특성보다 한 명의 고객에게 다양한 제품을 반복적으로 판매하는 관계마케팅(relationship marketing)의 특성이 더욱 중요해지고 있다. 이를 위해서는 고객과의 장기적인 관계형성이 필요하다고 할 수 있다.

시장

인터넷마케팅은 판매자와 구매자가 인터넷이라는 매체를 사용하여 상호작용할 수 있는 하이퍼미디어 환경에서 이루어지기 때문에, 인터넷은 실제 거래상황에 대한 시뮬레이션이 아니고 또 다른 하나의 실제 거래환경이다. 이러한 환경에서 소비자들은 가상공간이라는 시장에서 단순히 즐거움을 찾아다니는 행동(net surfing)과 구매를 하기 위한 구체적 행동(online-shopping)을 동시에 할 수 있기 때문에 기업의 입장에서 상당히 세심한 고려를 할 필요가 있다. 과거에는 매체가 마케팅 채널과 커뮤니케이션으로서의 역할을 하였으나 인터넷 마케팅에서 매체는 시장 자체로서의 역할을 수행하는 것이다. 종전에는 소비자가 일부 점포의 가격비교만으로 제품을 구매하였으나, 이제는 하나의 사이트에서 가격비교가 가능하기 때문에 가격이 점차 인하되고 있다. 기업은 소비자가 경쟁사의 가격과 제품내용을 상세하게 파악하고 있다는 점을 염두에 두고 마케팅 활동을 전개해야 한다.

소비자

전통적 마케팅 환경과 가장 구별되는 획기적인 변화는 소비자들도 가상공간에 상업적 정보를 제공해서 판매자가 될 수 있다는 점이다. 즉 판매자와 소비자의 구별이 모호해진다는 점이다. 인터넷이란 중재 모델에서 주된 관계는 기업과 소비자의 관계가 아니고 오히려 이들이 상호작용하는 중재관계이다. 이러한 새로운 환경에서 정보나 내용은 단순히 기업으로부터 소비자에게 전달되는 것이기보다 기업과 소비자가 모두 참가자로 참여하게 되는 것이다. 따라서 성공적인 인터넷마케팅이 되기 위해서는 기업은 고객욕구를 파악하고 만족시키려는 노력을 해야 하고, 뿐만 아니라 새로운 매체로서의 활용에 적극적인 마케팅 활동을 펼쳐야 할 것이다. 정보화시대의 소비자는 'Prosumer(생산자=소비자)'로 지칭되는데, 이는 소비자가 제품생산에 참여하고 소비하는 것을 의미한다. 기업은 소비자의 제품생산 참여를 통해 소비자욕구를 충분히 파악해서 반영하게 되므로 시장조사비용을 절감할 수 있다. 따라서 인터넷마케팅에서는 상호작용, 실시간, 멀티미디어라는 특징을 활용하여 소비자들을 상품개발 프로세스에 참가시키는 '프로슈머형' 개발이 가능하다.

제품

인터넷의 등장으로 제품의 모방이 빨라지고 기능과 서비스 등의 차별화가 점차 어려워지며 가격은 일물일가화되는 경향이 있다. 메타 상품은 상품 자체가 단독으로 가진 가치 이외의 주변가치를 포함한 광의의 상품을 의미한다. 메타 상품의 종류에는 브랜드 상품, 패키지 상품, 스탠더드(사실표준) 상품 등이 있다.

가격

가격은 일반적으로 저가화, 무료화, 역가화, 탈가화되는 경향이 있다. 저가화는 업체 간 경쟁으로 인해 가격이 과거에 비해 저렴해지는 것을 말한다. 무료화는 회원확보경쟁으로 인한 무료 이메일 계정, 무료 접속, 무료 정보제공 등을 의미한다. 역가화는 소비자가 가격을 결정하는 '역시장(reverse market)'이 등장한 것을 말한다. 탈가화는 가격의 개념을 넘어 '무료+α'의 현상을 의미하는데, 고객이 광고를 보면 돈을 주는 것과 유사하다.

유통

소비자는 인터넷을 통해 세계의 어떤 상품이라도 직접 제조업체에 주문할 수 있게 되어 중간상의 역할이 점차 배제되고 있다. 앞으로 중간상 배제현상이 심화되면서 과거의 중개업역할이 재정립될 전망이다.

촉진

정보화시대에는 인터넷이 쌍방향 커뮤니케이션을 가능하게 하므로 촉진의 성격도 변화할 것이다. 디지털 시대에는 단절 없는 one-stop 구매가 가능하다.

(3) 인터넷마케팅의 정의

인터넷마케팅(Internet Marketing)은 인터넷 가상공간에서 고객과의 관계형성 및 실시간 쌍방향 커뮤니케이션을 통한 판매행위를 말한다. 기업은 인터넷을 통해 고객에게 제품을 판매하고 소비자는 서비스를 받기 위해 인터넷을 통해 판매자와 접촉하게 된다. 온라인 매체를 이용한다는 점에서 '온라인 마케팅(Online Marketing)'이라는 넓은 개념으로 지칭되기도 하고, 디지털 방식의 컴퓨터와 통신 시스템을 이용한다는 점에서 '디지털 마케팅(Digital Marketing)', 가상공간에서 이뤄진다는 의미에서 '사이버 마케팅(Cyber Marketing)' 등 다양한 용어로 지칭된다.

정보기술의 발전은 기업(혹은 비영리기관)의 마케팅 활동을 2차원 공간에서 3차원 공간으로 확장시켰다. 이제는 제품의 전시공간이나 거미줄같이 치밀한 영업조직 없이도 간단하게 컴퓨터의 키보드와 마우스만으로 지구 반대편의 개별 가정 혹은 기업조직과 직거래가 가능한 시대가 도래한 것이다.

기존의 마케팅 활동이 기업 대 소비자가 1 대 다수(one to many)의 관계에서 이루어진 반면, 컴퓨터와 데이터베이스, 인터넷 등으로 대표되는 인터넷비즈니스 환경하에서는 소비자의 소비성향과 특성, 불만사항 등의 정보가 실시간으로 기업에 전달되므로 1 대 1(1 to 1) 마케팅이 가능해졌다. 이미 많은 기업들은 개별 고객특성 데이터를 통해 각 소비자의 특성에 맞는 일대일 마케팅 전략을 수행하고 있으며, 다수의 군중을 대상으로 하는 전통적 마케팅 활동에 비해 시장이 더욱 세분화되었으며, 나아가 개별 고객수준까지 시장세분화가 가능해졌다.

이와 같이 새로운 시장상황에서는 전통적 마케팅 방식이 아닌 새로운 마케팅 방식이 요구된다. 기존의 마케팅 개념에 정보 시스템의 관점을 추가하여 확장한 것이 인터넷마케팅이다. 인터넷마케팅은 기존의 마케팅과 전혀 다른 별개의 것이 아니라 정보기술이라는 새로운 매체를 마케팅 활동에 도입한 것이라 할 수 있다.

따라서 인터넷마케팅은 "개인이나 기관의 욕구 또는 목표를 충족시키기 위해 인터넷 등의 전자적 커뮤니케이션 매체를 일부 또는 전적으로 이용하여 제품, 서비스 또는 정보의 창조, 교환, 가격책정 및 유통을 계획하고 집행하는 관리적 과정"이라고 정의할 수 있다.

(4) 인터넷마케팅 관련 용어

인터넷마케팅의 개념과 정의를 명확히 이해하기 위해서 다음 몇 가지 용어의 의미를 이해할 필요가 있다.

필요와 욕구

필요(needs)란 기본적인 만족이 충족되지 않은 상태를 말하는데, 사람이 스스로 만들어낸 것이 아니라 인간의 생리와 본능 또는 근본성질에 의해서 생기는 것이다. 반면, 욕구(wants)는 필요를 충족하기 위한 구체적 해결방법을 말한다. 예컨대, "추워서 몸을 따뜻하게 해야겠다"라는 필요를 해결하기 위해 난방을 할 수도 있고 두꺼운 옷을 입을 수도 있을 것이다. 필요는 같아도 그것을 해결하기 위한 욕구는 문화나 사회적 환경 또는 개성에 따라 다양하게 나타난다.

제품

필요와 욕구를 충족시키기 위하여 주어지는 것을 제품(products)이라고 한다. 제품은 흔히 물리적으로 형태가 있는 것(자동차, 카메라, 옷)과 물리적인 형태가 없는 것(청소, 경비업무, 금융 서비스)으로 나눌 수 있다. 특히 우리가 다루고자 하는 인터넷마케팅에서는 정보가 제품이 되는 경우가 많다.

효용, 가치, 만족

효용(utility)이란 '소비자가 제품을 통해서 얻고자 하는 편익(benefits)'을 말한다. 자신의 품위를 유지하기 위해 고급 자동차에 대한 욕구가 발생하는데, '벤츠' 같은 차는 그 사람이 바라는 효용을 가지고 있다고 하겠다. 그러나 효용은 무상으로 주어지는 것이 아니며 비용을 수반한다. 이렇게 효용에 값을 부여한 것이 가치(value)이다. 벤츠 같은 고급 자동차를 사기 위해서는 1억 원 이상의 돈이 필요한데, 소비자는 자기가 원하는 이상적인 이익을 위해서 이러한 비용을 지불해야 한다. 만족(satisfaction)이란 그 제품에서 바라는 가치와 그 제품에 대해 지불해야 하는 비용을 고려하여 자기에게 가장 적절하다고 생각되는 제품을 선택했을 때의 느낌을 의미한다. 자동차의 경우, 가치와 비용을 함께 생각할 때 '현대 소나타' 정도가 가장 적합하다고 생각된다면 이 제품이 그 소비자의 만족을 극대화할 것이다.

교환, 거래, 관계유지

교환(exchange)이란 '상대방이 필요로 하는 대가를 주고 그로부터 원하는 것을 얻는 행위'를 말하는데, 이것은 마케팅의 중심적인 개념이다. 교환은 거래(transaction)를 통해서 이루어지며, 거래란 '두 당사자 사이의 가치의 교환행위'를 의미한다. 거래가 성립되려면 상대방이 교환할 가치가 있는 것을 가지고 있어야 하며 교환수량, 거래시간, 거래장소, 거래조건 등에 합의해야 한다. 그런데 올바른 마케팅을 위해서는 거래가 한 번으로 끝나서는 안 되고 비슷한 거래가 계속 반복되도록 거래 상대방과의 관계가 유지되어야 하며, 이를 관계마케팅이라 한다. 관계유지(relationship)를 위해서는 장기적으로 기업과 고객이 서로 이익이 되도록 관계를 맺어야 한다.

전자적 커뮤니케이션 매체

일반적으로 전자적 커뮤니케이션은 인터넷을 가리키는 것으로 볼 수 있으나, 광의의 개념에서는 인터넷뿐만 아니라 전화, 팩스, TV도 이에 해당한다.

3 인터넷마케팅의 장단점 및 유형

(1) 인터넷마케팅의 장점

쌍방향 의사소통 가능

과거와 달리 기업은 인터넷을 통해 제품 또는 서비스에 대한 고객반응과 불만사항을 즉시 파악할 수 있는 쌍방향 의사소통이 가능하다.

마케팅 및 판매비용 절감

인터넷을 통한 기업과 고객 간 직접적인 거래로 인해 중간유통단계가 생략되고 이에 따라 마케팅 및 판매 비용이 절감된다. 그리고 인터넷 광고 및 시장조사 등을 통해 광고비나 조사활동비도 크게 절감할 수 있다. 또한 인터넷 웹사이트에 제품을 올려놓으면 고객이 품목을 보고 주문하므로 판매비용이 절감된다.

시간 및 공간 제약이 적음

신문이나 방송과 같은 대중매체를 이용한 광고 및 판촉 활동은 일정한 시간과 공간에서 이루어지므로 그 효과가 한시적이고 특정 지역에 국한되지만, 인터넷마케팅은 24시간 365일 고객이 원하는 시간에 이루어질 수 있고, 그 대상범위도 전 세계로 확대될 수 있다.

광고효과

인터넷에서는 이미지, 음성, 애니메이션, 동영상 등 다양한 자료 표현이 용이하여 제품소개 및 광고 메시지 전달을 보다 효과적으로 할 수 있다.

고객정보의 효과적인 수집 및 관리

전자거래 파일에 기록된 구매정보나 웹서버 로그파일에 기록되는 고객의 웹서핑 과정을 추적할 수 있어 고객의 구매습관이나 기호에 관한 정보를 매우 신속 · 정확하게 획득할 수 있다.

차별화된 정보제공 가능

고객의 구매습관, 상품구매욕구 등을 파악하고 이를 바탕으로 고객특성에 부합되는 정보를 제공함으로써 개인별로 차별화된 마케팅전략을 구사할 수 있다.

다양한 마케팅 활동 가능

기업은 인터넷을 통해 판매한 제품이나 서비스에 대한 고객의 문의에 신속하게 응답할 수 있고, 검색엔진이나 웹로봇 등의 기술을 이용하여 경쟁사의 동향 등을 비교적 단시간 내에 파악할 수 있다. 그리고 신제품의 기능 또는 가격에 대한 소비자 반응을 저렴한 비용으로 점검해볼 수 있다.

(2) 인터넷마케팅의 단점

① 통신보안문제로 인터넷 상거래에 대한 신뢰감이 크지 않다.

② 개인정보가 누출될 우려가 있으며, 정보유출을 통제할 수 있는 확실한 방법이 없다.

③ 광고의 효과측정이나 용어와 가격에 있어 명확한 기준이 없다.

④ 웹사이트 간 객관적인 비교가 어렵다.

(3) 인터넷마케팅의 유형

데이터베이스 마케팅

고객, 경쟁사, 산업정보 등 1차 데이터를 직접 수집 · 분석하고 이를 기초로 마케팅 전략을 수립하는 것을 말한다. 즉 고객이 무엇을 얼마나 자주 구입했는지, 어느 고객이 어느 매장에서 어떤 유형의 제품을 구입했는지, 그리고 특정 고객층의 재구매시기는 언제쯤인지 등과 같은 데이터를 갖고 고객의 성향을 분석한다. 데이터베이스(DB) 마케팅은 대량판매를 목적으로 불특정다수를 고객층으로 하는 매스 마케팅과 달리 고객과의 개별접촉을 전제로 한다.

일대일 마케팅

일대일 마케팅(one to one marketing)은 소비자와 공급자가 인터넷을 통해 일대일로 사이버 공간에서 직접 만나 거래하는 행위를 말한다. 일대일 마케팅의 개념은 새로운 구매자를 유치하는 것보다 기존 단골을 관리하는 것이 비용이 적게 든다는 점에 기초하고 있다. 일대일 마케팅은 다음과 같은 장점이 있다.

① 일대일 방식으로 직접 고객과 사이버 공간에서 대면하므로 고객의 요구사항을 보다 정확하게 수용할 수 있어 고객관리가 용이하다.
② 고객이 전자상점을 통해 필요한 정보를 제공받고 자신의 주장을 직접 반영할 수 있는 통로가 열리므로 시간과 비용이 절약되고 자신의 흥미와 관심에 맞는 유익한 정보를 제공받는다.
③ 공급자와 고객 간 대화를 통한 의견수렴이 가능하여 단점을 상호보완할 수 있다.

관계마케팅

종래의 마케팅은 고객과의 지속적 관계보다 거래성사를 강조한 반면, 관계마케팅(Relationship Marketing)은 고객과의 관계를 형성, 유지 및 발전시키는 새로운 개념의 마케팅이다. 즉 고객과의 모든 접점에서 발생하는 데이터를 통합된 정보로 구축하여 이를 바탕으로 고객유지, 고객가치 증대, 신규고객 유치 등을 도모한다. 선별된 고객과의 장기적이고 수익성 있는 관계를 구축하여 고객가치를 극대화하고 기업의 매출을 증대시키는 목적도 갖고 있다.

이메일 마케팅

이메일 마케팅(e-Mail Marketing)은 기업이 고객에게 이메일을 통해 제품을 소개하고 각종 인센티브를 제공하여 구매를 유도하는 것을 말한다. 그러나 이메일 마케팅의 전개에 있어 스팸메일과 같이 고객이 원치 않는 광고나 홍보성 메시지를 보낸다면 오히려 부정적인 효과를 초래할 수 있음에 유의하여야 한다.

바이러스 마케팅

바이러스 마케팅(Virus Marketing)은 바이러스가 퍼지듯 마케팅 메시지가 확산되는 것으로, 기업의 마케팅 메시지를 접한 고객이 인터넷상의 이메일이나 배너 등 여러 수단을 통해 인접한 고객이나 홈페이지에 전달하는 기법이다. 회원 확보에 비용이 적게 들고 사용자가 증가할수록 그 효과가 커지는 방식이다. 이는 오프라인상의 구전(word of mouth) 마케팅과 유사한 개념이다. 이 용어는 벤처캐피털 회사인 Draper Fischer Jurvetson에 의해 1998년에 처음 사용되었다.

제휴 마케팅

제휴 마케팅(Affiliate Marketing)은 예를 들어 아마존닷컴(amazon.com)이 여러 웹사이트에 수수료를 주고 아마존의 책을 팔도록 유도하는, 이른바 상품을 판매하는 전자상거래 업체와 이를 잘 판매할 수 있는 웹사이트를 링크하여 거래가 발생할 경우 수익을 자동 배분해주는 방식을 말한다. 현재 30만 개 이상의 웹사이트가 아마존의 웹사이트와 연결되어 있다. 모든 웹사이트는 바로 이곳에서 특정 서적을 구입할 수 있다고 사이트 방문자에게 알려주는 작은 배너를 올려놓고, 방문자가 아마존 배너를 클릭하면 순간적으로 아마존의 웹사이트로 옮겨가서 책을 구입할 수 있다. 매출의 일정 부분은 수수료로 그 웹사이트에 돌아간다.

4 인터넷마케팅의 특성

(1) 전통적 마케팅과 인터넷마케팅의 차이점

인터넷을 이용한 마케팅은 소비자와 판매자 모두에게 유익하다. 많은 기업들은 **표 2-2** 에 정리된 바와 같이 여러 가지 이점 때문에 인터넷을 마케팅에 이용하려고 한다.

표 2-2 전통적 마케팅과 인터넷마케팅의 차이점

구분	전통적 마케팅		인터넷마케팅
	대중 마케팅	다이렉트 마케팅	
마케팅 경로	TV, 라디오, 신문	우편	인터넷
마케팅 주체	광고대행사	광고대행사, 담당회사	회사와 고객
광고효과	측정 어려움	매우 낮음	높음
마케팅 정보의 수집	매우 어려움	어려움	쉬움
상품가격의 예측성	높음	높음	낮음
광고대상	불특정 다수	불특정/특정	특정(1:1)
광고 이용방법	단방향 의사소통	단방향 의사소통	쌍방향 의사소통
공간적 범위	지역적	지역적	글로벌
표적고객 선정	비차별적	비차별적/차별적	차별적(DB마케팅)

(2) 인터넷마케팅에 있어서 4P의 역할

전통적인 4P의 개념은 기업 혹은 공급자의 관점이 강조되었으나, 디지털 경제는 **표 2-3**에서 보는 바와 같이 소비자의 입장에서 패러다임의 전환을 요구하고 있기 때문에 이를 충분히 반영한 4P의 개념이 등장하여야 한다.

표 2-3 인터넷마케팅에 있어서 4P의 역할

4P	내용
제품 (Product)	– 무형, 디지털화된 제품의 수요 증대 – 유형 제품, 확장 제품의 개념 변화 – 브랜드 네임과 도메인 네임의 연계성 중요
가격 (Price)	– 저가화, 무료화, 역가격화, 무가격화 – 유료화, 고급화, 패키지화, 머천다이징
유통 (Place)	– 디지털 콘텐츠의 유통 – 장소(Place) 싸움이 아닌 정보와 상품구색 싸움 – SCM을 통한 유통혁신
촉진 (Promotion)	– 광고(Advertising) – 홍보(Publicity) – 판촉(Sales promotion) – 어나운스먼트(Announcement)

제품전략

인터넷에서의 제품은 첫째, 전통적인 개념에 인터넷이 접목됨으로써 무형 혹은 디지털화된 제품의 수요가 증대되었다. 예를 들어, 월스트리트저널은 기존 매체의 내용에 '쌍방향성'을 가미하여 기존보다 훨씬 많은 유료 회원을 확보할 수 있었다.

둘째, 제품의 디지털화를 통하여 유형제품이나 확장제품의 개념이 변하고 있다. 꽃배달 서비스와 같은 경우, 이미 DB화되어 있는 고객들에게 결혼기념일이나 생일 전에 이메일을 보내 이 업체를 상기하도록 세팅함으로써 비용을 거의 들이지 않고도 매출을 올릴 수 있다.

셋째, 브랜드 네임의 중요성은 날로 더해가고 있으며 브랜드 네임과 도메인 네임의 연계성 또한 중요해지고 있다. 따라서 기업이 신제품을 출시할 때 오프라인에서의 상표권 등록뿐만 아니라, 온라인에서의 다양한 권리 확보에도 유의할 필요가 있다. 또한, 도메인 네임의 사전 확보나 비즈니스 모델의 특허등록에 주의를 기울여야 한다.

가격전략

인터넷에서의 가격은 **표 2-4**에서 보는 바와 같이 전형적으로 저가(低價)화, 무료(無料)화, 역가(逆價)화, 무가(無價)화 등으로 나타난다. 정보장벽이 붕괴됨으로써, 기업은 소비자의 참여와 관심을 끌기 위해 경쟁우위 확보를 위한 궁극적인 방법으로 가격에 민감해지지 않을 수 없다. 따라서 전통적 시장에서는 생각하기도 힘든 형태의 가격전략이 나타나게 되었다. 하지만 이러한 전략이 반드시 경쟁우위를 확보하는 데 기여한다고는 말할 수 없다. 따라서 기업은 제품가격의 저가화에만 집중하지 말고, 부가가치가 보다 높은 제품을 통하여 유료화, 고급화, 고가화, 패키지화, 머천다이징 등을 통한 고가화, 고부가가치화 전략에 관심을 기울일 필요가 있다.

유통전략

인터넷에서의 유통은 첫째, 물리적 상품의 유통이 아닌 콘텐츠의 유통으로 디지털 기술과 인터넷이 접목되어 혁신적인 변화를 가져왔다. 예를 들면, 인터넷을 통한 MP3

표 2-4 인터넷마케팅의 가격전략

가격전략		내용
저가화	저가격화	제조원가 이하로 판매
	무료화	PC통신과 달리 인터넷의 경우 대부분의 서비스가 무료로 제공 (예: 무료 이메일 계정, 무료 홈페이지 공간 제공)
	역가화	소비자들이 자신이 원하는 가격에 물건을 구매할 수 있음 (예: 역경매)
	무가화	광고를 보는 조건으로 상품을 무료로 제공
고부가 가치화	유료화	경쟁사와 차별화된 독특한 콘텐츠나 서비스 제공시 구사
	고급화	신뢰성, 브랜드 가치가 있는 상품일 경우 (예: 전문서비스–법률 · 의료, 고가품–다이아몬드)
	패키지화	한 가지 프로세스에 관련된 토털서비스 제공 (예: 화물운송, 전화가설, 주민등록 이전, 집수리 서비스 제공)
	머천다이징	수익원을 다각화 (예: 극장관람료, 케이블TV, 비디오, 공중파TV 방영 수입)

파일의 구입은 기존의 CD 제품과 달리 인터넷을 통해 다운로드받으면 그만이다.

둘째, 장소(Place)싸움이 아닌 정보 혹은 상품구색 싸움의 시대가 도래하였다. 기존의 쇼핑몰이 토지, 건물, 유지비, 임대료 등의 막대한 자본이 필요하였다면, 인터넷 쇼핑몰에서는 '얼마나 상품구색을 잘 갖추고 있나?', '얼마나 싼 가격으로 상품을 배달할 수 있나?' 하는 것이 중요해졌다.

셋째, 전 세계적으로 물류비용은 꾸준히 증가하고 있으며 이는 전체 비용의 10~15%에 해당한다. 이에 전후방 주문관리, 운송관리, 재고관리에 효율성을 제고할 수 있는 온라인 시스템인 SCM이 등장하여, 이를 통한 물류혁신이 이루어지고 있다. 자동차 생산업체인 크라이슬러의 경우, 부품공급업체가 설계나 절차상의 개선을 제안하도록 장려하는 SCORE(Supplier Cost Reduction Effort) 프로그램을 실행하여 비용을 대폭 절감하고 있다.

촉진전략

전통적인 마케팅에서의 촉진전략은 크게 광고(advertising), 홍보(publicity), 판촉(sales promotion), 인적판매(personal selling)로 구분된다. 그런데 인적판매는 아직까지는 가상공간에서 실용화(face to face chatting)되고 있지 않다. 대신 어나운스먼트(announcement)가 촉진 믹스에 포함될 수 있는데, 이는 인터넷상에서 거의 비용을 들이지 않고 홍보할 수 있는 모든 방법을 의미하며, 검색엔진의 랭킹 관리나 웹 BBS의 개시, 이메일의 활용 등 다양한 방법을 포함할 수 있다.

5 인터넷마케팅의 효과 및 전략적 방안

(1) 인터넷마케팅의 효과

인터넷마케팅의 효과로는 첫째, 정보전달 코스트의 절감을 들 수 있다. 예를 들어 UPS는 고객이 필요한 정보를 인터넷이라는 인터랙티브 미디어를 통하여 보다 편리하고 빠르게 전달함으로써 해당 기업의 고품질 서비스를 비교적 낮은 비용으로 제공하는 방법으로 활용되고 있다. UPS의 고객은 UPS의 웹사이트에 접속하여 각각의 해당 정보를 자세히 알 수 있다. 이는 고객에게 온라인으로 물품의 이동상황과 도착정보를 24시간 동안 실시간으로 제공하기 때문에 기존의 전화를 이용할 때보다 고객질의에 대한 대응시간을 줄이고 만족도를 그만큼 높일 수 있다. 현재 400만 건의 고객질의가 웹사이트를 통해 이루어지고 있는데, 이를 비용으로 환산하면 약 90만 달러로 기존 전화처리 시의 비용인 260만 달러와 비교할 때 연간 170만 달러의 절감효과를 가져온 것으로 드러났다.

둘째, 고객과의 관계강화를 들 수 있다. 기업은 웹사이트를 통해 각종 동호회 등을 만들어 공동 관심사에 대한 상호 의견교환과 연대감 형성의 장소로 활용하고 있다. 이러한 활동을 통해 기업은 기존의 고객관리의 방법보다 훨씬 저렴한 비용으로 직접적인 고객관리를 할 수 있다. 즉 자사의 상호 의견교환 및 고객의 상호 의견교류, 회원 간 교류활동을 장려함으로써 브랜드 충성도 및 연대감을 향상시킴과 동시에 기존의 매스 마케팅에서 추구할 수 없었던 구전효과까지 획득하는 이점을 갖는다.

셋째, 유통단계의 축소와 새로운 채널 확보를 들 수 있다. 인터넷마케팅을 도입해서 중간유통단계를 축소할 경우 기업은 보다 많은 이익을 얻을 수 있을 뿐만 아니라, 더 나아가 소비자에게 직접판매할 수 있는 새로운 채널과 보다 많은 이익을 창출할 수 있는 계기가 될 수 있다.

(2) 인터넷마케팅의 전략적 방안

온라인마케팅을 효율적으로 이해하기 위해서는 '포털(Portal)'의 개념을 이해하여야 하며, 포털의 전략적 마케팅 전개방안은 **그림 2-2** 에서 보는 바와 같이 6C를 통해 이루어진다. 여기서 포털이란 웹브라우저를 열고 가장 먼저 접근하게 되는 관문 사이트, 혹은 인터넷 사용자가 웹에 접속했을 때 반드시 한 번씩 들리게 되는 사이트를 말한다. 포털을 지향하는 기업은 보다 많은 고객을 확보하여 오랫동안 머무르게 함으로써 광고를 수익원으로 하는 것이 전형적이다. 대표적인 포털사이트로는 정보검색 서비스를 기반으로 하는 야후와 다음커뮤니케이션, 커뮤니티를 기반으로 하는 네띠앙, 아이팝콘 등이 있다.

그림 2-2 포털의 6C

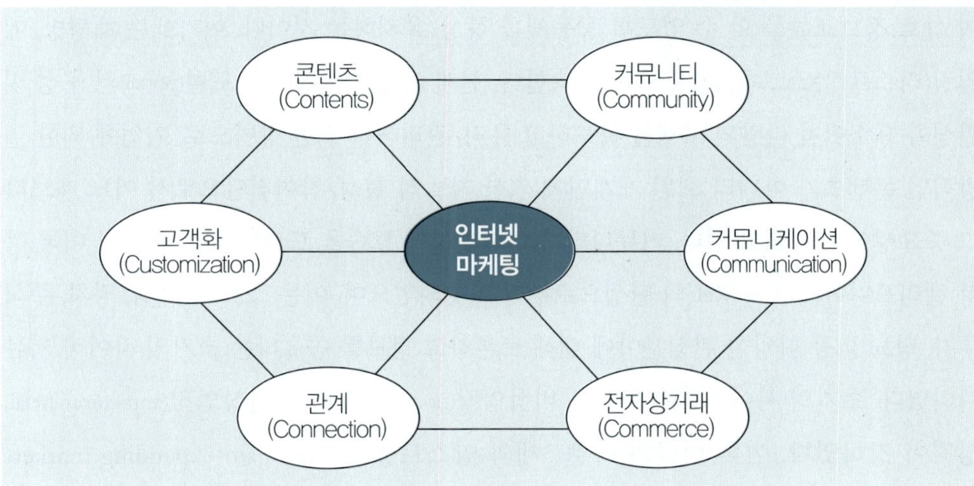

콘텐츠 전략

콘텐츠는 고객이 컴퓨터 화면을 통해서 만나는 첫 접점이다. 인터넷상에서 고객은 제품 자체를 만난다기보다 콘텐츠를 만난다고 하는 것이 오히려 정확한 표현일 것이다. 콘텐츠는 정보의 내용(content), 홈페이지의 디자인(design), 그리고 이들이 상호작용을 할 수 있게 뒷받침해주는 기술(technology)로 구성된다. 이러한 구성요소를 조합한 것이 콘텐디자이놀로지(ContenDesigNology)인데, 좋은 콘텐츠는 **그림 2-3** 에서 보는 바와 같이 세 가지 요소가 적절히 조화롭게 구성되어야 한다.

그림 2-3 콘텐츠의 구성요소

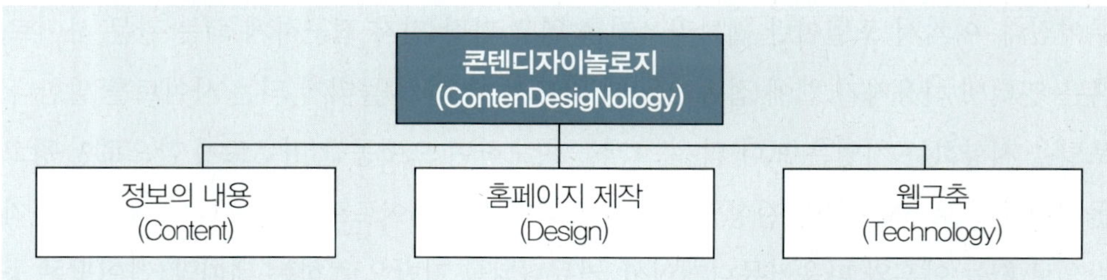

커뮤니티 전략

커뮤니티(community)란 유사한 관심을 가진 집단이 특정 사이트에 지속적으로 접속하여 상호 정보교류를 할 수 있도록 공동체를 형성/유지하는 것이다. 여기에는 채팅방, 메일링 리스트, 뉴스그룹, PC통신 등이 속한다. 현재 커뮤니티 전략은 포털(portal)의 구성 및 활성화 요소이자 다량의 고객을 확보하고 유지/관리하기 위한 방법으로, 기업에 의한 일방적인 콘텐츠가 아니라 회원 개개인에 의한 자발적 형성/참여집단으로서 어느 때보다 그 중요성이 강조되고 있다. 커뮤니티가 인터넷상에 모습을 드러낸 것은 1985년 미국 북부 캘리포니아의 'The Well'의 탄생으로부터 비롯되었으며, 이는 스포츠, 게임, 정치, 주식투자, 당뇨병 등 다양한 관심분야에 대해 토론하고 정보를 공유하는 초기의 사이버 커뮤니티였다. 초기의 사이버 커뮤니티는 비상업적(non-commercial), 반상업적(anti-commercial) 성격이 강하였다. 이후 미국의 하겔 3세와 암스트롱의 'Net. gain-expending markets through virtual communities'에 의해 초기 사이버 커뮤니티의 성격이 배제되고, 가치 있는 가상공동체를 형성하기 위한 상업화가 주장되면서 사이버 비즈 커뮤니티로 나아가게 되었다. **그림 2-4** 에서 제시된 바와 같이 기존 커뮤니티와 사이버 커뮤니티 사이에는 뚜렷한 차이가 존재한다. 여기에서는 이를 크게 네 가지로 살펴보겠다.

그림 2-4 커뮤니티의 발전과정

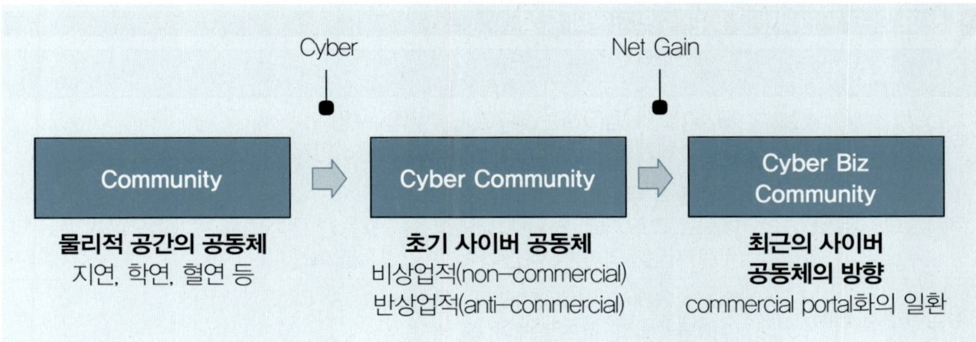

① 시 · 공간적 한계를 극복한다. 그 예로, 고등학교 동창회의 경우 기존에는 동창생들이 한 장소에 모여 일정한 시간이 지나면 헤어졌으나, 사이버 커뮤니티의 경우 동창생들이 언제 어디서나 접속하여 만남을 가질 수 있게 되었다.

② DB의 축적/검색기능과 매스 커스터마이제이션(mass customization)을 활용한다. 기존의 동창회 주소록과는 달리 학교 커뮤니티 홈페이지에 들어가 학교 관련 소식이나 동기생의 연락처를 검색할 수 있다.

③ 기술적 기반을 전제로 한다. 기존의 커뮤니티가 시 · 공간의 개념에 구애를 받았다면, 사이버 커뮤니티는 어떠한 툴(tool)을 활용할 것인지, 어떠한 기술적 환경을 토대로 구현될 것인지에 따라 그 양상이 달라질 수 있다.

④ 익명성이 강하며 비대면성의 요소를 지닌다. 익명성은 채팅방에서의 가명 사용을 통해 나타나는데, 이러한 익명성과 비대면성은 무책임한 루머의 남발, 저질스런 언어구사, 사이버 스토킹 등 심각한 문제를 야기하기도 한다.

커머스 전략

인터넷을 통한 커머스(Commerce) 전략은 해당 기업이 어떠한 방법으로 수익을 창출할 수 있는지에 대해 사전에 그 수익 모델을 정확하게 규정하는 것이다. 많은 기업들은 광고수입이나 상품판매를 주 수익자원으로 하고 있지만 이는 쉬운 일이 아니다. 인터넷을 통한 수익자원의 유형을 정리하면 표 2-5 와 같다.

표 2-5 인터넷을 통한 수익자원의 유형

수익자원	내용
광고수입	웹사이트에 광고하는 광고주로부터의 수입 (야후: 체계화된 디렉토리 서비스를 제공하면서 광고수익을 모델로 함)
콘텐츠의 유료화	콘텐츠의 무료화에서 유료화로 전환 (월스트리트저널: 인터넷 쌍방향성을 활용한 콘텐츠를 소개함으로써 기존의 무료 가입자와 함께 다량의 유료 가입자를 확보)
직접적 상품판매	전자상거래, 인터넷 쇼핑몰의 활성화 (아마존: 서적, 로즈플라워: 꽃 배달)
제휴 프로그램 (Affiliate Program)	자사의 웹사이트에서 직접 상품을 판매하지 않고 쇼핑 사이트와 제휴관계를 맺어 상품판매액에 대한 커미션을 추구하는 형태 (야후와 아마존의 제휴: 야후 방문자가 아마존을 통해 책을 구입하는 경우 아마존은 야후에 약 15%의 커미션을 줌)
렌탈	웹사이트를 운영하는 사업자가 타 기업의 의뢰를 통해 자사 회원의 참여를 유도함으로서 부가적인 수익창출(예: 온라인 리서치 대행, 사용자가 통계분석 데이터 판매, 데이터베이스의 렌탈, 웹호스팅, ASP 사업)
오프라인 (Off-line)	온라인에서의 수익추구를 위해 오프라인도 하나의 자원으로 인식 (야후: 광고수입+제휴 프로그램 수입+야후스토어)

커넥션 전략

커넥션(connection) 전략이란 웹에서의 협력관계, 즉 창조적인 파트너와의 관계의 중요성을 보여주는 전략으로서, 흔히 '전략적 제휴'가 여기에 속한다. 이러한 '전략적 제휴'를 맺게 되는 이유는 다음과 같은 것들이 있다.

① 상거래 등의 프로세스적인 역량 강화를 통한 시장 확대

② 자사의 부족한 역량을 강화하고 강점역량을 제공함으로써 노력 및 비용 절감
③ 공동전선 구축을 위한 경쟁자의 진입장벽 형성 및 강화

제2절 모바일마케팅의 의의

1 모바일마케팅의 개념

모바일마케팅(Mobile Marketing)은 '이동할 수 있는' 혹은 '이동성을 가진'이라는 뜻의 Mobile과 Marketing의 합성어이다. 즉 모바일이란 움직일 수 있는 모든 것, 좁게는 휴대전화를 이용한 것부터 넓게는 위성항법장치(GPS: global positioning system), 비행기, 선박, 자동차뿐만 아니라 세계 어느 곳에서든지 인공위성을 이용하여 자신의 위치를 정확히 알 수 있는 시스템까지 넓은 분야를 지칭하는 말이다.

마케팅의 궁극적인 목적은 소비자에게 제품을 판매하고자 함이 아니라 고객만족(Customer Satisfaction)을 창조하는 것이다. 따라서 그 어떤 분야보다 변화하는 고객의 요구(Needs)와 환경에 민감하다고 할 수 있다. 최근 21세기에 들어와서 커넥팅 테크놀로지(Connecting Technology)의 급속한 발전은 마케팅에 굉장한 영향력을 미친다. Connecting Technology의 발달이 마케팅에 가져다줄 수 있는 이런 변화들은 최근 '일대일 마케팅(One to One Marketing)'을 추구하는 트렌드와 맞물려 모바일마케팅(Mobile Marketing)의 탄생을 불러일으킴과 동시에 마케팅의 궁극적인 목표인 고객만족(Customer Satisfaction)을 높이기 위한 방법으로 그 중요성을 높이고 있다.

결국 모바일마케팅(Mobile Marketing)이란 무선통신과 직접적으로 관련된 비즈니스를 통해 수익을 창출하거나, 혹은 무선환경을 활용하여 경쟁력을 강화하는 마케팅이라 정의할 수 있다.

2 모바일마케팅의 특징

마케팅 측면에서 보면 모바일마케팅은 기존 인터넷마케팅과 여러 가지 차이점을 가지고 있다. 그중 가장 큰 특징은 모바일마케팅은 시간이나 장소에 구애받지 않고 사용자의 개인화된 성향에 따른 고도화된 맞춤 서비스가 가능하다는 점과 제품과 서비스에 대한 이해를 높이는 것에서 실제 구매행동까지 이르게 할 수 있다는 것이다. 이를 정리하면 표 2-6 과 같다.

표 2-6 인터넷마케팅과 모바일마케팅의 차이점

	인터넷마케팅	모바일마케팅
Who	PC를 소유하거나 PC를 이용할 수 있는 환경을 가지고 있는 사람	이동전화 단말기를 소유한 사람(무선 인터넷 접속 불가 단말기 제외)
When	고객이 PC로 접근했을 때 마케팅 활동 가능	시간에 인터넷마케팅과 모바일마케팅 비교분석 구애받지 않고 마케팅 활동 가능
Where	고객이 PC를 이용할 수 있는 환경에 있을 때만 마케팅 활동 가능	장소에 구애받지 않고 마케팅 활동 가능(위치정보 활용 가능)
What	PC Device	Mobile Device
How	이메일, Web–My Page 기능 활용	Push Message, Mobile–My Page 기능 활용

(1) 일대일 마케팅

모바일마케팅의 가장 큰 특징은 원투원 마케팅(One to One Marketing)이 가능하다는 점이다. 소비자와 사회, 그리고 기업의 태도가 변화함에 따라 소비자의 요구와 상품, 그리고 서비스의 관계는 한층 복잡해졌다. 마케팅을 둘러싼 이러한 흐름 속에서 주목받는 것이 고객과의 친밀한 관계이다. 기업은 고객 개개인을 만족시키는 상품과 서비스와 이벤트를 제공함으로써 그 기업의 브랜드와 해당 상품이 가진 장점에 대한 공감대를 가지고 될 수 있는 한 오랫동안 서로의 관계를 유지하는 것이 필요하다.

모바일 단말기를 통한 마케팅전략을 기획한다면 자사 웹사이트에 등록된 고객의 핸드폰 번호를 통해 새로 출시된 상품을 구매할 가능성이 높은 타깃 집단에 신속하게 메시지를 전달할 수 있고, 또는 이동통신사와 연계해 이들 회원을 대상으로 원하는 타깃 마케팅 활동을 집중할 수 있고 이를 구매로 연계시킬 수 있을 것이다. 유선 인터넷과 모바일 단말기를 적절하게 혼합한 마케팅 믹스(Marketing Mix) 전략을 구사한다면 이처럼 상황에 따른 철저하게 개인화된 마케팅 기법으로 기업과 사용자 모두에게 만족할 만한 결과를 제공할 수 있는 이점이 있다.

(2) 타이밍 기반 마케팅

타이밍 기반 마케팅(Timing based Marketing) 역시 모바일마케팅의 특징 중의 하나이다. 마케터는 상품이 가진 특성을 이용해 고객의 관심을 행동으로 옮길 수 있는 마케팅 활동을 개시해야 할 것이다. 예를 들어 커피 광고는 커피를 많이 마실 시간인 아침 출근시간, 또는 점심시간에 내보내 상품의 주목성을 높일 수 있고, 아침, 점심, 저녁에 각기 다른 메시지를 통해 상품이나 서비스가 가진 장점을 적절하게 제공할 수 있다.

(3) 위치 기반 마케팅

모바일마케팅의 또 다른 매력은 위치 기반 마케팅(Location based Marketing) 서비스라고 할 수 있다. 위치 기반 테크놀로지는 모바일마케팅의 수준을 한 단계 업그레이드하는 변수로서 작용할 것으로 기대된다. 예를 들어, 모바일 고객 데이터베이스가 구축된 패밀리 레스토랑이나 대형 슈퍼마켓의 마케터는 모바일 가입자가 매장의 50미터 근방에 있으면 자동으로 메시지를 발송해 그날 또는 그 주의 스페셜 상품이나 메뉴를 알려준다.

가트너그룹(The Gartner Group)은 위치 기반 모바일 서비스의 영역을 크게 네 가지로 나누고 있다. 첫 번째는 인포메이션 서비스(Information Service)로 옐로우 페이지(Yellow

Page)와 같이 식당, 날씨, 교통 등에 대한 정보를 제공하는 서비스이다. 두 번째는 응급 신고 및 보안으로 도로순찰, 자동 위치추적, 자동차사고, 응급사고 시에 사용될 수 있다. 세 번째는 트래킹(tracking)으로 친구 찾기, 위치 기반 게임 등에 응용할 수 있고, 마지막은 빌링(billing)으로 외부지역에 있는 기업고객을 대상으로 서비스하기에 적합하다. 반면에 위치 기반 서비스가 비즈니스 여행객들에게 인기를 얻기 위해서는 오퍼레이터가 각국가 통신사업자와 함께 연계해 로밍 서비스 문제를 반드시 해결해야 한다고 덧붙이고 있다.

(4) 폰 마케팅

폰 마케팅(Phone Marketing)은 휴대폰으로 메시지를 전달하면서 원하는 제품을 구매할 수 있도록 버튼만 누르면 해당 업체 담당자에게 바로 전화로 연결되는 서비스이다. 모바일로 물건을 주문하거나 상품에 대한 자세한 정보를 알려면 아직까지 상당히 불편하고 많은 절차를 거쳐야 한다. 이에 반해 흥미가 있는 메시지를 받으면 바로 담당자에게 전화를 걸어 원하는 정보를 얻을 수 있거나, 원하는 상품을 구매할 수 있도록 할 수 있는 것이 폰 마케팅의 강점이다.

(5) 휴대성 마케팅

핸드폰은 이제 우리의 생활 속으로 들어와 잠잘 때를 빼고는 어디든지 함께 하는 생활필수품으로 떠올랐다. 핸드폰의 이러한 휴대성(Portability)은 마케터의 입장에서 보면 대단히 유용한 도구이다. 실제로 TV는 아침이나 저녁의 얼마간을 제외하고는 사람들에게 노출되기 어렵고, 신문 역시 간편하게 들고 다닐 수는 있지만 아침 출근시간이나 퇴근시간에 한번 읽고 나면 그 가치가 소멸된다. 반면 휴대폰은 항상 잠재고객과 함께 하기 때문에 원하는 시간에 정해진 마케팅 활동을 하기에는 최적의 도구이다. 이를 마케팅적 관점에서 정의하면 입는 마케팅(Wearable Marketing)이라고도 부를 수 있다. 정보의 휴대성을 활용한 모바일마케팅을 할인쿠폰 발송이나 티켓예매 등에 적용할 수 있을 것이다.

3 모바일마케팅의 성공요건

(1) 트렌드에 대한 인식제고

모바일은 이미 하나의 미디어 혹은 마케팅 채널로서 독립적인 자리 매김을 공고히 하고 있다. 한 조사에 의하면 포털의 검색 트래픽의 50%가 이미 모바일에서 발생하는 상황이 됐다. 이미 이런 추세를 예측하고 준비해왔던 기업은 모바일마케팅과 광고에 투자하고 모바일을 통해서 의미 있는 결과를 내고 있다. 그런데 아직도 많은 기업들이 모바일은 온라인 마케팅의 부수적인 도구로만 인식하고 적절한 대응과 준비를 하고 있지 못한 실정이다. 전사적으로 남보다 빨리 트렌드(trend)에 대한 예측과 준비를 하는 안목을 키우고 노력하는 자세가 필요하다

(2) 전문인력의 양성

기존 매체와 마케팅 방식에 익숙해져 있는 조직일수록 새로운 시도를 할 수 있는 조직이나 인력이 없기 마련이다. 하지만 이럴 때일수록 모바일 트렌드를 빨리 읽어내고 전략을 세우고 실행할 수 있는 내부인력을 양성할 필요가 있다. 실제 모기업은 기존의 마케팅 조직을 전문화하여 뉴미디어팀이란 조직을 만들고 내부에 적합한 인력을 배치하고 이 인력으로 하여금 지속적으로 모바일을 비롯한 새로운 트렌드에 부합하는 마케팅 전략을 공부하고 고민할 수 있도록 환경을 마련했다고 한다. 이처럼 기업 내부에 전문인력을 장기적인 관점에서 양성한다면 뒤따라가는 혹은 대행사에만 의존하는 마케팅의 한계를 벗어날 수 있을 것이다.

(3) 합리적인 인프라 구축

대부분의 기업들은 모바일마케팅을 위해 필요한 모바일 홈페이지, 모바일 앱 등의 모바일 인프라 구축에 인색하거나 합리적이지 못한 인프라 구축에 낭비를 하고 있다. 초기 기업들은 모바일마케팅을 위해서 모바일 앱이 필수라고 여겨 너도나도 앱 구축에 발 벗고 나서서 많은 기업들이 앱을 구축한 상태이다. 하지만 각 기업의 목적과 담아내는 콘텐츠의 내용에 따라 모바일 앱(mobile App) 또는 모바일 웹(mobile web)으로 인프라 투자를 할 필요가 있다.

단순 기업홍보 등의 목적을 위해서 모바일 앱을 선택하기보다는 모바일 웹이 효율적이다. 그 이유는 모바일 앱은 내용이나 기능이 업그레이드될 때마다 마켓 운영회사에게 승인요청을 해야 하고 대기하는 시간이 소요되며 안드로이드 버전별 그리고 아이폰 OS용 등 몇 가지의 앱을 만들어 관리해야 하기 때문이다. 구글 경영진마저도 자신들의 서비스마다 앱을 구축할 수 없다고 선언한 바 있다.

(4) 사용자환경의 이해

모바일마케팅을 하면서 기업들이 가장 많이 등한시하거나 실수하는 부분이 바로 사용자환경에 대한 고려이다. 모바일 기기는 크게 OS에 따른 사용자환경과 하드웨어 사양에 따른 사용자환경이 있다. OS별로는 안드로이드 계열(같은 안드로이드 OS에서도 버전이 여럿 있으며 또 단말기회사마다 그 특성이 조금씩 상이함)과 애플OS가 있다. 하드웨어 사양으로는 해상도와 화면크기 등이 사용자환경을 크게 좌우하는 구분이다.

이런 다양한 모바일 기기의 사용자환경의 특징과 문제를 파악하지 않고 모바일 웹페이지 등을 구축해서 마케팅을 전개할 경우 안드로이드 계열에서는 문제가 없지만 애플OS 단말기상에서는 제대로 구현되지 않는 등 완전 다른 서비스가 제공될 수 있다는 점이다. 실제로 몇 곳의 모바일 웹페이지를 벤치마킹해보면 동영상이나 가로보기가 지원이 안 될 뿐만 아니라 이미지 사이즈 등을 기종별로 고려하지 않아 해상도가 현저히 떨어져 콘텐츠를 확인할 수 없는 경우도 있다. 때문에 모바일마케팅을 위해서는 콘텐츠들이 사용자환경에 따라 어떻게 구현되는지에 대한 전문적인 검토와 확인이 꼭 필요하다. 그렇지 않을 경우 악영향을 줄 수도 있다.

4 모바일마케팅 사례

(1) KTF: 모바일게임 패러다임의 변화

KTF는 멀티미디어 사운드 구현, 빠른 게임 처리속도 등 단말기가 TV 못지않게 진화함에 따라 모바일 인터넷도 유선 인터넷에 필적하는 콘텐츠를 양성하게 될 전망이다. 또한 유선 인터넷의 이용자, PDA의 이용자, 모바일폰 이용자 등 상이한 플랫폼 이용자가 게임 대전을 펼칠 경우 유선 인터넷 이용자가 합류하게 됨으로써 모바일게임은 크게 발전할 것으로 전망된다. 또한 게임의 주요 고객층인 20대에서 40대의 고객들을 큰 하나의 집단으로 분류하고 그 안에서도 적절한 타깃팅과 고객 세분화를 통하여 여러 가지 게임을 개발하고 있다.

(2) LG텔레콤: 모바일 콘텐츠 사업전략

LG테레콤의 주요 IT 전략은 경쟁력 제고수단으로 IT를 강화하고, 빌링 시스템을 제고하는 것이다. 또한 빌링 및 고객관리 시스템에서 나온 ODS 데이터를 DW로 구축하고 여기에 각종 통계분석 툴이나, CRM 솔루션을 이용해 마케팅지원 시스템을 구축할 계획이다. 마케팅지원 시스템에서 발생한 각종 데이터는 KMS에 저장되며, ODS 데이터는 ERP와 연동되어 DW로 전달된다. CRM이란 고객의 이탈 방지, 각 고객개인의 만족 강화로 볼 수 있는데 LG텔레콤은 해지예측 시스템을 우선 개발할 계획이며, 연내 고객유지관리, 캠페인 관리 등의 총 5개 애플리케이션을 DW 위에서 가동할 계획이다.

(3) SK텔레콤: 무선 인터넷 사업전략

SK텔레콤은 기존의 텍스트에 기반을 둔 문자 메시지와 무선 인터넷을 통한 광고의 한계를 재구성하여 모바일 광고인 네이트 애드모아를 선보였다. 네이트 애드모아는 단말기 대기화면, NATE 접속 및 종료화면 등 총 7개 화면에 생활정보, 연예, 광고 및 이벤트 동영상 콘텐츠가 자동으로 제공되는 멀티미디어 형태로 가입고객을 연령/지역/멤버십 등 유형별로 정보를 무료로 제공하는 PUSH형 멀티미디어 광고 서비스로서 광고주에겐 자사광고의 노출, 통계를 관리할 수 있는 인프라를 제공하며 고객에게는 단순히 광고를 보기만 하는 것으로서 여러 가지 유용한 정보를 얻을 수 있으며, 그 밖에 SMS 50회, 400패킷이 무료로 제공되고 광고주 건당 100원씩을 적립하는 등의 혜택을 누릴 수 있게 하여 윈윈 효과를 노릴 수 있는 타깃 마케팅의 대표적인 도구로서 고객들의 생활 속에 자리 잡게 될 것이다.

제3절 국제마케팅의 의의

1 국제마케팅의 개념

(1) 국제마케팅의 정의

국제마케팅의 개념을 이해하기 위해서는 먼저 국내마케팅, 즉 마케팅의 개념에 대한 이해가 필요하다. 왜냐하면 국제마케팅의 체계와 기본 원리가 마케팅에서 비롯되었기 때문이다. 마케팅에 대한 정의는 학자마다 조금씩 다르지만 미국마케팅협회(AMA: American Marketing Association)의 정의에 의하면, 마케팅이란 “개인 및 조직의 목표를 충족시키는 교환을 창출하기 위해 아이디어, 재화, 용역의 개념화, 가격, 촉진 및 유통을 계획하고 수행하는 과정"이다. AMA가 정의한 마케팅의 개념을 시대별로 정리하면 표 2-7 과 같다.

표 2-7 AMA가 정의한 마케팅의 개념

	마케팅의 개념
1960년	생산활동 이후의 행위, 단순한 판매행위, 생산자 중심을 강조
1985년	상호교환 창출, 마케팅 믹스(4P: 제품, 가격, 유통, 촉진)를 구체적으로 제시
2004년	고객가치와 고객관리를 중시 여기는 관계마케팅을 강조
2007년	제품은 친환경적이고 윤리적이며, 인권을 중시하고 노사규범을 준수해야 함

이러한 마케팅의 정의에 기초하여 국제마케팅의 개념을 정리해보면 국제마케팅(international marketing)이란 "개인 및 조직의 목표를 충족시키는 교환을 위해 해외시장에 개입하고 아이디어, 재화, 용역의 개념화, 가격, 촉진 및 유통을 국제적으로 계획하고 수행하는 과정"이라고 할 수 있다. 결국 국제마케팅이란 이익 등 기업목적을 달성하기 위하여 개별 기업체가 제품 서비스들의 흐름을 2개국 이상의 소비자와 사용자들에게 돌리고 향하게 하는 등의 기업활동을 수행하는 것이라고 할 수 있다.

물론 기업들은 시장이 존재하는, 즉 판매 가능한(salable marketable) 제품과 서비스들을 개발하여 가격을 책정하고, 촉진활동과 유통활동을 수행함으로써 이익 등을 실현하는 것을 목표로 삼고 있다. 따라서 위의 국제마케팅 정의에서 '개별 기업체가 제품과 서비스들의 흐름을 2개국 이상의 소비자와 사용자들에게 돌리고 행하도록 하기 위해 수행하는 제 기업활동'이란 주로 제품 및 서비스 계획수립(product service planning)을 하고, 가격책정(Pricing)을 하고, 촉진(promoting)을 벌이고, 유통활동(distributing, placing)을 수행하는 것을 말한다.

국내마케팅을 할 때에도 개별 기업체는 위와 같은 활동들을 물론 수행한다. 그러면 국내마케팅과 국제마케팅 사이의 정의상, 그리고 운영상의 차이점(definitional and operational difference)은 무엇인가? 정의상의 단 하나의 차이점은, 단지 1개국시장(a national country market)에서만 마케팅 활동을 실시하는 국내마케팅과 달리, 국제마케팅의 경우는 마케팅 활동을 2개국 이상에서 수행한다는 사실이다. 여기서 그 차이점을 마케팅 활동의 대상국가수로 단순하게 표현했기 때문에 국내마케팅과 국제마케팅 사이의 차이가 아주 적은 것으로 보일지도 모른다. 그러나 실제로 둘 사이의 차이는 대단히 크다.

(2) 국제마케팅의 특징

앞에서 언급한 국제마케팅에 대한 정의를 바탕으로 국제마케팅의 특징을 요약하면 다음과 같다.

첫째, 국제마케팅은 무역, 국제제휴, 해외직접투자 등 기업의 해외시장 개입에 따른 마케팅과정을 다룬다. 따라서 해외시장과 관련이 없는 마케팅과정은 포함되지 않는다.

둘째, 생산자 중심이 아닌 고객 중심의 마케팅 활동을 강조한다. 예컨대 제품을 생산한 후 고객을 찾는 것이 아니라 제품을 생산하기 전에 고객의 필요와 욕구를 충족시키기 위해 해외시장조사 등의 노력을 경주한다.

셋째, 국제마케팅은 유형의 제품뿐만 아니라 서비스나 아이디어 같은 무형의 제품도 포함한다. 예컨대 기술자문 등을 해외에 촉진하는 행위도 국제마케팅으로 본다.

넷째, 국제마케팅은 제품, 가격, 유통경로, 판매촉진 등 4P가 통합되고 조정되어야 한다. 종래 수출 위주의 시장개입하에서는 해외유통업체를 통한 판매만이 중요하게 인식되었지만, 이제는 모든 마케팅 믹스가 효과적으로 조정되어야 한다.

다섯째, 국제마케팅은 한 국가가 아니라 여러 국가에 걸쳐 국제적으로 마케팅 활동이 수행되므로 기업은 전사적인 관점에서 마케팅 활동을 통합하고 조정하여야 한다.

(3) 국내마케팅과의 차이점

국제마케팅은 **표 2-8** 에서 보는 바와 같이 국내마케팅(domestic marketing)과 몇 가지 차이점을 지니고 있다.

표 2-8 국내마케팅과의 차이점

항목	국내마케팅	국제마케팅
시장	국내	해외
마케팅대상	단일 요소	상품 · 기술 · 자본 · 인력 · 상표 · 경영 등 복합요소
마케팅전략	국내시장 적응화	현지 적응화 또는 세계시장 표준화
전략형태	판매	해외직접투자 · 해외건설 · 해외자원개발
경쟁대상	국내기업	현지기업 · 외국기업 · 세계기업
기업의 형태	국내기업	국제기업
자원이전	없음	있음

첫째로 국제마케팅은 국경을 초월해서 기업활동을 수행한다는 점이다. 따라서 재화, 용역, 자본, 인력, 기술 등을 어떻게 효율적으로 이동시키느냐 하는 문제가 대두된다.

둘째로 해외시장에서 기업활동을 수행한다는 점이다. 따라서 국내시장환경과는 상이하므로 해외시장환경에 대한 분석과 아울러 외국소비자에 대한 연구가 필요하다.

셋째로 동질적이 아니라 이질적인 2개 이상의 해외시장에서 마케팅 활동을 수행한다는 점이다. 따라서 시장 간의 상호작용에 기초하여 마케팅전략의 국제간 조정과 통제가 필요하며, 이른바 글로벌 전략을 구축하여야 한다.

결국 한 나라 안에서 마케팅 활동을 수행하는 국내마케팅보다 국제마케팅은 더 많은 복잡성, 다양성, 위험성, 난이성 등이 존재한다고 할 수 있다.

2 국제마케팅의 유형

국제마케팅은 기업의 해외시장 개입수준과 해외시장 진입방식에 따라 **표 2-9** 에서 보는 바와 같이 수출마케팅, 해외마케팅, 다국적마케팅, 범세계적마케팅 등으로 분류할 수 있다.

표 2-9 국제마케팅의 유형

	수출마케팅	해외마케팅	다국적마케팅	범세계적마케팅
경영자의 사고	본국 지향	해외시장 지향	현지시장 지향	세계시장 지향
마케팅전략	수출 마케팅전략/표준화	해외마케팅전략	다국적마케팅전략/차별화	글로벌전략/통합
세계관	국내시장의 연장	해외시장	현지시장	세계시장
주요 자산	핵심능력 집중	핵심능력 분산	분권화/현지화	전 세계적 배치
경쟁우위	가격경쟁력/납기준수/안정적 품질	가격경쟁력	현지시장에 대한 유연성/적응능력	세계적 통합/조정능력

(1) 수출마케팅

수출마케팅(export marketing)은 국제마케팅의 가장 원초적인 활동으로, 재화 및 용역의 국제간 이동을 주 대상으로 삼는다. 상품생산의 주요 기반은 국내에 있으며 다만 판매시장이 외국일 뿐이다. 기업은 적극적으로 기존제품의 해외판매를 추구하는 한편 해외판매자의 요구조건에 맞게 제품 및 마케팅 절차 등을 조정한다.

(2) 해외마케팅

해외마케팅(foreign marketing)은 수출마케팅보다 진일보한 개념으로서 기술제휴, 합작투자 등 주로 해외시장에서의 현지생산 · 현지판매에 관련된 해외사업활동에 초점을 맞춘다. 따라서 국제마케팅 관리자는 현지의 마케팅 환경을 면밀히 분석하고 이에 적합한 마케팅전략을 수립하여 집행해야 한다.

(3) 다국적마케팅

다국적마케팅(multinational marketing)은 합작투자는 물론 단독투자에 이르기까지 세계 전역을 통한 마케팅 활동을 수행한다. 즉 국제기업이 복수의 해외시장을 대상으로 수행하는 마케팅 활동을 강조한다. 다국적마케팅 관리자는 모든 국가의 마케팅 프로그램을 하나의 효과적이고 통합적인 다국적마케팅 활동으로 조정하는 업무를 수행한다. 다국적기업의 경영자는 국제마케팅 활동의 통합과 조정을 통한 규모의 경제 효과를 추구하게 된다.

(4) 범세계적마케팅

범세계적마케팅(global marketing)은 해외시장 개입의 수준이 매우 높은 범세계적 기업의 마케팅 활동에 초점을 맞추고 있다. 범세계적 기업은 본국시장과 외국시장의 구별이 없이 전 세계의 시장을 하나의 동질적인 시장으로 간주하고 표준화된 제품을 강조한다. 따라서 이 경우에는 다차원적인 기업조직과 경영철학이 요구된다.

3 국제마케팅의 연구분야

앞서 밝힌 국제마케팅의 정의와 특징을 바탕으로 국제마케팅에서 다루어야 할 연구분야를 요약하면 **그림 2-5** 와 같이 정리할 수 있다.

그림 2-5 국제마케팅의 연구분야

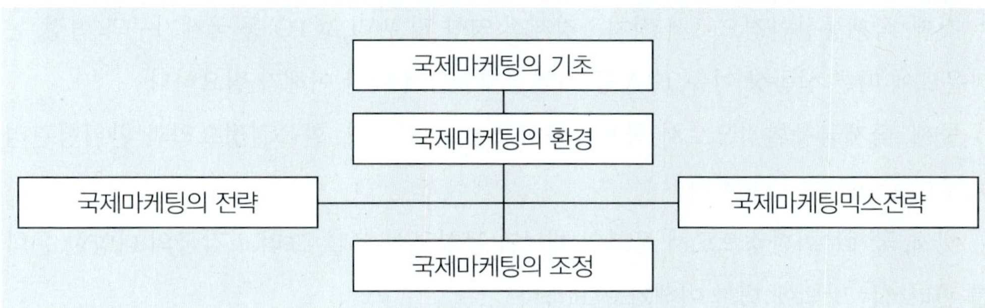

(1) 국제마케팅의 기초

기업이 해외시장에 개입하여 국제마케팅 활동을 수행하기 위해서는 먼저 그 목적을 명확히 설정하는 것이 무엇보다 중요하다. 기업은 일반적으로 판매시장 확보, 생산거점 확보, 연구 및 자원개발 등의 전략적 목표를 가지고 해외시장에 진출한다. 이 중에서 기업이 특별히 강조하는 것이 무엇인지 명확히 하여야 한다.

다음으로 중요한 것은 기업의 국제화에 대한 올바른 이해이다. 기업의 국제화는 기업활동의 해외이전과정을 나타내며 해외시장의 수와 비중, 국제사업의 형태, 해외시장 진입방식, 그리고 해외에서의 경영활동을 포함한다. 국제마케팅은 기업의 자원 및 전략에 따라 수행되므로 기업의 국제화수준과 전략방향은 국제마케팅 활동에 영향을 미치기 마련이다.

(2) 국제마케팅의 환경

국제마케팅은 국내마케팅과 달리 여러 가지 불확실한 해외환경에 접하게 된다. 따라서 기업에게는 그만큼 기회요인이 되기도 하지만 일반적으로 여러 형태의 위험요인이 존재한다. 그러므로 효율적인 마케팅 활동을 수행하기 위해서는 상이한 해외환경에 대한 철저한 이해와 분석이 필요하다. 기업의 입장에서 이해해야 할 국제마케팅 환경으로는 **그림 2-6**과 같은 것들을 들 수 있다.

첫째, 국제통상환경으로서 정치 · 경제적 영향 및 관리, WTO 등 국제기구와 협정, 뉴라운드에 따른 신통상 이슈, FTA 등 지역경제통합에 대한 이해가 필요하다.

둘째, 국제금융환경으로서 국제금융시장 및 외환시장, 환율결정요인과 환위험관리 등에 대한 이해가 필요하다.

셋째, 국제문화환경으로서 문화의 개념과 문화분석 모델, 그리고 각국의 다양한 문화를 관리하는 방법에 대한 이해가 필요하다.

넷째, 국제정치환경으로서 세계 여러 국가에서 사업을 하면서 겪게 되는 정치적 위

그림 2-6 국제마케팅 환경

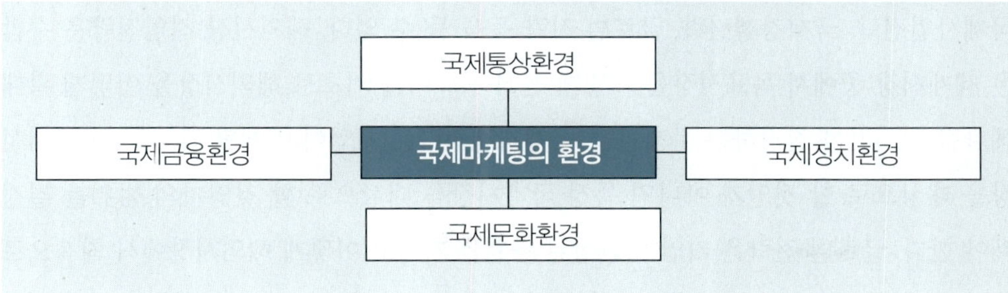

험의 유형과 원천, 그리고 이러한 위험의 영향 및 관리에 대한 이해가 필요하다.

(3) 국제마케팅의 전략

국제마케팅전략의 의미

국제마케팅은 세계 여러 나라의 다양한 국제환경 속에서 마케팅 활동을 수행하기 때문에 상이한 환경에 대한 분석과 더불어 효과적인 전략수립이 필요하다. 이 경우 현지자회사의 입장에서뿐만 아니라 국제기업 본사의 관점에서 국제마케팅전략을 수립하여야 한다. 여러 국가를 대상으로 국제마케팅 활동이 동시에 이루어지기 때문에 국가 간 자원과 활동을 어떻게 배치하고 이들을 효과적으로 조정할 것인가의 문제가 중요해진다.

그림 2-7 국제마케팅전략

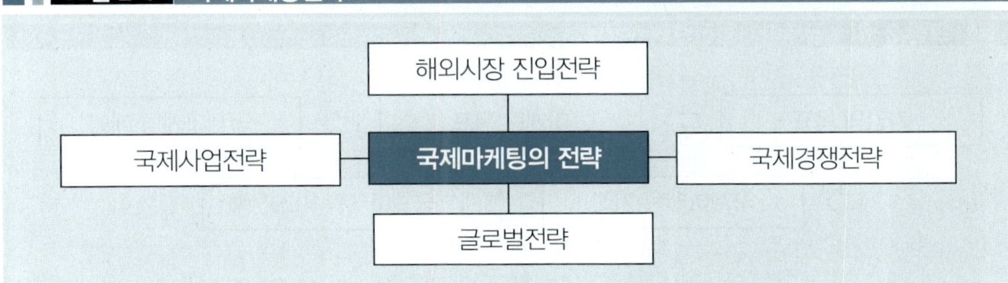

국제마케팅전략의 주요 내용은 **그림 2-7** 에서 보는 바와 같이 해외시장 진입전략, 국제사업전략, 국제경쟁전략, 글로벌 전략 등을 들 수 있다. 해외시장 진입전략은 수많은 세계시장 중에서 목표시장을 어떻게 선정하고 이를 기초로 해외시장을 어떻게 확대해나갈 것인가를 결정하는 문제이다. 국제경쟁전략은 기업이 마케팅 활동을 전 세계시장을 대상으로 할 것인가 아니면 특정 국가시장을 대상으로 할 것인가의 범위를 결정해야 한다. 글로벌 전략은 기업이 한정된 자원을 가지고 어떻게 해외시장에서 최적으로 배치할 것인가를 다룬다. 국제사업전략은 수출 · 국제제휴 · 해외직접투자 중 어떤 방식으로 진출할 것인가를 다룬다.

국제마케팅전략의 수립절차

국제기업은 전체적인 기업목표하에서 장기 경영전략 계획에 따라 각 해외시장별로 시장기회를 확인하고, 경쟁의 여건을 분석하며, 시장기회와 경쟁여건에 부합하는 장 · 단기 마케팅 프로그램을 수립 · 집행하여야 한다. 국제마케팅 활동이 효율적으로 이루어지려면 기업의 모든 경영활동이 마케팅을 중심으로 통합되어야 한다. 이러한 마케팅 개념을 전사적 마케팅 개념(total marketing concept)이라고 한다. 전사적 마케팅 개념에 입각한 기업의 장기 경영전략 계획의 개발은 일반적으로 마케팅전략의 개발에서부터 시작하여 생산 · 물적 · 유통 · 기술 · 인사 · 재무 · 투자전략의 순서로 전개되는 것이 보통이다. 국제기업 경영전략의 개발에 있어서는 본사와 해외자회사 간의 유기적인 결합 여부에도 신경을 써야 한다.

그림 2-8 국제마케팅전략의 수립절차

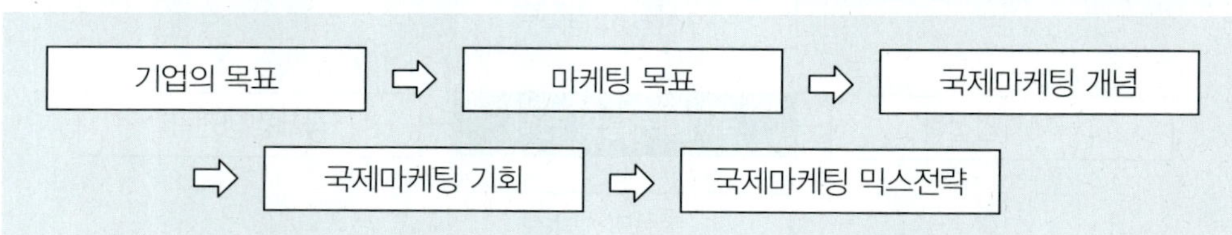

국제기업들의 마케팅전략 수립에 있어서는 **그림 2-8** 에서 보는 것과 같은 시스템적 접근방법이 많이 활용되고 있다.

첫째, 우선 국제기업의 전체적인 기업목표와 마케팅목표를 설정하고 그 테두리 안에서 자체적인 국제마케팅의 개념을 명확히 확립하여, 이를 조직구성원들에게 널리 인식시킴으로써 국제마케팅전략을 제대로 수립 · 집행할 수 있는 기업 내 풍토를 조성한다.

둘째, 해외시장국들과 각각의 지역시장별로 마케팅의 시장기회와 잠재수요를 확인 · 분석하고 이를 활용하기 위한 우선순위를 정한다.

셋째, 기업 내의 통제 가능한 제 요소, 즉 제품 · 가격 · 판매촉진 · 유통경로 등을 유기적으로 결합한 마케팅 믹스 전략을 범세계적인 차원에서 수립한다.

넷째, 범세계적인 기업활동을 효율적으로 지원할 수 있도록 마케팅 믹스 전략을 구체적인 각 시장국별 · 지역시장별 마케팅 프로그램으로 발전시키고 집행예산 등의 마케팅 자원을 배분 · 투하한다.

다섯째, 이와 같은 마케팅전략을 생산 · 재무 · 인사 · 투자 · 기술 등 다른 기능분야와 운영분야의 국제전략과 연계시키고 조정한다.

(4) 국제마케팅 믹스전략

국제마케팅 전략으로는 **그림 2-9** 에서 보는 바와 같이 국제제품전략, 국제가격전략, 국제유통전략, 국제촉진전략 등 이른바 국제마케팅 믹스전략을 들 수 있다. 국제마케팅 믹스란 기업이 국내외의 통제 불가능한 환경 변화에 대응하기 위하여 기업 내부에서 통제할 수 있는 모든 요소들을 유기적으로 혼합 · 조정 · 통합하는 활동을 의미한다. 국제기업의 활동영역이 넓어짐에 따라 국제기업은 보다 더 이질적인 국제시장환경에 부딪치게 된다. 따라서 이질적인 국제시장환경의 폭이 넓어지면 넓어질수록 국제기업의 효율적인 마케팅전략 수립은 더욱더 신중하게 이루어져야 할 것이다.

그림 2-9 국제마케팅 믹스 전략

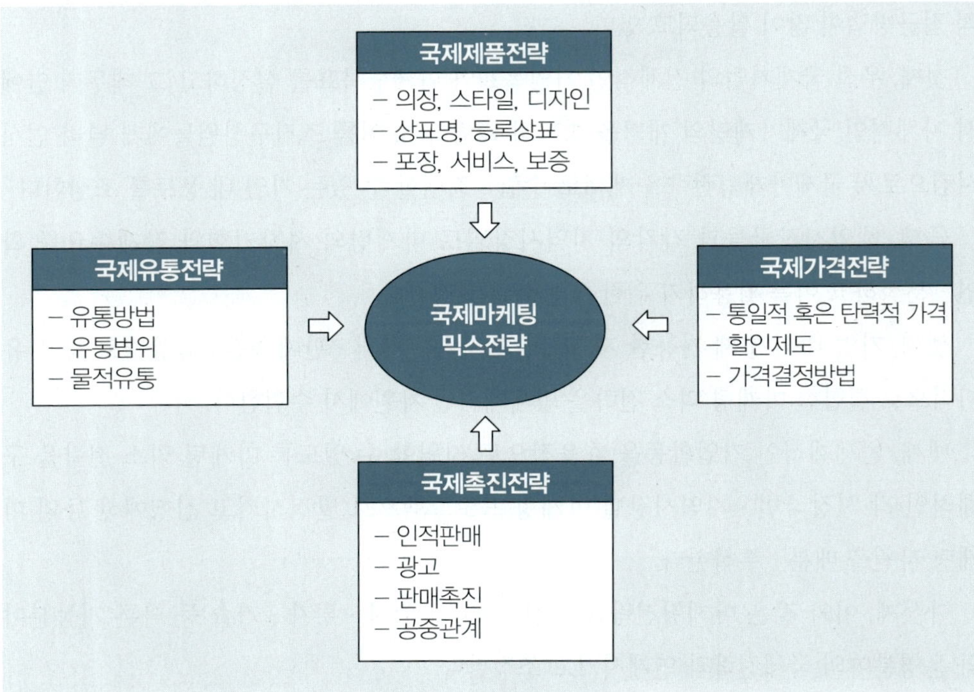

국제마케팅 믹스를 구성하는 기업 내부의 통제 가능한 제 요소는 제품(product) · 가격(price) · 유통경로(place or channel) · 광고 및 판매촉진(promotion)의 소위 4P 요소이다. 마케팅 믹스의 구성요소는 국내마케팅이나 국제마케팅이나 똑같다고 할 수 있다. 단지 국제마케팅의 경우 여러 국가의 시장을 상대로 동시에 마케팅 활동을 전개하기 때문에 4P를 중심으로 한 믹스 구성의 폭이 더욱 넓어지고 복잡해진다는 차이점이 있다. 이를테면 국제마케팅 믹스 전략에서는 기업의 재무기능이 국내마케팅의 경우보다 중요한 역할을 수행하게 된다. 그 이유는 금융 · 신용거래 및 기타 대부거래의 관행이 국내마케팅의 경우에 비해 훨씬 더 어렵고 그 절차가 복잡하기 때문이다. 위의 **그림 2-9** 는 마케팅 믹스 전략의 체계를 예시하고 있다.

국제마케팅 관리자는 한 국가의 시장에서 사용한 마케팅 프로그램을 다른 시장에 어떻게 이전시킬 것인가를 결정해야 한다. 또한 기업은 현지시장 확대를 위해서 현지시장에 알맞은 마케팅 믹스의 개발이 필요하다. 동시에 기업은 복수의 국가시장을 고려한 마케팅 믹스전략의 개발이 필요하다.

4 국제마케팅의 조정

기업이 세계 각국에서 마케팅 활동을 수행하게 되면 전사적인 관점에서 마케팅 활동을 조정하고 통제하여야 한다. 이는 기업이 국제마케팅 목적을 효과적으로 달성하기 위해서 세계시장에 흩어져 있는 자사의 자원과 활동들을 서로 연계시킴으로써 규모의 경제, 범위의 경제, 경험 효과 등을 제고하려는 것이다.

국제마케팅의 조정에 해당되는 것으로는 국제마케팅조사, 해외고객행동 분석, 국제마케팅의 조직 및 통제, 국제인터넷마케팅 등을 들 수 있다. 국제마케팅조사 및 국제마케팅의 조직과 통제는 국제마케팅에 관한 모든 의사결정과 원활한 업무수행을 위해서 필요하다. 해외고객행동 분석을 행하는 이유는 해외고객들이 무엇을, 왜, 어떻게, 언제, 구매하는가를 정확히 알아야 그들의 필요를 충족시킬 수 있기 때문이다. 국제인터넷 마케팅은 인터넷 혁명에 따라 국제마케팅 활동에 획기적인 변화가 일어나고 있기 때문에 효과적인 전략수립을 위해서는 이를 이해하는 것이 필요하다.

연습문제

1. 마케팅, 국제마케팅, 인터넷마케팅의 차이점에 대해서 설명하시오.
2. 국제마케팅의 연구분야에 대해서 설명하시오.
3. 국제마케팅 믹스와 인터넷마케팅 믹스의 차이점은 무엇인지 설명하시오.
4. 기존 커뮤니티와 사이버 커뮤니티 간에는 어떤 차이점이 있는지 설명하시오.
5. 인터넷마케팅의 전략적 방안에 대해 6C를 중심으로 설명하시오.
6. 모바일마케팅의 성공요건과 전망에 대해서 설명하시오.

제 3 장

전자무역

학습목표

전자무역의 기본적인 개념에 대해서 학습하고, 전자무역과 관련된 법규, 기관, 주요 수단, 문제점, 대응방안 등에 대해서 이해한다. 그리고 점차 부각되고 있는 인터넷무역 마케팅에 대해서 체계적으로 학습한다.

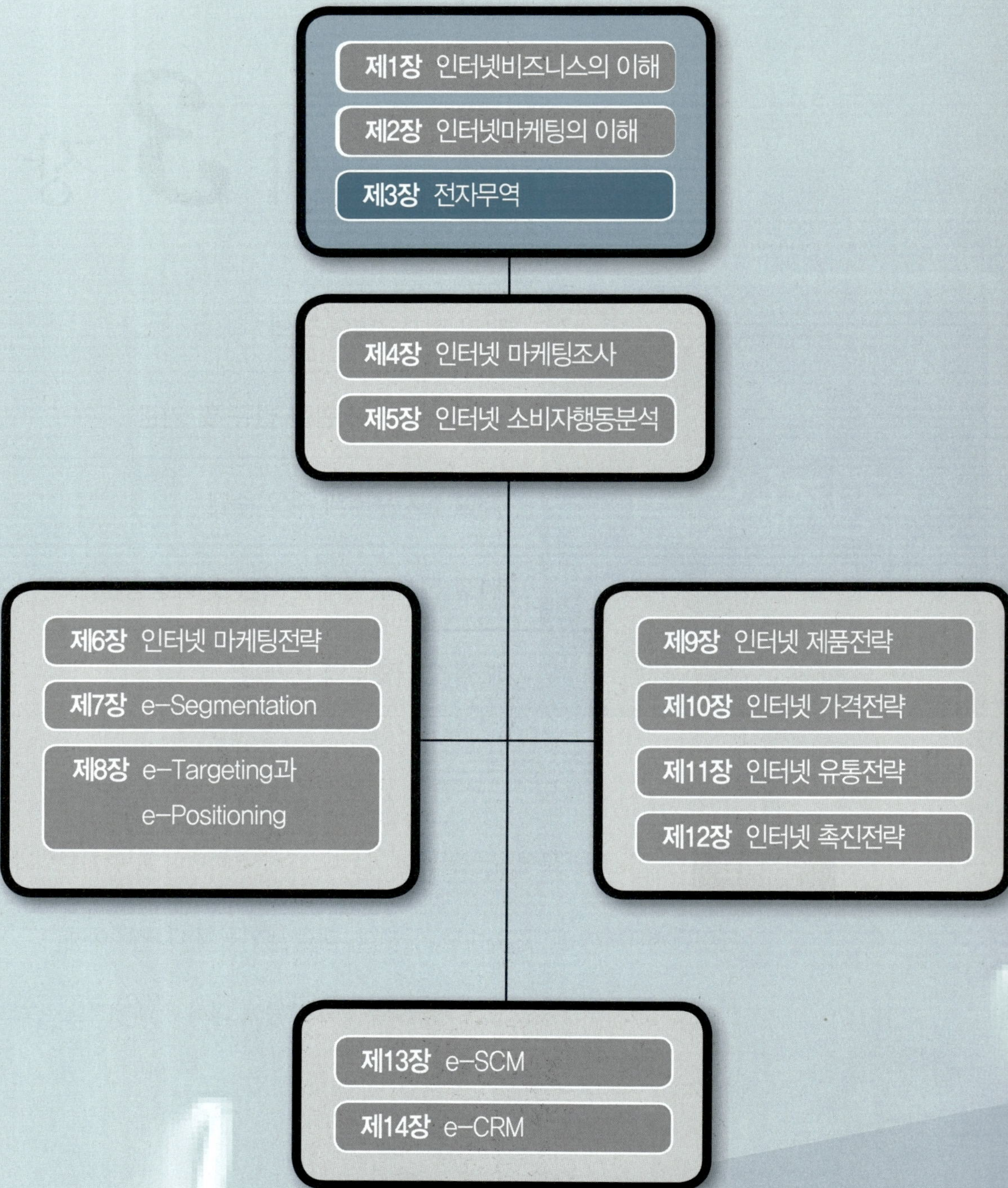

제1장 인터넷비즈니스의 이해
제2장 인터넷마케팅의 이해
제3장 전자무역
제4장 인터넷 마케팅조사
제5장 인터넷 소비자행동분석
제6장 인터넷 마케팅전략
제7장 e-Segmentation
제8장 e-Targeting과 e-Positioning
제9장 인터넷 제품전략
제10장 인터넷 가격전략
제11장 인터넷 유통전략
제12장 인터넷 촉진전략
제13장 e-SCM
제14장 e-CRM

사례 연구

전자무역

아마존, 영업이익 떨어져도 웃는 이유는?

세계 최대 전자상거래업체 아마존닷컴이 지난 27일 1분기 실적을 발표했다. 매출은 전년 동기 대비 34% 오른 131억 8,000만 달러 매출을 보이면서 시장 전망치를 웃돌았지만 순이익은 35% 급감한 1억 3,000만 달러에 그쳤다. 영업마진도 1.5%로 지난해 같은 기간 3.3%에 비해 절반 가까이 줄었다. 하지만 순익 감소에도 아마존은 여전히 잔칫집 분위기다. 그 이유는 무엇일까.

탈안드로이드 전략 먹혔다

아마존 매출 1등 공신은 단연 스마트패드 '킨들파이어'다. 지난해 11월 출시돼 1분기에만 470만 대를 팔아 시장점유율 16.8%를 기록하며 아이패드 뒤를 바짝 쫓은 것. 안드로이드 운용체계(OS)로 범위를 좁히면 점유율이 절반 이상이다. 지난 2월 점유율 54.4%로 갤럭시탭을 제치고 1위에 올랐다.

주목할 만한 점은 킨들파이어가 안드로이드 OS 기반이긴 하지만 자체적으로 수정해 변형(forking)했다는 점이다. 이 때문에 킨들파이어 이용자는 구글 플레이스토어(구 안드로이드마켓)가 아니라 아마존 앱스토어에서 앱을 다운받는다. 안드로이드에 종속되지 않아 구글과 콘텐츠 판매 수익을 나누지 않아도 된다.

타 안드로이드 기기와 다른 점은 또 있다. 용량이 8GB로 턱없이 작아 많은 콘텐츠를 저장하기 힘들다. 아마존은 클라우드 서비스와 연계시켜 콘텐츠를 소장하는 게 아니라 보고 버리는 소비 개념으로 바꿔버렸다. 콘텐츠 회전률이 높아지기 때문에 매출 향상도 당연하다.

아마존 순익 하락은 영업비용 증가 때문이다. 영업이익은 지난해 3억 2,200만 달러에서 절반 수준인 1억 9,200만 달러로 줄었다. 이런 지출을 감내하면서 킨들파이어를 파는 이유는 명확하다. 콘텐츠를 지속적으로 팔 수 있는 유통 플랫폼을 확보하기 위한 전략이다. 이용자들은 킨들파이어를 통해 다양한 잡지나 동화책 콘텐츠 등 전자책을 구입하고 아마존 쇼핑몰을 통해 물건을 산다. 1만여 편의 TV 쇼와 영화 등이 무료 스트리밍으로 제공된다. 실제로 아마존 미디어 판매 수입은 전년보다 19% 성장한 47억 1,000만 달러로 나타났다.

온라인 유통명가 자존심도 지켰다

올해 미국 온라인 쇼핑 규모는 전년 대비 12% 증가한 1,970억 달러에 이른다. 아마존은 미국 내 부동의 1위 사업자로 그 비결은 배송이다.

아마존은 미국 전역을 커버하는 물류체계를 갖추고 있다. 아마존은 10년 전 닷컴 버블 붕괴 후에도 물류와 데이터 센터에 거액을 투자해 거센 비판을 받았다. 2005년 79달러 연간 회비를 내면 당일배송을 해주는 '아마존 프라임' 서비스를 내놨을 때도 암울한 전망이 줄을 이었지만 현재 전자상거래 부문에서 압도적인 입지를 구축하는 데 발판이 됐다. 최근 로봇 고객주문처리업체 키사시스템스를 8억 달러에 인수한 것도 이런 전략의 연장선상이다.

아마존이 단기적인 영업이익이 집착하지 않는 이유는 킨들파이어가 장기적으로 전자상거래 영역까지 포괄해 거대 콘텐츠 생태계를 만들 것이라는 믿음에서다. 제프 베조스 CEO는 "단기 손해를 장기매출로 승화시킨다는 유통전략을 끝까지 고수하겠다"고 밝혔다. JP모건의 더글라스 앤무스 애널리스트는 "아마존 이용자 확대추세는 매우 강력하다"며 "올 후반에는 순이익도 개선될 것"이라고 전망했다. (ETNEWS, 2012.4.29)

토의과제

1. 아마존의 마케팅 핵심전략은 무엇인가?
2. '킨들파이어'의 강점은 무엇인가?
3. 한국기업의 전자무역 활성화를 위해서 필요한 요건은?

제1절 전자무역의 의의

1 전자무역의 개념

전자무역(electronic trade)이란 컴퓨터 통신망인 인터넷을 통해 국내외 시장정보 수집, 해외바이어 발굴, 정보검색과 수출입계약 체결 등의 제반 무역거래의 전자화에 의한 새로운 형태의 무역거래방식을 말한다.

종래 전통적 무역거래방식이 종이서류에 의한 거래인 데 비해, 정보통신기술을 기반으로 한 전자무역은 인터넷과 전자문서교환방식(EDI: electronic data interchange)의 활용을 통하여 서류 없는 무역거래(paperless trade)의 수행으로 기업의 비용 절감과 경쟁력 확보, 그리고 전자상거래의 이점을 최대한 활용한다는 점이다. 이러한 기존의 무역거래방식과 거래관행 면에서의 변화는 곧 상거래혁명으로 받아들여지고 있다.

전자무역의 개념에는 무역거래의 절차뿐만 아니라 유형재(tangible goods)의 무역거래의 대상 자체도 포함되어 있으며, 무역거래의 대상물이 디지털 콘텐츠 등 전자적 형태의 무형재(intangible goods)인 경우에도 전자무역이라는 개념을 적용할 수 있다. 전자무역은 인터넷 등 컴퓨터 네트워크에 의해 수행하는 전자적 방식의 다양한 정보매체를 활용하여 무역거래를 수행하는 가장 폭넓은 의미의 무역이라고 할 수 있으며, 여기에는 전자상거래의 개념까지 포함되어 있다. 대외무역법에서는 전자무역을 '무역의 전부 또는 일부가 컴퓨터 등 정보처리능력을 가진 장치와 정보통신망을 이용하여 이루어지는 거래를 말한다'고 규정하고 있다.

한편 전자무역과 비슷하게 사용되는 또 다른 용어로 사이버무역, 인터넷무역 등을 들 수 있다. 그러나 아직까지 이들 용어에 대한 정의가 확실하지 않고 공식적으로 사용되는 용어가 확정되지 않아 사람에 따라 사이버무역, 인터넷무역, 전자무역 등의 용어를 혼용하고 있다. 세 가지의 용어 중 가장 좁은 개념을 설명하는 용어로 인터넷무역을 들 수 있다. 인터넷무역이란 인터넷을 활용하여 무역거래와 관련된 각종 정보 및 전자문서(메시지)를 교환하는 것을 말한다. 따라서 인터넷이 아닌 폐쇄형 네트워크인 VAN 등을 사용하는 무역업무자동화 및 통관업무, EDI(전자문서교환) 등은 엄밀하게 말하면 인터넷무역에 포함되지 않게 되어 지나치게 좁은 개념이라고 지적되기도 한다. 그러나 한편에서는 최근 들어 인터넷 EDI가 활성화되는 등 무역의 인터넷에 대한 의존도가 높아짐에 따라 인터넷무역이라는 용어가 여타의 용어보다 현실적이며 이해하기 쉽다는 의견도 있다.

사이버무역은 인터넷 혹은 그 밖의 전자적 수단을 활용하여 무역거래와 관련된 각종 정보 및 전자문서(메시지)를 교환하는 것이라고 볼 수 있다. 앞서의 인터넷무역과 비교해볼 때 인터넷 외의 전자적 수단을 추가한 점에서 차이가 있다. 여기서 주지할 점은 '전자적 수단'이라는 개념인데, 이것은 팩스나 전화 등과 같은 정보처리와 무관한 전자적 매체가 아니라 '컴퓨터 등 정보처리가 가능한 것'에 국한된 개념이라는 것이다. 즉 사이버무역에는 인터넷과 EDI 등이 모두 포함되므로 개념상의 적용범위가 조금 더 넓다고 볼 수 있다.

이상의 전자무역을 가리키는 용어들은 나름대로 차별성을 갖고 있으나 '전자무역'이라는 용어가 전자적 대상물과 인터넷을 포함한 모든 전자적 거래를 포괄하는 가장 넓은 개념을 갖고 있으며 대외무역법에서 전자무역이라는 용어를 사용함에 따라 가장 일반적으로 사용될 것으로 예상된다.

2 전자무역의 특징

(1) 전 세계를 대상으로 하는 글로벌 마케팅 가능

기존의 마케팅은 막대한 비용과 소비자분석 등의 어려움이 있었으나 이제는 인터넷이라는 새로운 매체를 이용함으로써 문자와 그림은 물론 음성과 동화상 등 다양하고 효과적인 방법으로 회사나 제품을 소개할 수 있게 되었다. 따라서 전 세계를 대상으로 한 광고 및 마케팅을 염두에 두어야 한다. 즉 인터넷은 공간의 한계를 초월하기 때문에 그동안 국가별로 구분되었던 시장들이 하나의 시장으로 통합된다. 따라서 최소의 비용으로 시간과 공간의 제약 없이 전 세계를 대상으로 광고활동을 할 수 있고 전 세계 어느 곳의 누구와도 언제든지 무역거래를 할 수 있다.

(2) 시장의 단일화 및 가격의 하락

기존의 개별적이고 독립적으로 운영되던 시장이 인터넷이라는 거대한 인프라를 기반으로 단일시장으로 통합되고 있다. 인터넷에서는 전문 정보검색엔진을 이용하여 특정 상품을 어느 나라의 어떤 기업이 공급하고 있는지를 쉽고 빠르게 찾아볼 수 있기 때문에 기업과 소비자 간에 철저한 시장원리가 적용되어 가장 경제적이고 합리적인 기준에 의한 거래가 이루어지게 된다.

따라서 인터넷에서는 가격구조는 평준화되고 제품에는 차별화가 이루어져 전반적으로 서비스나 제품의 가격 하락이 자연스럽게 진행된다. 즉 전자무역을 하게 되면 원천적으로 제품이나 서비스의 가격이 낮아진다. 전자무역은 인터넷을 통해 수출업자와 수입업자가 바로 연결되기 때문에 유통구조가 간단하여 유통비용이 그만큼 줄어든다. 그리고 생산과정에 대한 정보가 공개됨에 따라 가격구조가 평준화되어 제품이나 서비스의 가격이 전반적으로 하락하게 된다.

(3) 신규 거래선 발굴의 효율 극대화 및 정보획득 용이

인터넷을 이용하면 적은 비용으로 효율적인 거래선 발굴이 가능하다. 인터넷에서는 각국의 정부와 무역유관기관 그리고 개별 기업들이 올려놓은 무역에 관련된 수많은 정보들을 정보검색엔진이나 웹사이트를 이용하여 손쉽게 찾아볼 수가 있어서 기존 무역에 비해 신규 거래처 발굴과 정보획득이 용이하다.

기존의 무역거래에서는 거래선을 물색하는 데 많은 시간과 비용이 들었고 정보가 부족하여 무역중개업자를 이용하기도 하였다. 그러나 전자무역에서는 인터넷을 통해 특정 상품을 어느 나라의 어떤 기업이 공급하고 있는가를 쉽게 찾아볼 수 있다. 또한 시장정보를 실시간으로 얻을 수 있기 때문에 특정 상품을 필요로 하는 거래당사자들 간에는 철저한 시장원리가 적용되어 가장 합리적인 기준에 의해 거래가 이루어지게 된다.

(4) 홍보활동 강화 및 잠재적인 구매자 확보

인터넷은 국가 간 장벽이나 지리적 제한이 존재하지 않는 글로벌 네트워크로 상품홍보의 범위도 그만큼 넓은 만큼 기업활동의 무대를 세계로 넓히는 데 좋은 수단이 되고 있다. 기존의 무역은 거래상대방이 다소 국한되어 있었던 점에 비해 인터넷무역은 인터넷에 등록해 놓은 정보를 불특정다수가 시간적 · 공간적 제약 없이 접할 수 있어 잠재적인 구매자와 판매자 확보가 가능하고 지속적인 광고효과를 거둘 수 있다.

(5) 시장반응에 대한 즉각적인 대응 가능

온라인 네트워크로 제품에 대한 시장반응을 수집, 분석하여 제품의 홍보나 마케팅에 반영할 수 있다. 이는 기존 무역거래로는 손쉽게 얻을 수 없는 인터넷무역의 효용으로 쌍방향 커뮤니케이션이라는 인터넷의 특징이 무역거래에 적용되어 기업의 이익창출에 크게 기여할 수 있는 부분이다.

(6) 획기적인 거래비용의 절감

판매자와 구매자 간에 상담이나 상품에 대한 정보의 취득, 거래성사 시 오고가던 각종 종이서류의 교환형태가 이제는 인터넷을 이용한 전자서류로 대체되어감에 따라 판매자는 상품에 대한 정보를 별도의 홍보용 책자나 전단으로 만들지 않고 인터넷에서 곧 바로 전시할 수 있고 구매자는 다양한 상품정보를 쉽게 얻을 수 있어서 거래비용의 획기적인 절감을 가져올 수 있다.

전통적인 무역거래에서는 정보를 취득하거나 거래를 성사시키기 위해 상담을 하거나 서류를 주고받아야 하므로 비용과 시간이 많이 필요했다. 그러나 전자무역에서는 인터넷을 통해 정보와 서류를 주고받기 때문에 통신비용이 절감된다. 또한 전자무역에 관련된 결제 시스템이 개발되어 안전하고 확실한 대금결제가 보장되므로 금융수수료를 절감할 수 있다.

(7) 대금결제의 전자화 및 새로운 물류 시스템의 도입

기존 무역에서는 신용장이나 D/A, D/P, T/T 송금 등의 방법으로 국한되었던 대금결제방식이 인터넷무역에서는 전자화폐나 새로운 전자결제 시스템을 이용한 새로운 방식으로 전환됨에 따라 시간과 비용의 획기적인 절감을 가져올 수 있게 되었다.

또한 구매자의 Needs에 맞춘 지능 수송 시스템이 구축되어 물품의 배송을 인터넷을 통해 의뢰하고 선적 후 화물추적기능을 통하여 배송과정을 확인할 수 있으며 인터넷의 특성인 공동구매 원리를 적용, 물류비용을 획기적으로 절감할 수 있다.

(8) 중소기업에게 성장기회 제공

인터넷을 통한 거래는 기업의 규모나 인지도보다 소비자의 욕구를 충족시킬 수 있는 제품이나 서비스 제공에 그 성공여부가 달려 있으므로 좋은 제품, 탁월한 서비스 능력, 창의적이고 진취적인 마인드를 가지고 있다면 어느 기업이라도 국제적인 수준의 기업이 될 수 있다.

현지거점이 없어도 글로벌한 사업전개가 가능하다는 점에서 대기업, 다국적기업, 중소기업이 대등한 위치에서 경쟁할 수 있는 여건이 조성되어 중소기업에게는 얼마든지 성장의 기회로 작용할 수 있다. 따라서 인터넷을 이용해 일반 중소기업들도 네트워크를 구축하여 과거 대기업만이 독점했던 전 세계를 대상으로 하는 광고나 시장개척활동을 할 수 있다.

3 전자무역의 거래절차

(1) 전자무역거래의 개요

전자무역은 인터넷을 통해 해외시장정보의 탐색과 거래선의 발굴 등 해외마케팅 활동을 효율적으로 수행하고, 거래알선 사이트(e-market place)나 검색엔진(search engine)을 활용하여 해외시장정보를 수집하면서 수출물품의 홍보를 위해서는 자체 웹사이트를 구축하여 이를 적극적으로 활용하고 있다. 전자무역은 컴퓨터나 정보통신수단을 활용하여 무역거래의 일부나 전부를 수행하기 때문에 그 거래의 과정이 전통적 방식의 무역거래와 다를 바가 없다. 전자무역의 흐름을 그림으로 나타내면 **그림 3-1** 과 같다.

그림 3-1 전자무역의 절차

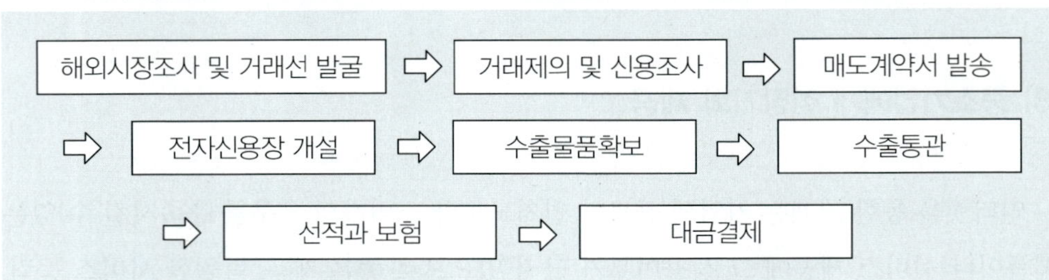

① 인터넷으로 무역 관련 사이트를 방문하여 해외시장조사를 하고 해외의 거래선을 물색한다. 해외의 거래선이 물색되면 수입상에게 전자메일(e-mail)을 이용하여 거래를 제의하고 상대방으로부터 긍정적인 회신이 오면 구체적인 거래조건을 제시한다. 거래제의 시 전자메일을 보내는 경우에는 거래선을 알게 된 경위와 회사소

개, 제품소개에 대하여 자세하게 소개한다. 거래제의를 받은 수입상은 수출상과 서로 오퍼를 주고받는데 그 내용은 가격, 수량, 인도시기, 보험, 품질, 대금결제조건, 운송방법에 대한 것이다. 매도인이 매수인에게 보내는 오퍼를 수출오퍼(selling offer)라 하고, 그 반대를 수입오퍼(buying offer)라 한다.

② 매매당사자 간에 거래조건이 최종적으로 수락되면 정식으로 전자무역계약을 체결한다. 무역계약에는 상품에 관한 사항과 무역계약의 이행에 절대적으로 필요한 거래조건을 구체적으로 약정한다.

③ 전자무역계약이 체결되면 수출상은 계약물품을 약정한 기일 내에 생산 내지 구매를 통해 확보, 포장하고 통관에서는 EDI 방식의 수출통관을 마친 후 선적하게 된다. 계약물품에 대한 선적이 완료되면 수출상은 전자결제 시스템에 의해 관련 은행 등으로부터 수출대금을 회수한다.

④ 수입상은 수출상이 계약물품을 선적해 보내면 수입대금을 결제하고 수입화물을 입수한 후 EDI 수입통관을 필함으로써 모든 수입절차를 마치게 된다.

⑤ 수출대금의 회수와 수입물품의 입수가 끝나면 무역거래는 일단 종결되지만, 만약 상대방이 클레임을 제기하면 이의 해결과정이 남게 된다. 무역거래에서 발생하는 클레임도 온라인으로 신청하여 진행된다.

한편 무역거래의 전 과정이 전자적으로 수행되는 경우는 거의 없고 해외시장조사, 거래알선, 수출입통관 등 주로 무역마케팅 분야와 계약체결 등을 중심으로 전자무역이 이루어지고 있다.

(2) 전자무역과 전통적 무역거래의 비교

전자무역은 무역거래의 제반 업무활동과 관련하여 기존의 전통적 무역과는 거래를 수행하는 수단이나 방법 등에 있어서 상당한 차이를 보여주고 있으나, 전자무역은 컴퓨터 네트워크를 활용함으로써 각 거래단계에서 업무를 효율적으로 처리하는 것이기 때문에 전통적인 무역과 상거래상의 본질적인 차이는 없다.

그러나 인터넷에 의해 형성된 새로운 단일 세계시장인 사이버 마켓에서는 중소기업과 대기업의 차이가 없어 중소기업에 있어서는 글로벌 마케팅을 수행할 수 있게 되고, 또한 창의적이고 유연한 중소기업은 변화하는 국제무역환경에 기동성 있게 대처할 수 있으며, 인터넷상에서 새로운 사업기회를 발견할 수 있다는 점에서 전자무역이 더욱 활성화될 전망이다. 전자무역과 전통적 무역방식의 차이점을 정리하면 표 3-1 과 같다.

표 3-1 전자무역과 기존무역의 차이점

	기존 무역거래	전자무역
정보 수집	직접방문 또는 면담	인터넷 정보검색
마케팅	카탈로그, 매체광고, 전시회, 상담회	홈페이지 구축, 인터넷마케팅, 사이버 전시회
의사교환 및 계약	전화, 팩스, 우편, 출장	인터넷, e-mail
무역금융 및 통관	종이서류, 관세사	전자문서, EDI 통관
대금결제	신용장, D/A D/P	trade card, 전자신용장
물류운송	포워더, 선사, 항공	특급운송, 온라인, e-mail 전송
분쟁해결	직접협상, 중재, 소송	사이버 협상, 사이버 중재

시장조사단계

시장조사 단계에서는 전자무역의 경우 주로 인터넷상의 검색엔진(search engine)에 의한 정보검색과 각국의 정부기관 사이트나 기업의 웹사이트 또는 개인 사이트를 통한 정보검색을 활용해 국내 및 해외의 신제품이나 거래선에 대한 정보, 경쟁업체에 관한 정보 등의 시장정보를 신속하게 입수할 수 있다. 또한 인터넷상의 자사의 웹사이트나 무역거래알선 사이트(EMP: e-Market Place), 유즈넷, 메일링 리스트 등을 통해 자사제품과 서비스에 대한 홍보를 할 수 있기 때문에 시장조사업무를 편리하고 신속하게 수행할 수 있다. 주요 거래알선 사이트를 정리하면 표 3-2 와 같다.

표 3-2 주요 거래알선 사이트

국내	해외
한국무역협회(KITA) http://www.kita.net	World Trade Center http://www.wtca.org
실크로드 http://www.silkroad21.com	UN/GTPNet ETO http://tradepoint.tidco.co.tt/gtpneto
대한무역투자진흥공사(KOTRA) http://www.kotra.or.kr	Trade Leads http://www.tradeleads.com
한국외국기업협회 http://www.kofa.org	Global Trade Center http://www.tradezone.com
중소기업진흥공단(SBC) http://www.sbc.or.kr	Access-Trade http://www.access-trade.com
대한상공회의소(KCCI) http://www.kcci.or.kr	World Access Network Direct http://www.wand.com
바이어스 가이드 http://www.buyersguide.com	Kompass http://www.kompass.com
한국인터넷무역 http://www.krit.co.kr	Trade express http://www.trade-express.com
한국 전자상거래 수출자 연합 http://www.keces.net	Altavista http://www.altavista.com
경기도 경기넷 http://www.provin.kyonggi.kr	Trade Easy http://www.tradeeasy.com
부산직할시 http://www.products.co.kr	Asian Sources http://www.asiansources.com
코리안 비즈니스 인포 http://www.kinfo.co.kr	I-Trade http://www.i-trade.com
씨엔태스크 http://www.cntg.co.kr	Trade Compass http://www.tradecompass.com
인터마린 http://www.inter-marine.net	Swiss Info http://www.swissinfo.net
EC21 www.ec21.net	NAFTA NET http://www.nafta.net/buysell.html
	Trade Match http://www.tradematch.com
	Digilead http://www.digilead.com

거래교섭 및 계약체결단계

거래교섭 및 계약체결단계에서 전통적 무역거래는 텔렉스(telex)나 팩스(fax) 등을 이용하였으나 전자우편(e-mail), 인터넷 팩스 및 인터넷 폰 등을 이용하여 훨씬 저렴하고 효율적으로 거래상담과 계약체결을 할 수 있다.

물류운송단계

전자무역을 이용한 국제거래에서 운송은 상품의 특성에 따라 물리적 상품(physical goods)의 경우는 기존의 물류운송 루트를 그대로 이용하지만, 디지털 상품(digital goods)의 경우에는 인터넷을 통해서 직접 전송하거나, 책이나 음반 등과 같이 부피가 크지 않고 특별취급이 필요하지 않은 소화물의 경우 보편적으로 우편서비스 또는 DHL, Fedex와 같은 국제특급운송이 주로 이용된다. 특히 전자상거래를 통한 국제거래의 경우에는 운송되는 물품에 대한 화물위치추적(cargo tracking) 서비스 등 정보통신기술을 활용한 첨단 화물정보 시스템을 갖추면 수출입화물의 흐름도 인터넷을 통해 실시간으로 파악할 수 있다.

대금결제단계

대금결제 시 종래에는 신용장(L/C)이나 추심(collection) 또는 송금방식(remittance) 등의 결제방식이 널리 이용되어왔으나, 전자상거래를 이용한 인터넷무역거래가 활성화됨에 따라 소액거래의 경우 무역카드(trade card), 신용카드(credit card), 전자화폐(cyber cash) 등이 주로 이용되며, 거액의 거래인 경우 전자자금이체(electronic fund transfer)방식이 활용되고 있다.

제2절 전자무역 관련 법규 및 기관

1 전자무역 관련 국내외 법규

전자무역(electronic trade)은 무역의 일부 또는 전부가 전자적 수단에 의해 수행되는 거래이기 때문에 대외무역법의 적용을 받는다. 또한 전자무역은 전자상거래의 한 분야라 할 수 있으므로 전자상거래와 관련된 법규의 적용을 받는데, 이와 관련된 국제규범과 우리나라 법률을 보면 다음과 같다.

(1) 전자무역 관련 국제법규

전자상거래모델법

전자상거래모델법(Electronic Commerce Model Law)은 국제무역법의 통일화를 위하여 1966년 유엔 산하 기구로 설치된 국제연합 국제무역법위원회(UNCITRAL: United Nations Commission on International Trade Law)의 전자상거래 작업반(working group)에서 각국이 전자상거래 관련 법을 제정할 때 참고하도록 만든 것이다.

전자서명모델법

전자서명모델법(Electronic Signature Model Law)은 UNCITRAL에서 전자상거래의 핵심요소인 전자서명과 인증기관에 대한 문제를 규율하기 위해 2000년에 제정한 국제적인 표준 규범이다.

전자자금이체모델법

전자자금거래에 관한 모델법(Model Law on International Credit Transfer)은 UNCITRAL이 국제적인 전자자금이체의 급증에 따라 전자자금거래에 관한 규정의 국제적 통일을 위하여 1986년 '전자자금거래에 관한 입법지침(Legal Guide on Electronic Funds Transfer)'을 작성한 이후 1992년 5월에 채택한 것이다.

(2) 전자무역 관련 국내 법규

전자거래기본법

전자거래기본법은 전자상거래를 기존의 상거래와 마찬가지로 안전하게 거래할 수 있도록 규율하는 전자상거래에 관한 기본법으로서, 법률 제5834호로 1999년 7월 1일부터 시행되고 있다. 이 법에서는 전자상거래에서 반드시 필요한 전자문서 및 전자서명에 대하여 그 법적 효력을 인정하고 있다. 따라서 다른 법률에서 특별히 규정하고 있는 경우를 제외하고는 문서가 단지 전자적 형태로 되어 있다는 이유만으로 문서로서의 효력이 부인되지 않으며, 공인인증기관에서 인증한 전자서명 역시 서면상의 기명날인 또는 서명과 동일한 효력을 갖게 된다.

전자서명법

전자서명법은 전자서명에 대한 법적 효력을 부여한 법으로서, 이 법은 우리나라에서 법률 제5792호로 1999년 7월 1일부터 시행되고 있다. 공인인증기관에서 발급한 인증서에 포함된 전자서명인증 키(key)에 합치하는 전자서명 생성 키로 생성된 전자서명은 법령에서 인정하는 서명 또는 기명날인으로 간주된다. 전자서명도 일반 서류상의 서명과 마찬가지로 해당 전자문서 명의자의 서명 또는 기명날인으로 간주하고, 해당 전자문서는 전자서명 후에는 그 내용이 변경되지 않은 것으로 추정하게 된다. 현재 전자서명법에 의한 우리나라 공인인증기관은 한국정보인증, 금융결제원, 한국증권전산, 한국전산원, 한국전자인증, 한국무역정보통신 등이다.

무역자동화 촉진에 관한 법률

무역자동화 촉진에 관한 법률은 1991년 세계 최초로 제정된 특별법으로서, 무역자동화의 효율적인 추진과 확산을 도모하는 데 목적이 있다. 동 법은 전자문서의 법적 효력 및 증거능력을 인정하고 있으며, 무역자동화 시스템에 대한 보안과 이의 위반 시 처벌근거와 함께 무역자동화사업 운영주체의 법적 지위를 비롯하여 권한과 의무를 법률에 규정하여 효율적인 추진체계를 갖추도록 명문화하였다.

2 전자무역 관련 주요 기관

(1) 전자무역중개기관

전자무역거래는 원격지간에 이루어지는 거래이기 때문에 무엇보다도 신뢰성과 안정성이 중요하다. 이러한 전자무역을 효율적으로 지원하고 이를 신속히 확산시키기 위해 정부는 전자무역중개기관을 지정하고 있다. 전자무역중개기관은 전자무역을 활성화하기 위해 실제 전자무역을 하려는 기업에게 무역거래의 알선, 전자무역문서의 전달 등 전자무역에 필요한 모든 서비스를 제공하는 전자무역 종합지원기관으로서의 성격을 지닌다.

전자무역중개기관의 지정기준은 다음과 같다.

① 정보통신망을 통한 무역거래의 알선이나 전자무역문서의 전달(전자무역 중개업무)을 주된 업무로 하고, 지정신청일 현재 전자무역 중개업무를 6개월 이상 수행하고 있을 것
② 전자무역 중개업무를 수행하기에 적합한 운영 시스템을 갖출 것
③ 전자무역에 관한 무역거래자의 교육, 홍보 및 자문계획을 체계적으로 수립하고 이를 수행하고 있을 것
④ 전자무역거래기본법 제23조의 규정에 의한 한국전자문서교환위원회에서 제정, 고시한 표준전자문서를 사용하고 있을 것

이와 관련 중소기업들은 자금, 전문인력, 경험부족 등으로 전자무역을 제대로 활용하지 못하고 있는 실정이므로 전자무역중개기관의 활용으로 무역거래를 효율적으로 수행할 수 있다. 종래는 종합무역상사가 중소기업의 무역거래를 지원해왔지만 종합무역상사는 주로 오프라인(offline) 무역을 중심으로 육성되었기 때문에 최근에는 그 기능이 많이 위축되어 있다. 앞으로는 전자무역중개기관이 전자무역을 선도하여 중소기업 및

제조업체의 수출을 효과적으로 지원할 수 있게 될 것이다.

(2) e-무역상사

e-무역상사는 중소기업의 전자무역을 전담 지원하는 일종의 종합무역상사를 말한다. 특히 처음 시작하는 중소수출기업의 전자무역을 지원하고 해외의 시장정보를 제공하는 한편 해외거래선 물색, 거래알선, 상담, 계약, 수출대행 등 거래선 발굴에서부터 계약 후 거래선의 관리에 이르기까지 무역업무의 전반을 종합적으로 대행하고, 또한 유망 중소기업제품의 인터넷마케팅을 통해 우수제품의 수출을 지원한다.

e-무역상사의 업무를 구체적으로 살펴보면 첫째, 전자무역기술을 활용하여 거래알선, 상담, 계약, 수출대행까지 온-오프라인으로 중소기업을 지원한다. 둘째, 무역경험이 부족한 중소제조업체를 위해 해외인증서 획득, 계약 컨설팅, 수출절차 수행 등 무역업무 전반을 대행한다. 셋째, 전자무역 수행이 가능하도록 중소무역업체에 전자무역 관련 교육 및 홍보에 주력한다.

3 전자무역의 관리

(1) 전자무역 종합정책의 수립 · 시행

지식경제부장관은 전자무역을 촉진하기 위하여 다음 각 호의 사항이 포함된 전자무역 종합정책을 수립 · 시행하여야 한다.

① 전자무역 종합정책의 기본 방향
② 무역업무자동화의 촉진에 관한 사항
③ 전자무역과 관련된 국제협력에 관한 사항

④ 전자무역과 관련된 통계자료의 수집 · 분석 및 활용방안

⑤ 전자무역에 관한 거래자 간의 분쟁조정에 관한 사항

⑥ 기타 전자무역을 촉진하기 위하여 필요한 사항

지식경제부장관은 위의 규정에 의한 전자무역 종합정책을 시행하기 위하여 전자무역에 관한 업무를 수행하는 기관 또는 단체에 대하여 필요한 지원을 할 수 있다.

(2) 전자무역중개기관의 지정

전자무역중개기관지정 신청자격

지식경제부장관은 무역거래자의 전자무역을 효율적으로 지원하고 이를 확산시키기 위하여 다음 각 호의 사업을 하는 기관 · 법인 또는 단체 중에서 기술능력 등 대통령령이 정하는 기준을 충족하는 기관 · 법인 또는 단체를 전자무역중개기관으로 지정하고, 필요한 지원을 할 수 있다.

① 정보통신망을 통한 무역거래의 알선 또는 전자무역문서의 전달

② 전자무역에 관한 무역거래자의 교육 · 홍보 및 자문

③ 전자무역문서의 표준화 지원

④ 기타 전자무역의 촉진을 위한 사업으로서 대통령령이 정하는 사업

전자무역중개기관의 지정기준

전자무역중개기관의 지정기준은 다음 각 호와 같다(대외무역법시행령 제18조의 5).

① 정보통신망을 통한 무역거래의 알선이나 전자무역문서의 전달(이하 "전자무역중개업무"라 한다)을 주된 업무로 하고, 지정신청일 현재 전자무역중개업무를 6개월 이상 수행하고 있을 것

② 전자무역중개업무를 수행하기에 적합한 운영 시스템을 갖출 것

③ 전자무역에 관한 무역거래자의 교육 · 홍보 · 자문계획을 체계적으로 수립하고, 이를 수행하고 있을 것

④ 전자거래기본법 제23조의 규정에 의한 한국전자문서교환위원회에서 제정 · 고시한 표준전자문서를 사용하고 있을 것

(3) 과학적 무역업무의 처리기반 구축

과학적 무역업무의 처리기반 구축 노력

지식경제부장관은 물품 등의 수출입거래가 질서 있고 효율적으로 이루어질 수 있도록 전자문서교환(EDI) 등 과학적 무역업무의 처리기반을 구축하기 위하여 노력하여야 한다. 지식경제부장관은 위 규정에 의한 과학적 무역업무의 처리기반을 구축하기 위하여 필요하다고 인정되는 경우에는 관계행정기관의 장에게 통관기록 등 물품 등의 수출입거래에 관한 정보의 제공을 요청할 수 있다. 이 경우 관계행정기관의 장은 이에 협조하여야 한다.

전산관리체제의 개발 · 운영

지식경제부장관은 수출입거래가 질서 있고 효율적으로 이루어질 수 있도록 전산관리체제를 개발 · 운영하여야 한다.

전자적 형태의 무체물의 수출입확인

지식경제부장관은 전자적 형태의 무체물을 수출입한 자가 수출입 관련 지원을 받기 위하여 수출입 사실의 확인을 신청하는 경우에는 수출입확인을 할 수 있다.

제3절 전자무역의 주요 수단

1 인터넷

인터넷(internet)은 전 세계의 모든 컴퓨터와 통신망이 연결되어 있는 통신네트워크로서, 'Inter'와 'Network'의 합성어이다. 인터넷을 통해 전 세계의 컴퓨터가 서로 연결되어 각 컴퓨터가 보유한 수많은 정보를 신속 · 정확하게 이용할 수 있다.

인터넷은 초기에 군사 목적으로 출발하여 1960년대 중반 이후부터 미국 국방성 산하의 알파(ARPA)를 통해 연구가 본격화되었다. 특히 네트워크 연결 시 각종 기관 간의 컴퓨터 시스템 연결은 물론 서로 다른 컴퓨터 기종 간의 네트워크 연결이 문제가 되었는데, 인터넷상에서 컴퓨터 네트워크 간 각종 정보의 전송방법을 규정한 표준적인 통신규약이 발전을 보게 되었다.

인터넷은 시간과 공간의 제약을 받지 않고 자료를 검색하거나 전자우편(e-mail)을 보낼 수 있으며, 기존의 전통적인 문서내용 외에도 그림, 이미지, 음성, 동화상 등 각종 멀티미디어까지 전송한다. 인터넷은 월드와이드웹(www)을 바탕으로 한 거대한 사이버마켓(cyber market)을 창출하는 가운데 현재의 물리적 공간에서 이루어지고 있는 상거래 등의 많은 활동을 가상세계로 옮기는 플랫폼이 되고 있다.

이러한 인터넷의 상용화는 1990년대 중반부터 본격적으로 시작되었다. 저렴한 비용으로 전 세계와 연결될 수 있다는 장점 때문에 폭발적으로 성장하면서 점점 실물경제와의 연결이 추진되었다. 최근에 와서 인터넷은 의료 및 법무 그리고 교육 서비스를 비롯하여 온라인 선거, 화상회의, 전자출판, 웹 기반의 기업활동 등 사회 전 분야에 광범위하게 활용되고 있으며, 특히 가상시장(cyber market)을 통해 기업의 경영활동을 전자상거래, e-비즈니스의 새로운 형태로 변화시키는 가운데 무역에서도 전통적 무역방식 대신 소위 전자무역(e-Trade)이 본격화되고 있다.

2 EDI

(1) EDI의 의의

EDI(electronic data interchange)는 컴퓨터와 정보통신기술의 결합을 통하여 표준화된 전자문서를 상호 송수신하는 것을 말한다. EDI는 컴퓨터를 이용하여 상거래서식이나 공용서식을 표준화하고 이를 상호합의된 통신표준에 따라 교환하여 재입력과정 없이 직접 업무에 활용하는 새로운 정보전달방식이다.

EDI를 이용하면 발신인은 보내고자 하는 정보를 표준전자문서로 변환시켜 데이터통신망을 통해 수신인에게 전송하고 수신인은 표준전자문서를 통해 상대방의 의사를 이해하여 그에 따른 조치를 취하게 된다. 종이서류를 교환하지 않고도 거래상대방과의 업무를 신속 · 정확하게 처리할 수 있어 업무처리시간을 단축하고 많은 인건비를 절감할 수 있게 된다. 우리나라의 경우 정부의 정책에 의해 수출입통관은 100% EDI로만 처리가 가능하다.

EDI는 무역업무의 수행과정에 있어 다음과 같은 장점을 지니고 있다.

첫째, EDI는 업무 관련 정보처리의 생산성을 증대시킨다. 정보처리에 소요되는 비용을 절감하고 처리시간을 단축할 수 있으며, 업무처리과정에서 발생하는 오류의 감소로 신속하고 효율적이다.

둘째, EDI는 정보처리에 필요한 인력을 절감시키고 최소한의 인력배치를 가능하게 하여 관리의 효율성을 증대시킨다. 이 밖에 EDI는 재고의 감소, 고객 서비스의 강화, 효율적 자금관리 등 부수적인 효과를 제공한다.

셋째, EDI의 직 · 간접효과로 인해 거래상대방과의 관계를 개선하고 다른 기업과의 경쟁에서 유리한 위치에 설 수 있으며, 또한 정보 시스템을 구축하여 신규사업을 창출하는 전략적 효과를 누릴 수 있다. 한편, EDI를 통해 자료를 송 · 수신하기 위해서는 EDI 표준, 사용자 시스템, 네트워크 및 교환약정이 필요하다.

(2) EDI 표준

EDI 표준(EDI standard)은 사용자 간에 교환되는 전자문서의 내용, 구조, 통신방법 등에 관한 양식 및 구문(syntax)을 정한 규칙을 말한다. 이는 언어, 업무처리방식, 컴퓨터 시스템이 서로 다른 거래당사자들이 전자문서를 자유롭게 교환하는 데 필요한 공통언어라 할 수 있다.

EDI 표준은 그 성격에 따라 다음과 같이 구분된다.

첫째, EDI 표준은 용도에 따라 전자문서표준과 통신표준으로 구분되는데, 전자문서표준은 전자적으로 전달될 수 있는 문서, 정보, 순서와 형태, 정보 각 부분의 의미 등에 대한 지침을 의미하며, 일반적 의미의 EDI 표준은 이 전자문서표준을 말한다. 그리고 통신표준은 컴퓨터를 통한 전자문서의 송수신 규약으로 어떤 정보를 어떤 방식으로 전송할 것인가에 관한 사용자 간의 합의를 뜻한다.

둘째, EDI 표준은 적용범위에 따라 전용표준 및 공통표준으로 구분된다. 전용표준은 특정 개별기업만이 활용할 수 있는 표준으로 사설표준이라고도 한다. 공통표준은 전용표준이 가지는 정보교환의 한계 때문에 기업과 산업, 국가 단위가 사용할 수 있게 개발된 것을 말하며, 여기에는 개발단계에 따라 기업표준, 산업표준, 국가표준 및 국제표준으로 다시 나눌 수 있다.

우선 국가 간의 거래를 위해서는 전 세계의 모든 산업에 통용되고 이용자들이 편리하게 사용할 수 있는 국제표준이 필요하다. UN 산하의 유럽경제위원회에서 1987년 5월 EDI 국제표준으로 제정한 '유엔행정 · 무역 · 운송에 관한 전자문서교환(UN/EDIFACT: Electronic Data Interchange for Administration, Commerce and Transport)'은 이후 국제표준화기구(ISO)가 승인하여 현재 각국에서 널리 사용되고 있는 EDI 국제표준이다. 우리나라는 1991년 4월 한국 EDIFACT 명의로 가입하였다.

그리고 산업표준의 예로서 자동차산업을 위한 ODETTE(Organization for Data Exchange by Tele Transmission in Europe)가 있고, 국가표준으로는 북미의 ASCX12(American National Standards Institute Accredited Standards Committee)와 유럽의 GTDI(Guidelinked for Trade Data

Interchange)가 있다.

(3) EDI 사용자 시스템

EDI 사용자 시스템은 거래당사자 간에 데이터 통신망을 통해 전자문서의 송수신에 필요한 컴퓨터 하드웨어, 소프트웨어 및 통신장비를 말한다. EDI는 컴퓨터에 의한 정보 전달방식이므로 기본적으로 개인 컴퓨터가 필수적이며, 이외에도 다양한 형태의 사용자 서류들을 EDI 표준으로 전환시키기 위한 변환 소프트웨어 및 모뎀 등의 통신장비가 있어야 한다. 특히 변환 소프트웨어는 거래당사자 간의 데이터베이스의 구조형태나 서식의 작성방식이 조금씩 다르기 때문에 이를 표준화해야 한다.

EDI 변환 소프트웨어는 기업의 내부문서나 자료를 EDI 표준 포맷으로 만들어 상대방에게 전송하기 위해 통신 시스템으로 이동시키거나, 상대방으로부터 수신하여 통신 시스템에 대기 중인 EDI 표준자료를 기업 고유의 내부자료로 바꾸어주는 기능을 한다.

(4) EDI 네트워크

전자 메시지가 하나의 컴퓨터로부터 다른 컴퓨터로 전달되기 위해서는 전용 데이터 회선이나 공중 데이터 회선을 보유한 네트워크가 필요하다. 이러한 EDI 네트워크는 직접 네트워크, 제3자 네트워크 및 인터넷 네트워크로 구분된다.

직접 네트워크

직접 네트워크(direct network)는 보통 모뎀을 통해 거래상대방의 컴퓨터와 직접 연결하는 방식으로서, EDI가 도입된 초기단계에 주로 사용되었다. 그러나 거래상대방이 증가함에 따라 통신회선의 유지나 비밀유지 등의 곤란으로 인하여 이후 제3자 네트워크 방식을 주로 활용하고 있다.

제3자 네트워크

제3자 네트워크(third party network)는 거래당사자 간의 전자 메시지 교환을 VAN 방법에 의하여 제3자를 통해 간접적으로 전달하는 방식이다. 즉, 제3자 네트워크는 데이터의 전송 외에 정보의 축적, 가공, 변환처리 등을 통해 부가가치 서비스를 제공하는 정보통신망으로 부가가치통신망(VAN: value added network)이라고도 한다.

인터넷 네트워크

인터넷 네트워크는 EDI의 네트워크로서 저렴한 비용으로 전자문서를 주고받을 수 있는 인터넷의 활용을 말한다. 인터넷을 활용하게 되면 VAN을 이용할 경우 소요되는 초기 가입비용과 통신비용의 부담이 필요 없다.

(5) 교환약정

EDI 서비스의 이용을 위해서는 우선 관련 당사자 간에 서비스 이용에 관한 약정을 맺는 것이 필요하며, 이 약정에는 거래약정과 네트워크 약정이 있다.

거래약정

거래약정(I/A: interchange agreement)은 전자거래당사자 간의 EDI 거래조건에 관한 제반 사항을 약정하고 있는 표준거래약정으로서, 소위 전자거래계약이라고도 한다. 이 거래약정에는 전자문서 및 표준에 대한 합의, 해당 업무별 사용자의 명시, 수신인 · 발신인 확정, EDI 서비스 제공업자 및 데이터 통신망 합의, 계약조건의 해석기준, 중재 및 준거법 등을 규정하고 있다.

네트워크 약정

네트워크 약정(N/A: network agreement)은 전자거래가 통신사업자를 매개하는 경우, 사용자와 VAN 사업자 간의 EDI 서비스 이용에 따른 제반 사항을 약정하는 것을 말한다.

네트워크 약정은 사용자 및 요금부담자, 비밀번호, 전자교환 메시지의 표준 및 시스템 운용, 전자교환 메시지의 보안 및 증거적 가치, 분쟁해결에 관한 준거법 지정 등을 내용으로 하고 있다.

3 인터넷 EDI

인터넷 EDI는 인터넷상에서 문자를 비롯한 멀티미디어 데이터를 저렴한 비용으로 거래상대방과 실시간으로 주고받을 수 있는 시스템을 말한다. 종래 전통적 EDI의 문제점을 보완하기 위해 개발된 새로운 형태로서 나타난 것이 곧 인터넷 방식을 활용한 EDI이다.

인터넷 EDI의 등장은 종래 전통적 EDI 방식이 지니는 제반 문제를 해소하기 위한 노력과 정보기술의 발전에 기인하고 있다. 인터넷 EDI의 장점을 살펴보면 다음과 같다.

첫째, 사용자와 장소에 제한이 없다. 기존의 EDI는 폐쇄형으로 가입자들 간에만 정보처리가 가능했지만 인터넷은 개방형이기 때문에 사용자와 장소에 아무런 제한이 없다.

둘째, 비용이 저렴하다. 인터넷은 비상업적인 네트워크이기 때문에 기존의 EDI를 이용할 경우 소요되는 전용선 및 소프트웨어 설치비, 송신료 등이 절감된다.

셋째, 처리업무 간의 연계가 용이하다. 기존의 EDI로 거래되는 문서와 데이터는 직접적으로 타 업무에 재활용하기가 어렵고 별도의 변환 프로그램이 필요하다. 그러나 인터넷 EDI는 사용자가 특정 문서의 구조를 만들어 사용할 수 있기 때문에 타 업무 프로그램과의 연계가 용이하다.

한편 최근에 와서 인터넷 EDI의 사용증가와 더불어 특히 정부의 대외무역관리정책의 일환으로 EDI로 처리되는 수출입통관절차에 2004년부터 인터넷 EDI가 도입되어 기존의 방식과 함께 이용되고 있다.

제4절 전자무역의 문제점 및 대응방안

1 일반적인 문제점 및 대응방안

전자무역은 기존 무역을 대체하여 많은 혜택을 주고 편리한 점이 많다. 그러나 이러한 전자무역의 편리성을 극대화하기 위해서는 해결해야 할 장애가 많은 것이 현실이다. 따라서 여기서는 전자무역으로 수반되는 대표적인 문제점들을 고찰하고 대응방안을 제시하고자 한다.

(1) 전문인력 구조

문제점

21세기에 들어와 전자무역이 도입됨에 따라 전자무역 전문인력의 확보가 시급한 과제 중의 하나로 대두되었다. 한국무역협회가 실시한 전자무역 이용실태 조사에 따르면, 대기업 및 중소기업 모두 전자무역 전문인력에 대한 수요가 많음에도 불구하고 실제로는 무역업무 종사자 중 인터넷활용의 직원 비율이 50%가 되지 않는 업체가 전체 조사대상 기업의 절반을 넘고 있다. 특히 중소기업의 경우 무역업무 종사자 중 인터넷 활용 직원의 비율이 대기업에 비해 현저히 낮은 것으로 나타났는데, 중소기업은 무역업무 종사자 중 인터넷 활용 직원의 비율이 50% 미만인 기업의 비율이 52.7%로 나타나 인터넷 활용능력 및 무역실무능력을 고루 갖춘 전문인력의 확보가 시급한 과제 중의 하나로 대두되었다. 무역실무에는 밝지만 인터넷 활용능력이 떨어진다든지, 인터넷 활용능력은 우수하나 무역실무를 잘 모르는 인력들이 대부분이다. 전자무역의 활성화를 위해 법, 제도 및 무역정보 인프라가 완비된다 하더라도 이를 실제로 활용할 인력이 부족한 상황에서는 소기의 성과를 기대하기 어렵다.

대응방안

전자무역 전문인력 부족 해소 대책의 하나로 한국무역협회에서는 2000년 11월 19일 사이버무역사 자격시험을 신설, 실시하여 전문무역인력 양성에 박차를 가하고 있으나, 아직 전자무역이 우리나라에서는 걸음마 단계에 있고 세계적 전자상거래가 더욱 확산되고 있는 현실을 볼 때 더욱 많은 전문인력의 양성이 필요할 것으로 보인다. 대학에 전자무역 관련 학과를 신설한다든지, 또는 기존의 무역 관련 인력을 재교육하여 전자무역에 대한 저항감을 완화시키는 등 실질적인 전자무역의 확산이 필요하다. 아울러 중소기업은 전자무역이 세계시장에서 자사의 지위를 확보하는 데 있어 긍정적인 수단임을 인식하고 적극적으로 전자무역 활성화에 만전을 기해야 할 것이며, 국가적 차원에서도 중소기업에게 관련법 체제정비 등 전자무역 기반 조성 측면에서 좀 더 적극적인 지원이 필요하다.

(2) 인프라 구조

문제점

전자무역이 원활하게 행해지기 위해서는 해상운송 등을 포함한 국제물류체계의 전자화도 필수적으로 뒷받침되어야 한다. 수송, 보관, 포장, 하역, 정보 등 다섯 단계로 이루어진 물류산업은 전자상거래가 확산되면서 통합되는 경향을 보이고 있어, 물류업계는 단순기능별 서비스 중심의 사업에서 종합기능의 물류 서비스로 탈바꿈할 필요가 있다. 전자상거래로 인해 항만도 끊임없이 통합된 물류 체인상의 중요한 연계지점이 되어야 할 필요성이 증대되었으며, 항만 컨테이너 터미널은 전자상거래의 관문으로서의 역할 및 물류 체인의 일종의 경영자로서의 역할이 증대되었다.

우리나라는 지리적으로 동북아시아의 물류 허브로서의 커다란 성장잠재력을 갖고 있다고 볼 수 있으나, 남한과 북한의 분할, 서로 다른 운송 시스템 간의 효율적인 통합의 약화, 제한된 수의 항만 터미널 및 공항의 화물처리능력 부족, 화물의 높은 운송비용의 부담 등으로 인근 국가들로부터 우리나라를 거쳐서 통과하는 환적화물의 비중이 낮은 편이며, 따라서 지리적인 이점을 제대로 활용하지 못하고 있다.

또한 정보기술이나 전자상거래에 대한 인식의 전파속도에 비해 물류업계의 움직임은 상당히 더딘 편이다. 미국 DHL이나 FedEX 등의 선진 물류전문업체들이 인터넷을 통한 화물추적 시스템을 도입하고 있지만, 아직 국내물류의 인프라는 전자상거래 성장에 발맞춰 구조를 개선할 만큼 제대로 구축되어 있지 못한 실정이다.

하드웨어 물류 인프라 측면에서, 국내의 경우 물류거점시설 등의 부족으로 수용능력이 이미 한계에 도달한 상황이며, 도로부문의 편중적 화물수송 분담구조와 물류부문의 정보통신 인프라의 부족은 화물자동차의 공차운행거리율 증가 등을 야기하여 비효율적 물류흐름의 주된 원인이 되고 있다. 단기간 내에 하드웨어 물류 인프라의 대폭적인 확충을 기대하기 어려운 상황에서 고비용 물류비구조를 완화하고 디지털경제시대에 있어 새로운 물류수요에 대응하기 위해서는 물류표준화, 정보화, 공동화 등 소프트웨어 물류 인프라의 효율성 제고가 매우 중요하나, 이 부분에 대한 관심은 최근에서야 대두되기 시작했다.

현재 물류장비의 표준화 및 표준물류 바코드 등의 미흡으로 시설공동화, 하역의 기계화, 일관 연계수송의 실현 등이 곤란한 실정이며, 업체 간 상이한 물류 시스템, 공동화 사업에 대한 인식 부족으로 물류공동화 추진실적도 매우 부진하다. 또한 육상 · 해상 · 항공 물류정보의 데이터베이스화 및 기존 정보망 간 효율적인 연계체계가 미흡하여 물류정보의 One-stop 제공이 불가능하고, 현재 선진국 물류업체가 상용화하고 있는 온라인 조회 주문 중계 위치추적 서비스 제공기능도 매우 취약한 실정이다.

한편 물류산업에 있어서는 기존 화물운송업체, 택배업체의 영세성과 제조 · 유통업체의 경쟁적 자가물류 확충의 악순환으로 제3자 물류시장 성장기반이 크게 제한되어왔으며, 이는 전자상거래시대에 필수적인 물류의 신속성 · 정확성 · 안정성 확보를 어렵게 만드는 주된 요인으로 작용하고 있다.

대응방안

전자무역의 활성화를 위해서는 재화의 물리적 운송에 중요한 물류의 전자화가 필요한데, 종합적인 물류정보 서비스 즉 One-stop 서비스 제공기능을 강화시켜야 할 것이고, 물류정보화 촉진을 위해 지능형 교통 시스템 등을 비롯한 물류정보화가 요구되며, 아울러 제3자가 물류를 활성화함과 동시에 중소기업의 물류공동화를 지원할 필요가 있다.

특히 물류에 있어서는 온라인상의 정보의 흐름속도가 아무리 빠르고 정보처리 및 전송절차가 아무리 효율적이더라도 연계적 운송체계가 유연하지 않아 오프라인에서 재화의 물리적 운송에서 많이 뒤지는 경우 완벽한 물류체계의 전자화가 이루어질 수 없다. 운송비용을 절감하는 측면에서 보아도 정보의 흐름과 재화의 물리적 운송 간의 민감한 조화가 필요하다.

우리나라는 동북아에서 주변국에 비해 물류 루트(Route) 측면에서 상대적으로 유리한 위치에 있으므로 이러한 기존의 장점에 물류체계의 전자화가 적절히 추가되어야 한다. 여기에는 물류표준화, 정보화, 공동화 등 소프트웨어 물류 인프라의 효율성 제고가 매우 중요하다.

2 제도상의 문제점 및 대응방안

(1) 세관제도

문제점

전통적 상거래에서 관세부과대상이었던 재화가 전자적 무역거래를 통하여 소비자에게 전달되는 경우 거래수단 간 과세차별문제가 발생한다. 일례로 소프트웨어, 영화필름, 비디오, 전자서적 등의 경우 우편주문이나 전화주문보다는 인터넷을 통한 정보교환이 용이하므로 기존 매체를 통한 거래가 전자적인 거래로 급속하게 대체된다. 이럴 경우 관세 부과가 상당히 어려워지며 세관에서 수입부가가치세를 부과할 수 없어 조세수입상의 문제점이 드러나게 된다. 지금도 이것은 국제적 논의에서 한창 진행 중인 문제이다.

이에 대한 국제적인 논의를 볼 때 미국의 경우 모든 전자무역거래에 대하여 무관세를 하자는 입장에 있는 반면, EU 및 일본 등을 포함한 대부분의 국가들은 미국의 의견에 반대하는 입장을 보이고 있어 이 문제에 대해 첨예한 대립이 계속되고 있다. 즉 미국은 인터넷을 통해 전달되는 재화와 서비스에 대해 이중과세 부과를 억제해야 한다고 하는 것이다.

그러나 유형의 재화의 주문만이 관세의 대상으로 주장하고 있는데 인터넷 비관세의 대상으로 무형 재화나 서비스가 전자적으로 전달되는 경우에 한하고 있으며, 이용자가 인터넷을 통해 컴퓨터 소프트웨어를 다운로드받거나 영상, 음악, 비디오 등 오락물 및 금융, 보험, 회계, 법률, 기술 자문 등의 전문적 서비스를 받을 경우 이러한 거래에 대해서는 비관세를 주장하고 있다. 예를 들어 전자적으로 전송된 건축설계도면의 경우 이것은 재화가 아닌 서비스로 보고 여기에는 관세가 부과되어서는 안 된다는 것이다.

전자적 방법에 의하여 판매된 물품들이 여전히 국경을 통과하여 물리적으로 배송된다면 현행 무역 관련 WTO 협정에 따라 관세 부과 등이 적용된다고 대부분의 국가에서 동의하고 있는 것처럼 보이지만, 일부 국가는 전자거래가 재화라고 간주되는 한에 있어서만 관세와 다른 비용의 적용이 가능하다는 의견도 표명하고 있다. 선결조건으로 전송이 명백하게 수입으로 정의되어야 한다는 주장도 있다. 어떤 거래가 재화로 규정되어 그 결과 관세가 부과될 수 있더라도 어떻게 관세가 결정될 수 있을까에 대해서는 의문이 제기되는데, 이는 HS표상에는 전자거래가 품목분류 되어 있지 않기 때문이며, 또한 세관 목적의 품목분류는 전송되는 재화의 내용과는 관련이 없기 때문이다.

HS는 전자거래를 분류하는 데에는 적합하지 않은데, 이는 HS가 재화의 품목분류표이기 때문이다. 콘텐츠 자체는 재화와 달리 취급되어 그것은 오히려 지적재산과 가깝다. 재화의 품목분류는 일반적으로 그 재화의 특징적인 물질적 성질에 의존하며, 이것은 또한 디지털 제품의 품목분류를 더욱 어려운 문제로 만들고 있다. 실제적 운송매체를 가진 디지털 제품은 종전과 같이 물질적 외형이나 물질적 특성에 기반을 둔 제품형태로 특징화하려는 데 있어서 점점 더 어려워졌다. 예를 들어 레이저 디스크는 컴퓨터에서부터 다른 용도로 사용되는 레이저 디스크 읽는 기계까지 상당히 넓은 범위를 커버하고 그 범위가 점점 더 넓어지기 때문이다.

대응방안

가장 현실적인 방법으로는 물리적 형태의 재화에 대해서는 관세를 부과하고 디지털 콘텐츠에 대하여는 무관세로 하는 방안을 제시할 수 있다. 즉 주문은 전자적 수단으로 행해지더라도 재화가 물리적으로 국경을 통과하는 경우에는 기존 거래방식과 동일하게 관세를 부과하여야 기존 거래방식과의 형평성을 유지할 수 있다. 그리고 OECD나 WTO 등 국제기구회의 등에서 우리나라의 관세부과문제 관련 입장을 현실적으로 잘 반영시켜 국제적 협력을 추진해나가는 것도 필요하다고 본다.

그리고 HS는 관세의 징수와 무역통계를 목적으로 고안되었으므로, 국제전자상거래에 대하여 관세를 부과하지 아니하는 현재의 관행이 계속될 거라는 잠정합의가 있다고 보고, 통계의 수집은 전자적 전송의 구성상 어떠한 경우에도 곤란할 것으로 본다면 전자상거래에 대한 품목분류는 거의 불가능할지도 모르나, HS상에 '운반매체 없는 소프트웨어'를 별도의 품목으로서 명시해야 한다고 본다. 즉 무형의 소프트웨어도 기존의 재화와는 또 다른 형태의 재화로 분류되어 품목분류 및 관세부과의 어려움을 완화시킬 필요가 있다.

(2) 지적재산권 보호

문제점

지적재산권법은 문학 및 예술 작품 창작자의 권리보호와 대중의 이용 간의 균형유지를 주된 목적으로 하고 있으나, 현대 정보사회의 급속한 변화에는 순응하지 못하고 시대적으로 뒤떨어지는 경향이 있다. 지적재산권은 저작권, 특허권, 상표권 등의 세 가지로 크게 구분된다. 미국의 UCITA(Uniform Computer Information Transaction Act)에 의하면, 소프트웨어나 기타 형태의 디지털화된 정보는 재화도 아니고 서비스도 아닌 지적재산을 사용할 권리 자체의 이전을 의미한다고 언급하고 있다.

최근 IT기업 간의 경쟁이 치열해지고 있는데, 미국 냅스터 등의 저작권 소송과 비즈니스 모델 특허로 사활을 건 비즈니스 전쟁이 심화되고 있다. 뿐만 아니라 전자무역은 인터넷의 특성상 적용범위가 전 세계인만큼, 지적재산권에 대한 전통적인 재판관할권에 대한 법논리로는 해결할 수 없는 새로운 문제가 제기되고 있다.

특히 무형무역의 대상이 되는 소프트웨어나 문학, 예술작품, 음반, 공연물의 데이터베이스가 무방비상태로 전송되고 있어 문제되고 있다. 즉 무제한적이고 완벽한 복제능력을 제공하는 디지털 기술의 개발과 초고속 정보통신 기반의 결합은 정보기술이 그토록 급속도로 발전하리라고는 예측하지 못했던 기존 지적재산권법 관련 체계에 대해 일찍이 보지 못한 거대한 도전을 제기하고 있는 것이다. 매도인의 지적재산권이 침해받지 않는다는 확신이 없이는, 또 매수인은 위조된 것이 아닌 순정한 제품을 얻을 수 있다는 확신이 없이는 전자무역의 거대한 잠재력은 실현될 수 없을 것이다.

한편 유명회사나 브랜드의 이름을 딴 도메인 네임을 선점하여 이용하거나 판매하는 사이버 스쿼팅(cyber squatting)에 따른 도메인 네임 관련 분쟁도 '제3의 영토분쟁'이자 국제적 쟁점으로 부각되었다. 도메인 네임의 분쟁은 일반적으로 도메인 네임과 상표권의 대립으로 발생하게 되는데, 현실에서 상표권을 가진 기업과 인터넷상에서 도메인 네임을 새로이 가진 자가 서로 일치하지 않음으로써 발생한다.

대응방안

국내에서도 지적재산권 보호문제에 있어서 WIPO의 규범의 수용을 통해 불필요한 통상 마찰을 제거 및 예방하고, 저작권 관련법을 개정하여 인터넷상의 저작권자 권리보호와 저작물의 공정한 이용이 조화를 이루도록 할 필요가 있으며, 아울러 특허권 등을 비롯한 지적재산권 보호정책과 인터넷 도메인 보호를 위한 정책 수립이 필요하며, 위반자에 대해서는 엄벌 정책이 필요하다. 또한 디지털 정보의 지적재산권 보호 및 이에 대한 대중의 접근권이 균형을 이룰 수 있도록 하는 것도 풀어야 할 문제인데, 이를 해소하기 위해 법령 및 제도를 정비할 필요가 있다.

3 보안 신용상의 문제점 및 대응방안

(1) 시스템의 정보 보안

문제점

전자무역, 특히 결제 시스템에는 언제나 무역정보 보안에 대한 위협이 존재한다. 바이러스라는 고전적인 개념의 위험은 차치하고도 많은 보안상의 위험이 존재한다. 기본적으로 권한 없이 전자식 정보를 획득하는 방법은 세 가지가 있는데, 먼저 정보가 전송되는 중에 전자적 정보를 불법으로 복사하는 것, 둘째로 정보저장 중 권한 없이 그 정보에 접근하는 것, 마지막으로 권한이 없는 당사자로부터 정보를 획득하는 것이다.

기업 및 개인은 전자무역에서 자신의 비밀정보가 제3자에게 누설되는 것을 꺼리며, 이것은 전자무역 활성화에 커다란 장애가 되고 있다. 즉 전자무역에서 위험이란 기밀자료의 손실이나 훼손의 가능성으로 간주될 수 있는데, 이러한 위험은 합법적 권한자의 영업수익 감소와도 직결된다.

무역거래정보의 보안과 관련된 위험은 매도인과 매수인 모두가 직면할 수 있다. 먼저 매수인 측의 위험으로는 악의적인 웹사이트 구축을 예로 들 수 있는데, 특히 B2C 거래에서 매도인의 웹사이트를 방문하는 매수인의 ID, 패스워드, 신용카드 번호 등의 개인 정보를 불법으로 취득하는 데 따른 위험이 있다. 매도인이 직면할 수 있는 위험은 매수인이 타인의 신용카드 번호를 이용해 신용카드 주인으로 위장하여 구매를 함으로써 추후에 발생되는 위험 등이 있다.

그 밖에도 최근에는 해킹기술이 고도로 발전하여 관리자의 실수나 운영 시스템의 실수를 악용하던 초보적인 수준에서 벗어나 패킷 스니핑(Packet Sniffing), IP 스푸핑(Spoofing) 등 고난도 해킹방법들이 등장했다. 인터넷상에서 정보를 송수신할 때 가장 기본이 되는 정보단위를 패킷이라 하는데, 일반적으로 패킷들은 이더넷 케이블을 타고 전송이 된다. 예를 들어 A라는 호스트가 B라는 호스트로 패킷을 보낼 경우 그 패킷을 이더넷에 보내고 그 패킷은 수신주소의 호스트만이 받아야 한다. 그런데 호스트 B가 아닌 다른 호스트가 그 패킷을 무시하지 않고 해커에게 전달해준다면 아무리 네트워크 보안에 신경을 쓴 호스트라도 주변의 호스트가 공격을 당해서 무력해질 수밖에 없다. 스니퍼란 이와 같이 네트워크의 한 호스트에서 실행되어 그 주위를 오가는 패킷들을 엿보는 프로그램을 말한다.

다음으로 IP 스푸핑(Spoofing)은 해커가 머물러 있는 호스트의 IP 어드레스(Address)를 바꿔서 해킹을 하는 것을 말한다. 가령 호스트 A와 B가 하드디스크를 공유하고 있고 그 둘 다 보안이 완벽하다고 할 때, 해커는 자신이 머물러 있는 호스트 IP 어드레스를 B의 어드레스로 위장을 한다. 그러면 호스트 화면에는 'duplicated IP address'라는 문장이 디스플레이되고 호스트 B는 호스트 A에게 자신이 진짜 호스트 B라는 정보를 보내어 호스트 A와 같이 하드디스크를 공유하도록 시도한다. 성공하게 되면, 해커는 호스트 A의 하드디스크에 있는 기밀정보를 얻어낼 수 있게 된다.

한편 무역정보 보안에 있어 인증기관, 그리고 법적 장치가 요구되는데, 기술 특정적인 법의 경우 공개키 암호화를 요구하며, 반면 기술 중립적인 법의 경우 공신력 있는 인증기관을 요구한다. 그런데 기술 특정적인 법의 경우 두 가지 문제점이 노출되는데, 너무나 빠른 기술의 발전으로 말미암아 기술 특정적인 법은 제정 공포가 됨과 동시에 구식이 되어버리거나 수시로 개정이 될 필요가 많다는 문제점과, 그 법이 특정 기술을 옹호하게 되어 그 기술을 개발하는 산업이 정부가 부여한 일종의 득점의 지위를 누리게 될 수 있는 문제점이다.

기술 특정적인 법에는 또 다른 의문이 제기된다. 첫째, 인증기관은 어떻게 권한을 부여받으며 어떠한 유형의 책임을 맡는지에 대한 문제가 있고, 둘째, 위조된 디지털 서명으로부터 사업자들은 어떻게 보호되어야 하는가의 문제, 셋째, 사기를 당한 당사자는 문제가 있는 서명을 보증한 인증기관으로부터 보상을 받을 수 있는가의 문제 등이 제기된다. 기술 중립적인 법도 실행의 타당성 면에서 문제가 되는데, 이는 다소 일반화되고 막연한 규정을 두는 경향이 있기 때문이다.

인증기관의 적격성도 문제가 될 수 있다. 우리나라처럼 전자거래의 시장이 좁은 경우 인증기관의 난립은 비경제, 정보관리체계의 부실, 암호화기법의 도입에 따른 외화 유출 등 여러 가지 문제가 초래될 수가 있다. 국내의 경우 공신력이 있는 인증기관이 없어 Veri-Sign사 등 외국의 인증기관으로부터 인증서를 받고 있는 것도 문제점으로 지적되고 있다. 가상상점에 대한 인증서가 서버당 349만 달러임을 볼 때 외화 유출이라는 부작용 방치차원에서도 국내의 공신력 있는 인증기관의 설립이 필요할 것으로 보인다.

대응방안

보다 안전한 전자무역거래를 가능케 하려면, 기본적으로 정보의 인증(authentication), 기밀성(confidentiality), 무결성(integrity), 부인방지(non-repudiation) 기능이 부여되어야 한다.

먼저 인증이란 의사표시를 행한 자의 신분을 확인할 수 있도록 하는 것으로 송신자와 수신자 모두 합법적인 사용자임을 증명하는 것이다. 따라서 발신자 및 시스템의 신원을 증명하는 수단으로서 더욱 강력한 암호 및 디지털 서명과 같은 시스템의 개발이 필수적이고 관리가 중요하다.

기밀성이란 송수신 메시지가 전송 도중 변조되지 않았다는 것을 증명하는 기능으로 거래내용의 변조나 승인되지 않은 거래의 생성을 방지하기 위한 것이다. 무결성은 한 블록의 메시지나 자료에 암호적으로 생성되는 점검 수치 즉 메시지 인증코드를 제공하기 위해 사용되는데, 메시지가 전송 도중 고의 또는 우연으로 변경되는 것을 방지하기 위한 관점에서 메시지의 완전성을 보증하기 위한 기술적인 구조가 확보되어야 한다.

부인방지기능은 논리적으로 인증과 무결성이 확보되는 결과 나타나게 되는데, 전자거래에 있어서 표의자가 전자적 의사표시를 일단 행했으면 그로 하여금 그 의사표시로 인해 발생하는 각종 법률적 효과를 견지하도록 강제하는 것으로, 결국 표의자는 그가 의사표시를 발하였다는 점과 그 의사표시의 내용이 상대방에 도달한 내용과 다르다는 점을 사후에 임의로 부정할 수 없어야 하는 것을 말한다. 실제로 자료가 송부되었음에도 불구하고 당사자가 그것을 부인하는 사태를 방지하기 위해서는 메시지가 실제로 송수신된 것을 증명하고 이것을 부인하는 것을 방지하기 위한 기술적인 구조를 확보해야 한다.

기술적인 측면에서는 해킹 등을 방지하기 위해 더욱 강력한 암호화 기술 및 프로토콜이 요구된다. 특히 갈수록 암호해독기능이 발전되고 해커들이 늘어나는 현실에서 40

비트(bit)의 암호화나 금융기관에서 사용하는 56비트(bit) 암호화 장비는 여전히 해킹의 위험에 노출되어 있다. 현재 네트워크상에서는 서버와 웹브라우저 사이에 기본적으로 제공되고 있는 SSL에 의해 보호되고 있다.

그러나 국내 SSL에 사용되고 있는 DES의 Key 길이는 미국에서 사용되고 있는 것에 비해 많이 미달되고 있는 것이 문제이다. 물론 SSL이 기밀 데이터의 전송 중에 기밀성을 보장하는 데는 우수하지만, 그것만으로는 메시지의 진정한 송신자 또는 진정한 수신자임을 인증해주지는 못하는 문제가 있다. 종전에는 미국이 암호기술 자체를 무기로 간주하여 수출을 규제했으나, 최근에는 제한적으로 그 규제를 해제하는 추세에 있으므로 더욱 강력한 암호화 장비를 도입할 필요가 있다.

SSL보다 좀 더 우수한 SET(Secure Electronic Transaction)는 매수인으로 하여금 필요한 정보만 보낼 수 있게 하기 위해 디지털 인증서에 이중서명을 사용하도록 되어 있다. 또한 SSL보다 더 우수한 능력을 갖고 있으므로 이 기술을 도입할 필요가 있다. 우수한 외국 암호화기술을 도입하되, 우리나라의 시스템과 호환이 가능하도록 하는 것도 중요하다.

아울러 기술 특정적인 법과 기술 중립적인 법 간의 일관성 및 조화를 유지하는 것도 가장 중요한 대응책으로 본다. 즉 특정 기술을 지나치게 강조하여 그 특정 기술을 보유한 산업이 독점의 지위를 누리게 되는 폐단을 방지하는 한편, 외화절약 측면에서 국내에도 공신력 있는 인증기관의 설립이 시급하다. 정보 유출 등으로 발생되는 피해자에 대한 보상규정 신설 등 안전장치를 마련해야 한다. 따라서 무역정보 보안문제는 단순히 기술적 측면뿐만 아니라 행정적, 법적 측면에서도 다각적으로 해결해야 할 과제이다.

(2) 무역사기 가능성

문제점

인터넷이 그 특성상 국가와 국가 간의 연결이라는 점에 주목한 무역업체들은 인터넷이 무역에는 더할 나위 없는 편리함을 제공한다는 것을 인식하여 주저 없이 바이어 개척이나 공급자를 검색하는 수단으로 이용하게 됨에 따라, 인터넷의 편리함 이면에 존재하는 문제점도 발생하고 있다. 특히 인터넷상의 거래알선 사이트에 등록된 오퍼가 과연 신뢰할 수 있는 것인가에 대해 의문을 제기할 수 있다.

인터넷을 통해 거래상대방에 대한 신용상태 확인이 어렵다고 볼 수 있는데, 거래알선 사이트, 검색엔진 등을 이용하여 자신이 수출하고자 하는 물품의 거래처를 발굴하는 것은 그다지 어려운 일이 아니나, 이러한 여러 방법들을 통하여 발굴한 예상 거래처가 과연 거래상대방으로서 적합한지, 즉 대금지급능력이 있는 업자인지, 그리고 상도덕을 지킬 수 있는 업자인지 등을 인터넷을 통하여 파악하는 데에는 다소 무리가 따른다.

대부분 인터넷을 활용한 전자무역에서는 거래알선 사이트 등에 신용상태를 검증할 수 있는 여과장치가 거의 없이 누구나 오퍼를 용이하게 등록할 수 있으므로, 국내 무역업자들이 거래알선 사이트에 등록된 오퍼의 신뢰도를 예측한다는 것은 매우 어렵다. 최근 급증하는 거래알선 사이트들은 양적 확대에만 치중하여 오퍼에 대한 검증에는 소홀한 실정이다.

대표적으로 거래알선정보의 양적인 측면에서 세계 제일의 사이트는 UN 무역개발기구의 UNTPDC(UN Trade Point Development Center)가 운영하고 있는 ETO(Electronic Trade Opportunity) 시스템이다. 이 시스템은 세계 각국의 Trade Point와 UN이라는 신뢰성 있는 기관에 의해 운영된다는 장점을 지니고 있기는 하나, 그렇다고 해서 등록 오퍼에 대해 완전히 신뢰할 수는 없는데, 이곳에 등록된 오퍼 역시 별다른 검증 없이 단순히 무역업자들의 편의를 돕기 위해 당사자들 간의 거래알선 중개를 하는 역할만을 수행하고 있기 때문이다.

결국 거래처 선정 이후의 신용조회는 국내무역업자가 스스로 행하거나 관련 기관 또는 단체에 의뢰하여 행할 수밖에 없게 되어 결국 전자무역은 종전의 무역방식을 획기적으로 효율화하는 방식으로 발전하지 못하게 될 것이다. 심지어 수출업자가 무턱대고 거래상대방을 신뢰하여 거래를 성사시키고 계약을 이행한 후 대금을 지급받지 못하거나 해외의 바이어가 고의적으로 국제사기를 행할 목적으로 거래알선 사이트에 구매 오퍼를 등록하는 경우도 나타날 가능성이 많다.

전자무역은 거래당사자 간의 비대면접촉의 특징을 갖고 있으므로 이를 악용하는 사기의 유형을 보면 다양하다. 제품을 수출한다는 판매 오퍼를 사이트에 게시해놓고 관심을 보이는 업체들에게 샘플비의 송금을 집요하게 요구하여 샘플비를 받고는 추후에 실제 물품을 선적하지 않고 종적을 감추는 경우, 선적된 후에도 매수인이 대금결제를 차일피일 미루다가 연락을 끊어버리는 경우, 그리고 인터넷으로 접촉이 된 해외업체들 중 상담이나 공장방문 등의 목적을 세워 입국한 뒤 사라지는 경우, 한 업체가 매수인을 빙자하여 경쟁관계에 있는 업체에게 가격 등의 정보를 요구하여 경쟁업체의 거래정보를 알아내는 경우 등 여러 유형의 사기가 발생할 수 있어 국내업체들은 거래처 발굴 시 상당한 주의가 필요하다.

한국무역협회의 실태조사에 따르면, 전자무역 활용 시 애로가 큰 수출단계 중 신용조회가 대기업은 20.0%, 중소기업은 20.3%로 다소 높은 편으로 나타났는데, 이는 국제적 인증제도의 마비, 신용조사에 대한 공신력 부족 등이 주된 요인으로 작용하고 있는 것으로 분석되었다.

대응방안

신용조회상의 문제점을 극복하기 위해서는 각국의 무역유관기관이나 정부 등 무역업자들이 신뢰할 수 있는 곳에서 하나의 기관을 선정하여 오퍼인증기관으로 두고 이들 간의 유기적인 협력을 통해 국제오퍼인증 시스템을 구축할 필요가 있다.

또한 국제오퍼인증 시스템을 구축한 후 거래알선 사이트에 등록되는 오퍼를 현재 활발한 영업활동을 하고 있고 금융기관과의 거래에서도 문제가 없어 해당 지역 인증기관의 인증을 거친 업체가 등록한 오퍼와, 구체적 인증과정을 거치지는 않았지만 각 인증기관이나 신뢰성 있는 기관에서 전송된 오퍼로서 어느 정도의 신로를 줄 수 있으나 추가적인 신용조회가 요구되는 오퍼, 그리고 여타 소스로부터 인터넷을 통해 거래알선 사이트에 직접 등록된 오퍼로서 해당 오퍼의 신뢰도에 대한 어떤 검증을 거치지도 않은 오퍼 등으로 구분함으로써 전자무역 거래알선 사이트의 질적인 향상을 도모하여야 할 것이다.

즉 거래알선 및 거래처 신용조회업무를 한 사이트에서 행할 수 있는 원스톱(One-stop)

서비스를 제공할 수 있어야 할 것이다. 즉 거래알선 사이트에서 신용조회 사이트를 링크(Link)하는 것도 한 방법이 될 것이다.

제5절 인터넷무역 마케팅

1 인터넷무역 마케팅의 의의

(1) 인터넷무역 마케팅의 도입배경

정보통신기술의 급속한 발달과 인터넷 사용의 확산으로 인해 21세기의 국제무역 패턴이 크게 변화하고 있다. 세계경제와 국제무역 패턴이 빠른 속도로 전환되고 있어서 전자무역(e-Trade)은 가까운 장래에 세계무역에서 상당한 비중을 차지할 전망이다. 전 세계를 컴퓨터와 통신 네트워크로 연결하여 가상공간에서 무역업무가 실시간 이뤄지는 전자무역은 국제경쟁의 본질을 무한경쟁으로 전환시키고 해외 마케팅, 무역대금 결제 등 제반 무역업무의 패턴을 크게 변화시키고 있다.

인터넷은 기업에게 다양한 기회를 제공해주기 때문에 기업은 자사의 상품과 서비스 정보를 디지털화하여 글로벌 마케팅을 전개할 수 있다. 기업은 인터넷을 무역업무에 도입하여 저렴한 비용으로 해외시장을 개척하고 절차 개선, 처리시간 단축 등 무역업무의 능률을 도모하며 해외시장정보를 신속하게 입수하는 등 여러 가지 이점을 누릴 수 있다. 인터넷은 해외시장 개척에 많은 비용과 시간이 필요한 전통적인 무역업무를 획기적으로 개선하여 기업의 경쟁력 강화에 크게 기여하고 있다.

(2) 인터넷무역 마케팅의 정의

인터넷무역 마케팅(internet trade marketing)은 '인터넷을 이용하여 국제시장에서 상품과 서비스를 거래하는 것'으로 정의된다. 즉 여러 전자적 거래방식 중 사용자 중심의 개방 네트워크인 웹, 전자메일, 뉴스그룹 등을 이용하여 기존의 무역거래를 수행하는 것을 말한다. 인터넷무역 마케팅은 표 3-3 에서 보는 바와 같이 법률적, 기술적, 제도적 한계로 인해 현재까지는 주로 시장정보 수집, 해외시장조사, 무역상담 및 계약체결 등에 활용되고 있다.

표 3-3 기존 무역 마케팅과의 차이점

구분	기존 무역 마케팅 방식	인터넷무역 마케팅 방식
품목선정 및 정보 수집	거래알선기관, 해외전시회 참관	국내외 거래알선 사이트 등 인터넷 정보 검색
제품홍보 및 마케팅	카탈로그, 매체광고, 전시회, 상담회 참가 등	홈페이지 구축, 유즈넷, 메일링 리스트, 무역알선 사이트 등록, 사이버 전시회 등
무역상담 및 계약	국제전화 및 팩스, 우편, 출장	전자우편, 인터넷 전화 및 팩스
대금결제	신용장, D/A, D/P 등	무역카드, 전자화폐, 전자자금 이체
운송서류	종이서류	전자서류

2 인터넷무역 마케팅의 절차 및 수단

(1) 인터넷무역 마케팅의 절차

① 정보 수집활동: 시장, 상품, 바이어 등에 대한 정보 수집

② 광고 마케팅 활동: 기업과 상품을 고객에게 홍보

③ 의사교환활동: 발굴된 바이어와의 거래조건 협의

④ 대금결제과정: 격지간 상품대금 지급

⑤ 물류운송과정: 상품을 바이어에 송부

인터넷무역 마케팅의 절차를 그림으로 나타내면 **그림 3-2** 와 같다.

그림 3-2 인터넷무역 마케팅의 절차

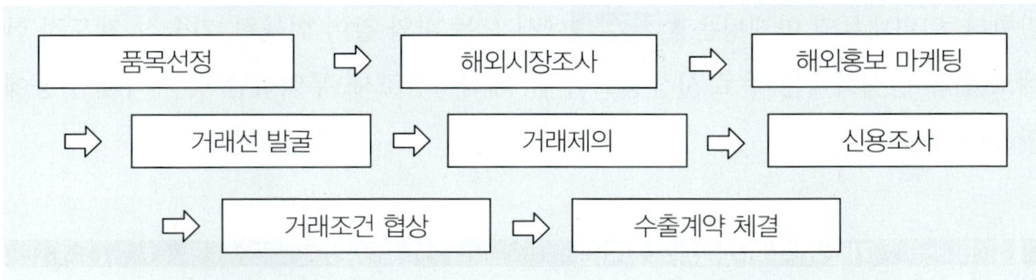

(2) 인터넷무역 마케팅의 수단

홈페이지

기업은 주로 상품 카탈로그나 기업정보 등을 수록하여 인터넷상에서 자사소개와 제품홍보 등에 활용하여 해외광고비를 절감하고 광고효과를 높일 수 있다. 특히 거래알선 웹사이트는 무역업체에게 거래 기회를 제공하는 사이버 시장이다.

뉴스그룹

무역거래의 관점에서 뉴스그룹은 표적시장에 접근할 수 있는 저렴한 광고매체이며 소비자 반응을 즉각 확인할 수 있는 수단이다. 뉴스그룹이 인터넷무역 마케팅 도구로 사용되는 까닭은 정보의 유용성보다는 사람이 많이 모인다는 점과 고객이 관심을 갖는 특정 주제별로 세분화되어 있기 때문이다. 또 뉴스그룹은 표적집단의 선정과 접근이 용이하므로 수출상품의 종류와 특성에 따라 적절한 마케팅대상을 물색하는 데 매우 유용하다.

전자메일

전자메일은 거래협상과 무역계약체결과정에서 통신비용을 절감하고 계약을 신속하게 성사시키는 데 기여한다. 전자무역 마케팅에서 전자메일은 종전 무역업체가 외국기업에게 팩스 또는 우편으로 커뮤니케이션을 해오던 오프라인 방식을 대체하고 있다.

검색엔진

검색엔진은 인터넷에 무수히 산재되어 있는 무역 관련 각종 정보를 찾아주는 도구를 말한다.

메일링 리스트

메일링 리스트(Mailing List)는 전자메일과 밀접한 관련을 갖고 있으며, 검색정보를 메일링 리스트로 만들어 관리할 경우 무역업무의 효율성을 높일 수 있다.

3 인터넷무역 마케팅의 특징과 영향

(1) 인터넷무역 마케팅의 특징

비용절감

인터넷무역 마케팅은 수출기업에게 상당한 비용절감효과를 가져다준다. 종전에는 거래선을 찾기 위해 거래제의 서한을 다수의 잠재 바이어에게 우편이나 팩스로 직접 보내게 되어 전송비용, 작업비용, 샘플비용 등이 많이 들었으나, 인터넷을 이용할 경우 이러한 비용을 절감할 수 있다. 또한 무역상담 시 기존의 전화 또는 국제우편 대신 인터넷 전화 · 팩스를 이용하게 되면 국제통신비용을 절감할 수 있다.

시간 단축 및 무역업무 절차 개선

기업은 인터넷을 무역마케팅 업무에 도입함으로써 절차를 개선하거나 시장개척에 따른 소요시간을 단축할 수 있다. 무역계약조건 협의 시 인터넷을 통해 바이어와의 즉각적인 의견 교환이 가능하다.

글로벌 마케팅

국가별 독립시장이 인터넷 인프라라는 거대한 단일 세계시장으로 통합되어 기업은 전 세계시장을 대상으로 인터넷을 통해 효과적이고도 저렴한 비용으로 상품을 홍보할 수 있다.

기업의 대외 이미지 제고

인터넷을 통해 해외홍보를 효과적으로 할 수 있어서 기업의 대외 이미지를 높일 수 있다.

중소기업의 국제화

종전에는 주로 대기업이 시장정보를 독점하였으나 인터넷의 등장으로 중소기업도 정보를 자유롭게 입수하거나 대기업과 정보를 공유할 수 있게 되었다.

(2) 인터넷무역 마케팅의 영향

기업 간 경쟁격화 유발

인터넷은 국가 간 경계를 무너뜨리고 시장진입장벽을 낮게 하여 기업 간 경쟁을 유발시킬 것이다. 따라서 기존 시장에서 경쟁우위가 있던 기업이 사이버 시장에서도 반드시 경쟁우위를 유지한다는 보장이 없다.

산업구조 및 무역거래방식 변화

중간유통단계의 축소에 따라 생산자와 구매자를 연결해주던 오퍼상이나 종합상사의 역할이 축소될 것이다. 기업 간 전자상거래의 영향으로 멀티미디어 콘텐츠 산업, 인터넷 구매 대행업, 인터넷 서비스업, 네트워크 인증업, 무역대행 및 컨설팅업 등 새로운 산업이 등장하고 있다.

중소기업과 대기업 간 격차 축소

기존에 특정 기업이 독점하던 바이어 및 시장정보는 인터넷을 통해 모두에게 공개되므로 중소기업은 인터넷을 통해 새로운 비즈니스 기회를 발견할 수 있다.

인터넷무역 마케팅의 활용 현황

우리나라는 선진국과 경쟁할 수 있는 전자무역 마케팅 인프라를 갖추고 있다. 그 근거로는 세계적 수준의 통신 인프라 확보와, 상역 · 외환 · 통관 · 물류를 포괄하는 무역자동화 시스템의 구축, 그리고 무역업무자동화 촉진에 관한 법률, 대외무역법, 전자거래기본법 등 법적 기반의 확립을 들 수 있다. 한편 현재 가장 활성화되어 있는 전자무역 마케팅 업무는 무역계약체결 시까지의 절차로서 시장조사, 신용조사, 거래조회, 상담 등이 인터넷을 통해 이루어지고 있다.

연습문제

1. 무역이 국민경제에 미치는 영향은 무엇인지 설명하시오.
2. 무역과 전자무역의 차이점은 무엇인지 설명하시오.
3. 무역과 전자무역의 절차에 대해서 비교하여 설명하시오.
4. 전자무역관리를 효과적으로 하기 위해서는 어떤 방안이 있는지 설명하시오.
5. 전자무역의 문제점 및 대응방안에 대해서 설명하시오.
6. 인터넷무역 마케팅은 무역 마케팅과 어떻게 다른지 설명하시오.

INTERNET MARKETING

제2부

인터넷마케팅 환경분석

제4장 인터넷 마케팅조사

제5장 인터넷 소비자행동분석

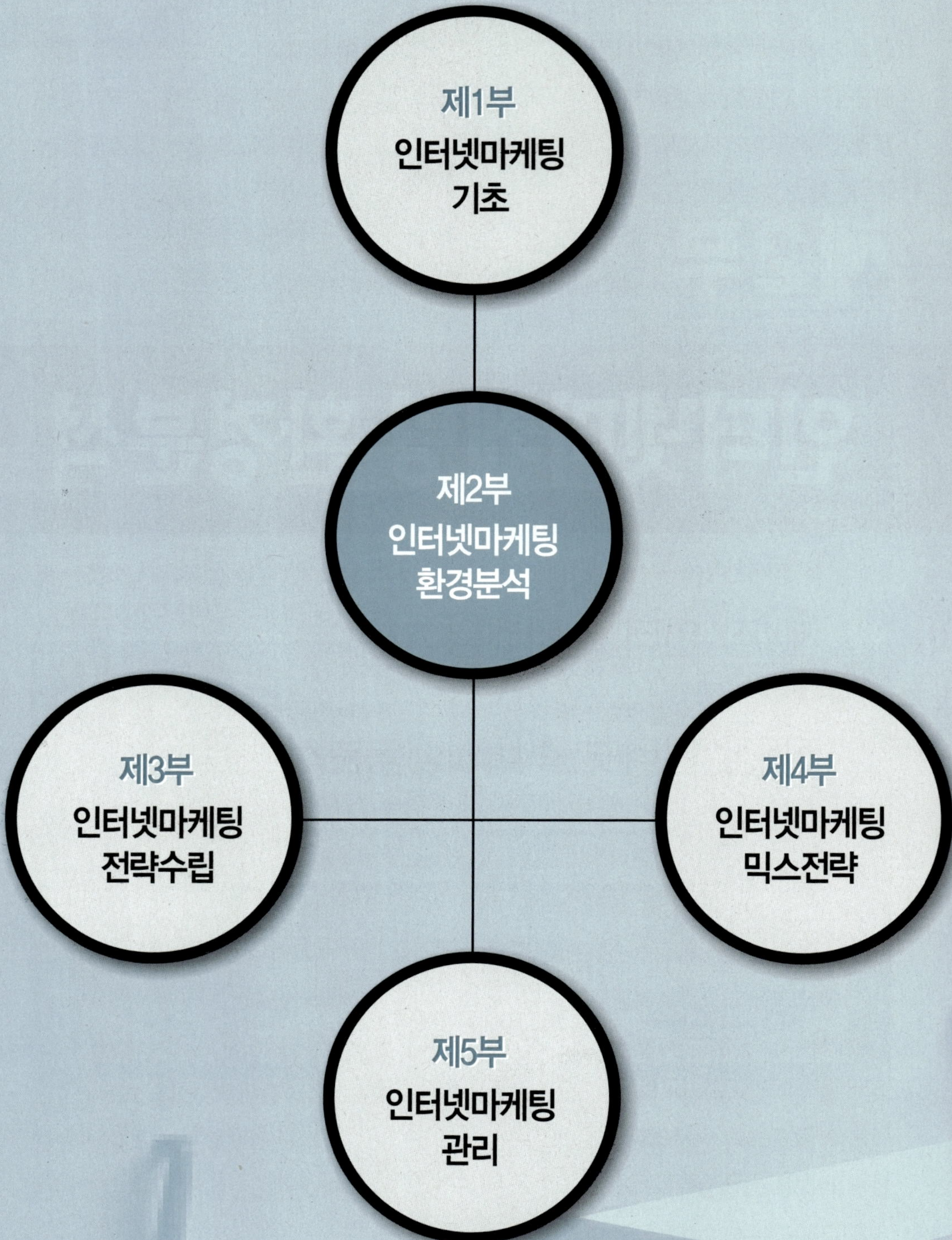
제1부
인터넷마케팅
기초
제2부
인터넷마케팅
환경분석
제3부
인터넷마케팅
전략수립
제4부
인터넷마케팅
믹스전략
제5부
인터넷마케팅
관리

제 4 장

인터넷 마케팅조사

학습목표

먼저 마케팅조사의 개념, 필요성, 과정, 방법 등에 대해서 살펴본다. 이어서 인터넷마케팅의 개념, 과정 등에 대해서 학습한다. 기존 마케팅조사 방법과 인터넷 마케팅조사 방법의 차이점에 대해서도 학습한다.

제1장 인터넷비즈니스의 이해

제2장 인터넷마케팅의 이해

제3장 전자무역

제4장 인터넷 마케팅조사

제5장 인터넷 소비자행동분석

제6장 인터넷 마케팅전략

제7장 e-Segmentation

제8장 e-Targeting과 e-Positioning

제9장 인터넷 제품전략

제10장 인터넷 가격전략

제11장 인터넷 유통전략

제12장 인터넷 촉진전략

제13장 e-SCM

제14장 e-CRM

사례연구 인터넷 마케팅조사

세계 100대 기업 90%가 마케팅조사로 이것을!

– 브랜드 앱을 통한 마케팅조사
– 작지만 큰 시너지 효과
– 인터넷마케팅 시대의 도래

스마트폰 대중화와 함께 모바일 애플리케이션(앱, 응용 프로그램) 이용이 늘면서 브랜드 앱을 통한 마케팅이 확산되고 있다. 브랜드 앱이란 기업이 브랜드와 제품을 알리고 판매하기 위해 만든 스마트폰 앱을 말한다. 한 조사에 따르면 지난해 세계 100대 기업 중 91곳이 브랜드 앱을 갖고 있다.

하지만 브랜드 앱을 효과적으로 활용하고 있는 기업은 많지 않다. 브랜드 앱 중 다운로드 횟수가 1,000번 이상인 것은 20%에 불과하고, 100만 번 이상 다운로드한 것은 1%도 안 되는 것으로 조사됐다. 브랜드 앱이 성공하기 위해서는 스마트폰의 특성과 이용자의 속성을 고려한 전략이 필요하다.

기업은 소비자에게 실질적인 도움을 주는 정보를 브랜드 앱에 담을 필요가 있다. 미국의 식품유통업체 크래프트는 7,000여 가지 요리의 조리법은 물론 요리 재료를 판매하는 매장정보와 쿠폰까지 브랜드 앱으로 제공한다. 이 회사는 브랜드 앱을 0.99달러에 판매해 100만 달러가 넘는 매출을 올렸다.

재미와 감동에 중점을 두고 브랜드 앱을 운영하는 기업도 있다. 아우디는 신차를 모델로 한 레이싱 게임을 통해 고객이 간접적으로 자동차의 성능을 체험할 수 있게끔 한다. 랑콤을 비롯한 화장품회사들은 메이크업 맛보기 기능을 제공해 큰 호응을 얻었다. 초콜릿회사 락타는 브랜드 앱에 연동시킨 페이스북으로 메시지를 주고받을 수 있는 '사랑의 메시지' 서비스로 주목받았다.

스마트폰의 기술적 특성을 잘 활용하면 브랜드 앱의 효과를 극대화할 수 있다. 스마트폰은 카메라, 증강현실, 멀티터치 등 다양한 신기술이 집약된 매체다. 이런 기술을 활용하면 고객과 브랜드 간의 다양한 상호작용이 가능하다. 세계적인 가구업체 이케아는 증강현실을 이용해 고객이 자신의 방이나 거실에 가구를 가상으로 배치해볼 수 있는 서비스를 선보였다. 위생용품업체 차밍은 GPS(위성위치기반 시스템)를 이용해 가까운 화장실의 위치와 청결도 등을 알려주는 브랜드 앱을 선보여 인기를 끌었다.

브랜드 앱과 오프라인 서비스를 연계하면 시너지 효과를 낼 수 있다. 피자헛 등 패스트푸드 업체들은 고객이 매장을 방문하기 전 앱으로 음식을 주문해 놓으면 매장에서 대기시간 없이 음식을 가져가거나 먹을 수 있는 주문용 브랜드 앱을 운영한다. CGV와 W호텔은 스마트폰으로 입장권 및 객실을 예약하고 각종 서비스를 주문할 수 있도록 하고 있다.

기업이 브랜드 앱을 만들 때 명심해야 할 기본 전제는 강렬하고 명확한 마케팅목표를 설정하고 집중해야 한다는 것이다. 휴대성은 스마트폰의 최대 장점이자 단점이다. 이동하면서 스마트폰을 활용하는 고객은 많은 정보를 차분하게 살펴볼 여유가 없다. 브랜드 앱에 너무 많은 정보와 기능을 담을 필요가 없다는 것이다.

앱의 용량이 커지면 이용시간이 길어지는 것은 물론 요금부담도 높아져 심리적인 거부감을 불러일으킬 수 있다. 고객에게 브랜드를 각인할 수 있는 간결하고 핵심적인 메시지를 담아 전달한다면 브랜드 앱은 저렴하면서도 강력한 마케팅 도구가 될 수 있다. (한국경제, 2012.2.23)

토의과제

1. **스마트폰의 대중화에 따른 브랜드 앱의 장점은 무엇인가?**
2. **인터넷마케팅 활성화를 위해서 브랜드 앱을 어떻게 응용하는 것이 바람직한가?**
3. **기존의 마케팅 도구와 브랜드 앱의 차이점은 무엇이며, 둘을 어떻게 접목하는 것이 효율적인가?**

제1절 인터넷 마케팅조사의 개념

1 인터넷 마케팅조사의 정의

인터넷 마케팅조사란 인터넷 환경에서 마케팅 활동을 수행하는 데 필요한 여러 정보를 수집하는 과정으로 정의될 수 있다. 인터넷 마케팅조사는 크게 온라인 기업에 의해 실시되는 마케팅조사와 오프라인 기업에 의해 실시되는 마케팅조사로 나누어볼 수 있다. 온라인 기업의 마케팅조사는 다시 인터넷을 활용한 마케팅조사와 인터넷을 활용하지 않는 마케팅조사로 나눌 수 있다.

인터넷을 활용한 마케팅조사 방법의 예로는 표 4-1 에서 보는 바와 같이 인터넷 사이트에 들어온 방문자들이 인터넷을 서핑하는 행동 등을 조사하는 클릭스트림(clickstream)이나 쿠키(cookie)와 같은 방법, 인터넷 사이트를 돌아다니면서 문서의 내용 중에서 원하는 내용만을 조사하는 서치(search) 방법, 인터넷상에서 설문조사를 실시하는 인터넷 서베이 등을 사용하여 정보를 수집하는 방법 등을 들 수 있다. 또한 온라인 기업은 기존의 오프라인 조사방법을 활용한 인터넷 사용실태조사를 통해 마케팅 정보를 수집할 수도 있다. 한편 오프라인 기업들은 오프라인 마케팅 활동을 수행하기 위해 인터넷을 통해 자료를 수집하는 인터넷 서베이를 실시할 수 있다.

표 4-1 인터넷 마케팅조사의 종류

	인터넷 활용	인터넷 활용하지 않음
온라인 기업	Clickstream, Cookie, 문헌조사, 온라인 서베이, 온라인 표적집단 면접	오프라인 서베이, 표적집단 면접
오프라인 기업	온라인 서베이, 온라인 표적집단 면접	오프라인 서베이, 표적집단 면접

최근 인터넷 마케팅조사는 자료의 수집에서 분석까지를 실시간으로 해결하는 통합 솔루션으로 발전해나가고 있는 추세이다. 인터넷을 통한 마케팅조사는 여러 가지 다양

한 형태를 취할 수 있다. 우선 기존의 조사자료인 2차자료를 수집하는 방법으로는 직접 웹사이트를 방문하거나 검색엔진을 이용하는 기초적인 방식에서부터, 동호회나 정보전문 사이트의 데이터베이스를 온라인에서 검색하는 방법 등이 있다. 조사자에 의해 직접 수집되는 1차자료의 경우에도 온라인 설문조사방법이나 초점집단면접법, 관찰법 및 실험법도 널리 사용된다. 오프라인 조사방법과 인터넷 조사방법의 차이점을 정리하면 표 4-2 와 같다.

표 4-2 조사방법의 효율성 비교

	우편조사	전화조사	면접조사	인터넷 조사
조사의 유연성	낮다	조금 높다	매우 높다	조금 높다
데이터의 질	조금 낮다	보통	매우 높다	조금 높다
조사원의 영향	거의 없다	보통	매우 높다	보통
데이터 수집 속도	매우 느림	매우 빠르다	조금 빠르다	매우 빠르다
응답률	보통	조금 높다	조금 높다	조금 낮다
조사비용	조금 낮다	보통	매우 높다	매우 낮다

2 인터넷 마케팅조사의 장단점

(1) 인터넷 마케팅 조사의 장점

시간의 절약

전통적인 조사방법에 비하여 짧은 시간에 비교적 많은 표본의 확보가 가능할 뿐 아니라 동시에 많은 응답자에게 자료를 확보할 수 있으므로 시간절감을 이룰 수 있다. 또한 외국의 표본을 대상으로 조사를 진행할 경우를 생각한다면 그 빠르기는 더욱 두드러질 것이다.

비용의 절감

기존의 설문조사방법에 비하여 별도 조사원의 확보와 교육에 필요한 비용이 들지 않기 때문에 그만큼 비용이 절감될 수 있다. 한 연구에 의하면 e-메일에 의한 조사방법은 기존 조사에 비하여 평균적으로 1/7의 비용으로 가능하다고 한다. 그러나 인터넷에 의한 설문조사에서도 적절한 사은품을 주거나 배너광고 등을 통하여 주목력을 높여야 하므로 비용이 전혀 없다고 생각할 수는 없을 것이다.

개별적(customized)인 설문조사 가능

응답자의 특성에 맞는 다양한 구조를 취할 수 있기 때문에 같은 내용이라도 조사자의 필요에 따라서 편리하게 바꾸어서 사용할 수 있다.

민감한 주제에 대한 설문조사 용이

응답자가 기피하기 쉬운 주제에 대하여 설문조사를 할 때 기존 조사방법은 조사원과의 대면접촉을 피하기 힘들기 때문에 표본 확보에 어려움이 많았다. 이런 경우에 특정 홈페이지에 설문지를 올려놓고 자료를 확보할 수 있을 것이다. 물론 표본의 대표성의 문제나 자가선택오류(self-selection bias)의 문제를 고려해야 할 것이다.

멀티미디어의 활용 가능

기존의 조사방법은 주로 텍스트를 기반으로 한 조사였다. 따라서 조사자가 필요한 정보를 생생하게 전달하는 데 어느 정도 한계가 있었다. 네트워크 기술이 발전하면서 대용량의 데이터 전송이 가능하게 되었으며, 이에 따라서 인터넷 서베이에서 텍스트 이외의 음성이나 영상 등이 멀티미디어 자료를 피조사자에게 전송하는 것이 가능하게 되었다. 따라서 보다 현실감 있는 설문조사가 이루어질 수 있게 되었다.

(2) 인터넷 마케팅조사의 단점

표본의 대표성 문제

이 문제는 결국 인터넷을 사용하는 사람들이 '일반적인' 사람들이냐의 문제이다. 초기 인터넷 사용자가 20~30대의 남성에게 집중되어 있었으므로 이러한 모집단을 대상으로 한 표본조사에 대한 한계점이 여러 번 지적되었다. 그러나 현재의 인터넷 보급률을 감안해본다면 초기에 비하여 대표성 시비에서 상당히 벗어나 있음을 알 수 있다.

모집단 특성의 불확실성

이 문제는 모집단에 대한 정보가 부족하여 적절한 표본추출틀(sampling frame)을 사용할 수 없음을 말한다. 즉 위에서 말한 대로 인터넷 사용자가 짧은 시간에 빠르게 확산되어 모집단 자체가 변하고 있으므로 조사자가 필요로 하는 표본추출틀을 통한 확률추출법을 사용할 수 없는 데 따른 문제이다.

자가선택오류

자가선택에 의한 오류(self-selection bias)란 응답자들이 자신이 관심 있는 주제에 대해서만 대답하기 때문에 생기는 오류이다. 인터넷 서베이의 경우 응답자들이 쉽게 설문조사에 참여할 수 있기 때문에 이러한 오류가 더욱 커질 수 있다. 이러한 오류를 극복하기 위하여 인터넷 서베이에서도 패널조사를 실시하거나 응답자에게 적절한 인센티브를 제공하는 등의 방법이 널리 사용되고 있다.

개인정보보호의 문제

어떤 전문가들은 프라이버시(privacy)의 문제를 인터넷 서베이가 극복해야 할 가장 큰 문제로 지목하기도 한다. 즉, e-메일 형태의 설문지가 스팸메일의 형태로 배포되거나, 설문조사에 응한 사람의 정보가 여러 방법으로 조사자에게 노출될 수 있으므로, 이러한 정보를 상업적으로 이용하는 경우는 피조사자들의 프라이버시가 매우 심각하게 침해될 수 있다는 점을 강조하고 있다.

3 인터넷 마케팅조사의 과정

마케팅조사는 소비자, 상품, 마케팅 간의 관계에 관련된 정보를 찾는 작업이다. 마케팅 담당자에게는 시장기회를 인식하고, 마케팅 플랜을 세우고, 소비자구매과정을 이해하고, 마케팅 성과를 측정하기 위해서 마케팅조사가 필수적이다. 오프라인에서의 마케팅 조사는 **그림 4-1** 에서 보는 바와 같이 일반적으로 네 단계의 과정을 거친다. 인터넷 온라인 마케팅조사에도 이러한 절차를 거치되 설문의 배포와 수거, 자료의 수집과 분석 등 기계적인 작업은 상당 부분 시스템에 의해서 자동으로 처리될 수 있다.

그림 4-1 인터넷 마케팅조사의 과정

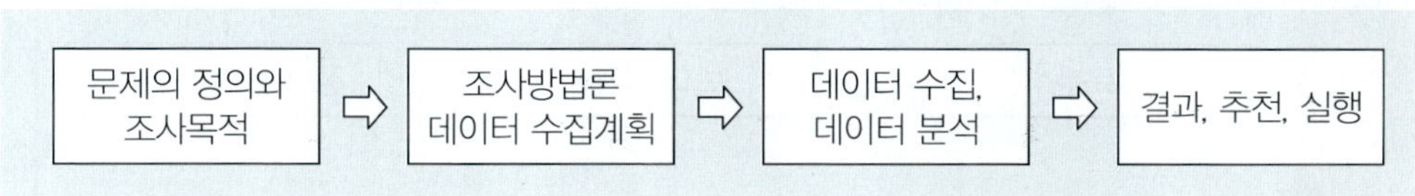

첫 단계는 문제정의와 조사목적을 확실히 하는 일이다. 예를 들면, 내구재의 인터넷 경매시장에의 진입을 위한 전략 수립이나 새로운 제품으로 새로운 해외시장 진출을 위한 온라인 채널 활용을 위한 전략 수립 등이 문제정의라면, 이를 위해서 내구재의 지역 정보지 거래현황과 현재 인터넷 업체의 내구재 거래순위와 소비자가 내구재를 경매에서 구매하는 혹은 하지 않는 요인의 순위 등이 조사목적이 될 수 있다.

두 번째 단계에서는 조사방법론을 결정하고 자료수집 계획을 세우는 일이다. 다양한 마케팅조사 방법이 있으므로 목적하는 상품, 시장, 조사목적에 맞는 방법론을 선택해야 한다.

그리고 세 번째 단계에서는 결정된 조사방법론에 따라서 자료를 수집하고 통계분석을 수행하고, 마지막 단계에서 분석결과를 정리하고 전략 도출과 그에 따른 마케팅 활동을 수행하게 된다.

제2절 인터넷 마케팅조사의 과정

마케팅조사의 과정은 **그림 4-2** 와 같은 절차로 진행되는데, 조사가 효율적으로 수행되기 위해서는 각 단계별로 효과적인 관리가 이루어져야 한다.

그림 4-2 마케팅조사의 과정

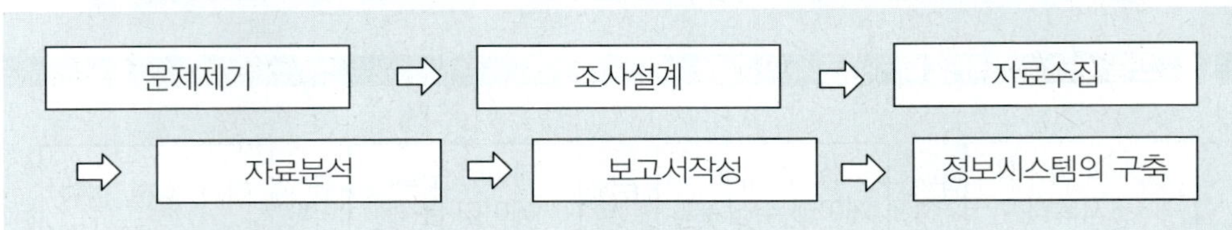

1 문제제기

문제의 제기는 마케팅조사의 방향을 제시하는 단계로서 마케팅 활동을 수행하는 데 발생하는 문제점을 해결하고 기회를 포착하기 위해서 매우 중요하다. 문제제기를 잘못하게 되면 완벽한 조사를 실시하였다고 하더라도 조사결과는 마케팅 관리에 아무런 도움도 주지 못할 뿐만 아니라 새로운 문제점을 야기한다.

문제란 조직의 목표를 달성하는 데 방해가 되는 장애라고 할 수 있는데 문제를 정확히 정의해야지만 문제를 해결하는 데 필수적인 자료를 밝히고 수집할 수 있다. 마케팅

조사자는 증상과 문제를 혼동하지 말아야 한다. 증상이란 단순히 문제가 있다는 것을 알려줄 뿐이다.

가령 커뮤니티 사이트의 신규 회원이 줄어들고 있다는 사실은 문제의 증상일 뿐이다. 여러 각도에서 탐색적 조사를 한 결과 문제는 사이트의 낮은 인지도 때문이었다면 이 사이트를 알게 되는 경로, 대중매체의 광고가 신규 가입에 미치는 영향 등을 조사하여야 할 것이다. 문제의 정의를 목적으로 행해지는 조사가 탐색조사이다.

따라서 올바른 문제제기를 위해서는 조사를 통하여 해결하여야 할 마케팅 문제 자체와 그러한 마케팅 문제가 야기된 배경에 대한 분석이 병행되어야 한다. 배경분석을 위해서는 상황분석, 문헌조사, 전문가의 의견조사, 사례연구들이 자주 이루어진다.

2 조사설계

조사설계는 규정된 문제에 대한 검토, 조사방법, 정보 수집의 원천, 표본추출, 자료수집절차, 자료분석기법, 조사일정, 예산편성, 조사설계에 대한 평가과정 등을 실시하는 단계이다. 조사설계는 시간과 비용을 절약하고 조사의 효율성을 높이는 데 주안점을 두어야 한다.

문제의 검토란 조사목적, 연구문제, 연구가설 등에 대한 검토를 말하며, 예산과 조사일정은 인원 · 시간 · 비용을 고려하여 의사결정에 도움을 줄 수 있도록 계획해야 한다. 평가란 조사설계의 신뢰성, 타당성, 결과의 일반화 등의 기준을 통하여 이루어지는데 이는 조사절차와 기법들을 실제상황이나 모의상황에 적용시켜봄으로써 평가하게 된다.

조사설계는 문제에 관해 구성된 가설을 검증하기 위한 포괄적인 계획을 의미한다. 문제에 관하여 어떠한 조사를 행할 것인가를 결정하는 것이다. 조사에는 탐색조사, 기술조사, 인과조사의 세 가지 종류가 있다.

(1) 탐색조사

탐색조사란 문제를 찾아내고 정의하는 것을 목적으로 하는 조사이다. 탐색조사는 좀 더 정교한 조사를 위한 전 단계로 혹은 가설을 수립하기 위하여 사용되며, 차후 조사의 우선순위를 정하기 위하여, 조사자가 문제에 대해 많이 알고 익숙해지기 위해, 개념을 명확히 하기 위해 사용된다.

탐색조사는 정해진 규정이나 계획에 의해 이루어지기보다 자유로이 여러 가지 방법을 동원하여 행하는 유연성이 한 특징이다. 문제가 밝혀지고 아이디어가 생기면 그것을 정리하고 체계화해서 적절한 가설을 만들어야 한다. 가설(hypothesis)이란 변수 간의 관계를 규정하는 진술을 의미한다.

(2) 기술조사

기술조사(descriptive study)는 소비자가 생각하고, 느끼고, 행동하는 것을 기술하는 조사이다. 기술조사의 종류로는 크게 두 가지가 있다.

첫째, 종단분석은 횡단분석보다 드물게 시행되는 조사로서, 이름이 시사하는 대로 일정 기간에 걸쳐 반복적으로 관찰, 분석하는 조사이다. 마케팅에서는 종단분석이 주로 패널(panel)에 의해 행해진다. 패널이란 가게, 판매원, 일반 개인 등의 고정된 표본으로서 패널의 구성원들은 일정 기간 동안 반복적으로 관찰된다.

둘째, 횡단분석은 관심이 있는 집단에서 추출한 표본을 한 시점에서 측정하는 방법으로서 가장 많이 쓰이는 조사방법이다. 종단분석이 일정 시간에 걸쳐 계속 일어나는 사건을 연속적으로 보여줌에 반하여 횡단분석은 일정 시점에서의 한 단면을 보여준다. 설문을 통해 조사하는 서베이(survey)가 횡단분석의 전형적인 예이다.

(3) 인과조사

마케팅조사자는 X는 Y를 초래한다는 인과관계형의 가설을 세우는 경우가 많다. 인과관계는 보기에는 간단할지 모르나 그 관계를 밝히기가 쉽지 않은 작업이다. 인과관계를 추론하는 세 가지 기준은 다음과 같다.

첫 번째 기준은 원인(X)은 결과(Y)보다 먼저 일어나야 한다(시간적 선행성). 결과가 원인보다 먼저 발생한다면 인과관계가 성립할 수 없다. 두 번째 기준은 두 개의 사건 X와 Y가 서로 같이 일어나고 같이 움직여야 한다(covariation). 즉 원인 X의 변화는 항상 Y의 변화를 가져와야 한다. 가령 계란이 닭의 원인이라면 계란에서 닭이 나와야 한다. 세 번째 기준은 인과관계가 성립하려면 다른 설명이 가능하지 않아야 한다. 만약, X가 Y보다 선행하고 X와 Y가 같이 일어나며 같이 움직인다 할지라도 결과 Y를 초래하는 다른 Z가 존재한다면 X와 Y 간의 인과관계는 설득력을 잃을 것이다.

인과관계를 밝히는 것이 목적인 조사가 인과조사인데 실험(experiment)이 이에 해당한다. 탐색조사나 기술조사가 할 수 없는 통제를 할 수 있기 때문에 인과관계를 밝힐 수 있다. 이를 다시 설명하면, 실험에서는 알고 싶어 하는 변수 이외의 다른 요소들은 변화시키지 않고, 즉 상수(constant)로 놓고 알고 싶은 한두 개의 변수만을 변화시킴으로써(조작함으로써) 다른 변수가 어떤 영향을 받는지 측정한다. 여기서 조작하는 변수를 독립변수라고 하고, 관측 및 측정되는 변수를 종속변수라 부른다. 그리고 다른 변수들은 변화시키지 않는 것, 즉 상수로 놓는 것을 통제(control)한다고 한다.

이렇게 다른 변수들을 통제함으로써 독립변수가 종속변수에 미치는 영향을 집어내어 관찰할 수 있다. 다른 변수들을 철저히 통제했기 때문에 다른 설명이 불가능해져 독립변수와 종속변수 간의 인과관계가 있다고 말할 수 있게 된다. 그렇다고 해서 증명되었다고 말할 수는 없다.

3 자료수집 및 표본설계

(1) 2차자료

2차자료란 다른 목적을 위해 이미 조사된 자료를 말한다. 2차자료를 통해 기업은 국제마케팅조사 수행 시 해외에 나가지 않고 자료수집이 가능하며, 자료를 신속하고 용이하게 구할 수 있어 비용부담이 적다.

이러한 2차자료는 직접 조사를 해야 하는 수고로움이 있는 1차자료에 비해서 비용과 시간, 인력을 절감할 수 있는 장점이 있다. 또한 바로바로 원하는 데이터를 얻을 수 있기 때문에 신속성을 지니며 가끔은 1차자료보다 정확할 수도 있다. 직접 조사한 것보다 정확한 조사가 이루어진 자료를 발견할 가능성도 있다. 또한 어떤 정보는 2차자료를 통해서만 구할 수 있다. 대외비 혹은 직접 구할 수 없는 정보 등이 그러한 예가 될 수 있다.

2차자료를 획득할 수 있는 원천은 크게 내부원천과 외부원천으로 대별된다. 내부원천은 사내에 있는 자료원이며, 내부원천에서 얻는 자료를 내부자료라고 한다. 외부원천은 사외의 수많은 개인이나 조직이 자료원이 되는 경우로서 외부원천으로부터 얻는 자료를 외부자료라고 한다.

(2) 1차자료

조사자료는 1차자료와 2차자료로 구분되는데, 1차자료는 조사자가 직접 수집하여야 할 자료이며, 2차자료는 조사자가 아닌 다른 주체에 의해서 이미 수집된 자료이다. 2차자료는 비용과 시간을 절약할 수 있으므로 이를 잘 이용하면 매우 효과적이다. 그러나 2차자료만으로는 문제의 해결이 불가능한 경우가 많으므로 조사자는 신뢰성과 정확성을 바탕으로 1차자료를 수집하여야 한다. 1차자료의 수집방법에는 관찰조사, 면접조사, 설문조사, 실험조사, 현지조사 등이 있다.

관찰조사

관찰은 사람들이 제공할 수 없거나 제공하기를 꺼려하는 정보를 얻는 데 적합한 방법이다. 그러나 느낌이나 태도, 동기 등은 관찰을 할 수 없고, 소비자들의 장기적인 행동도 관찰하기 어렵다. 관찰을 통해 정보를 수집할 때 조사자가 가장 유의해야 할 점은 피관찰자가 눈치채지 못하도록 자연스럽게 관찰해야 한다는 것이다. 사람은 자기가 관찰을 당하고 있다는 것을 알게 되면 평상시와 다르게 행동하는 경우가 많기 때문이다.

관찰조사의 장점으로는 자료를 수집하는 데 응답자의 협조 의도나 응답능력이 문제되지 않는다는 점, 조사자에게 발생하는 오류를 제거할 수 있다는 점, 일반적으로 객관성과 정확성이 높다는 점을 들 수 있다. 반면에 단점으로는 태도, 동기 등과 같은 심리적 현상을 관찰할 수 없다는 점, 장기간에 걸쳐서 발생하는 사건도 관찰하기 어렵다는 점, 사적인 활동(예: 양치질이나 TV 시청 등)을 관찰하기 어렵다는 점, 설문지에 비하여 비용이 많이 든다는 점, 관찰대상자가 자신이 관찰되고 있다는 사실을 알면 평상시와 다른 행동을 할 수도 있다는 점을 들 수 있다.

설문조사

설문조사는 조사대상자와 의사소통을 하면서 자료를 얻는 방법이다. 의사소통은 설문지를 통해 이루어진다. 설문조사는 응답자의 인구통계적 특징, 태도나 의견, 의도, 행동의 동기 등 광범위한 정보를 수집할 수 있으며 많은 정보를 짧은 시간에 저렴하게 수집할 수 있는 장점이 있다. **그림 4-3** 에서 보는 바와 같이 설문지에 의한 조사는 여섯 단계를 거친다.

그림 4-3 설문조사의 절차

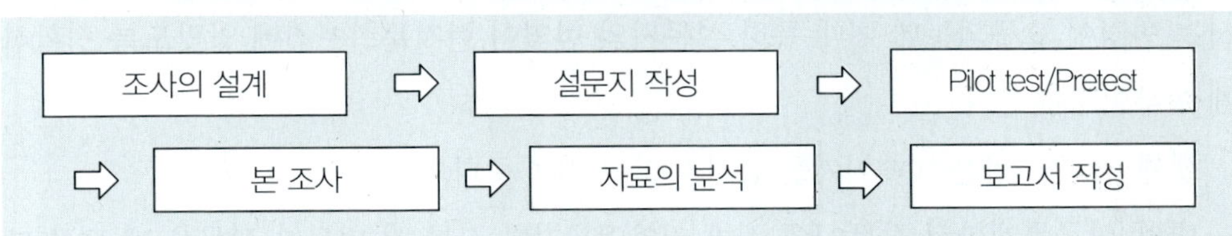

조사의 설계는 조사자와 응답자 간의 의사소통과정을 고민하는 단계로서 주로 설문지 작성과 관계된다. 즉 설문내용, 질문형태, 응답척도 등의 설계를 의미하는 것으로서 문화적 편견이 개입되지 않도록 디자인되어야 한다. 이 단계에서는 표 4-3 에서 보는 바와 같이 다섯 가지 질문을 던져보면 보다 명확하게 개념화할 수 있고 작업을 진행하기가 쉽다.

표 4-3 설문조사의 5가지 요소

요소	질문	내용
조사내용	what	답을 원하는 주요 목적
조사대상	from whom	Target 설정
조사방법	how	우편, 직접방문 등
조사기간	when	설문 기간
조사지역	where	설문 지역(예: 도시/농촌)

설문내용은 주로 응답자 특성, 사실적인 변수, 심리적인 변수 등으로 구성되어 있다. 이 중에서도 나이, 성별, 학력, 가족사항 등과 같은 응답자의 특성과 기존의 시장상황을 나타내주는 사실적 변수는 수월하게 측정할 수 있다. 반면에 구매동기와 제품에 대한 욕구 등과 같은 심리적 변수는 측정하기가 매우 까다롭다.

질문형태는 크게 양자택일형, 자유응답형, 다지선다형의 세 가지로 구분할 수 있으며, 국제조사의 경우 다음 여섯 가지 측면을 고려해야 한다.

첫째, 일반적으로 아프리카와 같이 문맹률이 높은 나라를 대상으로 조사할 경우에는 쇼 카드(show card)와 같은 비언어적 자극의 사용이 바람직하다.

둘째, 언어적 또는 비언어적 자극 모두 다른 언어권이나 문화권에서 사용되기 위해서는 변경이 요구되는데 이때 특히 설문지의 번역이 현지문화여건에 알맞도록 정확하게 이루어져야 한다.

셋째, 질문의 양은 10페이지를 넘기지 않는 것이 좋다.

넷째, 인구통계학적 질문(나이, 성별, 직업 등), 기타 질문 및 미묘한 설문은 맨 뒤로 빼

놓는 것이 좋다.

다섯째, 간단한 것에서 복잡한 것으로 설문순서를 진행시키고, 일관성을 갖도록 하여 응답자가 혼란을 일으키지 않도록 만들어야 한다.

여섯째, 보기가 주어진 범주형 질문을 한다면, 어떻게 범주화할 것인가와 개방형 질문은 어떻게 처리할 것인가 등을 결정해야 한다.

설문지 작성이 끝나면 모집단의 특성에 맞게 설문할 대상을 선정하게 되는데, 그 절차는 일반적으로 모집단의 확정→표본 프레임의 선정→표본추출방법의 확정→최종표본의 선정의 순서로 이루어진다. 국제조사의 경우에는 표본 프레임을 얻기가 매우 어렵다는 특징이 있다.

자료수집단계는 완성된 설문지를 갖고 선정된 최종 표본집단에 접근하는 단계로서 우편이용, 전화이용, 인터뷰 등의 세 가지 방법이 있다.

첫째, 우편이용법은 비용이 저렴하고 용이하다는 이점이 있지만 회수율이 매우 낮다는 단점이 있다. 특히 개도국 소비자를 대상으로 할 경우에는 높은 문맹률, 무성의한 응답, 조사 기피 등으로 어려운 점이 많다.

둘째, 전화이용법은 응답자의 파악이 용이하고 시간과 비용이 절약되는 이외에 우편이용과 달리 어느 정도 응답자에 대한 통제가 가능하다. 반면 전화시간이 길어질 경우 응답자가 조사에 관심이 없거나 거부하는 등 응답의 질이 저하되는 단점이 있다. 개도국에 대한 조사의 경우 전화보급률이 낮아 잘못하면 표본대상이 고소득계층에 치우칠 우려도 있다.

셋째, 직접 인터뷰는 비용이 많이 들고 인터뷰상의 어려움이 크지만 응답률이 높고 심층적으로 조사할 수 있는 장점이 있어 가장 많이 사용되는 방법이다.

면접조사

면접조사(interview method)는 대인면접법(person-to-person interview), 전화면접법(telephone interview), 컴퓨터를 이용한 면접법(computer-aided interview) 등으로 분류할 수 있는데, 이는 상호접촉을 통해서 응답자로부터 필요한 정보를 얻는 방법이다. 보통 개인을 대상으로 실시되고, 필요 시 집단을 대상으로 하기도 하며, 면접의 표준화 정도에 따라 표준화면접, 비표준화면접, 준표준화면접으로 구분하기도 한다.

표준화면접(standardized interview)은 사전에 준비된 질문지에 정해진 내용과 순서에 따라 면접하는 방법으로 조사자들 간의 일관성 유지가 가능하며 신뢰도가 높고 면접결과의 비교 가능성이 높다. 그러나 구조화된 것 이외의 새로운 것을 발견할 가능성은 적다.

비표준화면접(unstandardized interview)은 연구목적과 주제만 정하고 자유롭게 면접을 진행하는 방식으로 새로운 사실을 발견하기 용이하나 연구자 간 일치도와 신뢰도가 낮고 비교 가능성도 낮다. 또한 필요한 정보의 누락 가능성이 있다.

준표준화면접(semi-standardized interview)은 중요한 질문은 표준화하고 이외의 질문은 비표준화하는 방법이다. 일반적으로 한 사람을 대상으로 하는 경우에는 질문을 만들지 않아도 되지만 여러 사람을 대상으로, 그리고 여러 조사자가 진행하는 경우에는 표준화된 질문을 만들어 면접을 실시하는 것이 효율성과 효과성 측면에서 바람직하다.

(3) 표본설계

1차자료의 수집방법이 결정되고 나면 의사결정에 도움이 되는 정보를 획득하기 위한 설문지를 작성하여야 한다. 설문지의 작성은 조사대상자와 자료수집방법을 고려하여 분량과 질문방법을 달리해야 하며 가능한 한 측정오류를 줄일 수 있도록 작성되어야 한다.

설문지가 작성되고 나면 구체적인 조사대상자를 선정하여야 한다. 조사대상자의 선정방법에는 조사대상자 전체를 조사하는 전수조사와 일부를 뽑아서 조사하는 표본조사가 있는데 어느 것을 택할 것인가는 조사결과로부터 얻어지는 정보의 정확성과 시행상 드는 비용과 시간을 고려하여 결정하여야 한다.

표본을 선정한 후에는 실제조사가 이루어진다. 실사는 바로 결과를 도출할 자료를 수집하는 과정이므로 전체 조사에서 차지하는 비중이 매우 높다. 이를 위해 우선 실사를 담당할 조사원들을 통제하고 문제점들을 해결해야 하는 책임 있는 실사 담당자가 선발되어야 한다.

4 자료분석

(1) 자료검토

1차 및 2차 자료가 수집되면 이를 편집 및 분류한다. 편집은 완전하고 일관성 있는 자료를 확보하기 위한 것으로 자료의 정정, 보완, 삭제 등이 이루어진다. 그런 다음 코딩을 하게 되는데, 코딩은 자료의 분석을 용이하게 하기 위해서 관찰된 내용에 일정한 숫자를 부여하는 과정이다. 자료 코딩 시 중요한 것은 국별 비교를 위해 샘플 간에 상호비교가 가능하도록 해야 한다는 점이다. 특히 코딩이 어려운 자유응답형의 경우에는 현지시장상황을 잘 알고 있는 분석자에게 코딩 작업을 일임하여 샘플 간 비교 가능성을 제고해야 한다.

자료의 편집 및 코딩이 끝나면 자료의 신뢰성을 검토해야 한다. 즉 동일한 측정이 반복되었을 때 동일한 결과가 나오느냐를 테스트해야 되는데 특히 거의 조사되지 않은 국가를 조사했을 경우나 또는 조사경험이 일천할 경우에는 반드시 이와 같은 신뢰성 검토가 있어야 한다.

(2) 통계분석

통계적 분석은 조사목적과 자료를 얻기 위해 이용한 표본추출방법, 자료수집방법, 측정방법 등을 고려하여 선택한다. 통계적 분석방법은 그에 맞는 자료의 형태가 요구되므로 조사설계를 계획할 때부터 수집할 자료의 성격과 분석방법을 일관성 있게 결정하여야 한다. 통계분석은 **표 4-4** 에서 보는 바와 같이 회귀분석 · 분산분석 · 판별분석 · 요인분석 · 군집분석 · 다차원척도법 · 컨조인트 분석 등 여러 가지 통계적 기법을 이용하여 이루어진다.

표 4-4 통계기법

하나의 변수에 대한 분석

	명목척도, 서열척도	등간척도, 비율척도
통계량	비율, 최빈치, 사분위, 범위, 첨도, 왜도	평균, 표준편차, 최빈치, 첨도, 왜도

두 변수들 간의 분석

	독립변수	종속변수	통계기법
단변량분석	명목척도	명목척도	카이자승, 빈도분석
	명목척도	등간척도	T-test, 분산분석(ANOVA, F검정), 회귀분석
	등간척도	명목척도	Logit 모형, Probit 모형
	등간척도	등간척도	상관분석, 회귀분석, 편상관계수
다변량분석	명목척도	명목척도	로그선형모형
	명목척도	등간척도	MANOVA
	등간척도	명목척도	로지스틱 분석, 판별분석
	등간척도	등간척도	다변량 회귀분석
	독립변수, 종속변수 구분이 없는 경우		주성분분석, 요인분석, 군집분석

(3) 자료해석

수집된 자료를 적합한 통계적 기법에 의하여 분석하고 나면 조사자는 분석결과로부터 마케팅전략상 활용할 수 있는 시사점을 도출해내야 한다. 분석결과로부터 적절한 시사점을 포착하여 전략적인 방안으로 통합하기 위해서는 통계적 분석방법에 대한 충분한 이해뿐만 아니라 마케팅에 관한 충분한 이론적 배경과 실무적 경험 및 감각이 필요하다. 왜냐하면 분석자의 통계기법에 대한 이해의 차이나 분석관점의 차이에 따라 결과가 달라질 수 있기 때문이다. 따라서 분석자의 통계기법과 경영문제에 대한 명확한 이해가 선행되어야 한다.

5 보고서 작성

조사보고서는 조사결과를 마케팅 의사결정에 활용하기 위해서 정리해놓은 것이다. 여기서 주의할 사항은 의사결정자와 조사 담당자 사이에 의사소통이 원활하게 이루어져야 한다는 점이다. 조사내용과 결과가 아무리 좋아도 실제로 정보 이용자가 이해하지 못하면 아무런 효과가 없으므로, 보고서는 이용자의 이해도와 지식 정도에 맞추어 작성되어야 한다.

보고서에는 자료의 분석에 근거하여 마케팅 문제에 대한 대안이 제시되어야 한다. 마케팅 문제에는 정답이 없기 때문에 경영자들은 대안들을 놓고 의사결정을 해야 한다. 마케팅조사의 결과는 사내에 축적되어야 한다. 이러한 결과들이 데이터베이스에 축적되고 계속 누적 수정됨으로써 계속 발생하는 마케팅 의사결정에 도움을 주어야 한다.

6 정보 시스템의 구축

마케팅 정보 시스템(MKIS: marketing information system)이란 기업 내부 또는 외부로부터 적절한 정보를 수집 · 저장 · 분류 · 분석하여 특정한 마케팅 의사결정의 기초를 위해 사용될 수 있도록 사람, 기계, 절차 등을 적절히 혼합하여 설계된 하나의 시스템을 말한다. 마케팅 정보 시스템은 **그림 4-4** 에서 보는 바와 같이 네 개의 하위 시스템으로 구성되어 있는데 이들은 서로 독립되어 있는 것이 아니라 상호 밀접한 관계를 맺고 있다.

그림 4-4 마케팅 정보 시스템의 구성

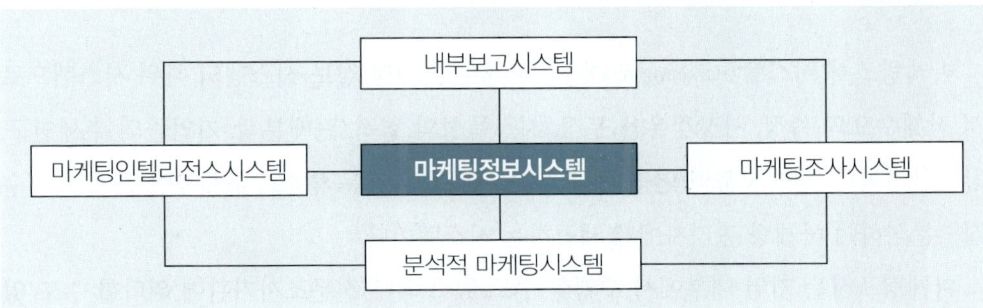

(1) 내부보고 시스템

내부보고 시스템(internal reports system)은 기업 내에서 다른 목적을 위해 작성 보고된 것을 이용하여 마케팅 정보를 획득하는 시스템이다. 예컨대 원가계산서, 외상매출금 현황, 판매원 방문보고서, 생산 및 재고량 등의 내부자료를 통해 마케팅 정보를 획득할 수 있다.

이 정보는 다른 정보보다 비용과 시간을 절약할 수 있는 장점이 있으나, 원래 다른 목적을 위해 작성된 것이므로 마케팅 정보 시스템에 알맞게 수정 및 보완할 필요가 있다. 내부보고 시스템은 최근 컴퓨터의 발달과 함께 급속한 발전을 보이고 있는 영역이기도 하다.

(2) 마케팅 인텔리전스 시스템

마케팅 인텔리전스 시스템(marketing intelligence system)은 기업활동에 영향을 미칠 수 있는 새로운 법률, 기술혁신, 새로운 시대적 풍조, 국제경제 및 국제정치 체제의 변화, 경쟁기업의 동태, 인구통계학적 변화 등에 대한 정보를 수집 · 분석하여 마케팅 관리자에게 제공하는 시스템이다.

마케팅 인텔리전스 시스템의 정보원천은 기업 내부 또는 외부로 매우 다양하다. 기업 내부에서는 관리자, 엔지니어, 연구원, 구매대행자, 방문판매원 등이 있고, 기업 외부에서는 고객, 공급자, 재판매업자, 외부 전문기관, 전문가, 협회, 통계자료, 학술지 등이 있다.

(3) 마케팅조사 시스템

마케팅조사 시스템(marketing research system)은 마케팅 정보 시스템의 하위 시스템으로서 잠재수요의 측정, 시장점유율 분석, 시장특성의 결정, 판매분석, 기업들의 추세연구, 장 · 단기예측, 경쟁상품의 연구, 광고효과분석 등의 전문적이고 구체적인 문제들을 수집 · 분석하여 마케팅 관리자에게 제공하는 시스템이다.

마케팅조사는 기업 내부에서 수행할 수도 있고 외부 전문조사기관에 위탁할 수도 있는데 일반적으로 기업의 기술수준과 보유자원여부에 달려 있다. 그러나 기업 자체 내에 조사능력이 있더라도 특수한 조사업무를 수행하기 위해서, 또는 기업 내부의 이해관계 때문에 외부 전문조사기관에 의뢰할 수 있다.

(4) 분석적 마케팅 시스템

분석적 마케팅 시스템(analytical marketing system)은 내부보고 시스템, 마케팅 인텔리전스 시스템, 마케팅조사 시스템을 통해 입수된 자료나 정보를 통계기법이나 모형에 의해 분석 · 가공하여 마케팅 의사결정자에게 제공하는 시스템이다. 이 시스템은 **그림 4-5** 에서 보는 바와 같이 통계 뱅크와 모형 뱅크로 구성되어 있다.

그림 4-5 분석적 마케팅 시스템

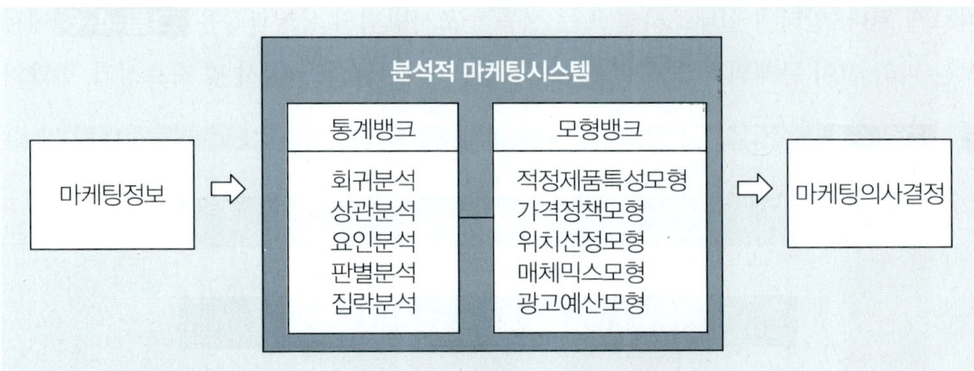

자료: P. Kotler, Marketing Management, 5th ed., Englewood Cliffs, N. J., 1984, p.211.

분석적 마케팅 시스템을 통해 얻을 수 있는 의사결정사항은 소비자들이 경쟁기업이나 자사의 제품을 선택하는 이유, 시장세분화의 기본 및 최적변수, 마케팅의 제 변수가 판매에 미치는 영향, 판매에 영향을 주는 주요 변수, 신제품의 판매예측, 광고예산의 결정, 가격결정, 광고매체의 선택, 소매점의 위치선정, 판매지역 및 판매계획의 결정 등 매우 다양하다.

제3절 인터넷 마케팅조사의 방법

온라인 기업이 사용하는 대표적인 조사방법에는 인터넷 실태조사, 인터넷 서베이, 클릭스트림(clickstream), 쿠키(cookie), 문헌조사(text-search) 등이 있다.

1 인터넷 실태조사법

인터넷 실태조사법은 인터넷마케팅 의사결정에 활용될 수 있는 자료를 인터넷 이외의 방법으로 수집하는 것을 말한다. 따라서 이는 전통적인 마케팅조사 방법의 순서를 따르게 된다. 인터넷 실태조사법 또는 전통적 조사방법의 실행과정은 그림 4-6 에서 보는 바와 같이 문제의 파악, 조사계획의 수립, 조사설계, 조사실시 및 자료정리, 결과의

그림 4-6 인터넷 실태조사단계

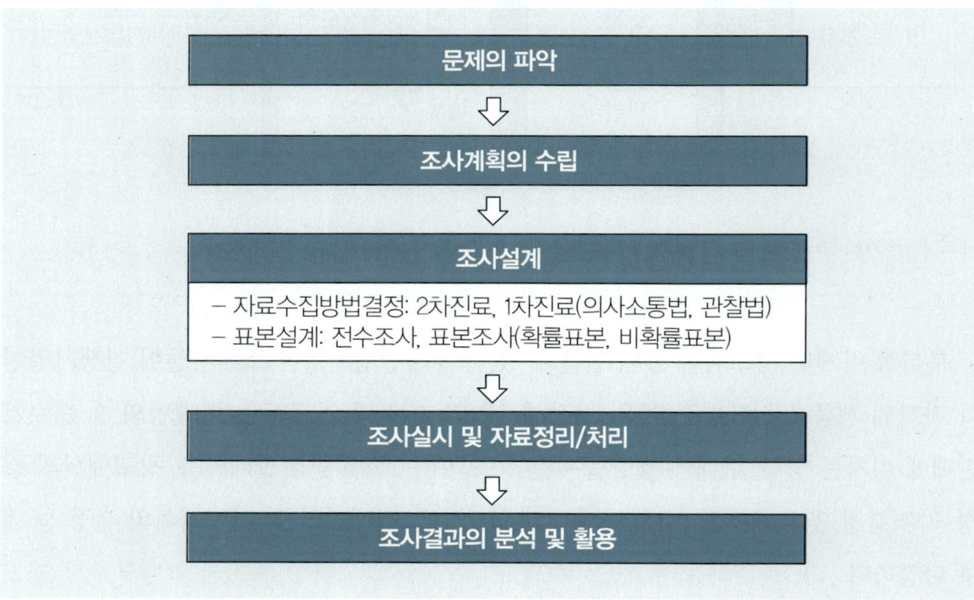

분석 및 활용의 다섯 단계로 구분된다.

(1) 문제의 파악

문제의 파악은 마케팅조사를 수행하게 된 목적과 당면한 조사문제의 원인을 명확히 이해하고, 조사결과가 당면한 문제를 어떻게 해결할 수 있는지를 파악하는 과정이다. 조사문제의 파악은 조사과정에서 가장 중요한 단계라고 할 수 있는데, 그 이유는 명확하지 못한 조사문제의 파악과 이를 토대로 얻어진 조사결과물은 마케팅 의사결정에 전혀 도움을 주지 못할 수 있기 때문이다. 인터넷 실태조사에서 많이 볼 수 있는 조사문제로는 인터넷 사용의도, 사용시기, 사용방법, 사용이유, 사용 서비스, 사용량 등을 들 수 있다.

(2) 조사계획의 수립

조사계획의 수립단계는 조사비용 및 시간에 대한 계획과 수행주체 등을 정하는 과정이다. 조사계획의 가장 중요한 결정사항은 문제파악단계에서 확인한 조사문제의 해결을 위해 구체적인 조사내용을 찾아내는 것이다. 수행주체가 회사일 경우에는 해당 회사로부터 조사계획서(proposal)를 받게 된다. 조사계획서에는 조사내용을 수집하기 위한 표본추출방법, 자료수집방법, 그리고 수집된 자료의 분석방법에 대한 계획이 포함되어야 한다.

(3) 조사설계

조사설계는 실제로 조사를 수행하는 방법을 결정하는 과정인데, 크게 자료를 어디에서 어떻게 수집할 것인가(자료수집방법)와 누구를 대상으로 수집할 것인가(표본설계)를 결정하는 것으로 나뉜다.

1차자료 수집방법

자료수집방법에는 조사대상자의 의사소통을 통해 정보를 얻어내는 방법(의사소통법)과 조사대상자들의 행동을 관찰하여 정보를 얻어내는 방법(관찰법)의 두 가지 유형이 있다. 인터넷을 활용하지 않고 자료가 수집되는 인터넷 실태조사에서는 관찰법이 잘 사용되지 않는데, 그 이유는 많은 경우 인터넷의 사용이 개인적으로 이루어져 실제의 사정이나 형세에 대한 관찰이 힘들며, 인터넷 사용에 대한 관찰은 인터넷을 통해서 기록되어야 하기 때문이다.

① 의사소통법

의사소통법에는 사용도구에 따라서 대인면접법, 전화면접법, 우편조사법 등이 있다. 대인면접법은 조사자가 응답자를 직접 만나서 설문지를 이용하거나 혹은 자유스러운 대화(면접)를 통해 응답자의 의견을 조사하는 방법이고, 전화면접은 전화를 통하여 응답을 받는 것이다. 우편조사법은 우편으로 우송된 설문지에 응답자가 직접 응답한 후 이를 반송하게 함으로써 자료를 수집하는 것을 말한다. 의사소통법에 의한 자료수집에는 주로 설문지가 사용되는데, 설문지는 조사자의 도움 없이 응답자 스스로 설문지만을 보고 조사자가 요구하는 정보를 제공할 수 있을 정도로 정확하고 자세하게 작성되어야 한다. 과거에는 대인면접법을 많이 활용하였으나 점차로 전화면접법의 사용빈도가 늘어나고 있다.

② 컴퓨터를 이용한 방법

최근에는 전화면접법뿐만 아니라 컴퓨터를 이용한 자료수집방법도 자주 사용되고 있다. 이를 CADAC(Computer Assisted Data Collection)라고 하는데, CASIC(Computer Assisted Survey Information Collection) 또는 CAI(Computer Assisted Interviewing)라고도 한다. CADAC에 의한 자료수집방법은 크게 세 가지 유형으로 구분할 수 있다.

첫째는 CATI(Computer Assisted Telephone Interviewing)이다. 이는 컴퓨터를 이용한 전화조사법의 대표적인 형태로, 조사자가 모니터에 나타난 설문을 전화로 질문하면 이에 대한 응답자의 반응이 조사자에 의해 컴퓨터에 입력되는 방식이다.

두 번째는 CAPI(Computer Assisted Personal Interviewing)로 노트북 컴퓨터를 보유한 조사자가 조사대상자의 집을 방문하거나 컴퓨터실에 응답자를 오게 하여 컴퓨터를 이용하여 일대일 면접을 진행하는 자료수집방식을 말한다. 수집된 각 자료는 모뎀이나, E-mail, 디스켓을 이용하여 취합된다.

세 번째는 CASI(Computer Assisted Self Interviewing)인데, 앞의 두 방법과의 차이는 조사자가 없다는 점이다. 즉 조사대상자(응답자)가 스스로 질문을 읽고 이에 대한 응답을 입력하는 것이다. 이 방법은 조사자 없이 응답자 스스로 모든 자료수집과정을 진행해야 하므로 수집된 자료의 신뢰성에 문제가 있을 수 있다. 이에 대한 대안으로 CASI를 이용한 자료수집과정에 조사자가 도움을 주는 CAIISP(Computer Assisted Self Interviewing with Interviewer Present)나 디지털 음성이나 테이프로 질문을 읽어주는 Audio-CASI 등이 개발되어 있다.

2차자료 수집방법

기업은 1차자료(primary data) 이외에 2차자료를 이용하여 마케팅 정보를 얻기도 하는데, 2차자료(secondary data)는 다른 조사목적으로 이미 수집된 자료들을 말한다. 인터넷 기업은 자사의 비즈니스와 관련된 사내자료와 외부기관의 참고도서실이나 전문잡지로부터 정보를 찾거나, 인터넷이나 PC통신 등을 이용해서 국내외 DB나 관련 사이트에서 필요한 정보를 찾을 수도 있다. 최근에 들어 인터넷이나 전용망을 이용하여 관련 2차자료를 획득하는 빈도가 늘어나고 있다.

인터넷 및 정보통신 관련 자료를 수집 · 보유한 전문 DB업체나 조사업체의 대표적 예로는 포레스터 리서치(Forrester Research), IDC, 가트너(Gartner), 주피터 커뮤니케이션즈(Jupiter Communications), 한국인터넷정보센터의 이즈이즈(ISIS) 등을 들 수 있다. 주요 2차자료원을 정리하면 **표 4-5** 와 같다.

표 4-5 주요 2차자료원

주요 2차자료원	기관 및 자료명
통계청(http://www.nso.go.kr)	센서스, 인구, 물가, 노동, 가계소득, 경제지표, 산업생산통계 등
상공회의소 (http://www.korcham.net)	도소매점 경영동태조사, POS 정보
한국은행(http://www.bok.or.kr)	GNP 등 각종 경제지표, 국제수지, 조사통계월보, 금융통계, 국제경제지표 등
공공연구소	KIET 와 KDI 기술, 산업, 경제 관련 연구보고서, ETRI 의 전자통신 관련 연구보고서 등
사설연구소	삼성경제연구소, LG 경제연구소, 현대경제연구소 등의 산업, 경영, 경제 관련 연구자료 등
학회	한국경영학회, 한국마케팅학회, 한국소비자학회, 한국상품학회 등의 학회지(경영관련 학회는 공동 인터넷 사이트 dure.net 이용) 등
협회	백화점협회, 슈퍼체인협회, 물가협회, 광고주협회, 한국무역협회, 한국자동차협회, 한국기계협회 등 수많은 협회의 협회보 및 간행물 등
광고대행사	제일기획, 오리콤, 동방기획, 엘지애드, 금강기획, 삼희기획 등의 간행물
잡지사	주간매경, 주간한경, 이코노미스트, 경영과 마케팅, 월간 마케팅과 세일즈, 광고정보 및 업계관련 잡지
조사회사	AC Nielsen의 Retail Index, 미디어리서치의 TV 시청률 등 유료자료
도서관	국회도서관, 국립중앙도서관의 학위논문 및 각종 연구논문자료
정기간행물 및 신문 인덱스	– Business Periodical Index – Funk & Scott – Index of Corporation & Industries – Wall Street Journal Index
정기간행물 및 신문	– Advertising Age – Business Week – Forbes – Fortune – Industrial Marketing – Journal of Advertising Research – Journal of Marketing – Journal of Marketing Research – Journal of Retailing – Wall Street Journal

주요 2차자료원	기관 및 자료명
사전, 핸드북, 서지	– Encyclopedia of Associations – Marketing and Communication Media Dictionary – Reference Guide to Marketing Literature
소비자 및 시장정보 원천	– Editor & Publisher Market Guide – Guide to Consumer Markets – Survey of Buying Power
산업정보 원천	– Barometer of Small Business – Standard & Poors Industry Survey
기업정보 원천	– Fortune Double 500 Directory – Standard & Poors Corporation Records – Thomas Register of American Manufacturers
광고정보 원천	– Daniel Starch and Staff reader audience reports – Standard Directory of Advertisers – Standard Rate and Service Publications
정부정보 원천	– American Statistics Index – Monthly Catalog of US Government Publications – Statistical Abstract of the United States – Federal Reserve Bulletin – Economic Report of the President – Survey of Current Business
국제정보 원천	– www.OECD.org/ – www.IMF.org/ – www.UN.org/

① 국제기구

UN, IBRD, IMF, OECD 등과 같은 국제기구는 연간통계, 일반경제환경 분석, 시장규모 등의 거시경제적 자료를 전문적으로 발행하고 있다.

② 정부기관

한국은행, 한국개발연구원, 산업연구원, 대외경제정책연구원 등의 정부출연기관, 한국무역협회, 대한무역진흥공사 등의 정부산하기관에서는 정기 또는 부정기적으로 각종 연감, 백서, 편람, 정책보고서 및 자료집 등을 발간하고 있다. 대표적인 것으로서 대한무역진흥공사의 '국별 시장 시리즈', '제품별 시장보고 시리즈', 산업연구원의 '산업별 연구

보고서', '국별 보고서' 등을 들 수 있다.

③ 각종 협회

협회, 조합, 진흥회 등과 같은 동종 기업들의 연합체에서는 해당 산업에 대한 연감, 편람, 기업체 명부, 통계자료, 산업동향, 세미나 자료 등을 발간하고 있으므로 특정 산업을 조사대상으로 했을 경우에는 이들 협회 자료가 매우 긴요하다. 예를 들어 한국전자공업진흥회의 '한국전자공업연감', '전자전기공업통계' 등이 있다.

④ 국제조사기관

포춘, 비즈니스위크, 노무라연구소, 브리태니커, 이코노미스트, 매킨지 등과 같은 세계적인 사적 조사기관도 매우 중요하고 시사적인 자료와 정보를 제공하고 있다.

표본선정방법

응답자를 선정하는 방법에는 전수조사방법과 표본조사방법이 있다. 전수조사는 얻고자 하는 정보를 가지고 있는 조사대상 모두를 조사하는 것을 말한다. 국가에서 하는 전 국민 인구 센서스조사가 전수조사의 한 예이다. 만약 특정 산업, 예를 들면 화학섬유산업에서 B2B 인터넷 사업을 하는 업체를 모두 조사한다면 이는 전수조사이고, 이 중에서 일부분을 선별하여 조사하면 표본조사가 된다.

전수조사는 모집단의 전 구성원들에 대해 조사를 하기 때문에 비용과 시간이 많이 들고 자료수집과정에서 오류가 발생할 가능성이 크다. 표본조사는 정보를 가지고 있는 대상자(모집단의 전체구성원) 중에서 일부분을 선별하여 그들을 대상으로 조사가 실시되므로, 선별된 표본들은 모집단을 대표할 수 있어야 한다.

표본추출방법은 다시 비확률표본추출법과 확률표본추출법으로 나뉜다. 비확률표본추출법은 연구자가 객관적이라고 생각되는 표본추출기준과 추출될 표본의 크기를 정한 다음 이를 토대로 조사대상자들을 선택하는 방법을 말한다. 예를 들면, 길거리를 지나는 행인으로부터 원하는 정보를 얻어내는 것이 이에 해당한다. 확률표본추출법은 선별될 표본들이 전체를 얼마나 정확하게 대표해야 하는지에 따라서 추출될 표본의 수를 결정한 다음, 무작위로 전체 조사대상자가 모두 포함된 목록 중에서 표본을 추출하는 방법이다. 컴퓨터가 자동으로 전화번호를 선택한 다음 해당 전화번호의 소유자에게 전화를 걸어 실시하는 시청률조사나 의견조사 등은 확률표본추출법의 한 예이다.

확률표본추출법은 대표성의 정도를 통계적으로 정확히 판단할 수 있으나, 전체 조사대상의 목록을 얻기가 힘들고 무작위로 선별된 표본에 대한 접근이 어려워서 현실적으로 사용이 불가능한 경우도 있다. 반면에 비확률표본추출법은 수행하기에는 편하지만 모집단에 대한 대표성이 떨어질 수 있다.

(4) 조사의 실시 및 자료의 정리

조사설계가 완료되면 조사자는 실제로 조사를 실시하고 수집된 자료를 정리하는 단계로 넘어가게 된다. 즉 조사원은 조사설계단계에서 만들어진 설문지를 이용해서 선택된 표본들로부터 정보를 수집하고 수집된 정보의 분석을 위하여 컴퓨터에 입력을 하거나 이를 요약 혹은 축약하는 과정을 거치게 된다. 이러한 과정에는 예상치 못한 오류들, 예를 들어 수집된 자료의 입력을 잘못한다거나 수집된 자료를 분실하거나 또는 자료수집과정에서 정확히 기록하지 못하는 등의 오류가 발생할 수 있다. 수집된 자료는 다음 단계에서 어떤 분석방법을 적용하는가에 따라 컴퓨터 파일로 정리되거나 보고서 형태로 요약되거나 혹은 사례식 등으로 정리될 수 있다.

(5) 조사결과의 분석 및 활용

인터넷실태조사의 마지막 단계는 수집된 자료를 분석 활용하는 과정이다. 인터넷 기업들이 흔히 실시하는 분석항목으로는 인터넷 사용자와 미사용자의 특성차이, 인터넷 사용의향, 인터넷 상거래를 하게 된 이유나 조건 등이 있다. 이를 통해서 기업은 인터넷 사업을 위한 대략적인 표적시장의 선정과 예상수익이나 경쟁정도를 알아내게 된다. 분석결과는 이용자가 보기 쉽도록 컴퓨터 파일화되며, 이들을 모아서 데이터베이스화하는 작업도 함께 이루어진다.

2 인터넷 서베이법

(1) 인터넷 서베이의 의의

인터넷 서베이(Internet Survey)는 온라인 기업이 인터넷 사업을 위해 혹은 오프라인 기업이 인터넷과는 직접적인 관련성이 없는 사업을 위해 인터넷을 통해 관련 정보를 얻는 것을 말한다. 인터넷 서베이법은 우편이나 전화, 대인면접과 같은 방법 대신에 인터넷을 통해서 자료가 수집된다는 점 이외에는 인터넷 실태조사와 별 차이가 없다. 인터넷 서베이법은 기존의 오프라인 서베이 방법에 비해서 상대적으로 적은 조사비용, 조사기간의 단축, 응답자 접근의 용이성 등과 같은 장점이 있다.

인터넷 서베이법도 오프라인 서베이와 마찬가지로 설문지를 이용하여 조사를 하게 되지만, 응답자에 따라 질문의 난이도나 구조를 변경시키는 등의 상호작용적인 설문을 만들거나 음악이나 동영상을 활용할 수 있다. 또한 오프라인 조사의 경우는 조사대상자의 응답을 취합한 후 통계처리를 해야 하지만, 인터넷 서베이에서는 응답을 하는 순간마다 필요한 분석을 실시하거나 동일한 응답자에게 반복적으로 조사를 할 수 있다는 장점이 있다.

이와 같이 실시간 분석기능이 가능한 것은 단순히 인터넷을 이용한 조사이기 때문이 아니라, 데이터베이스와의 원활한 연결기능 및 웹 OLAP(On-line Analytical Process)이 구현되기 때문이다. 따라서 인터넷 서베이는 단순히 웹을 이용하여 조사대상자의 응답을 받고 이를 저장하는 것 이상을 의미하는 것으로 데이터베이스 연계기술, 실시간 자료처리기술 등이 융합된 정보 시스템이라고 할 수 있다.

최근 들어 OLAP(Online Analytical Precess)나 데이터베이스와의 연결기술이 발달하면서

CADAC과 인터넷 서베이의 차이점이 더욱 두드러지게 되었다. OLAP란 데이터의 실시간 분석을 가능하게 하는 기술로서 설문조사가 이루어지고 있는 시점에서 데이터의 분석을 가능하게 해준다. 즉, 전통적인 조사방법은 조사가 완료되고 자료가 다 수집된 후에야 분석이 가능했지만 인터넷 서베이의 경우 조사가 진행되면서 실시간으로 자료의 분석이 가능하게 되었다. 따라서 인터넷 서베이를 온라인으로 자료를 수집하는 차원을 넘어서 기존의 데이터베이스와 연계하여, 실시간으로 자료의 분석이 가능하게 되었다. CADAC와 인터넷 서베이의 차이점을 정리하면 표 4-6과 같다.

표 4-6 CADAC와 인터넷 서베이의 차이점 비교

	전통적 서베이(CADAC)	인터넷 서베이
비용	표본수의 증가에 비례함	상대적으로 적은 비용
조사기간	2~5주	1~10일
구조화된 설문	어려움	가능함
설문형식	텍스트 기반	멀티미디어도 사용 가능함
실시간 분석	불가능함	가능함
조사의 연속	어려움	가능함
응답자의 접근성	제한적	제약이 거의 없음

주: CADAC란 Computer Assisted Data Collection을 의미하는 전통적 자료조사 방법임.
자료: 이해용, 「인터넷 조사의 방법론」, Internet Survey Workshop Proceedings, 2000.

(2) 인터넷 서베이의 종류

인터넷 서베이의 종류는 크게 E-mail을 사용하는 법, 홈페이지를 활용하는 방법, 전문조사 사이트를 활용하는 방법으로 나누어볼 수 있다.

E-mail을 사용하는 법

인터넷 서베이의 방법 중 가장 단순한 형태가 E-mail 사용인데, 이는 설문지를 워드프로세서 등으로 만들어서 파일 형태로 조사대상자에게 E-mail로 보내면 응답자는 파일을 열어서 응답을 한 후에 다시 E-mail로 회송을 하는 방법이다. 하지만 이 방법은 표본의 선정과 조사실행의 측면에서 보면 E-mail이 가능한 응답자를 뽑거나 혹은 이미 패널 구성원으로 선정된 응답자에게 인터넷망을 활용해서 조사를 한다는 것 외에는 앞에서 설명한 인터넷 실태조사와 별 차이가 없다. 예를 들어 회원을 확보하고 있는 인터넷 사이트가 자신들의 회원을 대상으로 간단한 설문지를 만들어서 조사를 하거나, 특정 회사나 학교가 E-mail 계정을 가지고 있는 사람들에게 설문조사를 하는 것이 E-mail을 사용하는 법에 해당된다.

인터넷 서베이의 장점을 살리기 위해서는 조사자는 설문지를 단순한 워드프로세서의 파일 형태가 아닌 인터넷에서 활용되는 HTML 문서형태로 보내는 것이 바람직하다. HTML 형태의 설문지는 응답자가 응답을 하고 확인을 누르면 별도의 노력 없이 응답이 자동적으로 전송된다. 하지만 인터넷 서베이에서는 누가 응답을 했는지가 항상 기록에 남을 수 있기 때문에 응답자의 익명성이 보장되기 어렵다는 단점이 있다.

홈페이지를 활용하는 방법

홈페이지를 활용하는 방법은 조사내용을 조사자의 홈페이지나 사이트에 올려놓고 응답자들이 홈페이지에 방문하여 응답을 남기도록 하는 방법이다. 이러한 방법은 사이트에서 조사내용에 대한 응답을 바로 처리하기 때문에 다양한 형태의 실시간 분석을 가능하게 하며, 응답자가 자신의 신분을 밝히지 않는다면 어느 정도 익명성을 보장하는 데에도 도움이 된다. 이 조사방법의 또 다른 장점은 HTML 설문문서 작성에 전문적이지 못한 사람일지라도 손쉽게 설문지를 만들어주는 조사전문 사이트들이 있다는 것이다.

전문조사 사이트를 활용하는 방법

마지막으로 전문 사이트를 활용하는 방법은 자신의 홈페이지나 사이트가 아닌 전문조사 사이트에 자신의 설문지를 등록하는 방법이다. 이러한 조사 사이트는 일반적으로 회원제로 운영이 되며, 조사하거나 해당 사이트에 등록된 사람들에게 E-mail을 보내서 조사를 진행하게 된다. 이외에도 전문조사 사이트는 인터넷상에서 조사의뢰자의 브랜드나 사이트의 매력도 등을 조사해주는 트래킹(tracking) 서비스를 제공하기도 한다.

(3) 인터넷 서베이의 절차

인터넷 서베이의 절차도 **그림 4-7** 에서 보는 바와 같이 기본적으로는 인터넷 실태조사와 크게 다르지 않다. 즉, 조사문제를 파악하고 조사계획의 수립과정에서 구체적으로 조사내용을 결정하는 것은 동일하며, 자료수집방법에서 인터넷을 통한 자료수집방법이 사용된다는 점에서 차이가 있다. 표본설계도 비슷한 과정을 거치게 되지만 모집단이 인터넷 사용자로 제한되기 때문에 기존의 오프라인 서베이 방법에 비해 아직은 한계점이 많다. 또한 인터넷 실태조사(혹은 오프라인 서베이 조사)와 마찬가지로 조사의 실시와 자료처리 및 분석과정을 거치게 된다.

그림 4-7 인터넷 서베이의 절차

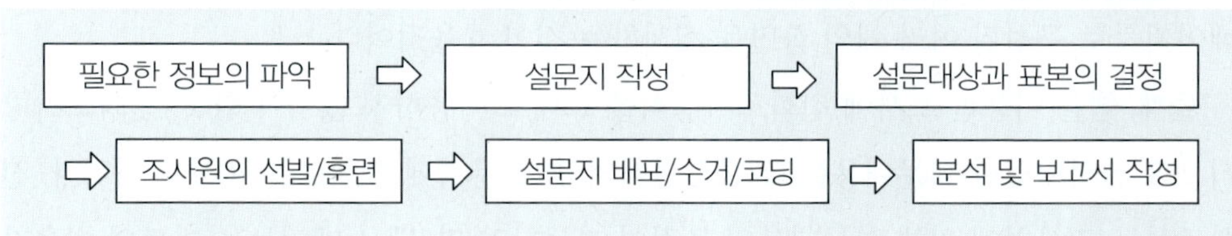

인터넷 서베이의 경우 설문지의 형태가 웹 기반(web-based)으로 구성되며, 조사원에 의해 모집된 표본에 대해 설문조사를 하기보다는 이미 인터넷의 사이트에 등록이 되어 데이터베이스에 있는 회원을 중심으로 표본을 선정하거나 회원들이 자발적으로 사이트에 들어와서 정보를 제공하게 된다. 인터넷 실태조사의 경우에는 조사자에 의해 직접 설문지 수거나 코딩이 수행되지만, 인터넷 서베이에서는 이러한 과정이 인터넷상에서 자동적으로 이루어지며 통계분석도 실시간으로 이루어지게 된다.

(4) 인터넷 서베이의 주의점

앞에서 설명하였듯이 인터넷 서베이는 인터넷을 이용하여 빠르고 편리하게 조사를 수행할 수 있다는 장점이 있다. 그러나 인터넷 서베이는 오프라인 서베이에 비해 응답자를 제대로 통제하기 힘들기 때문에 보다 좋은 조사결과를 얻기 위해서는 응답자들이 편하게 응답할 수 있도록 설문지를 작성해야 한다. 인터넷 서베이를 할 때의 주의할 점은 다음과 같이 여덟 가지로 요약해볼 수 있다.

첫째, 응답자들의 응답시간과 반응을 충분히 파악해야 한다. 서베이는 응답자로부터 간단하게 알고자 하는 사항에 그 초점을 맞추어야 한다. 이를 위해 가까운 친구나 동료에게 서베이를 먼저 실시해보고(pilot test) 이로부터 응답시간과 반응 등의 피드백(feedback)을 얻어야 한다. 예를 들어 너무 밝은 색이나 차가운 색을 설문지의 배경으로 하는 것을 피해야 한다. 응답자들이 마우스를 끌어내리면서 설문에 응답하도록 웹 설문지를 구성하는 것도 피해야 한다. 설문이 길다면 큰 웹페이지를 사용하는 것보다 작은 페이지들로 구성된 여러 개의 화면을 제시하는 것이 효율적이다.

둘째, 웹을 이용한 조사에 전화조사방식을 그대로 이용하지 않아야 한다. 전화조사방식으로 실시되었던 설문내용은 HTML 형식의 웹 설문지에 그대로 사용하기 어렵다. 전화조사는 조사원에 의해 설문내용의 조정이 가능한 반면, 웹 서베이는 사이트의 이용자에 대한 제한이 없는 한 설문내용의 조정이 불가능하다. 그러므로 전화조사를 웹 서베이로 대체하기 전에 우선 종이 위에 한번 적어보고 파일럿 테스트(pilot test)를 실시해봐야 한다. 웹 서베이에 사용되는 설문은 무엇보다도 간결한 느낌을 주고 간단하게 보여져야 한다.

셋째, 인터넷 서베이와 일반 서베이 방법을 혼합하여 사용한다. 웹을 기반으로 한 서베이는 표본추출에 있어 편향성을 갖게 될 가능성이 있으며 이는 수집된 자료의 질을 떨어뜨리는 요인으로 작용한다. 그러므로 가능하다면 전화나 인터뷰와 같은 방법을 이용하여 응답을 얻어서 인터넷 서베이의 결과와 비교하는 것이 필요하다.

넷째, 브라우저와 통신속도를 고려해야 한다. 조사자가 발달된 형태의 프로그램 언어, 예를 들면 자바나 자바 스크립트 또는 VB 스크립트를 이용한 그래프를 사용한다면 응답자들이 가지고 있는 브라우저 중에는 이를 구현시킬 수 없는 것이 있다. 또한 속도가 느린 모뎀을 보유하고 있는 응답자는 설문조사 시 많은 그림들이 뜨면 이에 대해 거부감을 보일 수 있다. 이러한 거부감은 편향된 응답을 유발하거나 중단할 가능성을 높이게 된다. 만약 서베이에 그래픽을 삽입해야 한다면 응답자의 브라우저 타입과 모뎀에 따른 응답의 차이를 감안해야 한다.

다섯째, 정형화되어 있는 질문을 사용하는 것을 피한다. 대부분 인터넷 서베이에서 웹 설문을 구성하고 있는 질문은 어떤 용도에도 적합할 수 있도록 전문가들에 의해서 만들어진 표준화된 질문들이다. 성별, 나이, 직업과 같은 인구통계학적 요인을 제외하고는 이러한 질문을 그대로 사용하는 것은 피해야 한다. 응답자들이 중요한 정보이지만 정형화된 질문에 신중하게 응답하지 않아 수집된 정보의 질을 떨어뜨릴 수 있다.

여섯째, 동기유발을 불러일으켜 많은 응답자를 유인한다. 웹 서퍼들에게 설문에 참여하도록 요청하는 것은 흥미 있는 TV 프로그램을 시청하고 있는 시청자들에게 설문참여를 요구하는 것과 다를 바 없다. 그러므로 조사자가 조사참여자들에게 설문 응답에의 참여를 요구하기 위해서는 질문하고 있는 주체가 누구이며 조사의 목적이 무엇인지를 확실히 밝히고, 설문 응답에 대한 보상을 명확히 제시해야 할 것이다.

일곱째, 서베이를 통해 얻게 될 혜택을 인식하고 이를 최대한 실현할 수 있는 설문을 만든다. 서베이는 단순히 자료를 수집하는 것이 아니라 구매력이 있는 잠재고객과 정보를 교환하는 매체이기도 하다. 서베이는 자사에 관한 긍정적인 정보를 전달하는 데 이용될 수도 있다. 그리고 질문에서 경쟁사를 언급해야 한다면 그들에 관한 검증되지 않은 정보는 밝히지 말아야 한다. 그 대신 가정을 하거나 예를 들어서 설명하는 편이 보다 효과적이다.

여덟째, 응답자들의 사적정보를 존중해야 한다. 무작위 추출로 응답자들에게 전자메일(E-mail)을 보내서 설문조사를 실시할 경우 그들의 이름과 전자메일(E-mail) 주소 등이 외부에 공개되지 않도록 해야 한다. 만약 응답자들이 설문에 응답해준 대가로 스팸메일(spam mail)을 받는다면 조사를 실시한 기업뿐만 아니라 인터넷을 통한 시장조사에 대해 부정적인 반응을 보일 수 있으며 법적으로 문제가 될 수도 있다.

(4) 인터넷 서베이의 문제점

인터넷 조사에서의 가장 큰 문제점은 대표성 있는 표본을 어떻게 구성하느냐 하는 것과 관련되어 있다. 이와 관련하여 인터넷 조사의 문제점을 검토해보기로 한다.

모집단의 규정과 표본추출틀의 구성

표본조사의 중요한 장점은 모집단을 잘 대표할 수 있는 모집단의 일부를 조사하여 모집단의 특성을 추정하기 때문에, 적은 비용으로 짧은 시간에 필요한 정보를 획득할 수 있다는 것이다. 그러나 인터넷 조사에서는 연구목적에 합당한 목표 모집단의 규정이 곤란할 뿐만 아니라 목표 모집단을 설정했을지라도 목표 모집단을 대표할 수 있는 표본추출틀의 확보가 곤란하다. 따라서 인터넷 조사에서는 이 문제를 우선적으로 해결해야 하는 것이 중요한 문제로 대두된다.

인터넷 이용자집단의 특성상 지리적인 영역의 경계 설정이 어렵기 때문에, 특정 지역을 조사대상으로 설정할 경우에는 통상적인 표본추출법의 적용이 불가능하다. 인터넷 이용자들 중에서 자발적인 조사참여자만을 대상으로 한 추정결과는 연구대상 모집단의 특성을 잘 나타낼 수 없는 경우가 있기 때문에, 연구대상 모집단과 조사참여자들의 인구사회학적 특성뿐 아니라 추정해야 할 모수의 특성이 같도록 조사참여자를 모집해야 한다. 만약에 두 집단 간의 특성이 다른 경우에는, 이를 수정 보완할 수 있는 추가적인 정보가 필요하다. 추가적인 정보는 표본추출틀(또는 조사참여자)과 목표 모집단의 구조적인 분석을 통해 표본 추정값을 조정하는 데 이용함으로써 추정값의 편향을 줄일 수 있다. 우리나라에서의 인터넷 이용자수는 이미 70%를 상회하지만 이를 표본에서 대표성을 보장하는 데는 미흡하다고 생각된다.

유효표본의 크기와 접속자의 사회경제적 속성

인터넷 이용자들의 접속시간이 연령대별, 교육수준별, 직업별로 상이한 주기를 갖고 있거나 요일별로 분포가 다를 경우에는 조사기간의 결정이 응답률에 영향을 줄 수 있기 때문에, 유효표본 크기를 정할 때 접속시간에 대한 특성을 파악해야 한다.

또한 조사기획단계에서 허용오차의 크기와 비용에 의해 표본크기를 결정하는 기존의 여론조사 기법은 표본크기 결정 공식을 적용할 수 없을 뿐 아니라, 방문자 조사유형 등에서 표본추출률의 계산이 어렵다. 성별, 연령별 인터넷 이용률에 있어서도 남자와 여자에서 차이가 있고, 연령별로도 젊은 층에서 이용률이 높다는 것을 감안한다면 대표성 있는 표본의 틀을 구성하는 데 어려움이 많다.

유효표본의 크기가 정해진 경우에는 응답자의 적격성 판단이 중요한데, 이것을 판단하기가 어려울 뿐만 아니라 중복해서 응답한 사람들을 식별하기 힘들다는 것도 해결되어야 할 문제점이다. 불순한 의도를 갖고 있는 중복응답자들에 의한 편향된 조사결과는 타당성과 정확성 측면에서 문제가 될 수 있다. 인터넷 사용자의 특성을 조사한 자료에 의하면, 우리나라 인터넷 이용자는 2개 이상의 이메일 계정을 갖고 있는 것으로 되어 있기 때문에, 사용자 신분을 확인할지라도 중복 응답을 방지하기는 어렵다.

인터넷 환경에 대한 고려

인터넷 기술의 발달속도가 빠르기 때문에 조사관리자들은 최신 그래픽이나 시청각 보조장비를 이용할 수 있는 환경에서 조사를 수행할 수 있다. 그러나 응답자의 인터넷 환경을 고려하지 못할 경우에는 성공적으로 응답을 얻을 수 없으므로, 조사대상자들의 인터페이스 환경을 신중하게 고려해야 할 것이다. 인터넷 조사에서 개인의 비밀보장과 비밀사항에 대한 보안성을 확신할 수 없을 뿐만 아니라 의도적인 해킹에 대한 완벽한 보안대책이 없는 것도 해결되어야 할 과제이다.

3 클릭스트림 방법

(1) 클릭스트림 방법의 정의

클릭스트림(Clickstream)은 인터넷 사업에 필요한 정보를 인터넷을 통해서 수집하는 대표적인 방법의 하나로, 소비자들이 자사 사이트에 들어와서 어떤 활동을 하는지를 기록한 것을 말한다. 인터넷 사업을 위해서 홈페이지나 사이트를 운영하는 기업은 서버에 로그 파일(Log file)을 보관할 수 있으며, 로그 파일에는 클릭스트림(Clickstream) 정보가 담기게 된다.

로그 파일에 담기는 클릭스트림(Clickstream) 정보에는 자사의 홈페이지나 사이트에 접속을 해서 어떤 파일이나 화면을 본 사건별로 접속한 날짜와 시간, 접속한 사람의 인터넷 주소, 이름(일반적으로 이 정보는 알아낼 수 없음), 컴퓨터(서버)명, 자사의 인터넷 주소, 사이트에서 소비자가 실행한 활동명령, 사이트 내의 디렉토리, 소비자가 실행한 명령의 처리상태나 사용된 데이터의 크기 및 시간과 경로, 그리고 소비자 PC의 브라우저 버전, 프로그램 모듈, 사용된 쿠키(Cookie) 및 소비자가 방문했던 직전 사이트 등이 포함된다. 클릭스트림(Clickstream) 정보의 종류는 서버 및 서버에 설치된 소프트웨어에 따라 달라질 수 있으며, 기업이 서버를 보유하지 않고 호스팅(hosting)이나 임대서버 서비스를 받는 경우에는 서버서비스 업체가 일차 가공된 형태로 정보를 제공하기도 한다.

정보의 수집과 이에 대한 분석을 담당하는 부서는 사이트를 운영하는 회사 내 정보팀이거나 외부의 전문업체들이다. 외부의 전문업체들로는 특정 사이트 내에서의 고객의 움직임을 대신해서 추적해주는 업체들, 인터넷 광고회사 및 조사회사, 인터넷상에서 검증이나 인증 등을 해주는 업체들이 있다. 이러한 업체들은 자신들이 만든 로그 파일 생성 및 연결프로그램을 클릭스트림(Clickstream) 정보를 원하는 고객회사의 서버에 설치하고, 생성된 로그 파일을 자신들의 회사와 연결하여 분석한 다음 보고서를 보내거나 고객회사가 분석 프로그램을 독립적으로 운영할 수 있도록 완전한 분석 프로그램을 해당 회사에 설치해주는 업무를 수행한다. 유명한 전문업체들로는 1996년부터 약 60개 회사에 정보를 제공해주고 있는 미국의 미디어 매트릭스(Media Matrix)나 전통적인 조사회사인 닐슨(Nielsen)사의 닐슨넷레이팅(Nielson/NetRatings) 등이 있다.

(2) 클릭스트림 정보의 활용

인터넷 사업을 하는 회사는 서버를 이용해서 클릭스트림(Clickstream) 정보를 어렵지 않게 얻을 수 있으나 이러한 자료를 어떻게 활용하느냐에 따라 인터넷 사업에 유용한 정보가 될 수도 있고 그렇지 않을 수도 있다. 실제로 많은 인터넷 기업들이 클릭스트림(Clickstream) 정보를 제대로 활용하지 못하고 일시적으로 저장했다가 폐기하고 만다.

클릭스트림(Clickstream) 정보는 인터넷 사업을 하면서 얻게 되는 회원정보나 앞에서 설명한 인터넷 서베이나 실태조사에서 얻을 수 있는 구매자들의 심리상태에 관한 정보와 달리 방문자들의 실제행동에 대한 정보라는 것이 가장 큰 장점이다. 기업은 회원정보를 통해 회원들의 나이, 성별, 직업, 주소 등을 알 수 있고, 인터넷 서베이나 실태조사를 통해 소비자들의 태도나 선호도, 느낌 등과 같은 심리적인 정보들을 얻을 수 있다. 하지만 이러한 정보들만 가지고는 자사 사이트를 방문한 소비자들의 구매행동, 정보수집활동, 사이트가 제공하는 여러 혜택의 사용방법 등을 분석하는 데는 한계가 있다. 실제로 인터넷 관련 연구에서 나타난 분석에 의하면 고객들의 인구통계변수만으로는 인터넷에서의 고객활동에 대해 20% 정도만을 설명할 뿐이며, 여기에 과거활동에 대한 정보를 추가하면 50%의 설명력을, 그리고 클릭스트림(Clickstream) 정보를 추가하면 60% 정도의 설명력을 가지게 된다고 한다.

클릭스트림(Clickstream) 정보를 활용하는 가장 용이한 방법은 인터넷 서버를 설치하면서 로그 파일을 분석하는 프로그램 모듈을 함께 설치하는 것이다. 클릭스트림 정보를 활용하여 얻게 되는 가장 기본적인 보고서의 유형으로는 고객들이 자사 사이트에 와서 클릭(click)한 횟수에 대한 통계, 고객들이 사이트에 접속한 횟수에 대한 통계, 고객이 자주 찾는 품목이나 디렉토리에 대한 통계 등을 들 수 있다. 이러한 분석들은 서버에 장착한 분석 프로그램에 의해 자동적으로 생성된다.

그러나 보다 효과적인 마케팅 의사결정이 이루어지기 위해서는 기초적인 클릭(click) 행동분석뿐 아니라 회원들의 인구통계변수 및 과거구매행동과 연계된 분석을 수행하는 것이 필요하다. 앞서 언급한 전문조사회사들은 자체 DB와 고객과의 정보 및 클릭스트림 자료를 종합하여 보다 정교한 고객분석을 제공하고 있는데, 이들이 제공하는 정보의 종류는 표 4-7 과 같다.

표 4-7 클릭스트림 정보

정보의 종류	정보의 내용
제품판매를 위한 표적시장 선정과 관련된 정보	– 고객의 관심분야에 따른 표적시장 – 고객의 탐색활동에 따른 표적시장 – 고객의 지역에 따른 표적시장 – 고객의 도메인 서버에 따른 표적시장 – 고객이 속한 조직형태나 이름, 규모 및 이익정도에 따른 표적시장
인터넷 광고제공을 위한 표적시장 선정과 관련된 정보	– 광고공간 제공회사에 따른 표적시장 – 고객의 브라우저 형태에 따른 표적시장 – 최적의 광고제시 형태 및 시간

인터넷 기업은 클릭스트림 정보의 분석을 통해 고객이 자사 사이트에 들어와서 활동을 시작할 때 그에게 맞는 차별화된 서비스를 초기에 자동적으로 제공하는 개인화(Personalization) 마케팅전략 수립에 유용하게 활용할 수 있다. 예를 들면, 과거에 컴퓨터 제품을 탐색한 기록이 있는 소비자에 대해서는 처음부터 컴퓨터에 관한 화면을 보여주고, 과거에 서버에 관련된 책을 구매한 고객에 대해서는 서버와 관련된 정보를 보여줄 수 있다.

그러나 근본적으로 이러한 클릭스트림(Clickstream) 자료는 몇 가지 문제점이 있다. 그 중의 하나는 로그 파일에서의 고객확인은 고객이 매번 자신의 회원번호나 확인기호 등을 입력하지 않는 한 대부분의 경우 고객이 접속한 서버가 어느 것인지에 의해 이루어진다는 것이다. 따라서 동일고객이라고 하더라도 집이나 PC방, 직장, 학교 등에서 접속할 경우 동일인이라는 것을 알아낼 방법이 없다. 또한 집에 있는 컴퓨터를 통해서 접속을 하는 경우에도, 가족구성원이 컴퓨터를 함께 사용한다면 로그 파일에서는 가족구성원들을 모두 동일인으로 판단하게 되어 분석의 정확도 및 타당도에 문제가 발생하게 된다. 그 밖에도 처음부터 정교한 시스템을 갖추지 않는다면 회원 DB나 로그 파일에서의 사용자를 확인하는 것이 힘들다.

따라서 적지 않은 인터넷 사이트들이 접속 시에 회원번호를 입력하도록 하거나 쿠키(cookie)를 활용하여 이러한 문제점들을 해소한다. 또 다른 방법으로는 매번 접속하여 구매나 정보탐색활동을 할 때, 고객이 원하는 것을 직접 입력하도록 하거나 과거 활동을 입력하게 함으로써 그때그때 실시간 분석을 통해 각 고객에 적합한 정보제공 혹은 제품제공이 이루어지도록 하는 것을 들 수 있다.

4 쿠키와 인터넷 서치 방법

위에서 설명한 마케팅 정보수집방법들 외에도 인터넷을 통한 또 다른 정보수집방법으로 쿠키(Cookie)가 있다. 쿠키는 소비자가 방문했던 사이트의 이름, 자신의 ID명과 서버명 등의 정보가 포함되어 있는 파일명들이 소비자 자신이 소유한 컴퓨터의 특정 장소(보통 c:\windows\Cookies)에 저장된 것을 말하는데, 이는 소비자가 특정 사이트를 재방문하면, 쿠키에 저장된 정보를 자동으로 사이트의 서버가 읽어서 소비자의 방문형태나 특성에 따라서 소비자별로 차별적인 정보나 광고 등을 보여주는 데 활용된다.

쿠키(Cookie)에는 일반적으로 자사 사이트에 들어온 고객을 확인할 수 있는 정보(회원정보나 이메일 주소 등)나 고객이 자사 사이트에 들어올 때 사용한 컴퓨터 서버(예를 들면, ADSL로 연결된 집의 컴퓨터인지 혹은 학교에 있는 컴퓨터인지 등)에 대한 정보, 그리고 어떤 활동(어떤 화면을 보았는지, 어떤 정보를 검색했는지, 어떤 상품을 샀는지 등)을 했는지에 대한 정보가 기록된다. 쿠키(Cookie)가 개인의 정보를 누출시킨다는 우려가 있기는 하지만, 소비자가 자신만을 위한 차별적 서비스를 제공받기 위해서는 필요한 정보라고 할 수 있다. 특정 회사의 사이트가 만든 쿠키(Cookie) 정보는 다른 사이트에서는 일반적으로 볼 수 없게 되어 있다.

쿠키(Cookie)는 회원들이 자신을 확인할 수 있는 정보를 매번 사이트에 들어갈 때마다 입력하지 않아도 자동으로 회사의 사이트에서 그 사이트에 접속한 사람이 누구이며, 언제 들어왔고 또 어떤 활동들을 했는지를 쉽게 알 수 있게 해준다. 사이트의 서버에 기록되는 로그 파일에는 이러한 쿠키(Cookie)에 대한 정보도 함께 기록된다. 한편 쿠키(Cookie)의 문제점은 소비자가 사용하는 컴퓨터에 기록되는 정보이기 때문에 그 소비자가 다른 컴퓨터를 사용한다든가 혹은 같은 컴퓨터를 다른 사람이 사용하면 과거 자료와의 연속성이 상실된다는 점이다.

쿠키(Cookie) 이외에 최근에 많이 사용되고 있는 인터넷 조사방법의 하나가 인터넷 검색(Internet Search) 방법인데, 이는 검색 로봇(search robot) 혹은 에이전트(agent)를 이용하는 것을 말한다. 대표적인 것으로 인터넷 전자상거래에서 팔고 있는 제품들에 대한 가격비교를 해주는 사이트로 미국의 프라이스워치(pricewatch.com)나 마이사이몬(mysimon.com), 국내의 오미(omi.co.kr) 등과 같은 비교검색 사이트가 있다. 또한 인터넷에서 특정 기사내용을 검색하고 정리해주는 텍스트 서치(text search) 기능도 있다. 텍스트 서치(text search) 기능을 사용하면 2차자료를 인터넷을 통해 효과적으로 수집할 수 있다. 많은 기업들이 현재에도 기사검색 서비스나 유료정보 DB를 사용하고 있지만, 이러한 것들을 체계적으로 활용하거나 시스템화하면 유용한 인터넷 정보수집도구가 될 수 있을 것이다. 현재 많이 사용되는 인터넷 문서 파일 형식인 HTML에서는 이러한 검색(search)이 쉽지 않지만 보다 발전된 형태인 xml 방식이 확산되면 문서 자체가 DB 구조를 갖출 수 있기 때문에 검색(search) 기능이 더욱 쉬워질 것으로 예상된다.

그 밖에도 인터넷 조사에 포함시키지 않았지만 인터넷 관련 정보수집에서 중요한 것은 자기 회사의 회원정보이다. 대부분의 회사들이 이를 보유하고 있지만 일상적인 영업활동을 위한 검증이나 확인자료로 활용하는 정도에 그치는 경우가 많다. 특히 회원정보에서는 다른 원천에서 얻기 힘든 고급정보, 예를 들면 취미, 보유하고 있는 제품들, 과거의 오프라인 구매경력 등을 얻는 것이 중요하다. 이러한 정보와 지금까지 설명되었던 다양한 원천을 통해 수집된 정보들과 회원정보를 함께 분석해서 더 좋은 정보를 만들어 내야 한다.

연습문제

1. 마케팅조사의 중요성에 대해서 설명하시오.
2. 마케팅 정보 시스템의 구성내용 및 중요성에 대해서 설명하시오.
3. 1차자료의 한계점은 무엇인지 설명하시오.
4. 인터넷 실태조사와 인터넷 서베이의 차이점은 무엇인지 설명하시오.
5. 기존 마케팅조사 방법과 인터넷 마케팅조사 방법의 차이점에 대해서 설명하시오.
6. 인터넷 마케팅조사 방법 중 인터넷 서베이의 장점은 무엇인지 설명하시오.

제 5 장

인터넷 소비자 행동분석

학습목표 소비자구매행동의 개념, 과정 등에 대하여 알아본 후 소비자의 구매행동에 영향을 미치는 요인에 대해서 학습한다. 이어서 소비자 만족 및 불평행동요인은 무엇인지, 그리고 인터넷 소비자행동과의 차이점에 대해서 학습한다.

제1장 인터넷비즈니스의 이해
제2장 인터넷마케팅의 이해
제3장 전자무역

제4장 인터넷 마케팅조사
제5장 인터넷 소비자행동분석

제6장 인터넷 마케팅전략
제7장 e-Segmentation
제8장 e-Targeting과 e-Positioning

제9장 인터넷 제품전략
제10장 인터넷 가격전략
제11장 인터넷 유통전략
제12장 인터넷 촉진전략

제13장 e-SCM
제14장 e-CRM

사례연구 인터넷 소비자행동분석

한국판 컨슈머 리포트

'한국판 컨슈머 리포트' 1호가 업계에 큰 파장을 일으키고 있다. 첫 보고서인 등산화 품질 비교 보고서가 나오자마자 접속자가 한꺼번에 몰리면서 홈페이지가 다운됐고 주요 포털의 인기 검색어에 올랐다. 해외 유명 브랜드를 제치고 추천 제품으로 선정된 코오롱스포츠의 '페더'와 블랙야크의 '레온'은 평소보다 매출이 급증해 해당 업체들이 즐거운 비명을 질렀다. 국내에서도 '소비자의 시대'가 본격적으로 시작됐다는 것을 예고하는 현상들이다.

등산화의 품질 비교는 코오롱스포츠, 블랙야크, 노스페이스, K2, 트렉스타 등 5개 인기 브랜드의 10개 제품을 대상으로 실시됐다. 미끄럼 저항과 내마모성, 내굴곡성, 끈고리 부착 강도, 접착 박리 강도, 내수성 등이 주요 평가 항목이다. 평가 대상 10개 제품 중 가격이 저렴하면서도 가볍고 내마모성이 뛰어나다는 평가를 받은 코오롱스포츠의 일반용 등산화 페더는 보고서가 공개된 후 3월 23~28일 554족이 팔려 나갔다. 이는 전 주 같은 기간(3월 16~21일)의 191족에 견줘 290% 증가한 수치다. 박승화 코오롱스포츠 마케팅팀장은 "봄철 산행을 앞두고 등산화 구입을 고려하는 시기와 맞아떨어져 파장이 더 컸다"고 말했다.

한국판 컨슈머 리포트 1호는 여러 면에서 기존 품질 평가와는 차이가 난다. 우선 소비자들에게 명확한 구매 기준을 제시해줬다는 점이다. 이번 평가를 맡아 진행한 한국소비자원 최재희 소비자정보팀 차장은 "특정 브랜드를 추천 제품으로 선정해 공개한 것은 놀라운 변화"라고 말했다. 그동안 소비자단체와 한국소비자원에서 다양한 제품의 품질 평가를 꾸준히 해왔지만 항목별 평가 결과를 복잡하게 나열하는 데 그치거나 브랜드 명을 이니셜로 처리해 소비자들이 실제 제품을 사는 데 큰 도움이 되지 못했다는 평가다. 이번 등산화 품질 비교는 전체 평가를 종합해 코오롱스포츠의 페더와 블랙야크의 레온을 콕 집어 추천 제품으로 공개했다.

미국 소비자연맹이 발행하는 컨슈머 리포트는 여기에서 한 발 더 나아간다. 전체 평가 대상 제품에 총점을 매겨 1등부터 꼴찌까지 순위를 그대로 공개한다. 소비자들은 평가 결과를 복잡하게 분석할 필요 없이 순위와 추천 여부만 보고 구매 결정에 활용하면 된다. 기업들로서는 이런 방식에 더욱 예민할 수밖에 없다. 평가 결과가 바로 매출에 영향을 미치기 때문이다. 최 차장은 "순위 산정은 책임도 함께 따르기 때문에 아직은 시기상조"라고 선을 그었다.

한국판 컨슈머 리포트는 올해 공정거래위원회가 추진하는 역점 사업 중 하나다. 한국판 컨슈머 리포트의 공식 명칭은 'K-컨슈머 리포트'다. 공정위가 지난 1월 개설한 소비자 종합 정보망 '스마트 컨슈머'의 주력 콘텐츠다. 6월께에는 스마트폰 애플리케이션도 선보일 예정이다. K-컨슈머 리포트는 공정위가 전체 운영을 끌고 가지만 실제 품질 비교 정보를 만들어내는 것은 한국소비자원과 민간 소비자단체들이다. 소비자단체들이 공정위에 평가 제안서를 내면 심사해 예산을 지원해 준다.

과연 K-컨슈머 리포트가 말 그대로 한국의 컨슈머 리포트가 될 수 있을까. 아직은 넘어야 할 산이 적지 않다는 지적이다. 컨슈머 리포트는 1936년 창간돼 76년의 오랜 역사를 갖고 있으며 제품 테스트에만 매년 2,100만 달러 이상을 쓰고 있다. 이들은 자동차 품질 평가를 위해 자체 주행 시험장도 갖추고 있다. 이에 비해 한국판 컨슈머 리포트에 책정된 올해 예산은 9억 4,000만 원이 전부다. 이 중 이 사업을 위해 신규 편성된 것은 소비자단체에 지원되는 2억 2,000만 원뿐이다. 나머지는 공정위 산하 기관인 한국소비자원의 기존 예산 중 항목을 조정해 끌어온 것이다. 김정기 공정위 소비자안전정보 과장은 "TV 한 품목을 테스트하는 데만 5억 원가량이 든다"고 말했다.

등산화 품질 비교 평가 이후 가장 많이 쏟아진 소비자 의견은 평가 제품 수가 너무 적다는 것이다. 미국 컨슈머 리포트는 전수조사를 원칙으로 한다. 해당 품목의 제품을 전체 다 테스트한다는 것이다. 현재 국내에서 판매되는 등산화는 100가지가 넘는다. 이번 평가의 실무를 담당한 한은주 한국소비자원 화학섬유팀 차장은 "각 제품별로 11족씩 시중에서 구입하고 여러 전문가들의 자문도 받았다"며 "전체 테스트 비용이 4,000만 원가량"이라고 말했다. 올해 경력 20년째인 한 차장이 화학섬유팀에서 4,000만 원짜리 품질 평가를 한 것은 이번이 처음이다. (한국경제신문, 2012.4.11)

토의과제

1. '한국판 컨슈머 리포트'가 중요성을 갖게 된 이유는 무엇인가?
2. '컨슈머 리포트'는 어디서 시작되었으며 영향력은 어느 정도인가?
3. '한국판 컨슈머 리포트'가 영향력을 발휘하기 위해서는 향후 어떤 점을 보완해야 하는가?

제1절 소비자구매행동의 개념

1 소비자구매행동의 의의

소비자구매행동(Consumer Buying Behavior)이란 소비자가 제품을 구매하기 전부터 구매한 후까지의 행동을 말한다. 즉 소비자가 자신의 욕구충족을 위해 제품이나 서비스를 구매하기까지의 과정에서 나타난 행동이다. 이러한 행동을 분석해서 효율적 마케팅 활동에 필요한 정보를 수집하고 이것을 기업의 마케팅전략에 활용하는 것이 소비자행동을 연구하는 목적이다. 소비자행동은 크게 구매행동과 소비행동으로 구분된다. 구매행동은 소비자들의 구매의사결정이나 구매행위 등을 말하고, 소비행동은 소비자들의 사고, 행동 등과 재화가 소비되는 과정을 말한다.

소비자구매행동분석은 시장세분화의 기초자료로 활용할 수 있다. 소비자의 개인적 특성, 심리적 특성, 사회문화적 특성 등 구매결정요인을 분석함으로써 소비자의 구매행태를 유형별로 분류하여 시장을 세분화하고, 이를 바탕으로 표적시장을 선정한다. 또한 이를 바탕으로 신제품 개발의 방향을 잡고 마케팅전략을 세울 수 있다. **그림 5-1** 에서 보는 바와 같이 소비자의 구매행동은 기업의 마케팅 믹스 프로그램과 소비자들이 직면하는 다양한 환경요인에 의해 영향을 받으며 최종적인 구매의사결정 및 평가가 이루어진다는 것을 알 수 있다.

그림 5-1 소비자구매행동의 의의

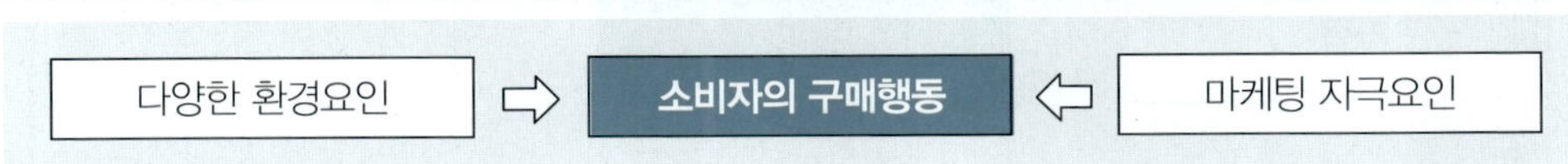

오늘날 소비자의 구매행동은 항상 어떤 욕구나 원망의 충족을 목적으로 전개되기 때문에 직접적인 주체가 할 수 있는 심리적, 경제적 요인에 의해서는 물론 간접적인 사회

적, 문화적 요인에 의해서도 크게 영향을 받는다. 이 때문에 경제적 관점에서보다는 행태과학적 관점에서 하나의 전체적 시스템으로 이해해야 하는 행동과학이라 표현하는 것이 타당한 것이다. 따라서 소비자구매행동은 심리적 활동이 내포된 하나의 결정과정으로 자극변수, 매개변수, 반응변수가 관련되어 있다고 할 수 있다. 소비자구매행동에 대한 분석은 마케팅 활동의 요소인 제품, 가격, 유통, 촉진 등을 효과적으로 수행하는 데 기본적인 도구가 된다.

2 소비자의 구매행동요인

소비자의 구매행동에 영향을 미치는 요인은 기업의 마케팅 믹스 요인 및 다양한 환경요인 이외에도 무수히 많다. 이러한 요인들은 대부분 기업이 통제할 수 없는 요소임

그림 5-2 소비자의 구매행동요인

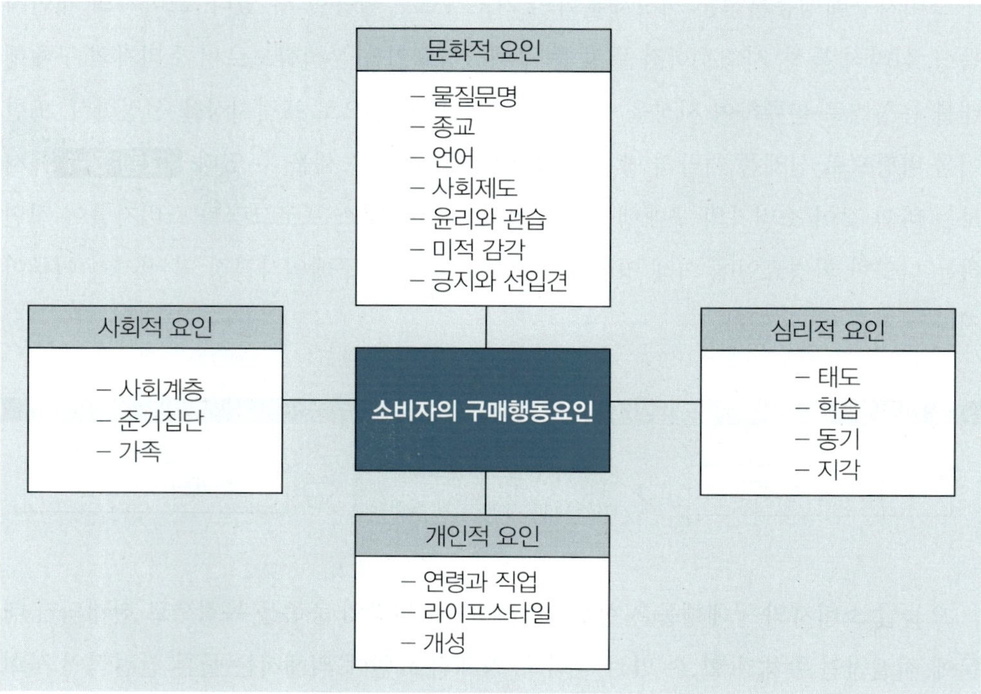

에도 불구하고 국제마케팅에서는 반드시 고려하여야 한다. 여기서는 **그림 5-2** 에서 보는 바와 같이 국제마케팅 활동의 관점에서 해외소비자들의 구매행동에 가장 큰 영향을 미치는 문화적, 사회적, 개인적, 심리적 요인 등 다양한 환경요인에 대하여 살펴보기로 한다.

(1) 문화적 요인

문화란 국적, 종교, 지역 등이나 민속, 법률, 풍속 등과 같이 특정 사회가 가지고 있는 가치관, 태도, 삶의 방식 등을 통틀어 말한다. 문화적 요인은 소비자행동에 가장 폭넓고 깊게 영향을 준다. 소비자가 속해 있는 사회계층이나 문화는 소비자의 생활 모든 측면에 가장 중요한 작용을 하기 때문이다. 또한 문화는 시대의 흐름에 따라 변하므로 변화된 문화에 적응하려는 소비자의 행동을 지속적으로 파악하여 마케팅전략에 반영해야 한다. 마케팅 활동에 영향을 미치는 문화적 요인으로는 **그림 5-3** 에서 보는 바와 같이 물질문명, 종교, 윤리와 관습, 미적 감각, 긍지와 선입견, 언어, 사회제도 등을 들 수 있다.

그림 5-3 문화적 요인

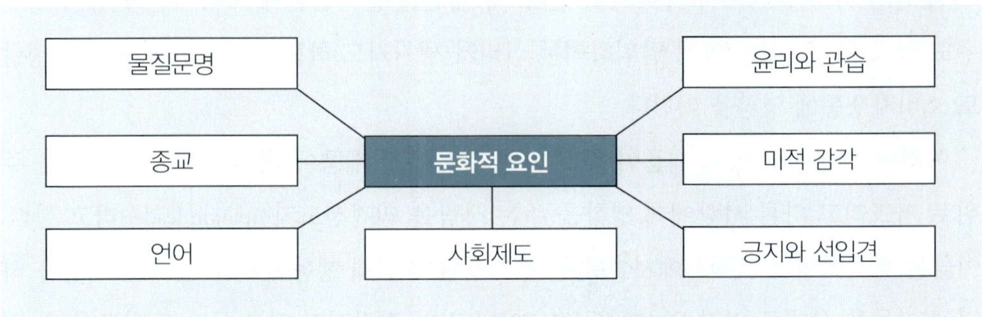

(2) 사회적 요인

소비자구매행동에 영향을 미치는 사회적 요인으로는 사회계층, 준거집단, 가족 등을 들 수 있다.

사회계층

사회계층(social class)은 가치관, 태도, 사고방식, 라이프스타일, 행동 등이 유사한 집단을 말한다. 이들 계층은 직업, 소득, 교육수준, 거주지, 부의 정도 등에 따라 분류되는데 같은 집단의 구성원은 소비자행동이 유사하게 나타난다. 사회계층은 정태적이 아니라 시간에 따라 변화하며, 계층 간 사회적 교류를 제한하며, 여러 요인에 의해 결정되는 다차원적 구조를 지니고 있다. 결국 사회계층이 상이하면 그들의 소비행동도 상이하게 나타날 수 있다. 따라서 사회계층은 흔히 시장세분화의 기준으로 사용된다. 아울러 제품, 가격, 유통, 광고 등 마케팅 요소를 특정의 사회계층집단에 맞추어 설계함으로써 효과적인 마케팅 활동을 수행할 수 있다.

준거집단

준거집단(reference group)은 개인의 판단, 태도, 선호, 신념, 행동 등을 결정하는 데 영향을 끼치는 집단으로 가족, 동창회, 회사원, 동호회 등을 말한다. 사람은 자의적이건 타의에 의해서건 준거집단에 소속되어 생활하게 되면서 그 집단의 성격에 영향을 받게 되고, 구매행동 역시 영향을 받는다. 준거집단은 개인의 의사와는 상관없이 속하기도 하고 개인의 의사에 의해서 속하기도 한다. 즉 개인은 준거집단에 속하려는 열망이 생길 수도 있고 그 준거집단에서 탈퇴하려는 심리가 생기기도 하는데 이러한 소비자의 성향도 소비자행동에 영향을 미친다.

이러한 상황에서 어느 제품이 좋고 나쁘다는, 특정 제품에 대한 정보와 장단점을 주위로 퍼뜨리고 다른 사람에게 영향을 주는 사람을 의견선도자(opinion leader)라고 한다. 이들은 심리학이나 사회학에서 말하는 준거집단의 전체 행동에 아주 중요한 역할을 하기에 이들을 상대로 먼저 DM(Direct Mail)이나 기타 직접적인 접촉 등으로 판촉을 할 필요가 있는 것이다. 대학축제 때 음료나 주류의 신제품 광고를 대학 캠퍼스에서 하고자 하는 기업도 이러한 측면을 고려한 것이다.

가족

가족(family)은 개인의 구매행동에 가장 밀접한 영향을 미치는 중요한 집단이다. 가족은 구매에 대한 구성원 간의 영향력이 크다. 일생을 가족이라는 테두리 속에서 살아가기 때문에 구성원들은 공통적 관심, 소비욕구 등을 가지며 구매성향도 비슷하다. 가족집단은 사용자와 구매자, 구매결정자가 다른 경우가 많고 지출하는 사람과 소비하는 사람이 다르므로 제품의 성격에 따라서 마케팅의 초점을 잘 맞추어야 한다. 1950년대에 아버지가 시장에서 가족들이 쓸 물품을 구매해오던, 즉 구매의사결정자가 가장이었던 시대와는 달리 현대의 가족은 중요한 물품일 경우 부부가 의논하여 공동구매를 하는 경우가 잦아지고 자녀의 의견 또한 많이 반영되고 있다.

종이기저귀의 소비자는 틀림없이 유아이다. 그러나 종이기저귀의 구매자는 대부분이 아이 부모이다. 종이기저귀는 구매자와 사용자가 다른 제품이다. 많은 상품들은 특별히 구매자와 사용자가 구분되지 않는 상품이지만 기저귀의 예에서와 같이 구매자와 사용자가 분명하게 구분되는 상품이 있고, 또 실제 구매자와 사용자가 특별히 구분되지는 않는다 하더라도 구매의사결정에 많은 영향을 미치는 사람은 구분되기 마련이다. 그렇기 때문에 제품의 판촉활동을 할 때 누구를 대상으로 판촉활동을 해야 하며 또 광고의 시간대나 판촉의 장소가 어디가 되어야 할지에 대한 사전 검토가 선행되어야 한다.

(3) 개인적 요인

연령과 직업

소비자의 연령과 직업에 따라 제품구매 성향이 달라진다. 같은 제품이라도 10대, 20대, 30대 또는 기술자, 회사원, 자영업자 등이 각각 원하는 편익이 다르고 구매성향도 다르다. 또한 이들이 이용하는 매체도 각각 다르다.

라이프스타일

사람은 다양한 환경요소로부터 그에 맞는 라이프스타일을 학습한다. 라이프스타일

(lifestyle)은 개인의 가치와 개성에 의해서 살아가는 방식을 말하는 것으로 비슷한 생활양식을 가진 고객들은 비슷한 구매성향을 보인다.

개성

개성(personality)은 다양한 주위 환경에 대하여 비교적 일관성 있고, 지속적인 반응을 가져오는 개인의 심리적 특성, 사교성, 자율성, 사회성, 적극성, 과시성 등 여러 가지 특성으로 설명된다. 개성은 급격한 변화는 없지만 개인마다 상이하다. 만약 사람들의 개성유형이 분류될 수 있고 개성유형과 상표선택 간에 상관관계가 있다면 개성이란 변수는 소비자들의 행동 패턴을 분석하는 데 유용하게 이용될 수 있을 것이다.

아무리 같은 국가 내라 할지라도 사람들의 개성 차이는 나타나기 마련이므로 상이한 국가의 소비자들 간의 개성 차이는 필연적이다. 예를 들어 공통된 언어를 사용하고 지리적으로 근접해 있는데도 불구하고 미국인과 캐나다인 사이에는 개성의 차이가 존재한다. 즉 미국인은 캐나다인에 비해 충동적이고 모험심이 강하며 새로운 것을 추구하는 특성이 있기 때문에 신제품을 쉽게 수용하려 한다. 반면에 캐나다인은 보수적이고 신중하면서도 현실적이기 때문에 무리한 구매행동을 취하지 않으려 한다. 따라서 미국에서는 경품 제공이 효율적인 판촉활동이 될 수 있으나 캐나다에서는 통하지 않는다.

(4) 심리적 요인

인간의 행동은 가치, 태도, 경험, 욕구, 그리고 기타 심리적 현상에 의해 영향을 받는다. 따라서 소비자의 구매행동 역시 제품에 대한 소비자의 심리적 요인이 크게 작용한다. 현대인은 보통 하루에 1,500가지 이상의 제품에 노출되어 있으므로 한 제품이 경쟁을 뚫고 소비자의 뇌리에 기억되는 일은 매우 어렵다. 따라서 기업은 상표, 모양, 포장, 색상, 광고, 진열법 등에서 최대한 소비자의 눈에 뜨이고자 아이디어를 짜내는 것이다. 소비자행동과 밀접한 관계를 미치는 심리적 요인으로는 **그림 5-4** 에서 보는 바와 같이 태도, 학습, 동기, 지각 등을 들 수 있다.

그림 5-4 심리적 요인

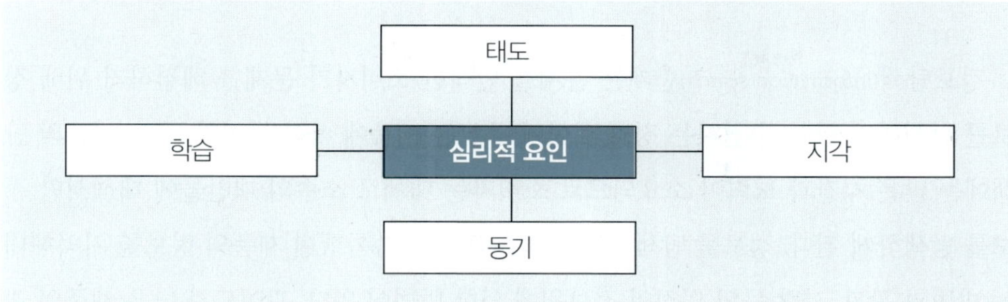

3 소비자의 구매의사결정과정

소비자는 일정한 단계를 거쳐 가며 의사결정을 하게 된다. 또한, 각 단계별로 외부 혹은 내부의 많은 요인에서 오는 자극(정보)을 처리하는 작업도 동시에 하게 된다. 소비자는 구매에 관한 의사결정을 할 때 **그림 5-5** 에서 보는 바와 같이 보통 다섯 단계를 거치게 된다.

그림 5-5 소비자의 구매의사결정과정

(1) 문제인식

문제인식(problem recognition)단계는 소비자의 구매동기가 발생하고 구매의 필요성을 느끼는 단계이다. 운동을 하려고 하는데 운동화가 없을 때, 새 옷에 대한 광고를 보았을 때 소비자는 문제를 인식한다. 스스로의 필요에 의해서 구매의 필요성이 인식되기도 하고 외부의 자극에 의해서 구매동기를 느끼기도 한다.

(2) 정보탐색

정보탐색(information search)단계는 문제를 인식한 소비자가 문제를 해결하기 위해 정보를 탐색하게 된다. 수집하는 정보의 양과 종류는 제품에 따라 차이가 난다. 정보의 탐색에는 많은 시간과 노력이 소요되므로 소비자는 대체로 소수의 대안들에 대해서만 정보를 탐색하게 된다. 정보를 탐색하는 방법은 과거에 습득했던 제품의 정보를 기억해내는 방법과 광고, 사람 등의 외적인 정보원에 의한 방법이 있다. 관여도가 낮은 제품의 경우 정보를 찾으려는 의지도 작고 광고의 노출에 수동적이다. 그러나 관여도가 큰 제품일수록 정보탐색 의지가 크고 다양한 정보원을 이용하여 적극적으로 탐색하게 된다.

(3) 대안평가

대안평가(alternative evaluation)단계는 탐색한 정보를 소비자의 평가기준에 따라 비교분석하는 단계이다. 소비자는 탐색한 정보를 놓고 비교평가하게 되는데 제품의 평가기준을 정하고 그 평가속성에 중요도를 매긴다. 대안의 평가방법에는 보완적 방식과 비보완적 방식이 있다. 보완적 방식이란 평가기준에 따라 평가가 좋은 것과 나쁜 것이 있게 되는데 어떤 속성의 약점이 다른 속성의 강점에 의해 보완되면서 평가하는 방식이다. 비보완적 방식이란 한 속성에서의 약점이 다른 속성에서의 좋은 평가에 의해 보완 되지 않는 방식이다.

(4) 구매의사결정

구매의사결정(purchase decision)단계는 평가된 결과에 따라 구매의사결정을 한다. 소비자는 구매의향을 갖게 되고 잠정적 구매결정을 하게 된다. 이러한 잠정적 구매결정이 그대로 구매로 이어지는 것은 아니다. 실제 구매과정에서 다른 요인, 예를 들어 덜 선호했던 제품이 할인판매되는 경우, 판매원의 설득 등에 의해서 결정이 바뀔 수도 있다. 이러한 예상치 못한 요인들은 상황적 요인이라고 한다. 또한 승용차, 의복 등 타인의 눈에 쉽게 띄는 제품의 경우 다른 사람들이 어떻게 볼 것인가가 강하게 영향을 미치게 된다.

(5) 구매 후 행동

구매 후 행동(post-purchase behavior)단계는 구매 후 구매행동의 원인을 찾고 만족여부와 그 원인을 규명하는 단계이다. 구매 후 행동은 주로 만족, 불만족, 불평행동 및 인지부조화의 해소, 귀인행동 등을 포함하고 있다. 인지부조화(cognitive dissonance)란 제품 구매 후 확신을 갖기까지 심리적인 불안감을 느끼는 경우를 말하며, 귀인(attribution)이란 제품 구매 후 만족 불만족의 원인을 자신 또는 외부에서 찾는 것을 말한다.

특히 고객만족은 고객의 향후 재구입 의향을 높이고, 호의적인 구전(positive word of mouth)을 전파하여 다른 고객들을 끌어오는 결과를 낳기 때문에 중시되어야 한다. 불평행동을 하는 고객 중에는 소극적으로 하는 경우도 있지만, 경우에 따라서는 법적 소송을 거는 등의 공적인 조치를 행하기도 한다. 이 모든 경우 기업 입장에서는 고객의 상실, 부정적 구전의 전파, 기업 이미지의 손상 등 매우 치명적인 결과가 초래될 수 있으므로 구매 후 소비자행동에 촉각을 곤두세울 필요가 있다.

제2절 소비자만족 및 불평행동

1 소비자만족

(1) 소비자만족의 개념

소비자만족(CS: customer satisfaction)은 소비자들이 제품이나 서비스를 구매, 비교, 평가,

선택하는 과정에서 그들이 어느 정도 호의적 혹은 비호의적 감정을 경험하느냐 하는 것, 또는 상품이나 서비스에 대한 사전기대보다 사용실감이 크거나 높은 것을 말한다. 즉 상품 또는 서비스가 고객이 원하는 것을 기대 이상으로 충족시켜 감동시킴으로써 고객의 재구매율을 높이고 그 상품 또는 서비스에 대한 충성도(loyalty)가 지속되도록 하는 상태를 의미한다.

소비자만족의 개념에 대하여 학자들은 고객이 치른 대가에 대하여 적절 혹은 부적절하게 보상을 받았다고 느끼는 인지적 상태(Howard & Sheth, 1969), 구입한 특정제품이나 서비스와 관련하여 소매점 혹은 구매행위, 소비자행동과 같은 좀 더 넓은 의미의 행동이나 시장전체에 대한 경험에 관한 감정적인 반응(Westbrook & Reilly, 1983), 불일치된 기대로 인한 감정이 고객의 구매경험 전 감정과 결합될 때 발생하는 종합적인 심리적 상태(Oliver, 1981) 등 여러 가지로 정의하고 있다. 이러한 견해들을 정리하면 **표 5-1** 과 같다.

표 5-1 소비자만족의 개념

학자	개념
Howard & Sheth(1969)	희생대가의 인지상태
Hunt(1977)	기대에 대한 조정된 평가
Asker & Day(1978)	기대충족과 미충족여부
Oliver(1981)	소비경험에 대한 전체적 심리상태
Churchill & Suprenant(1982)	개념적 및 실천적 의미로 정의
Westbrook & Reilly(1983)	감정적 반응
Tse & Wilton(1988)	사전기대와 지각된 성과의 일치정도
Engel & Blackwell(1994)	선택대안과 신념의 일치

결국 고객만족은 현대의 기업경영에 있어서 모든 인적, 물적 자원의 경영활동의 바탕을 시장에 두고 경영의 궁극적인 목표를 고객을 위한 가치창조에 두는 시장 지향적 경영을 의미한다. 따라서 고객만족은 기업의 행동이념, 철학, 규범으로서의 가치를 가지며 현대의 기업은 고객만족을 최고의 목표로 삼는다고 볼 수 있다. 즉, 기업은 고객에게 제품이나 서비스를 판매하는 것이 아니라 만족을 전달, 제공하고 그 대가로서 이익을

얻고, 이를 통해 사회 전반적인 생활의 질(quality of life)이 향상될 수 있는 것이다. 따라서 고객만족은 고객의 요구뿐만이 아니라 기업 및 사회의 전반적인 요구이며 필수적 추세인 것이다.

(2) 소비자만족의 모형

소비자만족은 1981년 R. L. Oliver가 이론적인 틀을 제시하면서 관심을 끌기 시작했다. 그는 고객만족/불만족(CS/D: customer satisfaction/dissatisfaction)이 어떠한 메커니즘으로 형성되고 있는지를 아주 간단한 프레임워크로 보여주었는데 그 모형을 기대-불일치모형(expectancy-disconfirmation model)이라고 한다. 고객만족이란 제품의 품질이나 성능이 고객이 사전에 갖고 있던 기대와 얼마나 차이가 나는지에 따라 결정된다. 이러한 메커니즘을 이론적으로 모형화한 R. L. Oliver의 기대-불일치모형을 그림으로 나타내면 **그림 5-6** 과 같다.

그림 5-6 기대-불일치모형

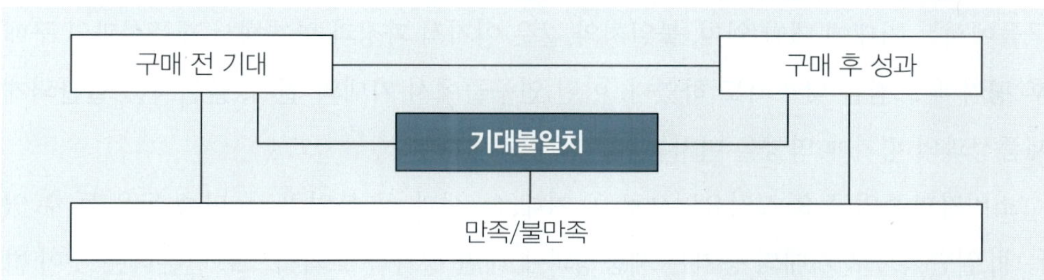

기대했던 것과 실제품질(성능, 성과) 간의 불일치는 크게 두 가지 방향으로 나타날 것이다. 긍정적인 불일치, 즉 기대한 것보다 더 좋은 성과를 얻었다고 생각되는 경우와 그 반대인 부정적인 불일치가 있을 것이다. 부정적인 불일치는 기대만 못한 성과를 얻는 경우일 것이다. 그리고 기대한 것과 다르지 않는 경우, 즉 일치하는 경우도 있을 것이다. 우선 긍정적인 불일치는 고객만족을 증가시킬 것이다. 반대로 부정적인 불일치는 기대에 못 미치는 결과를 얻은 것이니 고객이 불만족하게 될 것이다. 기대한 대로 일치되었다면 고객은 만족할 것이다. 물론 일치를 넘어 긍정적인 불일치가 커질수록 고객만족은 더욱 커지게 될 것이다.

우리가 언제 어떻게 만족을 느끼는지 한번 생각해보자. 삼성 지펠냉장고를 샀는데 사용해보니 냉장도 잘되고, 냉동도 잘되고, 얼음도 잘 나오고, 디자인도 아름답다고 한다면 고객은 무척 만족할 것이다. 즉 제품이 해야 할 제 기능을 충실히 수행하고 있다면 만족할 수 있다. 그런데 지펠냉장고를 사기 전에 주변 사람들의 이야기나 광고를 통해 상당히 높은 기대를 갖고 있었다면 그 기대에 비해서 만족도가 달라질 것이다. 기업이 아무리 품질을 향상시킨다고 해도 고객들이 다 만족하는 것은 아니다. 고객의 기대도 관리할 필요가 있는 것이다.

(3) 소비자만족의 결정요인

초기의 연구에서는 고객만족의 결정요인들을 소비자의 인구통계학적 내지는 사회심리적 특성들로 간주하였으나 고객만족과 이들의 관계는 약한 것으로 밝혀졌다. 다른 연구들에서는 기대에 대한 일치, 불일치와 같은 이지적 과정과 연계해서 제품성과의 구매 후 평가에 초점을 맞추기도 하였다. 이런 연구들에서 기대와 일치, 불일치는 일관되게 제품성과의 평가에 영향을 미치는 것으로 밝혀졌다.

소비자만족의 주요 결정요인으로 ① 기대, ② 성과, ③ 불일치, ④ 만족 등을 들 수 있는데, 일반적으로 기대의 증가는 제품성과에 대한 평가를 호의적으로 만든다는 것이 밝혀졌다. 기대는 제품성과에 대한 지각을 상승시킬 뿐만 아니라 불일치의 상승확률도 높인다. 그러므로 기대의 효과는 고객만족에 대해 직접효과와 불일치를 통한 간접효과 모두를 함께 고려해야 한다.

지각된 제품성과에 대한 기대와 불일치의 효과를 설명하기 위해 제기된 이론들로는 대조이론(contrast theory), 동화-대조이론(assimilation- contrast theory), 인지부조화이론(cognitive dissonance theory), 일반화된 부정성이론(generalized negative theory), 가설검증이론

(hypothesis testing theory) 등이 있다.

일반적으로 특정 수준 이상의 제품성과는 만족을 유도하고 특정 수준 이하의 제품성과는 불만족을 야기한다고 이해되고 있다. 다시 말해 만족은 특정 비교기준과 그 비교기준에 대한 지각된 불일치의 함수라는 것으로, 그 함수는 가산적(additive) 형태를 띤다고 한다. 이는 만족의 결정변수들 사이에 상호독립성이 암묵적으로 한정된다는 의미이다.

(4) 국가고객만족지수

국가고객만족지수(NCSI: National Customer Satisfaction Index)란 국내외에서 생산, 국내 최종소비자에게 판매되고 있는 제품 및 서비스에 대해 해당제품을 직접 사용한 경험이 있는 고객이 직접 평가한 만족수준의 정도를 모델링에 근거하여 측정, 계량화한 지표이다.

NCSI는 기업을 비롯하여 산업, 경제 부문, 국가 차원의 품질경쟁력을 향상시키고자 하는 목적으로 만들어졌다. 기업의 목표 중 하나인 고객만족을 추구하고 관리하기 위한 것으로, 정확한 고객만족도를 측정할 수 있는 지표를 제공하며 나아가 기업의 성과도 측정할 수 있는 중요한 측정수단이다. 한국생산성본부가 미국 미시간대학교의 국가품질연구소(National Quality Research Center)와 공동으로 개발하였다.

최소 측정단위는 개별 기업이 생산하는 제품 또는 제품군이며, 측정결과는 개별 기업, 산업, 경제부문 그리고 국가 단위로 발표된다. NCSI 모델은 제품 및 서비스에 대한 고객의 기대수준, 품질인지수준, 인지가치, 종합만족수준, 고객불만수준, 고객충성도(고객유지율)로 구성되어 있으며, 모델 구성요소 간의 인과관계를 종합적으로 분석할 수 있어 신뢰도와 완성도가 매우 높다. 특히 기업의 최대관심사인 고객만족도의 변화가 수익성에 어떤 영향을 미치고 있는지를 NCSI 분석 소프트웨어를 통해 알아볼 수 있다.

국가고객만족지수는 단순히 고객만족도를 측정하는 것에서 벗어나 미래의 기업성과를 예측할 수 있는 예측력을 가지고 있는 것이 두드러진 특징이다. 또한 한국에서 생산 · 판매활동을 하는 외국기업의 제품과 서비스를 측정대상에 포함시키고 있어 한국기업과 외국기업의 품질을 비교할 수 있으며, 공공기관과 민간기업에 의해서 제공되는 서비스 만족도도 비교 · 평가할 수 있다.

2 소비자 불평행동

(1) 소비자 불평행동의 개념

소비자 불평행동(CCB: consumer complaining behavior)은 학자들에 의해 다양하게 개념화되어왔는데, 일반적으로 제품이나 서비스에 대해 불만족을 느낀 소비자들이 불만을 표현하는 행동적 반응이라고 정의 내릴 수 있다. 소비자 불평행동에 대한 여러 학자들의 견해를 정리하면 표 5-2 와 같다.

표 5-2 소비자 불평행동의 개념

연구자	소비자 불평행동의 개념
Formell & Westbrook(1979)	불공정 판매, 제품 및 기업에 대한 불만
Landon(1980)	책임 있는 당사자에 대한 불만족
Jacoby & Jaccard(1981)	제품 및 서비스에 대한 부정적인 의사소통
Resnik & Harman(1983)	불만족의 공개적 표현
Singh & Howell(1985)	구매 불만족으로 야기된 행동 및 반응
Singh(1988)	구매 불만족으로 발생한 반응
Mowen(1990)	제품 및 서비스의 불만족에 의해 야기된 행동
Alicke(1992)	불만, 항의, 불쾌감, 유감

불만족을 감소시키기 위해 가장 많이 연구되는 고객만족의 결과변수는 불평행동이다. 불평행동의 강도는 불만족의 강도와 상관관계가 있는 것으로 파악되었다. 그러나 불평행동은 불만족의 강도에 대한 함수일 뿐만 아니라 소비자의 특성, 불만족의 귀인에 관한 인식, 결과에 대한 기대, 투입비용, 제품유형에 의해서도 결정된다는 것이 밝혀졌다. 또한 많은 소비자들이 불만족을 경험하고도 불평을 하지 않는다는 것이 밝혀져 불평행동만으로 소비자들의 만족, 불만족을 파악하기는 역부족이라는 설명이 가능하다.

(2) 소비자 불평행동의 유형

소비자들의 불평행동유형은 불평의 주목적, 상황 등에 따라 다양하고 복합적으로 나타나게 된다. 소비자들은 불평행동을 취할 경우 여러 가지의 상황이나 목적에 따라 다양한 방법 중 어느 하나 또는 둘 이상을 선택하게 된다.

소비자들은 불만을 느낄 경우 우선적으로 불평행동을 취할 것인가, 취하지 않을 것인가를 결정하게 된다. 불평행동을 취할 경우도 다양한 방법을 취하게 된다. 사적 불평행동은 가족, 친지, 타인에게 불만을 호소하고 경고 또는 악평을 하는 구전활동(negative word of mouth), 재구매를 중지하고자 하는 행동 등을 포함한다. 한편, 공적 불평행동은 불만제공자에게 불만시정요구, 환불이나 교환요구, 그리고 보상을 받기 위한 법적 행동 모두를 포함한다.

J. Singh은 소비자 불평행동의 구조와 본질의 이해를 위하여 소비자 불평행동의 유형에 대한 분석의 중요성을 강조하면서 불평의도의 실제행동을 조사하여 요인분석(factor analysis)을 함으로써 소비자 불평행동의 유형을 고찰하고 있다. 그는 **표 5-3** 에서 보는 바와 같이 소비자 불평행동의 의도 평가항목을 사용하여 **그림 5-7** 과 같은 세 가지 불평행동의 유형을 분석하고 있다.

표 5-3 소비자 불평행동의 측정항목

소비자 불평행동의 측정항목
1. 사건을 잊어버리고 아무런 행동도 취하지 않았다.
2. 다음번 그 점포를 이용할 때 항의하였다.
3. 다시는 그 점포나 상표를 이용하지 않았다.
4. 구입한 점포로 즉시 가거나 연락하여 문제를 알렸다.
5. 친구나 친지에게 불쾌했던 구매경험을 말하였다.
6. 친구나 친지에게 그 상점을 사용하지 말라고 이야기하였다.
7. 문제를 해결하기 위해 소비자단체에 고발하여 영향력을 행사하도록 하였다.
8. 신문이나 잡지에 불쾌했던 구매경험을 기고하였다.
9. 다른 소비자들에게 알리도록 소비자단체에 보고하였다.
10. 구매점포나 제조업자에 대하여 소송 등 법적인 행동을 취하였다.

자료: J. Singh and R. D. Howell, Consumer Complaining Behavior, 1985, p.13.

그림 5-7 소비자 불평행동의 유형

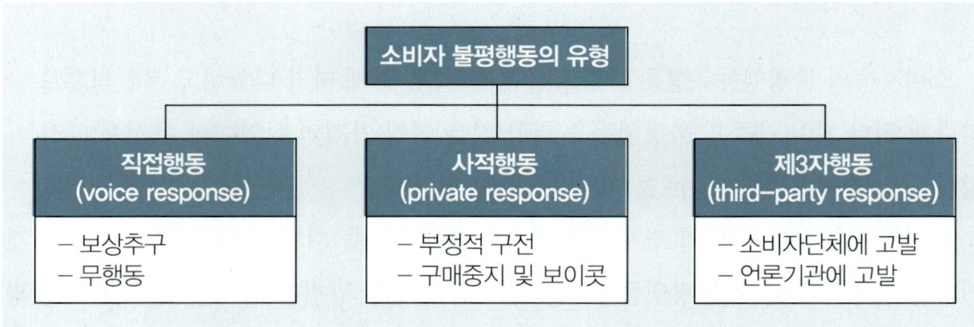

자료: J. Singh and R. D. Howell, Consumer Complaining Behavior, 1985, p.101.

한편 인터넷 고객의 불평행동 유형은 오프라인(off-line)과 거의 비슷한데 이를 그림으로 나타내면 그림 5-8과 같다.

그림 5-8 인터넷 고객의 불평행동 유형

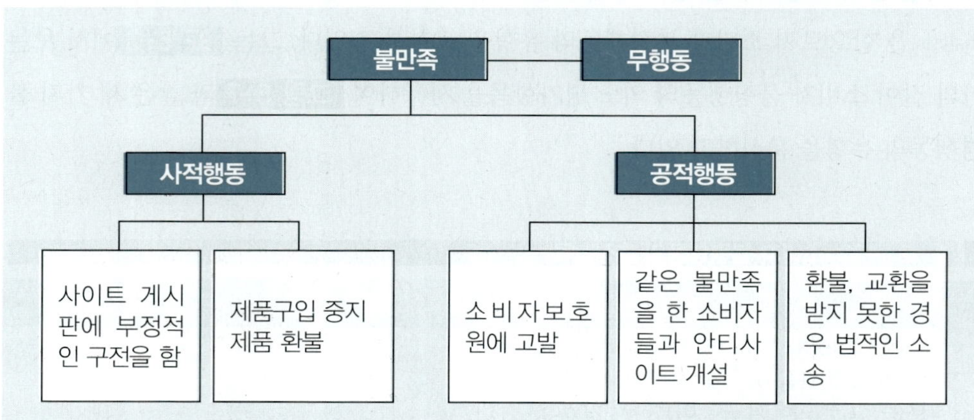

(3) 소비자 불평행동의 해결방안

고객 서비스에 대한 오만의 타파

고객불만관리의 최대 적은 고객 서비스에 대한 오만이다. 실제로 기업들은 자신의 서비스 수준을 과신하는 경향이 있다. 경영컨설팅회사인 베인앤컴퍼니가 최근 전 세계 362개 기업의 임원들을 대상으로 조사한 결과, 응답자의 95%는 "우리 회사가 고객 지향적인 전략을 사용하고 있다"고 답한 것으로 나타났다. 또한 80%의 기업들은 자신들이 경쟁사와 차별화된 우수한 제품과 서비스를 고객에게 제공한다고 믿고 있는 것으로 나타났다.

반면에 고객들의 인식은 기업들과 다르게 나타났다. "당신과 거래하는 기업이 경쟁사보다 차별화되고 우수한 제품과 서비스를 제공하고 있느냐"는 질문에 불과 8%의 고객들만이 "그렇다"고 응답한 것이다. 이처럼 기업들은 자신들이 생각하는 자사제품과 서비스의 수준과 실제로 고객이 인지하는 수준 간에 큰 차이가 존재한다는 사실에 주목할 필요가 있다. 한때 미국 최대의 할인점이었던 K마트의 몰락 역시 고객 서비스에 대한 오만에서 비롯되었다.

고객불만관리 시스템의 도입

고객불만관리의 핵심은 사전에 불만요인을 인지해서 조기에 제거하는 것이다. 그러기 위해서는 시스템적으로 고객불만을 식별하여 원인을 분석하고 대응방안을 수립할 수 있도록 해야 한다. 또한 개선사항을 정기적으로 모니터링할 수 있는 고객불만관리체계의 구축이 필수적이다.

최근 국내에서도 사소한 고객불만이 기업을 위기로 내몰 수 있다는 인식이 확산되면서 소비자불만 자율관리 시스템(CCMS: Consumer Complaints Management System)을 도입하는 기업들이 늘어나고 있다. 인터넷과 각종 미디어의 발달로 소비자의 작은 불만이 회사에 큰 타격을 주는 사례가 잇따르고 있기 때문이다. CCMS 제도는 과거 소비자들이 공정거래위원회나 소비자보호원에 피해 사례를 신고해 불만을 해소해오던 방식에서 앞으로는 기업이 직접 고객의 불만에 대응하겠다는 것이다.

고객만족도와 직원의 보상

고객불만의 가장 큰 원인은 현장직원의 무관심이나 무성의한 태도 등 서비스에 있다는 것이다. 이는 기업이 고객불만을 관리하기 위해서는 현장에서 직접 서비스를 제공하는 직원들을 어떻게 교육시키고, 동기부여할 것인가가 매우 중요하다는 사실을 반증하는 것이다. 따라서 고객 서비스 수준을 높이기 위해서는 고객만족도와 직원들의 보상을 연계시킬 필요가 있다.

미국 신용카드회사인 MBNA(Mary-land Bank National Association)는 30분 이내 현장 승인, 21초 이내 혹은 두 번째 벨소리에 전화 받기, 분실 및 도난카드의 24시간 이내 재발급, 14일 이내 신규계좌 신청처리 등의 목표를 수립했다. 그리고 수립된 목표가 제대로 실행될 수 있도록 매일 이 목표들을 초과한 직원에 대해 별도의 보너스풀을 적립하도록 했다. 결과적으로 MBNA는 매일 목표치를 98% 이상 달성하고 있다.

MOT의 관리

스칸디나비아항공의 전 CEO 얀 칼슨은 "100번의 고객접점에서 99번 만족시켰더라도 고객이 한 번 불만을 느끼면 고객의 종합만족도는 0이 된다. 고객과 접하는 최초의 15초에서 100－1＝0이다"라고 주장하면서 고객접점관리를 강조한 바 있다.

흔히 '진실의 순간'이라고 번역되는 MOT(moment of truth)란 현장에서 고객과 접하는 최초의 15초를 의미한다. 얀 칼슨은 현장에 있는 직원과 고객이 처음 만나는 15초 동안의 고객응대태도에 따라 기업 이미지가 결정된다고 주장하였다. 결국 15초는 기업의 운명을 결정짓는 가장 소중한 순간이며, 고객의 불만을 초래해서는 안 되는 순간인 것이다.

고객의 기대수준을 넘는 서비스

고객의 기대를 뛰어넘는 서비스로 고객을 감동시킴으로써 고객의 불만을 줄이는 적극적인 방법도 있다. 통상 고객의 기대수준을 뛰어넘는 일은 매우 어려워 보인다. 대부분의 기업들은 고객의 기대수준을 맞추는 것도 쉽지 않다고 말한다. 하지만 실제로는 아주 사소한 아이디어 하나로 또는 경쟁사가 제공하지 않는 서비스를 제공함으로써 고객에게 감동을 주는 사례도 적지 않다.

월마트에 이어 미국 대형마트시장에서 2위를 달리고 있는 타깃(Target)은 마트를 찾는 고객들에게 저렴한 가격 외에 신속한 쇼핑이라는 새로운 가치를 제공하였다. 고객의 빠른 쇼핑을 위해 계산대에 줄이 길게 늘어서지 않도록 추가 계산원을 즉시 투입하도록 한 것이다. 계산을 위해 기다리는 줄이 줄어들면서 고객들은 쇼핑 시간을 단축할 수 있었을 뿐만 아니라, 보다 넓은 공간에서 쇼핑할 수 있게 되었다. 결과적으로 타깃은 고객을 생각하는 대형마트로 확고한 브랜드 이미지를 구축해 경쟁사와의 차별화에 성공할 수 있었다.

불만고객을 충성고객으로

평소에 아무런 문제를 느끼지 못하는 고객은 일반적으로 10% 정도의 재구매율을 보이지만 불만을 말하러 온 고객에게 진지하게 응대할 경우 불만고객의 65%가 다시 해당 기업의 제품과 서비스를 이용한다고 한다. 기업들은 차별화된 고객불만관리를 통해 소비자들의 부정적인 인식을 긍정적으로 바꿈으로써 해당 기업과 제품에 대한 불만고객을 충성고객으로 바꿀 수 있도록 노력해야 할 것이다.

(3) 소비자불평행동의 관리 사례

일반적으로 기업에서는 고객의 불만이 접수되면 주먹구구식으로 빨리 대충 때운다는 식의 접근을 하기 마련이다. 다른 할 일도 많은데 일일이 고객의 불만사항을 접수하다보면 짜증나기 마련이고, 사람이기에 어쩔 수 없이 일종의 면피라는 생각을 가지고 그렇게 소극적으로 대응하는 것이다. 하지만 이런 행동은 고객의 불만이나 불평 뒤에 숨어 있는 엄청난 잠재성을 무시하는 것이다.

역발상 마케팅은 어쩌면 고객의 쓴소리를 듣고 반성하는 과정에서 나타나는 것인지도 모른다. 고객의 쓴소리는 그동안 알지 못했던 새로운 것을 들려주기 때문이다. 그동안의 굳어진 관념에서 벗어나 역발상적 시각을 얻을 수 있는 기회인 셈이다. 그래서 고객의 불평은 역발상 아이디어 산출의 근원이라고 할 수 있다.

일본 샤프의 '아와슈세탁기'는 세탁기의 높이를 10센티미터를 낮춘 것만으로도 히트상품이 되었다. 노인이나 주부들이 세탁기에서 빨래 꺼내는 것을 무척 힘들어하는 데서 착안한 것이다. 피자헛의 치즈크러스트피자는 피자업계의 최대 히트작 중 하나이다. 피자의 가장자리는 딱딱하고 맛이 없어 버리는 경우가 많은 부분인데, 피자헛은 여기에 치즈를 넣어 소비자들이 가장 많이 찾는 메뉴로 만들었다. 또한 네모나면서 여러 가지 맛을 동시에 즐길 수 있는 피자 역시 동그랗다는 피자의 고정관념과 피자 한판은 한 가지 맛이라는 선입견을 과감히 깨고 탄생한 역발상 작품이라 볼 수 있다.

수년전에 삼성전자가 내놓은 '허리사랑냉장고'도 고객의 불평으로부터 나온 역발상 작품이다. 소비자조사 결과에 따르면 주부들의 냉장 칸 사용횟수는 하루 평균 65회, 냉동 칸은 10회로 나타났다. 냉장 칸을 6배 정도 더 이용하고 있다는 사실을 기반으로 사용빈도가 많은 위쪽에 냉장 칸을 두는 '상냉장 하냉동' 방식의 역발상적 냉장고를 출시한 것이다.

(4) 기업의 마케팅전략에의 적용

소비자 불평행동은 기업의 측면에서 이를 적절히 수용하지 못할 경우에는 미래의 매출액이나 이미지에 있어서 심대한 피해를 줄 수 있다. 즉 여러 가지 형태의 불평행동유형은 기업활동을 저해하게 될 것이므로 기업은 소비자의 불평행동에 대한 적절한 대응전략을 수립하여야 할 것이다.

이와 관련하여 기업의 전략으로는 ① 불평행동을 아예 무시, ② 불평을 검토하여 공정하게 보상할 수 있는 프로그램의 개발, ③ 불평행동의 요구에 순종, ④ 불평행동의 촉진 등 네 가지 형태를 선택할 수 있다. 그런데 이러한 전략은 기본적으로 소비자 불평행동의 범주를 공적 행동으로 이해하고 있는바, 이것은 소비자 불평행동의 유형분석에서 고찰된 사적 행동을 고려하지 않은 것이다.

물론 기업의 측면에서 과연 사적 행동의 발생 또는 결과를 인식할 수 있느냐의 문제는 있으나 이러한 유형이 실제로 높은 빈도로 발생하며 기업에 심대한 영향을 미친다는 점에서 이 유형의 고려 없는 기업의 전략은 무의미할 것이다. 이에 소비자 불평행동의 각 행동유형별 기업의 전략수립이 요청될 것이며, 따라서 소비자 불평행동의 행동유형의 분석이 필요하다.

예를 들면 직접 기업에 대하여 취하는 불평행동은 기업에게 소비자가 직접 불만족에 관한 정보를 제공하고 소비자의 불만족을 수정할 수 있는 기회를 준다. 기업은 비용과 효익을 고려한 적극적인 불평 메커니즘의 확충에 노력하는 것이 필요할 것이다. 반면 부정적 구전이나 제품, 상품, 상점의 보이콧으로 특징지워지는 행동유형에 대해서는 불평 메커니즘의 확충과 보완을 통한 기업의 불평메커니즘 내로 수용하여 긍정적 구전이나 상표충성이나 점포애용을 기하는 것이 필요할 것이다.

구체적으로 제조회사는 상세한 보증과 라벨이나 포장에 삽입하는 안내서의 불평절차 정보를 통하여 합법적인 불평을 할 수 있다고 보여줄 수 있어야 하며, A/S센터는 고객의 코멘트나 불평을 받기 위한 상담실 설치, 무료전화의 제공 등을 통해서 그들의 수용성을 가시화하는 것이 필요하다.

한편 소비자의 불평행동자의 유형분석을 통한 기업의 마케팅에의 유용성은 시장세분화전략과 관련하여 그 의의를 지니게 된다. 즉 각 소비자 유형별 행위적 특징을 명확화함으로써 그 유형의 소비자의 행위목록을 개발할 수 있고, 이것은 마케팅 관리자에게는 중요하게 다루어질 수 있다.

예를 들면 R. Warland 등의 연구에서 고찰되어진 불만족-불평행동자와 불만족-비불평행동자의 행위적 특징이나 소비자의 특징의 차이를 알아봄으로써 이에 대응하는 소비자집단을 세분화하여 그에 적절한 대응전략의 수립이 가능하다. 이것은 기존의 시장세분화전략 자체가 신제품의 개발과 설계, 유통관리 등의 전략수립에 주로 운용되는 것에 대하여 구매 후 시점에서의 소비자행동에의 적용을 통하여 보다 총체적인 측면에서의 마케팅전략의 수용을 강조한다는 점에서 또한 의의가 있다고 보인다.

따라서 마케팅 프로그램의 개발이나 집행을 위해서는 어떻게 각 유형별 불평행동자를 구별해내고 그들과 어떻게 커뮤니케이션하느냐의 문제에 마케팅 관리자는 관심을 가져야 한다. 그러나 실제로 불평행동의 유형화는 기존의 연구가 체계적이지 못하며 기존의 세분화 기준 자체도 불평행동의 유무에만 초점을 두고 있으므로 다른 형태의 시장세분화 기준과의 관계성을 파악하기 힘들다는 문제점 또한 인정되어야 할 것이다.

제3절 인터넷 소비자행동의 개념

1 인터넷 고객의 의의

(1) 인터넷 고객의 의미

경쟁이 치열해지고 있는 e-Business 환경 아래에서 기업이 경쟁우위를 확보하려면 온라인 고객(e-Customer)의 공통점과 세분집단별 차이점 분석을 통해 효과적인 포지셔닝 전략을 수립해야 한다. 최근 디지털경제의 핵심고객인 인터넷 고객(e-Customer)에 대한 관심이 높아지고 있다. 그러나 높아지고 있는 관심에 비해서 e-Customer에 대한 체계적인 정의와 연구가 이루어지지 못하고 있는 것이 현실이다. 대부분의 연구가 단순 인터넷 사용자들을 e-Customer로 일반화시켜 이루어지고 있다.

한편 일부 이루어지고 있는 연구마저도 제품과 서비스의 구매액 · 구매량 · 구매빈도 · 구매주기와 인구통계학적 변수 차원 중심이다. 이러한 연구는 결국 e-Customer를 단편적으로 이해하게 하거나, 잘못된 정보를 제공할 위험성마저 있다. 더욱 심각한 문제는 이렇게 고객에 대한 정확한 이해가 부족한 상태에서 기술 변화에 중점을 둔 e-Marketing 전략들이 범람하고 있는 현실이다. 즉 낚시꾼이 강에 어떤 물고기가 어느 지점이 있는 줄도 모르고 무거운 어구들만 잔뜩 싣고 낚시에 나선 모습이다.

따라서 e-Marketing의 시작점인 e-Customer가 단순 인터넷 이용자와 오프라인 구매자에 비해 어떠한 차별적인 특징이 있는가를 살펴보아야 한다. 그리고 e-Customer들 역시 이질적인 세부집단으로 나누어질 수 있기 때문에 그러한 세부집단이 어떠한 특징을 가지고 있고, 세분집단에 맞는 마케팅 프로그램을 어떻게 개발할 것인지를 다양한 사례를 통해 알아보아야 한다.

최근 포레스터 리서치(Forrester Research)는 그들의 e-Customer 분석틀인 기술통계학

(techno-graphics) 모델을 이용해서 전 세계의 e-Customer의 특징을 분석하고 세분화하고 있다. 또한 Donthu & Garcia는 단순 인터넷 사용자와 인터넷 구매자 간의 동기와 태도적 특성을 분석하였다. 마케팅 담당자들은 이 연구결과를 주목해서 살펴보아야 한다. 왜냐하면 이 연구결과는 e-Customer의 의사결정과정에서 고객경험(customer experience)이 매우 중요하다는 것을 알려주기 때문이다.

(2) 인터넷 고객의 가치기준

표 5-4 에 나타난 바와 같이 e-Customer들은 단순 인터넷 이용자들보다 새롭고 다양한 것을 추구하는 혁신적인 태도가 강하게 나타났다. 또한 혁신적이고 새로운 것을 추구하는 태도가 강한 만큼 구매과정에서 발생하는 위험도 감수하는 모습을 나타냈다. 즉 e-Customer는 쇼핑의 편의성과 더불어 흥미로운 것과 새로운 경험을 추구하는 경향이 높다는 것을 나타내주고 있다.

표 5-4 e-Customer의 동기와 태도의 특징

요인	변수	인터넷 구매자	단순 인터넷 사용자	통계적 유인성
동기적 특성	쇼핑의 편의성 추구정도	4.0	2.9	○
	혁신적 태도	4.0	2.8	○
	구매 시 위험감수 정도	2.5	3.2	○
	충동구매 정도	3.5	2.0	○
태도적 특성	새로움/다양함 추구 정도	3.8	2.9	○
	직접 마케팅에 대한 긍정적 태도	2.9	2.2	○
	광고에 대한 긍정적 태도	3.4	2.9	○

주: $p<0.05$, 숫자는 만족도로서 5.0 만점 기준임.
자료: Naveen Donthu & Adriana Garcia, "The Internet Shopper," Journal of Advertising Research, 5~6, 1999.

따라서 마케팅 담당자들은 인터넷 상거래가 제공해주었던 쇼핑의 편리성, 저렴한 가격 등의 장점이 일반화되면서 새로움과 혁신적 경험을 중요하게 생각하는 e-Customer의 가치기준에 주목해야 된다. 즉, e-Customer는 거래에 수반되는 복합적이고 다양한 경험을 추구하려는 경향이 높다.

(3) 고객경험관리의 중요성

그렇다면 e-Customer에게 있어서 경험이란 어떤 의미를 가지고 있는 것이고, 왜 중요한 것일까? 경험이라는 요소는 매우 개인적인 차원의 현상이다. 이러한 경험에는 사람들이 공통적으로 추구하는 욕망이 있고, 기업은 이러한 공통된 욕망을 다양한 제품과 서비스로 바꾸어서 고객들에게 전달한다.

따라서 고객이 느끼는 궁극적인 경험은 기업이 고객에게 전달하기로 한 가치와 약속이며, 그것이 제대로 전달되는 것을 의미하는 것이다. 이러한 경험은 엔터테인먼트 기업과 영역에 있어서 가장 명확하다. 엔터테인먼트 기업은 고객에게 최대의 즐거움과 기쁨의 제공을 약속한다. 또한 이러한 가치를 전달할 수 있는 다양한 엔터테인먼트 아이템을 개발한다.

그렇다면 기업은 고객경험을 어떻게 온라인상에서 구현하고 전달할 것인가? 고객경험을 전달하기 위해서는 먼저 기업과 고객에 대한 관계의 정의가 필요하다. 즉 기업의 e-Customer는 누구이고, 그들에게 어떠한 가치를 전달할 것인가를 정의해야 한다. 그리고 이러한 가치를 전달할 수 있는 최적의 제품과 서비스를 개발해야 한다. 이를 위해서 기업은 고객에게 어떠한 가치를 전달할 것인가에 대한 체계적인 고객경험 프로세스를 개발해야 한다. 이러한 고객경험 프로세스를 성공적으로 개발한 예가 아마존(Amazon.com)이다.

아마존(Amazon.com)은 고객에게 인터넷을 이용해서 책을 가장 빠르고, 쉽게, 그리고 재미있고 구매할 수 있는 최적의 경험을 제공한다. 그들은 다양하고 많은 책을 사기를 원하지만 여러 가지 이유로 서점에서 책 사기를 꺼리는 사람들 대상으로 한다. 그리고 책에 대한 서평과 다양한 정보 서비스 및 세계에서 가장 많은 서적 보유라는 무기를 바탕으로 고객들에게 이러한 경험을 전달하고 있다.

2 인터넷 고객의 특성

소비자행동을 분석하기 위해 반드시 이해해야 할 것 중의 하나가 바로 고객특성에 대한 문제이다. 고객특성에 대한 이해는 구매자의 행동 패턴을 이해하는 데 도움을 주며, 마케팅 활동의 방향을 잡는 중요한 자료가 된다.

실물세계와 인터넷에서의 소비자는 약간 다르다고 보는 것이 현명하다. 인터넷은 그 출발부터가 과학자나 컴퓨터 전문가들이 주요 사용자이고, 지금도 컴퓨터를 사용할 줄 알아야만 접속할 수 있는 세계이다. 이러한 차이로 인해 인터넷에서 존재하는 소비자들은 비슷한 방식의 접근을 한다 할지라도 기존 소비자들을 분석할 때와는 다른 각도에서 바라볼 필요가 있다.

(1) 인구통계학적인 특성

젊은층 주류

전 세계 인터넷 사용자들은 주로 20대와 30대의 연령층이 다른 연령층보다 높은 비중을 차지하며 10대의 비중도 상당히 높다. 반면 우리나라의 경우에는 아직 10대와 20대가 주류를 이루고 있으며, 연령대가 높을수록 비중이 낮다.

여성의 비율 증가추세

전 세계적으로 인터넷을 이용하는 사람들의 성비를 보면 남성의 비율이 높으며 우리나라의 경우도 예외는 아니다. 다만, 시간이 지날수록 여성들의 인터넷 이용이 증가하면서 그 비율이 높아지는 추세를 보여주고 있다.

높은 전문직종 비중

직업별로 보면 세계적으로 학생이나 교육에 종사하는 사람과 컴퓨터 관련 직종에 근무하는 사람들이 가장 많다. 반면, 우리나라의 경우 직종에 대한 분석이 이루어지고 있지는 못하나 비슷한 경향을 보일 것으로 예상되며, 18세 이상의 경우에는 집보다는 기업에서 인터넷을 이용하는 사람들이 많아 회사원의 비중이 높은 것으로 추정된다.

높은 고학력자 비중

학력은 전 세계적으로 볼 때 대졸 이상이 주류이며 대학원 이상의 학력을 보유한 사람도 상당히 높은 비중을 보이고 있다. 우리나라의 경우에는 아직 10대의 비중이 높기 때문에 아직 공부하고 있는 학생들임을 감안하면 현재의 학력을 분석하는 것이 큰 의미를 지니기는 어려우나 성인층만을 보면 전 세계와 크게 다르지 않을 것으로 보인다.

평균 이상의 소득수준

인터넷 소비자들의 소득은 평균소득 수준보다 높은 것이 일반적이다. 미국의 경우 인터넷 사용자들의 연소득을 보면 4만~7만 달러 정도가 대부분을 차지하고 있다. 이는 일반적인 집단에 비해 상대적으로 구매력이 높은 집단일 것이라는 점이다. PC 가격과 인터넷 사용료가 많이 하락했다고는 하나 아직은 상당히 높은 편이다. 따라서 인터넷을 이용하기 위해서는 어느 정도 생활의 여유가 있어야 할 것이다. 이는 인터넷 사용자들이 일반적인 사람들에 비해 상대적으로 소득이 높은 계층일 것이라는 추측을 가능케 한다.

이러한 인구통계학적인 특징은 인터넷 소비자들을 이해하는 데 상당한 도움을 줄 것으로 판단된다. 실제 인터넷시장은 이러한 소비자들의 특징이 반영되어 컴퓨터 관련 제품이나 소프트웨어 시장이 활성화되어 있고, 주로 젊은 세대를 타깃으로 삼아 비즈니스를 전개하는 기업들이 많은 편이다.

(2) 심리통계적인 특성

소비자에 대한 분석은 일반적인 인구통계적인 분석 외에 심리적인 분석도 수행되는데, 인터넷과 관련하여 실시된 조사는 거의 없는 실정이다.

상이한 구매패턴

눈으로 확인하지 않고 인터넷에서 구매하는 데 따른 불안감으로 인하여 인터넷에서의 구매 패턴이 일반적인 소비자 특성에 따른 구매 패턴과 동일하지는 않을 것이라는 점이다. 인터넷에서의 구매에 대하여 시간이 지나면서 점진적으로 신뢰가 축척되어가고 있기는 하나 불안감을 완전히 떨쳐버리지는 못할 경우가 많다. 이는 인터넷마케팅 활동에 대한 분석 시 단지 인터넷상에서 이루어진 거래만을 이용하여 분석하는 것은 상대적으로 인터넷마케팅 활동의 중요성을 평가절하 할 수 있다는 것을 의미한다.

지적 및 호기심

인구통계적으로 똑같은 부류의 집단이라 할지라도 대체적으로 지적이며, 새로운 세계에 대한 호기심이 상대적으로 많은 집단일 것이라는 점이다. PC와 인터넷이 널리 이용되고 있기는 하지만 아직 많은 사람들이 두려움을 갖고 있는 것이 사실이다. 이는 평균적인 집단에 비해 다소 높은 지적인 능력과 함께 새로운 세계에 대한 호기심이 많은 부류가 아니면 쉽게 접근하지 못할 것이라는 의미이다.

진보 및 개방적인 성향

상대적으로 진보적이고 자신의 의견을 자유롭게 개진하는 개방적인 성향이 많을 것이라는 점이다. 인터넷은 현실세계에서 바쁘게 일하고 잘 적응하고 있는 사람보다는 무언가 새로운 세계를 갈구하는 사람들이 모이는 경향이 존재한다. 그리고 인터넷 사용자는 익명성이 보장되므로 대체적으로 자신의 의견을 다른 사람들의 눈치를 보지 않고 자유롭게 얘기하는 경향이 존재한다.

행동형 성향

1995년도에 실시한 미국 스탠포드연구소(SRI)의 조사에 따르면 표 5-5 에서 보는 바와 같이 인터넷 사용자의 심리적인 특성 중 가장 높은 비중을 차지하는 부류가 행동형으로 전체 중에서 50%를 차지하였고, 다음으로는 경험추구형으로 18%를 차지했다. 여기서 행동형은 어느 정도 성공을 이루었고, 활동적이며 세련된 인물유형으로 자기 자신을 다양한 방법으로 소개하고 발전시키기를 좋아하는 스타일이 해당된다. 경험추구형은 젊고 열정적이며, 충동적이고 반항적인 속성을 가지고 있는 스타일이며 항상 새로운 것을 추구하고, 실험정신이 강한 반면, 쉽게 열광하고 쉽게 식어버리는 속성을 지니고 있다.

이 조사가 비록 오래되었지만 나름대로의 의미가 있는 것으로 본다면 마케팅 관점에서는 행동형과 경험추구형을 중심으로 마케팅 활동을 펼칠 필요가 있다. 행동형의 경우 사회적인 이슈나 자신의 관심영역에 매우 높은 비중을 두므로 특화된 제품이나 서비스의 제공이 필요하고, 경험추구형의 경우 영화, 음악, 최신의 기술을 적용한 제품 등을 제공해주어야 한다.

표 5-5 심리통계적 유형

유형	비율(%)
행동형(Actualizer)	50
경험추구형(Experiencer)	18
노력형, 운명극복형(Striver)	18
만족형(Fulfilled)	11
성취형(Achiever)	6
기타	2

마) 가치와 라이프스타일

미국 스탠포드연구소의 iVALS(Internet VALS)는 가치 및 라이프스타일 프로그램(VALS)의 한 부분으로 인터넷 환경에서의 소비자의 분석 및 소비자와 기업 및 정보 제공업자, 중간업자 간의 유용성과 질의 향상 도모를 목적으로 하여 만들어졌다. 이러한 iVALS에서는 인터넷 이용자를 표 5-6 에서 보는 바와 같이 다음 열 개의 유형으로 나누어 설명하고 있다.

표 5-6 인터넷 이용자의 가치와 라이프스타일

유형	특성
마니아형 (wizard)	– 인터넷 이용자 중 가장 활동적이고 숙련된 부류 – 컴퓨터 생활의 중요한 부분 차지 – 인터넷 문화의 많은 부분에의 높은 관여도 – 대부분 남성으로 높은 소득수준 – 컴퓨터 관련 고급기술 제품 등을 타깃
개척자형 (pioneers)	– 인터넷 이용자 약 10% 차지 – 나 홀로 개척형은 많은 시간을 인터넷 사용에 소비 – 가상점포 이용빈도 높음 – 인터넷 사용 신기술 홀로 연마 – 채팅 등의 사교적인 활동, 성인 사이트 등에 대해 부정적 견해 – 여러 연령층에 골고루 분산 – 약간 낮은 소득수준 양상
자아상승 도모형 (upstreamers)	– 개인적 혹은 직무와 관련된 자료수집이 인터넷 접근의 근본적인 목적 – 인터넷 이용자의 약 14% 차지 – 인터넷 이용자의 평균보다 낮은 연령대 – 학문적 경향보다는 현실경제 지향성 – 개인경력 활용 면에서 인터넷 사용에 적극적 관여도 높음 – 개인에 따라 차별화된 서비스를 주 타깃
참여 지향형 (socialites)	– 사교적 목적, 온라인 토론 등 가장 적극적인 참여자 – 정교한 온라인 자아(online-personae) 구축 – 사교추구형(sociables)보다 더욱 숙련 높고, 인터넷에 호의적 – 가장 어린 연령층
실용적 활용형 (workers)	– 인터넷이 유용성에 관심 – 주로 업무와 관련된 특정 과업 또는 정보 취득에 집중 – 가장 정보 중심 강도가 높은 직업군(컨설턴트, 대학생, 교사, 교수 등)

유형	특성
오락문화 추구형 (surfers)	– 레저추구형: 정보이용료를 내면서까지 오락을 추구하는 경향 높음 – 우편 카탈로그나 가상점포 이용의 빈도 높음 – 인터넷을 통한 TV 시청 즐김 – 연령과 소득수준 가장 높은 부류, 은퇴한 전문직 종사자 – 인터넷 이용에 가장 많은 시간 소비 – 인터넷을 배우고자 하는 의욕이 가장 높음
현실만족형 (mainstreamers)	– 자신들의 인터넷 이용 구미에 맞는 인터넷 기술을 이미 습득한 부류 – 더 이상 새로운 것을 추구하려는 마음 없음 – 직무와 관련해서만 컴퓨터 이용하지는 않음 – 가장 지적 수준이 높은 부류 – 인터넷뱅킹이나 인터넷 쇼핑 등의 효율성 높이 평가
사교지향형 (sociables)	– 사교적 목적이 가장 크게 나타나는 집단 – 채팅 등 선호, 온라인 친구 등으로부터 오는 전자메일(e-mail) 등 관심 – 기술적 도움을 위해 친구들이나 게시판 등에 의존 – 주로 젊은층 – 개별적 판매나 연예 관련 소식지, 개인 홈페이지 등을 주 타깃
정보추구형 (seekers)	– 업무의 생산성 향상이 컴퓨터 이용의 가장 중요한 이유 – 인터넷의 다양한 방면에서의 이용에는 관심이 별로 없음 – 주로 정보제공 서비스의 주 타깃 – 높은 연령층, 새로운 인터넷 기술을 배우고자 하는 정도 큼
반신반의형 (immigrants)	– 최근 인터넷 사용을 시작한 사람들 – 인터넷과의 접촉이 직무 등의 타의에 의해서 이루어진 경우가 많음 – 인터넷과 관련된 다양한 부분을 접하려 하지 않음 – 인터넷보다 다른 좋은 일들이 많다는 생각을 지님 – 인터넷의 유용성에 회의적 – 남녀 성별의 비가 50:50, 소득수준의 양상이 양 극단에 집중

3 인터넷 사용유형 및 인지과정

(1) 인터넷 사용유형

소비자들이 인터넷을 사용하는 방법 즉 항해(navigation)방법은 크게 탐색(searching)과 서핑(surfing)으로 구분해볼 수 있다. 이를 기준으로 소비자들을 탐색자(searcher)와 서퍼

(surfer)로 구분할 수 있는데, 이 둘은 하나의 연속선상에 있는 것으로 그 상황에 따라 다를 수 있다.

대부분의 인터넷 사용자들은 탐색과 서핑 사이를 오간다. 일반적으로 인터넷에 접근하는 초보자들은 서핑을 위주로 한다. 그러나 점진적으로 특정한 목적을 가지고 인터넷에 접근하여 필요한 정보를 찾는 탐색 위주로 변하게 된다. 이와 같은 추론은 마케팅적인 관점에서 커다란 의미를 지닌다. 왜냐하면, 많은 사용자들은 인터넷에 익숙해져 갈수록 자신이 관심 있고 흥미로운 사이트라고 인정하는 곳에 보다 집중하게 됨에 따라 인터넷의 영역을 한정시켜 가는 경향을 띠기 때문이다. 이러한 경향으로 말미암아 개인적인 인터넷 채널은 점차 구조화되고 소수로 한정되어 갈 것이다.

합목적적인 웹사이트를 구축하기 위해서는 서퍼와 탐색가라는 상이한 네비게이션 패턴에 주목할 필요가 있다. 탐색가는 자신의 목적에 맞는 정보를 정확하게 찾기 위해 참을성을 가지고 정보를 탐색해나간다. 이에 반해, 서퍼는 감각적인 흥미와 재미가 유발되면 관심을 갖고 풍부한 정보를 바탕으로 깊이 있는 내용을 제공해주는 사이트에 대해서는 관심이 없을 것이다.

기업은 어떤 제품 · 서비스를 판매할 것인가, 아니면 어떠한 내용을 광고하고자 하는가, 또는 어떠한 고객을 대상으로 삼을 것인가를 결정할 때, 이러한 사용자의 인터넷 이용 특성을 잘 이해하는 것이 상당히 중요하다. 장기적으로 고객을 유지하기 위해서는 정보를 중심으로 한 마케팅 활동이 중요해질 것이기 때문이다.

(2) 인터넷 이용자의 인지과정

인터넷의 특성에서 비롯되는 이용자의 인지과정은 **그림 5-9**에서 보는 바와 같이 다중양식(multimodality), 하이퍼텍스트(hypertextuality), 그리고 상호작용성(interactivity)으로 구성된다.

그림 5-9 인터넷 이용자의 인지과정

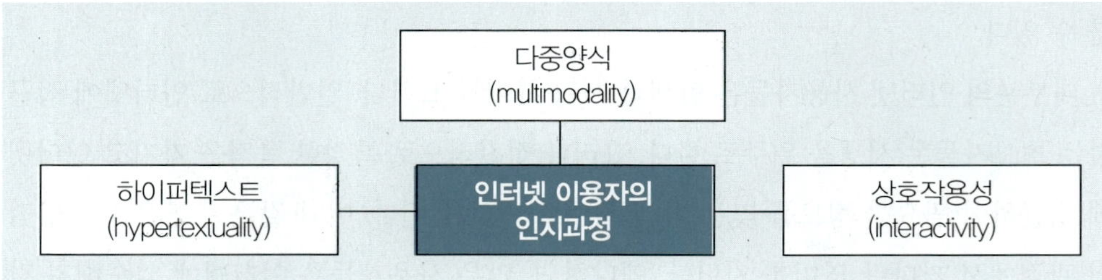

다중양식

멀티미디어의 발달에 따라 문서, 그림, 동화상, 음성, 냄새에 이르기까지 다양한 감각정보가 인터넷이라는 가상공간을 통해 전달될 수 있게 되었다. 멀티미디어 정보는 하나의 감각정보를 이용하는 단일양식과 하나 이상의 감각정보를 조합한 다중양식(multimodality)이 있다. 일반적으로 단일한 감각양식을 사용하는 것보다는 여러 개의 감각양식을 사용하여 정보를 제시하는 것이 정보처리를 촉진시킨다고 알려져 있다. 멀티미디어를 사용한 인터넷 쇼핑몰에 응용한 정보제시전략은 제품의 개요를 그림으로 보여주고, 세부적인 개념에 관한 정보는 하이퍼텍스트로 제시하는 것이 좋다.

하이퍼텍스트

하이퍼텍스트(hypertext)란 하이퍼링크(hyper-link)와 쌍방향성이라는 컴퓨터의 특성을 결합한 컴퓨터 관련 용어이다. 문자나 그래픽, 음성 및 영상을 하나의 복잡한 비연속적인 연상의 거미집과 같이 서로 연결시켜, 제목의 제시순서에 관계없이 이용자가 어떤 제목과 관련된 정보를 검색할 수 있도록 하는 정보제공방법이다. 하이퍼텍스트는 본래 컴퓨터를 통해 제시되는 문서와 이의 수신자 간의 상호작용을 촉진하기 위한 수단으로 제안되었다. 하이퍼텍스트는 기존의 인쇄매체와는 다른 몇 가지 특성을 지니고 있다.

첫째, 하이퍼텍스트는 순차적인 정보제시방식에서 벗어나기 때문에 다양한 정보원과 자연스러운 상호작용이 가능하고, 둘째, 관련된 정보가 서로 연결되어 있으므로 인간의 인지적 구조와 유사하며, 셋째, 사용자의 목적에 따라 다양한 멀티미어디어 정보를 탐색하거나 정교화하고 통합하는 등 정보조작이 가능하다는 특징을 지니고 있다.

하이퍼텍스트의 특성상 인간의 인지적 구조와 유사하고, 정보의 접근과 조직화가 용이하며, 다중연결방식으로 인해 동일한 정보를 다양한 시각에서 학습하는 등의 능동적인 정보처리가 발생하므로 이용자의 이해에 많은 도움을 준다. 그러나 하이퍼텍스트는 이용하는 사람들로부터 몇 가지 항해과정상의 문제점이 있다.

첫째, 하이퍼텍스트 독자들은 읽었던 내용을 잘 기억하지 못하며, 둘째, 전체적인 구조에 대한 이해가 적고, 끝으로 자신들이 필요한 정보를 찾기 위해 가야 할 방향을 잘 알지 못하는 경우가 많다. 이러한 문제점의 해결방법으로 하이퍼텍스트의 구조에 관한 단서(예: 제목, 계층적 구조)를 제공하고 텍스트 단위 간의 관계성을 명시하는 방법이 제시되고 있다. 이를 통해 하이퍼텍스트의 항해를 촉진시킬 수 있다.

상호작용성

컴퓨터의 가장 큰 특징 중의 하나가 바로 인간과의 상호작용성이다. 컴퓨터는 입력에 대한 출력이 분명한 도구이다. 이렇게 행동결과를 알려주는 피드백(feedback)의 특성을 일반적으로 상호작용성(interactivity)이라 부른다. 상호작용성은 컴퓨터의 가장 큰 특징으로 사용자가 어떤 조작을 가하면 그에 대한 반응이 모니터에 나타나고 그 반응에 의해 그 다음 행동이 이루어지는 것을 의미하는데, 사용자는 매 순간 자신의 행동결과를 확인할 수 있다. 인간-컴퓨터 인터페이스의 발달로 컴퓨터는 인간의 행위에 대해 다양한 형태의 피드백을 제공할 수 있게 되었다.

컴퓨터가 제공하는 피드백은 즉각적이고, 개인의 특성에 맞게 최적화되며, 다양한 양식으로 제시되는 특성을 지니고 있다. 사용자의 개인적 특성과 지식수준, 인지적 능력 등을 고려하고 사용자로 하여금 선택권을 지니도록 함으로써 사용자 중심의 상호작용이 되도록 인터페이스가 발전해왔다. 웹사이트의 사용성은 이러한 상호작용성의 정도에 의해 결정된다.

또한, 상호작용성이란 의사소통의 결과로 나타나는 반응이나 피드백을 받는 정도를 의미하는데, 네트워크상에서의 모든 가능한 의사소통이 바로 이 상호작용성에 초점을 맞추어 발전하였다고 볼 수 있다. 네트워크상에서는 다른 사람과 메시지를 주고받는 것뿐만 아니라, 전달하고자 하는 내용을 첨가하거나 삭제할 수 있고, 동시에 토론을 하는 등 다양한 형태의 상호작용이 가능하다.

4 온라인 커뮤니티

(1) 온라인 커뮤니티의 의의

온라인 커뮤니티(On-line Community)란 컴퓨터를 매개로 상호작용하는 사회집단을 의미한다. 온라인 커뮤니티는 공동관심사를 지닌 집단에 초점을 두는데, 다만 이들의 관심이 물리적인 것보다 컴퓨터 네트워크를 통해 매개된다는 특징이 있을 뿐이다. 온라인 커뮤니티 내의 사람들은 스크린상의 말들을 사용하여 주장을 교환하고 지적 담론에 종사하고, 상거래를 수행하고, 지식을 교환하며, 감정적 자원을 공유하는 등의 실제 세계에서와 똑같은 활동을 육체적 개입 없이 수행한다.

온라인 커뮤니티 욕구는 제품에 관하여 타인과 상호작용하고자 하는 욕구를 말한다. 즉, 인터넷에서 타인과 제품에 관한 경험을 공유하고 제품과 관련한 취미 그룹을 형성하고자 하는 욕구이다. 현재 인터넷에서 많은 기업들이 이러한 취미 그룹을 지원하고 있다. 이러한 온라인 커뮤니티는 기업과 소비자 간의 관계뿐만 아니라 소비자와 소비자 간의 관계도 부각되기 때문에 주목받고 있다.

(2) 온라인 커뮤니티상의 커뮤니케이션

온라인 커뮤니티 내에서 사람 간 커뮤니케이션은 다음과 같은 특징으로 인하여 오프라인상의 커뮤니케이션과 구별된다.

첫째, 시간적/공간적 제약으로부터 자유롭다. 인터넷 공간에서는 시간적 · 공간적 제약이 거의 문제되지 않는다. 일대일에서 다대다(多對多) 등의 다양한 형태의 의사소통이 가능하고 지속적으로 상호작용하는 특성을 지니고 있다.

둘째, 제한된 감각경험 때문에 비언어적 수단이 결여되어 있다. 시각적이고 공간적인 대화환경이나 화상회의 등의 몇 가지 최신의 기술을 제외하고 대부분의 인터넷 공간에서의 의사소통은 여전히 텍스트 형태에 의존하고 있다. 이러한 텍스트 위주의 의사소통은 전통적인 얼굴을 맞대고 이야기하는 의사소통에서 주로 사용하는 상대방의 표정, 눈의 마주침, 미소, 음성의 높낮이 등과 같은 비언어적 수단이 없으므로 의견교환을 조정하고 수정하는 데 어려움이 있다.

즉, 정보전달자의 의견에 대한 수용자의 암묵적인 피드백이 없으므로 비효율적인 의사소통이 되기 쉽다. 예를 들어 상대방의 이야기가 재미없다거나, 동의한다거나 하는 식의 비언어적 행동표현이 없으므로, 정보전달자의 입장에서는 전달방식이 조절이나 변경 없이 일방적인 의사소통에 계속 임하는 경향이 있어 그 효율성이 떨어진다. 이러한 결점을 보완하기 위해 인터넷 이용자들은 새로운 표현이나 기호, 그리고 의성어 등의 직접적이고 시각적인 피드백 등의 방법을 개발하여 사용하고 있다.

셋째, 익명성과 다중정체성의 특성을 지닌다. 인터넷에서는 목적에 따라 자신의 정체를 숨길 수 있는 ID나 별명을 사용하므로 자신의 신분을 노출하지 않아도 될 뿐만 아니라, 자신의 일부만 노출시키기 때문에 상황에 따라 자신의 신분을 여러 가지로 변화시킬 수 있고(예: 성전환-자신과 반대되는 성을 선택함) 자신이 원하는 특정 유형의 사람처럼 행동할 수도 있다.

넷째, 탈억제(disinhibition)의 특성을 지닌다. 인터넷에서 익명성은 행동의 탈억제를 낳게 된다. 탈억제란 실제상황에서보다 인터넷에서 감정의 표현이나 조절이 덜 억제적이라는 것을 의미한다. 예를 들면, 자신의 의견이나 감정상태를 더욱 강화하고 과장되게 표현하는 현상을 볼 수 있다. 실제 전자게시판을 살펴보면 욕설과 비난이 매우 직접적이고 선정적인 내용도 상당히 많다. 컴퓨터를 매개로 한 의사소통에서는 면대면 의사소통에서보다 맹세를 하거나, 타인에 대한 적대적 표현을 하는 등의 행동이 빈번히 나타난다고 알려져 있다. 이러한 현상의 발생은 우선 표정, 몸동작, 음성 등의 비언어적 수단의 부족에 기인한다고 볼 수 있다. 인터넷에서는 비언어적 수단의 제한으로 인해 미묘한 의미의 전달이 어려우므로 메시지의 정확한 이해를 위해 지나치게 과장된 표현을 사용하는 것으로 보인다. 또한 컴퓨터를 통한 의사소통을 지배하는 공유된 규범이 없기 때문에 특정 행동이 용인될 만한 것인지에 대한 판단기준을 모호하게 만드는 경향이 있다.

다섯째, 평등성(equalization)의 특성이 있다. 인터넷에서는 구성원 간의 수평적인 관계가 존재한다. 인터넷에서는 각 개인의 사회적 지위, 권력 등을 나타내는 사회적 맥락이 제공되지 않기 때문에 지위가 높은 권위자의 영향력이 상대적으로 줄어들 수밖에 없다. 또 개인의 신체적 특징이나 얼굴표정, 음성, 몸짓 등의 비언어적 수단도 전달될 수 없으므로 카리스마적이거나 매력적인 사람들의 지배성도 줄어들게 된다. 이처럼 인터넷에서의 사회적 의사소통수단의 부족으로 인해 메시지를 보낸 사람에 대해서는 별다른 주의를 기울이지 않고 주로 메시지 자체 많은 주의를 두고 의미를 부여한다. 인터넷에서 발생하는 각종 인간관계의 형성과 유지는 주로 메시지 내용에 의해 결정된다. 따라서 사회적 혹은 행동적 수단이 제한된 인터넷에서 타인에게 영향을 주는 가장 중요한 요인은 단연 문서 중심의 의사소통기술이다. 그 밖에도 네트워크 사용경력 및 빈도, 기술적인 노하우 등이 타인에게 영향을 주는 요인이라고 할 수 있다.

여섯째, 친밀성과 협동성이 있다. 사람들은 인터넷에서 타인에게 더 우호적이고 협동을 잘하는 경향이 있다. 온라인 커뮤니티의 가장 중요한 특징으로 협동의 용이성, 동료들로부터 기술적인 도움을 쉽게 받을 수 있다는 점, 놀이 같다는 점, 완성된 작업에 대한 청중이 존재한다는 점 및 공동체정신을 들 수 있다. 그러나 일부 연구들에 의하면 인터넷 집단이 협조적이고 친근한 것으로 보일 뿐 실제행동에서는 그렇지 않다고 한다.

인터넷에서는 사회적 의사소통수단이 결여되어 있으므로 구성원 간의 관계를 발전시키는 데 시간이 오래 걸리고, 일반 정보는 비교적 자유롭게 공유하지만 민감한 개인적 정보의 공유는 회피하는 경향이 있으며, 사용자들이 합의에 도달하는 시간이 오래 걸리고, 갈등의 해결에 어려움을 겪는다는 것이다. 그러나 커뮤니케이션을 지원하는 사회적 수단의 결핍이 오히려 개인적 신뢰나 친근감이라는 특별한 느낌을 불러일으킨다고도 한다. 이들의 논리에 따르면, 인터넷에서는 개인 간의 상호작용을 방해하는 개인 각각의 사회적 조건이나 제약들(예: 성, 종교, 나이, 학벌 등)에 대한 정보가 제한되어 있으므로 친밀한 관계로 발전할 가능성이 높다는 것이다. 실제로 각종 동호회나 전문가들의 뉴스그룹의 경우에는 공통된 목적과 관심사로 인해 보다 친밀한 관계가 유지되는 경향이 있다.

일곱째, 다양한 관계성이 확립된다. 네트워크를 통한 커뮤니케이션은 수천 명의 사람들과 의견교환을 가능하게 할 뿐만 아니라, 다양한 사람을 만날 수 있고 자신의 관심에 따라 비슷한 생각을 가진 사람들과의 토론이나 정보교환을 가능하게 한다. 인터넷을 통해 전문가를 찾아낼 수 있고, 그들을 상대로 질문이나 토론을 할 수도 있다. 컴퓨터를 매개로 한 커뮤니케이션을 통해 친구, 애인, 사상적 동반자, 선생님, 적 등의 다양한 관계를 형성하고 유지할 수 있다.

여덟째, 융통성 있는 대인관계가 형성된다. 인터넷에서는 면대면 상황에서보다 타인을 만나고 헤어지는 일들이 매우 자유롭게 진행된다. 인터넷에서는 낯선 사람과의 관계도 쉽게 형성될 수 있지만 이들이 형성한 온라인 커뮤니티가 지니는 강제적인 결속력은 면대면 상황에서보다 상대적으로 약하므로 언제든지 공동체로부터의 탈퇴가 가능하다.

마지막으로 기록이 영구적으로 보존된다. 전화나 라디오, TV 등의 매체와는 달리 인터넷에서 컴퓨터 매개 커뮤니케이션은 대화의 내용, 대화상대, 대화시간 등의 기록을 영구적으로 보존할 수 있다. 이러한 기록은 여러 가지로 다방면에서 유용하게 사용될 수 있다. 먼저 보존된 기록을 다시 검토함으로써 상대방이나 자신의 입장을 재평가해 볼 수도 있고, 인용한 문서를 피드백으로 이용할 수도 있다. 그리고 대화나 편지의 내용을 저장해두었다가 제3자에게 보낼 수도 있다.

인터넷에서 발생하는 다양한 인간 상호작용, 의사소통 등의 기록은 인간의 심리적 특성의 이해를 위한 다각적인 연구의 중요한 자료로 사용되기도 한다. 하이퍼텍스트의 사용과정을 통해 사고과정의 이해가 가능하고, 하이퍼텍스트의 사용과정을 통해 읽기 과정에서 사용되는 전략을 추론하기도 하며, 상호작용의 분석을 통해 집단역학이나 의사결정과정에 대해 추론할 수도 있다.

(3) 온라인 커뮤니티의 유형

온라인 커뮤니티는 공동체가 충족시켜주는 소비자욕구에 따라 거래공동체(communities of transaction), 이해공동체(communities of interest), 환상공동체(communities of fantasy), 관계공동체(communities)로 나뉜다.

거래공동체

거래공동체(communities of transaction)의 주요 기능은 제품이나 서비스의 판매와 구입을 용이하게 해주고 거래 관련 정보를 거래 당사자들에게 전달해주는 것이다. 이 공동체는 전통적인 사회통념상의 공동체와 다르다. 공동체 참가자들 간의 커뮤니케이션이 권장되고 그 결과 공동체의 구성원들이 제공하는 정보를 통해 특정 거래를 하게 된다. 즉 거래공동체의 참가자는 중고차, 고급 포도주 등을 구입하기도 하고 이런 상품을 구입하기 전에 공동체의 다른 참가자들의 의견을 듣고 싶어 할 수도 있다.

거래공동체를 조직하는 기관이 반드시 제품을 판매하거나 제조하는 기업일 필요는 없다. 공동체를 조직하는 기관은 단지 특정한 종류의 거래가 효과적으로 발생할 수 있도록 일정 수준 이상의 판매자와 구매자를 모을 수 있으면 된다.

이해공동체

이해공동체(communities of interest)는 특정한 주제에 대해 심도 있게 의사교환을 하는 참가자들이 모인 집단을 말한다. 이러한 공동체에서는 개인 간의 의사교환이 거래공동체보다 훨씬 심도 있게 이루어진다.

가든웹(Garden Web)이라는 이해공동체에서는 가든웹 포럼이라는 전자게시판을 통해 다른 사람과 원예와 관련된 이야기를 나눌 수 있고, 가든익스체인지란을 통해서는 필요한 모종이나 다른 원예와 관련된 물품이 필요하다는 내용이나, 원예와 관련된 질문을 전자게시판에 공지할 수도 있다. 가든웹의 또 다른 기능은 원예와 관련된 정보를 제공하는 인터넷상의 다른 사이트의 주소를 제공하고 이러한 사이트에 직접 연결해주는 것이다. 가든웹의 참가자들은 상호 의사를 교환하고 거래를 처리하기도 하지만, 이들 사이에 이루어지는 거래나 의사교환은 원예에 국한되어 있다. 이들은 자동차 관리나 육아와 같은 다른 관심사에 대해서는 토론을 하지 않는다.

환상공동체

오늘날 많은 사람들은 자신의 상상력을 발휘해서 새로운 환경이나 인물, 이야기 등을 창조할 수 있는 환상공동체(communities of fantasy)에 참여하고 있다. 예를 들어, 아메리카 온라인(AOL)에 있는 한 공동체의 경우, 참가자들은 자신이 중세 유럽의 한 백작이라고 상상하고 성에서 벌어질 수 있는 이야기를 창조할 수 있다. 인터넷으로 서비스되고 있는 스포츠 공동체인 ESPNet의 경우, 참가자들은 실제로 존재하는 선수들이 이름을 이용해서 그들 자신의 스포츠 팀을 구성해 스포츠에 대한 환상의 나래를 펼 수 있다. 경기의 승패는 실제 선수들의 시즌 성적을 바탕으로 결정된다. 이러한 공동체들이 각광을 받는 이유는 참가자들이 실제적인 신분에 관계없이 다른 참가자들과 상호작용할 수 있다는 점 때문이다.

관계공동체

온라인상에서 일부 사람들은 다른 사람과 인간적인 유대관계를 가질 수 있는 관계공동체(communities)에 참여하고 있다. 관계공동체의 참여자들은 보통 인생에 있어서 어떤 강렬하고 특별한 경험을 바탕으로 형성된다. 관계공동체의 참여자들은 보통 다른 참여자의 실제 신분을 알게 된다. 물론 신분을 밝히고 싶어 하지 않는 참여자들도 있다.

컴퓨서브(Compuserve)에 있는 암 포럼의 경우 암환자와 그 가족들에게 여러 가지 종류의 지원을 하고 있다. 참가자들은 암을 어떻게 극복하고 있는지에 대해 이야기하거나 의학적인 연구, 진통제, 암 검사의 절차 및 결과 등에 관한 정보를 서로 교환한다. 이 공동체의 자료실에는 암에 관한 각종 서적들이 구비되어 있어 참가자들은 컴퓨터를 통해 원하는 자료를 다운로드받을 수 있다. 그러나 이러한 공동체의 진정한 가치는 무엇보다 같은 경험을 하고 있는 사람들이 함께 모여 개인적인 경험을 서로 나눌 수 있다는 데 있다.

(4) 온라인 커뮤니티의 전략적 과제

커뮤니티를 성공적으로 구축하려는 사이트는 어떤 점에 유의하여야 하는가? 우선적으로 인터넷 소비자들에게 주목을 받아야 한다. 즉 주의를 끌어야 한다. 그 다음으로는 방문자 수를 늘려야 한다. 웹트래픽(web traffic)을 늘리는 것이 두 번째 과제이다. 그래야 커뮤니티가 유지되고 전자상거래가 가능한 절대적인 수의 확보가 가능하다. 그 후에는 사이트 방문자를 정규회원으로 등록시키는 것이 다음에 이어지는 과제일 것이다.

마케팅 담당자에게 더 어려운 과제는 이런 온라인 커뮤니티를 유지 · 발전시켜나가는 것이다. 대부분의 온라인 커뮤니티는 회원의 개인적인 네트워크에서 비롯된다. 그 네트워크가 단순한 혈연, 학연, 지연일 수도 있고 비즈니스 관계일 수도 있다. 즉 개인적인 커뮤니티가 모든 온라인 커뮤니티의 시작이다. 따라서 회원 간의 관계를 파악하고 그들 간의 상호 공통관심이 될 만한 콘텐츠가 무엇인지를 파악하는 것이 마케팅 담당자에게는 필요하다. 또한, 마케팅 담당자는 이와 같은 작은 규모의 개인끼리의 커뮤니티가 점차 그 규모를 키우면서 본래의 목적 혹은 의도와는 다른 방향으로 진화해나가는 과정에 유연하게 대응하여야 한다. 이때 경제적인 인센티브나 사회적인 혹은 사교적인 즐거움을 제공하지 못하는 상태에서 그 규모가 확장된 온라인 커뮤니티는 마케팅적 가치가 떨어질 뿐 아니라 그 생명력도 약해진다.

5 인터넷 고객의 구매의사결정과정

개인용 컴퓨터의 보급과 통신망의 발달, 인터넷 관련 기술의 발전으로 인터넷에서의 상거래는 증가하고 있다. 인터넷에서도 **그림 5-10** 에서 보는 바와 같이 오프라인상의 소비자의 의사결정과정과 마찬가지로 의사결정과정을 밟게 된다. 오프라인과 다른 점은 인터넷의 특성상 정보탐색과 대안평가 등의 과정이 신속히 이루어질 수 있고, 의사결정에 필요한 다양한 지원을 제공함으로써 판단의 객관성과 부족한 정보로 인해 발생하는 문제점을 최소화시킬 수 있다는 점이다. 전통적 구매의사결정 과정과의 차이점을 정리하면 **그림 5-11** 과 같다.

(1) 욕구인식

인터넷에서의 소비자 구매의사결정과정은 먼저 인터넷을 통해 제품이나 서비스를 구매할 것이라는 온라인 구매욕구 또는 문제인식에서부터 출발한다. 인터넷에서의 구매는 필요한 정보를 매우 쉽게 찾을 수 있고, 짧은 시간에 편리하게 구매할 수 있으며, 다른 사람의 방해를 받지 않고 쇼핑을 즐길 수 있으며, 또한 가격도 저렴하다는 장점이 있다.

(2) 정보탐색

인터넷에서의 구매에 대한 욕구가 있으면 검색엔진이나 디렉토리를 찾아 원하는 제품이나 서비스가 존재하는 곳을 검색하게 된다. 검색엔진을 사용하는 경우 인터넷을 통해 기업의 제품이나 서비스에 대해 우호적인 인상을 주기 위해서는, 소비자가 접하는 정보가 소비자들의 인지와 관심을 끌어야 한다. 그 밖에도 자동적으로 해당제품이나 서비스에 대한 정보를 찾아 주는 쇼핑 에이전트(Shopping Agent)나 쇼핑 로봇을 이용하여 검색한다.

적중목록은 사용자가 정보검색에 사용한 단어를 포함하고 있는 적합한 사이트나 웹페이지의 목록을 의미하는데, 인지와 관심을 불러일으키는 데 중요한 요인이 된다. 적중목록에 나타난 각 사이트의 순서는 슈퍼마켓에서 선반 위치와 같은 영향력을 가지고

그림 5-10 인터넷 고객의 구매의사결정 모델

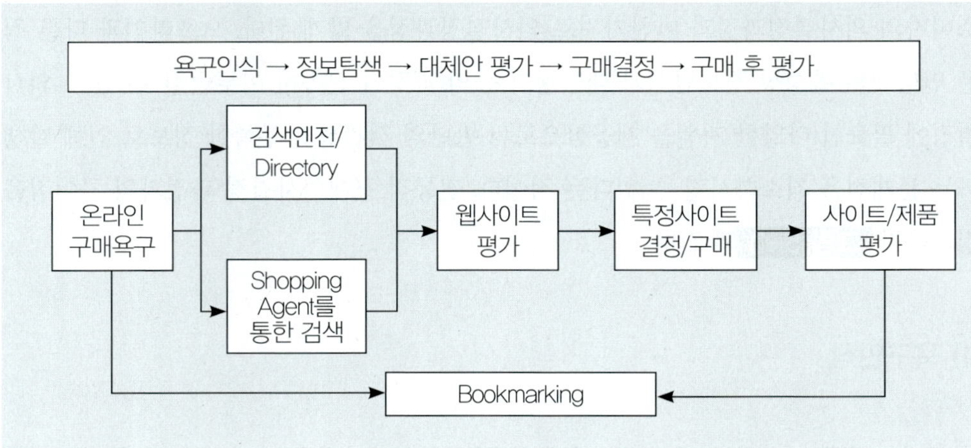

그림 5-11 전통적 구매의사결정과정과의 차이점

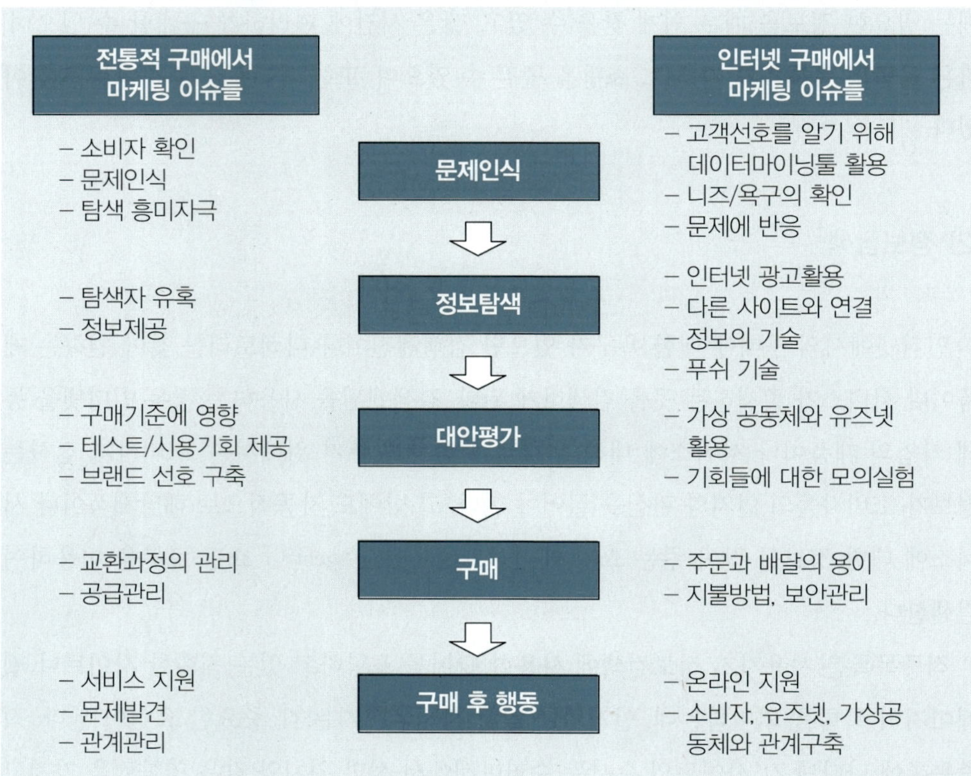

있다. 적중목록에서 좋은 위치를 차지할수록 소비자의 관심을 끌 확률이 증가한다. 적중목록에서의 위치는 사이트 이름, 머리글, 웹페이지에서의 단어사용 등에 의해 영향을 받고 이들 영향요인들은 기업에 의해 조정될 수 있는 부문이다.

좋은 위치(목록의 윗부분)를 획득하는 것은 다양한 검색엔진들과 더불어, 소비자들을 기업의 웹페이지로 유인하는 마케팅 담당자들의 노력에 핵심적 요소가 될 수 있다. 검색엔진이나 디렉토리 이외에도 필요로 하는 제품이나 서비스에 대한 내용만을 주면 자동적으로 해당제품이나 서비스에 대한 정보를 찾아주는 쇼핑 에이전트나 쇼핑 로봇을 이용하여 검색한다.

(3) 대체안 평가

이때 인터넷은 특정 제품이나 서비스에 대한 가격이나 A/S, 배달방법 등에 대한 정보를 비교하면서 쇼핑하게 되는데 이를 '비교 쇼핑(Comparison Shopping)'이라고 한다. 특히, 이 과정에서 자신이 구매하고자 하는 제품이나 서비스에 대한 다양한 평가정보를 접하면서 자신의 쇼핑 의사결정기준을 조정하기도 한다.

탐색과정을 거친 다음 몇 곳의 웹사이트를 선정하게 되는데 이 웹사이트를 집중적으로 검색하면서 자신의 의사결정요소에 따라 평가한다. 이 과정에서 소비자들은 우수한 사이트에 대해서는 북마킹(Bookmarking)을 하게 되며, 이러한 북마킹은 추후 다시 방문할 수 있는 여지를 만들어놓게 된다. 물론 이 과정에서도 웹사이트에서 수집한 정보가 구매자의 의사결정요소를 변화시킬 가능성도 존재한다.

인터넷 사용자들은 처음에는 많은 웹사이트를 서핑하면서 정보를 수집하지만 시간이 지날수록 몇몇 구미에 맞는 유용한 사이트를 선정하여 이들 사이트를 집중적으로 사용하는 경향이 존재한다. 따라서 탐색과정에서 사용자들이 관심을 집중시킬 수 있는 요소를 제공하는 것이 대단히 중요하다.

(4) 구매결정

대체안에 대한 평가가 종료된 이후에 구매행위가 이루어지는데, 이때는 구매하고자 하는 물건을 쇼핑카트에 넣거나 직접 구매한다. 이러한 과정을 거쳐 제품이 고객에게 도달되어 사용된 후에는 이 제품에 대한 평가와 함께 구입을 하게 된 웹사이트에 대해서도 종합적인 평가를 하게 된다.

특히, 인터넷에서는 웹사이트에 대한 평가가 중요하다. 그 이유는 웹사이트에서 제공하는 각종 쇼핑 지원체계나 사후관리 서비스 등을 다시 찾을 필요가 있느냐, 아니면 더 이상의 관계를 형성할 필요가 없느냐를 판단하게 되기 때문이다. 구매결제방법에는 신용카드결제, 무통장입금, 핸드폰 결제, 전자수표(Electronic Checks), 전자화폐(Electronic Money), Smart Card 등이 있다.

(5) 구매 후 평가

실물세계에서는 주로 사전 마케팅 활동이 중요하나 인터넷이라는 가상세계는 고객의 확보와 유지라는 측면이 더 강조되므로 구매 후의 평가에 매우 유념해야 한다. 최종 소비자가 나쁜 평가를 하게 되면 추가했던 북마킹에 대한 삭제는 물론이고 구전을 통해 악영향을 미치게 되므로 구매 후의 관리에 보다 집중해야 한다. 혹자에 따르면 현실세계에서는 불만족한 고객은 10명 내외의 다른 사람들에게 험담을 하지만 인터넷에서는 수백 또는 수천 명에게 험담을 할 수 있기 때문이다.

off-line에서의 구매 후 평가와 마찬가지로 인터넷에서도 구매한 제품이 고객에게 도달된 후에는 구매 이전의 기대와 구매 후의 제품성과에 대하여 소비자가 느끼는 불일치 정도에 따라 제품에 대한 평가가 이루어진다. 아울러 구입을 하였던 웹사이트에 대해서도 종합적인 평가를 하게 된다.

결국 구매 후 평가는 차후 웹사이트와의 거래관계 유지 및 구전효과에 결정적인 역할을 하게 된다. 그 이유는 인터넷 소비자가 웹사이트에서 제공하는 제품이나 서비스의 질, 각종 쇼핑 지원 체계나 사후관리 서비스 등을 평가함으로써 이 웹사이트를 다시 찾을 필요가 있느냐 없느냐를 판단하게 되기 때문이다.

연습문제

1. 소비자의 구매행동에 영향을 미치는 요소에는 어떤 것이 있는지 설명하시오.
2. 원산지효과는 소비자들의 제품평가에 어느 정도 영향을 미칠 수 있는지 설명하시오.
3. 소비자 불평행동의 유형에는 어떤 것이 있는지 사례를 들어보시오.
4. 인터넷 고객은 일반 고객과 달리 어떤 특징을 지니고 있는지 설명하시오.
5. 온라인 커뮤니티 내에서의 커뮤니케이션은 오프라인상의 커뮤니케이션에 비해 어떤 장점이 있는지 설명하시오.
6. 전통적 구매의사결정과정과 인터넷 고객의 구매의사결정과정의 차이점에 대해서 설명하시오.

INTERNET MARKETING

제3부

인터넷마케팅 전략수립

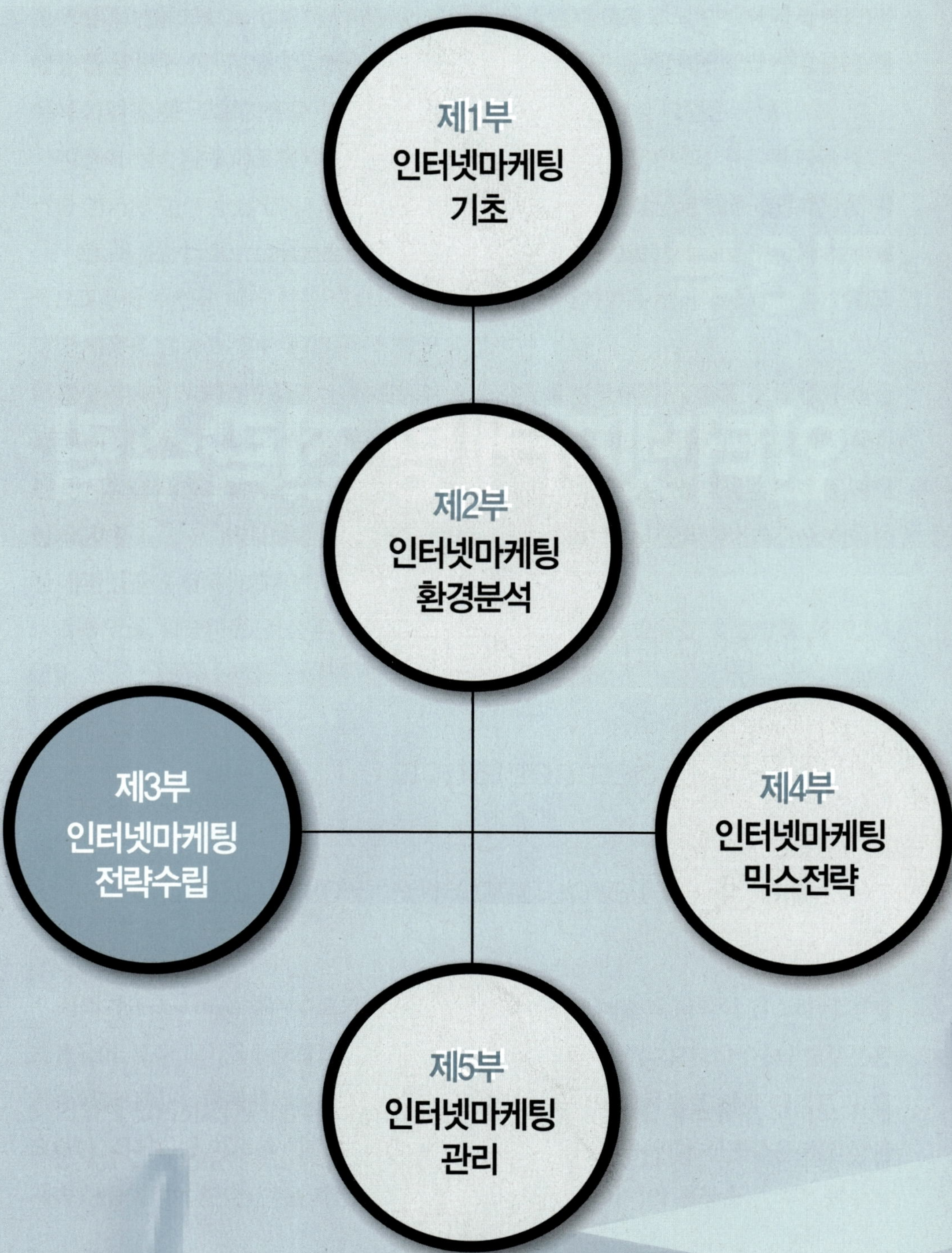

제1부
인터넷마케팅
기초
제2부
인터넷마케팅
환경분석
제3부
인터넷마케팅
전략수립
제4부
인터넷마케팅
믹스전략
제5부
인터넷마케팅
관리

제 6 장

인터넷 마케팅전략

학습목표 먼저 마케팅전략의 개념 및 중요성에 대해서 살펴본다. 다음으로 인터넷 마케팅전략과 관련하여 필요성, 방법, 유형, 절차 등에 대해서 심도 있게 학습한다.

제1장 인터넷비즈니스의 이해

제2장 인터넷마케팅의 이해

제3장 전자무역

제4장 인터넷 마케팅조사

제5장 인터넷 소비자행동분석

제6장 인터넷 마케팅전략

제7장 e-Segmentation

제8장 e-Targeting과 e-Positioning

제9장 인터넷 제품전략

제10장 인터넷 가격전략

제11장 인터넷 유통전략

제12장 인터넷 촉진전략

제13장 e-SCM

제14장 e-CRM

사례연구 인터넷 마케팅전략

인터넷을 이용한 마케팅전략

KOGI: 트위터 이용한 SNS 마케팅

재미교포 로이 최가 미국 LA 지역에서 트럭을 통해 테이크아웃(Take-Out) 방식으로 판매하는 KOGI의 주 메뉴는 멕시코식 타코에 한국식 불고기를 접목한 퓨전 음식이다. 지역 주민들의 호응이 대단했으나 트럭에서 판매를 하는 모델이다 보니 경찰 단속을 피해 위치를 계속 옮겨 다녀야 했고, 고객들에게 언제 어디로 가야 KOGI 타코를 살 수 있는지 알리는 게 어려웠다.

KOGI는 이를 해결하기 위해 2008년부터 소셜미디어인 트위터를 활용해 KOGI 트럭의 위치를 알리는 서비스를 시작했다. 그러자 KOGI를 팔로(follow)하는 고객들이 트럭 도착 전에 미리 판매지점을 알아내 줄지어 트럭을 기다리는 현상이 벌어졌다. 트위터 활용 3개월 만에 팔로어 숫자가 3만 명을 넘었다. 그해 매출은 200만 달러를 돌파했으며 2009년에는 권위 있는 레스토랑 상(賞)인 '본 아페티(The Bon Appetit Award)'를 받았다.

KOGI 웹사이트 '뉴스위크'지는 "KOGI는 SNS를 적극 활용해 입소문으로 대박을 내고 이동식 트럭 판매라는 한계점을 극복한 첫 번째 음식점이다"고 평가했다. 현재 KOGI의 트위터 팔로어 수는 약 10만 명이며 지난해 매출은 1000만 달러를 넘어선 것으로 알려지고 있다. KOGI는 현재 트럭을 통해 판매하는 고유 모델을 유지하면서 동시에 계열사 레스토랑들을 추가 오픈하는 방식으로 사업을 확장하고 있다. 트럭의 경우 오후와 저녁에 하루 두 번씩 옮기는데 한 장소에서 평균 600개씩 판매하며 고객 한 명당 구매액이 평균 13달러(약 1만 4,500원)를 유지하고 있다.

록시땅: 디지털과 접목한 이메일 마케팅

프랑스에서 시작한 화장품업체인 록시땅(L'Occitane)은 주로 온라인을 통해 수집한 이메일 정보를 기반으로 이메일 마케팅에 주력했다. 그러나 이메일 마케팅은 고객이 정확히 누구인지, 그들이 무엇을 원하는지 파악하는 데 결정적으로 취약했다. 회사 측은 이메일로 획일적인 메시지를 보냈고 제공하는 프로모션 혜택에 따라 마케팅 효과가 달라지는 상황이었다.

이런 한계를 넘어서기 위해 록시땅은 2006년부터 본사 웹사이트(loccitane. com)를 강화해 전자상거래(e-커머스)기능을 대폭 확대하고 관련 정보를 개별 소비자 마케팅에 활용할 수 있도록 마케팅 솔루션을 강화했다. 현재 록시땅이 진출한 48개 국가 웹사이트 가운데 33개국이 이런 활성화된 전자상거래기능을 갖추고 있다.

록시땅은 이를 바탕으로 ① 온라인상에서 고객의 이동경로 ② 소셜미디어 활용 ③ 이용한 화장품 종류와 장바구니 및 구매이력들을 세밀하게 분석해 고객층을 세분화하고 고객별 특성에 맞는 이벤트와 상품을 제안했다. 또 이를 종전의 이메일 마케팅에 접목해 고객별로 차별화된 디지털 이메일 마케팅으로 업그레이드했다. 그 결과 예전 방식의 이메일 마케팅과 비교해 이메일 발송 건당 매출이 약 25배나 상승했다. 온라인상의 활동을 바탕으로 고객의 관심사를 판단해 이를 마케팅에 연계시키는 기술을 활용한 결과이다.

랄프로렌: 온라인 전용 쇼, 페이스북 등 활용

폴로(Polo) 브랜드로 유명한 패션기업인 랄프로렌은 2000년 창업주의 차남인 데이비드 로렌(David Lauren) 주도로 인터랙티브 윈도(Interactive Window: 행인들이 매장 밖에서 창문을 보며 터치스크린 방식으로 관련 정보를 얻을 수 있게 한 것) 설치, 온라인 전용 패션쇼, 아동용 디지털 콘텐츠인 '랄프로렌 갱' 같은 디지털 마케팅을 시도했다. 온라인 전용 패션쇼에서 선보인 특정 패션 상품에 대해서는 매장 출시와 온라인 쇼 시점을 동일하게 잡아 온라인 패션쇼의 효과를 극대화했다.

2009년부터 웹사이트상에서 '글로벌 e-커머스' 시스템을 구축했는데 개발 · 운영의 효율성과 각 국가의 시장특성을 감안해 미국, 아시아, 유럽 지역으로 구분해 e-커머스 사이트의 전문적인 개발과 운영 파트너사를 다르게 하고 있다. 이런 디지털 마케팅은 브랜드 이미지 혁신으로 이어졌다는 평가이다. (PharmXpert Academy, 2012.4.13)

토의과제

1. 위의 세 가지 사례의 마케팅 핵심전략은 무엇인가?
2. 기존 마케팅전략과 e-마케팅전략의 차이점은 무엇인가?
3. SNS를 이용한 마케팅전략이 성공하기 위해서는 어떤 노력이 필요한가?

제1절 마케팅전략의 수립

1 마케팅전략의 의의

마케팅은 기업활동 중에서도 가장 중요한 활동이다. 이는 곧 마케팅전략이 경영전략 상 가장 중요한 기능전략이라는 뜻이다. 마케팅전략을 이해하기 위해서는 마케팅 전략보다 상위에 있는 전사전략 및 사업전략 등 경영전략의 구성에 대해서 먼저 확인하는 일이 필요하다.

전사전략(Corporate Strategy)이란 여러 사업을 전개하는 기업이 개별 사업전략 외에 보다 높은 수준에서 경쟁력 우위를 지속적으로 확보하기 위해 실시하는 기업 차원의 공통 전략을 가리키는 것이다. 어떤 사업영역(Business Domain)에서 경쟁할 것인지, 어떠한 사업의 틀(Business Portfolio)을 가질 것인지, 가지고 있는 자원을 그 사업들 사이에 어떻게 배분할 것인지를 결정하는 것도 전사전략의 몫이다.

전사전략이 필요한 이유는 두 가지이다. 첫째는 모든 사업마다 최적의 전략을 추구한다면 회사 전체로 봐서 인재나 자금 면에서 자기 한계를 초과해버릴 가능성이 있기 때문이다. 둘째는 개개의 사업을 각각 완전하게 독립된 것으로 간주하는 것도 반드시 타당한 것만은 아니기 때문이다. 즉 사업 간에는 시너지 효과가 있기 때문이다.

한편 사업전략(Business Strategy)이란 각개사업 단위로 적용된 전략이며 특정 제품을 어떤 경쟁환경에서 사업을 전개할 때의 전략을 말한다. 마케팅은 지극히 기본적이기 때문에 독자적인 기능으로 생각하는 경우가 많다. 최종적인 결과에서 보는 시점, 즉 고객의 시점에 선다면 마케팅은 오히려 비즈니스라고 볼 수도 있다. 전사전략은 개별사업전략 외에도 기능별 전략으로 세분화할 수도 있다. 각 기능별 전략이 때로는 기업경영, 나아가 다른 기능전략에 커다란 영향을 준다.

따라서 마케팅전략은 전사적 전략과 사업부 전략이 이루어진 후 마케팅 부문에 목표를 수립하고 시장, 경쟁 등에 관한 분석을 행하며 기업 내의 마케팅 자원을 효율적으로 활용하는 방안을 결정하는 과정이라고 할 수 있다.

2 마케팅전략의 분석기법

(1) SWOT 분석

SWOT(Strength, Weakness, Opportunity, Threat) 분석이란 기업의 내부환경을 분석해 강점과 약점을 발견하고, 외부환경을 분석해 기회와 위협을 찾아내 이를 토대로 강점은 살리고 약점은 보완하며, 기회는 활용하고 위협은 억제하는 마케팅전략을 수립하는 것을 의미한다. 이를 표로 정리하면 **표 6-1**과 같다.

표 6-1 SWOT 분석

	강점	약점
기회	〈강점-기회전략〉 기회를 활용하기 위해 강점을 사용하는 마케팅 전략을 창출	〈약점-기회전략〉 약점을 극복함으로써 기회를 활용하는 마케팅 전략을 창출
위협	〈강점-위협전략〉 위협을 회피하기위해 강점을 활용하는 마케팅 전략을 창출	〈약점-위협전략〉 위협을 회피하고 약점을 최소화하는 마케팅 전략을 창출

강점은 경쟁기업과 비교하여 소비자로부터 강점으로 인식되는 것은 무엇인지, 약점은 경쟁기업과 비교하여 소비자로부터 약점으로 인식되는 것은 무엇인지, 기회는 외부환경에서 유리한 기회요인은 무엇인지, 위협은 외부환경에서 불리한 위협요인은 무엇인지를 찾아낸다.

기업내부의 강점과 약점, 기업 외부의 기회와 위협을 대응시켜 기업의 목표를 달성하려는 SWOT 분석에 의한 마케팅은 네 가지 전략으로 이뤄진다.

① SO(강점-기회) 전략: 시장의 기회를 활용하기 위해 강점을 사용하는 전략을 선택하는 것이다.

② ST(강점-위협) 전략: 시장의 위협을 회피하기 위해 강점을 사용하는 전략을 말한다.

③ WO(약점-기회) 전략: 약점을 극복함으로써 시장의 기회를 활용하는 것이다.

④ WT(약점-위협) 전략: 시장의 위협을 회피하고 약점을 최소화하는 전략이다.

일부에서는 기업 자체보다는 기업을 둘러싸고 있는 외부환경을 강조한다는 점에서 강점 · 약점 · 기회 · 위협의 순서인 SWOT로 부르기도 한다. 이 방법은 1960~1970년대에 미국 스탠포드대학에서 연구 프로젝트를 이끌었던 알버트 험프리(Albert Humphrey)에 의해 고안된 전략개발도구이다. 이 도구는 이해하기 쉽고 간단하여 세계적으로 확산되었다. 참고로 한국타이어의 중국시장 진출에 따른 SWOT 분석의 예를 보면 표 6-2 와 같다.

표 6-2 | 한국타이어의 SWOT 분석

강점(strength)	약점(weakness)
– major 대비 생산, 유통, 물류조직 선점을 통한 시장선점 – major 대비 CAPA의 우위 확보 – 제품구색 완비 – 한국타이어 수출 네트워크를 통한 해외시장 진입용이	– major 대비 낮은 brand power – 고가 이미지에 따른 저가 brand와의 경쟁심화 – 핵심역량 인력의 현지화 부족 – bias, tube의 저수익구조
기회(opportunity)	**위협(threat)**
– 중국경제의 고속성장(7~9%) – 자동차 내수시장의 지속적 성장 – 급속한 radial화 – 차량수요 증대 및 구매력 고급화 – major 업체 중국진출로 인한 OE 확대 기회가 큼	– 시장개방에 따른 major 업체 간 시장쟁탈전 심화 – channel bargaining power 증가 – 금융 system 미비(채권 risk 상존) – 원자재 가격 상승

(2) 제품수명주기 분석

제품이 시장에 처음 나왔을 때는 나름대로의 편익을 가지고 있지만, 경쟁이 심해지고 시간이 흘러감에 따라 수요는 줄어들어 결국 대체품과 공존하면서 경쟁하다가 결국 소멸된다. 즉, 제품도 생물처럼 한정된 수명을 가지고 있다. 또한 제품은 제품수명주기(Product Life Cycle) 내에서 서로 다른 특성을 지닌 도입기→성장기→성숙기→쇠퇴기를 거쳐 소멸되는 단계를 거치게 된다. 이들 단계는 서로 다른 조건과 특징을 가지고 있어 단계마다 제품의 수익성이 달라지며, 기업은 변화하는 환경에 적절히 대처하기 위해 마케팅 기법뿐만 아니라 생산, 재무, 인사에 이르는 모든 기법을 변형하게 된다.

도입기

도입기(Introduction Stage)는 제품이 시장에 처음 소개된 시기를 말한다. 당연히 수익성은 마이너스이지만 더 중요한 것은 과연 이 제품이 시장에서 살아남을 것인가 하는 생존 가능성이다. 그만큼 신제품은 실패할 확률도 높기 때문에 위험을 동반하는 불확실성에 대한 기업의 대처능력이 중시된다. 이 시기에 가장 중요한 것은 소비자의 반응이다.

따라서 기업은 소비자의 마음을 읽기 위해 막대한 돈을 쓰고, 사전조사, 개발 중 조사에 심지어는 제품이 출시된 이후에도 조사된 정보를 바탕으로 조정을 한다. 도입기의 구매계층은 대부분 희귀한 것을 좋아하고 실험정신이 강한 사람들로 기업은 이들을 통한 구전효과를 추구해야 한다. 따라서 이를 위해서는 무엇보다 잘 계획된 촉진전략이 필요하다. 우선 사람들이 제품에 대해 잘 알지 못하므로 제품의 존재와 능력을 빨리 알려야 하며, 보다 많은 고객에게 시험사용과 구매를 유도하여 신제품을 체험하도록 해야 한다.

또한 시장의 크기와 반응에 대한 탄력성에 따라 가격과 촉진을 달리하여 대처해야 한다. 예를 들어, 가격에 비교적 둔감한 제품의 경우에는 고가의 정책으로 경쟁에서 독보적인 위치를 차지하도록 하고, 반대의 경우에는 시장진입부터 저가정책을 도입하여 넓은 시장을 확보하고 경쟁자의 진입을 원천 봉쇄해야 한다. 유통방식에서도 일정 지역에 하나나 소수의 중간상만을 이용하는 전속적, 선택적 유통경로를 선택하여 수준 있고 신뢰가 가는 서비스를 제공함으로써 제품 이미지를 높이는 것이 바람직하다.

성장기

도입기에서 성장기(Growth Stage)로 들어서면 제품의 판매량이 빠르게 증가하고, 이윤도 증가하는 반면에 경쟁자도 늘어난다. 이때의 목표는 무엇보다도 수요 증가에 따른 시장점유의 극대화에 있다. 도입기에 기본적인 제품을 제공했다면, 성장기에서는 확대되어 애프터서비스와 금융, 보장 서비스 등의 보다 포괄적인 제품개념이 도입된다. 광고도 인지도 형성에서 호감도 제고로 초점이 이동하며 유통망 또한 강도 높은 집약적 유통전략으로 전환된다.

성숙기

매출의 성장세가 어느 시점에 이르러서는 더 이상 늘지도 않고 멈추는 시기가 나타나는데, 이를 성숙기(Maturity Stage)라 한다. 매출은 최고에 이르고 규모의 경제에 따라 비용은 더욱 낮아져 이윤이 최고조에 달하다가 서서히 감소하는 시기이다.

제품에 대한 소비자의 요구는 더욱 까다로워져서 상표와 모델이 다양화되고 유통도 더욱 집약화된다. 경쟁은 치열해지고 경쟁제품 간의 품질도 대동소이해져 마케팅전략에 따라 제품의 생존이 결정되기 때문에 이 시기의 마케팅은 도전적이고 적극적이어야 한다. 가장 기초적인 방법은 마케팅 믹스에 변화를 주는 것이다. 특히 가격, 촉진, 유통면에서 차별화가 추구된다. 원가절감을 통해 경쟁자보다 조금이라도 더 가격을 내려보기도 하고, 세일이나 경품 캠페인 등 직접적이고 결과가 가시적인 방법들이 동원된다. 제품의 다양화, 품질개선, 포장, 용량을 바꾸는 등의 방법들도 도입된다.

쇠퇴기

이상의 노력에도 불구하고 매출액이 낮아지는 추세가 계속되면 쇠퇴기(Decline Stage)가 시작되는 신호이다. 그러나 제품마다 모두 같은 형태의 수명주기를 갖는 것이 아니라 기술혁신이나 새로운 용도의 확장, 다양한 시장전략을 통해 여러 형태의 수명주기를 갖게 되며, 일시적 유행처럼 급속한 성장과 쇠퇴를 보이거나 몇 년 주기로 다시 돌아오는 패션 스타일처럼 2개 이상의 성숙기를 갖기도 한다.

미니스커트는 10여 년을 주기로 다시 유행되는 성장과 쇠퇴를 반복하는 상품이다. 매출 감소는 일시적일 수도 있으므로 시장정보와 정확한 분석으로 철수여부를 결정해야 한다. 섣부른 철수는 투자비용을 헛되게 할 수도 있고, 그렇다고 너무 늦게 철수한 경우에는 막대한 유지비용으로 돌이킬 수 없는 실패사례를 남길 수 있기 때문이다. 결국 제품수명주기는 지침에 불과하므로 지나치게 의지하기보다는 마케팅전략을 세우는 데 사고의 틀로 활용하는 것이 바람직하다.

(3) 포트폴리오 분석

현재 운영 중인 사업부들 중 마케팅 관리자가 어떤 사업부를 유지, 철수시킬 것인가 혹은 새로 구축할 것인가에 대한 의사결정을 내리려면 현 사업부들의 위치와 성과를 분석하고 평가해야 하는데, 이러한 사업부 분석과 평가를 위한 분석기법이 포트폴리오 분석이다.

포트폴리오 분석은 사업부들의 기업 내적 요인과 기업 외적 요인에 대한 평가 이외에, 이를 바탕으로 각 사업부 상황에 적합한 목표와 전략을 제시해준다. 그리고 이러한 분석의 결과는 경영자에게 기업 전체 차원에서 각 사업부들의 가장 효과적인 조합에 대한 통찰을 제공해준다. 포트폴리오 분석방법에서 가장 많이 쓰이는 모형으로는 BCG(Boston Consulting Group)의 성장점유율(Growth-Share) 매트릭스와 맥캔지와 GE가 공동개발한 GE사업계획 매트릭스가 있다.

BCG의 성장점유율 매트릭스

이 모형은 **그림 6-1** 에서 보는 바와 같이 핵심적인 두 요소로 설명하고 있다. 즉 시장성장률로 나타나는 시장매력도와 상대적 시장점유율로 나타나는 경쟁능력을 통해 각 사업단위가 포트폴리오에서 차지하는 위치를 파악, 기업의 현금흐름을 균형화 하는 데 그 의미가 있다.

그림 6-1 BCG 포트폴리오 매트릭스

시장 성장률		고 (상대적 시장점유율)	저 (상대적 시장점유율)
	고	Star 사업부	Question Mark 사업부
	저	Cash Cow 사업부	Dog 사업부

시장성장률은 시장기회와 관련된 것인데, 고성장 사업단위일수록 그것이 필요로 하는 투자금액도 커지게 된다. 자사의 시장점유율을 시장점유율이 제일 큰 경쟁자의 시장점유율로 나눈 상대적 시장점유율은 현금창출능력을 가늠하는 기준이 된다. 각 분면에 위치한 네 가지 부류를 자세히 설명하면 다음과 같다.

① Star 사업부

높은 시장점유율과 높은 시장성장률을 보이는 사업부로 현금을 많이 소비할 뿐 아니라 많이 창출하기도 한다. 기업의 향후 주력 사업부문으로 성장하게 될 것이기 때문에, 기업은 Star 사업부에 집중투자를 하게 된다.

② Cash Cow 사업부

낮은 시장성장률과 높은 시장점유율을 보이는 사업부로, 이 사업부는 견고한 시장기반을 바탕으로 많은 현금을 창출해내기는 하지만, 기업은 이들 사업에는 더 이상 투자하지 말아야 한다. 왜냐하면 저성장의 시장에서는 판매나 시장점유율을 더 이상 증진시키기 어렵기 때문이다. 이들 사업부는 많은 현금을 창출하여 다른 사업부들에게 여유자금을 제공하기 때문에 자금을 대주는 젖소(Cash Cow)라고 불린다.

③ Question Mark 사업부

낮은 시장점유율을 보이고는 있지만 높은 시장성장률을 가진 사업부로, 시장잠재력은 높은 편이지만 시장점유율을 높이기 위해서는 많은 자원을 필요로 한다. 이들 사업에 대한 전략은 기존의 포트폴리오로부터 철수시키거나, 이들의 판매나 시장점유율을 증진시키기 위한 노력을 강화함으로써 장래에 Star 사업부로 성장시킬 수 있다.

④ Dog 사업부

낮은 시장점유율과 낮은 시장성장률을 보이는 사업부로, 약한 시장위치 때문에 현금을 창출해내기도 어렵고 사업의 저성장성으로 인해 시장점유율을 증진시키기도 어렵다. 이러한 사업군은 마이너스의 순현금 흐름을 나타내기 때문에 기업의 포트폴리오에서 제거시키는 것이 바람직한 전략이라 할 수 있다.

BCG 모형은 가장 일반적으로 쓰이는 모형임에도 불구하고 다음과 같은 제약사항이 있다.

첫째, 시장점유율의 개념을 어떻게 정립하느냐에 따라 사업의 위상이 달라질 수 있다. 예를 들어 시장은 좁게 혹은 넓게 정의될 수 있으며, 점유율 또한 물량단위 혹은 금액에 의해 달리 계산될 수 있기 때문이다.

둘째, 시장점유율과 현금창출의 관계가 항상 기대했던 대로 나타나지는 않는다. 높은 시장점유율이 반드시 높은 수익을 보장하지는 않는 경우가 생기는 것이다.

셋째, 현금흐름의 내부적인 균형이 기업에서 가장 중요한 사항이 아닐 수 있다.

넷째, BCG 모형은 사업단위들과의 상호의존성(현금의존성을 제외한)을 무시하고 있고, 그로 인해 일어나는 시너지 효과에 대한 고려를 등한시하고 있다.

다섯째, BCG 모형에서 추천되는 전략들은 외부(정부, 노조, 신용기관, 공급자)에 의해 야기될 수 있는 제약요인들 때문에 항상 타당성을 지니지는 않는다. 그러나 이 같은 제약요인들에도 불구하고 BCG 모형은 자원할당결정에 대한 문제를 해결하는 데 하나의 유용한 방법을 제공하고 있다.

사업계획 매트릭스

맥캔지 혹은 GE 사업계획 매트릭스는 표 6-3 에서 보는 바와 같이 산업의 매력도와 사업의 강점이라는 두 가지 측면을 고려한다.

표 6-3 GE 사업계획 매트릭스

	산업의 매력도			
사업부 강점		고	중	저
	고	I	I	S
	중	I	S	H
	저	S	H	H

주: I=투자/성장, H=수확/철수, S=선택적 관리

산업매력도는 다양한 요소들로 결정되는데, 그 구성요소로는 시장의 크기, 성장률, 이익성, 경쟁, 노동시장, 그리고 사회적이고 정치적인 고려 등을 포함한다. 사업의 강점은 시장점유율, 재정적 능력, 기술적 강점, 인력자원, 그리고 여타 요소들의 함수이다. 산업매력도와 사업의 강점은 각각 저(低), 중(中), 고(高)로 나뉜다.

전략적 선택

포트폴리오 분석에 의한 현 사업부들에 대한 평가가 이루어지면 기업은 성장전략을 결정해야 하는데, 성장과 관련된 주요 전략에는 다음과 같은 것들이 있다.

① 시장침투전략(Market penetration strategy)

기존 시장에서 기존제품으로 시장점유율을 증대시키는 전략으로, 이를 위해 자사 소비자에게 제품을 더 많이 사용하도록 하며, 경쟁상표를 사용하는 소비자는 자사상표를 구매하도록 유도하고, 자사상표나 경쟁사의 상표를 사용하지 않는 소비자에게는 그 제품을 사용하도록 유도하는 방법이 있다.

② 제품개발전략(Product Development Strategy)

기존 시장의 소비자가 잠재적으로 관심 있는 신제품을 개발하는 전략으로 동일한 제품이라도 새로운 기능의 부가, 디자인 변경 등의 수단을 사용하여 신제품을 개발하는 방법이 있다.

③ 시장개발전략(Market Development Strategy)

기존제품을 가지고 새로운 시장을 발견 · 개발하는 전략이다. 잠재소비자집단을 확인하여 기존제품으로 이들의 욕구를 충족시키고자 하는 것이다.

④ 다각화전략(Diversification Strategy)

현재의 사업과 직접적인 관련이 없는 다른 분야에서 새로운 성장기회를 발견하는 전략으로, 여기에는 세 가지 형태가 있다.

첫째, 신제품을 구매하는 소비자집단이 기존제품의 소비자와 다를지라도, 새로 개발되는 신제품이 생산기술이나 마케팅 효율성에서 현재의 제품 라인과 시너지 효과를 가질 수 있는 방향으로 선정하는 집중적 다각화이다.

둘째, 현재의 제품계열과 기술적으로 관계가 없지만 현재의 고객에게 소비될 수 있는 신제품을 개발하는 수평적 다각화이다.

셋째, 현재의 기술, 제품 및 시장과 관련이 전혀 없는 신사업을 개발하는 복합적 다각화이다.

포트폴리오 모형은 사업단위를 전략적으로 선택하고 영위하는 데 매우 유용하지만 포트폴리오 모형만으로 사업단위수준의 전략을 효과적으로 수행하기는 힘들다. 그렇기 때문에 효과적인 전략수행을 위해 경영자는 포트폴리오 모형 이외의 여러 경쟁세력, 시장, 기업 자신에 관한 요인을 분석하여 그 결과를 전략에 반영해야 한다.

제2절 인터넷 마케팅전략의 수립

1 인터넷 마케팅전략의 의미

경쟁이 제한된 상황에서는 물리적인 판매 극대화를 통해 어느 정도 경쟁우위를 확보할 수 있었으나, 인터넷시대에서는 개방형 및 온라인형 거래구조로 인해 경쟁범위가 확대됨으로써 경쟁우위 획득이 어렵게 되었다. 인터넷마케팅의 목표는 고객점유율의 꾸준한 증대를 통해 장기적 이익극대화에 초점을 두고 있다. 따라서 판매극대화를 통한 시장점유율을 마케팅목표의 근간으로 삼았던 전통적인 방식과는 달리, 인터넷마케팅은 지속적이고도 쌍방향적인 마케팅시스템의 적용을 요구하고 있다.

인터넷마케팅의 틀은 개별 마케팅, 데이터베이스 마케팅, 온라인 마케팅 등을 기반으로 하는 구조로서 이를 적절히 혼합한 연결마케팅으로서의 특징을 지니고 있다고 할 수 있다. 인터넷마케팅 의사결정과정에서 마케터가 항상 고려해야 할 요소는 **그림 6-2** 에서 보는 바와 같이 세 가지가 있다. 첫 번째 요소는 고객(customer)이고, 두 번째 요소는

그림 6-2 마케팅 의사결정의 고려요소

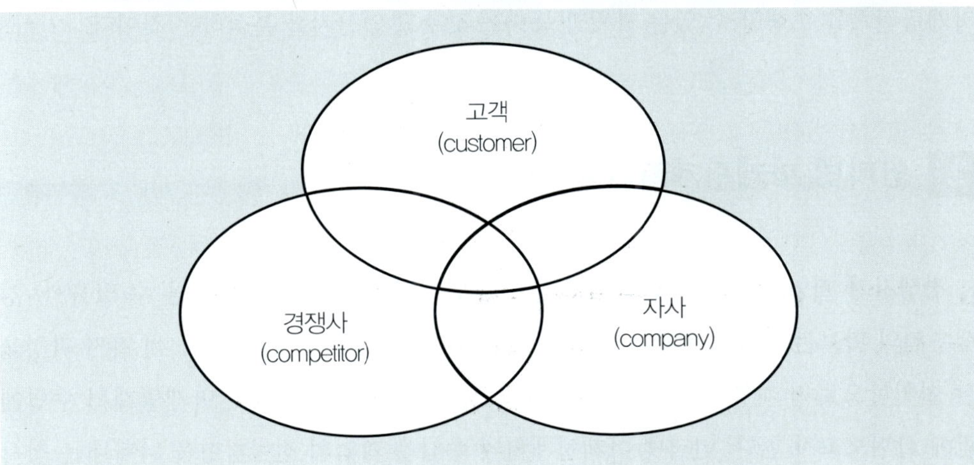

경쟁사(competitor)이며, 그리고 세 번째 요소는 자사(company)인데, 이러한 세 요소들에 대한 분석을 3C분석이라고 한다.

만약 고객조사를 통해 고객들이 온라인(on-line)에서 값싼 수수료를 원하고 있고 경쟁사들도 수수료를 인하하려 함을 알았다고 하더라도, 자사의 능력을 고려하지 않은 상태에서 경쟁사들보다 싼 수수료를 책정하는 것은 경상이익을 내지 못하여 몇 개월이 지난 후 더 이상 서비스를 제공하지 못하는 상황을 발생시킬 수 있을 것이다.

또 경쟁사들이 P2P 서비스를 앞다투어 출시하고 있고 자기 회사에서도 기술적으로 P2P 서비스를 제공할 수 있다고 판단하여 소비자조사를 하지 않은 상태에서 경쟁사와 약간 다른 인스턴트 메시징 방식으로 영상 파일을 제공하는 P2P 서비스를 시작하였다면, 아마도 회원모집을 하는 데 어려움을 겪을지도 모른다.

마찬가지로 자기 회사가 새로 개발한 동영상기술을 활용해서 고객들이 원하는 원격강의를 제공하였지만 경쟁사에서 동영상뿐만 아니라 애니메이션과 같은 많은 링크(link)를 포함한 더 좋은 콘텐츠를 가진 원격교재를 내놓았다는 것을 파악하지 못하였다면 아마 성공하기 힘들 것이다.

이와 같이 기업은 성공적인 마케팅 의사결정을 내리기 위해 고객, 경쟁사, 자사에 대한 분석을 반드시 실시해야 한다. 고객요소의 확인은 고객들이 자기 회사의 마케팅 전략에 대해 호의적 반응을 보이는지를 알아보는 것이며, 경쟁요소의 확인은 자기 회사의 마케팅전략을 수행할 수 있는 자원과 능력을 갖추고 있는지를 분석하는 것이다.

2 인터넷 마케팅계획의 수립

경쟁자가 매일 바뀌는 산업에서 어떻게 하면 지속적 경쟁우위를 얻을 수 있을까? 경쟁우위의 확보는 마케팅계획의 수립, 계획의 진행, 계획평가 및 수정 등 세 가지 과정을 잘 실천함으로써 가능하다. 여기에서는 그 첫 번째 과정인 인터넷 마케팅계획 수립에 관해 살펴보고자 한다. 인터넷 마케팅계획의 수립은 기업의 전략방향을 나타내는 청사진을 개발하는 과정이다. 이 청사진은 기업의 방향을 제시하고 재원을 할당하며 중요한 시점에서 의사결정기준 역할을 한다.

인터넷 마케팅계획의 수립은 **그림 6-3** 에서 보는 바와 같이 일곱 단계로 이루어진다. 기존 마케팅계획을 가지고 있다는 전제에서 보면 인터넷 마케팅계획은 기존 마케팅 계획 속으로 통합될 수도 있다. 온라인 사업계획이 기존 계획을 단순히 확장하는 것이라면 더욱 그렇다. 이와는 반대로, 만약 신생기업이거나 독립사업부를 신설하는 경우 또는 전자상거래를 담당하게 될 자회사를 설립하는 경우라면 이 일곱 단계를 모두 개발해야 한다.

그림 6-3 인터넷 마케팅계획과정 7단계

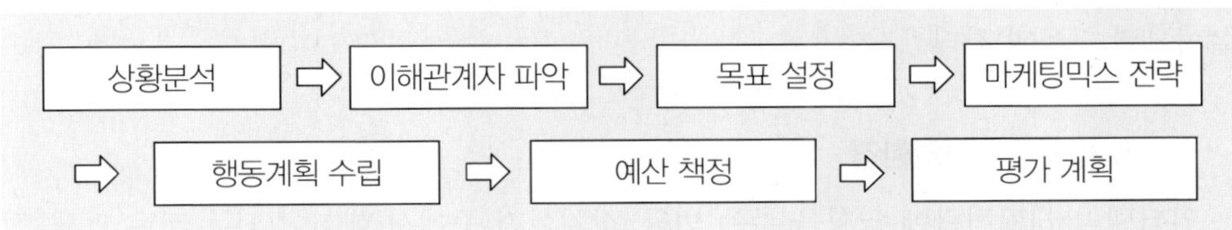

그림 6-3 에서 보듯이 마케팅계획의 첫 번째 단계는 상황분석이다. 상황분석에는 기존 마케팅계획과 기업 및 기업의 브랜드와 관련하여 확보한 정보를 분석하고, 또한 환경요인에 대한 검증과 SWOT(Strength, Weakness, Opportunity, Threat) 분석을 포함한 마케팅 기회분석 등을 행하게 된다. 두 번째 단계는 목표 이해관계자를 파악하는 것이며, 세 번째 단계는 목표를 설정한다. 일부 목표는 글로벌 목표이며 또 일부는 매우 구체적인 목표를 나타낸다. 네 번째 단계는 목표달성을 할 수 있는 마케팅믹스 전략을 디자인하며, 다섯 번째 단계는 행동계획 즉 전략 달성을 위한 전술을 짠다. 여섯 번째 단계는 예산을 확보하는 것이며, 마지막 일곱 번째 단계는 평가방법과 이에 대한 계획을 세운다.

상황분석, 이해관계자 파악, 목표설정, 마케팅믹스 전략, 행동계획 수립, 예산책정, 평가계획 등의 7단계를 구체적으로 설명하면 다음과 같다.

(1) 1단계: 상황분석

상황분석은 일곱 단계로 구분되어 있는 일반 마케팅계획에서 첫 번째 단계에 해당된다. 다음에 기술하는 몇 가지 사항이 기업, 산업, 브랜드에 적용될 수 있다.

환경분석

인터넷비즈니스나 기타 사업의 마케팅계획의 중요한 단계의 하나가 바로 지속적으로 환경검색을 실시하는 것이다. 특히 인터넷 사용자의 특성과 행동에 대한 검토는 매우 중요하다. 환경검색은 마케팅전략을 기획하고 혁신적인 새로운 전략을 시작할 수 있는 정황을 파악하는 데 도움이 된다. 인터넷마케팅에서 특히 중요한 몇몇 환경요인을 살펴보면 다음과 같다.

① 법률 및 정치환경

인터넷 마케팅전략에 영향을 주는 법률/정치환경 중에서 핵심이 되는 것은 과세, 접근 가능성, 카피라이트, 저작권, 암호화 등에 관한 법률이다. 만약, 저작권이 국제적으로 보호된다면 음악 라벨링과 같은 사업분야에서 제품을 온라인으로 유통시키는 것이 활성화될 것으로 예상된다.

② 기술환경

통신기술의 개발은 인터넷 사용자 및 이들에게 전달될 콘텐츠의 품질까지 변화시키고 있다. 일부 웹사이트들은 기업의 표준 웹사이트와 함께 고속 멀티미디어 양식 등 두 가지 양식의 콘텐츠를 개발하기 시작했다. 특히, 인터넷마케팅에서는 기술적 환경의 영향력을 무시할 수 없으므로 새로운 시장과 기회를 창조하는 추세를 살펴보아야 한다. 빠르게 변화하는 인터넷 환경에서 기술변화를 읽고 대비하지 않으면 도태되고 말 것이다.

③ 사용자특성

인터넷은 전 세계 모든 지역에서 사업기회를 창출하는 글로벌시장이다. 인터넷 사용자의 특성 변화는 마케팅 기회로 나타나는데, 예를 들어 아동 인터넷 사용자가 점차 증가하고 있는 현상은 어린이 세분시장에서 새로운 마케팅 기회가 창출될 수 있다는 것을 의미한다. 특히 일본과 유럽은 어린이 시장에서 엄청난 성장을 경험하고 있다.

웹사이트를 디자인할 때도 사용자의 독특한 특성을 고려해야 한다. 웹사이트가 다국어로 혹은 여러 개의 디자인으로 운영되어야 할 것인가, 혹은 영어로 사이트를 표준화시켜야 할 것인가와 같은 사항들이 바로 다국적기업을 관장하는 마케팅 관리자가 해결해야 할 과제이다.

시장기회분석

마케팅 환경을 살핀 후 기업은 대개 마케팅 기회를 찾고 선택할 대안에 초점을 두는 몇 가지 추가 분석을 실시하게 된다.

① 수요분석

수요분석은 잠재수익성에 비추어 다양한 세분시장을 분석하는 것을 말한다. 예를 들어, 인터넷 초창기에 일간신문 뉴욕타임스는 당시 자신들의 독자층과 상당히 밀접한 관계가 있는 교육수준이 비교적 높은 글로벌 온라인 독자층을 발굴했다. 그리고 수요분석을 통하여 온라인 세분시장에서 나오게 될 지면 독자층에 대한 시장잠식도 동시에 추정했다. 반대로 공급분석에서는 현재 고려되고 있는 세분시장의 경쟁상황을 분석하였다. 또한 다른 뉴스업체들이 뉴욕타임스가 진입하고 싶은 시장, 즉 교육수준이 높은 시장에 진입하여 성공을 하고 있는지를 분석하였다. 그리고 이 온라인 세분시장에서 판매되고 있는 뉴스 제품을 완벽히 평가하고 자신들의 장단점을 분석하였다. 이 과정을 통해 뉴욕타임스는 경쟁업체의 범위가 보다 광범위하다는 점을 알았다.

② 공급분석

공급분석의 목적은 온라인 시장에서 이용할 수 있는 경쟁우위를 찾아내는 일뿐만 아니라 세분시장의 수익성을 예측하는 데 있다. 예를 들어, 아이고(iGO.com)의 경쟁우위요인은 배터리 정보를 담고 있는 엄청난 용량의 데이터베이스이다. 이 업체는 어느 배터리가 어떤 가전제품에 맞으며 몇 시간 내에 고객의 집으로 배달될 수 있다는 등의 사실을 알려준다. 또 다른 경쟁우위는 일대일 마케팅에 있다.

③ SWOT 분석

SWOT 분석은 강점과 약점, 기회와 위협요인을 분석하는 단계이다. 이 SWOT 분석은 객관적으로 기업의 장점과 단점을 시장환경과 경쟁상황에 비추어 평가하는 방법이다. 강점은 기회를 이용하거나 위협을 불식시키는 데 이용되며, 약점은 기업이 기회를 활용하기 위해 장애요인을 제거하는 데 이용된다. **표 6-4** 는 인터넷비즈니스에서 기업이 가지고 있다면 강점으로 작용할 수 있는 핵심적인 내부능력을 보여주고 있다.

표 6-4 인터넷비즈니스의 핵심내부능력

내부능력	사례
고객과의 상호작용	전자상거래, 고객 서비스, 유통채널
생산 및 재고관리	공급체인관리, 생산 스케줄링, 재고관리
인적자원	문화, 기술, 지식경영, 인터넷비즈니스에 대한 지도력과 헌신도
기술	ERP시스템, legacy applications, 네트워크, 웹사이트, 안전, IT기술
핵심인프라	재무시스템, E&D, HR

시장기회에 대한 분석은 표적시장을 정하여 투자결정을 하는 데 유용하며, 위협요인에 대한 분석은 위험에 노출된 사업분야를 파악하는 데 도움이 된다. 아마존(Amazon)이 온라인 판매기회를 잡았을 때 경쟁상대는 없었다. 당시 아마존사가 직면한 가장 큰 위협은 온라인 시장을 잡기 위해 전사적으로 업무를 추진하던 대형 오프라인 서점이었다.

아마존의 큰 약점은 서적판매경험이 전무하다는 데 있었다. 또한 아마존(Amazon.com)은 신용카드 거래를 처리하는 과정을 전혀 몰랐으며 박스에 책을 포장하는 방법조차 몰랐다. 업체를 방문한 목수가 포장대를 설치하라고 충고를 할 때까지 마룻바닥에서 책을 포장했을 정도였다. 아마존의 강점은 모르는 것을 배우려고 노력하는 재능 있는 직원들뿐이었다. 이때 다행히도 아마존의 경쟁업체는 낮잠을 자고 있었다. 서점 체인들이 온라인 판매업에 늦게 진출한 것도 아마존에게 온라인 브랜드를 확립할 수 있는 기회를 주었다. 반스앤드노블(Barnes & Noble)사는 아마존이 주식공개를 하기 하루 전에도 대응을 하지 못하고 있었다. 아마존의 기업공개는 성공적이었으며 주식시장에서 주가는 반스앤드노블(Barnes & Noble)의 주가보다 높게 책정되었다. 상장을 통한 현금유입으로 아마존은 경쟁입지를 더욱 강화할 수 있었다.

온라인 세계에서 기업의 강점과 약점은 전통 기업세계의 강 · 약점과 다소 다르다. 반스앤드노블(Barnes & Noble)사는 일반서적소매업에서는 강점을 가지고 있었지만, 이 강점이 온라인에서의 강점으로 자동적으로 연결되지는 못했다. 반스앤드노블(Barnes & Noble)사가 온라인화할 경우 유통채널과 갈등이 생길 테지만, 온라인에서만 판매하는 아마존은 유통채널과 갈등이 존재하지 않았다.

인터넷비즈니스에 대한 몰입수준분석

상황분석의 마지막 단계는 기업이 인터넷비즈니스 환경에 어느 정도 몰입해 있는지를 파악하는 일이다. 이를 통해서 기업은 전략적 목표를 수립할 수 있다. **그림 6-4**는 기업의 인터넷비즈니스 환경에 대한 몰입정도를 보여준다. 즉, 기업의 인터넷 비즈니스에 대한 몰입단계에 따라 전략적 목표는 달라진다. 피라미드의 상단에 위치하면 인터넷

그림 6-4 인터넷비즈니스에 대한 몰입수준

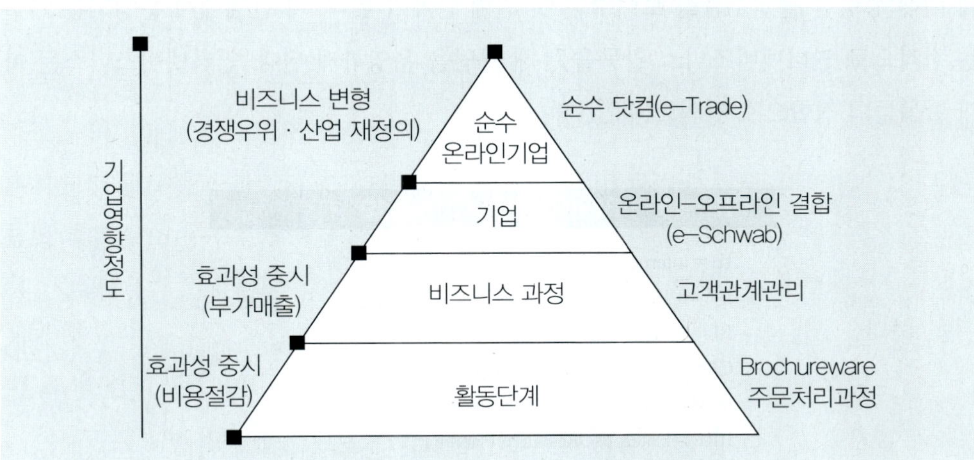

비즈니스에 대한 몰입수준은 커지며 인터넷비즈니스 환경이 기업에 미치는 영향 또한 커진다. 전술적 행동은 하층부분에서 더 많이 나타나고, 상층에서의 전략적 결정이 잘못된다면 기업에 미치는 위험은 증가한다.

① 활동단계, 비즈니스 과정 및 기업단계로 변천

인터넷비즈니스에 대한 몰입도가 가장 낮은 수준에 있는 기업은 전혀 인터넷 비즈니스에 대해 관심을 보이지 않는다. 대부분의 지역소매업체가 이 수준에 머물러 있으며 기존 고객층과 자원의 한계로 인해 앞으로도 상당 기간 이 상태를 지속할 것이다.

피라미드에서 가장 낮은 몰입단계인 활동단계에서는 주문처리과정 등 개별 비즈니스 활동만을 기업이 신경을 쓴다. 이 단계에서 기업은 주문을 온라인 처리로 전환한다든가 혹은 경쟁기업에 대한 정보수집을 온라인화하는 방법을 통해 비용절감을 실현한다.

피라미드의 두 번째 단계는 고객관계관리 등과 같은 비즈니스 과정이다. 이 단계에서 기업은 실제적으로 지원 소프트웨어와 도구를 이용해 비즈니스 처리과정을 자동화함으로써 고객을 유지하는 능력을 향상시키게 되고, 그 결과로 고객의 평생가치를 창출한다.

피라미드의 세 번째인 기업단계에서, 기업은 온라인과 오프라인을 통합시키는 시스템을 구축하여 다양한 비즈니스 업무를 자동화한다. 이 단계는 기업이 인터넷비즈니스에 대해 상당한 몰입수준을 보여주는 첫 번째 단계가 된다. 이 단계에서 운영되는 기업은 전적으로 인터넷비즈니스 활동을 통해 기업을 운영하게 된다. 인터넷비즈니스는 아래 활동들의 집합으로 정의할 수 있다.

IB＝EC＋BI＋CRM＋SCM＋ERP

IB＝Internet Business
EC＝Electronic Commerce
BI＝Business Intelligence
CRM＝Customer Relationship Marketing
SCM＝Supply Chain Management
ERP＝Enterprise Resource Planning

다시 말해, 인터넷비즈니스는 전자상거래+정보수집활동+고객관계관리+공급체인관리+전사적 자원관리의 총체라 할 수 있다. 여기서의 핵심은 인터넷비즈니스 시스템 내에서 전체 과정이 함께 원활히 움직이도록 하는 것이다. 일부 기업들은 이들 과정 중 한두 개만을 도입하여 비즈니스 과정단계에 머물러 있다.

기업단계에서의 기업이 직면하는 위협은 기존의 기업문화가 인터넷비즈니스 활동을 위축시킬 수 있다는 것이다. 즉, 전통적인 기업의 조직문화는 인터넷비즈니스 구축을 방해함으로써 확산속도를 떨어뜨릴 확률이 높다. 바로 이러한 문제점을 피하기 위하여 대부분의 기업들은 100% 지분을 소유한 독립법인으로 인터넷비즈니스 부문을 독립시켜 모기업의 압력을 받지 않고 정보산업부문에서 경쟁을 할 수 있도록 하고 있다. SWOT 분석 및 기타 상황분석자료를 함께 놓고 볼 때, 처음 세 단계에서 나타나는 인터넷 비즈니스에 대한 기회평가는 기업의 전략적 방향을 제시해준다고 할 수 있다.

② 순수한 온라인 기업 단계

피라미드의 마지막 단계는 인터넷으로만 경쟁하는 단계이다. 이 단계에서와 같이 순수한 온라인 기업은 거의 없다. 왜냐하면 순수 온라인 기업은 전통기업이 하는 것과 같이 낮은 단계에서 높은 단계로 발전해가기보다 피라미드 꼭대기에서 시작하는 완전히 다른 기업이기 때문이다. 순수한 온라인 기업은 물리적 실체가 없는 기업체이다. 이들 기업은 상당한 과제를 안고 있다. 즉, 전통기업으로부터 고객을 빼앗아 와야 한다는 것이다. 이 단계에서 기업은 게임의 법칙을 바꾸는 등 산업에 대한 정의를 새롭게 함으로써 성공할 수 있을 것이다. 게임법칙을 바꾸는 한 가지 방법은 새로운 비즈니스 모델을 개발하는 것이다.

(2) 2단계: 이해관계자 파악

시장기회의 분석을 통하여 목표시장에 관한 의사결정을 할 수 있겠지만, 인터넷 마케팅 계획은 목표시장뿐만 아니라 이해관계자의 욕구 또한 충족시키는 것을 목표로 한다.

이 단계에서 기업은 어떤 이해관계자와 관계를 구축하여야 하는지를 결정하게 된다.

기업은 잠재고객으로 인터넷 사용자 전체를 대상으로 할 것인지 아니면 표적집단을 대상으로 할 것인지를 결정해야 한다. 여러 표적집단을 선택할 때, 이들 표적시장은 중요성에 따라 순위가 매겨지며 이 순위에 따라 자원이 할당된다. 물론 표적시장의 특징, 행동, 기업의 제품범주에 대한 기대 등에 따라 이들 시장의 특성은 명확히 파악되어야 한다. 따라서 고객관계관리(CRM)가 여기서 사용된다. 완벽한 고객확보 그리고 보유전략은 기업이 여러 목표시장을 공략하는 전략을 디자인하는 데 도움이 된다. 최고의 인터넷 마케팅 관리자는 정교한 데이터마이닝, 기타 기술을 사용함으로써 개별 고객차원에서 시장을 분석한다.

(3) 3단계: 목표설정

기업이 이해관계자와의 커뮤니케이션과 같은 내부적 효율성을 창출하기 위해서 기술을 사용할 때 여러 가지 목표를 세울 수 있다. 이와 같이 인터넷 마케팅계획은 다양한 목표를 지향하고 있다. 계획분석에서부터 이어지는 목표를 문서화하여 이용한다면 기업은 업무의 효율성을 더욱 증대시킬 수 있다.

목표는 하부업무를 설명하고 있어야 하며, 구체적인 측정도구를 가지고 있어야 하고, 목표달성에 필요한 시간계획도 보여주어야 한다. 인터넷비즈니스에서는 태도목표, 거래행동 및 인터넷 효율성 제고 등이 목표가 될 수 있다.

지각 및 태도 목표

- 신규 브랜드 인지율 제고
- 하이테크 브랜드로 위상 정립
- 종업원 인센티브 프로그램 숙지 유도
- 기업 브랜드 제고
- 특정 토픽에 관한 정보 전파

- 웹사이트 재방문 등으로 증명되는 사용자와의 관계 구축
- 고객 서비스를 통한 긍정적인 태도 구축

거래행동 목표
- 인터넷상에서 유통되는 특정 제품의 판매망 구축
- 기존 고객에 대한 매출금액 혹은 빈도 증대
- 웹사이트 광고매출액 증대
- 정기구독자에 대한 콘텐츠 판매 강화
- 제휴 프로그램 구축을 통한 특정 제품의 판매점수 증대

인터넷 효율성
- 촉진비용 절감
- 온라인 협력 강화로 종업원의 출장경비 절감
- 고객보유비율 증대
- 공급체인 조정 강화
- 유통비용 절감 및 이에 근거한 가격 하향
- 개별 충성고객에 대한 평생고객가치 증대

(4) 4단계: 마케팅 믹스 전략의 설계

제4단계는 인터넷 마케팅전략을 통해 목표를 달성하는 방법에 관한 내용이다. 목표 달성전략을 선택하는 기준은 **표 6-5** 에서 보는 바와 같이 개별 기업의 비즈니스 모델에 따라 다르다. 즉 채택되는 비즈니스 모델에 따라 사업형식에서 상당한 변형을 수반하기도 하며, 일부 모델은 이해관계자와의 커뮤니케이션을 목적으로 이메일을 사용하는 등의 단순한 전략형태를 취하기도 한다. 또 어떤 기업들은 여러 비즈니스 모델을 결

합하는 전략을 채택하기도 한다. 아마존은 서적을 판매하는 온라인 소매점이면서 동시에 광고를 판매하는 콘텐츠 후원업체의 역할을 동시에 하고 있다.

표 6-5 마케팅 믹스와 사업 모델

마케팅 믹스 구성요소	사업 모델
제품	– 신제품을 통한 디지털 가치
가격	– 인터넷마케팅을 이용하여 원가절감 – 세분화된 가격책정
유통	– 콘텐츠형 후원 – 직접판매 – 정보중개인 – 중개인 – 브로커: 인터넷 물물교환, 인터넷 경매 – 대리점: 제조업체 대리점, 가상 쇼핑몰, 쇼핑점, 역경매, 공동구매 – 인터넷 소매상: 유형제품
마케팅 커뮤니케이션	– 콘텐츠 출판 – 이메일 – 공동체구축 – 인터넷 광고 – 인터넷 판매촉진
CRM	– 고객관계관리

기업의 마케팅계획은 전략을 선택하는 방법에 따라 차이가 난다. 방법선택의 차이가 곧 전략의 선택과 연결된다. 방법의 선택은 기업자원이나 고위경영층의 지원을 확보하고자 하는 단일 인터넷비즈니스 프로젝트에 적용하는 경우에 있어서 특히 중요하다. 이처럼 기업이 특정한 전략을 선택하면서 사용하는 분석의 종류는 다음의 네 가지로 요약할 수 있다.

첫째 방법은 전략의 당위성 분석이다. 이 분석은 기업의 전반적인 방침과 사업목적이 잘 부합되고 있는가의 여부, 그리고 만약 성공적으로 집행된다면 어느 방향으로 기업을 발전시켜나갈 것인가를 잘 보여주어야 한다.

둘째 방법은 운영의 당위성 분석이다. 이 분석은 전략에서 나타나게 될 구체적인 업무과정의 효율성 제고수준을 파악하고 또 계량화한다. 예를 들어, CRM 소프트웨어가 제안되면, 이 소프트웨어가 어떻게 보유고객의 증가 및 이에 수반하는 매출액 증대로 연결되는가를 보여주어야 한다.

셋째 방법으로 기술적 당위성 분석은 어떤 기술이 적합한지 그리고 현재의 기술능력으로 시너지를 얻을 수 있을 것인지를 보여주어야 한다.

넷째 방법으로 재무적 당위성 분석은 비용/효과분석을 검증하며 그 결과를 투자수익률이나 현재가 등 표준화된 객관적 측정지표로 변환시켜준다.

(5) 5단계: 집행계획

인터넷 마케팅계획의 제5단계는 마케팅 관리자가 선택한 전략을 집행하기 위하여 구체적인 전술을 파악하는 단계이다. 즉, 일일 행동계획이라 할 수 있다. 온라인상에서 물건을 판매하고자 하는 기업은 제품, 사이트 디자인, 전자상거래의 기술적 측면, 가격책정, 유통 및 마케팅 커뮤니케이션 등을 잘 구축하여 운영해야 한다. 100% 온라인 기업이 아닌 이상, 기업의 행동계획은 기존 마케팅계획과 통합되어 운영된다.

행동계획에서 중요하게 다루어야 할 부분은 각 위치에 적합한 직원을 파악하고 그 업무에 맞는 합당한 훈련을 시키는 일이다. 기업이 순수한 온라인 기업으로 이동함에 따라 이 문제는 더욱 중요하게 부각된다. 전통기업은 순수한 온라인 기업이 행하고 있는 대규모 고객에 대해서 맞춤서비스를 제공하거나, CRM 잠재력을 이용하거나 또한 인터넷 기술을 이용함에 있어서 요구되는 창조적인 방법에 대한 경험이 부족한 것이 현실이다.

(6) 6단계: 예산책정

인터넷 마케팅계획에서 가장 핵심적인 부분은 투자에 대한 기대수익을 파악하는 일이다. 기대수익은 비용과 대비하여 분석되고 최종적으로 비용/효과분석, 투자수익률, 내부수익률 등과 같은 자료를 개발하는 데 이용된다. 이 수치들은 투자가치가 있는지를 결정하는 데 이용되는데, 이러한 수치를 계산하는 일은 상당히 어렵다. 왜냐하면 인터넷 사이트 운영은 사업 내에서의 브랜드 인지도 또는 호의적인 이미지 구축 등 장기적으로 수익을 가져다주는 무형의 결과를 산출하기 때문이다. 예를 들어, 매출증가분의 몇 퍼센트가 CRM을 구축함으로써 나왔는가 하는 것과 같은 부분이다.

(7) 7단계: 평가계획

일단 인터넷 마케팅계획이 집행되고 난 뒤 지속적으로 평가가 이루어져야 계획이 성공으로 연결된다. 평가과정은 기업 웹사이트를 인터넷에 올리기 전에 시스템이 제자리를 잡고 있는지를 점검하는 일부터 시작된다. 그렇다면 무엇을 어떻게 평가해야 할 것인가가 문제로 남는데, 평가기준은 계획의 목표에 달려 있다. 예컨대 웹사이트에서의 콘텐츠 출판을 통한 인지율 구축이라는 목표가 설정되었다면 성공의 지표는 방문자의 수가 될 것이다. 만약 기업의 목표가 호의적인 태도 구축, 브랜드 이미지 구축이라면 평가는 더욱 힘들어진다. 그리고 소비자의 태도가 변했는지를 알아내기 위해서는 이메일이나 웹을 통해 소비자를 조사해야 한다.

3 인터넷 마케팅전략의 수립과정

마케팅전략의 수립은 기업의 미션(사명)과 목표를 수립하고 전사적 또는 사업부 수준의 전략을 수립한 후, 그 전략적 목표하에 일관성 있는 마케팅목표를 세우는 것으로 시작된다. 마케팅목표는 명확한 목표시장의 선택, 경쟁사의 철저한 분석과 함께 이루어지며 이것들은 구체적인 마케팅 믹스(가격, 제품, 유통, 프로모션)에 관한 계획을 결정하게 된다.

마케팅 환경은 거시환경과 미시환경으로 나누어볼 수 있다. 법/정치, 사회, 문화, 경제와 같은 거시환경요소들을 분석해야 하며, 고객(시장), 경쟁 등 미시환경요소를 고려해야 한다. 그러나 거시환경의 분석은 전사적 또는 사업부수준의 전략수립에서 이미 분석되었을 것이고, 마케팅전략이란 결국 제품수준에서 수립되는 것이기에 미시적 수준의 시장분석과 경쟁제품분석이 주된 내용이 된다. **그림 6-5** 는 마케팅전략의 수립과정과 과정별 고려사항을 요약한 것이다. 시장분석결과를 토대로 어떤 시장을 선택할 것인가를 결정하게 된다. 즉, 시장의 매력도, 고객의 특성을 파악하면서 목표시장을 정하게 된다. 고객들은 어떠한 편익을 얻기 위해 제품을 구매하는지를 분석하고 제품의 특징이 무엇인지, 경쟁사와 구분되는 차이점이 무엇인지를 분석한 후, 해당제품이 시장상황에 적합한지를 검토하여야 한다.

그림 6-5 마케팅전략의 수립과정

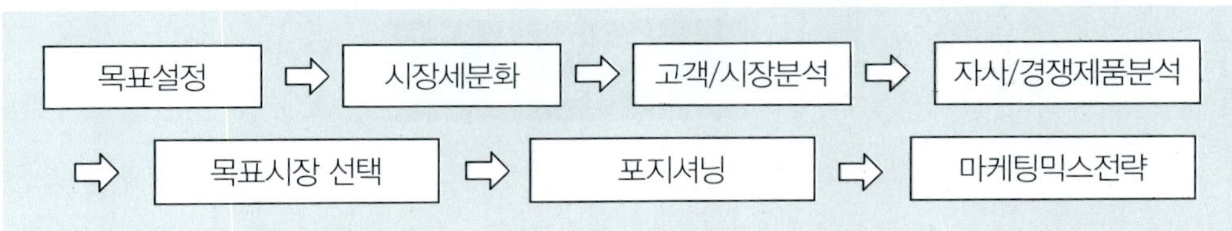

시장분석에서 고객 및 시장의 특성, 시장에서의 경쟁상황 등을 분석하고 제품의 특성을 고려하여 적합한 시장을 선택하고 그 시장에서 경쟁적 우위를 확보할 수 있는 포지셔닝을 결정한다. 포지셔닝을 정확히 하고 나면 포지셔닝을 성공적으로 실행할 수 있도록 마케팅전략을 수립한다. 지금까지 설명한 마케팅전략의 수립절차를 잘 표현하는 용어가 STP이다. 이는 'Segmentation, Targeting, Positioning'의 약어로 시장세분화, 목표시장의 설정, 포지셔닝의 순서를 따라 마케팅전략이 수립된다는 것을 나타내고 있다.

4 인터넷 마케팅전략의 수립방법

인터넷 마케팅전략을 수립하는 데 유용한 두 가지 접근방법으로 STP전략과 CBP전략을 들 수 있다. 일반적으로 인터넷 마케팅전략은 **그림 6-6** 에서 보는 바와 같이 시장세분화(Segmentation), 표적시장선정(Targeting), 포지셔닝(Positioning)의 세 단계로 구성되는데, 이를 STP전략이라고 한다.

그림 6-6 STP전략

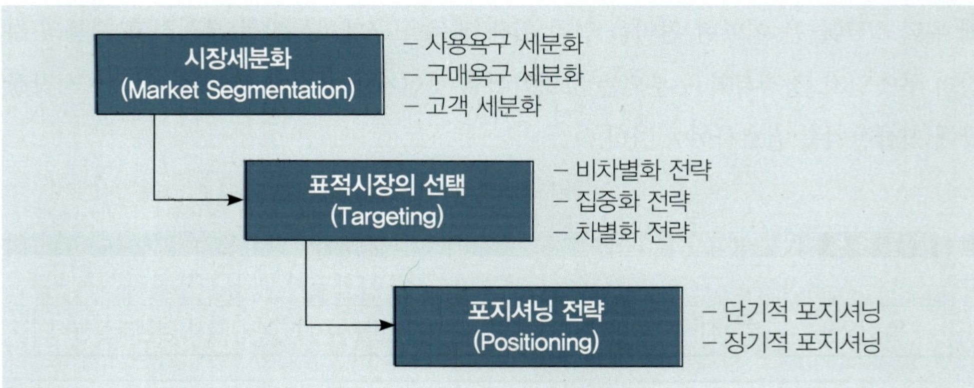

고객을 잘 이해하게 되면 기업은 비슷한 특성을 가진 사람끼리 쉽게 묶을 수 있다. 이와 같이 자사제품이나 서비스를 이용할 가능성이 있는 고객을 확인하여 이들을 구매행동이나 특성에서 비슷한 집단으로 구분하는 과정을 시장세분화라고 한다.

다음 단계로 세분화된 고객집단 중에서 우리 회사에 가장 잘 맞는 집단을 선정하여야 하는데, 이를 표적시장의 선택이라고 한다. 표적시장이 선정되면, 이 시장 내의 고객들을 경쟁사보다 더 잘 공략할 수 있도록 비즈니스 모델 혹은 제품의 차별적 이미지를 정립해야 하는데, 이를 포지셔닝이라고 한다. 하지만 모든 인터넷 마케팅전략이 단순히 순서대로 구상되는 것은 아니다.

인터넷 기업은 CBP(Competitiveness factoring, Business modeling, Positioning)를 토대로 마케팅 전략을 수립할 수도 있다. CBP전략은 경쟁시장을 정확하게 분석해서 시장에서 경쟁력을 결정하는 주요 요소들이 무엇인지를 파악하고, 경쟁력 결정요소들 중에서 자사기업에 경쟁우위를 제공하는 것을 선정하여 이를 토대로 경쟁사들과 차별적인 비즈니스 모델을 구축하고, 이를 소비자들에게 잘 알리는 것을 말한다.

STP와 CBP는 사실 동일한 마케팅전략 수립과정이다. STP는 고객을 이해하는 것에서부터 출발하는 반면 CBP는 경쟁전략 혹은 경쟁사들의 행동을 이해하는 곳에서부터 출발하는데, 실제로 어디에서부터 출발하여도 같은 포지셔닝 전략대안이 도출되어야 한다. 즉, 우리 회사에 가장 잘 맞는 고객을 선정하고 이들의 욕구에 부합되는 혜택을 제공하는 전략은 여러 경쟁력 결정요소 중에서 우리 회사의 고객들에게 가장 좋은 반응을 얻으면서 경쟁사보다 우월하다고 평가받을 수 있는 경쟁요소들을 통합하여 최적의 비즈니스 모델을 선정하는 전략과 같아야 한다는 것이다. 이를 그림으로 나타내면 **그림 6-7** 과 같다.

그림 6-7 STP전략과 CBP전략

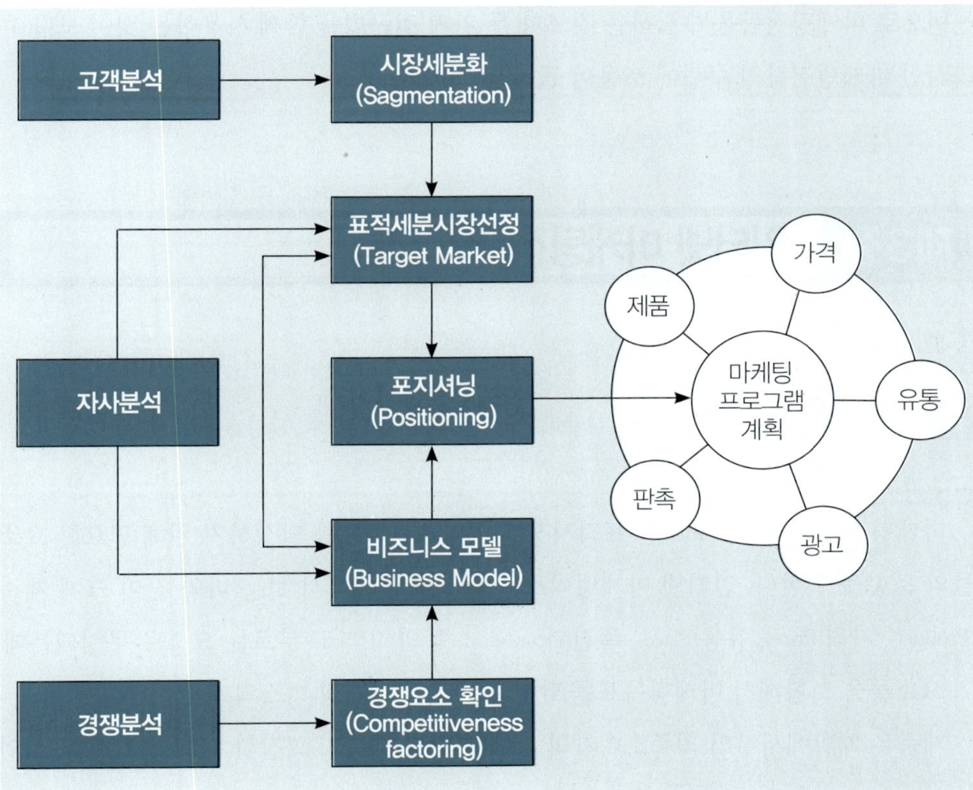

STP와 CBP전략의 공통 구성요소인 포지셔닝 전략은 경쟁사에 비해 차별적 우위를 적용하는 비즈니스 모델을 개발하여 이를 표적고객의 마음속에 정확히 정립하는 과정이다. 포지셔닝 전략을 통해 비즈니스 모델의 차별적 포지션이 결정되면 표적고객들이 이를 정확하게 인식하도록 하기 위해 제품, 가격, 유통, 광고, 판촉 등의 구체적 마케팅 믹스 프로그램이 개발 · 실행되어야 한다.

기존의 오프라인 마케팅에서는 주로 STP에 근거하여 마케팅전략을 수립하여왔다. 하지만 온라인 기업들은 마케팅전략을 수립하는 데 있어 STP보다는 비즈니스 모델을 정하고 이를 실행하기 위한 마케팅 믹스 프로그램을 수립하는 CBP접근법을 주로 따르고 있다.

어떤 접근법으로 마케팅전략을 수립하더라도 정확하고 효과적인 전략이 수립되었다면, 동일한 포지셔닝 전략과 마케팅 믹스 프로그램이 도출될 수 있다. 하지만 하나의 접근법으로 마케팅전략을 수립하는 것보다 두 가지 접근법을 함께 사용하는 것이 보다 효과적인 마케팅전략의 수립에 도움이 될 것이다.

제3절 인터넷 마케팅전략의 유형

1 4P전략

마케팅 믹스(marketing mix)란 표적시장에서 마케팅목표를 달성하기 위해 필요한 요소들의 조합을 말한다. 인터넷 마케팅믹스는 **그림 6-8** 에서 보는 바와 같이 크게 제품(Product), 가격(Price), 유통(Place), 촉진(Promotion) 등의 4P라고 부르는 요소로 구성되는데, 이 요소들을 조합해서 마케팅목표를 달성하는 것이 마케팅 믹스의 핵심이다.

제품은 개발에서부터 최종소비자의 손에 전달될 때까지 복잡한 단계를 거친다. 기업은 제품을 개발하기 전에 기업의 내부적, 외부적 환경을 분석하고 예측해서 새로운 시장기회를 찾는다. 시장기회가 발견되면 시장을 세분화하여 목표시장을 정하고 마케팅 목적과 제품 콘셉트를 설정하여 고객이 자사제품을 구매할 수 있도록 마케팅 활동을 수행한다. 이런 복잡한 흐름의 중심에 있는 제품, 가격, 유통, 촉진 등을 일관된 방향으로 흐르게 만드는 것이 바로 마케팅 믹스이다. 마케팅 믹스 전략은 각각 독립적으로 작용하지 않는 이 네 가지 요소들을 효과적으로 조합하는 종합적인 마케팅전략이다.

그림 6-8 인터넷 마케팅믹스 전략

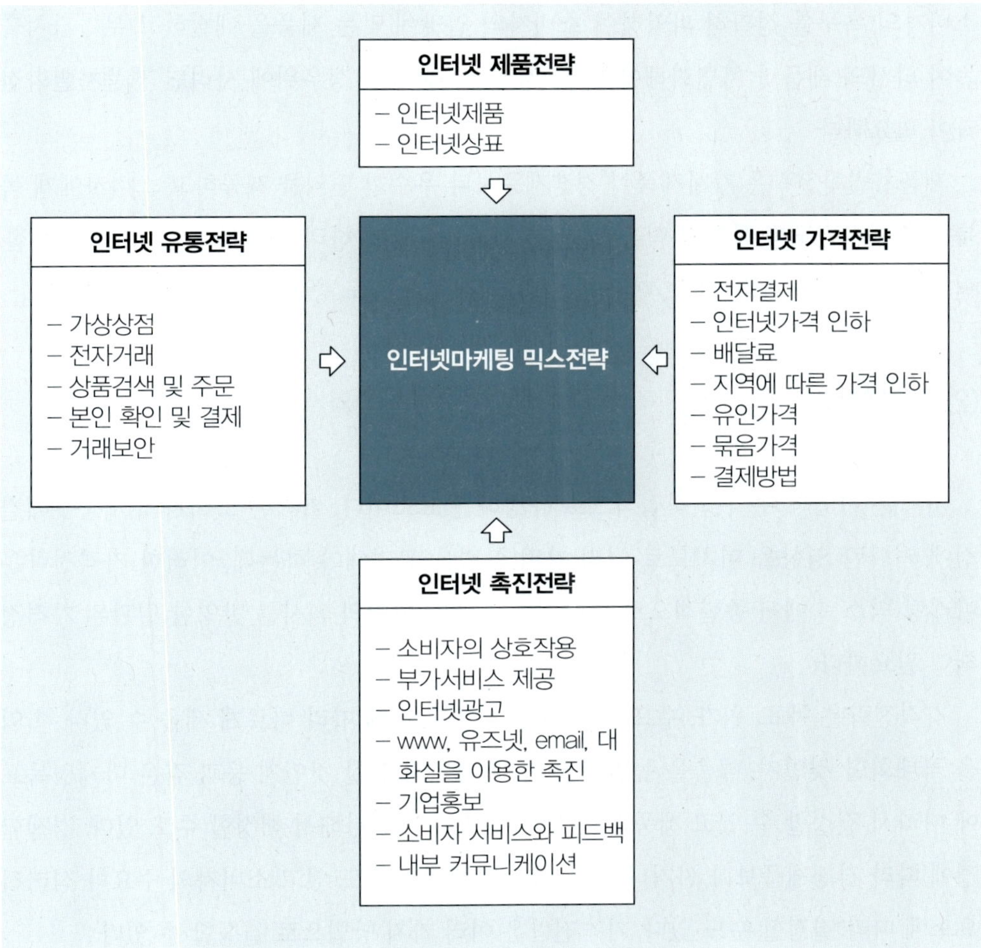

(1) 제품전략

제품에는 단지 제품 자체뿐만 아니라 디자인, 포장, 서비스 등과 같은 요소들도 포함되어 있다. 제품이 튼튼하고 소비자들이 원하는 편익을 제공한다고 해도 예쁘지 않다든지 포장이 엉성하다든지 기타 서비스가 없다면 많이 팔릴 수 없다. 제품전략에서는 이런 제품의 하위믹스까지도 함께 고려해야 한다.

기업은 표적시장의 욕구를 충족시킬 수 있는 제품을 만들어야 한다. 제품을 많이 판매하려면 제품에 대한 고객의 욕구를 충족시킬 수 있어야 하고, 그러기 위해서는 먼저 소비자의 욕구를 정확히 파악하여 소비자의 입맛에 맞는 제품을 개발하고 부가가치를 높여 타사의 제품과 차별화해야 한다. 경쟁제품보다 경쟁우위에 서려면 제품차별화전략이 필요하다.

제품차별화전략은 자사제품이 경쟁제품보다 우수한 편익을 제공하고 소비자에게 독특하게 인식되도록 하는 전략을 말한다. 제품을 차별화하려면 단지 제품의 기능, 품질, 편익뿐만 아니라 가격, 포장, 디자인, 이미지, 서비스 등도 종합적으로 고려해야 한다.

(2) 가격전략

가격은 기업의 수익을 직접적으로 규정하는 요소이다. 가격은 소비자의 제품구매결정에 커다란 영향을 미치므로 여러 가지 환경을 고려해야 하는데, 이러한 가격전략은 마케팅 믹스 속에서 종합적으로 판단되어야 하며 기업의 의사를 반영한 일관된 가격정책이 필요하다.

가격전략은 목표, 원가, 수요, 경쟁환경, 소비자 등에 따라 다르게 세울 수 있다. 이익을 극대화할 것인지, 매출을 높일 것인지, 현상유지를 할 것인지 등과 같은 마케팅목표에 따라서 결정할 수 있고 제품의 원가에 적정 마진을 더해서 책정할 수도 있다. 경쟁환경에 따라 경쟁제품보다 싸거나 혹은 비싸게 책정할 수도 있고 소비자의 수요나 심리적 요소에 따라 결정할 수도 있다. 가격전략은 여러 가지 방법으로 결정할 수 있다.

경쟁자와의 가격경쟁에서는 기본적으로 원가우위전략이 필요하다. 원가우위전략은 제품단위당 원가를 최대한 낮춰 적정이윤을 유지하고 경쟁제품과의 가격경쟁에서 유리한 위치를 잡으려는 데 그 목적이 있다.

(3) 유통전략

필요한 시기와 장소에 제품을 공급하는 것이 유통이다. 유통의 마지막은 고객과 제품이 만나는 것이므로 구매의사가 있는 고객이 시간이나 공간의 제약으로 구매에 문제가 있어서는 안 된다. 즉 가장 적절한 유통경로를 통해 제품의 수요에 맞는 판매처를 선정하여 제품공급을 계획적으로 수행해야 효과적으로 판매할 수 있다. 유통은 마케팅 믹스 중에서 가장 비탄력적이기 때문에 유통경로가 한 번 결정되면 다시 바꾸는 데 많은 시간과 비용이 든다.

유통경로에는 커버리지에 따라서 누구나 자사제품을 취급할 수 있도록 하는 개방적 유통경로, 적당한 자격을 갖춘 업체만 취급할 수 있도록 하는 선택적 유통경로, 자사제품만을 취급할 수 있도록 하는 배타적 유통경로 등이 있다. 이러한 유통경로를 설계할 때는 자사제품의 특성, 시장의 규모 및 특성, 경쟁환경 등을 종합적으로 고려해서 가장 효율적인 유통구조를 구축해야 한다.

(4) 촉진전략

촉진은 제품에 대한 정보를 제공하고 고객의 구매의욕을 높여 제품을 구매하도록 만드는 것이다. 기업은 촉진활동을 통해 제품 콘셉트와 정보를 소비자에게 전달해서 자사제품이나 서비스에 대한 소비자의 구매의욕을 자극한다. 또한 경쟁제품과의 차별성과 우위성을 강조하여 기업 및 브랜드의 이미지를 높여 제품판매에 기여한다.

촉진활동은 광고, 홍보, 판매촉진, 인적판매 등을 통해 수행한다. 광고는 비인적 매체를 통해 소비자와 커뮤니케이션하는 수단으로 소비자에게 전달하려는 정보량에 한계가 있고 그 효과를 측정하기도 어렵지만, 신속하고 광범위하게 기업의 의도된 메시지를 전달할 수 있다. 홍보는 비용을 들이지 않고 신문, 방송 등의 뉴스를 통해 기업의 제품이나 서비스를 알리는 수단이다. 비록 기업의 의도대로 통제되지는 않지만 매체에 대한 소비자의 신뢰가 크기 때문에 그 효과도 높고 별다른 비용이 들지 않는다. 판매촉진과 인적판매는 소비자의 직접적인 구매를 유도하는 수단으로 효과가 빨리 나타난다.

촉진전략은 최종소비자를 대상으로 광고, 홍보 등의 촉진활동을 강화해서 소비자들이 자사제품을 구매하도록 하여 판매처가 자발적으로 자사제품을 취급하도록 하는 풀(Pull) 전략과 인적판매와 판매처의 판매를 독려하여 자사제품을 적극적으로 판매하도록 하는 푸시(Push) 전략으로 구분된다. 이러한 다양한 촉진전략은 마케팅 목적에 맞게 상호보완성을 가지고 추진해야 한다.

2 4A전략

4A란 방법(Any Way), 제품(Any Product), 시간(Any Time), 장소(Any Where)를 의미하는데, 이는 가능한 모든 제품을 언제, 어디서나 모든 방법을 동원하여 마케팅 활동을 수행하는 것을 의미한다. 4A는 인터넷 마케팅수단으로 기존 마케팅의 4P, 즉 제품(Product), 가격(Price), 유통(Place), 촉진(Promotion)에 기초를 둔다라고 말할 수 있다. 이는 인터넷이라는 환경에서 마케팅을 하기 위해 기존 실물시장에서 사용하는 마케팅 도구(Tool)를 인터넷 환경에 맞추어 확장한 것으로 볼 수 있다.

4A는 4P와 같이 각각 개별적으로 존재하는 것이 아니라 상호 밀접한 연관관계를 가지고 있으며 4A와 4P를 잘 믹스하여 시너지 효과를 극대화하는 것이 즉 전체의 합이 부분의 합보다 크게 하는 노력이 인터넷 마케팅전략의 핵심이 된다.

(1) 방법전략

인터넷마케팅 방법전략(Any Way)은 어떻게 하면 자사의 웹사이트로 사용자(네티즌 또는 고객)들을 찾아오게 만들고 찾아온 사용자들을 관리, 유지할 것인가에 대한 전략이다.

검색엔진 등록

우선 첫 번째로 해야 할 일은 검색엔진에 자사가 구축한 사이트를 등록하는 것이다. 검색엔진에 등록하는 것은 114 전화 안내부에 자신의 회사 전화번호를 등록하여 자신의 전화번호를 알고자 하는 사람들에게 서비스를 제공하는 것과 같다. 조금 다른 것은 회사의 URL 주소만이 아니라 자신이 취급하는 것까지 검색어로 검색할 수 있게 만드는 것이다.

해외 마켓플레이스 등록

해외 마켓플레이스(Market Place)란 무역과 관련한 해외 사이트로 일반적으로 무역인들이 많이 보고 정보를 얻어가는 장소를 말한다. 미국의 Trade Comparers나 싱가포르의 Asia Trade 등이 대표적인 마켓플레이스로서 대부분 스스로 등록을 하거나 전자메일을 보내서 요청하면 영구등록이 가능하다.

전자메일 발송

전자메일(e-Mail) 발송은 일대일 마케팅의 가장 핵심적인 부분이다. 전자메일의 발송은 가장 적극적인 마케팅 방법으로서 인터넷을 이용하여 타깃을 선정하고 선정된 타깃에 대하여 전자메일을 보내는 것이다.

유즈넷에 등록 및 게재

유즈넷(Usenet 또는 Newsgroup)은 PC 통신의 토론광장이나 동호회 모임과 유사한 개념으로 서로 같은 취미나 관심을 가진 사람들이 모여서 만든 곳이다. 무한한 주제를 가지고 수백만 명이 참여하고 있는 커다란 모임으로 유즈넷만을 검색하는 곳을 찾을 수 있다.

메일링 리스트에 등록 및 게제

메일링 리스트(Mailing List)는 PC 통신에서의 토론광장이나 동호회 형식으로 자신이 관심 있는 분야에 참여하여 그 분야에 대한 정보를 제공하거나 제공받을 수 있는 것을 말한다. 인터넷상에서 자신이 관심 있는 분야에 대하여 지속적이면서도 알찬 정보를 얻을 수 있는 것이 메일링 리스트이다. 메일링 리스트는 특정 주제에 관하여 정기적으로 정보를 받고자 하는 사람들의 주소를 모아놓은 것으로 정보를 받기 위해서는 잡지를 정기구독하듯이 구독신청을 하여야 한다. 물론 전자메일로 메일링 리스트의 책임자에게 신청하여야 하며 무료로 운영된다. 즉 전자우편으로 운영되는 토론그룹이라고 정의할 수 있다.

(2) 제품전략

인터넷은 경쟁자, 특허, 고객, 그리고 신제품을 계획하고 관련 정보를 수집하는 데 매우 유용하게 사용될 수 있다. 인터넷으로 1차자료 또는 2차자료를 수집할 수 있으며 고객의 정보를 이용해서 제품전략(Any Product)을 세울 수 있는 동시에 제품의 광고, 유통의 매체로도 그 이용도가 높이 평가될 수 있다.

인터넷을 이용한 신제품 소개

기업은 신제품 마케팅에 인터넷을 적극 활용하고 있는데, 예를 들면 LG전자는 웹사이트 초기화면을 신제품 소개 페이지로 활용하면서 인터넷을 이용한 마케팅에 적극적인 면을 보이고 있다. 또 'LG 아트비전 라이브를 잡아라'는 이벤트를 통하여 많은 유저들의 관심을 집중시킨 적이 있는 LG전자는 계속적으로 새로운 제품에 대하여 인터넷을 통해 소개하고, 이벤트를 통하여 확보한 방문객들을 데이터베이스로 저장해 관리할 예정인데 이런 방문객 의견을 앞으로 개발할 신제품에 적극 반영할 수 있다.

인터넷 상표

기업은 독특하고 강한 이미지의 상표를 개발하는 데 많은 시간과 비용을 투자하는데, 이때 인터넷에서 외우기 쉽고 강한 상표를 개발하면 회사의 상표를 소비자들이 쉽게 찾아볼 수 있게 된다. 인터넷상에서의 상표는 두 가지 측면에서 고려할 수 있는데, 하나는 신세계(http://www.shinseage.co.kr)나 중앙일보(http://www.joonang.co.kr)와 같이 일반 시장에서의 상표애호도만 통용될 수 있는 인터넷 상표(internet brand)를 창출할 수도 있다. 그러나 소규모 인원과 자본으로 인터넷 사업을 하는 벤처기업들의 경우 독특한 인터넷제품을 개발함으로써 새로운 인터넷 고유의 상표를 창출할 필요성이 점차 증가하고 있다.

도메인 주소의 상표화

주류업계의 경쟁무대가 인터넷으로 확대되고 있다. 최근 업체들이 잇달아 인터넷 사이트를 개설해 네티즌 소비자들을 끌어들이고 있으며 인터넷 주류시장에서 도메인명을 상표화하는 데 있어 두산그룹이 선점하고 있다. 두산그룹 계열사들은 회사 이름을 사용한 주소뿐만 아니라 WINE(http://www.wine.co.kr), WHISKY(http://www.whisky.co.kr), SOJU 등 주류 명칭을 주소로 삼아 네티즌들에게 기억하기 쉬운 도메인명을 선점함으로써 네티즌들을 자연스럽게 자사 홈페이지로 끌어들이고 있다.

인터넷제품으로 유리한 품목

인터넷에서는 주로 모니터를 통해 그래픽이나 문자정보(최근 사운드와 동영상 등의 멀티미디어 기능이 추가되고 있음)를 제공하고 있다. 따라서 무게, 촉감, 냄새, 맛 등은 확인이 불가능하기 때문에 해외벼룩시장에서 찾은 제품을 육안으로 일단 확인하여 관심을 가진 바이어가 샘플을 받아보기 용이한 제품이 1차적으로 선호된다.

이러한 기준에 의하면 규모가 큰 장비류나 기체, 액체 등으로 구성된 제품은 웹사이트를 구축한다고 할지라도 제대로 효과를 볼 수 없을 것이다. 그러므로 모니터를 통해 1차 관심을 끌지 못하는 제품은 웹에서 직접판매를 위하여 웹사이트를 구축하기보다는 홍보를 위하여 웹사이트를 구축하거나, 무역 게시판이나 해외벼룩시장에 문자로만 광고하는 것이 보다 합리적일 것이다.

따라서 인터넷제품으로 유리한 품목으로는 제품의 크기가 소형이거나 특별히 제품이나 서비스를 눈으로 보거나 만져보지 않아도 그 품질이나 내용을 확인할 수 있는 제품이 유리하다고 할 수 있다. 예를 들어 각종 예약 서비스, 서점, 컴퓨터 소프트웨어 등으로 예약 서비스의 경우 자신이 원하는 서비스를 제공하고 있기 때문에 인터넷을 통하여 구입하면 그 품질이나 내용을 짐작할 수 있으므로 웹에서 장점을 가지는 품목이라고 할 수 있다.

(3) 시간전략

인터넷마케팅 시간전략(Any Time)의 핵심은 '시간은 돈'이라는 말과 일맥상통한다. 즉 경제적 논리로 최소의 비용으로 최대의 효과를 가지고 올 수 있는 일을 한다는 것이다. 인터넷의 등장은 시간이 없는 현대인들에게 시간을 절약하는 최선의 선택이 되어가고 있고 시간과 인터넷 속도는 밀접한 관계를 가진다.

따라서 속도를 고려한 웹사이트 구축이 필요하며 사용자 입장에서 시간을 절약해서 알고자 하는 것을 빨리 알 수 있고 공급자 입장에서도 사용자가 알고 싶어 하는 것과 유익한 정보를 보다 빠르게 알려주는 것이 시간전략의 핵심이다.

시간전략은 데이터베이스 마케팅과 밀접한 관계에 있다. 즉 정보의 데이터베이스화는 사용자의 입장에서도 검색엔진의 이용과 같이 정보를 보다 빠르고 정확하게 이용할 수 있으며 공급업자 또는 웹 마케터의 입장에서도 사용자에 대한 정확한 정보를 토대로 빠르게 제공할 수 있다는 장점이 있다. 방법전략에서 소개한 메일링 리스트의 활용도 이용자의 데이터베이스화라는 측면에서 시간전략의 좋은 예라고 할 수 있다.

데이터베이스(Database)란 정보의 축적 및 제공이라고 정의할 수 있다. 데이터베이스의 조건은 첫째, 양질의 정보이어야 하고, 둘째, 체계화되어야 하고, 셋째, 동시에 서치(search)가 가능해야 한다.

(4) 장소전략

인터넷은 시간과 공간의 개념을 뛰어넘어 존재하는 가상공간으로, 인터넷이라는 사이버 공간은 이제는 우리가 살아야 할 실제의 공간으로 인식되어가고 있다. 실제의 몸은 지구상에 있지만 정신과 생활은 컴퓨터를 매개로 인터넷에서 살아가게 되는 것이다.

장소전략(Any Where)은 특정한 지역적 한계를 벗어나 전 세계를 상대로 제품에 대한 판매와 서비스를 제공하는 것을 말하며 4P 중 유통전략의 확대라고 생각하면 된다. 다른 점이 있다면 지금까지 유통경로에서 중간상인이 차지하던 비율이 대폭 감소되어 제조업자가 소비자에게 직접 제품과 서비스를 제공할 수 있는 다이렉트 마케팅(DM)이 가능해진다는 사실이다. 요즘 핫이슈가 되고 있는 인터넷 라운드(Internet Round)도 인터넷 상거래의 거래장소에서 파생되는 문제로 볼 수 있다.

우리나라는 극심한 교통체증과 부족한 사회간접자본시설 등의 만성적인 물류환경의 약화로 해마다 물류활동을 위해 지급되는 비용이 증가하고 있고, 매출액에서 차지하는 비중 또한 해마다 증가하여 기업경쟁력 제고에 큰 걸림돌이 되고 있다.

한편 인터넷 상거래의 활성화에 따라 기존의 쇼핑몰에서 인터넷을 통하여 고객이 상품 및 서비스 검색, 주문을 하고 배달받는 인터넷 쇼핑몰로 쇼핑 환경이 변화되어가고 있고 풍부한 상품 정보 등 유사 상품비교를 통해 고품질 · 저가의 상품의 선별구매와 고객 서비스 지향적인 배달 시스템을 갖춘 인터넷몰의 필요성이 증대되고 있다.

3 6C전략

인터넷마케팅 구성요소(Internet Marketing Components)는 **그림 6-9**에서 보는 바와 같이 Contents, Community, Commerce, Communication, Customization, Connection 등 6C로 나눌 수 있는데, 이들 각각에 대한 인터넷 마케팅전략을 살펴보면 다음과 같다.

그림 6-9 6C전략

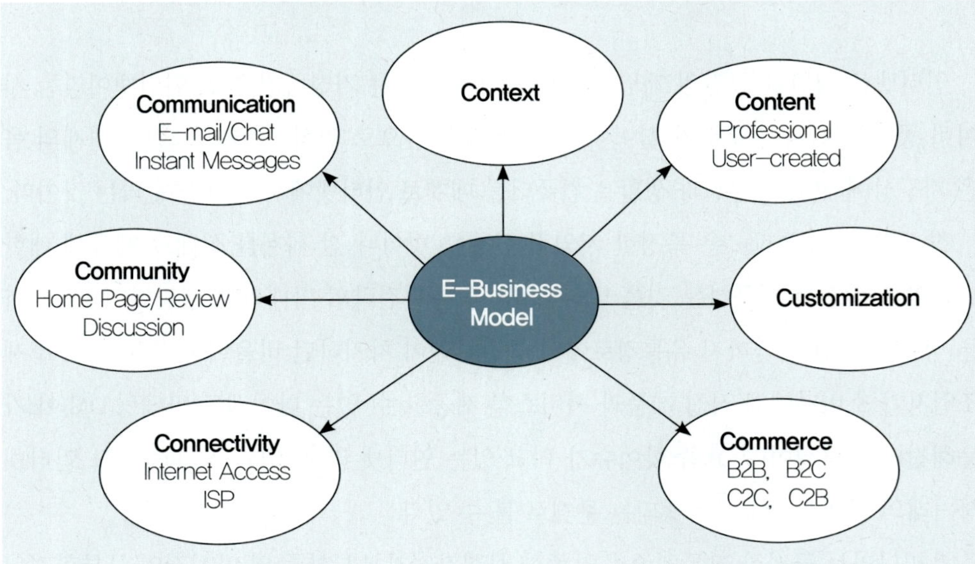

(1) 커뮤니티 전략

커뮤니티(Community)는 공동체를 뜻하는 말로 인터넷 커뮤니티는 인터넷 공간에서 활동하는 공동체 전반을 가리킨다. 단순 교제, 마니아, 필요에 의한 모임, 공통의 관심사가 커뮤니티를 형성하는 요인이다. 커뮤니티는 클럽, 마니아 커뮤니티, 카페 등의 형태로 나타난다. 가장 많은 형태는 동호회이다. 커뮤니티에 관련된 멤버는 소속감과 공통 관심사를 가지고 있다.

커뮤니티는 사이트 방문자 증가와 사이트 발전에 중요한 역할을 한다. 인터넷에서는 이런 동질성을 가진 모임은 쉽게 활성화되기 때문이다. 실제로 커뮤니티에 소속된 구성원들은 사이트에 충성도가 매우 높다. 또한 전문적이고, 사이트 내에서 아주 활발하게 활동을 하며, 자체적으로 많은 자료를 만들어낼 수 있다.

(2) 커뮤니케이션 전략

인터넷은 다른 어떤 매체보다 쌍방향성이 뛰어나다. 일방적인 전달이 아니라 한 사람 한 사람과 개별적인 커뮤니케이션(Communication)이 가능하다. 개인별 상담과 질문에 대한 응답, 이메일을 통한 답변 등 인터넷은 방문자 한 사람 한 사람과 커뮤니케이션이 가능하다. 이런 쌍방향성은 방문자가 직접 사이트에 참여할 수 있는 기회를 제공한다.

방문자와의 원활한 커뮤니케이션은 사이트 활성화의 기본적인 요소이다. 인터넷 사이트를 통한 컨설팅이나 상담, Q&A는 고객과의 대화기회를 부여한다. 컨설팅이나 상담을 제공할 수 있다면 무료로 제공하는 것이 좋다. 법률이나 건강 관련, 사업 관련 상담 등 인터넷에는 다양한 상담 코너가 운영되고 있다. 상담은 맞춤정보를 제공할 수 있다. 또한 전문분야의 노하우도 제공이 가능하다.

(3) 콘텐츠 전략

인터넷에서 콘텐츠(Contents)란 고객에게 전달하고자 하는 정보 및 내용을 웹 형태의 기술적 요소와 결합시킨 것으로, 모든 텍스트 및 멀티미디어적인 형태가 콘텐츠가 될 수 있다. 따라서 기본적인 콘텐츠의 원형은 원 소스 멀티 유즈 형태로 다양하게 게임, 출판, 드라마, 영화, 애니메이션, 캐릭터 등 여러 연관 부가가치 사업으로 확대 재생이 가능하다는 점에서 사업성 측면에서도 매우 중요한 본질적인 요소라 생각한다.

웹사이트에서 콘텐츠는 가장 핵심적인 역할을 한다. 성공적인 사이트는 한결같이 좋은 내용으로 이뤄져 있다. 성공 사이트의 여러 가지 요인(예를 들어 커뮤니티, 콘텐츠, 무료 메일 제공) 중에서 대표적으로 꼽을 수 있는 것이 바로 우수한 콘텐츠이다.

(4) 상거래전략

궁극적으로 기업이 인터넷비즈니스에서 추구하는 것은 수익성이다. 인터넷마케팅에서의 수익성은 일반적으로 상품 판매, 정보 및 서비스 이용료, 회비, 중개수수료, 광고료, 각종 협찬 등에 의해서 얻어지고 있으며 그 밖에도 여러 가지 방법들이 사용되고 제기되고 있다.

상업(Commerce) 사이트는 수익을 목적으로 운영되어야 한다. 직접 수익을 내거나 회사의 수익성을 높이는 것이 운영의 목적이다. 수익성을 위해서는 사이트가 수익 모델을 갖추어야 하고 경비를 절감하는 운영이 이뤄져야 한다. 투자에 비해 그 효과가 뚜렷하게 나타나지 않는다는 것이 현재 웹사이트들이 안고 있는 고민이다. 막대한 비용을 쏟아부어 마케팅을 했지만 수익을 내지 못하는 사이트들이 적지 않다. 수십만, 수백만의 회원도 수익과 연결되지 않는다.

인터넷에 대한 회의론도 역시 뚜렷한 수익성을 갖고 있지 않다는 데 있다. 인터넷 운영자는 사이트를 통해 수익을 내야 한다는 요구에 직면해 있다. 인터넷은 수익을 내지 못하는 불필요한 요소는 제거해야 한다. 거래 수익이나 서비스제공, 부가가치서비스, 컨설팅 등 수익원을 다양화해야 한다.

광고나 회원유치에만 의존해서는 안 된다. 실제거래 등 오프라인과 전통기업들의 영업방식이 높은 수익을 내고 있다. 인터넷 사이트가 직접적인 거래수익 등이 없다고 하더라도 기업의 수익성을 높이고 경비를 절감하는 역할을 하는 경우가 많다. 홍보와 마케팅, 판매증진, 업무효율화, 고객관리에 활용이 된다.

(5) 협력전략

인터넷은 네트워크 즉 연결의 산물이다. 그래서 인터넷마케팅에서 관계의 중요성은 지대하다. 각종 관계와 연결을 통해 많은 것들이 창조되고 개선된다. 특히 파트너와의 협력(Connection)관계는 매우 중요하다. 전략적 제휴가 바로 커넥션 전략의 일환이다. 선진기업들은 핵심역량은 사내에 두고 그 외의 기능은 아웃소싱을 하는 추세이다. 인터넷 기업에서도 아웃소싱의 중요성은 갈수록 강조되고 있다. 과거에는 혼자 힘으로 시장에서 경쟁했던 것에 비해 이제는 외부의 아웃소싱 파트너들을 어떻게 규합하여 최적의 네트워크를 구성하느냐에 따라 경쟁력이 좌우된다고 할 수 있다.

국내의 대형 사이트조차 웹사이트의 유지보수와 운영을 아웃소싱하는 것이 효과적이라고 판단하고 있다. 사이트 유지보수 등은 프로그래머나 디자이너를 고용하는 것보다는 외부의 전문업체에 의뢰하는 것이 경비를 줄이는 방법이다. 현재 우리나라는 정보통신분야의 풍부한 인력으로 외부의 인력을 활용하기 좋은 여건이다.

(6) 고객맞춤전략

고객화(Customization)는 간단하게 표현하자면 방문객을 고객으로 만드는 것, 또 일반고객을 고정고객으로 만드는 전략이다. 그러자면 기업은 방문객 및 고객의 취향이나 기호 및 습관에 대해서 잘 알고 있어야 한다. 그래서 인터넷마케팅에서는 데이터베이스의 분류와 분석을 통하여 회원 개개인의 특성을 파악하고 각 개인에게 특화된 상품 및 서비스의 정보를 제공하는 것이다. 소비자를 성별, 연령, 직업, 학력 등의 인구통계학적인 프로필과 좋아하는 제품, 브랜드, 성격 등의 소비심리학적인 프로필로 세분화한 일대일(One to One) 마케팅이 바로 대표적인 고객화전략이다.

연습문제

1. 마케팅전략과 사업전략의 차이점에 대해서 설명하시오.
2. SWOT 분석의 가장 큰 장점은 무엇인지 설명하시오.
3. STP와 CBP의 차이점에 대해서 설명하시오.
4. 글로벌 전략과 국제전략의 차이점은 무엇인지 설명하시오.
5. 마케팅전략과 인터넷 마케팅전략의 차이점에 대해서 설명하시오.
6. 4A전략 및 6C전략의 중요성에 대해서 사례를 들어 설명하시오.

제 7 장

e-Segmentation

학습목표 먼저 시장세분화의 필요성 및 중요성에 대하여 살펴본 후, 인터넷시장 세분화의 유형 및 사례에 대하여 체계적으로 학습한다. 이어서 해외시장 세분화에 대하여 학습한다.

제1장 인터넷비즈니스의 이해

제2장 인터넷마케팅의 이해

제3장 전자무역

제4장 인터넷 마케팅조사

제5장 인터넷 소비자행동분석

제6장 인터넷 마케팅전략

제7장 e-Segmentation

제8장 e-Targeting과 e-Positioning

제9장 인터넷 제품전략

제10장 인터넷 가격전략

제11장 인터넷 유통전략

제12장 인터넷 촉진전략

제13장 e-SCM

제14장 e-CRM

사례 연구 e-Segmentation

특별한 내 아이를 위한 골드키즈 시장이 뜬다!

맞벌이가정이 늘면서 출산율의 감소로 외둥이가정이 늘고 있다. 이에 부모의 관심과 투자를 집중적으로 받고 있는 VIB(Very Important Baby)가 새로운 VIP로 각광받고 있다. 출산율 저하로 키즈시장이 쇠락할 것이라는 우려와는 달리, 한 아이에게 관심과 투자가 집중되다보니 새로운 핵심소비층인 골드키즈를 타깃으로 한 광범위한 제품들이 다양하게 선보이고 있다.

업체들은 프리미엄 키즈를 겨냥해 연령별로 세분화하여 스킨케어, 의류, 서비스 문화 등 다양한 분야에서 맞춤형 상품들을 내놓고 있으며 더불어 건설시장에도 '키즈 마케팅'이 중요한 포인트로 등장했다.

지난 3월 포스코건설에서 분양에 들어간 '송도 더샵 그린워크 2차'는 꼬마 입주민을 배려한 특화된 시설과 설계를 도입하고 있다. 아파트 단지에서 흔히 볼 수 없는 시설인 야외 어린이 수영장과 사우나 등의 시설을 갖췄다.

야외 어린이 풀장은 베벌리힐스의 대저택에서나 볼법한 '풀 가든'을 연상시키는 디자인으로 단지의 고급스러움을 더했다. 또 단지 내에 어린이 전용 정류장을 설치해 비나 눈을 피할 수 있는 것은 물론 사고의 위험이 없이 안전하게 차량을 기다릴 수 있도록 세심하게 배려했다.

욕실문화 선도기업 로얄&컴퍼니는 아이들에 취향과 안전 두 마리 토끼를 모두 잡을 수 있는 제품들을 선보이고 있다. 어린이들의 체형에 맞게 개발한 유아용 양변기, 소변기, 세면기, 세면기수전 등을 공급하고 있으며 키즈용 제품군에는 친근감을 줄 수 있는 강아지 모양의 캐릭터를 도입했다.

특히 유아용 세면기 수전에는 아이들의 안전을 고려해 온수에 의한 화상을 방지할 수 있도록 온도조절 밸브를 하단에 별도 장착했다. IS동서에서도 로봇을 모티브로 한 어린이 전용 욕실 키누스를 선보인 바 있다.

호텔과 테마파크 등 레저업계도 어린이들이 좋아하는 동화 캐릭터를 이용해 키즈 전용 라운지, 캐릭터룸을 선보이고 있다. '롯데호텔제주'가 일본 최대 캐릭터회사인 산리오사와 합작해 만든 '헬로키티 캐릭터룸'은 복도부터 객실 내 침대부터 슬리퍼에 이르기까지 모든 비품이 헬로키티 캐릭터로 꾸며져 있다. 본관 4층에는 어린이 에듀테인먼트 공간인 '키즈 월드'가 위치해 있어 아이들과 함께 호텔은 찾은 가족들에게 좋은 반응을 얻고 있다.

어린이 전용시설인 롯데월드 키즈토리아는 영 · 유아만을 위한 놀이공간이다. 국내 테마파크 최초로 미국재료시험협회의 규격 테스트를 통과한 부드러운 재질의 바닥재 소프트폼을 적용했다. 항균성 및 안전성을 검증 받아 어린이들이 안심하고 맨발로 뛰어 놀 수 있도록 해 어린아이들과 부모 모두에게 만족을 주고 있다.

과거 키즈 전용 식품들이 단순히 캐릭터를 적용한 패키지 정도로 출시 됐다면 최근 선보이고 있는 제품들은 아이들의 눈높이에 맞게 맛과 모양에도 변화를 줬다.

대상 FNF에서는 캡사이신 함량이 기존제품의 25% 수준인 고춧가루와 갈아 넣은 양념을 사용한 '종가집 어린이 김치'를 출시하며 매운맛을 꺼리는 어린이 입맛에 맞췄다. CJ제일제당에서 출시한 '동그란 두부'는 두부는 네모나다는 고정관념을 깬 제품이다. 기존의 네모난 두부와는 달리 아이들이 좋아하는 소시지 모양으로 만들어진 이 제품은 아이들이 한입에 먹기 편한 크기에 돼지고기와 양파를 가미해 부드럽고 고소한 맛이 있어 맛과 모양을 동시에 충족시켰다는 평을 듣고 있다. (한국경제, 2012.4.23)

토의과제

1. 위 사례의 경우 시장세분화를 통해서 얻게 된 유익은 무엇인가?

2. 위 사례의 경우 시장세분화의 기준은 무엇인가?

3. 시장세분화를 통해 기업의 목표를 달성하기 위해서는 어떤 절차와 준비가 필요한가?

제1절 시장세분화

1 시장세분화의 의의

(1) 시장세분화의 개념

일반적으로 시장은 이질적 욕구를 가진 다양한 소비자들의 집합으로 구성된다. 즉 소비자는 노인, 중년, 청년, 여자, 남자, 돈 많은 사람, 돈 없는 사람, 고등교육을 받을 사람, 그렇지 않은 사람, 가족이 많은 사람, 가족이 적은 사람, 돈 잘 쓰는 사람, 구두쇠 등 아주 다양하며 그들이 선호하는 것 또한 각각 다르다. 따라서 어느 층을 대상으로 하여 물건을 만들 것이냐가 대단히 중요한 요소가 된다.

소비자들 개개인은 모두 상이하지만 특정 제품군에 대한 태도, 의견, 구매행동 등에서 비슷한 소비자집단이 존재하고 있다. 이러한 비슷한 성향을 가진 사람들을 다른 성향을 가진 사람들의 집단과 분리하여 하나의 집단으로 묶는 과정을 시장세분화(market segmentation)라고 한다. 따라서 시장세분화의 결과는 세분시장 간에는 이질성이 극대화되어야 하고, 세분시장 내에서는 동질성이 극대화되어야 바람직하다.

개별기업의 입장에서 보면 모든 소비자들이 자사제품을 구매하지는 않으며, 자사가 제공하는 효용이 모든 소비자들을 만족시킬 수 없다는 가정하에, 자사제품을 실질적으로 구매할 수 있는 소비자집단에 효과적으로 접근하여 최소의 마케팅노력으로 최대의 마케팅효과를 얻으려 한다. 이와 같이 시장세분화는 마케팅전략의 효과를 증대시켜 마케팅비용의 효율성을 높여주는 방법이다. 그러나 마케팅 관리자가 시장세분화를 함에 있어 주의해야 할 점은 소비자를 나누는 절대적 기준이나 방법이 존재하지 않는다는 점이다.

마케팅 관리자가 세분화만을 위해 단순히 임의적 기준에 의해 시장을 분할하여 동질적인 소집단으로 구분하고 전략을 수립하였다고 해서 최선의 결과가 나타나는 것은 아니다. 즉, 목표달성과 관련 없는 기준에 의거하여 시장을 분할, 이해함으로써 얻어낸 시장세분화 결과는 마케팅 관리자가 목적하는 바를 달성하는 데 도움이 될 수 없으며, 그 기업의 나아갈 방향을 오도함으로써 기업의 자원과 경비, 노력을 헛되이 소진시키고 심한 경우 우량기업을 회생불능의 상태로 이끄는 도화선이 될 수도 있다.

일례로 프록터앤드갬블(Procter & Gamble, P&G)은 열 가지의 다른 상표 세제(Tide, Cheer, Gain, Dash, Bold, Dreft, Ivory Snow, Oxydol, Solo)를 생산하고 있다. 비누 7가지, 샴푸 6가지, 식기 세제 4가지, 치약 4가지, 화장실용 화장지 4가지를 생산 및 판매한다. 이에 더하여 이들 상표들은 각기 서너 가지 종류의 크기가 다른 포장이 있으며 가루로 된 것, 액체로 된 것, 향기가 있는 것 또는 없는 것 등으로 또다시 그 종류가 나뉜다. 그 이유는 소비자의 층이 다양하고 각 소비자층마다 욕구도 다르기 때문이다.

예를 들어 소비자가 세제를 구입할 때는 경제적인 세제, 표백이 잘되는 것, 천을 부드럽게 하는 것, 냄새가 산뜻한 것 그리고 강한 세제, 약한 세제 등의 특징에 따라 각자가 원하는 것을 구입한다. 결국 열 가지 세제를 만드는 이유는 소비자가 원하기 때문인 것이다. P&G는 이렇듯 시장을 세분화하여 각 고객층의 욕구를 만족시킨 결과 세제시장을 50% 이상이나 점유하게 되었다. 하나의 단독 상표로 50% 이상의 시장점유율을 차지한다는 것은 대단한 성과이다.

(2) 시장세분화의 필요성

먼저 시장(market)과 세분시장(market segment)의 차이를 알아둘 필요가 있다. 시장이란 필요(needs)나 욕구(wants)를 가진 사람들의 집합 전체를 가리킨다. 다만 그 필요가 이미 현재화되어 있는 것만 가리키지는 않는다. 도입기에 있는 제품은 물론이고, 성숙화되었다고 생각되는 제품에도 생각하지 못한 잠재시장이 숨어 있는 경우가 있다.

또한 같은 제품이라도 그 시장에 꼭 정해져 있는 것은 아니다. 고급 햄을 예로 들면 그 잠재시장의 규모는 '식료품'으로 파악할 때와 '선물용품'으로 파악할 때에 따라 크게 달라진다. 세분시장이란 시장 속에 존재하는 어떤 일정한 고객집단, 즉 공통된 필요를 가지고 있으며 제품의 인식 · 가치부여 · 사용방법, 그리고 구매에 이르는 과정, 즉 구매행동이 유사한 고객집단을 말한다.

소비자의 취향과 선호도는 극단적으로 다양하다. 그런데 선호도는 극단적으로 다양하지만 그 분포는 **그림 7-1** 에서 보는 바와 같이 종형의 정상분포를 나타낸다. 즉 평균적인 부분에 속하는 사람이 가장 많고 양 끝으로 갈수록 크기가 줄어든다. 음식이라면 아주 매운 맛을 즐기는 사람부터 매우 싱거운 것을 즐기는 사람까지 매우 다양하지만 대부분의 사람들은 평균 근처에 속하는 것이다.

그림 7-1 다수의 오류

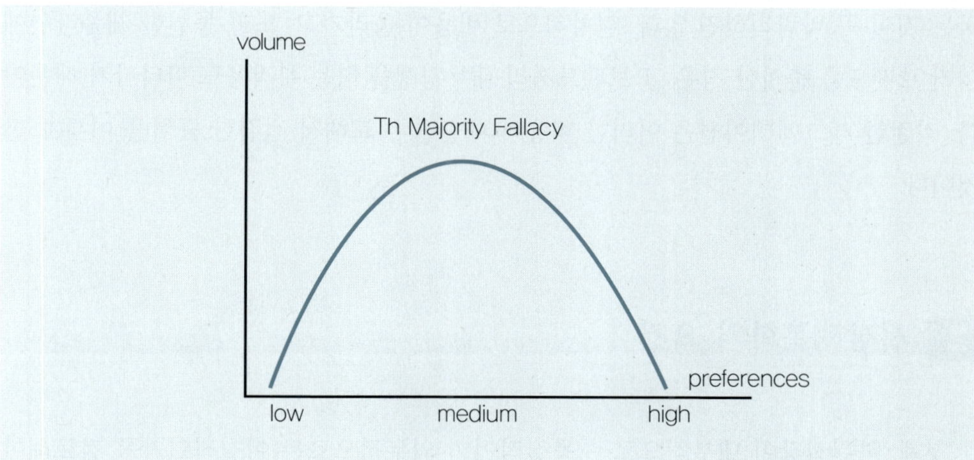

그렇다면 기업의 목표시장(target market)은 어디로 잡는 게 합리적일까? 크기가 큰 평균 쪽에 맞추자는 게 당연한 결론일 것이다. 문제는 우리만 그렇게 생각하는 게 아니라 다른 경쟁자도 그렇게 생각한다는 데 있다. 대부분의 플레이어들이 그런 생각을 하기 때문에 볼륨이 가장 큰 중간 부분은 항상 경쟁이 치열하다. 그래서 볼륨은 매우 크되 이익은 별로 남지 않는 경우가 많다. 이것을 '다수의 오류(The Majority Fallacy)'라고 한다. 크기가 가장 크다는 이유로 평균적인 시장을 목표로 하다가 수익성 높은 작은 세그멘트를 놓치는 것을 뜻한다.

이처럼 단순히 소비자가 얼마나 많을까만을 기준으로 목표시장을 선택해서는 안 되기 때문에 시장세분화가 필요하다. 수익성 측면에서는 작은 세그멘트 쪽이 훨씬 클 수 있기 때문이다. 즉 '20 대 80 법칙(Pareto's law)'이 적용될 수 있다. '20 대 80 법칙'은 이탈리아 경제학자 파레토(V. Pareto, 1848~1923)가 처음 주창한 것으로 전체 인구 중 20%가 전체 부의 80%를 차지하고 있다는 이론이다. 이와 대치되는 개념으로는 미국의 인터넷 비즈니스 관련 잡지 와이어드(Wired)의 편집장 앤더슨(C. Anderson)이 2004년 처음 사용한 '롱테일 법칙(Long Tail theory)'이 있다.

그런데 시장세분화에는 비용이 소요된다. 여러 제품군을 유지하기 위해서는 생산에서부터 마케팅까지 부가적인 비용이 소요된다. 그러므로 세그멘테이션(세분화)을 많이 하는 것이 꼭 바람직하진 않다. 일차적으로 비용이 올라가고, 또한 동일한 제품라인에 여러 브랜드를 출시한 경우 그 브랜드끼리 내부경쟁을 하는 부작용도 나타나기 때문이다. 적절한 세그멘테이션은 이러한 비용과 매출을 비교해서 적절한 균형을 이루게 할 것이다.

2 시장세분화의 요건

첫째, 하위시장이 내부적으로는 동질적이며 외부적으로는 이질적인가를 검토해야 한다. 전체시장의 선호 패턴이 동질적이거나 확산된 선호패턴을 보일 경우에는 시장세분화가 적합하지 않다. 그러나 군집화 선호 패턴을 보일 경우, 적정한 규모의 세분시장으로 나누는 것은 가능하다.

둘째, 하위시장의 '경제성'을 고려해야 한다. 즉 전체시장의 선호패턴이 군집화의 양상을 보여 시장세분화를 하려고 할지라도 전체시장의 규모가 너무 작아 그것을 세분화하고 별도의 마케팅 믹스를 구사하는 것이 비경제적일 경우 시장세분화는 의미가 없을 것이다. 이러한 현상을 주로 신제품 개발 직후 시장의 수요가 충분히 개발되지 않는 제품도입 단계에서 나타나는데, 마케터는 우선 전체시장을 확대하기 위한 전략을 추진하여야 한다. 예를 들어, 아이들을 위한 골프클럽을 개발한 골프용품업체라면, 자신의 제품시장을 확대하기 위하여 아이들을 위한 골프교실을 박세리, 김미현과 같은 유명 선수들을 초청하여 무료로 개최하거나, 어린이 골프대회를 개최할 수도 있을 것이다.

셋째, 세분시장의 규모나 구매력의 크기가 계량적으로 평가되어야 한다. 즉, 세분시장의 크기가 금액이나 판매량 등의 측정 가능한 지표로 나타내도록 하여야 한다.

넷째, 선정된 세분시장은 마케팅노력이 성공적으로 집중될 수 있어야 한다. 즉, 마케터의 마케팅노력을 세분시장을 위하여 설계하는 것이 어렵다거나, 촉진활동을 통하여 정보를 전파하고 설득하는 어렵다면 시장세분화는 무의미할 것이다. 예를 든다면, 외딴 섬이나 깊은 산골에 사는 사람들에게는 골프용품을 판매하는 것이 어려울 수 있으며, 문맹자들에게는 인쇄매체를 통하여 자신의 골프용품에 대한 정보를 제공하기가 어려울 것이다. 따라서 시장세분화는 마케터의 마케팅노력이 세분시장에 접근 가능하도록 하여야 한다.

다섯째, 앞에서 살펴본 조건들을 다 갖추었다고 할지라도 마케터가 세분시장의 '원하는 바'를 충족시킬 마케팅 믹스를 개발할 능력과 조건을 갖추지 않았다면 시장세분화는 의미가 없을 것이다. 즉 시장세분화를 효과적으로 추진할 '실행 가능성'을 갖고 있어야 한다. 여기서 마케팅 인력, 자금, 기술 등의 능력과 조건이 갖추어져 있지 않다면 시장세분화를 위한 계획은 휴지조각에 불과할 것이다.

결국 전체시장은 원하는 바와 구매행동 특성이 다양한 소비자들로 구성되어 있으며 각 세분시장의 잠재력도 다를 것이므로, 마케터는 세분시장의 선호패턴, 경쟁의 양상, 기업의 강약점, 추구하는 기업 이미지 등의 측면에서 가장 잘 봉사할 수 있는 세분시장을 확인해내야 한다. 그런 다음에야 표적시장으로부터 가장 바람직한 소비자의 반응을 얻어내기 위한 마케팅 믹스를 구성할 수 있는 것이다.

3 시장세분화 절차와 방법

(1) 시장세분화 절차

시장세분화 분석이란 마케터가 시장세분화의 개념을 근거로 하여 마케팅전략을 구사할 수 있도록 세분시장들을 정의하고 평가하는 일인데, 일반적으로 **그림 7-2** 와 같은 절차에 따라 수행된다.

그림 7-2 시장세분화 과정

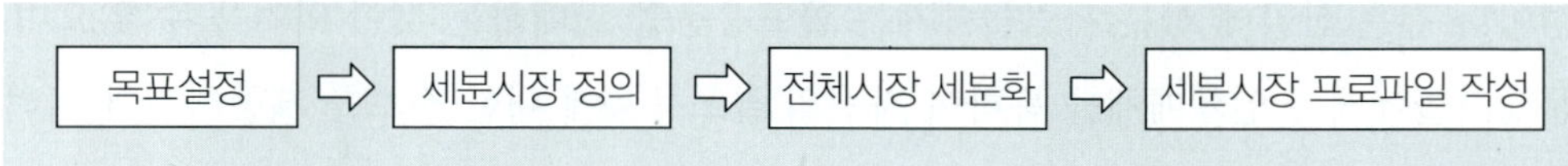

첫째, 시장세분화 목표를 명확하게 설정한다. 마케터는 시장세분화를 하기 위하여 어떠한 제품을 대상으로 할 것인지, 전체시장이 어떠한 사람들로 구성되어 있는지, 지역과 시간적인 범위를 어떻게 다룰 것인지, 신제품개발의 기회를 찾기 위한 것인지 등의 문제를 고려함으로써 시장세분화의 목표를 명확하게 설정해야 한다. 예를 들면, 골프용품의 마케터는 골퍼들이 티샷 시 초보자일지라도 비거리가 많이 나는 드라이버를 개발하기 위한 마케팅 기회를 찾기 위한 시장세분화 목표를 가질 수 있을 것이다.

둘째, 세분시장을 정의하거나 묘사하기 위한 근거들을 선정한다. 시장세분화 분석의 목표에 부합되도록 전체시장을 원하는 바나 구매행동 특성이 내부적으로 유사하고 외부적으로 상이한 고객들의 세분시장으로 구분해줄 수 있는 근거들을 선정한다. 그러한 근거들은 대체로 인구통계적 특성, 지리적 특성, 심리적 특성, 행위적 특성들과 관련된다.

셋째, 세분시장을 정의할 근거를 결정하고 전체시장을 세분한다. 예컨대 골프용품업체들이 남자와 여자 클럽을 별도로 판매하고 있는 것은 대표적인 예가 된다. 즉 골프클럽의 시장을 구분할 때, 남자와 여자의 성별변수를 이용하고, 샤프트를 레귤러(regular), 스트롱(strong) 또는 스틸(steel)로 구분하는 것은 시장세분화변수를 조합하여 이용하는 예를 보여준다. 특히 잠재고객의 원하는 바를 근거로 하여 시장을 세분하는 것을 '효익세분화(benefit segmentation)'라고 하는데, 마케팅전략의 실무적 시사점을 풍부하게 제공해준다. 예를 들면 골프 클럽을 구매하는 데 사회적 체면, 경제성을 근거로 한다면 사회적 체면과 경제성의 변수는 골퍼들이 추구하는 효익이 되므로, 마케터는 이를 근거로 하여 사회적 체면이 고려되는 고가의 골프클럽과 경제성이 고려되는 저가의 골프클럽을 개발할 수 있는 기회를 찾을 수 있을 것이다.

넷째, 세분시장 정의변수에 의해 분리된 각 세분시장들을 여타의 변수(세분시장 묘사변수)들로서 묘사하여 세분시장 프로파일을 작성한다. 예를 들어 치약 구매에서 가격의식적인 세분시장은 소득과 교육수준이 낮고, 보수적인 가치를 갖고 있으며, 안전에 관심을 가지며, TV 영화를 자주 보는 경향이 있는 것으로 묘사될 수 있다.

세분시장을 통계적으로 기술하기 위해서는 t-검정이나 분산분석이 널리 이용된다. t-검정은 세분시장이 두 개, 분산분석은 세 개 이상일 경우 이용된다. 그리고 각 세분시장별 잠재고객의 행동이 어떠한 요인들로부터 영향을 받고 있는가를 알기 위해서는 잠재고객의 소비자행동 결과를 종속변수로 하고, 이에 영향을 미치는 변수들을 독립변수로 하여 어떠한 변수들이 이들 종속변수에 영향을 미치는가를 각 세분시장별로 분석할 수 있다. 이를 분석하기 위해서는 다중회귀분석, 판별분석, 정준상관분석, 로짓 분석 등의 분석기법이 이용될 수 있다. 또한 AID나 MDS(다차원척도법) 등의 분석기법이 이용될 수도 있다.

이상과 같은 절차에 따라 전체시장을 세분하고 세분시장별 프로파일을 작성하고 나면 마케터는 각 세분시장의 규모를 추정하고 프로파일을 이용하여 표적시장을 선정하고 마케팅전략을 개발해야 하는데, 성공적인 시장세분화 분석의 요체는 적절한 마케팅전략을 설계하기 위한 지침으로써 분석의 결과를 활용하는 데 있다.

(2) 시장세분화 방법

세분시장별로 자사의 경쟁우위가 확보될 수 있는 가능성을 평가하여 전망이 좋은 세분시장을 선택해야 한다. 또한 자사의 제품과 경쟁제품의 차이를 분석하여 포지셔닝 전략을 구축해나간다. 세분시장 분석방법을 요약하면 표 7-1 과 같다

표 7-1 시장세분화 방법

분석요소	평가항목
시장의 외형평가	– 시장잠재력 – 시장의 규모 – 시장성장률
고객의 특성평가	– 소비자의 필요와 욕구

시장의 외형평가

먼저 시장의 외형을 평가해야 한다. 시장의 규모는 이익을 보장해줄 정도로 커야 하며 지금은 작더라도 성장잠재력이 있어야 한다. 세분시장의 외형은 시장의 규모, 시장잠재력, 시장성장률을 고려하여 측정한다.

규모가 큰 시장이라고 해서 높은 수익을 보장해주지 않는다. 규모가 큰 시장은 성장률이 낮고 많은 경쟁자가 있기 때문에 경쟁에서 불리하고, 점유율이 낮은 경우에는 규모의 경제에 도달하지 못해 수익이 낮을 가능성도 있다. 시장의 외형평가에서는 기업의 규모도 동시에 고려해야 한다. 소규모기업의 경우에는 큰 규모의 시장보다는 진입이 쉽고, 경쟁이 적고, 차별적 우위를 가질 수 있는 소규모시장에 뛰어드는 편이 좋은 경우가 많다.

시장잠재력(market potential)은 특정 시장 내에서 일정 기간 동안 시장 내의 모든 기업들이 최대의 마케팅노력을 기울일 때 달성할 수 있는 최대 매출액을 의미한다. 이 중에서 우리 회사가 달성할 수 있는 최대판매액을 판매잠재력(sales potential)이라고 한다. 시장잠재력의 산정은 잠재구매자 혹은 잠재사용자의 크기를 파악하고 이들의 구매량 혹은 사용량을 추정하여 둘을 곱하여 구한다. 즉, 시장잠재력 = 잠재구매자의 수 × 잠재구매량. 이런 방식을 연쇄비율법(chain ratio method)이라고 부르는데, 이는 정부의 각종 센서스 데이터, 관련 협회의 통계자료 등의 손쉽게 구할 수 있는 자료를 이용하여 개략적으

로 구하는 방법이다.

예를 들어, 핸드폰의 시장잠재력을 계산한다면 한국의 총가구수가 1,000만 가구이고 한 가구당 핸드폰을 사용할 만한 나이에 도달하고 핸드폰 세트와 전화사용료를 지불할 경제적 능력이 있는 사람이 2명이라고 가정한다. 그리고 1인당 1대씩 구매할 것으로 가정하면, 시장잠재력은 1,000만×2=2,000만 대라고 추정할 수 있다.

성장률이 높은 시장은 매출과 이윤의 지속적인 성장을 기대할 수 있는 바람직한 시장이다. 그러나 많은 경쟁자를 불러들이기 때문에 경쟁이 격화되어 이윤율이 악화될 가능성도 있다. 따라서 성장률과 미래의 경쟁상황을 예측하여 의사결정을 해야 한다. 성장률은 미래 매출액을 예측한 다음 현재 매출액과 비교하여 추정한다. 미래의 매출을 예측한다는 것은 매우 어려운 일이다. 전문가 의견과 같은 판단적 기법, 시계열과 같은 통계적 기법 등 다양한 방법이 사용된다.

고객의 특성평가

시장규모, 시장잠재력 등 시장의 외형적 특성과 함께 각 세분시장의 고객들이 무엇을 요구하는지 그 특징을 파악해야 한다. 마케팅전략은 고객을 만족시키기 위한 청사진이기 때문에 고객의 필요와 욕구를 파악하는 것은 가장 기본적이고도 중요한 과정이다. 즉, 세분시장에서 소비자의 필요와 욕구를 분석하여 재빨리 대응해나갈 발판을 구축하여야 한다.

소비자의 제품에 대한 필요와 욕구의 분석은 제품의 세 가지 차원에 따라 행해져야 한다. 제품의 세 가지 차원은 핵심제품, 유형제품, 확장제품의 세 가지를 말한다. 핵심제품은 소비자가 제품에서 추구하는 핵심적 편익을 의미하며, 유형제품은 상표명, 품질, 스타일, 패키지와 같은 유형적인 부분을 의미한다. 그리고 확장제품은 제품설치, 배달, A/S, 보증 등의 무형적인 부분을 의미한다. 기업은 이 세 가지 차원에서 고객이 원하는 것이 무엇인지를 상세히 분석할 필요가 있다. 예를 들어 자전거에 대한 고객의 욕구를 **표 7-2** 와 같이 나타낼 수 있다.

표 7-2 제품의 세 가지 차원별 고객욕구분석

	핵심제품 (추구하는 편익)	유형제품 (기능, 성능, 디자인, 색상)	확장제품 (설치, 배달, 보증, A/S)
시장1	수송	내구성 기본적 디자인	A/S
시장2	여가활용	다양한 색 독특한 디자인	A/S 다양한 액세서리
시장3	체력단련 마니아 활동	내구성 전문적 디자인	A/S 보증 다양한 제품정보

시장1이 추구하는 편익은 자전거가 제공하는 가장 기본적인 수송이며, 따라서 튼튼하여 오래가는 자전거를 선호한다. 시장2는 여가를 활용하기 위해 자전거를 사는 소비자들로 구성되어 있고 독특한 디자인과 다양한 색의 자전거를 선호하며 다양한 액세서리를 공급해야 할 필요가 있다. 시장3은 체력단련과 모험심을 즐기려는 마니아들로 구성되어 있다. 따라서 전문적 디자인의 자전거를 선호한다. 이들을 위하여 자전거에 대한 다양한 정보를 제공해줄 필요가 있다.

4 시장세분화의 변수

시장의 세분은 특정 변수를 기준으로 이루어진다. 예를 들어 수도권, 호남권, 영남권, 충청권 등으로 분류하는 방법인데, 지역에 따라 소비자들의 욕구가 상이할 때만 의미가 있다고 하겠다. 그렇지 않다면 기업의 관리적인 편의에 의한 구분에 불과하다.

지역에 따라 소비자행동이 달라지는 예는 많이 있다. 미국의 경우 커피소비가 가장 많은 도시는 시애틀이다. 그 다음이 샌프란시스코이나 1인당 커피소비량은 시애틀의 절반 정도에 불과하다. 스타벅스와 같은 유명 커피점 체인이 시애틀에서 시작된 것은 결코 우연이 아니다.

다른 예를 하나 더 들어보자. 소비자가 어떤 제품을 구매할 때는 그 제품으로부터 어떤 편익(benefit)을 얻기 위해서이다. 소비자들에 따라 얻고자 하는 편익이 상이하다면 추구하는 편익이 세분화의 기준이 될 수 있다.

전통적으로 시계는 사회적 지위 또는 신분과 관련이 깊다고 여겨왔다. 따라서 스위스 시계를 필두로 해서 모든 시계회사들이 고급이미지를 강조하여 보석상 등 전문점을 통해 판매해왔다. 그러나 타이멕스(Timex)라는 미국의 회사는 광범위한 소비자조사 결과 손목시계를 찾는 사람의 약 23%는 싼 가격, 46%는 품질과 내구성, 31%는 과시하기 위하여 구매한다는 것을 알아냈다.

이에 따라 타이멕스는 마케팅전략을 대폭 수정하여 싼 가격, 품질, 내구성을 추구하는 세분시장을 목표시장으로 설정한 다음, 저가의 시계를 대중이 많이 이용하는 잡화상, 약국 등을 통하여 판매하여 크게 성공하였다. 반면에, 스와치(Swatch)는 패션성을 강조하는 시계를 개발하여 크게 성공하고 있다.

이와 같이 시장은 서로 다른 욕구를 갖는 소비자로 구성되어 있으며 이들의 욕구는 지역, 나이, 라이프스타일, 구매동기 등 여러 가지 시장변수에 따라 몇 개의 그룹으로 구분된다. 일반적으로 시장변수는 지리적 특성, 인구통계학적 특성, 심리적 특성, 행태적 특성의 네 가지 범주로 구분된다. 그런데 문제는 이런 고객행동변수는 관찰과 측정이 어려워 적용하기 곤란한 경우가 많다는 점이다. 따라서 차선책으로 고객행동변수와 관련이 있는 고객특성변수를 선택하여 세분화하는 경우가 많다. 각각의 범주별 세분변수를 정리하면 **표 7-3**과 같다.

예를 들어, 남성의류의 단순 세분화에는 나이, 소득, 라이프스타일, 용도 등의 변수를 조합하여 시장을 세분화할 수 있고, 여기에 보다 많은 변수를 조합시키면 명확하게 시장을 세분화할 수 있을 것이다. 이러한 시장세분화는 기업들이 마케팅 활동을 행하는 데 있어 다음과 같은 기능을 수행하게 해준다. 첫째, 수익성이 보장되는 거대한 세분시장을 확인하게 해준다. 둘째, 마케팅노력에 의해 효율적으로 접근될 수 있는 세분시장을 확인하게 해준다. 셋째, 세분화된 시장에 적합한 효율적인 마케팅 믹스 개발을 가능하게 해준다.

시장세분화가 이러한 기능을 수행하기 위해서는 세분시장 내의 동질성, 접근 가능성,

표 7-3 시장세분화의 변수

변수	세분화 실례
지리적 특성	– 지역(서울, 영남, 충청 등) – 도시규모(대도시, 중소도시)
인구통계학적 특성	– 성별(남, 여) – 나이(10, 20, 30, 젊은층, 노년층) – 가족규모(1인, 4인) – 소득(월 200만 원 이하, 200~500만 원, 1,000만 원 이상) – 직업(전문직, 공무원, 학생) – 교육정도(중졸, 고졸, 대졸) – 종교(기독교, 불교 등) – 개성(사교적, 권위적)
심리적 특성	– 사회계층(상, 중, 하류층) – 라이프스타일(오렌지족, 미시족) – 개성(사교적, 권위적)
행태적 특성	– 구매동기(필요, 교체 등) – 추구편익(기능적 편익: 상품의 속성이나 기능에서 얻는 혜택, 심리적 편익: 자기과시, 우월감, 세련미 등) – 사용여부(사용 무, 교차/잠재적/처음/정기적 사용자 등) – 사용량(비사용자, 중간 사용자, 주사용자) – 사용상황(규칙적, 특별한 경우 등) – 충성도수준(없음, 약함, 중간, 강함, 절대적 등)
제품의 사용 패턴	– 애플리케이션(본체, 도장, 촉매 등) – 최종사용자(건재, 용기 등)
가공수준	– 가공단계(원료, 최종 제품 등) – 종이, 펄프 등

측정 가능성, 실질성, 차별적 반응 등 다섯 가지 전제조건이 선행되어야 한다. 즉, 세분된 시장은 소비자욕구가 동질적이어야 하고, 비슷한 성향을 가지고 있어야 한다는 것이며, 또한 시장은 동일한 특성을 가진 소비자들로 구성되어야 하며, 이들에게 접근할 방법이 무엇인지 알 수 있어야 한다. 즉, 매체를 통하여 소비자들에게 상품을 알릴 수 있어야 한다는 것이다. 또한 세분시장은 규모와 구매력 측정이 가능해야 하며, 세분된 시장 내에서 독자적인 별개의 마케팅 활동을 실행할 수 있을 정도로 수익성과 가치가 보장되어야 한다.

마지막으로 하나의 마케팅 믹스 전략에 각각의 세분시장이 서로 다르게 반응해야 한다. 그리고 관심대상이 되는 각각의 고객세분시장은 세밀하게 그 내용이 파악되어야 한다. 즉, 가격의식적 고객 대 품질의식적 고객 등으로 고려하는 것만으로는 충분하지 않다. 세분시장의 구체적인 내용, 즉 인구통계적 특징, 심리묘사적 특징, 매체묘사적 특징, 태도 및 행위 등에 대해 더 세밀한 정보를 필요로 한다.

(1) 지리적 세분화

지리적 세분화(geographic segmentation)는 표 7-4 에서 보는 바와 같이 단순히 소비자가 이동할 수 있는 거리가 제한되어 있기 때문에 의미가 있는 게 아니다. 많은 경우 지리적 경계에 따라 소비자의 선호도와 취향도 구분된다. 그런 경우 지리적 세분화의 효과가 더욱 커진다.

표 7-4 지리적 세분화

변수	전형적인 예
지역	서울, 경기, 경북, 경남, 전남, 전북, 충남, 제주, 기타
도시규모	5천 명 이하, 5천~2만 명, 2만~5만 명, 5만~10만 명, 10만~30만 명, 30만 명 이상
인구밀도	도시, 교외, 시골

바람직한 것은 아니지만 우리나라의 경우 지역적으로 선호하는 신문이 다른데, 이것은 지리적 세분화의 예가 될 수 있다. 지리적으로 구분될 뿐만 아니라 소비자의 선호도 역시 지리적 경계에 의해 구분되기 때문에 신문사에게는 지리적 세분화가 적어도 마케팅 측면에서는 의미가 있을 수 있다.

또는 매운 음식을 더 즐기는 지역인지 아닌지, 알코올 함유량이 높은 술을 즐기는 지역인지 아닌지 등의 지리적 특성에 따라 구분될 수 있다. 추운 지역에서는 더 강한 술을 즐길 수 있을 것이다. 우리나라나 멕시코는 매운 맛을 가미하는 것이 매출을 올릴 수 있다. 이처럼 지리적으로 구분되면서 선호도와 취향도 지리적 구분에 따른다면 지리적 세분화를 생각해볼 수 있다.

기업은 하나 또는 몇 개의 지리적 지역에서 사업을 할 때, 지역에 따른 기본적인 욕구와 선호의 차이가 있음을 잊지 말아야 한다. 의류업체는 지리적 특성별 세분화를 하는 전형적인 예이다. 여성의류 브랜드인 조이너스는 전국적으로 판매되고 있지만 지역적으로 선호가 다르다. 서울 여성보다는 지방 여성이 더 선호하고 있으며, 서울 지역에서도 강남, 신촌 등 젊고 실험적인 여성이 많이 찾는 지역보다는 면목동 등 보수적인 여성들이 많이 거주하는 지역에서의 선호가 더 높다. 따라서 지방 도시와 서울 외곽을 중심으로 대리점이 있다.

반면 디자이너 브랜드인 오브제의 경우에는 지방보다는 서울 등 도시에서, 서울 지역 내에서도 외곽보다는 압구정, 신촌 등 젊고 세련된, 유행을 따라가는 여성들이 많이 찾는 지역에서의 판매가 더 높아 서울 도심에서의 대리점 개설에 노력하고 있다. 이 밖에 카페나 음식점, 케이블 TV도 지리적 특성에 따라 세분되는 전형적인 예라 할 것이다.

한편 미국의 맥스웰하우스(Maxwell house) 커피는 제품을 전국적으로 판매하고 있으나 맛은 지역적으로 다르게 하고 있다. 즉, 강한 커피를 좋아하는 서부지역에는 진한 커피를 팔고, 동부지역에는 그보다 약한 커피를 판매한다. 또한 담배회사 알제이레이놀즈(R. J. Reynolds Tobacco Company, RJR)는 시카고 지역을 3개로 나누어 담배를 팔고 있다. 북쪽 지역은 높은 교육수준으로 건강에 많은 관심을 가지고 있기 때문에 타르가 적은 담배에 주력하고, 남동쪽 지역은 공장 근로자들이 많아 보수적이기 때문에 윈스턴(Winston)을 집중적으로 판매한다. 한편 흑인이 많이 사는 남쪽지역은 흑인용 신문 등에 Salem을 광고하고 있다.

(2) 인구특성적 세분화

시장세분화라고 할 때 가장 쉽게 생각해볼 수 있는 것이 인구통계적 또는 인구특성적 세분화(demographic segmentation)이다. 성별, 나이, 직업, 교육수준, 결혼여부, 수입 등을 기준으로 세분화를 하는 것이다. 인구특성은 상대적으로 조사하는 것이 쉽기 때문에 더욱 많이 이용되고 있고 그 효과 또한 아주 뛰어나다.

인구특성적 세분화에서 한 가지 생각해볼 점은 목표로 하는 세그멘트가 성장하는 세그멘트인가 아니면 줄어드는 세그멘트인가이다. 예를 들어 나이를 생각해보자. 영유아 인구의 크기는 출산율의 저하로 점점 줄어가는 추세이다. 즉 줄어드는 세그멘트이다. 반대로 인구의 고령화가 급속히 진행되고 있기 때문에 60세 이상 인구의 크기는 빠르게 성장해가는 세그멘트이다. 다른 조건이 비슷하다면 성장하는 세그멘트에 더 집중하는 것이 더 낫다는 것은 자명하다.

다른 변수들에 비해 측정이 용이하며 소비자욕구와 연관성이 높기 때문에 인구통계적 변수는 소비자집단을 구분하는 데 가장 널리 사용된다. 만약 표적시장이 인구통계적 변수로 묘사되지 않을 때, 예를 들어 개성이나 라이프스타일과 같은 정신 심리적 변수로 표적시장의 크기와 그것에 효율적으로 도달하는 방법을 알아보려 할 때, 인구통계적 변수와 다시 연관시켜보면 시장을 세분화하기 손쉬워진다. 인구통계특성별 세분화에 사용되는 변수로는 나이, 성별, 소득, 직업 등이 있다. 이들을 정리하면 표 7-5 와 같다.

표 7-5 인구특성적 변수를 이용한 세분화의 예

인구특성변수	세분화의 예
성별	남, 여
연령	유아, 취학 전, 초등학생, 중고등학생, 10대 후반~24세, 20대 후반, 30대, 40~50대, 60대 이상
학력	중졸 이하, 고졸 이하, 대졸 이하, 대학원 이상
소득	100만 원 미만, 100만~200만 원 미만, 200만~300만 원 미만, 300만~500만 원 미만, 5,000만 원 이상
혼인	미혼, 기혼, 기타
직업	자영업, 판매업, 기능직업직, 공무원 및 사무직, 고급 공무원 및 기업체 간부, 전문, 자유직, 농림 · 수산업, 대학(원)생, 중고등학생, 주부
생활주기	미혼, 신혼, 젊은 부부, 중년부부, 장년부부, 노년부부, 사별 후 독신
주거형태	아파트, 연립주택, 단독주택, 상가주택

(3) 심리적 세분화

심리적 세분화(psychographic segmentation)는 가치관이나 태도, 라이프스타일, 성격특성 등에 따라 구분하는 것이다. 성별이 다르더라도 비슷한 가치관을 갖는 층을 묶어서 구분할 수 있으며 마찬가지로 나이가 다르더라도 유사한 라이프스타일에 따라 구분될 수 있다. 나이, 성별, 소득, 직업 등 동일한 인구통계적 집단 내에 속한 사람들도 서로 상이한 심리적 특성을 가지고 있을 수 있다. 따라서 시장세분화 시 사회계층, 라이프스타일, 개성 등 동일한 인구통계적 집단 내에 속한 사람들의 상이한 심리적 특성을 기초로 시장을 나누기도 한다.

사회계층은 자동차, 의복, 가전제품, 여가활동, 독서습관, 소매점포 등에 대한 선호도에 강하게 영향을 주고 있다. 따라서 많은 기업들은 특정 사회계층을 위한 제품이나 서비스를 설계하고 있다. 1960년대 이후 가장 많이 쓰이는 변수 중에 하나가 라이프스타일인데, 사실상 사람들이 소비하는 제품들이 그들의 라이프스타일을 표현하고 있으며, 다양한 제품과 상표를 취급하는 마케팅 관리자들은 점점 더 시장을 소비자 라이프스타일에 따라 세분화하는 경향이 있다.

예를 들어 현대자동차가 생산하는 차를 살펴보면 경제성을 생각하는 소비자를 위해서는 아토스, 패션 지향적인 소비자에게는 스포티함을 강조하는 유사 스포츠카 스쿠프와 티뷰론, 실속을 강조하는 소비자에게는 액센트 시리즈 등 라이프스타일에 맞는 자동차 모델을 제시한다. 라이프스타일은 흔히 활동(Activity)과 관심(Interest), 의견(Opinion)을 기준으로 분류되는데, 머리글자를 따서 AIO 분석이라고 한다. 즉, 소비자가 어떻게 시간을 보내고, 어떤 일을 중시하며, 어떤 견해를 갖고 있는가를 척도로 나타내어 수치화하는 것이다. 이런 방법은 시장에 대해 풍부한 정보를 주지만, 세분화의 경계가 모호하여 측정이 어렵다는 단점이 있다.

마케팅 관리자들은 시장을 세분화하기 위해 개성변수를 사용해왔다. 즉, 소비자의 개성에 대응되는 상표개성을 자사의 제품에 부여한 것이다. 태평양화학의 남성용 화장품 미래파는 광고를 통해 자기 일에 성공적이지만 아내에게는 한없이 부드러운 젊은 남성상을 제시하였다. 이는 제품에 개성을 불어넣고 미래파 구매자들과 그 이미지를 연결시킴으로써 보다 동질화된 시장을 형성하게 하며 기업이 목표시장에 접근하는 것을 보다 용이하게 해준다.

상카(Sanka)는 그동안 정체되고 낡은 이미지로 인해 시장이 한정되어 있었다. 그러나 빠른 물결 위에서 카약을 타는 것과 같은 모험적인 장면을 광고로 선보이면서 건강하고 적극적인 라이프스타일의 음료라는 이미지를 주어 성공하였다. 또한 리복 운동화는 건강하고 날렵한 몸매를 위해 에어로빅을 하는 여성에 초점을 맞추어 크게 성공하였다.

또 과거 오랫동안 캠벨(Campbell)은 종류가 단순하고 값싼 수프만을 생산하였다. 이에 따라 캡벨(Campbell)은 수프 시장의 대부분을 점유하면서도 값싼 제품이 많기 때문에 높은 이익을 올리지는 못했다. 그러나 이 회사는 점차 생활양식의 변화를 깨달았고, 그 변화에 알맞은 여러 제품을 생산하여 크게 성공하였다. 과거에는 6시 정각에 모든 가족들이 모여 손을 씻고 식탁에 앉아 규칙적인 식사를 하였고 아버지는 일하고 어머니는 가정을 돌보며 아이들은 보통 두 명 정도 있었다. 그러나 지금은 생활양식이 크게 변하여 간식을 많이 먹으며 50% 이상의 가정이 식구가 2명 이하이고, 혼자 사는 경우도 많이 늘고 있다. 이에 따라 캠벨(Campbell)사는 수프 시장을 세분화하여 이들에게 알맞은 334개의 신제품을 내놓아 큰 성공을 거두었다.

(4) 행동적 세분화

어떤 제품이 어떻게 얼마나 자주 사용되는가에 기반을 두어서 세분화를 하는 게 행동적 세분화(behavioral segmentation)이다. 같은 정장일지라도 평일 직장 근무를 위해 구입하는 사람과 모임에 나갈 때 입기 위해 구입하는 사람은 각기 구분되는 세그멘트이다. 같은 술이더라도 다른 음식을 먹을 때만 술을 함께 마시는 소비자와 술 자체를 즐기는 소비자는 별개의 세그멘트에 속한다. 같은 컴퓨터이더라도 직장에서 업무를 위해 사용되는 경우와 소비자 개인의 즐거움을 구해 구입하는 경우는 별개의 세그멘트이다. 이처럼 어떻게 또 얼마나 자주 사용되느냐에 따라 시장은 세분화될 수 있다.

또한 어떤 제품이나 서비스에는 이른바 단골(frequent purchaser)이 있다. 그 브랜드를 특별히 좋아하고 높게 평가하기 때문에 반복해서 구매를 하는 층으로, '다량사용자(heavy users)'라 한다. 이들과 반대되는 층이 '비사용자(nonusers)'이다. 우리 브랜드를 거의 사용하지 않는 층이다. 그리고 두 구매층 중간에 있는 그룹을 '소량사용자(light users)'라 한다. 특별히 한 브랜드에 얽매이지 않는 층이다. 이들 세 그룹은 각각 별개의 마케팅전략을 갖고 접근해야 한다.

비사용자(nonusers)에게는 일단 자사 브랜드를 알리고 주의를 끄는 게 중요하다. 소량사용자(light users)는 자사 브랜드에 대해 일단 인지는 하고 있는 상태이기 때문에 장점을 더욱 부각하거나 알려지지 않은 장점을 소개하는 광고를 하는 것이 효과적이다. 다량사용자(heavy users)에게는 단골고객 프로그램(frequent purchaser program)을 통해 특별한 혜택을 제공하고 제품이나 서비스를 보다 편리하게 이용할 수 있는 채널을 확보, 홍보하는 것이 중요하다. 이처럼 각기 다른 전략으로 접근해야 하기 때문에 구매 빈도에 따른 세그멘테이션이 의미 있는 것이다.

결국 소비자와 상품의 관계에 초점을 둔 분석방법을 쓸 필요가 있는데, 이것이 행동특성별 세분화이다. 행동적 세분화의 기준으로는 사용용도, 편익, 사용량, 상표충성도 등이 이용되는데 각각의 경우를 살펴보자.

사용용도

구매자들은 어떤 이유로 제품을 사용하는가, 언제 사용하는가에 따라 구별될 수 있다. 예를 들어 내가 쓸 물건인가, 선물할 것인가, 집에서 쓸 것인가, 야외에서 쓸 것인가 등에 따라 제품은 달라진다.

같은 사람이 먹을 케이크도 크리스마스용이냐, 생일용이냐, 디저트용이냐에 따라 구매선택기준은 달라진다. 그리고 용도에 의한 세분화를 이용하는 기업은 제품사용을 확대할 수 있다. 예를 들어, 오렌지주스는 아침에 많이 소비된다. 이때 오렌지주스 회사는 하루 중 다른 때 주스를 마시거나 시리얼에 타서 먹는 등 다른 방법을 개발하여 오렌지주스를 많이 마시도록 촉진할 수 있다. 사탕이나 꽃의 판매를 증가시키기 위해 어버이

날, 화이트데이 같은 특정한 날에 대대적인 판촉행사를 개최하기도 한다.

제품의 특징에 따른 세분화 대신에 어떤 기업은 고객의 생활리듬이 변화함에 따라 그중에서 중요한 계기를 세분화의 기준으로 삼기도 한다. 이를 '중요 사건에 의한 세분화'라고 부르며, 그러한 계기는 결혼, 사별, 이혼, 가옥취득, 상해와 병, 직장 변경, 정년, 가족구성원의 죽음 등이다. 이러한 경우에 결혼상담자, 고용상담자 및 사별상담자 등에 의해서 서비스가 제공되기도 한다.

편익

세분화 중 많이 쓰이는 방법은 구매자들이 제품으로부터 추구하는 상이한 편익(benefit)에 따라 구매자를 분류하는 것이다. 편익 세분화를 시도하려면 사람들이 제품계층에서 추구하는 주요 편익과 각 편익을 추구하는 사람들의 유형, 그리고 각 편익을 제공하는 주요 상표를 결정해야 한다.

가장 성공적이었던 편익세분화 중 하나는 치약시장의 세분화이다. 표 7-6 에서 보는 바와 같이 치약시장은 네 개의 편익세분시장이 각각 다른 특징을 지니고 있으며, 각각 추구하는 편익이 다름에 따라 특정 상표를 선호한다는 것을 보여주고 있다. 따라서 치약회사는 자사의 제품이 어떤 세분시장에 위치하고 있으며, 그 시장의 특징과 경쟁상표를 명확히 할 수 있다. 또한 그 치약 회사는 새로운 편익을 찾아내고, 그러한 편익을 제공할 수 있는 상표를 만들 수 있는 것이다.

표 7-6 치약시장의 편익세분화

편익	인구동태	행동	심리	세분시장	선호상표
절약(저가)	남성	모두 사용	자주성, 가치지향	독립형	가격할인상표
의학적(충치예방)	대가족	모두 사용	보수성, 건강예민	근심형	죽염치약
화장적(미백치약)	10대, 청소년	흡연자	사교성, 적극성	사교형	화이트
맛(좋은 맛)	어린이	향료선호	자기중심, 감각적	감각형	혼자서도 잘해요

편익세분화는 일반적으로 어떤 기업이 하나의 편익집단을 만족시키는 데 집중해야 한다는 것을 의미한다. 예를 들어, LG화학에서 판매하는 죽염치약은 충치 예방과 잇몸 보호의 이점을 제공하여 아주 성공적이었고, 부광약품의 어린이 전용 치약 브랜드는 톡 쏘는 맛을 제거하여 달콤한 맛의 편익을 제공함으로써 인기를 끌었다. 그리고 하얀 치아를 위한 미백치약들이 젊은층과 여성층을 중심으로 인기를 끌었다.

또한 시계업체가 비싼 시계를 금은방에서 팔고 있을 당시 Daniel Yankelovich라는 사람은 시계업체가 소비자들이 시계를 구입함으로써 얻게 되는 이익을 전혀 무시하고 있다는 것을 알게 되었다. Yankelovich의 조사에 따르면 시계를 구입하는 소비자의 1/3은 값싼 시계를 원하며 다른 46%의 소비자는 오래 사용하고 고급품인 시계를 원하였다. 이에 대응하여 타이맥스(Timex) 시계는 값싼 제품을 만들어 값싼 상품을 취급하는 소매상에서 판매하였고 그 결과 세계 최대의 시계회사가 되었다.

리버브라더(Lever Brother) 회사는 옷에 자기 체취가 남아 있는 것을 염려하는 소비자들을 겨냥하였다. 미국인들은 운동을 많이 하고 또 인조 합성섬유로 된 옷을 많이 입기 때문에 옷에 체취가 오랫동안 남아 있었다. 여기에 초점을 맞춘 리버브라더(Lever Brother) 회사는 이 체취를 제거하는 세제 서프(Surf)를 개발하여 미국에서 두 번째로 잘 팔리는 세제가 되었다.

사용여부

많은 시장들은 어떤 제품에 대한 비사용자, 사용자, 잠재적 사용자, 처음 사용자, 규칙적 사용자로 세분될 수 있다. 시장점유율이 높은 기업들은 특히 잠재사용자를 실제사용자로 전환하는 데 관심을 기울이는 반면, 시장점유율이 적은 기업들은 경쟁적 상표를 사용하는 구매자를 자사상표로 전환하도록 노력한다. 또한 잠재적 사용자와 규칙적 사용자에게도 각기 상이한 마케팅 방법이 필요할 것이다.

사회적 마케팅 기관들은 사용여부에 면밀하게 주의를 기울인다. 약물중독 치유기관은 규칙적인 사용자가 약물사용의 습관을 중지하는 데 도움을 주기 위해 중독치유 프로그램을 후원하고 있는데, 이러한 기관들은 젊은 사람들이 약물을 먹지 않도록 전에 사용했던 사람들로 하여금 성공사례를 연설하도록 후원하고 있다.

사용량

시장은 소량, 보통, 다량 사용자로 세분할 수 있다. 다량사용자는 시장의 작은 부분을 차지하지만, 일반적으로 전체소비량의 많은 부분을 차지한다. 즉 20%의 소비자가 80%를 구매한다는 것이다. 따라서 마케팅 역량은 20%에 집중되기 마련이고 다량사용자의 특징을 파악하는 것이 중요한 과제가 된다. 예를 들어 초콜릿을 가장 많이 사먹는 층은 꼬마들이 아닌 10대 여학생이라는 것이 정설이어서, 신제품 론칭이나 광고모델 결정 시 이들이 좋아하는 분위기, 아이돌 스타, 유행어 등이 집중적인 연구대상이 된다.

상표충성도

시장은 소비자 충성도(Brand Loyalty) 형태에 의해 세분화될 수 있다. 소비자들은 상표, 점포 및 다른 실체에 충성적이다. 충성도 수준에 따라 핵심적 충성고객, 유연한 충성고객, 이동적 충성고객, 전환적 충성고객 등 네 개 집단으로 나뉜다.

핵심적 충성고객은 항상 하나의 상표만을 구매하는 소비자이며, 유연한 충성고객은 2~3개의 상표에 충성하는 소비자로 전체시장에서 그 수가 많은 편이다. 이동적 충성고객은 A에서 B로 충성도를 바꾼 소비자이고, 전환적 고객은 상황에 따라 제품을 구입하는, 전혀 충성도가 없는 소비자를 말한다. 그리고 모든 시장은 4가지 유형의 구매자들이 각기 상이한 비율로 구성된다.

상표충성적 시장은 핵심적인 상표 충성을 나타내는 구매자의 비율이 높은 시장이므로, 치약시장이나 맥주시장은 상표충성도가 매우 높은 시장이다. 상표충성도가 높은 시장에서는 사람들이 이제까지 써온 제품을 쉽게 바꾸려고 하지 않기 때문에 시장점유율을 높이거나 새로 진출하는 데 많은 어려움이 있다.

기업은 자기상표에 핵심적인 충성적 고객의 특징을 연구해야 하며, 당해 기업은 어떤 상표가 가장 유력한 경쟁자인가를 알아낼 수 있다. 또한, 자사상표에서 이동하고 있는 고객을 살펴봄으로써 자사의 마케팅 약점을 간파할 수 있다. 충성도가 없는 소비자의 경우, 가격 할인을 함으로써 자기상표로 고객을 유인할 수 있다.

먼저 자사제품을 사용하는 사람들이 왜 그 제품을 이용해왔는가를 조사해야 한다. 습관적으로 구매한다거나 다른 시장의 정보에 무관심해서, 또는 가격 할인 기간이었기 때문에, 다른 상표가 없어서 등 이유는 다양하다. 그러나 그 이유에 따라 미래의 판매량이 달라질 수 있다. 특히 가격이 쌀 때만 구매하는 고객은 언제든지 다른 상표로 전환(Brand Switch)할 수 있기 때문에 이들을 충성스런 고객으로 보고 마케팅노력을 하는 것은 바보짓이 될 것이다. 따라서 누가 자사 상표의 핵심충성고객인가를 파악하고 이들을 우선순위로 하는 마케팅전략이 필요하다.

(5) 제품의 사용 패턴

넓은 의미에서는 행동변수에 포함되지만 여기에서는 하나의 독립된 요소로 취급하기로 한다. 왜냐하면 이 변수는 생산재에서 매우 중요도가 높기 때문이다. 대부분 생산재의 경우 고객이 그 제품을 사용하는 용도가 소비재에 비해 상당히 광범위하며, 경쟁사의 동향이나 제품에 관한 필요한 정보도 그 사용 패턴에 따라 크게 달라진다.

예를 들면 플라스틱 제조회사는 콘택트렌즈 시장에서는 유리와 경쟁하고, 용기시장에서는 철이나 알루미늄이나 종이와 경쟁하며, 완구시장에서는 더욱 다양한 소재와 경쟁해야 한다. 기업은 그러한 응용분야별로 상황을 파악해야 한다.

(6) 가공수준

이 변수는 생산재에서만 볼 수 있다. 생산재는 원자재에서 최종제품에 이르는 각 단계 가운데 일정 단계를 선택할 수 있다는 특징을 가지고 있다. 예를 들면 석유회사라면 원유, 정제품, 최종 가공품의 각 단계별로 고객을 선택할 수 있다.

시장세분화는 이상과 같은 변수를 기준으로 이루어지는데, 무턱대고 세분화만 하면 되는 것도 아니다. 세분화된 각 집단은 아래 조건인 '4R의 원칙'을 충족시킬 필요가 있다.

① 랭크(rank, 우선순위 결정): 타깃 고객층의 중요도 순위를 매길 수 있는가?

② 리얼리스틱(realistic, 유효 규모): 목표고객층은 충분한 매출과 이익을 확보할 만한 시장규모인가?

③ 리치(reach, 도달 가능성): 세분화된 시장의 고객에게 제품을 정확하게 전달할 수 있는가?

④ 리스폰스(response, 측정 가능성): 해당 세분시장의 고객층의 반응은 어떤가? 또 그것을 분석할 수 있는가?

5 시장세분화의 예

고객조사를 토대로 에이스사는 표 7-7 에서 보는 바와 같이 '세분시장2'에서 점유율을 높이기로 결정하고 다음과 같은 슬로건을 내걸었다. "침대는 가구가 아닙니다. 침대는 과학입니다." 그 결과 구매자들로 하여금 에이스의 강점인 침대의 기능 즉 인체공학적 특성에 상대적으로 더 높은 중요도를 부여하도록 만들었다. 이 광고 캠페인의 주요 표적이 아니었던 '세분시장3'에서도 기능성을 가장 중요시하는 사람들의 비율이 늘어나서 다른 어떤 편익보다도 가장 중요한 요인으로 자리 잡게 되었다.

표 7-7 침대시장의 세분화

구분	세분시장1	세분시장2	세분시장3
추구하는 편익	정통성, 다양성	기능성, 가격	조화성
인구통계적 특성	35세 이상의 주부	25~34세 주부	미혼여성
주요 브랜드	에이스, 기타 전문업체	종합가구업체	종합가구업체, 군소가구업체

① 세분시장1: 다양한 구색과 정통 침대 업체의 이미지를 중시하는 집단으로 에이스 침대의 점유율이 높은 시장

② 세분시장2: 침대의 기능(즉, 인체공학적 특성)을 중요시하지만 가격도 중요시하기 때문에 상대적으로 고가의 에이스침대는 종합가구업체에 비해 열세에 놓여 있는 시장

③ 세분시장3: 혼수시장(다른 가구와 세트 구매가 많이 일어나 침대 전문업체인 에이스침대는 고전 함) → 세분시장2에서 점유율을 높이기 위해 가격인하보다는 “침대는 과학입니다”로 인체공학적 기능을 강조

제2절 인터넷시장 세분화

1 인터넷시장 세분화의 개념

(1) 시장세분화의 의의

e-Customer가 쇼핑의 편리성과 고객경험을 중요하게 생각한다는 공통적인 특징을 가지고 있음에도 불구하고 그들을 완전한 동일집단으로 인식하는 오류를 범해서는 안 된다. 특히 점차 경쟁이 심화되고 있는 쇼핑몰 시장에서 경쟁우위를 확보하고 높은 수익을 얻기 위해서는 효과적인 e-STP가 필수적이다. e-STP는 e-Customer의 세분화(Segmentation), 타깃화(Targeting), 포지셔닝(Positioning)하는 과정의 약자로서 e-Marketing 전략수립의 기본단계이다. 이러한 e-STP의 가장 첫 단계가 바로 e-Customer의 세분화작업인 것이다.

STP접근법은 시장세분화(marketing segmentation)로부터 시작하는데, 잘못된 시장세분화는 전체 마케팅전략의 방향을 오도할 가능성이 높다. 이와 같이 중요한 시장세분화는 이론적으로 보면 무척 간단하다. 시장세분화는 자사제품이나 경쟁제품들을 구매할 가

능성이 있는 고객들, 혹은 자사 사이트나 경쟁 사이트에 접속할 가능성이 있는 사람들에 대해 비슷한 특성을 가진 사람들끼리 동질적 고객집단으로 묶는 과정이다. 그러나 실제로 시장세분화를 효과적으로 실행하여 자사에 가장 유리한 세분시장을 표적시장으로 선정하는 작업은 매우 어렵다.

(2) 시장세분화의 필요성

기업은 다음과 같은 이유에서 시장세분화 및 표적세분시장 선정을 실시한다.

첫째, 소비자들은 욕구나 기호가 서로 다르다. 소비자는 원하는 제품이 다르고 즐겨보는 방송이나 자주 가는 사이트가 다르며, 구매결정방식이 다르다. 예를 들어 어떤 사람들은 야후(yahoo)와 같이 사이트 위주로 검색하기를 좋아하고 또 다른 사람들은 구글(Google)과 같이 문서 위주로 검색하기를 좋아하는 등 같은 검색을 하더라도 사람들마다 선호하는 방식이 다르다.

둘째, 같은 세분시장 내의 소비자들 간에, 그리고 서로 다른 세분시장의 소비자들 간에 동질성의 정도가 일정하지 않다. 고객들에 대한 집단화가 가능한 것은 소비자들 간에 다른 정도 혹은 비슷한 정도에서 차이가 나기 때문이다. 만약 소비자들 간에 다른 정도가 아주 균등하다면, 이들을 집단화하는 것이 불가능해진다. 예를 들어 신세대끼리는 비슷한 점이 많은 반면 신세대와 기성세대는 차이가 크게 나기 때문에 신세대와 기성세대로 집단화가 가능하다. 신세대 중에서도 비스트(Beast) 팬클럽 사이트와 안티사이트가 생겼다는 것은 비스트에 대한 선호도가 신세대들 사이에서 골고루 분포되지 않고 좋아하는 사람들과 싫어하는 사람들로 구분될 수 있음을 뜻한다.

셋째, 특정 세부시장에 마케팅노력을 집중했을 때 그 효과가 더 커진다. 모든 소비자들을 만족시키기 위해서 조금씩 골고루 회사의 마케팅 자원을 분산시키는 것보다는 특정 세분시장에 집중적으로 마케팅 자원을 투입하는 것이 그 효과가 훨씬 뛰어나다. 왜냐하면 투입자원이 효과를 거두기 위해서는 일정량 이상의 지속적 투자가 요구되기 때문이다. 또한 특정의 세분시장에 자원을 집중하고 그 외의 세분시장을 포기한 기업은 자신의 전략적 선택에 대한 절박감으로 인해 전력투구를 하게 되며 기업의 전사적 마케팅 노력을 고객들도 인지하기 마련이다.

만약 인터넷시장에서 고객을 만족시키는 데 필요한 자원이 매우 적거나 혹은 자원이 상당히 충분한 사업의 경우에 굳이 표적시장을 선택할 필요가 있을까? 또한 인터넷을 통해 개개인의 욕구를 파악하는 것이 용이해졌고 기업 혼자의 힘에 의존하기보다는 네트워크에 의해 연결된 여러 기업과의 제휴를 통해 하나의 사이트를 운영할 수 있게 된 상황에서도(즉, 자원제약의 한계를 극복하게 된 상황에서도) 표적시장을 선정해야 할 것인가? 이에 대한 답은 '예'이다. 왜냐하면 고객은 기업이나 사이트에 대하여 한두 가지의 차별화된 이미지만을 기억하는 경향이 있기 때문이다. 특정 기업이나 사이트가 다양한 서비스를 제공하더라도 소비자는 그 사이트가 제공하는 대표적인 서비스만을 머릿속에 저장하고 이를 토대로 사이트의 이미지를 형성하게 된다.

많은 사이트가 오락, 영화/레저, 음식/관광 등의 다양한 서비스를 제공함으로써 모든 소비자들이 자신들의 사이트에서 모든 것을 다 즐기기를 기대한다. 세분화개념을 가지고 있다고 하더라도 오락은 10대들이, 영화/레저는 아마 20대가, 음식/관광은 30대들이 즐겨 찾기를 바라는 것이다. 그러나 장기적으로 보면 방문하는 고객층이 다양하고 제공되는 서비스들 간에 일관성이 없는 사이트는 성공하기 힘들다. 예를 들어, 포털사이트에 있는 쇼핑몰이나 음악 사이트들이 최고의 명성을 얻지 못하는 것은 포탈에 대한 소비자들의 이미지가 쇼핑몰이나 음악에 근거하여 형성되기보다는 원래의 기능인 포탈에 기초하여 형성되기 때문이다.

표적시장의 선정은 기업자원을 하나의 서비스에 집중함으로써 기업의 전문성을 쌓아가는 데 도움을 줄 수 있다. 인터넷시장이 확대되면서, 과거에는 전문영역이라고 생각되던 부분들이 보다 세분화된 전문영역으로 구분되고 있다. 예를 들어 음식 사이트들 가운데 종합적인 서비스를 제공하는 사이트도 있지만 지역별 음식 사이트(www.funmap.co.kr)나 패스트푸드 전문 사이트(www.foodnet.co.kr)들도 생겨나고 있다. 반면에 전문기업이나 전문 사이트들이 하나로 통합되거나 제휴를 통해서 콘텐츠를 공유하는 움직임도 일어나고 있다.

2 인터넷시장 세분화의 방법

(1) 시장세분화의 기준

인터넷마케팅에서 실행되는 시장세분화는 크게 두 종류로 나뉜다. 첫 번째는 앞에서 설명한 비즈니스 모델을 확정하기 위해 수행되는 시장세분화이고, 두 번째는 비즈니스 모델이 확정된 후 보다 구체적인 마케팅 믹스 전략을 수립하기 위해 실시되는 시장세분화이다.

비즈니스 모델의 확정에 필요한 시장세분화는 경쟁분석이나 창의적인 아이디어를 통해서 개발된 비즈니스 모델 대안 중에서 잠재고객들의 욕구나 선호도 등을 토대로 최적의 비즈니스 모델을 결정하기 위한 목적으로 실행된다. 예를 들어 항공권을 판매하는 사이트의 개설에서 가능한 비즈니스 모델 대안들은 경매 사이트, 역경매 사이트 혹은 예약대행 사이트, 또 여행 패키지 사이트 등이 있을 수 있다.

비즈니스 모델의 선택에는 회사의 기술적 능력이나 기존에 가지고 있던 공급업체들과의 네트워크가 중요한 결정요인이 되지만 항공권을 구매하려는 소비자들의 특성이나 선호도를 정확히 파악하여 세분화를 하고 표적집단을 선정하는 것이 이보다 더 중요하다. 한편 기업은 비즈니스 모델을 확정한 다음 구체적 실행방안 등을 강구하기 위해 시장세분화를 실시할 수도 있다. 즉 차별적인 경쟁우위의 확보, 기존고객들의 유지와 새로운 고객의 유인을 실현할 목적으로 비즈니스 모델 운영에 적합한 표적시장을 파악하기 위해 시장을 세분화하는 것이다.

예를 들어 인터넷 쇼핑몰에 진출한 기업이 자사 사이트를 방문하는 고객들의 특성을 토대로 우수고객집단과 불량고객집단을 구분한다든가 혹은 자사 사이트의 고객이 될 가능성이 높은 사람들의 파악에 유용한 세분화기준(고객특성)을 찾아내는 것을 들 수 있다. 이를 위해서는 인터넷 마케팅조사에서 설명한 데이터베이스의 관리 및 분석이 절대적으로 필요하다.

어떤 세분화방법을 사용하든 시장세분화의 기본원리에는 별 차이가 없지만 시장세분화의 대상이 되는 소비자의 범위와 시장세분화의 기준이 되는 세분화변수 등에서 차이가 난다. 비즈니스 모델의 결정을 위한 시장세분화에서는 보다 다양한 소비자를 대상으로 시장세분화가 이루어지는 반면, 비즈니스 모델의 효율적 운영을 위한 시장세분화에서는 자사 비즈니스 모델 및 이와 직접적인 경쟁이 되는 사이트들의 고객들을 중심으로 세분화가 이루어진다.

시장세분화를 하기 위해서는 시장세분화의 대상과 세분화변수에 대해 결정해야 한다. 시장세분화의 대상을 결정할 때 기업은 최종소비자, 제품선택에 영향을 미치는 사람, 혹은 돈을 지불하는 사람 가운데 어디에 초점을 맞추어야 할지를 결정하여야 한다. 특히 B2B의 경우에는 누구를 대상으로 시장세분화가 이루어지느냐에 따라 얻어진 세분시장에서 큰 차이가 난다. B2B 비즈니스 모델의 결정을 위한 시장세분화에는 구매담당자, 재무담당자, 사용자 등 여러 잠재고객집단을 세분화대상에 포함시키는 경우가 있으나 구체적인 비즈니스 모델 운영을 위해서는 제품 선택자를 시장세분화의 대상으로 삼는 경우가 일반적이다.

소비자들을 비슷한 집단으로 구분하는 데 유용한 세분화변수를 찾기 위해서는 시장세분화의 목적을 정확히 파악하여야 한다. 예를 들어, 항공권사업의 경우에 경매방식과 예약대행방식 중에서 비즈니스 모델을 결정하는 것이 세분화의 목적일 때는 소비자들을 경매방식을 좋아하는 집단과 예약방식을 좋아하는 집단으로 구분해야 할 것이다.

따라서 비슷함의 정도를 결정하게 되는 구체적인 세분화변수들로는 소비자들이 항공권을 구매하기로 결정한 시점과 여행을 떠나는 시점이 얼마나 가까운지, 가격에 얼마나 민감한지, 반드시 정해진 시간에 떠나야 하는지 등이 고려되어야 한다. 이러한 변수들에 대한 소비자의 반응에 따라서 비슷한 사람들끼리 묶게 되면 각 집단의 크기나 특성을 파악하여 경매방식과 예약대행방식 중 어느 것이 바람직한지를 판단할 수 있을 것이다.

비즈니스 모델의 효율적 운영이 시장세분화의 목적인 경우에는 경쟁사의 운영방식과 차별화될 수 있는 요소들에 대해서 고객들이 어떻게 반응하는지가 중요한 세분화변수로 고려된다. 예를 들어 홈페이지에서 제공되는 부가 서비스 가운데 어떤 것들을 선호하고, 가격제시방법이나 촉진방법들 중에서 어떤 것들을 더 좋아하는지가 세분화변수로 사용되는 것이다.

(2) 시장세분화의 과정

세분화 목적, 대상, 변수의 선정이 이루어졌으면 시장세분화를 할 대상이 되는 소비자들로부터 적절한 인터넷 조사방법을 통해 앞에서 설명한 세분화변수들에 대한 자료를 수집하게 되며, 다음 단계에서는 통계적 방법을 활용하여 전체시장을 세분집단으로 나누게 된다.

시장세분화에 많이 사용되는 통계적 방법은 간단하게는 빈도분석(frequency table), 교차분석(cross-tab analysis)에서부터 요인분석(factor analysis), 다차원척도법(multidimensional scaling method) 등의 전통적인 통계방법이 있다. 최근에 많이 사용되는 시장세분화 방법으로는 군집분석(cluster analysis)이나 의사결정트리(decision tree), 신경망분석(neural network) 등의 데이터마이닝 기법들이 있다.

복잡한 통계적 방법을 이용한 시장세분화가 반드시 더 바람직하다고 할 수는 없다. 효과적인 시장세분화가 이루어졌는지를 판단하기 위해서는 ① 각 세분시장의 수익 및 성장의 잠재력(시장크기), ② 세분시장 내 고객욕구의 동질성, ③ 세분시장에 대한 접근가능성의 정도, ④ 시장세분화전략의 실행에 소요되는 비용(전략비용)을 고려해야 한다.

하나의 세분시장은 독자적인 마케팅 프로그램을 시도할 가치가 있을 만큼 시장규모가 크고 이익을 발생가능성이 높은 동질적 집단이어야 한다. 예를 들어 전체소비자 중에서 특이한 구매행동을 가진 극소수의 소비자집단을 표적으로 한 차별적 마케팅전략으로는 이익을 낼 수 없으므로 이를 독립된 세분시장으로 구분할 필요는 없을 것이다. 하지만 인터넷 환경이 되면서 개별 소비자들을 위한 차별화가 가능한 소비자집단의 적정 크기가 많이 작아졌다.

바람직한 비즈니스 모델을 확인하기 위해 실행되는 시장세분화의 경우 너무 많은 세분시장으로 구분하고 그 특성을 모두 자세히 알려고 노력하는 것은 큰 의미가 없다. 이 경우 세분시장을 구분하는 목적은 ① 시장에 대한 전반적인 이해와 각 세분시장의 잠재력이나 크기의 변화에 대한 파악, ② 세분시장별 특징의 구분, ③ 표적시장의 선택에 있다. 즉, 자사가 표적시장으로 선정한 세분시장에 대하여는 추가적으로 자세한 분석이 필요하거나 추가적 세분화가 요구되지만 표적시장으로 선택하지 않은 세분시장에 대한 자세한 분석은 그 효용이 적을 것이다.

3 인터넷시장 세분화의 유형

일반적으로는 시장세분화가 먼저 이루어진 다음 여러 세분시장들 가운데서 표적시장을 선정하게 된다. 하지만 시장세분화와 표적시장의 선정이 동시에 이루어질 수도 있다. 시장세분화의 형태는 시장의 성숙도에 의해 주로 결정되며 표적시장의 형태는 기업이 어떻게 시장세분화를 실행했는지에 의해 영향을 받는다.

그림 7-3 은 시장세분화의 유형과 표적시장 선정전략의 유형을 함께 고려하여 얻

그림 7-3 시장세분화와 표적시장 선정전략의 유형

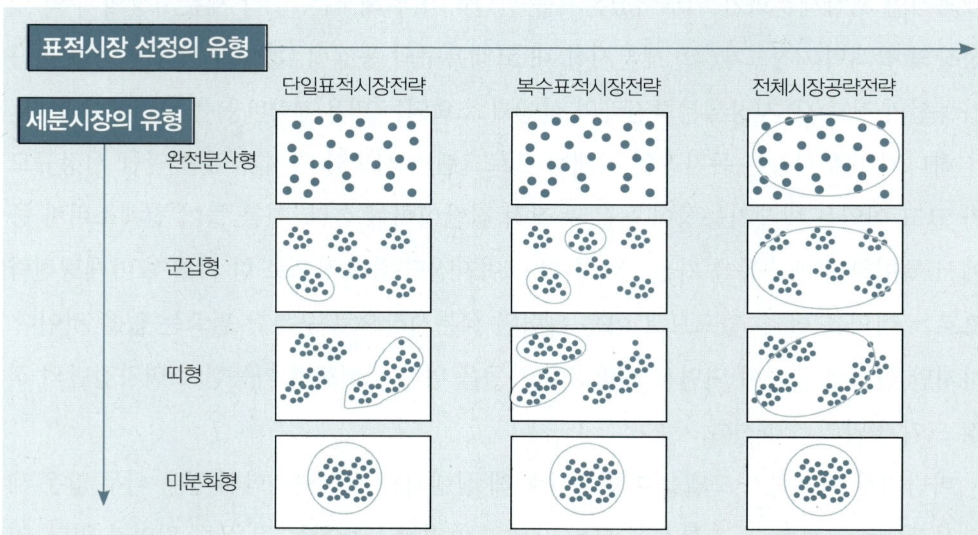

어진 각 세분시장의 특징을 보여준다. 예를 들어 군집형과 단일표적시장전략에 의해 선택된 세분시장은 소비자들의 비슷한 정도에 따라서 나뉜 여섯 개의 소비자집단(세분시장) 중에서 1개의 집단을 표적시장으로 선택한 경우이다. 시장세분화를 통해 얻을 수 있는 세분시장의 모양은 크게 네 가지 유형으로 나뉜다.

(1) 미분화형

인터넷시장에서 소비자들의 집단화는 소비자들이 인터넷비즈니스나 인터넷제품에 대해 어느 정도 친숙하여 자신의 욕구가 무엇인지를 알게 된 후에만 가능해진다. 따라서 비즈니스 모델이 하나밖에 없거나 시작된 지 얼마 안 되는 인터넷시장에서는 소비자들의 욕구가 별 차이가 없기 때문에 미분화형 형태의 시장구조를 보인다.

이러한 경우에는 전체시장을 표적시장으로 삼아서 마케팅전략을 펼칠 수밖에 없다. 예를 들어, 야후와 같은 사이트가 최초로 사이트검색엔진시장을 개척했을 때의 시장형태가 이런 형태였다. 우리나라 사이트들의 경우에는 초기에 외국의 사이트를 모방한 경우가 많아서 사이트가 개설되기 전에 고객들이 이미 그 사이트의 특성에 대해 알고 있었기 때문에 미분화형 시장은 별로 없었다.

(2) 띠형

띠형 세분화는 소비자들의 욕구나 구매형태가 분화되기 시작함에 따라 나타나는 세분시장의 형태이다. 띠형 세분화는 일부 세분화기준, 예를 들어 제공되는 서비스수준에서 경쟁 사이트들 간에 차별화가 이루어짐에 따라 소비자 욕구 간에 차이가 발생할 때 나타난다. 예를 들면 경매방식의 비즈니스 모델에서 역경매방식을 선호하는 소비자집단이 분리되어 나왔다든가 혹은 쇼핑몰사이트에서 카드결제로만 되었으나 전자화폐방식이나 전자카드방식이 도입되어 이를 선호하는 소비자집단이 생긴 경우에 띠형의 세분화가 나타난다.

일반적으로 띠형 세분화가 계속 진행되면 군집형 세분화 형태로 변하게 된다. 그러나 특정의 세분화기준에서 소비자들 간의 선호도에서 확연한 차이가 나는 경우에는 그 세분화기준에 따라 비즈니스 모델 자체가 분리되는 경우도 있다. 예를 들면 쇼핑 사이트에 만족하던 소비자들이 비교 쇼핑을 선호하기 시작하면, 쇼핑 사이트 모델과 비교 쇼핑 사이트 모델로 확연히 구분이 되고, 각 비즈니스 모델별로 다시 세분시장이 분리되게 된다.

(3) 군집형

군집형 시장세분화는 시장의 성숙도가 상당히 진행되어 소비자들의 욕구나 구매형태 등이 다양하게 분화된 상태를 말한다. 이러한 형태의 세분시장이 생기기 위해서는 소비자들이 하나 이상의 세분화기준(예를 들어, 가격민감도와 서비스수준)에서 다른 소비자들과 확연히 구분되어야 한다.

예를 들어 인터넷 광고시장을 구성하는 광고주들이 전달방법(예를 들어 단순 배너 광고만을 보여주는 것, e-mail로 push서비스를 해주는 것 등)을 선호하는 광고주집단과 분석서비스(예를 들어 광고의 효과측정이나 표적고객에 대한 매출달성도, 사이트의 방문기록 등)를 선호하는 광고주집단의 두 가지로 구분된다면 군집형 시장세분화가 되는 것이다.

(4) 완전분산형

완전분산형은 소비자 개개인 혹은 소수의 개인들로 이루어진 소비자집단들 간에 욕구나 구매형태에서 골고루 조금씩 차이가 나는 경우를 말한다. 기존 오프라인 시장에서는 이론적으로나 가능한 세분시장의 형태지만, 인터넷 전자상거래에서는 각 소비자의 독특한 욕구의 충족이 가능하게 되었기 때문에 나타날 수 있는 세분시장의 형태이다.

그러나 완전분산형의 세분시장은 비즈니스 모델을 선택하기 위한 시장세분화작업에서 얻어지기보다는 선택된 비즈니스 모델이 적합한 표적시장을 공략하기 위해 마케팅

전략의 일환으로 표적시장을 더욱 세분화하는 과정에서 나타나는 형태로 볼 수 있다. 인터넷 기업은 개인화(personalization)나 매스 커스터마이제이션(mass customization) 기법을 통해서 이 시장을 공략할 수 있다.

4 인터넷시장 세분화 사례

(1) McKinsey & Media Metrix, Bain & Company, Sony

McKinsey & Media Metrix, Bain & Company는 인터넷 상거래를 하는 목적, 구매효익과 특징을 결합해서 e-Customer를 세분화하였다. 이에 비해 Sony는 라이프스타일 관점에서 고객시장을 세분화하였다는 차이가 있다. 표 7-8 에서 보는 바와 같이 McKinsey & Media Metrix, Bain & Company, Sony는 e-Customer를 다음과 같이 세분화하였다.

표 7-8 e-Customer의 세분화 사례 비교

McKinsey & Media Metrix	Bain & Company	Sony
거래편의 추구자 (Simplifiers)	거래편의 추구자 (Convenience Seekers)	예술 전문가 (Connoisseurs)
탐색자 (Surfers)	브랜드 애호가 (Brand Buyers)	여행 애호가 (Transcenders)
접속 추구자 (Connectors)	일반 구매자 (Casual Buyers)	가정적 사람 (Homelanders)
거래 교섭자 (Bargainers)	유통업자와의 관계 중시자 (Relationship seekers)	혼자 있기 좋아하는 사람 (Free Agents)
콘텐츠 마니아 (Routiners)	가격 민감자 (Bargain Hunters)	형식 타파주의자 (Code Breakers)
엔터테인먼트 마니아 (Sportsters)		전문 프로페셔널 (Virtual Professionals)

자료: McKinsey & Media Metrix 온라인 소비자 서베이(n=50,000), 2000년 4월, Bain/Mainspring 온라인 구매자 서베이(n=2,116), 1999년 12월.

첫째, 쇼핑의 편리성과 가격 때문에 인터넷 상거래를 이용하는 단순이용자 집단(Simplifiers)이다.

둘째, 인터넷을 이용해서 새롭고 흥미로운 정보를 얻으려는 탐색자 집단(Surfers)이다.

셋째, 상대적으로 초보 사용자들로서, 인터넷을 커뮤니케이션 수단으로 인식하고 있는 접속추구자 집단(Connectors)이다.

넷째, 인터넷 상거래에 관심이 높아서 인터넷 경매와 온라인 커뮤니티에 적극 참여하는 거래교섭자 집단(Bargainers)이다.

다섯째, 인터넷에서 다양한 구매정보를 찾으려고 노력하지만 실제 구매는 좋아하는 몇 개 사이트에서만 하는 콘텐츠 마니아 집단(Routiners)이다.

여섯째, 스포츠나 엔터테인먼트 사이트에 열중하는 엔터테인먼트 마니아 집단(Sportsters)이다.

Bain & Company는 e-Customer가 인터넷 구매의사결정에서 중요하게 생각하는 요소가 가격, 쇼핑의 편리성, 브랜드, 판촉과 유통업체와의 관계 중 어느 쪽인가에 따라서 다섯 집단으로 세분화될 수 있다고 발표한 바 있다. 이러한 세분화방법 이외에도 향후에는 e-Customer에 대한 보다 다양한 세분화 기준과 방법들이 제시될 것으로 예상된다. 기업의 마케팅 담당자들은 이러한 세분화 결과들을 참조하면서 일정한 트렌드를 분석하고, 세분시장 간 차이가 과연 마케팅전략을 수립할 때 어떻게 응용될 수 있을 것인가를 생각해야 할 것이다.

(2) getCustom.com

e-Customer를 잡으려면 고객경험에 집중해야 한다. getCustom.com는 콘텐츠를 바탕으로 개별화된 쇼핑경험을 전달하는 데 초점을 맞추어 경험마케팅을 시도한 인터넷 쇼핑몰이다. getCustom.com은 고객에게 쇼핑과정에서 다양하고 개별화된 쇼핑경험을 전달하기 위해 메뉴 형태, 상품 검색조건의 다양화, 쇼핑 도우미, 상품 개인화라는 네 가지 전략에 초점을 맞추었다.

즉, 고객 각자의 취향에 맞게 홈페이지의 메뉴를 바꿀 수 있게 지원하였고, 상품을 검색할 때 기존의 키워드 검색뿐만 아니라 필요한 용도, 배달기간, 가격범위, 나이, 남녀와 같은 조건에 따라 검색할 수 있도록 지원하였다. 또한 캐리커처 형태의 만화형식으로 만든 쇼핑 도우미 중에서 마음에 드는 것을 선택해서 자신이 쇼핑하는 듯한 느낌을 주도록 했다. 그리고 고객이 상품을 선택한 후 자신의 취향에 맞는 형태, 색깔, 액세서리 등을 즉석에서 바꿔볼 수 있게 하였다.

이러한 서비스를 통해 고객으로 하여금 색다른 쇼핑경험을 맛볼 수 있게 하고, 고객들로 하여금 쇼핑과정에서 발생하는 다양한 고객경험 데이터를 이용해서 고객취향을 좀 더 심도 있게 이해할 수 있는 계기를 만들었다.

(3) Sony

Sony는 라이프스타일을 기준으로 여섯 개 고객집단으로 세분화하여 마케팅 활동을 전개하고 있다. 최근 Sony는 Sony Style이라는 새로운 인터넷 쇼핑몰을 개장하였다. Sony Style이 기존 쇼핑몰과 구별되는 가장 큰 차이점은 제품 위주의 화면구성에서 벗어나, 고객의 생활양식을 기준으로 디스플레이를 하였다는 점이다.

Sony는 표 7-9 에 나타난 것과 같이 e-Customer를 라이프스타일에 따라 여섯 개 집단으로 나누어서 그들에게 필요한 제품들을 제안하고 있다. 한편 각각의 라이프스타일별로 클릭하고 들어가면 가장 대표적인 가공의 인물에 대한 신상정보와 그의 삶을 소개하고 있다. 이는 고객에게 오락적 요소와 함께 쌍방향적인 느낌을 가지게 만들 것이다. 즉 고객의 성향을 쫓아가기보다 고객의 구매성향을 주도하겠다는 적극적인 마케팅 전략을 내세우고 있는 것이다.

세분화된 집단내의 고객들에게 My Sony, Wish List와 같은 원투원(one to one) 서비스를 제공하고 있다. 또한 고객서비스를 통해 Sony가 갖고 있는 다양한 제품들을 직접 단계별로 선택하면서 세부적인 사항까지도 도움을 받을 수 있도록 만들었다. 그리고 특정 제품을 대상으로 하여 고객이 필요한 기기들을 조합하여 자신만의 제품을 만들 수 있도

표 7-9 Sony의 라이프스타일 세분화

세분집단	특징
예술전문가 (Connoisseurs)	예술분야에 있어서 해박한 지식을 갖고 있는 사람으로서 멀티미디어에 집착하는 경향이 강함
여행애호가 (Transcenders)	새로운 레저문화를 적극적으로 찾는 사람으로서, 여행이나 모험에 집착하는 경향이 강함
가정적 사람 (Homelanders)	부부끼리 집 안에서 함께 보내는 것을 즐기는 사람으로서 이웃, 친구, 가족들과 얘기를 나누는 것을 즐기는 경향이 강함
혼자 있기 좋아하는 사람 (Free Agents)	혼자서 자유롭게 있기를 즐기는 사람으로서, 개인주의를 선호하며 기업가적 정신이 강함
형식타파주의자 (Code Breakers)	기존의 형식, 관습에 묶여 있기를 매우 싫어하는 사람으로서 즉흥적인 재미나 예측 불가능한 상황을 즐김
전문프로페셔널 (Virtual Professionals)	기업을 갖고 있거나 전문적인 분야에서 일하고 있는 사람으로서, 인공적인 미를 매우 중요하게 여기는 경향임

록 배려하였다. 이러한 세분화를 통해 고객들을 재정의하고, 제품 중심이 아닌 고객 중심의 마케팅 활동을 하고 있는 Sony는 오프라인에서의 마케팅 능력을 e-쇼핑몰에서 효과적으로 구현하였다고 평가할 수 있다.

(4) 시사점

McKinsey & Media Metrix, Bain & Company의 조사결과는 마케팅 담당자에게 몇 가지 시사점을 주고 있다.

첫째, 현재의 광고메일과 가격할인 판촉 중심의 푸시 마케팅전략이 재고되어야 한다는 것이다. 시장의 크기와 수익 면에서 가장 매력적인 시장은 거래편의 추구자나 접속 추구자이다. 이들은 대개 거래와 접속 편의성과 브랜드를 중요하게 생각하는 사람들로서 이러한 푸시 마케팅을 선호하지 않는 경향이 있다. 푸시 마케팅에 효과를 볼 수 있는 시장인 거래교섭자(Bargainers)의 규모는 약 8%로 매우 적은 것을 알 수 있다.

둘째, 세분된 시장이 수익 측면에서 얼마나 도움이 되는지 분석해야 한다. 탐험자 집단(Surfers)의 경우 인터넷 이용시간은 많으나 상대적으로 구매율은 낮은 것으로 나타났다. 즉 오프라인의 아이쇼핑 고객과 같아서 수익창출에는 큰 도움이 못 된다. 따라서 기업들은 어떤 고객들이 자신의 수익구조에 도움이 되는지 판단해야 한다.

셋째, 점차 경쟁이 심화되고 있는 쇼핑몰에서 안정적인 수익을 확보하기 위해서는 명확한 e-STP를 세워야 한다. 이를 위해서 인터넷 상거래업체들은 자신들이 제공하겠다는 서비스의 목표와 제공되는 품질, 그리고 소비자들의 기대수준에 대한 분석을 통해 고객의 경험수준과 기업이 전달해주는 가치 사이의 간극을 좁히는 지속적인 노력이 필요하겠다.

제3절 해외시장 세분화

1 해외시장 세분화의 개념

기업은 한정된 자원으로 전 세계를 대상으로 모든 소비자들의 욕구를 충족시킬 수 없다. 따라서 유망한 시장 즉 목표시장을 선택하여 그 시장특성에 맞는 마케팅전략을 수행하는 것은 시장에서 기업이 성공할 수 있는 기본적 요건이다. 이와 같이 표적시장 즉 목표시장을 선택하기 위해 시장을 세분화하는 과정이 필요하다.

해외시장은 국가 간의 여러 환경적 차이 때문에 국내시장보다 훨씬 다양한 소비자들로 구성되어 있다. 그러나 특정 제품이나 마케팅전략에 대해 비슷한 반응을 보이는 집단이 있다. 이렇게 비슷한 반응을 보일 수 있는 고객이나 시장을 하나의 집단으로 묶는 과정을 시장세분화(market segmentation)라고 한다. 예컨대 연령에 따라 청소년시장, 성인시장, 노인시장 등으로 나누는 것이다. 따라서 시장세분화는 시장 간에 동질성과 이질성이 존재한다는 가정하에서 실시되는 것이며, 세분된 시장 간에는 이질성이 극대화되고 세분시장 내에서는 동질성이 극대화되었을 때 시장세분화가 이상적으로 되었다고 볼 수 있다.

국제기업은 시장세분화를 통해 각 세분시장에 적합한 마케팅 믹스를 제공함으로써 기업의 한정된 마케팅 자원을 보다 효율적으로 이용할 수 있을 뿐만 아니라 경쟁력 있는 유리한 세분시장을 선택할 수 있게 된다. 그러나 문제는 어떤 기준으로 시장을 세분화할 것인가이다.

최근에는 해외시장 세분화의 초점이 국가별(within nation) 시장세분화에서 국가 간(between nations) 시장세분화로 바뀌었다. 이것은 나라와 나라 사이에 공통된 소비패턴을 보이는 소비자집단이 존재하며, 이것이 국가별 시장세분화보다 유용하다는 새로운 인식에서 비롯되었다.

2 해외시장 세분화의 장단점

기업은 STP(segmentation, targeting, positioning)전략 중 가장 기본적인 요소인 시장세분화를 통해 다음과 같은 이익을 얻을 수 있다.

첫째로 마케팅 기회를 효과적으로 포착할 수 있다. 기업은 시장세분화를 통해 경쟁기업들의 마케팅전략에 대한 세분시장의 만족도와 욕구를 파악할 수 있다. 기존제품에 대해 만족을 느끼지 않는 세분시장은 기업에게는 새로운 마케팅대상이 된다. 결국 시장세분화는 기업이 새로운 시장진입을 위한 계획을 수립하는 데 상당한 도움을 준다.

둘째로 자원의 효율적 배분을 꾀할 수 있다. 기업이 한정된 자원을 가지고 모든 시장을 대상으로 마케팅 활동을 한다는 것은 무리이며 자원의 낭비라고 할 수 있다. 그러므로 기업은 마케팅노력에 대해 세분시장이 보이는 반응의 차이에 따라 예산이나 인적 자원을 합리적으로 배분할 수 있다.

셋째로 마케팅전략을 조정할 수 있다. 상이한 욕구를 지닌 구매자들에 대해 동일한 마케팅전략을 수행하는 것은 위험하다. 시장세분화가 이루어지면 욕구가 다른 세분시장에 맞는 마케팅전략을 수립하여 실행할 수 있게 된다.

넷째로 기업은 세분화를 통해 목표시장을 확실하게 설정할 수 있다. 즉 마케팅 관리자는 기업의 경제적 강점과 약점을 고려하여 유리한 세분시장을 선택할 수 있게 된다.

한편, 시장세분화의 단점으로는 시장조사비용이 증가할 수 있고, 제품 생산원가가 올라간다. 또한 다른 특정 시장이 희생되는 경우가 있다. 결국 상당한 수준의 비용증가를 수반해서 시장과 상품을 좀 더 잘 매칭시키는 것이라고 할 수 있다.

따라서 시장세분화를 잘 작동하게 하기 위해서는 마케터들은 단일패턴을 찾아내는 것이 좋다. 모든 시장에 세그멘트를 하는 것이 아니라 시장의 특성이 세그먼트를 할 수 있는지를 검토해야 한다. 즉, 각각의 구분된 시장별로 각각의 동일한 특성으로 묶을 수 있을 만큼 그런 특성들을 갖고 있는가를 살펴봐야 하며, 시장의 특성이 전부 똑같거나 전부 다 틀려서 도저히 묶을 수 없는 경우도 있을 수 있다.

3 해외시장 세분화의 기준 및 조건

(1) 시장세분화의 기준

일반적으로 많이 이용되는 세분화 기준으로는 지리적 지표, 경제발전지표, 정치적 지표, 사회문화적 지표 등이 있다. 마케팅대상 품목의 특성에 맞게 여러 가지 지표들을 동시에 고려할수록 더욱 효과적인 시장세분화가 가능하다고 할 수 있다.

지리적 지표

아시아시장, 북미시장, 남미시장, 유럽시장, 중동시장 등으로 국가들을 나누는 방법이다. 그러나 지리적으로 인접해 있다고 하더라도 경제발전지표 또는 사회문화적 지표들이 유사하지는 않다. 호주의 경우 필리핀이 캐나다보다 지리적으로 가깝지만 시장특성은 오히려 캐나다와 유사하다.

경제발전지표

1인당 국민소득, 철강소비량, 자동차대수 등 경제발전지표를 이용하여 세계시장을 세분화한다. 서유럽시장의 경우 지리적 인접성보다는 EU와 EFTA 등의 경제통합이나 유사한 경제발전단계를 기준으로 시장을 분류한다.

정치적 지표

정치적 위험도, 국가위험도, 정치체제 등을 고려하여 세계시장을 세분화하는 방법이다. 취급제품에 따라 국가들을 금융시장 또는 유통시장 개방화 정도를 고려하여 세분화하는 것도 한 방법이다.

사회문화지표

성별, 연령, 인종, 언어, 종교에 따라 시장을 세분화하는 것이다. 의류, 화장품, 영화, 음악 등의 문화상품이나 식품의 경우 이 지표를 이용하면 매우 효과적이다.

기타 지표

위의 지표 외에 기후, 수질, 토양 등에 따라 시장을 세분화할 수 있다. 마케팅대상 품목의 특성에 맞게 여러 가지 지표들을 동시에 고려할수록 더욱 효과적인 시장세분화가 가능할 것이다.

(2) 시장세분화의 전제조건

세분화된 시장을 위한 요구사항으로는 표 7-10 에서 보는 바와 같이 측정가능성, 접근가능성, 실질성, 실행가능성, 차별성 등을 들 수 있다.

표 7-10 시장세분화의 요구사항

전제조건	내용
측정가능성(measurability)	세분화된 시장의 크기와 구매력 측정가능성이 있어야 함
접근가능성(accessibility)	세분시장에 의사소통이나 물적유통이 가능하여야 함
실질성(substantiality)	세분화된 시장은 마케팅을 구별하여 행사할 만큼의 크기와 수익성 창출이 가능하여야 함
실행가능성(actionability)	세분시장별로 적합한 마케팅 믹스를 개발할 수 있어야 함
차별성(difference)	각 세분시장은 그들의 구매행동이나 마케팅노력에 대한 반응의 측면에서 다른 모든 세분시장과 달라야 함

측정 가능성(measurability)

세분시장의 규모와 구매력을 측정할 수 있어야 한다. 일반적으로는 국내통계자료, UN자료를 통해서 특정국가에서 일정한 소득수준 이상의 가족수를 찾아내는 소득탄력성 평가방법이 주로 사용되고 있다.

다시 말해서 세분화된 시장의 규모와 세분시장에 속한 소비자의 구매력과 같은 세분시장의 특성을 측정할 수 있어야 한다. 군집화하기에 어려운 기준으로는 거기에 속한 소비자의 수나 구매력 등을 측정하는 것이 거의 불가능하기 때문에 효과적인 시장 세분화가 이뤄질 수 없다. 타깃이 되는 시장을 선정하고, 마케팅 역량을 쏟아부으려면 의사결정의 준거가 되는 구매력 등의 지표를 알아야 하기 때문이다.

접근 가능성(accessibility)

세분시장에 의사소통이나 물적유통이 가능하여야 한다. 이 경우 특정국가의 하부구조가 문제되는데, 인도와 같은 나라에서는 목표시장을 정확하게 파악했다 하더라도 물적유통구조상 쉽게 접근할 수 없는 어려움이 있다. 예를 들어 농산물시장과 농식품시장으로 세분화하였더라도 각 세분시장이 어떠한 사람들로 구성되어 있는지(예: 각 집단의 나이, 경제력, 주거지역 등)를 알지 못하면 차별적인 마케팅전략의 수립이 어려우므로 이들에게 접근하기 어렵다. 이 조건을 명시가능성(identifiable)이라고도 한다.

결국 세분화된 시장에 정작 기업이 접근할 수 없다면 그 세분화는 의미가 없다. 기업의 시장 접근은 유통경로나 매체를 통해 이뤄지는데, 어떤 특성을 가진 소비자들이 특정 지역에 거주하지 않거나, 직장을 갖고 있지 않거나, 특정한 매체에 노출되지 않는다면 기업으로서는 이 시장에 접근하기가 매우 어려워진다. 세분시장으로서의 가치가 떨어질 수밖에 없다.

실질성(substantiality)

세분시장의 규모가 충분히 커서 경제성이 있어야 한다. 세분화를 하면 할수록 표준화의 이점, 규모의 경제, 경험곡선효과 등 경제성이 약해지므로 규모가 작은 세분시장을 목표시장으로 삼는 것은 의미가 없게 된다. 따라서 경제성이 있는 규모의 그룹으로 분류하는 것이 매우 중요하다.

다시 말해서 세분화된 시장이 규모가 충분히 커서 기업이 이익을 올릴 수 있는 정도는 돼야 한다. 세분시장이 충분히 크고 동질적인 소비자집단이라야 기업이 이 시장에 진입해 특정한 마케팅노력을 기울일 수 있다. 그래야 규모의 경제나 경험효과를 최대한 살릴 수 있다. 최근에는 정보통신기술 등의 급속한 발전으로 적은 비용으로 기업-소비자의 쌍방향 커뮤니케이션이 가능해짐에 따라 효과적인 세분시장의 크기가 점점 작아지고 있는 추세이다.

실행 가능성(actionability)

세분시장별로 적합한 마케팅 믹스를 개발할 수 있어야 한다. 즉 표적으로 선정된 각 세분시장에 적합하도록 독특한 마케팅전략을 수립할 수 있어야 한다. 세분시장별로 상품을 달리하거나, 이들에게 국한하여 커뮤니케이션을 할 수 있는 매체를 선정하거나 유통채널을 달리하는 것 등의 노력이 가능해야 한다.

다시 말해서 세분화된 시장이 존재한다고 해서 모두 이익을 올릴 수 있는 것은 아니다. 실질적으로 세분시장을 공략하기 위한 기업의 효과적인 마케팅 프로그램을 개발하고 실천해야 한다. 기업의 구체적인 실행이 없다면 그 시장은 '그림의 떡'에 지나지 않는다. 따라서 각각의 세분화된 시장에 맞는 적절한 실천적인 마케팅 프로그램을 따로 개발하는 것이 중요하다.

차별성(difference)

각 세분시장은 그들의 구매행동이나 마케팅노력에 대한 반응의 측면에서 다른 모든 세분시장과 달라야 한다. 즉, 연령대별로 시장을 세분화하였다고 하더라도 각 세분시장의 욕구나 행동이 다르지 않다면 의미 있는 세분시장을 발견했다고 보기는 어렵다.

4 해외시장 세분화의 방법

(1) 단계별 시장세분화

① 1단계

국제마케팅 관리자는 **그림 7-4** 에서 보는 바와 같이 여러 가지 시장세분화 기준을 고려하여 표준화된 마케팅전략을 전개하기에 적합한 동질적인 세분시장들로 분류한다.

② 2단계

세부시장별로 기업판매잠재력(CPS: Company Sales Potential)이 가장 높은 국가를 찾아내고, 그 국가에서 마케팅에 성공하기 위해서 필수적으로 중요하다고 판단한 핵심성공요인(KSF: Key Success Factor)을 분석한 다음, 참조국가(reference country)와 유사점을 비교하는 절차를 수행한다. 참조국가는 국제기업이 가장 높은 판매잠재력을 갖고 있는 제품을 이미 마케팅하고 있는 기존 해외시장이 되는 것이 보통이다. 이 단계에서 국제기업은 기업판매잠재력이 가장 높고, 마케팅성공가능성이 높고, 참조국가와 유사한 특성을 가진 국가를 선택한다.

그림 7-4 세계시장 세분화 모형

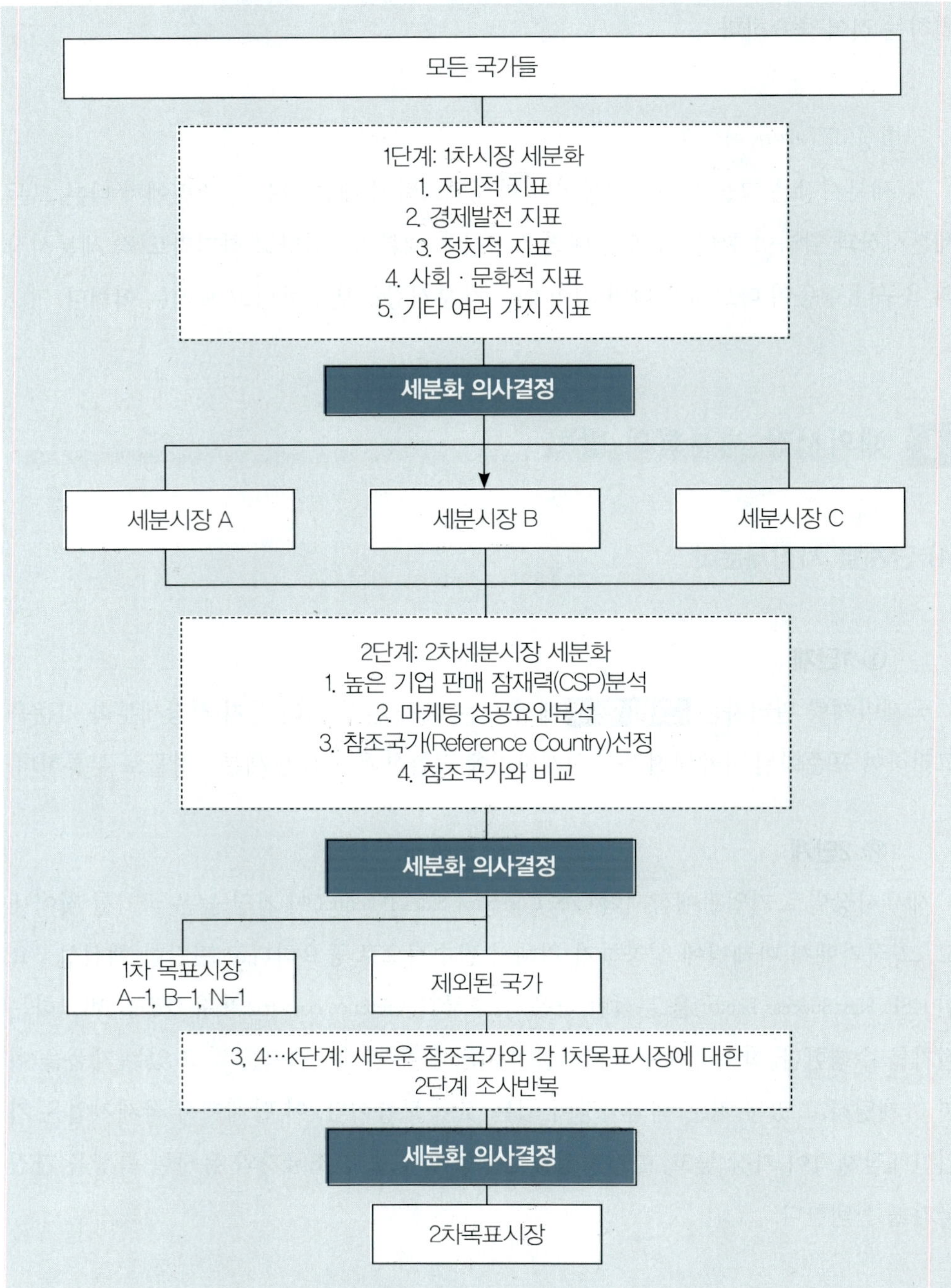

③ 3단계

각 세분시장별로 제외된 국가들을 대상으로 이런 과정을 반복하여 목표시장의 범위를 추가시키고 나머지 국가들은 제외시킨다. 그런데 모든 국가들을 세분화시켜 2차적인 목표시장으로 분류하는 과정은 마케팅 관리자들이 마케팅전략을 각국 시장에 어떠한 방법으로 적용할 것인가에 큰 영향을 준다. 즉 극단적인 경우 국제마케팅 관리자는 단 두 개의 국가라 할지라도 동일한 마케팅전략을 선택하는 것은 무리라는 의사결정을 내릴 수도 있는 반면에 모든 국가에 같은 전략을 수행하도록 결정할 수도 있다.

이와 같은 단계적 시장세분화 방법은 체계적이고 경제적으로 국가를 세분화할 뿐 아니라 제품에 대해 잠재력을 지닌 참조국가를 활용함으로써 공동의 마케팅 전략을 계획할 수 있다. 그러나 마케팅 관리자들은 목표집단에 대한 마케팅노력에 영향을 미치는 모든 요소를 세분화과정에 반영하기가 어렵기 때문에 제약된 시간과 정보하에서 가능한 세분화 방법을 모색해야만 한다. 더욱이 마케팅 활동을 전개하면서 여건변화에 맞게 세분화결정을 언제든지 수정할 자세를 갖고 있어야 한다.

(2) 제품수명주기별 시장세분화

국제기업은 마케팅전략을 수립할 때 국제적인 추세나 패턴의 변화를 중시해야 하는데 그중에서도 특히 시장세분화전략은 세계시장의 동태적 특성을 반드시 반영해야 한다. 동태적인 시장특성을 고려하여 시장을 세분화하는 방법으로는 제품수명주기를 국제시장에 적용하는 방법이 많이 활용된다. 제품수명주기는 일반적으로 특정한 한 시장에서 시간경과에 따른 특정 제품의 변화추세를 분석하는 데 사용되지만, 국제마케팅에 있어서는 일정 시점 혹은 일정기간 동안 여러 국가시장의 제품수명주기상의 상대적 위치를 파악하는 방법으로 활용된다.

모든 제품은 시장에서 수명주기가 있기 마련이므로 그것의 지속시간과 형태는 제품과 국가에 따라 달라진다. 예를 들면 미국에서 신제품이 개발될 경우 그 제품이 일본이나 기타 선진국시장으로는 비교적 빨리 이전되지만 개도국에는 상당한 기간이 지나야 도입된다. 그러므로 일정 시점에 있어서는 동일한 제품이라도 국가마다 제품수명주기는 다를 수밖에 없다. 이에 따라 자국시장에서는 판매가 줄어들어 성숙기 후반 또는 쇠퇴기에 있는 제품이라고 할지라도 어떤 국가에서는 시장도입기나 전혀 진출조차 하지 않았을 수도 있는 것이다.

국제기업은 이러한 국가별 수명주기단계의 차이를 이용하여 동일한 단계의 국가들을 기준으로 시장을 세분화할 경우 효율적인 전략을 실행할 수 있는데 제품수명주기를 통한 시장세분화의 유용성은 다음과 같다.

첫째로 한 국가에서 얻은 경험을 비슷한 수명주기단계에 있는 다른 국가에서 경쟁력을 확보하는 데 이용할 수 있다.

둘째로 기업은 성숙기 후반 또는 쇠퇴기시장에 있는 제품을 마케팅 가능성이 존재하는 수명주기단계가 다른 시장으로 이전시킴으로써 계속적으로 해외시장을 확보하는 동시에 자원의 효율적인 사용을 기할 수 있다.

셋째로 기존제품을 시장에서 철수시키고 새로운 제품을 시장에 도입시킬 수 있는 적절한 시기를 정하는 데 도움을 준다.

그러나 이 방법은 제품수명주기 자체의 특성, 즉 주기의 형태와 지속시간조차 정확히 알아내기가 어렵기 때문에 국가별 제품수명주기단계를 분석한다는 것은 매우 힘들다. 더욱이 시간이 지남에 따라 수명주기가 짧아지는 경향이 있어 이를 고려하여 세분화전략을 적용하는 것은 한층 더 어렵다.

연습문제

1. 시장세분화의 필요성을 '다수의 오류'와 '20 대 80 법칙'을 가지고 설명하시오.
2. 시장세분화를 위해서는 어떤 전제조건이 필요한지 설명하시오.
3. 시장세분화의 변수에는 어떤 것이 있는지 각각의 사례를 들어 설명하시오.
4. 인터넷시장 세분화의 유형을 사례를 들어 설명하시오.
5. 시장세분화와 인터넷시장 세분화의 차이점에 대해서 설명하시오.
6. 4A전략 및 6C전략의 중요성에 대해서 사례를 들어 설명하시오.

제 8 장

e-Targeting과 e-Positioning

학습목표 표적시장 선정과 관련하여 3C분석 및 세 가지 마케팅전략을 학습한다. 이어서 해외시장 선정의 변수 및 포지셔닝의 중요성에 대하여 알아본 후 인터넷 표적시장의 선정과 관련된 절차, 방법 등에 대해서 심도 있게 학습한다.

- 제1장 인터넷비즈니스의 이해
- 제2장 인터넷마케팅의 이해
- 제3장 전자무역

- 제4장 인터넷 마케팅조사
- 제5장 인터넷 소비자행동분석

- 제6장 인터넷 마케팅전략
- 제7장 e-Segmentation
- 제8장 e-Targeting과 e-Positioning

- 제9장 인터넷 제품전략
- 제10장 인터넷 가격전략
- 제11장 인터넷 유통전략
- 제12장 인터넷 촉진전략

- 제13장 e-SCM
- 제14장 e-CRM

사례연구 e-Targeting과 e-Positioning

과점시장, 신규진입 어려울까, 쉬울까?

하버드대 경영대학원의 마이클 포터 교수는 "소수의 대기업이 장악한 산업에는 다른 기업들의 신규진입(혹은 창업)이 어렵다"고 했다. 소수의 대기업이 규모의 경제를 통해 막대한 투자자본과 원가절감이라는 높은 진입장벽을 만들어놓았다는 이유에서다. 새로운 시장 진입자는 기존 대기업에 맞서 경쟁우위를 확보하기 어려우며 설사 진입한다 하더라도 오래 버티기 어렵다는 포터 교수의 주장은 경영전략분야에서 널리 활용되며 받아들여온 명제이다.

반면 스탠퍼드대 경영대학원의 글렌 캐롤 교수는 "소수에 의한 과점시장은 차별화 전략으로 니치(niche: 틈새) 시장을 공략하는 작은 기업에 창업의 기회를 제공한다"고 말했다. 대기업들의 표준화된 제품들이 오히려 새로운 제품을 찾고자 하는 소비자의 기호(嗜好) 변화를 촉진한다는 것이다.

포터 교수와 캐롤 교수는 미국의 맥주산업이 소수의 대기업 중심 경향이 심화되던 1980년대 초, 각각 자신의 이론을 바탕으로 맥주산업에 대해 다른 예측을 했다. 포터 교수는 당시 맥주산업은 규모의 경제로 무장한 대기업들의 높은 진입장벽 때문에 신규 진입이 어렵다고 예측했다. 반면 캐롤 교수는 이제 맥주산업은 니치시장을 공략하는 소기업들을 맞이할 준비가 됐다고 말했다.

결과는? 1980년대 중반 이후 미국 맥주업계에서 독특한 맛과 질로 차별화 전략을 지향하는 '마이크로브루어리(microbrewery: 소규모 양조장)' 생산업자가 급증했다. 아이러니하게도 산업의 과점화가 심화될수록, 마이크로브루어리 업자의 수는 1985년 이후 계속 늘어 1990년대 들어 120개 이상이 됐다.

마이크로브루어리는 일반 맥주회사보다 신선한 재료를 사용하고 소규모로 생산하며 유통기간이 짧다. 따라서 일반 맥주보다 가격이 좀 비싸고, 주로 미국의 각주 범위에서 활동하는 경우가 많다. 캘리포니아 주의 '시에라네바다', 맥주 통 위에 해골이 맥주를 마시는 로고로 유명한 '로그 맥주', 미국독립전쟁 당시 보스턴의 애국지사 새뮤얼 애덤스의 이름을 따서 만든 '새뮤얼 애덤스', 눈길 위의 자전거 상표가 인상적인 '팻 타이어(fat tire)'와 '스노데이(snow day)' 등. 지금은 미국에서만 수천 종류가 된다.

결국 마이크로브루어리의 폭발적인 성장을 예상한 캐롤 교수의 예측이 더 정확하다고 할 수 있다. 하지만 포터 교수의 예측이 완전히 틀린 것만은 아니다. 대형 맥주회사에 정면 대항하는 일반 맥주회사의 진입은 별반 없었기 때문이다.

스타벅스가 1987년 미국에서 영업을 시작할 무렵, 미국 커피시장은 맥주시장과 상황이 비슷했다. 최대 커피 메이커인 네슬레와 제네럴푸드, 프록토앤갬블(P&G)이 로스트 커피의 60%, 인스턴트 커피시장의 80%를 차지하고 있었다. 물론, 이런 기업에 대항해 사업을 시작한다는 것은 매우 어렵다. 포터 교수의 지적대로 높은 진입장벽 때문이다.

하지만 미국에서 1980년대 초 대중들은 우유에 물 탄 듯한 비슷한 커피 맛에 식상해하고 있었다. 비슷한 제품을 생산하는 소수기업의 과점이 심해질수록, 질적으로 우수한 다른 커피를 찾는 대중의 소비욕구는 늘었다. 스타벅스는 시장에 숨어 있는 이런 수요욕구를 포착했다.

불과 서너 개 매장으로 시작한 스타벅스는 전 세계에서 현재 4만여 개의 매장을 지닌 초대형기업이 됐다. 당시 골든 보커 등 스타벅스의 초기 경쟁자들은 자신의 매장을 하워드 슐츠 스타벅스 현 회장에게 넘기고 '마이크로브루어리'사업을 시작했다. 지금도 활동하는 맥주회사, 레드훅이 바로 그중 하나이다.

마이크로브루어리와 스타벅스의 탄생은 과점시장구조에서 오는 제품의 표준화와 단조로움, 그로 인한 소비자의 불만족과 밀접한 관계가 있다. 미국에 아이디어가 기발한 수천 가지의 마이크로브루어리 브랜드가 존재하듯, 한국에서도 커피 전문점이 훨씬 더 다양한 모습으로 펼쳐질 가능성이 높다. (PharmXpert Academy, 2012.4.9)

토의과제

1. 스타벅스가 시장진출을 위해 선택한 핵심전략은 무엇인가?

2. 스타벅스의 성공요인을 표적시장 선정과 관련지어 정리하면?

3. 틈새시장 진출을 위해서는 어떤 마케팅전략이 요구되는가?

제1절 표적시장의 선정

1 표적시장 선정의 의의

표적시장(target market)의 선정이란 시장세분화를 실시한 후 자신의 조직여건에 가장 적절하고 특정한 세분시장을 표적으로 삼는 것을 말한다. 즉 세분시장분석, 경쟁제품분석을 통해 세분시장을 충분히 이해한 후 적절한 세분시장을 표적시장(목표시장)으로 선택해야 한다. 특정 세분시장의 고객의 요구에 대응할 자신이 있고 경쟁제품과의 비교를 통해 자신의 제품이 충분한 경쟁력이 있다고 판단되는 경우에도 그 세분시장의 공략이 기업의 다른 요소와 적합성이 있는지를 검토해보아야 한다.

첫째, 기업의 목표와의 적합성을 생각해보아야 한다. 아무리 매력적인 시장이라 할지라도 기업의 목표와 어긋난다면 선택할 수 없는 경우가 많다. 예를 들어, 청소년 음주시장이 아무리 크다 하더라도 기업의 공익성을 중시하는 기업은 그 시장에 뛰어들기 어려울 것이다.

둘째, 기업의 자원동원 가능성을 고려해야 한다. 시장이 매력적이고 기업목표와 일치하며 제품이 우수하다고 하더라도 기업이 동원할 수 있는 자원이나 능력이 부족하거나 그 시장을 효과적으로 공략할 수 없다면 그 세분시장을 선택할 수 없을 것이다.

셋째, 기업의 목표와 적합하고 자원을 가지고 있다 하더라도 기존의 마케팅 믹스와의 조화를 생각해야 한다. 기존제품과 품질 면에서 차이가 커서는 곤란하며, 자사의 다른 제품과 비교하여 가격대가 차이가 있어야 선택할 수 있다. 그렇지 않다면 기존의 고객을 빼앗는 결과만 초래할 가능성이 크다. 또한 기존의 유통경로를 활용할 수 없다면 새로운 유통망을 구성해야 하는 어려움을 겪어야 한다.

표적시장 선정을 위하여 기업들은 각 세분시장별 매력도를 평가하는데, 평가 시 고려해야 할 사항은 표 8-1 에서 보는 바와 같이 고객(Customer), 경쟁사(Competitor), 자사(Company)의 3C이다.

표 8-1 3C분석 평가기준

3C	평가요소	평가기준
고객(Customer)	– 시장규모 – 시장성장율	– 해당 세분시장이 적절한 규모인가? – 성장가능성이 높은 시장인가? – 각 세분시장별 잠재수요는 어느 정도인가?
경쟁자(Competitor)	– 현재의 경쟁자 – 잠재적 경쟁자	– 현재의 경쟁자들이 공격적이고 강력한가? – 새로운 경쟁자의 진입가능성이 높은가?
자사(Company)	– 기업목표 – 자원 – 시너지 효과	– 기업의 목표와 일치하는가? – 인적, 물적, 기술적 자원을 갖추고 있는가? – 기존 브랜드의 마케팅 믹스 요소를 연계하여 시너지 효과를 가져올 수 있는가?

기업은 세분시장별 3C분석과 수요예측을 통해 기업에 가장 유리한 시장을 선정하게 되는데, 각 세분시장은 3C분석에 의해 평가한 후 진출할 가치가 있는 전략시장을 선정한다. 시장세분화를 통해 몇 개의 잠재적 세분시장으로 나눈 다음에는 각 세분시장별 3C분석과 수요예측 등을 통하여 기업에 가장 유리한 하나 또는 그 이상의 표적시장을 선정하게 된다.

기업은 시장규모와 시장성장률, 현재의 경쟁사와 잠재적 경쟁사, 자사와의 적합성 분석 등을 통해 세분시장별 매력도를 평가하고 자사와 가장 적합한 시장 즉 표적시장을 선정하게 된다. 각 평가요소는 5점 또는 7점 척도를 사용하여 평가하고, 평가요소별 중요도를 감안하여 각 세분시장의 매력도를 산출한다. 그리고 각 평가요소의 중요도는 기업에 따라 다르게 나타날 수 있다.

2 표적시장의 마케팅전략

표적시장을 선택하는 데에는 **표 8-2** 에서 보는 바와 같이 세 가지 마케팅전략이 사용된다.

첫째, 비차별화 마케팅전략으로서 이는 대중 마케팅(mass-marketing)의 특성을 지닌다.

표 8-2 표적시장의 마케팅전략

	특징	장점 및 단점
비차별화 마케팅 전략	– 매스 마케팅 – 보편성의 제품 – 다양한 소비자 니즈에 다양한 대응	– 대량 마케팅 – 구매자 욕구의 차이보다는 공통적인 것에 소구점을 맞춰 동일한 마케팅 믹스(Product, Price, Place, Promotion)를 적용시키는 마케팅전략 – 표준화와 대량생산을 통해 원가경쟁력을 추구 – 광고와 유통에 있어서도 비용을 절감이 가능 – 규모의 경제를 통한 저가격으로 가격을 중요시 여기는 세분시장 – 막대한 자금력을 필요로 하며 비다각화에 따른 위험이 존재 – 가장 큰 세분시장을 목표로 제품을 개발 – 시장이 변화하거나 전략이 잘못 수립됐을 경우 위험이 존재
차별화 마케팅 전략	– 다양한 목표 타깃층을 겨냥 – 다양한 소비자 니즈의 만족 – 각 세분시장별 마케팅 전략 수행	– 상이한 구매자 욕구에 소구점을 맞춰, 세분화된 각각의 시장에 상이한 마케팅 믹스를 사용하는 전략 – 소비자들에게 제품의 이미지를 강화할 수 있는 장점 – 각각 세분된 제품, 유통, 촉진을 이용함으로써 과도한 비용이 지출
집중화 마케팅 전략	– 하나의 목표시장 겨냥 – 특정 세분시장에 마케팅 역량 집중 – 니치(Niche) 마켓의 개념	– 기업의 자원이 제한되어 있을 때 사용되는 전략 – 큰 시장에서 낮은 시장점유율을 획득하기보다는 하나 또는 소수의 작은 시장에서 높은 시장점유율을 달성하려는 전략 – 소수의 세분시장에 집중하므로 제품, 생산, 유통, 촉진 등에서 비용의 절감이 가능하여 효율성 극대화 – 위험 부담의 최소화 – 모두에게 팔려다가는 아무에게도 팔지 못함 – 고객의 니즈 변화 시 위험 – 특정시장에서 거점 확보

둘째, 집중화 마케팅(concentrated marketing) 전략으로서 이는 큰 시장에서 낮은 시장점유율을 누리기보다 하나 또는 소수의 작은 시장에서 높은 시장점유율을 누리기 위한 전략이다.

셋째, 차별화 마케팅(differentiated marketing)전략으로서 이는 둘 이상의 표적시장을 선정하여 각각에 적합한 마케팅전략을 구사하는 것이다.

이들 세 가지 마케팅전략을 그림으로 나타내면 **그림 8-1**과 같다.

그림 8-1 표적시장의 마케팅전략

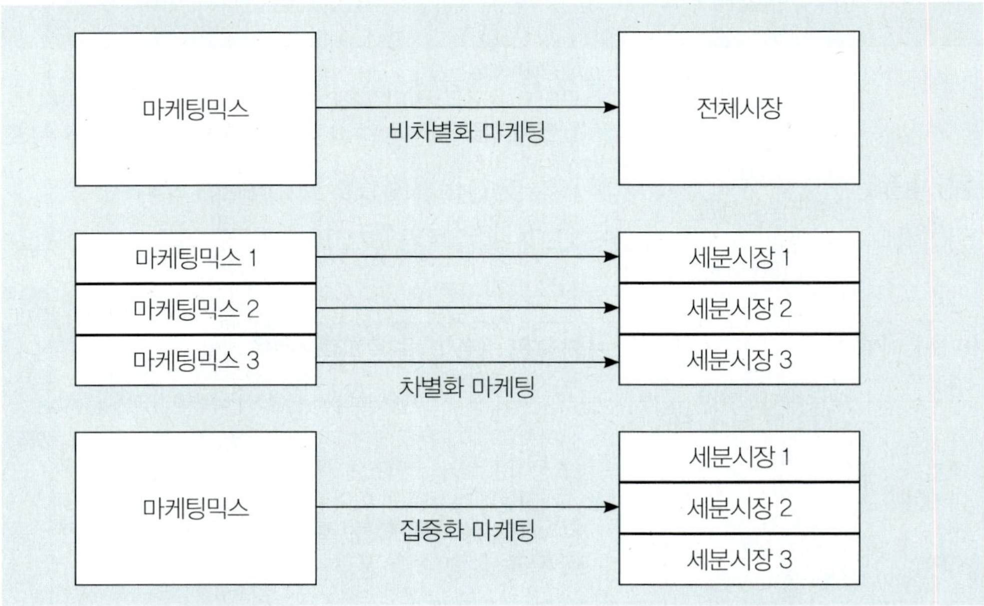

(1) 비차별화 마케팅

대량 마케팅 또는 대중 마케팅과 일맥상통하는 비차별화 마케팅(non-differentiated marketing)은 구매자 욕구의 차이보다는 공통적인 것에 초점을 맞춰 동일한 마케팅 믹스(Product, Price, Place, Promotion)를 적용시키는 마케팅전략이다. 표준화와 대량생산을 통해 원가경쟁력을 가질 수 있는 비차별화 마케팅은 광고와 유통에 있어서도 비용을 절감시킬 수 있다.

따라서 비차별화 마케팅전략을 선택하는 기업들은 규모의 경제를 통한 저가격으로 가격을 중요시 여기는 세분시장을 확보하려고 한다. 맥도널드나 코카콜라 같은 기업은 전 세계에서 제품, 광고, 가격 정책 등에 있어 동일한 전략과 목표를 추구한다. 이런 경우 기업은 막대한 자금력을 필요로 하며 비다각화에 따른 위험이 상존한다.

전형적으로 비차별화 마케팅전략을 이용하고 있는 기업은 그 시장에서 가장 큰 세분시장을 목표로 제품을 개발한다. 하지만 시장이 변화하거나 전략이 잘못 수립됐을 경우 포기하기 어려운 결과가 나타날 수도 있다.

(2) 차별화 마케팅

차별화 마케팅(differentiated marketing)은 상이한 구매자 욕구에 초점을 맞춰 세분화된 각각의 시장에 상이한 마케팅 믹스를 사용하는 전략이다. 소비자들에게 제품의 이미지를 강화할 수 있는 장점이 있지만 각각 세분된 제품, 유통, 촉진을 이용함으로써 비용이 많이 들 수 있다. 예를 들면 벤츠자동차는 다른 어느 차보다 고급 자동차임을 강조하고 있다.

(3) 집중화 마케팅

표적 마케팅전략이라고도 불리는 집중화 마케팅(concentrated marketing)은 세분된 시장 중 특정 시장에 초점을 맞춰 마케팅 믹스를 집중시키는 전략이다. 즉 전체 세분시장 중 특정 세분시장을 표적시장으로 삼아 집중 공략하는 전략으로서 특화된 시장에 경영자원을 집중하는 방식이다.

제2절 인터넷 표적시장의 선정

1 인터넷 표적시장 선정의 의미

인터넷 표적시장(e-Targeting)이란 회사의 전략목표와 제품의 특성을 고려하여 가장 적합한 목표세분시장을 선택하고 마케팅노력을 집중하는 것을 말한다. 예를 들어 베인앤드컴퍼니(Bain & Company)가 제시한 e-Segmentation을 활용하여 제품유형별로 목표세분시장을 제시해보면 다음과 같다.

저가의 부담이 없고 제품이 복잡하지 않은 일상용품들은 거래의 편의성에 따라 움직이는 '거래편의 추구자 집단'이 목표시장으로서 적합하다. 세계적으로 높은 지명도와 인지도를 바탕으로 한 지구촌제품들, 예를 들어 패션제품, 귀금속류제품, 유명 디자이너 의상제품들의 경우 브랜드의 인지도와 가치에 따라 움직이는 '브랜드 애호가 집단'이 목표시장으로서 적합할 것이다.

대량구매 또는 중간상의 개입이 매우 중요한 품목의 경우에는 '유통업자와의 관계 중시 집단'이 목표시장으로서 적합할 것이다. 전형적으로 B2B 거래대상 제품들, 예를 들어 화학원료, 식품원료, 철강원료, 원목재료 등의 원료에 해당하는 제품들이 여기에 속한다. 마지막으로 경쟁사의 가격변동을 즉각적으로 반영할 수 있는 제품, 예를 들어 음료, 야채류, 음식품 등의 경우 가격의 미세한 변화에 따라 움직이는 '가격 민감자 집단'이 목표시장으로서 적합할 것이다.

표적시장의 선정은 이론적으로는 시장세분화에 의해 얻어진 각 세분시장의 매력도를 평가하여 그중에서 자사의 마케팅 목적에 가장 적합한 세분시장을 선정하는 것이다. 시장세분화와 표적시장의 선정은 기업이 어떻게 시장을 이해하고 있고 표적시장에서 어떻게 시장기회를 포착하는가를 보여주는 전략적 의사결정이다. 앞서 설명된 비즈니스 모델의 선정은 실제로는 표적시장의 선정과 동시에 이루어지게 된다. 비즈니스 모델은 기업의 표적고객이 원하는 것을 구현한 것이며, 표적시장은 우리기업의 비즈니스 모델을 가장 좋아하는 세분시장이기 때문이다.

마케터는 표적시장을 선정하는 데 있어 시간이 지남에 따라서 세분시장이 변화하고 이에 따라 표적시장도 변화될 수 있음을 인식해야 한다. 시장이 변화하였는데도 계속해서 동일한 표적시장과 동일한 비즈니스 모델을 고수하는 것은 바람직하지 않을 수 있다. 그러나 너무 빈번한 표적시장의 변경은 전략적 일관성을 잃어버리게 된다. 인터넷 비즈니스에서는 기술발전과 시장변화가 상당히 빠르기 때문에 비즈니스 모델이 빨리 바뀌는 경향이 있지만, 기업은 비즈니스 모델의 구성요소들을 변화시키면서 표적시장은 크게 바꾸지 않는 것이 전략적 일관성을 유지하는 데 도움이 될 수도 있다.

2 인터넷 표적시장 선정시 고려요인

여러 세분시장 중에서 특정의 표적시장을 선정하는 것은 비즈니스 모델을 결정하는 것만큼 어렵고 중요한 것이다. 기업은 표적시장을 선정하는 과정을 통해서 마케팅전략의 방향을 보다 명확하게 정할 수 있고, 그 결과로 비즈니스 모델을 수정하거나 확정지을 수 있다. 표적시장을 선정하는 데 고려하는 기준으로는 ① 시장크기, ② 시장특성과 자사특성 간의 적합도, ③ 경쟁정도, ④ 기업의 전략적 의도 등을 들 수 있다.

시장크기가 표적시장 선정에 중요한 이유는 특정 시장을 대상으로 한 영업을 통해 수익성이 확보되어야 하기 때문이다. 기업은 시장크기를 고려하는 데 있어 단순한 현재의 세분시장을 구성하고 있는 사람수뿐만 아니라 그들이 자사의 사이트에서 정보나 제품을 구매할 가능성, 구매력 혹은 사용량 등을 함께 고려해야 한다. 또한 미래에 이 세분시장이 성장할 것인지 등도 고려해야 할 것이다.

시장특성과 자사특성 간의 적합도는 세분시장의 고객이 원하는 것을 우리 사이트가 해결해줄 수 있는 정도를 말한다. 세분시장의 고객이 값이 싼 중급의 제품을 원하고 있고, 비즈니스 모델은 값이 비싸고 서비스가 뛰어난 one-stop 쇼핑을 가능하게 해주는 사이트라면, 이 사이트와 세분시장 간의 적합도는 떨어진다고 할 수 있다. 많은 인터넷 기업들이 앞으로 성장 가능성이 높은 세분시장이라고 느낄 때, 무계획적으로 비즈니스 모델을 확장시키는 경우가 많다.

예를 들어, 아마존의 경우 계속해서 사업영역을 책에서 CD, 자동차 등으로 확대시켜서 표적시장을 넓혀가고 있다. 이때 주의할 점은 현재 자사 사이트의 이미지나 핵심역량을 고려하여야 한다는 것이다. 단기적으로 비즈니스 모델을 성공적으로 확대시켰다고 해도 자사의 고정고객들이 확대된 비즈니스 모델과 자신과의 적합성을 인지하는 데에는 시간이 걸리기 마련이다. 그러므로 확대된 비즈니스 모델과 고객 간의 적합도가 맞는지를 계속 검토해보아야 한다.

경쟁정도는 세분시장에 관심을 가지고 있는 경쟁 사이트의 수와 그들의 마케팅노력

정도를 말한다. 시장의 규모만을 보고 시장에 진입하려는 많은 기업들이 흔히 고려하지 못하는 요소가 경쟁강도이다. 자사의 비즈니스 모델이 다른 경쟁 사이트와 비교해서 차별적인 우위가 없음에도 불구하고, 많은 기업들이 단순히 규모가 큰 세분시장에 진출하게 된다. 전 세계적으로 야후와 같이 특정 비즈니스 모델에서 1위를 하는 기업이 아닌 경우에는 자사의 비즈니스 모델의 특징을 차별적으로 인식시킬 수 있는 세분시장을 표적시장으로 삼는 것이 바람직하다.

표적시장 선정 시 가장 중요한 기준의 하나가 기업의 전략적 의도이다. 특정시장에서 성공적인 사업을 하기 위해서는 자신의 전략의도를 명확하게 하고 그에 따라 자신의 경쟁력과 핵심역량을 규정하여야 한다, 기업의 전략적 의도는 표적시장을 선정하는 토대가 될 뿐만 아니라 표적시장의 범위를 넓혀나가는 데 중요한 지침이 된다.

인터넷 사업 중에는 명확한 수익 모델을 갖지 못한 사이트들도 있다. 일단 회원을 많이 모집하면 수익이 될 만한 모델이 발견될 것이라는 가정하에 사업을 시작했지만 회원 모집에 많은 비용만을 낭비하고 수익 모델의 개발에 실패하는 경우가 많다. 무료정보제공을 하는 비즈니스 모델에 적합한 표적시장과 유료정보제공을 위한 표적시장은 같지 않을 것이다. 만약 단계적으로 비즈니스 모델을 발전시킬 전략적 의도가 있다면, 그에 맞는 표적시장을 처음부터 선택해야 한다. 즉, 유료로 전환할 고객과 유료가 되면 떠나갈 고객을 구분하여 표적시장에 접근해야 한다.

3 인터넷 표적시장 선정전략

(1) 단일표적시장전략

단일표적시장선정전략(Single Target Market Approach)은 여러 세분시장 중에서 자사 사이트에 가장 적합한 하나의 세분시장을 표적시장으로 선택하는 전략으로 집중적 마케팅 전략(concentrated marketing strategy)이라고 불리기도 한다. 또한 니치(niche) 시장전략과 단일표적시장전략도 유사한 개념으로 볼 수 있다.

단일표적시장전략은 마케팅전략의 목표를 확실하게 설정할 수 있고 기업 내 직원들에게 일치된 전략개념을 심어줄 수 있으며 제한된 마케팅 자원을 한 세분시장에 집중시킬 수 있는 장점이 있다. 특히 시장의 세분화단계가 상당히 진행된 경우이거나 회사의 규모가 크지 않고 시장에 진입한 지 얼마 되지 않은 경우에 선택할 수 있는 적절한 표적시장 결정전략이다.

그러나 시장을 주도하고 있는 1등기업의 경우에는 단일표적시장전략보다는 전체시장추구전략이 적합하다고 할 수 있다. 최근에 여성들의 특정 욕구를 충족시키기 위한 사이트들이 많이 개설되고 있는데, 유아나 교육, 신변잡기 등에 전문화되어 있는 사이트들이 단일표적시장전략의 예라고 할 수 있다.

(2) 복수표적시장전략

복수표적시장전략(Multiple Target Market Approach)은 둘 이상의 세분시장을 표적시장으로 선정하는 전략으로 차별적 마케팅전략(differentiated marketing strategy)이라고도 한다. 다수표적시장전략에서는 각각의 세분시장에 적합한 차별화된 마케팅믹스가 개발 · 투입되는데, 제품시장 내에서 보다 많은 잠재고객들에게 접근하는 데 그 목적이 있다.

복수표적시장전략의 선택 시 기업은 서로 다른 특성의 세분시장들을 표적으로 선택하는 경우도 있겠지만, 인터넷시장의 경우에는 비슷한 특성을 가진 시장이나 마케팅 전략을 구사하는 데 있어서 시너지 효과를 얻을 수 있는 세분시장들을 표적시장으로 선택하는 것이 보다 효과적일 수 있다.

예를 들면, 항공권 판매에 있어서 경매방식, 역경매방식, 예약대행방식을 모두 하나의 사이트에서 구현함으로 해서 마케팅노력에서 시너지 효과를 얻을 수 있다. 그러나 인터넷 사이트가 복수의 표적시장을 선정하고 각 표적시장의 욕구나 취향을 모두 충족시키기 위해 사이트에 다양한 콘텐츠만을 열거해 놓는다면 오히려 사이트의 통합된 이미지를 흐리게 할 가능성이 있다.

(3) 전체시장추구전략

전체시장추구전략(Full Market Coverage Approach)은 시장세분화하여 표적시장을 정하는 차별적 전략보다 비차별적 전략이 유리할 때 사용된다. 즉 아직 시장이 성숙되어 있지 않아 소비자들 간에 욕구에서 차이가 없거나 규모의 경제성을 실현함으로써 재고비, 수송비, 마케팅조사비, 광고비 등을 낮출 수 있는 경우이다.

또는 시장을 선도하는 기업인 경우에 전체시장을 공략하는 것이 기업의 이미지에 좋은 영향을 미친다고 생각될 때 사용할 수도 있다. 하지만 명백한 전략적 의도 없이 전체시장을 공략하는 것은 바람직하지 않다. 포털사이트 중에서 1등기업만이 매출이 꾸준히 증대되는 것과 아마존이 단순히 사업영역을 확대해감에 따라 손실액도 커져가는 상반된 현상은 좋은 시사점을 제공한다.

4 인터넷 표적시장의 공략법

표적시장을 공략할 때 자사의 비즈니스 모델에 적합한 고객을 세분화해서 세분집단별로 차별적 전략을 펴는 것도 좋은 방법이지만 인터넷마케팅에서는 표적시장 내 고객 개개인에 대해 개별적으로 일대일 마케팅하여 개인화(personalization)를 하는 것이 보다 효과적인 방법으로 인식되고 있다.

개인화(personalization)는 소비자와 실제로 대화하듯이 고객의 서로 다른 요구사항을 웹사이트에서 개별적으로 충족시켜주는 것을 의미하는데, 과거 오프라인(off-line)에서 소수의 특수고객만을 상대로 하는 커스터마이제이션(customization)과 대비하여 매스 커스터마이제이션(mass customization)이라고도 한다. Hanson(2000)은 과거에는 일반 소비자들은 평준화된 서비스를 제공받고 부자들이나 특수층들만이 자신들의 개인적인 서비스 요구사항을 시장에서 충족시킬 수 있었으나, 인터넷을 통한 개인화(personalization)로 인해서 일반 소비자들도 자신들만의 요구를 주장하고 서비스를 받을 수 있어서 디지털

민주주의를 실현하게 되었다고 한다.

개인화(personalization)는 서비스를 받는 개별 소비자들에게도 좋지만 인터넷 기업에게는 고객의 욕구를 파악하는 좋은 도구가 될 수 있고 향후의 시장변화방향에 대한 예측을 할 수 있게 해준다. 또한 자사 비즈니스 모델의 기능확장을 가능하게 하며 보다 좋은 상품 콘셉트의 도출을 가능하게 해준다. 간단히 할 수 있는 차별적 서비스로는 개인마다 쿠키(cookie) 등을 활용하여 사이트에 들어올 때 개인별로 원하는 내용만을 먼저 보여주는 'My page'나 개인의 사이트 내의 활동결과에 따라 이메일을 보내거나 혹은 우대 서비스나 할인과 같은 촉진방법을 다르게 제공하는 방법이 있다.

우리나라 소비자들의 성향을 보면, 다른 소비자가 자신보다 더 많은 혜택을 보는 것에 대해 상당히 민감하기 때문에 차별적인 서비스를 제공할 때 세심한 주의를 기울여야 한다. 개인화(personalization)를 웹에서 제대로 구현하기 위해서는 고객들의 과거 행동을 보관하는 데이터베이스와 고객의 요구사항을 실시간으로 분석할 수 있는 정보 시스템을 갖추고 있어야 하며 동시에 분석결과에 따라 개인별로 차별적인 서비스를 제공해줄 수 있어야 한다.

개인화(personalization)를 실행함에 있어서 인터넷 기업은 먼저 무엇(what)을, 언제(when), 어떻게(how) 서비스할 것인지를 결정해야 한다. 두 번째는 고객이 참여할 의사가 있는지를 검토해야 한다. 개인화(personalization)는 고객이 자신의 정보를 주지 않으면 불가능하기 때문에 상호 신뢰와 협력을 기반으로 한다. 세 번째는 개인화(personalization)의 실행에는 비용이 많이 들 수 있기 때문에 내부적으로 이를 실시할 수 있는지 검토해보아야 한다. 네 번째는 인터넷에서 고객은 한 번 실망하면 다시는 돌아오지 않기 때문에 장기적인 관점에서 전략을 세워야 한다. 다섯째는 모든 개인화(personalization) 프로세스를 가능한 자동화시켜야 한다. 마지막으로 지나친 개인화(personalization)를 위해 고객으로부터 많은 정보를 얻게 되면 오히려 역효과가 날 수 있음을 항상 유념하여야 한다.

Hanson(2000)은 제품의 특성과 소비자들의 욕구에 따라서 개인화(personalization)를 온라인상에서 구현하는 방법을 **그림 8-2** 에서 보는 바와 같이 네 가지로 구분하고 있다. 간단한 제품특성을 대부분의 고객들이 원할 때는 법칙 시스템(rule-based system)이 적합하다. 이를 위해서는 기존고객행동 데이터베이스의 분석을 통해 고객이 좋아하는 것이나 그들의 행동을 예측해서 고객의 선택행동을 이끌어줄 수 있는 법칙을 클릭스트림(clickstream) 데이터의 분석을 통해서 파악하는 것이 필요하다.

그림 8-2 Personalization 시스템

제품의 특성		고객의 요구: 동일	고객의 요구: 다름
	복잡	추천시스템 (endorsement)	고객협력하의 선별 (collaborative filtering)
	단순	법칙시스템 (rule-based)	컴퓨터 도움하의 선별 (computer-assisted self explication)

컴퓨터 도움하의 선별(CASE: Computer-Assisted Self Explication)은 사이트의 방문자들에게 선호하는 것을 물어서 전체 선택 가능한 대안들 중에서 점차 대안의 수를 줄여감으로써 방문자들이 원하는 것을 찾게 해주는 것이다. CASE를 구축하려면 제품 DB와 고객의 과거 선택자료들을 모델링을 통해서 결합하는 것이 필요한데, 이 방법은 고객들이 잘 알고 있는 제품을 구매할 때 유용하다.

추천시스템(endorsement)은 고객의 욕구는 동일하지만 제품이 복잡하여 실물을 경험해보지 못한 고객에게 인터넷상에서 이를 설명하는 것이 매우 어려울 때 적용하는 방법이다. 이를 위해서는 과거 동일한 제품이나 경쟁제품들을 사용해보았던 고객만족자료 등을 제시하거나 공인된 기관의 서베이 자료를 제시하게 된다.

고객협력하의 선별(collaborative filtering)은 다양한 제품과 다양한 소비자 욕구가 있을 때 비슷한 욕구를 가진 사람들끼리 만날 수 있는 게시판이나 토론방과 같은 기회를 제공하여 서로의 욕구를 충족시킬 수 있게 도와주는 것을 말한다. 이때에는 비슷한 소비자를 찾아주는 모델링이 필요하다.

제3절 인터넷 포지셔닝의 의미

1 포지셔닝의 개념 및 유형

(1) 포지셔닝의 개념

표적시장(목표시장)이 선정되면 그 시장 내에서 경쟁우위를 확보하는 방법을 강구해야 한다. 목표시장에서 고객의 욕구를 파악하여 경쟁제품에 비하여 차별적 특징을 가지도록 제품개념을 정하고 소비자의 지각 속에 적절히 위치시키려는 노력을 해야 하는데 이러한 노력을 포지셔닝(positioning)이라고 부른다. 포지셔닝의 개념을 그림으로 나타내면 **그림 8-3** 과 같다.

그림 8-3 포지셔닝의 개념

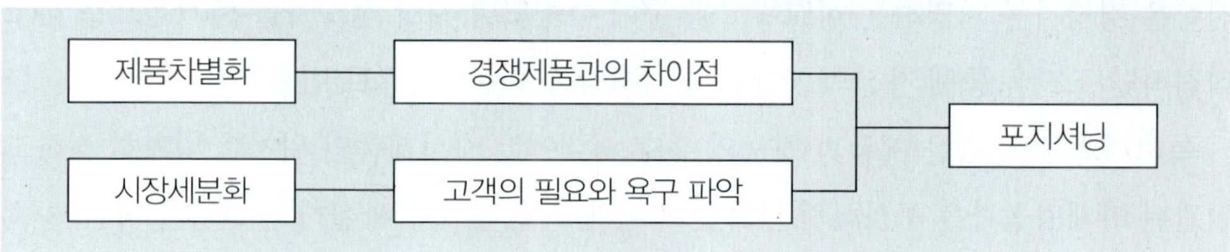

BMW는 'ultimate driving machine'이라는 슬로건을 통해 뛰어난 성능을 가진 승용차로 포지셔닝하고 있다. 반면, 현대는 'cars that make sense'라는 슬로건으로 경제적이지만 질 높은 승용차로 포지셔닝을 시도하였다. 포지셔닝은 세분화된 시장에서 제품차별화를 통해 경쟁우위를 확보하는 방법이라고 할 수 있다.

포지셔닝의 목표는 기업의 잠재적인 이점을 극대화하기 위해 소비자의 마음속에 그 브랜드를 자리매김하는 것이다. 양호한 브랜드 포지셔닝은 그 브랜드의 핵심, 즉 그것이 소비자가 성취하고자 하는 어떤 목표에 도움을 주며, 또한 그것을 행하는 독특한 방법을 분명히 함으로써 마케팅전략을 계획하는 데 도움을 준다. 조직의 모든 구성원들이 브랜드 포지셔닝을 이해해야 하며 의사결정의 맥락에서 브랜드 포지셔닝을 이용해야 한다.

포지셔닝 전략은 소비자가 원하는 바를 준거점으로 하여 자사제품의 포지션을 개발하려는 '소비자 포지셔닝 전략'과, 경쟁자의 포지션을 준거점으로 하여 자사제품의 포지션을 개발하려는 '경쟁적 포지셔닝 전략'으로 구분된다. 또한 소비자들이 원하는 바나 경쟁자의 포지션이 변화함에 따라 기존제품의 포지션을 바람직한 포지션으로 새롭게 전환시키는 전략을 리포지셔닝(repositioning)이라고 한다.

소비자 포지셔닝 전략은 자사제품 효익을 결정하고 커뮤니케이션하는 활동으로 커뮤니케이션 방법에 따라 구체적 포지셔닝과 일반적 포지셔닝, 정보 포지셔닝과 심상 포지셔닝으로 구분되는데, 소비자가 원하는 바에 대하여 구체적인 제품효익을 근거로 제시하는 구체적 포지셔닝과 애매모호한 제품효익을 근거로 제시하는 일반적 포지셔닝, 정보제공을 통해 직접적으로 접근하는 정보 포지셔닝과 심상(imagery)이나 상징성(symbolism)을 통해 간접적으로 접근하는 심상 포지셔닝으로 구분한다. 경쟁적 포지셔닝 전략은 경쟁자를 지명하는 비교광고를 통해 수행되며 시장 선도자를 준거점으로 하고 직접적인 도전을 통해 자신의 상표를 포지셔닝하려는 수단으로 이용된다.

특히 오늘날과 같은 제품과 정보의 홍수 시대에는 자사제품의 위치를 명확히 정하고 일관된 마케팅전략을 구사하지 않으면 소비자의 인식 속에 확실히 각인되기 어렵고, 소비자 인식 속에 확고한 그 무엇을 심어주지 못한다면 모든 마케팅전략이 아무런 효과를 거두지 못하고 실패로 끝날 수도 있다. 반면에 확실한 포지셔닝은 한 기업의 운명을 바꾸어놓을 수도 있다. '깨끗한 물'로 승부를 건 100% 천연 암반수 맥주 하이트는 마케팅전략의 성공이자 기업 전체를 살린 대표적인 사례라 할 수 있다.

(2) 포지셔닝의 유형

포지셔닝은 1972년 광고전문지인 『Advertising』에 알 라이스와 잭 트라우트(Al Ries &

Jack Trout)가 「포지셔닝 시대」라는 논문을 발표하면서 시작되었다. 포지셔닝 전략의 이론적 기초는 하버드대학의 심리학자인 밀러(G. A. Miller)가 주장한 매직 세븐(magic seven)이다. 매직 세븐이란 인간의 두뇌는 한 번에 일곱 개 이상의 단어를 취급할 수 없다는 기억력과 관련된 용어이다. 소비자가 제품을 구매할 경우에도 자기 나름대로 브랜드의 사닥다리가 있어 일곱 개 정도의 브랜드를 기억하며, 사닥다리의 제일 위에 있는 브랜드는 소비자의 구매와 직접적인 관계를 가지게 된다. 포지셔닝 전략의 기본은 인간의 머릿속에 잠재하고 있는 특정 브랜드에 대한 사닥다리의 첫 번째 위치를 점유하도록 하면 광고는 성공했다고 볼 수 있다.

포지셔닝은 다양한 변수를 기준으로 시도할 수 있다. 제품의 속성을 강조하여 다른 제품과 다르게 인지하게 한다든가, 제품의 이미지를 차별화한다든가, 사용하는 사람을 부각시킴으로써 포지셔닝할 수 있다. 일반적으로 기업이 자사제품을 포지셔닝하는 데는 여러 가지 방법이 있으나 표 8-3 에서 보는 바와 같이 크게 다섯 가지로 분류해볼 수 있다.

표 8-3 포지셔닝의 유형

유형	접근방법과 사례
속성, 편익에 의한 포지셔닝	– 제품의 기능적 편익, 속성을 경쟁제품과 차별화 하여 소비자에게 인식 – 상징적, 감각적 편익이나 속성에 의한 포지셔닝 – 애니콜: "한국지형에 강하다"
사용자에 의한 포지셔닝	– 제품이 특정 사용자계층에 적합한 것으로 포지셔닝 – 미에로화이바: 다이어트 음료
사용상황에 의한 포지셔닝	– 제품이 사용될 수 있는 사용상황을 제시함으로써 포지셔닝 – 가그린: "키스할까요", 자일리톨껌: '자기 전에 씹는껌'
이미지에 의한 포지셔닝	– 기업과 제품이 가지는 이미지를 소비자에게 전달하고 인식을 심어줌으로써 포지셔닝 – 맥심커피: "이 세상 가장 향기로운 커피는 당신과 마시는 커피입니다"
경쟁제품에 의한 포지셔닝	– 소비자가 인식하고 있는 기존 경쟁제품과 비교함으로써 자사제품의 편익을 강조 – 경쟁제품으로써 욕구충족이 되지 않는 시장기회를 이용하는 포지셔닝 전략 – 사이다: 무색, 무카페인, 무로열티

속성에 의한 포지셔닝

가장 흔히 사용되는 포지셔닝의 방법으로 경쟁제품과 다른 편익이나 속성을 지녔다고 소비자에게 인식시키는 것이다. 조용한 차 레간자, 음성만으로 전화를 걸어주는 핸드폰, 눈이 많이 오는 우리나라 기후를 감안하여 물에 젖지 않는 특성을 갖는 무스탕 등이 이 유형에 속한다. 또 현대의 엑센트는 저가격과 실용성을, 볼보는 안정성을, BMW는 성능이 우수하다는 것을 강조하고 있다. 이 방법은 경쟁제품이 가지지 않은 특징 또는 경쟁제품이 갖지 않는 속성, 종전 자사제품이 부족했던 점을 부각시켜 포지셔닝하는 방법이다.

에이스침대는 "침대는 가구가 아닙니다. 침대는 과학입니다"라는 슬로건으로 차별화하여 독특한 위치로 포지션하고 있다. 침대는 가구가 아니라 과학이라고 포지셔닝함으로써 에이스침대가 인체공학에 맞게 국민의 건강을 생각하며 과학적으로 만들어진 제품임을 표현하게 되었다. 이로써 에이스침대는 단순한 가구 이상의 개념으로 소비자의 마음속에 자리 잡았다. 에이스침대의 이러한 과학적 침대로써의 성공적인 이미지 구축은 침대 업계에서 에이스가 우위를 차지할 수 있게 하였으며 그 같은 성공은 지금까지 이어지고 있다.

삼성전자의 애니콜이 산이 많은 한국지형에 자사제품이 적합하다는 것을 강조함으로써 시장점유율에서 1위였던 모토롤라를 제친 것은 포지셔닝 전략의 승리라고 할 수 있겠다. 한편 기능적 편익뿐만 아니라 상징적 편익이나 감각적 차별성을 강조하는 것도 이 유형에 속한다. '㈜좋은 사람들'의 보디가드는 BYC, 쌍방울, 태창 같은 빅3사가 득세하던 내의시장에 '감각 내의'라는 차별성을 내세워 무섭게 성장하여 급기야는 흰색 일색이던 우리나라 속옷시장을 패션의류시장으로 바꿔놓았다.

사용자에 의한 포지셔닝

제품이 특정 사용자계층에 적합하다고 강조하여 포지셔닝하는 방법이다. 이를 닦기 싫어하는 어린이를 위한 젤 타입의 달콤한 냄새가 나는 어린이 전용 치약, 접대가 많은 비즈니스맨을 위한 숙취 해소 음료, 아침 출근 준비에 바쁜 직장인을 위한 린스 겸용 샴푸 등이 특정 사용자를 위한 포지셔닝의 예이다. 코카콜라는 젊은이들이 마시는 모습을 오랫동안 광고에 사용해왔으며 버드와이저는 젊은 남성, 노동자 계층이 주로 마시는 맥주로 포지셔닝하고 있다.

제일제당은 숙취 해소 음료 컨디션을 출시하면서 술을 많이 마시면서도 긍정적인 이미지를 주는 계층을 모색한 후 접대가 많은 비즈니스맨을 제품 사용자로 삼아 포지셔닝하였다. 그 이후에 많은 미투(me too) 상품이 쏟아져 나와 숙취 해소 드링크시장이 새로 형성되었고, 제일제당 컨디션은 시장점유율이 50%를 훌쩍 넘는 부동의 1위를 지키고 있다.

기아자동차의 옵티마 위너는 광고에서 보듯이 "성공한 분을 위한 특별한 모델"이라는 카피를 통해 조금 더 품격 있는 중형차임을 강조하고 있다. 이는 성공한 분(?)이라는 계층을 겨냥했다기보다 고급 소비자층을 겨냥해 기존 중형차가 옵션으로 장착하던 사양들을 기본으로 장착하여 고급 승용차를 선호하는 소비자층을 겨냥해 포지셔닝하고 있는 것이다

사용상황에 의한 포지셔닝

판매하고자 하는 제품의 적절한 사용상황을 묘사함으로써 포지셔닝하는 방법이다. 리복이 만든 구두 '락포트'는 마라톤을 완주하는 모습을 묘사함으로써 마라톤을 완주할 만큼 편안한 구두임을 내세우고 있고, 동아 오츠카에서 만든 '컨피던스'는 친구들과 뛰어놀면서 마시는 '놀이 음료'라는 신개념을 도입하여 자사제품을 포지셔닝했다. 또한 생일 파티를 벌이는 상황을 설정하여 가족들의 모임에 적합하다고 강조하는 패밀리 레스토랑도 여기에 속한다.

LG생활건강은 젊은 여성층을 대상으로 한 새로운 구강 양치액 덴타가글 스위트 후로랄을 출시했다. 덴타가글 스위트 후로랄은 여성들이 선호하는 오스만투스 피치향을 사용하여 기존제품에 비해 맛과 향이 훨씬 부드럽고 불투명한 하얀색 용기와 남보라색 용액을 사용, 기존제품들과 차별화를 기했다. 구강청정제의 용도는 칫솔이 닿지 않는 구석구석까지 양치를 원할 때, 흡연 후 텁텁할 때, 데이트 전, 모임 전 입냄새 제거, 충치

예방 외출 후 공해 등으로 목이 붓거나, 아프거나, 텁텁할 때 취침 전, 취침 후, 양치 전, 양치 후, 식 후, 간식 후, 출장 등 양치질이 번거로운 때, 잇몸병이 있는 경우 등이다.

이 광고에서는 한 남자와 여자가 키스하려는 장면이 나오며 "그 매력이 드디어 향기에 넘어간다"라는 카피를 통해 여성을 위해 나온 덴타가글 스위트 후로랄을 키스하기 전 입안에 향기를 담는 데 사용하라는 사용상황을 암시하고 있다. 키스 시에 항상 염려가 되는 입냄새의 제거에 효력을 발휘한다는 것을 소비자에게 알려줌으로써 사용상황에 의한 포지셔닝 방법을 사용하고 있는 것이다. 또한 신문광고의 특성상 하단에 사용용도를 친절히 소개하고 있어서 사용상황을 소비자에게 쉽게 전달할 수 있다. 이는 사용상황의 포지셔닝 방법이라 할 수 있다.

이미지에 의한 포지셔닝

제품의 추상적인 편익을 강조하여 포지셔닝하는 경우이다. 맥심 커피는 "가슴이 따뜻한 사람과 만나고 싶다", "커피의 명작-맥심" 등의 광고 카피를 이용하여 정서적 · 사색적 고급 이미지를 형성하려고 오랜 기간 노력하여 성공하였다.

많은 기업들이 경쟁제품이나 기업과의 차별화를 위하여 독특한 이미지 상징에 의해 자신의 위치를 구축한다. 이 포지셔닝의 근본적인 과업은 다른 경쟁자들이 사용하고 있지 않은 상징적 도구에 의해 소비자들에게 의미 있는 확신을 심어야 한다. 이러한 상징적 심벌 사용은 제품이나 시장환경에 의해서 신중하게 검토한 후 이루어져야 하며, 장기적으로 이미지를 심어야만 효과를 발휘할 수 있다.

한편 문화적 상징을 이용해서 포지셔닝하는 경우가 있는데 이는 다른 경쟁제품이 사용하고 있지 않은 심벌로서 소비자에게 의미 있는 것을 브랜드와 연합시킴으로써 포지셔닝하는 것을 말한다. 특히 외국에 진출해 있는 다국적기업이나 국내에서도 지방색이 강한 기업들이 이용하기 쉬운 방법이다.

경쟁제품에 의한 포지셔닝

경쟁제품과 비교하여 자사제품만이 줄 수 있는 혜택이나 편익을 강조함으로써 포지셔닝하는 방법으로서 비교광고 등이 여기에 속한다. 직접적인 비교가 아니더라도 기존 제품으로 충족되지 않은 소비자들의 욕구를 공략하는 것도 이 유형의 포지셔닝에 속한다. 우리나라는 법적으로 비교광고가 금지되어 있기 때문에 직접적으로 표현해서는 안 되지만 충족되지 않는 소비자의 욕구를 간접적으로 파고드는 전략을 사용할 수 있다.

경쟁제품에 의한 포지셔닝은 주로 시장 선도 기업을 대상으로 많이 이루어지는데, 소비자들에게 인식되어 있는 시장 선도 기업의 이미지를 자사의 포지션과 연관시킴으로써 그 효과를 증대시키는 이점이 있다. 이것은 경쟁자의 포지션을 바탕으로 소비자의 니즈와 경쟁자와의 차별화를 연결시키는 유용한 전략이다.

기존 섬유린스의 탁한 헹굼물과 자사제품의 맑은 헹굼물을 비교한 제일제당의 섬유린스 '맑은 물 이야기'와 건더기가 크다는 것을 강조한 즉석카레 '레또', 기지국이 많다는 것을 강조한 이동통신의 광고 등이 이 유형에 속한다. 7-up이라는 사이다는 un-cola라는 단어를 사용하여 콜라의 대체품으로서의 위치를 강조한 바 있다. 칠성사이다도 비슷한 전략을 사용하여 콜라와 다른 깨끗하고 따라서 몸에 이로운 음료라는 점을 강조하고 있다. HITE는 "맥주의 90%는 물, 어느 맥주를 드시겠습니까?"라는 카피로 경쟁 맥주와 간접적으로 비교함으로써 성공적으로 포지셔닝하였다.

2 포지셔닝의 절차

이제 포지셔닝 전략이 어떠한 절차에 의해 개발되고 확인되는지 살펴보자. 포지셔닝 전략은 **그림 8-4** 에서 보는 바와 같이 다섯 단계의 과정을 거친다.

(1) 1단계: 소비자 분석

1단계에서는 소비자를 분석하는 단계로 소비자 욕구와 기존제품에 대한 불만족 원인을 파악한다. 즉 해당제품군에서 소비자들이 얻고자 하는 것이 무엇인지, 그리고 기

그림 8-4 포지셔닝의 절차

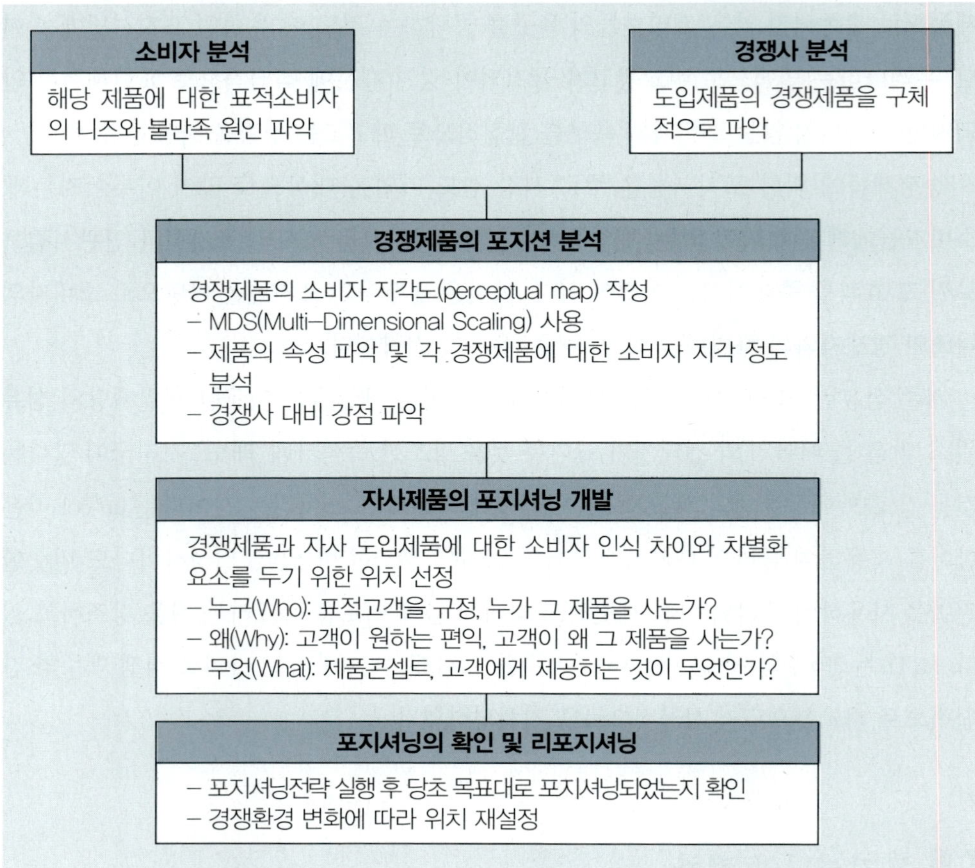

존제품들에 대해서는 어떤 불만을 가지고 있는지 등 소비자 요구와 기존제품에 대한 불만족 원인을 파악하는 과정이다.

(2) 2단계: 경쟁자 확인

2단계는 도입하고자 하는 제품의 경쟁상대를 파악하는 단계로 이때 주의할 것은 표적시장을 어떻게 설정하느냐에 따라 경쟁자가 달라질 수 있다는 점이다. 예컨대 린스 겸용 샴푸를 개발하고자 할 때 소극적인 의미에서는 겸용 샴푸만이 경쟁자가 될 수 있으나 소비자 관점에서 보면 샴푸를 구입할 때 모든 샴푸를 구매대상으로 고려하므로 현존하는 모든 샴푸가 경쟁자가 될 수 있을 것이다.

한편 해당제품군에 대체재가 있는 경우에는 이 대체재도 넓은 의미에서 경쟁자가 될 수 있다. 다이어트 식품을 개발하고자 할 때 기존의 다이어트 식품만을 경쟁자로 볼 수 있겠지만 다이어트 욕구가 있는 소비자 관점에서 보면 칼로리가 낮은 모든 간편식이 다이어트식이 될 수 있으므로 이 대체재를 간과해서는 안 될 것이다. 그리고 이처럼 대체재가 존재하는 경우에는 시장의 크기를 예측할 때 주의해야 한다.

(3) 3단계: 경쟁제품의 포지션 분석

3단계에서는 경쟁제품의 포지션 분석으로 경쟁제품이 소비자들에게 어떻게 인식되고 평가받는지 파악한다. 즉 경쟁제품이 소비자들에게 어떻게 인식되고 평가받는지 파악하는 작업이다. 이때 포지셔닝 맵을 작성해보면 경쟁제품의 속성과 소비자의 지각상태를 파악하는 데 매우 유용할 것이다.

(4) 4단계: 자사제품의 포지션 개발

4단계에서는 자사제품의 포지션 개발로 경쟁제품에 비해 소비자의 욕구를 더 잘 충족시킬 수 있는 자사제품의 포지션을 결정한다. 즉 경쟁제품에 비하여 소비자의 욕구를 더 잘 충족시킬 수 있는 적합한 자사제품의 포지션을 결정한다. 예를 들어 겸용 샴푸를 개발할 때 지금까지의 겸용 샴푸가 간편성 위주의 제품이었다면 간편성에 영양까지 겸비한 고급 겸용 샴푸라는 비어 있는 포지션을 개발할 수 있을 것이다.

(5) 5단계: 포지셔닝의 확인 및 리포지셔닝

5단계에서는 포지셔닝 전략이 실행된 후 자사제품이 목표한 위치에 포지셔닝되었는지 확인해야 한다. 매출성과로도 마케팅전략의 효과를 알 수 있겠으나 전문적인 조사를 통해 보다 구체적으로 소비자와 시장에 관한 분석을 해보아야 한다. 만약에 영양 캡슐이 든 겸용 샴푸를 출시하였다면 소비자들이 그 제품을 간편하면서도 영양을 충분히 공급해주는 간편한 샴푸로 인식되고 있는지 되짚어봐야 한다. 또한 초기에 성공적인 포지셔닝이 되었다 하더라도 시간이 흐름에 따라 경쟁환경과 소비자 욕구가 변화하였을 경우에는 목표 포지션을 재설정하여 그곳으로 이동시키는 리포지셔닝을 해야 한다.

3 리포지셔닝

제품개발 및 출시(launching) 시점에서 마케팅 담당자가 목표한 대로 포지셔닝이 훌륭하게 되었어도 시간이 지남에 따라 이 포지셔닝이 부적합할 수도 있다. 소비자 욕구나 경쟁상황이 달라지거나, 또는 성장하리라 예상했던 표적시장이 너무 작은 경우가 바로 그러한 경우이다. 이때는 당초의 포지셔닝에 안주하지 않고 철저한 조사를 통해 자사 제품의 포지션을 추적해보고 새로운 포지션을 개발하는 재포지셔닝 또는 리포지셔닝(repositioning) 전략을 수행해야 한다.

리포지셔닝 전략은 소비자가 갖고 있는 브랜드 이미지를 새롭게 바꾸려는 시도에 의해 파생되기 때문에 소비자들의 브랜드에 대한 믿음이나 지각이 굳게 고수되어 있거나, 그들의 지각변화를 바꾸기가 매우 어려워 신제품의 포지셔닝 전략보다 실제적으로 이를 전개하는 데 있어 어려움이 상당히 높다. 하지만 모든 분야에서 경쟁사의 침입으로 말미암아 시장 포화현상을 나타내고 있는 시점에, 어떻게 하면 소비자의 마음속에 빨리 도달할 수 있을까 하는 경우에는 재포지션함으로써 쉽게 목적을 달성할 수 있다는 장점도 있다.

또한 리포지셔닝 전략을 성공하기 위해서는 기존제품이 소비자의 마음속에 자리 잡고 있는 위치를 몰아내어야 한다. 즉, 리포지셔닝의 핵심적 열쇠는 기존의 콘셉트나 제품 이미지, 인물 등을 잘라내버려 기존제품에 대한 소비자 생각을 바꾸도록 노력해야 한다. 이는 다시 말해 회사가 정해놓은 새로운 마케팅 콘셉트를 소비자의 마음속에 새롭게 침투시키는 것이다.

리포지셔닝 전략은 시장에서 구축된 기존의 브랜드에 대한 새로운 방향 모색에 있어서는 상당히 중요하게 받아들여지고 있다. 이러한 전략은 기존제품의 외형적 변경이나 변형은 본질적으로 관련성이 없지만, 기존제품의 변경이나 변형은 재포지션의 노력에 의해 실행될 수도 있다. 리포지셔닝을 목적으로 하는 캠페인의 성패는 주제가 되는 브랜드의 포지션이 예측된 방향으로 완벽하게 전환될 수 있느냐의 여부에 달려 있다.

이러한 방법은 먼저 특정 브랜드의 현재 포지션의 측정치를 획득하고, 만약 그것이 불만족스럽다면 리포지셔닝을 실시해야 하고, 그러고 나서 리포지셔닝 캠페인 이후의 예측된 포지션의 측정치를 파악하여 브랜드 포지션이 바람직한 방향으로 변화되고 있는지를 알아내어 계속 피드백시켜야 한다.

리포지셔닝의 예는 1953년 세븐업이 시도한 "카페인 없는 음료(caffeine free)"를 들 수 있다. 이는 과거의 경쟁적인 포지셔닝 전략, 즉 Un-Cola에서 특정 소비자 편익 포지셔닝 전략으로 전환시킨 것이다. 우리나라에서는 과거 삼성시계의 카파가 실용적인 시계에서 젊음의 패션시계로 리포지셔닝함으로써 마케팅에서 새로운 성장기회를 잡은 것이 리포지셔닝 전략의 예이다.

리포지셔닝의 위험(risk)은 두 가지 측면이 있다. 하나는 소비자의 지각을 변화시키기 위해서는 장기적인 커뮤니케이션 전략이 있어야 한다는 것이고, 다른 하나는 경쟁사의 재빠른 모방전략으로 마케팅 비용의 지출이 증가된다는 것이다.

존슨앤드존슨의 베이비 화장품은 처음에 유아층을 타깃으로 포지셔닝했던 제품이지만 나중에 청소년과 연약한 피부를 가진 성인 여성을 타깃으로 하는 순한 화장품으로 리포지셔닝함으로써 표적시장이 확대되고 매출이 비약적으로 증가하는 성과를 이루었다. 한편, 밀러의 'High Life'라는 맥주는 당초 상류층이나 여자들의 맥주로 포지셔닝되었으나, 이를 대량 음주자들인 노동자계층에 적절한 맥주로 포지셔닝하여 크게 성공한 바 있다.

보다 적극적인 리포지셔닝의 예로 제품의 사용범위를 전혀 다른 분야까지 확대하는 경우를 들 수 있다. 미국의 '암앤드해머(Arm & Hammer)'라는 베이킹 소다(Baking Soda) 회사는 쇠퇴기에 접어든 베이킹 소다를 냉장고 등의 탈취제로 사용범위를 넓힘으로써 시장점유율이 획기적으로 올리는 데 대성공을 거두었다. 그뿐 아니라 1년 만에 미국 전역에 있는 냉장고의 절반가량에 냉장고 탈취제 소다가 들어가는 기적을 만들어냈다.

그러나 소비자들의 머릿속에 각인된 제품의 이미지를 바꾸는 것은 매우 어려운 일로서 리포지셔닝은 신제품 포지셔닝에 비해 성공하기가 훨씬 어렵다. 리포지셔닝의 성공사례를 주위에서 쉽게 찾아볼 수 없는 것은 이 같은 까닭이며 국내기업들이 리포지셔닝하기보다는 새로운 제품을 출시하는 것을 선호하는 것도 비용에 비해 효과가 미미할 확률이 크기 때문이다.

리포지셔닝은 아니지만 이미 시장에서 잊혀져가는 제품을 손봐서 다시 선보이는 리뉴얼(renewal)도 있다. 태평양화학의 마몽드(Ma Monde)는 이미 처음 출시된 지 8년이 넘은 라인으로 광고도 중단된 상품이었지만, IMF시대를 맞아 150ml에서 200ml로 용량을 늘린 대중적 상품으로 새로 선보였다.

이런 사례는 화장품업계에서 시행되고 있는 오픈 프라이스 제도에 힘입어 타사에서도 이미 알려진 과거의 간판제품을 부활시키는 등의 흐름으로 이어지고 있고, 덕분에 신상품을 알리는 데 쓰는 비용을 줄이고 과거의 충성고객도 다시 끌어들이는 일석다조의 효과를 거두었다.

미국 서부의 카우보이 스타일의 강하고 멋진 남성적 이미지를 가지고 있는 '말보로'는 처음에는 여성용 담배로 포지셔닝되었다. 그러나 1950년 중반 이후 여성보다는 남성 흡연자 시장에 포지셔닝하기로 전략을 바꾸고 리포지셔닝을 시도하였다. 담배의 맛을 풍부하게 하고 담뱃갑을 곡선에서 직선으로 만들었으며 광고에는 카우보이를 등장시켜 남성적 이미지를 강조하였다. 그 결과 말보로(Marlboro)의 제조회사인 필립모리스(Philip Morris)는 업계 1위로 등극하게 되었으며 말보로는 점유율 1위 상표로 부각되었다.

4 포지셔닝 맵

(1) 포지셔닝 맵의 개념

포지셔닝 맵(positioning map)은 각 제품군에 있어 선택의 기준이 될 만한 중요한 두세 가지 지표를 선정하여 2차원 또는 3차원의 도면상에 자사제품과 경쟁제품의 위치를 표시한 지도이다. 소비자들의 인지를 기준으로 하여 작성되기 때문에 인지도(Perceptual Map)라고 하기도 한다. 물론 단순 속성이나 기능을 가지고 그리기도 하지만 마케팅에서 의미를 가지는 것은 소비자들의 인식이기 때문에 포지셔닝 맵과 인지도는 흔히 같은 의미로 쓰인다.

포지셔닝 맵을 그릴 때 가장 중요한 것은 지표선정이다. 만약 소비자들이 구매의사결정을 내릴 때 별로 중요하지 않게 여기는 지표를 선정하여 포지셔닝 맵을 그리고 여기에 기초해 제품개발이나 마케팅전략 구사가 이루어진다면 소비자에게 어필되기 어렵고 오히려 외면당할 확률이 높다.

예를 들어, 소비자들은 자동차를 구매할 때 디자인과 제조사의 신뢰도를 가장 중요한 변수로 생각하는데, 가격과 A/S를 양 축으로 놓고 포지셔닝 맵을 작성하여 그 결과로 마케팅전략을 구성했다면 결과는 매우 다르게 나타날 것이다. 또한 소비자가 생각하는 중요 속성도 사회변화 등의 외부적 요인에 따라 달라지는데, 불황기에는 유지비가 자동차 구매 시 중요요소로 대두할 것이다.

따라서 많은 속성들 중에서 소비자들이 제품을 구매할 때 중요하게 여기는 의미 있는 속성을 신중히 선정하되, 마케팅 담당자의 생각이 아닌 충분한 소비자 조사를 통해 선정된 것이어야 한다. 즉 포지셔닝 맵은 소비자의 뇌리와 가슴을 이해한 후 그려져야 하는 것이다. 실제로 이러한 포지셔닝 맵을 그리기 위해서는 요인분석이나 MDS(Multi-Dimensional Scaling) 등 복잡한 기법을 사용해야 정확히 그릴 수 있다.

마케팅 관리자는 이러한 포지셔닝 맵을 보고 어느 지점이 가장 자사제품에 적합한지를 결정해야 한다. 예컨대, 맵(인지도)상에서 비어 있는 부분(아직 경쟁사가 들어오지 않은 부분)에 포지셔닝할 수 있다. 그러기 위해서는 위치에 적합한 제품을 기술적 · 경제적으로 만들 수 있고, 또한 그러한 제품을 찾는 소비자의 수가 많다는 확신이 있어야 한다.

다른 방안은 현재의 경쟁제품에 가깝게 포지션을 정하는 것이다. 이 방안을 선택하려면, 경쟁제품보다 우수한 제품을 만들 수 있고, 그 시장의 크기가 두 회사를 감당할 수 있을 만큼 커야 하며, 경쟁사보다 자원이 많거나 또는 회사가 가지고 있는 강점을 활용할 수 있는 위치이기 때문에 기존 경쟁제품에서 고객을 빼어올 수 있다는 확신이 있어야 한다.

일단 포지셔닝 전략이 정해지면 그것에 맞는 상세한 마케팅 믹스가 개발되어야 한다. 만일 기업이 목표시장 내에서 자사제품의 포지션을 고품질/고가격으로 정립하면, 고급스러운 제품을 개발하는 것은 물론 고급품만을 취급하는 소매상을 찾아야 하고 부유층의 구미에 맞는 광고를 개발해야 한다.

포지셔닝 전략과 가장 관계가 깊은 것은 경쟁전략이다. 왜냐하면 제품의 포지션을 어떻게 하느냐에 따라 누가 경쟁사가 될지 결정되기 때문이다. 그러므로 경영자는 포지셔닝 전략을 세울 때 경쟁사들의 강 · 약점을 면밀히 검토하여 경쟁사를 이길 수 있는 포지션을 선택해야 한다.

(2) 포지셔닝 맵의 유용성

마케팅 관리자는 포지셔닝 맵을 그려봄으로써 크게 다음 다섯 가지 측면에서 유용한 정보를 얻을 수 있다. 이 경우 심리적 포지셔닝과 물리적 포지셔닝의 조화가 필요하다.

시장의 공백 규명

충분한 시장성이 있음에도 경쟁제품이나 자사제품이 소개되지 않은 시장의 빈곳을 알려줌으로써 신제품의 개념을 적절히 선정할 수 있다. 즉 비어 있는 시장은 어디인가를 파악한다.

자사제품의 현 위치 파악

자사제품이 소비자에게 어떻게 인식되고 있는지 보여준다. 즉 자사제품이 소비자에게 어떻게 인식되고 있는가를 파악한다.

경쟁자 및 경쟁상황 파악

자사제품의 위치와 가까운 경쟁자가 누구이며 자사 주변에 얼마나 많은 수의 경쟁자가 있지를 알려준다. 즉 경쟁제품은 소비자에게 어떻게 인식되고 있는가, 자사제품과 경쟁제품은 어떤 위치관계에 있는가, 경쟁제품이 어떤 위치에 얼마나 있는가를 파악한다. 포지셔닝 맵상에서 가장 가까운 거리에 있는 제품일수록 서로 경쟁관계에 있고 대체가 가능한 제품이다.

이상점 파악

소비자가 가장 이상적으로 생각하는 제품의 속성상태를 파악함으로써 신제품 개발이나 자사제품의 개선에 있어 이상점(ideal point)으로 삼을 수 있다. 즉 소비자가 가장 이상적으로 생각하는 제품속성이나 이상점은 무엇인가를 파악한다.

마케팅 효과 측정

정기적으로 자사제품의 위치를 추적 · 조사하며 포지셔닝 맵을 그려봄으로써 의도한 바대로 포지셔닝이 되었는지 확인할 수 있다. 이로써 자사의 마케팅 믹스 전략이 얼마나 효과가 있는지 알 수 있게 된다.

(3) 포지셔닝 맵의 유형

물리적 특성에 의한 제품 포지셔닝 맵

제품들의 객관적 및 물리적 속성이나 특성 중에서 두 개 또는 세 개의 차원을 선별하여 제품들의 포지셔닝 맵을 작성하는 방법이다.

소비자의 지각에 근거한 포지셔닝 맵

소비자가 각각의 제품에 대해 지각하고 있는 차원을 선별하여 도면으로 작성하는 방법을 말한다. 일반적으로 포지셔닝 맵은 이 방법으로 작성된다. 포지셔닝 맵을 작성하는 방법에는 다차원척도법(MDS), 요인분석에 의한 방법 등이 많이 사용된다.

(4) 포지셔닝 맵의 작성방법

차원의 수 결정

포지셔닝 맵은 일반적으로 각 차원에 대한 해석을 위해 두 개의 차원으로 한정된다.

차원 이름의 결정

차원의 이름은 회귀분석이나 상관분석을 통해서도 결정할 수 있지만 실제시장과 제품에 대해서는 실무관리자의 직관이 더 정확할 수 있다.

경쟁제품 및 자사제품의 위치 확인

차원의 수와 차원의 이름이 결정되면 경쟁제품과 자사제품의 위치를 포지셔닝 맵에서 확인하여야 한다.

이상적 포지셔닝의 결정

신제품의 경우에는 이상적인 위치에 맞는 제품개발과 촉진전략이 필요하고 기존제품의 경우에는 이상적인 위치에 접근시킬 수 있는 전략을 사용하여야 한다.

(5) 포지셔닝 맵의 예

그림 8-5 및 **그림 8-6** 은 미국과 한국의 승용차시장 포지셔닝 맵으로, 젊음/스포티와 전통/보수, 고급과 실용의 차원으로 보여주고 있다.

그림 8-5 미국의 승용차시장 포지셔닝 맵

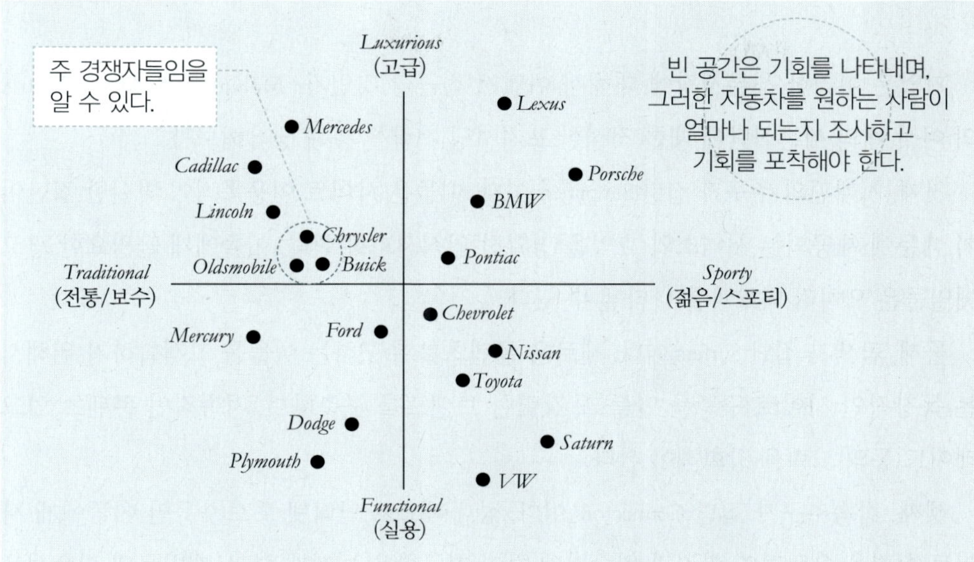

그림 8-6 한국의 승용차시장 포지셔닝 맵

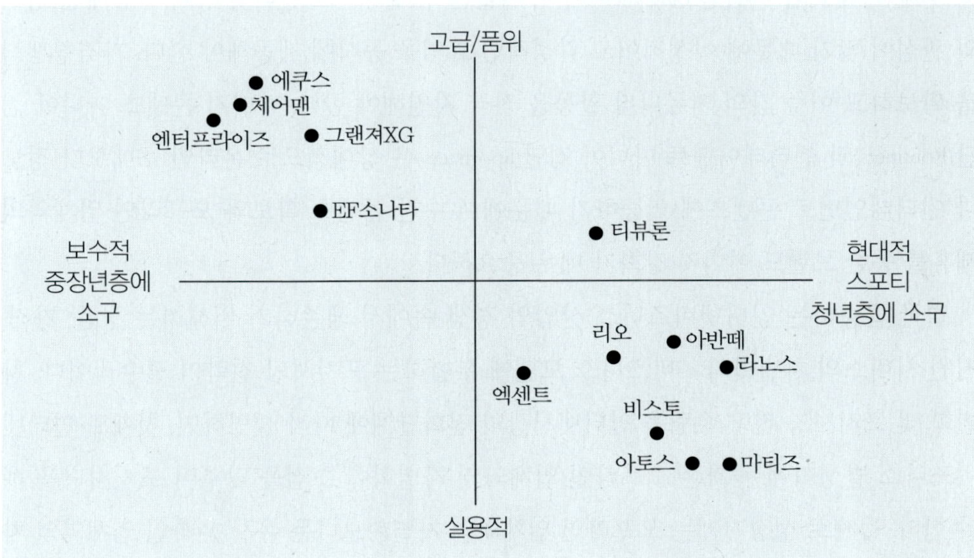

5 인터넷 포지셔닝

기업은 이러한 세분시장에 대해서 어떻게 접근할 것인가? McKinsey & Media Metrix의 여섯 개의 세분집단에 대한 적절한 포지셔닝 전략을 통해 생각해보자.

첫째, 거래편의 추구자 집단(Simplifiers)이다. 이들은 사이트 이용목적이 확실한 집단이기 때문에 제공되는 서비스와 효익을 명확히 인식시켜야 한다. 이들에게 불필요한 광고메일들은 오히려 역효과를 나타낼 수 있다.

둘째, 탐색자 집단(Surfers)이다. 새로운 콘텐츠를 추구하는 이들을 고객화하기 위해서는 독창적인 사이트 구조를 만들고, 강력한 브랜드를 구축하며, 지속적인 콘텐츠 업그레이드 등의 노력을 강화해야 한다.

셋째, 접속추구자 집단(Connectors)이다. 상대적으로 인터넷 초보자들인 이들에게 사이트 환경을 오프라인 환경과 비슷하게 하여 친근함을 느끼게 하고, 재방문의 필요성을 느낄 확실한 효익을 제공해야 한다.

넷째, 거래교섭자 집단(Bargainers)이다. 이들은 상대적으로 인터넷 상거래에 대한 정보와 관심이 많기 때문에 이성적이고 감성적인 효익을 동시에 제공해야 한다. 가격경쟁력을 확보하고 이들 간의 커뮤니티 활동을 적극 지원해야 한다. 나머지 콘텐츠 마니아 집단(Routiners)과 엔터테이먼트 마니아 집단(Sportsters)은 상대적으로 온라인 구매보다 정보나 엔터테인먼트 콘텐츠에 열중하기 때문에 우수한 콘텐츠 확보와 오프라인 업체와의 제휴를 통한 브랜드 이미지 강화가 매우 중요하다.

결국 급증하는 인터넷비즈니스 산업의 경쟁 속에서 생존하기 위해서는 상품, 가격, 지원 서비스의 차별화와 e-비즈니스 모델에 부합하는 포지셔닝 전략이 필수적이다. 차별화 및 포지셔닝 전략 수립을 인터넷시장의 진화단계에 따라 설명하면, 첫째로 인터넷비즈니스 발생기에는 기존 오프라인 업체와의 차별화에 초점을 맞추어 포지셔닝을 해야 한다. 둘째로 성장기에는 오프라인 업체와의 차별화보다는 유사 온라인 업체와의 차별화를 시도하여야 한다. 셋째로 e-비즈니스 시장의 성숙기에는 온라인과 오프라인을 연결하는 통합적 가치체인 시스템을 통한 차별화가 가장 중요한 포지셔닝 포인트이다.

넷째로 쇠퇴기에는 산업 선견력에 근거하여 새로운 기회를 포착하는 방향으로 포지셔닝 전략을 수립하여야 한다.

새로운 e-비즈니스의 포지셔닝 성패는 강력한 브랜드 빌딩(brand building) 전략과 웹트래픽 빌딩(web traffic building) 전략으로 결정된다. 산업환경의 정확한 분석으로 창출되는 기업의 브랜드 아이덴티티(brand identity)를 바탕으로 e-비즈니스 경영자는 브랜드 및 도메인의 이름과 슬로건, 심벌, 로고를 선정하여야 한다.

또한 웹사이트의 콘텐츠를 고객의 요구에 맞추어 정보의 유용성과 엔터테인먼트의 요소를 동시에 제공할 수 있도록 구성하고, 포털에 사이트를 등록하고 공동협력 웹사이트를 개발하는 등의 광고노력으로 웹트래픽을 증가시킬 수 있을 것이다. 웹트래픽의 지속적인 추적 및 분석과 그에 따른 콘텐츠 구성의 관리는 신규고객들의 재방문 및 재구매를 유도하고, 단골고객, 옹호고객, 멤버고객, 동반고객군을 형성하게 함으로써 e-브랜드 파워를 강화시킨다.

제4절 해외시장 포지셔닝의 의미

1 해외시장 포지셔닝의 개념

포지셔닝(positioning)이란 STP전략 중 하나로서, 기업이 원하는 바대로 자사의 제품을 소비자들에게 인식시켜 시장에서 자사의 제품이 독특한 위치를 차지할 수 있도록 자리잡는 것을 말한다. 제품 포지셔닝을 통해서 기업은 자사제품을 경쟁제품과 차별화된 지위를 얻도록 하여 표적시장에서 고객의 욕구를 충족시킬 수 있다는 인식을 소비자들에게 심어주게 된다.

포지셔닝의 전략을 세우기 위해서는 기업이 시장에서 차지하는 위치(시장선도 기업, 시장도전 기업, 시장추종 기업, 시장틈새 기업)와 경쟁기업 및 제품의 포지셔닝, 소비자들의 니즈와 브랜드에 대한 소비자의 지각, 자사의 마케팅 자원, 자사의 이미지 등 전반적인 사항을 고려해야 한다.

제품을 포지셔닝하려면 다른 경쟁제품과의 차별점을 표적시장의 소비자에게 확고하게 인식시킬 수 있는 마케팅 믹스가 필요하다. 포지셔닝은 기존제품이나 서비스에 대한 고객의 시각을 파악하여 소비자들의 인식을 명확하게 파악하여 자사의 제품이나 서비스가 가장 차별화될 수 있는 위치를 찾는 것이 중요하다. 자사제품의 이미지를 얼마나 정확하고 강력하게 고객에게 심어주고 소비자가 이를 인지해주느냐에 포지셔닝의 성공여부가 달려 있다.

포지셔닝 전략은 제품의 기능이나 편익 같은 제품속성, 사용자, 경쟁사 제품 등과 같은 여러 가지 요소에 의해 설정할 수 있는데, 이를 크게 소비자의 니즈를 기준으로 자사제품의 포지션을 개발하는 소비자 포지셔닝 전략과 경쟁자와의 경쟁환경을 기준으로 자사제품의 포지션을 개발하는 경쟁적 포지셔닝 전략으로 나눌 수 있다.

소비자 포지셔닝 전략은 소비자의 니즈와 자사제품 편익(benefit)의 연관성을 어느 범위에서 전달하느냐에 따라 구체적으로 포지셔닝하기도 하고 일반적으로 포지셔닝하기도 한다. 제품의 편익을 구체적으로 포지셔닝하면 포지셔닝의 효과는 크지만 고객의 범위가 작아질 우려가 있고, 일반적으로 포지셔닝하면 범위가 크긴 하지만 막연하고 애매하기 때문에 커뮤니케이션에 문제가 생길 수 있다. 결국 제품의 편익과 소비자의 욕구를 연관시킬 수 있는 포지셔닝 전략을 세우는 것이 중요하다. 또한 제품의 편익과 연관성을 전달하는 방법에 따라서 정보를 제공하는 방법으로 포지셔닝하기도 하고 상징적으로 심상을 전달하는 방법으로 포지셔닝하기도 한다.

경쟁적 포지셔닝 전략은 경쟁제품의 포지션을 바탕으로 포지셔닝하는 전략을 말한다. 이 전략은 이미 소비자의 마음에 포지션되어 있는 경쟁제품의 포지션을 이용하는 것으로 소비자들은 경쟁제품의 포지션에 자사제품의 포지션을 연관 지어 인식하게 된다. 이 전략은 주로 경쟁제품과의 차별화를 목적으로 비교광고를 통해서 많이 수행되는데 보다 수월하게 포지셔닝을 할 수 있는 장점이 있다. 그러나 이러한 방법이 긍정적인 효과를 가져오는 것만은 아니다. 소비자들이 혼란을 갖게 되기도 하고 경쟁제품의 인지도가 오히려 더 커질 수도 있다.

포지셔닝이 효과를 거두기 위해서는 기업이 전달하고자 하는 제품 콘셉트가 소비자에게 정확히 전달되어야 한다. 포지셔닝은 소비자의 머릿속에 만들어지는 것이기 때문에 기업의 의도가 정확히 전달되고 또한 소비자들이 공감하고 이를 받아들일 수 있는 커뮤니케이션이 중요하다. 또한 기업 포지셔닝과 제품 포지셔닝이 연관성을 가지고 있어야 한다. 기업이 추구하는 이념과 정책이 제품의 포지션과 다를 때 소비자는 혼란을 느끼고 제품 포지셔닝의 효과는 떨어지게 된다. 따라서 포지셔닝은 고객과의 적절한 커뮤니케이션을 바탕으로 이루어져야 하고 포지셔닝 전략을 실행한 후에도 기업의 목표대로 포지셔닝이 되었는지 확인하고 포지셔닝이 제대로 되지 않았다거나 소비자의 욕구와 경쟁환경이 변했다면 이에 따라 리포지셔닝을 해야 한다.

2 해외시장 포지셔닝의 유형

(1) 진입시점에 따른 포지셔닝

선점전략

선점전략(preemptive strategy)은 선도자 우위(first-entrant advantage)를 획득하기 위하여 경쟁이 발생하기 전에 시장에 진입함으로써 지배적 위치를 선점하는 것을 목표로 한다. 여기서 지배적 위치란 시장점유율뿐 아니라 고객인지도 및 유통채널 등의 구축 등도 포함한다. 국내의 많은 기업들의 베트남, 미얀마, 인도 등 잠재시장으로의 빠른 행보는 이 전략의 일환으로 볼 수 있다.

이 전략은 대량소비재와 같이 유통채널의 확보가 시장침투의 관건이 되는 산업에서 특히 유용하다. 또한 제품이나 서비스가 경쟁자로부터 크게 차별화되어 있는 혁신제품일 경우 바람직하다. 그러나 가전, 자동차, 컴퓨터산업과 같이 통합된 시장에서의 세계적 경쟁이 존재하는 산업에서는 이 전략의 기회는 제한될 수밖에 없다.

선점전략의 이점으로는 현지국 소비자들에게 처음 소개되는 외국 브랜드이므로 브랜드 인지도를 높이기 쉽고 때로는 소비자들이 제품과 브랜드를 동일하게 기억한다는 점이다. 예컨대 해열진통제의 대명사로서 바이엘 아스피린을 연상하게 되는데, 이는 새로이 진입하려는 기업들에게 진입장벽으로 작용하게 된다. 그리고 이 전략으로 시장선점에 성공하게 되면 브랜드 인지도를 바탕으로 다른 사업으로 진출할 할 수 있는 기회가 증대된다.

대응전략

대응전략(confrontation strategy)은 경쟁자가 이미 진출해 있는 시장에 진출할 때 현지에서의 시장지배력 확보를 위해 적극적으로 선도기업을 공격하는 것을 목표로 한다. 이 전략은 글로벌 전략의 일환으로서 세계적 시장지배력의 구축을 위해 대규모시장, 경쟁기업의 모국, 기술혁신이 발생하는 시장 등으로의 진출을 위해 이용된다. 즉, 특정 진입시장에서의 위치확보라는 차원보다는 세계적 시장지배력 및 지역적 시장균형 등이 글로벌 전략의 목표가 되므로 진입시장에서 적극적으로 선도기업을 공격하게 된다.

진입시장을 이미 선점하고 있는 경쟁자를 공격할 때는 독립된 계획을 수립하기보다는 기업 전체 차원에서 글로벌 계획을 개발해야 한다. 여러 국가에서 동시에 공격하는 것이 경쟁자를 압도할 가능성이 많기 때문이다. 이러한 공격은 주로 저가전략(penetration pricing strategy)을 통해 수행된다. 최근 국내 대기업들이 가전, 자동차분야에서 활발한 해외생산기지를 구축하는 것은 선도기업의 모국시장 및 전략시장으로의 진출을 통한 대응전략으로 볼 수 있다. 경쟁기업에 대한 반응으로 발생하는 진입추종(follow the leader)도 대응전략의 일종으로 볼 수 있다.

적소전략

적소전략(niche strategy)은 경쟁이 치열하지 않은 시장에 먼저 진출함으로써 경쟁을 회피하면서 장기적으로 주요 경쟁자에 대응하기 위한 경험을 쌓는 것을 목적으로 한다. 이 전략은 투자재원이 제한되어 있는 소규모기업에 적합한 전략이다. 적소시장을 찾고 개발하는 데 있어 풍부한 투자재원보다는 신축성이라는 요소가 보다 절실히 요구되기 때문이다.

이 전략이 유용한 경우는 첫째로 규모의 경제성이 제한된 시장이다. 왜냐하면 이러한 시장에서 세계적 경쟁자들의 진입은 크게 제한되므로 경쟁자의 대응위험을 피할 수 있다. 둘째로 시장특성이 명확하게 존재하는 시장, 경제발전정도가 미미한 시장, 제반 규제가 심한 시장 등이다. 왜냐하면 이러한 시장에서 제품적응화의 필요성이 증가하며 시장선도자들이 경쟁하기에는 경제적 유인이 존재하지 않기 때문이다.

(2) 시장범위에 따른 포지셔닝

집중세분시장 포지셔닝

이 전략은 전 세계적으로 유사한 특정 소비자계층을 분리할 수 있으며, 이들이 자사 제품에 대한 욕구와 반응형태가 비슷하다는 가정하에서, 이 소비자 그룹들을 대상으로 동일한 기업 및 제품 이미지를 형성하도록 노력하는 전략이다. 이 전략은 다음 두 가지로 구분할 수 있다.

첫째는 제품에 대한 사용용도나 편익이 비슷한 소비자층을 대상으로 일관된 포지셔닝 전략을 실행하는 경우이다. 예컨대 고소득층을 대상으로 하는 롤렉스시계의 포지셔닝 전략이나 소수계층만을 대상으로 하는 롤스로이스 자동차의 포지셔닝 전략이 있다.

둘째는 제품의 사용조건이나 제품사용에 대한 편익이 다를 경우 지역별 혹은 국가별로 다소 차이를 두는 포지셔닝 전략이다. 예컨대 독일의 벤츠사는 독일 내에서는 패밀리 카(family car)용으로 포지셔닝하고 있으나 다른 나라에서는 부와 지위의 상징인 고급 승용차로 포지셔닝하고 있다.

광범위한 포지셔닝

이 전략은 규모의 경제 달성이 높은 재화, 소비자들의 사용조건이나 편익조건이 비슷한 제품, 시장세분화를 하기 어려운 경우에 전 세계의 시장을 대상으로 동일한 포지셔닝 전략을 실행하는 것이다. 이 전략은 많은 자본과 충분한 자원을 보유한 기업들이 주로 활용할 수 있는 전략이며 전 세계적인 이미지를 형성하기 위해서는 자사제품에 대한 엄격한 가격통제 및 유통채널 선정 등의 작업이 수반되어야만 한다.

코닥(Kodak)이 좋은 사진을 찍기 위해서는 좋은 필름을 사용하여야 한다는 통일된 광고 메시지를 이용한 경우, 나이키(Nike)가 활력적인 일상생활을 강조하기 위하여 유명 스포츠 스타들을 기용한 경우 등은 이에 해당한다.

(3) 제품에 따른 포지셔닝

가격 · 품질 포지셔닝

기업은 포지셔닝 맵(position map)을 통해 해외시장의 상황을 확인한 후 어떻게 포지셔닝을 해야 할지에 관한 전략을 모색할 수 있다. **그림 8-7**에서 보는 바와 같이 A기업은 고가격 · 고품질의 포지셔닝 전략을 취하고 있는 데 비해 E기업은 저가격 · 저품질

그림 8-7 가격 · 품질 포지셔닝 맵

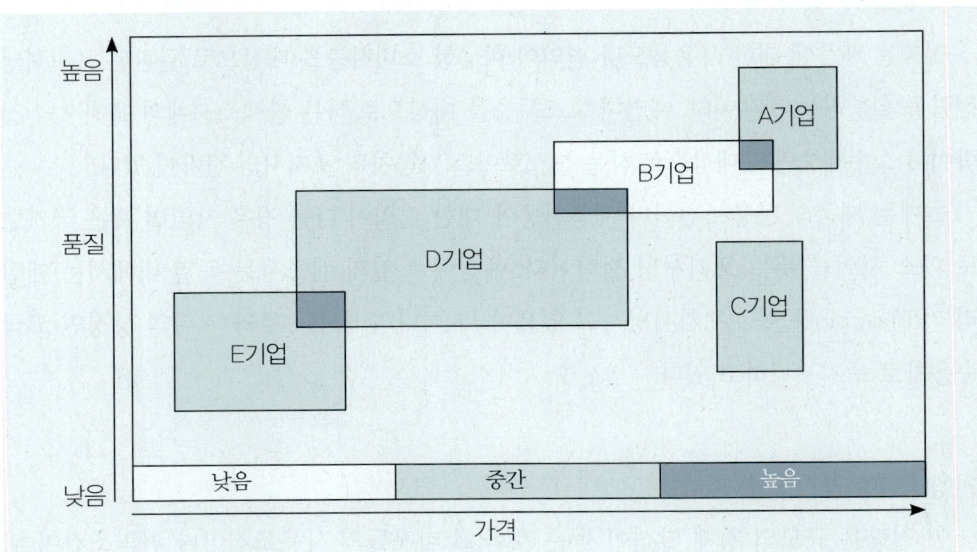

자료: J. C. Leontiades, Multinational Corporate Strategy (Rowman & Littlefield Pub. Inc., 2007).

포지셔닝 전략을 취함으로써 시장에서 소비자들에게 접근하고 있다. 한편 높은 시장점유율을 차지하고 있는 B기업은 중간수준의 품질과 가격으로 포지셔닝하고 있다.

이와 같이 포지셔닝 맵 분석을 통하여 경쟁사의 포지셔닝 상황을 파악할 수 있고, 기업들 간의 경쟁상황을 분석할 수 있으며, 니치 시장(niche market)을 파악할 수 있다. 이런 분석을 기초로 기업은 진입하려는 해외시장에서의 가격 · 품질 포지셔닝을 결정한다.

하이테크 · 하이터치 포지셔닝

하이테크(high tech) 제품계열에는 고기술제품과 특별관심제품이 있다. 고기술제품에는 컴퓨터, 화학제품, 타이어, 금융 서비스 등이 포함된다. 따라서 소비자들은 특별히 더 많은 정보를 원하며 그들만의 언어를 활용하고 있다. 그러므로 이러한 하이테크 제품에는 정보제공과 제품특성을 강조하는 포지셔닝이 중요하다.

하이터치(high touch) 제품에 대한 포지셔닝은 제품의 이미지를 더욱 강조하는 포지셔닝이다. 따라서 소비자들은 부, 물질주의, 낭만 등과 관련된 테마에 관심을 두고 일상 언어와 상징들을 공유하는 제품을 선호한다. 이러한 제품군에는 일상용품, 향수나 피자와 같은 지구촌제품 등이 있다. 그러나 BMW 자동차와 같이 기술적이고 견고한 제품계열은 하이테크 포지셔닝을 강조하기도 하나 BMW사는 이미지와 상징적 특징인 하이터치 측면을 부각시키기 위해 BMW 소유자에게 정기적으로 라이프스타일 등의 정보를 제공하는 잡지를 발송한다.

3 해외시장 포지셔닝 사례

(1) 현대자동차

현대는 제품 자체보다는 브랜드가 가진 이미지가 더 큰 무기이며 자산이다. 한번 소비자들의 마음속에 각인된 브랜드 이미지는 쉽게 지워지지 않으며 변화하지도 않는다.

리포지셔닝이 힘든 이유도 이것이며, 성공했을 때의 효과가 큰 이유도 이것이다.

기술과 생산성이 표준화되고 있는 현대 산업사회의 특성을 감안할 때 브랜드의 영향력은 실로 엄청나다. 제품 자체에서 브랜드로 경쟁우위의 무게중심이 이동하고 있는 추세가 곳곳에서 나타나고 있는 것이다. 신라면 사례는 이러한 시장상황을 단적으로 보여주며 포지셔닝의 중요성을 일깨우는 적절한 사례라 할 수 있겠다.

중형차를 가진 사람 200명을 대상으로 조사한 결과 현대자동차의 YF소나타가 안전성, 주행속도, 승차감, 정숙성 면면에서 모두 1위를 기록하였다. 이러한 성과는 YF소나타가 출시된 이후 각종 기관에서 선정한 히트상품에 중형차 부분에 늘 1위를 기록했던 것과 맥을 같이한다. 이처럼 YF소나타가 소비자들에게 사랑받는 이유는 소비자들의 욕구를 신속히 파악하고 그것을 만족시킬 수 있는 성능 좋은 제품을 개발할 수 있었기 때문인 것으로 평가되는데, 이는 현대자동차 전체의 신뢰도와 위상을 높이는 계기가 되었다고 할 수 있다. 현대자동차는 YF소나타 출시 전후 5개월간의 월평균 광고유효도달률이 전파광고는 80% 이상, 인쇄물광고는 65% 이상 달성을 목표로 광고계획을 세웠다.

매체전략은 표적집단에게 광고 메시지를 전달하기 위해 가장 효율성이 높은 매체를 조합시키는 방식으로 표적집단에게 광고를 효율적으로 노출시키는 것뿐만 아니라 카피 전략과 긴밀히 연결시켜 소비자의 심리상태를 유리하게 변용시키도록 계획되어야 한다. 즉, 단순히 도달률이나 도달빈도 등을 최대로 한다는 원리가 아니라 개개 매체의 도달률과 함께 각 매체가 갖는 영향력을 고려해야 하기 때문에 현대자동차는 우선 YF소나타가 중형차로서 갖는 제품의 이미지를 분석하고 이를 잘 표현하고 전달할 수 있는 매체를 선택하였다.

중형차는 정보제공형 메시지의 이성적 위치에서 이미지 소구형 메시지의 감성적 위치로 현재 이동하고 있는 제품이기 때문에 이미지 전달 미디어를 중심으로 전략이 구사되어야 하며 도달율을 극대화할 수 있는 매체 및 비클(Vehicle) 선정이 필요하다. YF소나타는 광고매체를 정보전달형 매체인 신문에서 이미지 전달형 중심인 TV 위주로 전환하였다. 그리고 타깃 시청률 및 도달률을 고려하여 SA. A Time에 집중시켰으며, 타깃 시청률이 높은 시간대인 20:00-22:00 사이의 시간대 중심으로 편성하였다.

이 광고는 "어떤 차가 당당할 수 있을까? 소나타의 성능 앞에, Art of technology Sonata"라는 자신감 넘치는 카피로 성능의 차별화 포지셔닝 전략을 사용하고 있다. 또한 '쏘나타가 기술을 넘어 예술의 경지에 올랐다'라는 강조적 차별화 포지셔닝으로 소비자에게 다가서고 있다. 이것은 예술과 기술이라는 소비자의 편익적 측면과, 제품의 우수성이 직접적으로 연관되어져 예술로서 제품을 연상시키는 '소비자 포지셔닝 전략'을 취하고 있다.

(2) 하이트맥주

광고로 인하여 회사 전체의 운명이 바뀐 경우는 적지 않다. 우리나라에서는 수년 전 하이트맥주 광고가 전형적인 사례이다. '150M 지하 암반수'로 만든 맥주가 그것이다. 우리나라 사람들, 특히 서울 사람들은 수돗물을 먹을 수 있는 물이라고 믿지 않는다. 이러한 상황에서 수돗물이 아닌 '지하 150M 암반수'는 맥주 애호가의 마음에 깊은 인상을 남겼다. 이것은 수십 년 동안 단연 1위를 차지하고 있는 OB맥주의 아성을 무너뜨리는 광고가 되었다.

1997년 11월부터 1998년 2월 사이에 하이트맥주는 맥주시장 점유율 47.0~53%에 이르렀고, 한때 시장점유율 70%까지 치솟았던 OB는 같은 기간에 30.1~36.0%를 차지했다. 하이트맥주를 만드는 회사이름은 조선맥주였으나 1998년 3월 회사이름을 아예 '하이트맥주'로 변경하였다. 이러한 결과에는 많은 노력이 있었다.

첫째, 마케팅조사 결과 조선맥주의 각 제품들은 전부 '씁쓸하고 상쾌하지 못한 맛'이라는 이미지로 나타났으며, 크라운에 대한 소비자선호도가 5%에 불과하여 소비자의 마인드 셰어(mind share)가 OB와 비교하여 절대적으로 열세인 것으로 나타났다. 또한 1991년 페놀사태를 계기로 깨끗한 물에 대한 소비자욕구가 높아졌다. 둘째, 시장조사결과를 토대로 맥주시장을 세분화한 다음, 시장규모가 계속 증가하는 20~30대의 가정용 구매집단 및 직장인 음용집단을 표적 세분시장으로 선정하고, 부드럽고 깨끗한 맛을 가진 맥주로 포지션하였다. 셋째, 제품 포지셔닝 전략에 따라 다음과 같은 마케팅믹스전략이 수립, 수행되었다.

하이트맥주는 지하 150미터의 100퍼센트 암반 천연수로 만든 깨끗한 물의 맥주임을 강조함으로써 제품차별화를 하였다. 또한 기존맥주와의 차별화를 위해 규모 및 미생물을 완전히 제거한 국내 최초의 비열처리 맥주임을 강조했다. 이와 함께 "맥주를 끓여 드시겠습니까? 이젠 하이트로 바꿨습니다" 등의 경쟁광고를 사용하면서 광고문구 중에 조선맥주라는 만년 2위의 회사명과 크라운이라는 식상한 상표명을 감추고 하이트만을 강조하는 커뮤니케이션 전략을 실시하였다.

하이트맥주는 고급 맥주의 이미지에 맞게 상대적으로 고가전략을 채택하였다. 2010년 포지셔닝 광고전략을 살펴보면 빅뱅이라는 아이돌 그룹을 기용하여 시원한 이미지를 시도하였으며 "Cool 해서 좋다 하이트"라는 표현과 대형얼음의 등장으로 시원한 맥주로서 타사와의 '경쟁적 포지셔닝 전략'을 사용하여 마케팅에 매진하고 있다.

(3) 박카스

1990년대 초반까지만 해도 박카스는 피로회복제 내지 자양강장제라는 기능적인 측면이 강하게 부각되어 주로 '피로하시고 연로하신 아저씨'가 마시는 제품이라는 인식이 대부분이었다. 늦게까지 야근하는 '아저씨'들이 꼭 마셔줘야 할 것 같고, 회식한 다음 날에 '아저씨'들이 꼭 찾아줘야 할 것 같고, 하루 일을 마치고 귀가하는 길에 집 근처 약국에서 '아저씨'들이 꼭 구매해줘야 할 것 같았다. '10대, 20대인 그대'가 마시기에는 어딘지 모르게 촌스럽고, 쑥스럽고, 겸연스럽고, 좀스러웠다. 이전까지 박카스의 주 타깃층은 중장년층이었다.

1960년 9월에 탄생한 박카스 정은 '술과 담배, 과로로부터 간장을 보호한다'는 콘셉트 아래 출시되었고, 1963년 박카스-D는 기존에 정(알약) 형태였던 것을 액체형태로 바꾸면서 피로회복을 위한 활력제임을 강조, '활력을 마시자'며 소구했다. 그리고 1999년 9월 박카스는 드디어 리포지셔닝에 큰 획을 그은 '젊음, 지킬 것은 지킨다-귀가' 광고를 선보였다. 김종서의 'loving you'가 흘러나오는 가운데 해가 진 거리에서 두 남녀가 열심히 달리고 있다. '다 좋은데 귀가시간은 지켜야 하네' 하는 아버님의 목소리가 들려오면서 드디어 집 대문에 당도하여 초인종을 누르면 남자는 달려온 탓에 땀을 흘리면서 '안 늦었지?'라고 여자에게 묻는다. 여자친구가 집에 들어가고 홀로 남은 남자가 여전히 숨을 고르고 있으면 "젊음, 지킬 것은 지킨다"는 그 유명한 카피와 함께 오른쪽 화면에 박카스-F가 잡힌다. 당시 이 광고는 큰 반향을 불러일으키며 엄청난 인기를 끌었고 박카스 이미지 변화에 결정적인 영향을 끼쳤다.

그전까지의 캠페인 식의 광고는 젊음과 박카스가 연결되어 있다는 메시지만 전달해 주는 데 그쳤다면 이 광고를 필두로 시작된 '젊음, 지킬 것은 지킨다' 광고 시리즈('우리 자리가 아니잖아', '지킬 건 지켜야지' 등의 광고가 있다)와 '젊은 날의 선택' 광고시리즈('꼭 가고 싶습니다', '지금은 이쪽이다' 등)는 박카스가 소구하는 연령층이 확실히 낮아졌음을 보여주며 박카스의 기존의 old한 이미지를 '젊음'의 이미지로 180도 바꾸는 데 성공한다.

현재의 박카스는 더 이상 '아저씨'들만의 것이 아니다. 몇 십 년 동안 의약품 취급되었던 박카스는 드링크제나 음료라는 이미지가 표면으로 떠오르면서 젊은이들도 쉽게 접근할 수 있는, 접근해도 별나게 보이지 않은 제품으로 인식되고 있다.

박카스 사례의 재미난 점은 제품의 내용이나 외형을 크게 변화시키지 않고 오로지 광고만으로 기존 이미지를 쇄신하고 점차적인 리포지셔닝에 성공했다는 것이다. 이는 언뜻 쉬운 듯 보이지만, 여기에는 시대의 변화를 잘 읽고 빠르게 대처하며 고객들의 변화를 잘 catch하는 능력이 절대적으로 필요하고 그것이 있어야 성공 가능한 일이다. 더불어 현재 1위에 만족하지 않고 시장의 변화 감지하며 지속적으로 발전하고자 하는 노력이 있었기에 박카스의 리포지셔닝이 성공적으로 이루어졌다고 할 수 있을 것이다.

박카스의 포지셔닝 마케팅전략은 광고에서 엿볼 수 있다. "우리 그이는 요~제 뽀뽀 한방이면 하루 피로가 싹 가신대요~ 우리 그이 피로에는 제 뽀뽀가 약인가 봐요~ 아하하~. 진짜 피로회복제는 약국에 있습니다. 박카스…". 피로를 가시게 하는 효과를 부각시키기 위해 아내의 뽀뽀와 비견되면서 원초적이며 더욱 강력한 피로회복기능을 가진 제품으로 소개하고 있다. 그리고 약국에 있다고 강조한다. 자양강장제로서 약리효과의 부각도 함께 포지셔닝되고 있는 것이다. 또한 기존의 식상한 이미지를 탈피하고 새로운 면모로 재인식되는 리포지셔닝 전략의 훌륭한 사례가 되고 있다.

연습문제

1. 표적시장 선정과 관련하여 3C분석이 왜 중요한지 설명하시오.
2. 표적시장 선정과 관련하여 세 가지 마케팅전략에 해당하는 각각의 사례들을 들어 보시오.
3. 인터넷 표적시장의 선정전략에 대해서 설명하시오.
4. 해외시장 포지셔닝의 중요성에 대해서 사례를 들어 설명하시오.
5. 리포지셔닝의 의미를 사례를 들어 설명하시오.
6. 포시셔닝 유형 및 각각의 성공사례를 들어보시오.

INTERNET MARKETING

제4부

인터넷마케팅 믹스전략

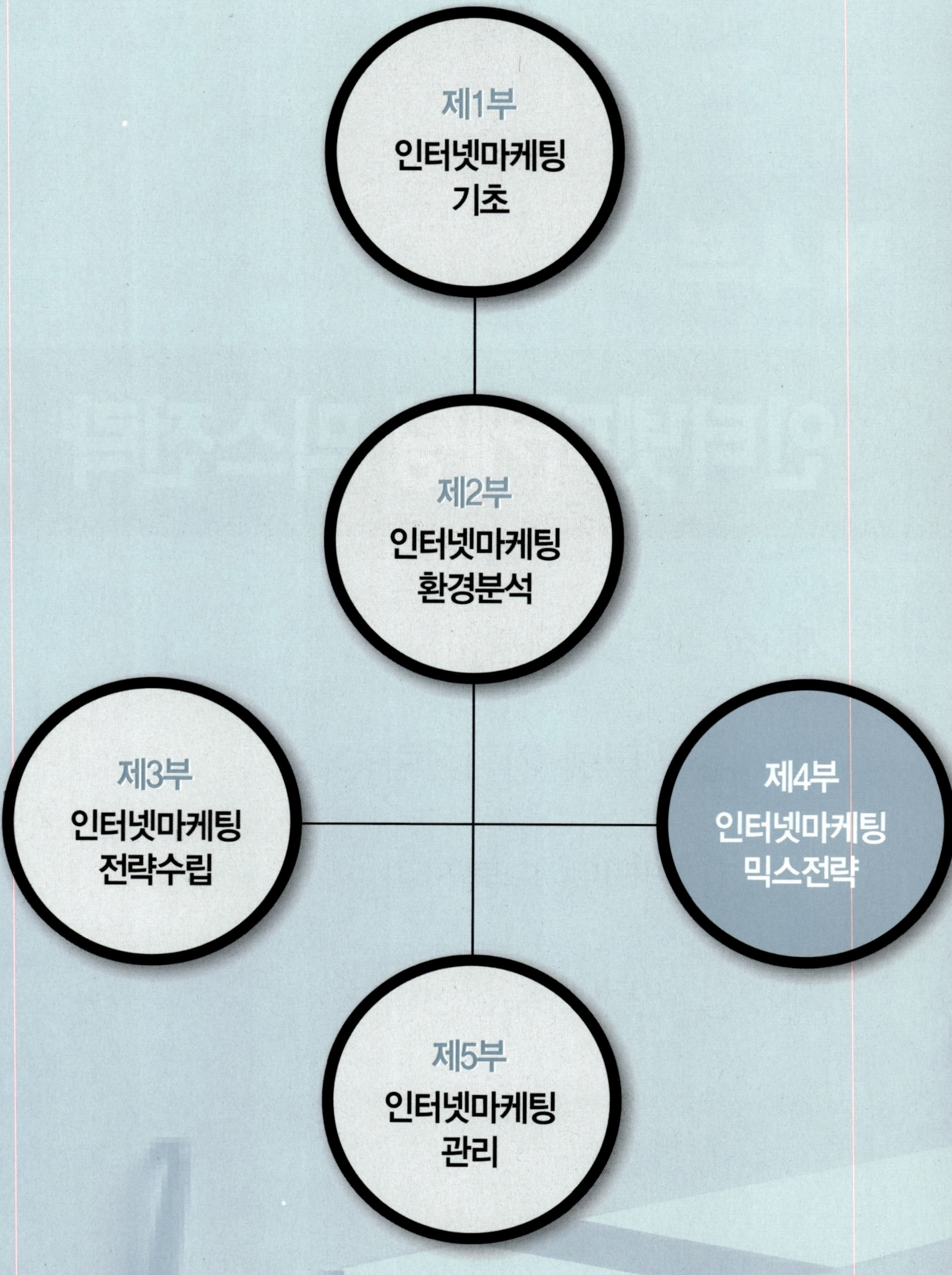

제1부
인터넷마케팅
기초
제2부
인터넷마케팅
환경분석
제3부
인터넷마케팅
전략수립
제4부
인터넷마케팅
믹스전략
제5부
인터넷마케팅
관리

제 9 장

인터넷 제품전략

제1절 제품의 개념

제2절 인터넷제품의 개념

제3절 인터넷 제품전략

학습목표

제품 믹스의 넓이/길이/깊이에 대하여 알아본 후 제품수명주기에 따른 마케팅전략의 중요성에 대하여 학습한다. 이어서 인터넷제품의 가치 및 종류에 대해서 학습한다.

제1장 인터넷비즈니스의 이해

제2장 인터넷마케팅의 이해

제3장 전자무역

제4장 인터넷 마케팅조사

제5장 인터넷 소비자행동분석

제6장 인터넷 마케팅전략

제7장 e-Segmentation

제8장 e-Targeting과 e-Positioning

제9장 인터넷 제품전략

제10장 인터넷 가격전략

제11장 인터넷 유통전략

제12장 인터넷 촉진전략

제13장 e-SCM

제14장 e-CRM

사례연구 인터넷 제품전략

오리온의 성공코드

아시아시장에서 오리온의 약진세가 대단하다. 중국과 일본에서 선전은 물론 베트남에서도 시장점유율 1위다. 60년 가까운 역사의 맥도널드가 매월 전 세계에 1억 7,000만 개의 햄버거를 판매하는 데 비해, 오리온은 매월 1억 4,000만 개의 초코파이를 팔고 있다. 노무라증권은 2015년까지 오리온이 아시아 식품부문에서 1위를 확보할 것이라고 예측한다.

오리온이 잘나가는 이유는 무엇인가. 대개 성공한 기업들은 자신만의 고유한 경영방식체계를 갖고 있다. 다른 회사의 성공 모델 모방단계를 넘어 자기만의 경영철학 · 공식을 갖지 못하면 일류 기업이라 할 수 없다. 이른바 '온리(Only) 오리온'의 성공 코드를 정리해본다.

오리온은 한국시장에서 수십 종의 제품을 팔지만 중국시장에서 신제품은 매년 하나 남짓 내놓았다. 1997년 초코파이를 생산하기 시작해 2001년 껌, 2004년 초코송이, 2005년 고래밥을 차례로 선보였다. 오리온이 티베트를 포함한 중국의 모든 성(省)에 제품을 공급한 것도 불과 2년 전부터다. 김흥재 사장은 "중국에 진출한 많은 기업이 매출을 늘려야 한다는 압박 때문에 제품 가짓수를 늘리고 마케팅전략을 수시로 바꾼다"며 "그러면 당장 매출은 두 배로 늘릴 수 있지만 섬세한 관리가 안 되고 품질 · 브랜드 · 유통망 관리 같은 큰 기둥이 무너진다"고 말했다.

실제 2004년 오리온은 중국시장에 머핀 제품을 내놨다가 반응이 신통치 않자 4년 뒤 이 시장을 과감하게 포기했다. 자칫 초코파이 등으로 쌓아올린 브랜드 이미지를 훼손할 수 있다고 판단했기 때문이다. 현지 라면제조회사인 캉스푸(康師傅)가 만든 우유 맛 머핀이 인기몰이를 하고 있을 때였다.

캉스푸 머핀은 기존 오리온 제품보다 무게가 2배 이상 나갔지만 간편식을 선호하는 중국인들을 사로잡았다. 반면 고급 간식 이미지가 강했던 오리온의 머핀은 소비자를 끌어들이지 못했다. 강기명 오리온 중국 마케팅 총괄은 "아무리 좋은 시장이 있어도 우리가 소비자를 유인할 힘이 없으면 그것은 우리 시장이 아니라는 걸 깨달았다"고 말했다. 경영 전문 사이트인 브랜드차이나닷컴은 오리온의 성공비결을 '강한 브랜드를 앞세운 수도거성(水到渠成) 전략'이라고 평가했다. "물이 흐르는 곳에 도랑이 생긴다"는 말로 꾸준한 노력으로 조건만 갖춰지면 일은 자연스레 성사된다는 뜻이다.

『싱크 베터(Think Better)』의 저자인 팀 허슨(Hurson)의 용어를 빌자면 '세 번씩 세 번 질문하기(Third-third questions)'류의 방식을 오리온은 구사했다. '왜?'라는 질문을 던져 답을 얻으면, 그 답에 대하여 다시 '왜?'라고 묻기를 세 번씩 반복하는 동안 문제의 본질을 찾는다는 것이다.

오리온의 베트남 진출 초기, 북부의 하노이 등에서는 잘 팔리는 반면 남부의 호찌민 등지에서는 판매가 부진했다. 현지 직원들에게 이유를 물어보니 남부지방은 소득이 낮고 덜 개발됐기 때문이라며 외부요인의 탓으로 돌리려 했다. 그러나 핵심원인을 파고들어보니, 북부지방에는 대형 슈퍼가 일반화된 반면 남부에는 구멍가게가 90%가량 된다는 사실을 확인했다. 구멍가게는 관리하는 데 품이 많이 들어 소홀하게 다뤘던 게 주범으로 드러난 것이다. 그래서 지역특성에 맞춰 구멍가게 문제 해결에 나섰다.

오리온은 구체적으로 '정(情) 마케팅'에 주력했다. 영업사원이 구멍가게에 가서 일괄주문만 받는 것이 아니라, 점주들과 대화를 나누고 진열을 도와주며 심지어 청소까지 도와주는 등 점주들의 감성에 호소한 것이다. 이를 통해 구멍가게 점주들의 마음을 사로잡았고 점주가 영업사원을 좋아하도록 만드는 데 성공했다.

대부분의 일반회사 주재원들은 3~5년의 근무기간이 지나면 한국으로 돌아간다. 그런데 오리온 직원은 현지에 파견되면 마치 이민을 가듯이 그곳에 평생 있을 각오를 한다. 자기가 베트남 사람이 아니고 한국 사람이라고 생각하면 그곳 생활의 불편함과 단점이 자꾸 보이기 때문이다.

오리온의 핵심은 "네가 무슨 일을 하든지 그것을 좋아하라. 아니 좋아해야만 한다"이다. 베트남이나 중국에 갔으면, 베트남이나 중국을 좋아해야만 하는 것이다. 그래야 절박함이 생기고, 절박함이 있어야 성공할 수 있다.

현지에 가게 된 오리온 직원들은 '잊는 연습을 한다'고 말한다. 한국 본사에서 무얼 하고 있는지 관심을 갖거나 기웃거리지 않기 위해 의식적으로 노력한다는 것이다. 그 대신 현지의 전통과 취향, 사람들의 세밀한 특징을 알아내어 동화하려 애쓰며 새롭게 태어난다는 마음가짐으로 그곳에 산다. (조선일보, 2012.2.25)

토의과제

1. 오리온의 성공요인을 어떻게 집약할 수 있는가?

2. SWOT에 비추어볼 때 오리온의 강점(S)과 기회(O)는 무엇인가?

3. 오리온이 지니고 있는 핵심역량은 무엇이며, 향후 지속적인 성장을 위해 어떤 노력이 필요한가?

제1절 제품의 개념

1 제품의 의미

제품이란 소비자의 욕구나 필요성을 충족시켜줄 수 있는 것으로 시장에 출시되어 소비자의 관심, 사용, 소비의 대상이 될 수 있는 재화를 의미한다. 따라서 제품에는 유형재는 물론 서비스, 사람, 장소, 조직, 아이디어 등도 포함된다. 이러한 제품의 개념은 **그림 9-1**에서 보는 바와 같이 ① 소비자들이 진정으로 구매하고자 하는 핵심적인 혜택으로서 물리적 제품 · 기능적 특징 · 디자인 · 스타일 등을 말하는 핵심요소, ② 핵심제품의 가치나 효용증대에 결정적 역할을 하는 상표명 · 등록상표 · 포장 · 표찰 등을 의미하는 포장요소, ③ 기업에서 추가적으로 제공하는 서비스나 혜택을 뜻하는 설치 · 배달 · 신용판매 · 보증 · 애프터서비스 등이 포함되는 보조 서비스 요소 등 세 가지 요소로 분류할 수 있다.

그림 9-1 제품의 구성요소

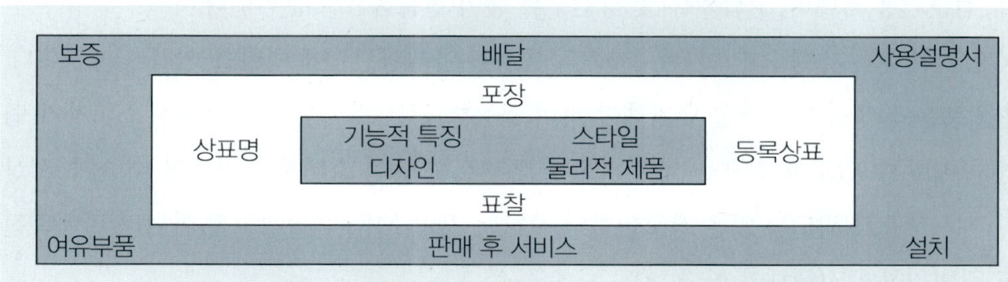

자료: G. Albaum, J. Strandskov, E. Duerr, & L. Dowd, International Marketing and Export Management, Addison Wesley Co., 1989, p.199.

따라서 국제마케팅 관리자는 제품개발 시 이러한 제품의 구성요소를 활용하여야 한다. 즉 제품의 각 구성요소에 대하여 시장별로 해외고객들의 기호가 어떻게 다르며 구매할 때 어떤 요소를 상대적으로 중요시하는지를 파악하여 이를 제품전략에 반영하여야 한다.

2 제품의 분류

제품을 분류하는 이유는 제품의 종류에 따라 상이한 마케팅전략을 사용하는 것이 효과적이기 때문이다. 제품은 사용자에 따라 소비재와 산업재, 구매형태에 따라 편의품과 선매품 및 전문품, 사용연한에 따라 내구재와 비내구재, 가시성에 따라 유형재와 무형재로 나눌 수 있다.

편의품은 구매빈도가 높은 저가격의 제품으로서 습관적 구매를 하는 경향이 강한 제품이다. 일반적으로 관여도(involvement)가 낮으며 치약, 세제, 비누 등이 좋은 예이다. 여기서 관여도란 제품이 중요한 정도 혹은 자신과 관련되어 있는 정도를 의미한다. 선매품은 관여도가 대체로 높고 제품을 비교 평가한 후에 구매하는 비교적 고가격대의 제품이다. 패션의류, 승용차, 가구, 가전제품 등이 좋은 예이다. 전문품은 매우 높은 관여도를 보이며 구매자의 지위와 연관이 깊고 매우 높은 가격대의 제품을 의미한다. 최고급 시계, 전문가용 카메라, 고급의류 및 장신구류 등이 전문품으로 분류된다.

이러한 분류가 중요한 이유는 제품의 특성이 마케팅전략에 영향을 미치기 때문이다. 편의품은 특성상 저가격을 유지해야 하며 가능한 많은 소매상이 취급하여 소비자가 쉽게 구매할 수 있도록 전략을 세워야 한다. 인지도를 높여 소비자가 구매할 때 최초로 상기되는 상표가 되도록 많은 광고비를 지출하는 것이 보통이다. 광고뿐 아니라 판매촉진도 광범위하게 시행해야 한다.

선매품은 제품의 차별성을 강조하는 광고를 수행해야 하며, 많은 소매상이 취급하도록 할 필요는 적지만 점포의 이미지가 중요하다. 전문품에 대한 소비자의 상표충성도는 매우 높고 높은 가격을 지불하는 데 주저하지 않는다. 구매자의 지위를 강조하는 광고가 효과를 발휘할 수 있다. 소수의 점포만으로 충분하고 점포의 이미지 관리도 중요하며, 점포의 위치는 중요성이 덜하지만 널리 알릴 필요는 있다. 제품에 따른 마케팅 전략을 정리하면 표 9-1 과 같다.

표 9-1 제품에 따른 마케팅전략

	편의품	선매품	전문품
구매빈도	높다	중간	낮다
관여도 수준	낮다	비교적 높다	매우 높다
문제해결방식	일상적 문제해결과정	포괄적 문제해결과정	상표충성도에 의한 구매
제품의 예	치약, 세제, 비누, 껌, 과자류	패션의류, 승용차, 가구, 가전	고급시계, 고급오디오, 보석류
가격전략	저가	고가	매우 높은 가격
유통전략	집중적 유통	선택적 유통	전속적 유통
촉진전략	높은 광고비 지출, 빈번한 판매촉진	제품의 차별성 강조	구매자의 지위 강조

3 제품 믹스

(1) 제품 믹스의 개념

제품 믹스(product mix)란 기업이 생산 및 판매하는 제품의 총체로서 제품계열(product line)과 제품품목(product item)으로 구성된다. 즉 기업이 제품전략에 있어서 제품품목과 제품계열을 어떻게 배합할 것인가 하는 것이 바로 제품 믹스라고 할 수 있다. 제품품목은 기업의 판매목표에 나타나 있는 제품의 항목을 말하며, 제품계열은 상호 밀접한 관계를 가지고 있는 제품품목들의 제품군을 가리킨다.

제품 믹스는 제품 믹스의 넓이(width), 길이(length), 깊이(depth), 일관성(consistency) 등 네 가지 차원의 개념으로 분석이 가능하다. 제품 믹스의 넓이는 회사가 취급하는 제품계열의 수를 의미하며, 제품 믹스의 길이는 각 제품계열의 제품수를 의미하고, 제품 믹스의 깊이는 특정 제품계열 내의 각 제품이 제공하는 품목수를 의미한다. 제품 믹스의 일관성이란 여러 제품계열들이 용도나 생산요소, 유통경로 등에서 얼마나 서로 밀접하게 연관되어 있는가 하는 것을 말한다. 예컨대 세제, 샴푸, 화장품 등의 제품계열이 동일한 유통경로를 거치는 소비재라면 이들의 제품 믹스는 일관성이 있다고 할 수 있다.

제품 믹스의 네 가지 차원(넓이, 길이, 깊이, 일관성)은 기업의 제품전략을 수립하기 위한 조종간이 된다. 즉, 기업은 제품계열의 확대나 축소, 제품품목의 추가나 제거 및 제품계열의 일관성 등의 문제를 조정함으로써 제품 믹스를 결정짓게 된다. 특히 기업은 제품계열의 일관성을 유지함으로써 특정 분야에서의 강력한 평판유지 또는 전체시장에서의 소비자 애고(patronage)를 확보할 수 있게 된다. 기업은 현재의 제품 믹스에 대한 평가를 토대로 기업의 목표와 자원뿐만 아니라 변화하는 마케팅 환경에 가장 적합한 최적 제품 믹스를 결정해야 한다.

제품 믹스의 내용은 크게 ① 제품 믹스의 넓이/길이/깊이의 결정, ② 제품 믹스의 마케팅 기회 창출로 나뉜다.

(2) 제품 믹스의 넓이/길이/깊이의 결정

기업은 제품 믹스의 넓이를 넓게 함으로써 제품의 다양화(product diversification)를 통해 시장에서의 기술과 명성을 독점할 수 있으며, 제품 믹스의 깊이를 깊게 함으로써 제품의 차별화(product differentiation)를 통해 취미와 구매욕구가 다양한 구매자를 포섭할 수 있다. 제품 믹스 전략은 ① 모든 시장에 모든 제품계열을 판매하는 전략, ② 특정시장에 모든 제품계열을 동시에 공급하는 전략, ③ 제품계열 내의 제한된 몇 가지 품목만 생산하는 제한된 제품계열전략, ④ 제품품목 전문화전략, ⑤ 특수한 상황전문전략 등 다양하게 응용될 수 있다. **그림 9-2** 에서 제품 믹스의 넓이는 4개 제품계열, 길이는 세제의 경우 5개 제품, 깊이는 비트의 경우 3개 품목이다.

그림 9-2 제품 믹스의 넓이/길이/깊이

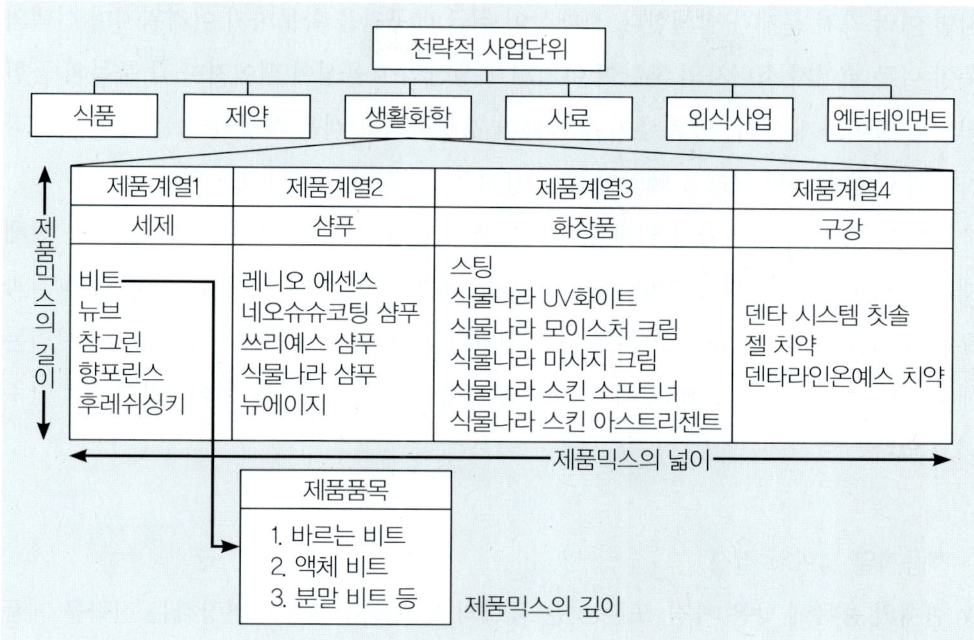

제품계열 길이의 결정

제품 믹스의 관리에서 제품계열 내의 품목을 추가하여 제품계열의 길이를 늘이거나 품목을 제거하여 길이를 줄이는 결정은 매우 중요하다. 계열의 길이를 늘리는 전략을 계열길이 확대전략이라고 부르며, 줄이는 경우를 계열길이 축소전략이라고 부른다. 품목을 추가하여 길이를 늘임으로써 소비자의 다양한 욕구를 만족시킬 수 있고 이윤을 늘릴 수도 있으나, 품목이 너무 많아지면 관리비용만 많이 들고 하나하나의 품목이 이윤에 기여하는 정도는 적어진다.

일반적으로 제품의 길이는 자꾸 늘어나는 경향이 있다. 그 이유는 소비자욕구의 이질성을 채워주어야 한다는 필요성이 있고, 소비자들의 다양성 추구 성향을 자사제품 내에서 충족시키게 할 필요가 있으며, 제품계열을 빈틈없이 채움으로써 경쟁자의 진입을 막는 효과도 있기 때문이다.

제품의 변형이 비교적 쉽고 소비자의 욕구가 매우 다양한 생활용품이나 식품류의 제품은 계열의 길이가 자칫 길어지는 경우가 많이 발생한다. 그러나 계열의 길이가 길어지면 여러 가지 문제가 발생한다. 소매상이 취급할 공간을 확보하기 어려워지며 선택의 폭이 너무 넓어져 소비자의 혼란이 야기되고 생산의 효율성이 떨어지며 각 품목의 공헌이익이 줄어들게 된다. 새로 추가된 품목이 경쟁사의 고객을 빼앗아 오는 것이 아니라 자사의 다른 품목의 고객을 빼앗아 오는 자기잠식현상이 생겨나기도 쉽다.

미국의 P&G사는 미국의 일반 슈퍼마켓에 진열된 개인 및 가정용품의 7.6%가 전체 매출의 84.5%를 차지하고 있다는 사실에 기초하여 생산, 판매 품목을 1/3로 줄인 결과 오히려 매출을 30% 정도 늘리는 효과를 얻었다. 이 예에서 보듯이 제품 믹스의 관리는 매우 중요하며 제품 믹스의 관리가 P&G의 경쟁력을 확보해주는 핵심역량이라고 간주되고 있다.

제품계열 넓이의 결정

현재의 품목에 낮은 가격, 또는 낮은 품질의 제품을 추가하여 연장하는 전략을 제품계열 넓이의 하향연장(downward stretch)이라고 부르고, 높은 가격과 높은 품질의 제품을 추가하여 연장하는 전략을 상향연장(upward stretch)이라고 부른다. 그리고 고가와 저가의 시장에 모두 신제품을 추가하는 전략을 쌍방확장전략(two-way stretch)이라고 부른다.

상향연장을 시도할 경우 소비자에게 고급제품을 만들어낼 수 있다는 확신을 심어주어야 하는 어려움이 있다. 일본의 토요타자동차는 유럽의 자동차들과 경쟁하기 위해 고급 제품인 렉서스를 출시하였으며, 혼다자동차는 아쿠라를 출시하여 성공한 것이 상향연장의 예이다. 미국의 항공회사 피플즈익스프레스(People's Express)는 저렴한 가격으로 크게 성공하였으나, 고급 서비스를 제공하는 고가시장으로 확장해나갔다가 실패하여 도산하고 말았다.

하향연장을 시도할 경우에는 기존 고급 제품을 생산한다는 회사의 이미지가 흐려질 위험이 있다는 것에 유의할 필요가 있다. BMW는 소형, 저가 모델의 생산을 몇 번 시도했는데 성공하지 못하였고, 캐딜락도 저가형을 생산하여 실패한 적이 있다. 소비자들은 저가인 소형 캐딜락은 이미 '캐딜락'이 아니라고 생각했기 때문이다. 캐딜락을 타는 데서 오는 사회적 신분이나 지위의 과시를 소형 캐딜락으로는 할 수 없었기 때문이었을 것이다.

(3) 제품 믹스의 마케팅 기회 창출

제품 믹스의 다른 한 국면은 기존 및 신제품으로 해외시장에서의 마케팅 기회를 포착하는 것이다. 그러한 기회는 표 9-2 에서 보는 바와 같이 ① 기존제품으로 기존시장의 침투 강화, ② 기존제품으로 신시장에 마케팅 강화, ③ 기존시장에 신제품의 개발 및 판매, ④ 신시장에 신제품의 개발 및 판매 등의 네 가지로 나눌 수 있다. 물론 이러한 제품 믹스의 마케팅 기회 창출은 제품수명주기와 각국 시장의 환경변화요인을 고려하여야 하며, 아울러 마케팅 믹스의 다른 구성요소와의 통합문제도 고려하여야 한다.

표 9-2 제품 믹스의 마케팅 기회

	기존제품	신제품
기존시장	①	③
신시장	②	④

(4) 제품 믹스 전략

국제기업이 해외시장에서 제품 믹스를 결정할 때 무엇보다도 먼저 고려할 점은 기업의 장기목표가 이익인가 성장인가 또는 매출안정인가 하는 것이다. 이에 따라 제품 믹스의 결정방향은 각각 상이하게 된다. 아울러 국제기업은 잠재수요, 국제마케팅능력, 명성, 경쟁, 현지국의 경제발전수준 등을 고려하여야 한다.

이윤극대화를 목표로 삼는 국제기업은 먼저 각 제품의 총이익 기여정도를 품목별로 분석해야 한다. 즉 성장제품에 대해서는 마케팅 활동을 강화하여 이익규모를 증진 · 유지시키고 반대로 제품기여도가 낮고 자본요소가 큰 일부 품목들은 폐기하도록 하여야 한다.

매출액의 성장을 목표로 삼는 국제기업은 제품 믹스의 각 항목들이 제품수명주기상 어느 단계에 있는가를 확인하여 도입기나 성장기에 있는 제품은 마케팅전략을 보완하여 성숙기에 이르도록 유도하고, 성숙기의 품목은 새로운 용도개발 · 제품개선 등의 방법으로 성숙기 기간을 최대한 연장할 수 있도록 하여야 한다. 또한 매출액의 증감변화가 많은 품목은 안정적 매출수준을 가진 품목보다 비용부담이 많고 위험부담률이 높으므로 계절변화에 따라 매출증감이 서로 중화되는 품목을 제품 믹스의 구성품목으로 선택한다.

4 제품수명주기

(1) 제품수명주기의 개념

전형적인 제품수명주기(PLC: Product Life Cycle)는 **그림 9-3** 에서 보는 바와 같이 도입기, 성장기, 성숙기, 쇠퇴기의 단계를 거치는 S자 곡선을 보인다. 제품수명주기는 아주

그림 9-3 제품수명주기

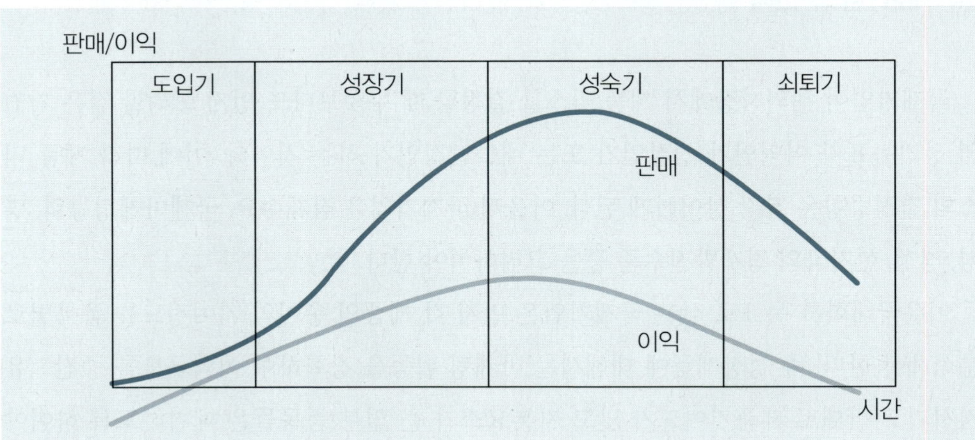

단순한 개념이지만 여러 가지 특성을 가지는 각 단계는 중요한 전략적 시사점을 보여준다. 이를 바탕으로 시장에서 제품의 판매량, 지속기간, 이익 등을 예측하고 마케팅전략을 수립하는 데 유용하게 사용할 수 있다.

제품수명주기는 분석 수준에 따라 상이한 모습을 보여주는데 제품군(product class), 제품형태(product type), 브랜드(brand) 수준에 따라 차이를 보인다. 맥주, 양주, 담배와 같은 제품군 수준의 수명주기는 매우 길다. 그렇지만 하이트, 라거, 아이스, 진달래, 거북선 등과 같은 브랜드 수준의 수명주기는 긴 것은 매우 길고, 짧은 것은 매우 짧은 불규칙한 형태를 나타낸다. 일반적으로 전형적인 제품수명주기는 필터담배, 자동세탁기 등과 같이 제품형태 수준에서 나타난다.

(2) 단계별 마케팅전략

도입기, 성장기, 성숙기, 쇠퇴기 등 제품수명주기(PLC)에 따른 마케팅전략을 정리하면 **표 9-3**과 같다.

도입기

도입기(introduction stage)에는 판매량이 적고 매출증가율도 낮다. 또한 개발, 촉진, 유통 등의 비용이 많이 소요되므로 이익이 없거나 적자가 발생한다. 이 시기에는 신제품을 소비자에게 인지시키는 것이 중요하다. 수요자는 대부분 신제품 구매에 따른 위험을 기꺼이 부담하는 혁신층이 중심이 된다. 이 기간에는 기본적 형태의 제품이 생산되며 소비자가 제품정보를 가지고 있지 않고 판매가 완만하게 상승하나 제품개발비용, 광고 및 판매촉진 등의 비용이 많이 들어가 적자를 벗어나지 못한다. 수요가 적기에 생산량도 적고 제품의 원가도 높다. 전반적인 제품의 수요가 적어 경쟁도 적은 편이다.

많은 신제품이 선진국에서 먼저 개발되는데 그 이유는 조사능력 보유, 높은 기술수준, 큰 시장규모, 높은 소득수준, 많은 부품공급업자 등이 있기 때문이다. 이 단계에서는 제품이 시장에 처음 등장하므로 판매속도가 매우 느리며 제품에 대한 인지도 및 수용도

표 9-3 제품수명주기에 따른 마케팅전략

구분	도입기	성장기	성숙기
특성	– 낮은 매출 – 고객당 비용 높음, 이익은 적자 – 혁신층 고객, 소수의 경쟁자	– 매출 급속 성장 – 고객당 비용 평균치, 이익 증대 – 조기 수용층, 고객경쟁자 점차 증가	– 매출 최대 – 고객당 비용 낮음, 이익 최대 – 중간 다수층, 고객경쟁자 증가 정체
제품 전략	– 기본제품	– 제품과 서비스의 확대	– 모델의 다양화
가격 전략	– 원가가산가격	– 시장침투가격	– 경쟁대응가격
유통 전략	– 선별적 유통전략	– 집약적 유통전략	– 집약적 유통전략의 강화
촉진 전략	– 상표인지율 제고	– 상품구매확대전략: 절품 최소화, 유통망 확장	– 수요확대전략: 비사용자 소비 유도, 신규 세분시장 진출, 용도 확대
	– 소매점 사업 촉진 및 취급 확산	– 상품 인지광고를 선호광고로 전환	– 비사용자 소비 유도, 신규 세분시장 진출
	– 상품의 초기 구매 유도, 사용기회 제공, 판촉 강화	– 새로운 세분시장 진입 준비	– 리포지셔닝 (repositioning)
	– 제품을 알리고, 시험구매를 유도하기 위한 단계	– 도입기보다 광고에 주력, 판촉활동은 감축	– 인적판매 비중 증가
	– 제품인지도 제고를 위한 광고와 홍보 집중	– 거래처를 상대로 한 인적판매 강화	– 판매촉진전략 강화: 경품, 쿠폰 판촉시행
	– 시험구매 유도를 위한 샘플링 같은 판촉 중요	– 경쟁업체 참여 시 탄력적으로 가격할인 운용	– 유지광고 및 이미지 광고

가 낮다. 따라서 신제품을 가능한 한 빨리 성장기로 유도할 필요가 있다.

도입기에는 제품을 널리 인지시키고, 판매를 늘리는 것이 마케팅의 전략적 목표가 된다. 광고의 주된 대상은 제품을 조기에 수용할 가능성이 높은 혁신소비자이며 이들에게 인지시킴으로써 구전효과에 의한 확산을 기대할 수 있다. 제품에 관한 정보를 주어 상표인지도를 높이는 광고를 행하고 수량할인, 소매상광고지원 등 중간상 대상 판매촉진을 통하여 제품이 많은 소매상에서 취급될 수 있도록 해야 한다.

일반적으로 개발비, 생산 및 마케팅비용 등을 초기에 뽑기 위해 고가격전략(skimming pricing strategy)을 사용하는 경우가 많다. 이 전략은 경쟁이 적기 때문에 현실적으로 가능하나, 경쟁사의 진입이 예상되고 경험곡선효과를 볼 가능성이 클 때에는 침투가격전략(penetration pricing strategy)을 사용하여 시장점유율을 높이는 데 주력하도록 한다.

성장기

성장기(growth stage)에는 제품이 다수의 소비자에게 채택되면서 수요와 매출이 급속도로 커지고 경쟁자가 등장하기 시작한다. 이익이 점점 늘어나 성장기 말기나 성숙기 초기에는 최대이익이 실현되고, 많은 경쟁자가 등장하면서 경쟁제품이 나타나고 모방제품, 새로운 기능이 추가된 개량제품이 나타나며 전체시장도 점점 커지게 된다. 이 기간에는 조기 채택자들이 제품을 구매하는데 이들의 구전효과가 시장 확대를 가속화한다.

성장기에는 도입기에서 시행착오를 거친 결과 제품이 표준화됨에 따라 국내시장이 급속히 신장되면서 이와 동시에 다른 후발선진국으로의 수출신장이 일어난다. 이 경우 기업의 최대과제는 경쟁기업보다 먼저 시장을 지배할 수 있는 제품전략이다. 후발선진국의 수요가 급속히 성장하게 되면 수입장벽이나 경쟁사의 도전을 배제하기 위해 현지에 공장을 설립하고 제품판매를 확대하게 된다.

성장기에서의 마케팅목표는 상표를 강화하고 차별화를 통해 시장점유율을 확대하는 것이 된다. 제품성능에 관한 구체적 정보를 소비자에게 제공하여 타 제품과의 차이점을 알게 하여 일반 소비자의 인지도와 관심을 높이는 광고가 필요하다. 취급점포를 대폭 확대하여 소비자가 쉽게 구매할 수 있도록 하는 집중적 유통(intensive distribution)전략을 사용하게 된다. 제품의 품질을 향상시키고 새로운 특성과 서비스를 추가한 변형제품, 개량제품을 출시함으로써 경쟁제품과 차별화한다. 경쟁이 심해짐에 따라 경쟁을 고려한 가격전략을 선택하게 된다.

성숙기

성숙기(maturity stage)는 도입기나 성장기보다 오랜 기간 지속되는데, 이 시기에는 제품구매의욕이 있는 소비자들은 대부분 제품을 구매한 상태이므로 판매량이 떨어진다. 대량생산과 극심한 경쟁으로 제품가격이 낮아지고 이익도 줄어든다. 또한 성장률이 떨어져 기업 간에 극심한 경쟁이 생기고 이로 인해 경쟁력이 약한 기업은 도태된다.

제품이 성숙기에 이르면 주요 판매확장은 저개발국에서 일어나고 경우에 따라서 그러한 지역에 공장이 설립되기도 한다. 그러므로 국제기업은 각국의 제품개발계획을 제품수명주기와 수요의 성장에 알맞게 조화시켜 경우에 따라서는 선진공업국이 저개발국으로부터 수입을 해야 하는 필요도 발생한다. 또 국제기업은 선진국에서 성숙기에 도달한 제품을 개량하거나 대체품을 개발하지 않으면 안 된다.

성숙기에서의 마케팅목표는 경쟁우위를 유지하고 상표 재활성화를 통하여 수요를 늘리는 것이 된다. 이미지 광고를 통한 제품차별화를 시도하고 제품의 존재를 확인시키는 광고(reminder advertising)를 행하게 된다. 신규소비자 창출보다 경쟁사의 고객을 빼앗아 오기 위한 가격할인, 쿠폰 등 판매촉진의 사용이 증가한다. 경쟁사의 가격에 대응하는 가격전략을 강요하게 되어 가격이 하락하는 경향을 보인다.

유통망을 확충하는 것은 의미가 없고 기존에 구축된 광범위한 유통망을 유지, 보호하는 데 힘써야 한다. 성숙된 시장에서 제품을 다시 한 번 활성화시키는 재활성화(revitalization)를 시도할 필요가 있다. 신규 사용자를 찾거나 기존고객의 사용빈도나 사용량을 늘이거나 제품의 새로운 용도를 개발하여 매출을 늘리는 시장확대전략을 사용하거나 품질, 특징, 스타일을 변화시켜 판매를 증가시키거나 리포지셔닝을 통하여 매출을 증가시킬 수 있다.

쇠퇴기

쇠퇴기(decline stage)에는 수요가 줄어 가격이 떨어지고 매출과 이익이 감소하며 경쟁제품들이 시장에서 철수하게 되어 경쟁사의 수는 감소한다. 이 기간 소비자의 대부분은 최종채택층이다. 대체제품이 등장하고 소비자의 기호가 변화하므로 시장 재검토가 필요하다. 쇠퇴기에 이르면 매출이 감소되므로 구제품의 대체를 위한 신제품을 개발하여 계속 상품화해야 한다. 이는 기존시설을 활용하고 매출과 이익의 신장을 위해서 필수적인 조건이다.

쇠퇴기의 마케팅목표는 단기수익을 극대화하는 방안을 찾는 것이다. 가능한 비용을 줄이고 매출을 유지하여 수익을 극대화한다. 제품을 상기시키는 수준의 최소한의 광고를 하여 경비를 절약하고 매출액이 적은 품목은 제거하고 기여도가 높은 품목만 남기며 과잉설비를 제거하고 하청을 늘인다. 취약한 중간상을 제거하고 우량 중간상만 유지하며 최소한의 이익을 유지하는 저가격정책을 사용하게 된다. 그러나 충성도가 높은 소수의 고객을 대상으로 고가격정책을 사용하는 경우도 있다.

(3) 제품수명주기의 형태

제품수명주기의 형태는 주기-재주기형, 연속성장형, 패선형, 패드형 등 다양한데, 이를 그림으로 나타내면 **그림 9-4**와 같다.

그림 9-4 여러 가지 제품수명주기 형태

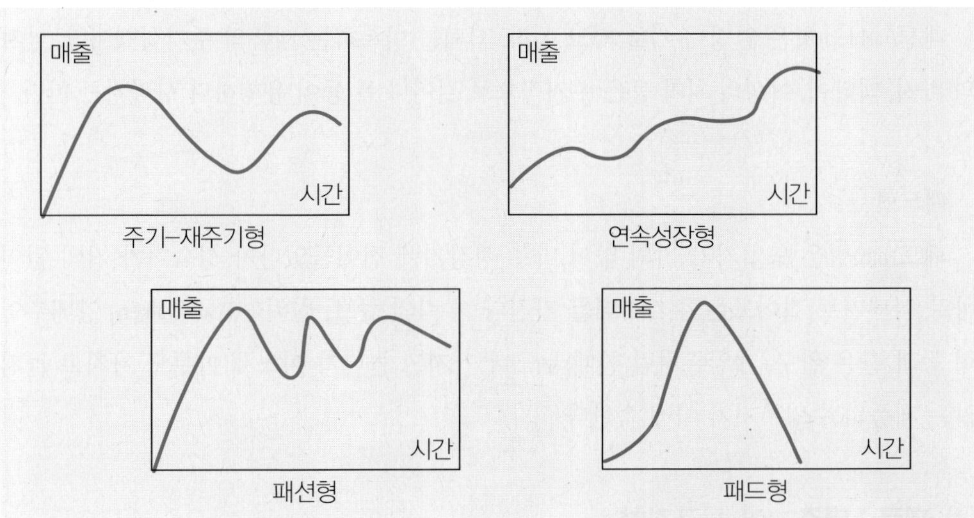

주기-재주기형

주기-재주기형은 쇠퇴기에 접어들다가 촉진활동의 강화 혹은 리포지셔닝에 의해 다시 한 번 성장기를 맞는 경우로서 많은 제품들이 기업의 마케팅 활동에 의해 이러한 주기형태를 가진다.

연속성장형

연속성장형은 새로운 제품특성, 용도, 사용자를 발견 혹은 개발하여 PLC가 연속적으로 이어지는 경우로서 Johnson & Johnson의 베이비 샴푸의 경우 유아용 샴푸로 개발되었다가 부드러운 머릿결을 원하는 여성용 샴푸로 리포지셔닝하여 다시 성장기로 접어들었다. 듀폰(Du Pont)의 나일론은 원래 질긴 섬유를 필요로 하는 낙하산용으로 널리 사용되다가 생활용품으로 개발되어 양말, 셔츠, 카펫 등으로 용도가 확대되면서 연속적으로 성장해왔다.

패션형

패션(fashion)형은 일정 주기를 타고 성장, 쇠퇴를 반복하는 제품의 주기형태이다. 남자의 바지, 넥타이, 여성의 치마 등은 주기적으로 길이나 폭 등이 유행하다 사라지곤 한다.

패드형

패드(fad)형은 도입기가 거의 없이 바로 성장기에 접어들었다가 성숙기가 거의 없이 바로 쇠퇴기로 접어드는 주기형태를 가진다. 루릭의 큐브, 월워커(Wall-Walker), 양배추인형 등과 같은 완구, 게임류처럼 한때 누구나 가지고 놀다가 어느새 아무도 가지고 놀지 않는 제품의 수명주기가 이에 속한다.

(4) 제품수명주기의 최근경향

삼양라면은 1963년에 탄생한 이후 장수를 누리고 있지만 라면상표의 수명주기는 매우 짧아져 최근의 대부분의 라면상표는 신제품 출시 후 3개월 내에 성공적이지 않으면 생산을 중단한다. VCR, TV, 오디오 등의 가전제품 모델은 1980년대 초에는 약 2년 정도의 수명을 가졌으나 1980년대 중반 약 1년 정도로 수명이 줄어들었고, 1990년도에 들어와서는 6개월 정도가 지나면 새 모델이 등장하고 있다. 포니는 1976년 시판된 후 1982년까지 7년간 생산되었고 포니Ⅱ는 그 후 3년의 수명을 누렸다. 소나타는 소나타, 소나타Ⅱ, 소나타Ⅲ, EF소나타, NF소나타, YF소나타로 모델을 변화시키면서 거의 2년에 한 번씩 바뀌어가고 있다. 미국의 많은 자동차는 거의 매년 신형이 나오고 있다.

최근 들어 제품의 수명주기가 매우 짧아지고 있다. 그 이유는 소비자의 선호가 급변하고 있고 경쟁이 심해지면서 소비자의 선호를 맞추지 않으면 생존할 수 없기 때문이기도 하고 새로운 기술이 신속히 개발되고 있기 때문이기도 하다.

이렇게 제품의 수명주기가 짧아짐에 따라 기업들은 막대한 R&D 비용을 투입하여 신제품을 개발할 수밖에 없게 되었고, 신제품이 개발될 경우 빠른 시간 내에 대량생산하여 판매하지 않으면 투자 금액을 회수하기 어렵게 되었다. 따라서 신제품을 개발할 수 있는 기술력뿐 아니라 대량으로 판매할 수 있는 시장의 확보도 매우 중요하게 여겨지고 있다. 최근 들어 기업들이 인수 · 합병 또는 전략적 제휴 등을 통해 거대화되고 글로벌화하는 이유는 바로 이러한 R&D 자금을 확보하고 거대한 글로벌시장에 접근하기 위해서라고 할 수 있다.

(5) 제품수명주기의 한계

제품수명주기의 한계점으로 다음과 같은 것을 들 수 있다.

① 각 제품마다 독특한 PLC를 가질 수 있다.
② 해당제품이 어느 단계에 있는지 구분하기 매우 어렵다.
③ 제품이 다음 단계로 이동하는 시기를 정확하게 파악하기 힘들다.
④ 다음 단계로 이동하게 하는 요인들을 파악하기 어렵다.

⑤ 각 단계의 기간을 예측하기 힘들고, PLC의 형태를 예측하기도 어렵다.

⑥ 때로는 마케팅전략이 PLC의 결과를 초래할 수 있다.

⑦ 외부적 요인이 제품수명주기의 기간을 변화시킬 수도 있다.

⑧ 기업의 마케팅전략에 따라 PLC의 단계와 기간이 달라질 수 있다.

제2절 인터넷제품의 개념

1 인터넷제품의 의의

(1) 인터넷제품의 의미

제품 측면에서 가장 중요한 것은 고객 개개인의 욕구에 맞는 제품을 제공하는 것이다. 고객 개인별로 선호도나 취향을 파악하고 유연한 생산 시스템을 통해 고객의 욕구에 부합되는 제품과 서비스를 제공하는 것이다. 인터넷제품은 **그림 9-5** 에서 보는 바와 같이 인터넷을 통해 거래되는 모든 제품을 의미하며, 그 형태의 속성에 따라 소프트웨어와 같은 무형의 디지털 제품과 유형의 제품으로 구분된다.

그림 9-5 인터넷 제품의 의미

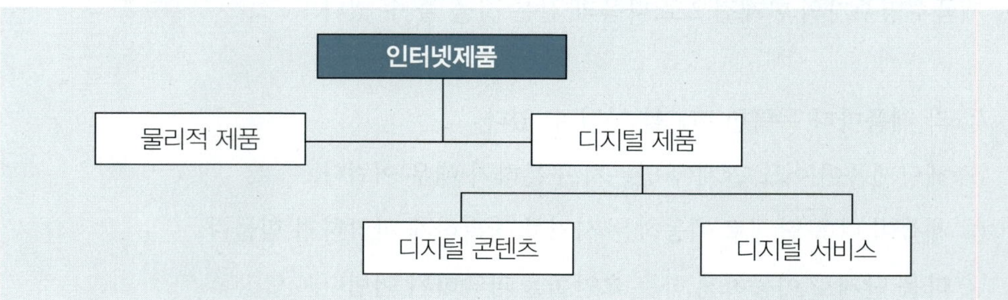

제품이라는 용어는 유형의 제품, 무형의 서비스와 아이디어, 사람, 장소 등을 포괄하는 개념이다. 모든 유무형의 제품은 인터넷상에서 마케팅의 대상이 되고 또 거래된다. 검색엔진과 같은 신제품은 인터넷상에서만 볼 수 있는 독특한 제품인 반면, 서적과 같은 제품은 새로운 유통채널의 하나로 인터넷을 이용하고 있다. 여기에 더해 독특한 혁신기술을 이용함으로써 기존 서비스에 새로운 서비스를 추가한 형태의 제품도 있다.

전통 도소매시장의 와해, 고객 통제력 강화 그리고 기타 e-마케팅의 출현은 이제 신제품개발 기업으로 하여금 새로운 도전과 기회 그리고 위기에 직면케 하고 있으며, 동시에 다양한 전자 마케팅 도구를 사용하여 고객가치를 창출하지 않을 경우 더 이상 생존할 수 없도록 만들고 있다. 기업활동의 기본은 고객에게 중요한 것이 무엇인가를 규명하는 것이다. 그리고 이를 바탕으로 경쟁업체보다 더 많고 좋은 가치를 고객에게 전달함으로써 기업은 생존 성장할 수 있다.

한편 인터넷마케팅에 적합한 제품으로는 다음 네 가지를 들 수 있다.

첫째, 정보 중심적 제품을 들 수 있다. 인터넷에서 활발하게 거래되는 제품은 거의 대부분이 구매정보가 중요한 요소로 작용한다. 그 이유는 인터넷의 기본속성이 정보를 주고받는 매체이기 때문이다.

둘째, 품질확인 가능한 제품이다. 온라인 구매고객은 인터넷 쇼핑몰의 신뢰성을 의심하는데, 이는 소비자가 제품을 직접 확인하지 않고 정보에 의해 제품을 구매하기 때문에 그 품질에 대한 신뢰가 형성되기 어려운 데서 기인한다.

셋째, 컴퓨터 관련 제품이다. 인터넷 구매를 위해서는 컴퓨터를 사용해야 하므로 소비자들의 컴퓨터 관련 제품에 대한 관심이 높아지는 것은 당연하다.

넷째, 디지털 제품이다. 인터넷에서 물류 부담을 줄이는 가장 좋은 방법은 온라인상에서 제품을 공급하는 것이므로 디지털제품의 거래가 활발해진다.

(2) 인터넷제품의 가치

인터넷제품은 다음과 같은 몇 가지 가치를 지닌다.

첫째 가치는 제품의 경험이다. 이런 가치는 제품에 대한 최초 인지에서 시작하여 웹사이트를 통한 경험, 기업에서 보내는 이메일 등 고객 접촉으로 지속되며 제품의 사용과 구매 후 고객 서비스로 종결된다. 또한 구매한 자동차를 운전하면서 친구로부터 듣게 되는 칭찬이나 혹은 신규로 구매한 특정 제품에 대해 고객이 이메일을 통해 친구에게 자랑함으로써 얻게 되는 즐거움도 포함한다.

둘째 가치는 전적으로 고객이 판단하는 것이다. 이것은 기업이 자기 제품에 대해 얼마나 좋게 생각하는지와 전혀 상관없는 가치이다. 진정 중요한 것은 고객이 제품에 대해 자각하는 가치의 정도이다.

셋째 가치는 고객의 기대와 밀접한 관련이 있다. 제품에 대한 기대보다 실제가 좋으면 고객은 만족하게 되고 그 반대이면 불만족하게 된다.

넷째 가치는 모든 가격대에 적용된다. 몇 백 원짜리 공 CD에서부터 수백만 원대의 전자상거래 응용프로그램까지 모두 일정한 가치를 제공한다.

인터넷 기술의 발전과 함께 고객맞춤 서비스, 원스톱 쇼핑, 통합 솔루션, 속도, 편의성, 셀프서비스와 같은 새로운 형태의 소비자 혜택이 등장했다. 여기에 더해 웹 사용자는 효과적인 웹 서핑, 다운로드 속도 증가, 유용한 웹사이트 구성, 세련된 사이트 디자인, 거래 안전성, 사용자 프라이버시 보호, 사용자 편의지향의 웹브라우저와 이메일 기능을 요구하고 있다. 기업은 고객의 이러한 요구에 부응하여 수천 개의 신제품을 빠른 속도로 개발도입하고 있다. 결국 인터넷 기술의 진보는 사용자의 기대수준과 요구를 상향시켰고 동시에 기업의 사업기회 역시 증가시켰다.

2 인터넷제품의 속성

제품속성은 전반적인 품질뿐 아니라 구체적인 특성까지도 포함하는 개념이다. 품질에 대해 소비자들은 지불한 것에 상응하는 것을 얻는 것으로 이해하고 있다. 또 제품의 특성은 색깔, 맛, 스타일, 크기 등과 같은 속성을 포함한다. 한편, 혜택은 고객의 필요와 욕구를 충족시키기 위해 제품속성이 수행해야 하는 역할을 의미한다. 예를 들면, 야후는 웹사이트 카테고리 탐색 서비스를 제공하고 있으며(제품속성), 이는 사용자들이 온라인상에서 원하는 것을 찾을 수 있게 도와준다(혜택). 따라서 제품혜택은 가치의 핵심 구성요소이다.

인터넷은 마케팅 관행을 뛰어넘는 차별적인 방법으로 고객 혜택을 증가시킬 수 있다. 대표적인 예가 고객맞춤 서비스의 제공이다. 컴퓨터와 같은 유형제품은 온라인상에서 최저가격으로 개별 판매될 수도 있고, 혹은 보다 높은 가격에 추가혜택을 제공하는 서비스와 함께 꾸러미제품으로 판매될 수도 있다. 무형제품의 경우에도 같은 원칙이 적용된다. 온라인 리서치 업체의 경우에 다양한 형태의 조사를 다양한 조합으로 제공할 수 있다. 또 인터넷은 사용자들에게 자체 컴퓨터에서 자동적으로 제품을 맞춤화할 수 있는 기회를 제공한다. 온라인 보석판매업체인 블루나일(bluenile.com)은 고객이 보석의 형태, 투명도, 크기 등을 선택케 함으로써 고객에게 가장 적합한 반지 세트를 고를 수 있도록 해준다.

또 다른 형태의 맞춤 서비스는 사용자 개인의 욕구에 맞추는 개인 서비스이다. 웹사이트 등록 등의 기술을 이용하여 웹사이트상에서 고객환영 메시지를 띄우고, 또 이전 구매기록을 기반으로 고객의 관심제품을 목록으로 제시할 수 있다. 온라인 음악 클럽인 BMG Direct사는 200만 명에 달하는 각 회원들의 과거 쇼핑 행동을 참조해 이메일로 가격정보, 소매업체목록 그리고 구매추천목록을 보내고 있다.

3 인터넷제품의 브랜딩

브랜드에는 상표명(예: 맥도날드), 상징물(예: 골든 아치)뿐만 아니라 기타의 다른 정보도 들어 있다. 특정 기업이 특허청에 브랜드 정보를 등록하면 그것은 등록상표가 되며 법률적으로 보호된다. 등록상표란 어떤 특정 기업이나 개인의 제품이나 서비스를 타 기업 혹은 개인의 제품이나 서비스와 구별하고 확인할 수 있는 하나의 단어, 구절, 상징,

디자인 혹은 그 조합을 말한다. 따라서 온라인 판매를 하고자 하는 기업은 기존 브랜드명을 그대로 적용할 것인지 아니면 새로운 브랜드명을 적용할 것인지의 여부, 타 기업체와 공동 브랜드명을 사용할 것인지의 여부, 그리고 웹사이트명으로 사용할 도메인명은 무엇으로 할 것인지 등과 같은 몇 가지 브랜드 관련 의사결정을 해야 한다.

그런데 브랜드명과 이미지는 사용자가 원하는 혜택의 중요한 부분이다. 아마존이나 야후 등과 같은 브랜드명은 고객신뢰를 창출한다. 그리고 신뢰할 수 있는 브랜드명은 고객이 지각하는 혜택이 더 크므로 보다 높은 금전적인 비용을 고객에게 요구할 수 있다. 이것이 바로 가치가 적용되는 메커니즘이다. 한편 일부 고객은 저가격대의 보통 브랜드를 선호한다. 미국의 월마트나 독일의 Aldi 식음료점과 같은 브랜드는 저가격과 적정한 수준의 품질을 대표하는 브랜드로 유명하다.

(1) 사이버 공간에서의 기존 브랜드명 사용

기업은 신제품에 대해 기존 브랜드명을 그대로 사용할 수도 있고 아니면 새로운 브랜드명을 사용할 수도 있다. 기존 브랜드명 사용은 브랜드가 잘 알려져 있고 강력한 브랜드 자산을 가지고 있을 경우 효과적이다. 아마존은 기존제품구색에 CD, 비디오, 소프트웨어, 전자제품 등을 추가했다. 아마존의 경우 다른 브랜드와 새로운 온라인 전문점을 개설하기보다는 기존 웹사이트명을 그대로 사용하는 것이 훨씬 더 효과가 있었다. 그러나 일부 기업체들은 다음 몇 가지 이유 때문에 새로운 브랜드명을 사용한다.

신제품의 성공 가능성이 낮을 경우

신제품의 실패는 잘 구축된 기존의 브랜드를 위험에 빠지게 할 수 있다. 따라서 신제품의 성공가능성이 낮은 경우에는 신 브랜드를 사용하는 것이 좋다. 온라인 출판사업에 뛰어든 미국의 스포츠 전문잡지 Illustrated사는 Thrive라는 상표(www.thriveonline.com)를 개발 사용하였다.

인터넷의 성공을 오프라인 브랜드 위상으로 새롭게 정립할 경우

인터넷제품은 대부분 '하이테크', '멋진' 또는 '세련된' 이미지를 가지고 있으며 이러한 속성들은 오프라인 브랜드 제품으로 전이된다. 미국의 전국 네트워크 방송국인 NBC는 온라인 방송국인 MSNBC 시청자보다 나이가 많은 시청자들을 대상으로 한다. NBC는 MSNBC의 젊은 시청자들을 네트워크 방송으로 유인하여 오프라인 브랜드인 NBC의 위상을 새롭게 하기 위해 온라인 방송국명을 MSNBC로 정했다. 즉 온라인 브랜드로 오프라인 브랜드의 위상을 재정립하고자 했던 것이다.

올바른 도메인명의 선택과 관리

이 경우 기업은 새로운 시장이나 유통 채널에 적합한 이름으로 바꿀 수도 있다. Wired 잡지사는 온라인 잡지명을 Hotwired로 바꿔 하이테크 이미지를 전달하고, 또 이 두 잡지를 각각 다르게 위상을 정립시켰다.

(2) 인터넷 신규브랜드 개발

기업체가 새로운 인터넷 브랜드를 개발하고자 할 경우 브랜드명은 중요한 성공요소 중 하나이다. 좋은 브랜드명은 www.webpromote.com과 같이 제품에 대한 속성을 암시할 수 있어야 하며 www.womenswire.com처럼 경쟁업체의 제품과 차별화할 수 있어야 한다. 또 인터넷 브랜드명은 짧고 기억하기 용이하며 다른 언어로 쉽게 번역될 수 있어야 한다. Yahoo, Excite, Lycos, AltaVista, Infoseek, Hotbot, WedCrawler, GoTo.com, looksmart와 같은 검색도구 도메인명은 이러한 기준을 잘 충족시키고 있다.

(3) 공동 브랜드명 사용

공동 브랜드란 두 개의 다른 기업이 같은 제품에 대해 동일한 브랜드명을 사용하는 것을 말한다. Yahoo와 TV Guide는 Yahoo 사이트에 TV 프로그램 리스트를 제공하기 위

해 공동전선을 구축했다. Headhunter.net사는 Yahoo 및 Geocities와 공동 브랜드로 무료 일자리안내 서비스를 제공하고 있다. 정보 서비스 제공업체(ISP)인 EarthLink사는 1998년 초 장거리전화회사인 Sprint사와 연합군을 형성하여 EarthLink-Sprint라는 새로운 이름과 로고를 가진 신규 공동 브랜드를 사용하는 사업부를 신설했다.

(4) 인터넷 도메인명

선점된 도메인명

기업은 강력한 브랜드 자산을 구축하기 위해 독특한 상표명을 개발하고 관리하는 데 많은 시간과 자금을 투입하고 있다. 그리고 이렇게 구축된 상표명 중 하나를 인터넷 도메인명으로 사용함으로써 고객들은 빠른 시간 내에 특정 사이트를 찾아가게 된다. www.coca-cola.com은 코카콜라 브랜드 상표 구축에 큰 도움을 주고 있다. 그런데 문제는 사전에 있는 단어의 97% 이상이 도메인명으로 이미 등록되어 있기 때문에 어떤 특정한 기업이 등록하고자 하는 도메인명이 사용 가능하지 않을 수 있다는 것이다. 예를 들어, 소프트웨어 개발업체인 DeltaCOMM은 델타항공사(www.delta-air.com)를 앞질러 www.delta.com을 등록했다.

이처럼 사용하고자 하는 도메인명을 이미 다른 업체가 소유하고 있다면 어떻게 해야 할 것인가? 이 경우 현재 도메인명을 등록해 소장하고 있는 업체로부터 도메인을 구입하는 것이 하나의 해결책이다. 현재 많은 네티즌이 인기 도메인명을 등록해놓고 매우 높은 가격에 이들 도메인을 판매하고 있다. 또 다른 해결책의 하나로 일부 기업들은 자신들의 .com명을 되찾기 위해 소송을 제기하기도 한다. 세 번째 해결책은 델타항공사가 한 것처럼 새로운 혹은 약간 변형된 사이트명을 개발하는 것이다.

관련 도메인의 동시구매

도메인명을 효과적으로 관리하기 위해서는 특정 도메인명을 등록하면서 관련 도메인을 동시에 구매하는 것이 좋다. 컴팩은 300만 달러의 자금을 들여 AltaVisa 검색엔진 사이트(www.altavisa.com)를 개설한 후에 뒤늦게 섹스 관련 사이트인 www.alta-visa.com이 운영되고 있는 것을 알았다. 아마존 역시 www.amazon-book.com을 소유하고 있지 않고 있었다. 한편, 일부 개인들은 기업체의 안티사이트들을 운영하고 있으며, 일부 기업은 이에 대항해 자기 기업의 안티사이트명을 사 들이기도 한다. 멕시코의 호텔업체인 Posadas는 고객편의를 위해 17가지의 비슷한 스펠링을 가지고 있는 도메인명을 사 들이기도 했다.

올바른 도메인명의 선택과 관리

올바른 도메인명을 선택, 사용하는 것은 고객들을 사이트로 유인하고 동시에 기업의 마케팅 커뮤니케이션을 일관성 있게 추진하는 데 큰 도움을 준다. Time Warner사의 Pathfinder는 People, Time, Fortune, Money, Entertainment Weekly 등 많은 유명잡지의 온라인 버전을 출판하고 있는 사이트이다. 그러나 사전적으로 개척자 혹은 탐험자를 의미하는 Pathfinder라는 이름은 유명 잡지 브랜드의 이미지를 잘 전달해주지 못함으로써 브랜드의 가치를 충분히 이용하지 못하고 있고, 특히 사용자에게는 아무런 의미도 전달해주지 못하고 있다.

(5) 라벨링

고객은 제품 라벨을 통해 브랜드명, 판매기업, 제품성분, 사용방법을 확인할 수 있다. 특히 유형제품에 붙어 있는 라벨은 고객으로 하여금 제품을 인식할 수 있도록 해주며 동시에 구매시점의 의사결정에 영향을 미칠 수 있다. 유형제품에서 그런 것처럼 라벨링은 디지털 분야에서도 중요하다. 온라인 서비스에 대한 제품사용조건, 제품 특징, 기타 정보 등은 웹사이트상에서의 온라인 라벨링 역할을 한다. 예를 들어, 온라인 방송을 듣기 위해 RealAudio 소프트웨어를 다운로드할 때, 어떻게 설치하고 사용하는가를 알아내기 위해 고객은 라벨을 먼저 읽는다. 또 기업은 자기 웹페이지의 사용권리에 대한 법률적 정보를 라벨링을 통해 제공하고 있다.

4 인터넷제품의 지원서비스 및 비용

(1) 지원서비스

지원 서비스는 가치의 중요 구성요소이기 때문에 각 기업들은 구매할 때 그리고 구매 후에도 고객지원 서비스를 제공해야 한다. Amazon.com과 같이 고객과의 관계를 개발하는 데 많은 신경을 쓰는 기업은 서비스 부서에 기업 최고의 직원들을 배치한다. 창업자 제프 베조스는 고객 이메일에 직접 답장을 보내기도 했다. 그리고 일부 제품에 있어서는 지원 서비스가 제품의 핵심이다.

고객이 온라인 설문을 하기 위해 SurveySolutions와 같은 소프트웨어를 구입을 할 때 기술지원 서비스는 매우 중요해진다. 미국 내 가장 큰 컴퓨터 소매업체인 CompUSA는 지원 서비스를 향상시키기 위해 온라인과 오프라인 유통채널을 통합시키고 있다. www.compusa.com 사이트에서 고객이 우편번호를 제시하면 집에서 가장 가까운 5군데 소매점에서의 제품구입 가능 여부와 가격을 확인해 볼 수 있다. 또한 고객은 웹사이트에서 제품일련번호를 제시하면 수리를 하기 위해 가져다 놓은 제품의 현 상황을 확인할 수 있다. 결국 제품혜택의 하나로서 고객 서비스는 고객관계 관리의 중요한 한 부분이다.

(2) 접속비용

인터넷 기술은 고객의 돈, 시간, 에너지 그리고 심리적인 비용을 절감시킴으로써 궁극적으로 고객가치를 증대시킨다. 하지만 때때로 접속시간의 지체, 정보 찾기의 어려움 등은 사용자의 시간과 에너지를 소모함으로써 심리적 절망감을 야기하기도 한다. 인터넷은 완벽하지 않다. 그러나 대역폭(bandwidth)의 증가, 관련 기술의 진보 그리고 기업체들의 보다 나은 온라인 전략의 개발은 접속비용을 점차 감소시키고 있다.

온라인 거래에서 고객 모두가 돈을 절약하고자 하는 것은 아니다. 아마존을 이용하는 많은 고객들은 다른 온라인 서점에 비해 아마존의 가격이 좀 높고 또 일반 오프라인 서점에 가면 쉽게 구할 수 있으며, 배달비용이 약간 비싸다는 사실을 잘 알면서도 Amazon.com에 서적을 주문하고 있다. 그 이유는 아마존 브랜드가 충분히 신뢰할 만한 가치가 있으며 고객의 기억에 남는 좋은 이용 경험을 가지고 있고, 또 구입하고 싶은 책을 쉽게 찾을 수 있다는 느낌을 가지고 있기 때문이다. 이와 같은 소비자의 시간, 에너지 절약 특성에 기인한 지각혜택은 고비용을 상쇄하고도 남는다.

제3절 인터넷 제품전략

1 인터넷제품의 분류

인터넷기술에 기반을 둔 제품은 수천 가지 이상 존재한다. 인터넷 기반 제품은 이 제품을 구매하고자 하는 고객의 종류에 따라 여러 가지로 분류할 수 있다. 표 9-4 에 열거된 각 행은 고객집단을, 각 열은 제품형태를 나타내고 있다.

표 9-4 인터넷제품의 분류

고객집단 / 제품형태	콘텐츠 제공기업	인터넷인프라 구축기업	최종사용자
하드웨어	서버 farm 고속 스위치	라우터, 위성, 광통신망	모뎀, PC, Web, TV, PDA, 자원기술, 통합제품
소프트웨어	웹 인증, 인크립션(encription), 오디오/비디오 디지털화, 소프트웨어	프로토콜, TCP/IP, DNS	웹브라우저, 이메일, 클라이언터, 디크립션(decription), 오디오/비디오 재생 소프트웨어
서비스	E-commerce컨설팅, 웹 개발, 웹 디자인, 응용서비스 제공기업(ASPs)	ISP, 핵심서비스 제공기업, 웹 호스팅	웹 기반 바이러스 스캔, 자동 업데이트 캘린더링, 이메일

콘텐츠 제공기업과 인터넷 인프라 구축기업의 구매대상은 기업이며 따라서 B2B 시장을 형성한다. 이 두 분야의 관심사는 제품특성, 업무수행 능력, 비용절감이다. 최종사용자 고객집단은 B2C시장과 C2C시장을 의미한다.

2 신제품 트렌드

신제품은 신규 브랜드, 신제품 라인, 불연속 혁신 혹은 기술향상 등을 의미한다. 최종제품에서부터 B2B 소프트웨어에 이르는 광범위한 제품이 이에 속한다. 신제품의 성공은 고객에게 주어지는 혜택과 비용절감 등 고객가치의 제공 방식에 달려 있다. 대다수의 신제품은 최종고객이 미처 알아보기도 전에 시장에서 소멸한다. 그러나 성공 여하에 관계없이 표 9-5 에서 보는 바와 같이 신제품은 그 자체로서 전자상거래를 움직이는 강력한 엔진이 될 수 있다.

표 9-5 7가지 신제품 트렌드

신제품 트렌드 7가지	1. 가치사슬 자동화 2. 아웃소싱 3. 정보공유 4. 정보접근의 중앙 집중화 5. 멀티미디어 기술의 활용 6. 지원기능 7. 미디어 통합기능

(1) 가치사슬 자동화

가치사슬 자동화의 장점

기업에 있어서 가치사슬의 자동화로 얻는 장점은 공급업자, 제조업자, 그리고 전체 유통채널 간에 이루어지는 효율성의 향상이다. 가치사슬 자동화 제품은 주문과정, 지원과정 그리고 데이터마이닝 등의 업무 전 과정을 자동화하는 것을 말하는데 기업의 비용 절감에 상당한 도움을 줄 수 있다. 가치사슬 자동화를 위해서는 자체 소프트웨어를 개발하는 것보다는 이미 시장에서 판매되고 있는 소프트웨어 솔루션을 구입하는 것이 다음과 같은 점에서 유리하다.

① 혁신기술을 기업 전반에 재빨리 보급할 수 있다. 또 소프트웨어 판매점으로부터 소프트웨어 설치와 판매 후 서비스를 제공받을 수 있다. 판매상은 또 기존 시스템과 신기술을 통합하는 작업을 지원해준다.

② 대부분의 버그는 상업 소프트웨어에서는 거의 해결을 본 상태이다. 따라서 기업의 서비스 품질은 신기술 도입과 동시에 향상된다.

③ 소프트웨어 시장은 대단히 경쟁적이기 때문에 판매기업들이 제공하고 있는 소프트웨어의 특성이나 기능은 계속적으로 향상되고 있다.

④ 인터넷의 핵심혜택 중의 하나가 컴퓨터 시스템을 거래 기업의 시스템과 통합할 수 있다는 것이다. 따라서 내부시스템을 업계 표준시스템과의 일치시켜 시스템 통합을 이룰 경우 기업입지 강화에 도움이 된다.

⑤ 인프라 제품들은 가치방정식의 두 가지 주요 구성요소인 시간과 비용을 절감시켜 준다. 기업은 자동화를 통하여 인건비를 절감할 수 있고, 소비자는 시간과 심리적 비용을 절감할 수 있다.

지원제품 사례

다음은 마케팅 기능과 관련된 지원제품 사례이다.

① 제휴 마케팅 프로그램

다수 사이트들이 제휴 마케팅 프로그램을 제공하고 있다. 이 사이트들은 제조업체가 판매대리점에 수수료를 지불하는 것과 마찬가지로 제휴업체에 비용을 지불하고 제휴업체에 접속한 고객을 유인해 간다. 제휴 마케팅은 저비용으로 고객을 확보하는 방법이다. 고객은 아마존 제휴업체 웹사이트에서 아마존 로고를 클릭하여 물건을 구입한다.

② 표적광고

마케팅 관리자들은 선정된 세분시장에 맞는 적절한 표적광고를 만들고자 한다. 따라서 웹상에서 표적고객의 웹 서핑 습관을 파악하면 이들 대상의 표적광고가 가능하게 된다. Doubleclick사는 한 사이트에서 다른 사이트로 옮겨가는 사용자 행동을 추적할 수 있으며 이에 따라 광고를 맞춤화할 수 있다. Doubleclick사는 실시간으로 광고 캠페인의 성공 여부를 모니터하고 필요하다면 즉각적인 수정을 할 수 있도록 해준다.

③ 맞춤 촉진 프로그램

웹사이트 콘텐츠의 가치가 높다는 것은 사용자를 위한 맞춤 서비스의 정도가 높다는 것을 의미한다. 많은 사이트들이 사용자의 요구에 맞는 웹 페이지를 만들고 각 개인의 선호 경향에 일치하는 촉진 프로그램을 개발하고 있다. 하지만 역동적인 웹 페이지를 개발하는 일은 엄청난 프로그래밍 업무를 필요로 한다. 따라서 일부 기업들은 역동적 웹 페이지를 자동적으로 만들어주는 OnDisplay와 같은 기업의 서비스를 이용한다. Travelocity는 OnDisplay사의 프로그램을 이용하여 고객들에게 호텔, 자동차 등에 관한 추가 마케팅 활동과 함께 종착지에 관한 맞춤 정보를 제공한다.

④ 세일즈

제조업자의 판매대리회사인 카탈로그 통합기업은 매력적인 비즈니스 모델의 하나이다. 카탈로그 통합기업은 온라인 제조업자의 대리인으로 정보를 취합하여 이를 하나의 데이터베이스로 통합함으로써 최종사용자가 쉽게 검색할 수 있도록 도와준다. OnDisplay는 이러한 통합과정을 자동화하는 회사이다. Grainger사의 카탈로그는 2,000개 이상의 공급업체 데이터베이스에서 가져온 정보로 구성되어 있다.

⑤ 브로커리지

경매 사이트는 B2B, B2C, 그리고 C2C 시장에서 경쟁한다. 온라인 경매지원 프로그램을 개발하는 일은 어렵고, 또 소프트웨어를 시험하는 데에도 많은 시간이 소요된다. 여기에 더해 신뢰성은 경매시장의 핵심이다. Moai사는 B2B 경매지원 소프트웨어 프로그램을 만들어준다. GoGargo는 선박의 컨테이너 공간을 판매하는 온라인 경매시장을 Noai사의 소프트웨어 프로그램을 사용해 구축했다.

⑥ 지불 및 자금조달

B2B 거래에서 난관 중의 하나는 구매에 대한 외상 혹은 신용공여이다. 신용공여, 확인, 처리에 관련된 업무를 자동화하는 소프트웨어 역시 신뢰성이 핵심이다. ECredit사는 B2B지불 및 자금조달을 지원하는 소프트웨어를 판매하고 있으며, EnergyPrism사는 석유산업에 종사하고 있는 기업 구매자들을 위하여 ECredit사의 소프트웨어를 사용하고 있다.

⑦ 고객 서비스

전자상거래 활성화 초기에 다수 기업은 이메일 문의나 불평을 적절히 처리하지 못했다. 기본적으로 불만 메시지는 수신 여부를 즉시 확인해주어야 하며 가능한 48시간 이내에 응답을 해야 한다. EGain사는 이메일 고객 문의를 처리할 수 있는 소프트웨어를 만든다. 이 제품은 고객 이메일 수신여부와 일정 시간 내에 적절한 조치를 취할 것을 약속하는 응답을 즉시 발송한다. EGain사의 소프트웨어는 키워드와 문장을 읽어 이메일의 내용을 분석하여 직원에게 전달해준다.

⑧ 관계마케팅

고객정보 데이터마이닝은 마케팅 기회를 창출한다. Verbind사는 고객 프로파일을 자동으로 만들어주는 소프트웨어를 개발했다. Reel.com사는 이 소프트웨어를 사용하여 기존고객의 33%가 재구매를 하며, 이들 중 71%가 30일 이내에 재구매를 한다는 사실을 파악했다. Reel.com사는 이 사실을 바탕으로 두 번째 구매가 임박했다고 판단되는 시점에 최초고객을 상대로 이메일 촉진 메시지를 발송해 성공한 사례가 있다.

(2) 아웃소싱

ASP(Application Service Provider)란 ERP(Enterprise Resource Planning), CRM(Customer Relationship Management), SCM(Supply Chain Management) 등 기업의 각종 Application들을 각 기업의 전산환경이 아닌 IT 및 인터넷 서비스 업체의 데이터 센터에 설치하고, 기업들이 인터넷을 통해 데이터 센터에 접속하여 필요한 Application을 자유롭게 이용할 수 있도록 하는 일종의 S/W 임대 서비스를 말한다. 종업원의 급여 리스트 작성을 아웃소싱하기로 한 기업을 예로 보면, 급여 관리자가 ASP사의 웹사이트에 접속해 종업원의 작업시간을 입력하고 완료 버튼을 누르면 다음 날 종업원에게 급여 리스트가 배달된다. Ants.com사는 PR업무와 재무서비스, 고객지원, 사이트 개발 등 모든 업무를 외주로 처리하고 있다.

ASP 모델의 장점에는 저렴한 비용, 인건비 절감, 낮은 전환비용 등이 있다. 따라서 이러한 장점은 소규모 기업에 매력적이다. ASP 모델의 단점으로는 핵심고객 자료유출과 비즈니스 과정에 대한 통제력 약화를 들 수 있다.

(3) 정보공유

응용서비스 지원기업(ASP) 모델은 상호 분리된 기업체 사이의 자료교환을 전제로 한다. 이제 기업은 전례에 없던 방식으로 통합기업과 정보를 공유하고 있다. 전자 자료교환이란 용어는 디지털 형식으로 이루어지는 기업 간 자료교환을 지칭하는 일반 용어이다. 전자자료 교환은 교환기업이 자료를 상호 공통형식으로 만든다는 합의를 할 때 보다 신속해진다. 그러나 대부분 업체들은 자기 나름의 형식으로 자료를 저장해두기 때문에 쉬운 일은 아니다. 이러한 문제를 해결하는 두 가지 해결책이 인터넷으로 가능하다.

① 인터넷상에서의 개방 구매(OBI; Open Buying on the Internet): 각 기업체가 자료를 교

환하여 적절한 공통형식으로 변환하는 방법으로 기능면에서 다수 제약이 있다.

② XML(Extensible Markup Language)을 사용: 기업체가 각각 자기 형식을 유지하는 한편으로 수신 기업에게 변환에 필요한 지침을 동시에 보내는 방식으로서 기능면에서 거의 제약이 없다. XML은 새로운 기술로 원칙적인 측면에서 보면 그 기능에 한정이나 제약이 따르지 않는다. XML은 인터넷 익스플로러, 넷스케이프, MS-Office Suite에 적합하다.

(4) 정보접근의 중앙집중화

지식경영분야에서 쟁점이 되고 있는 것 중의 하나가 기업 포털이다. 기업 포털사이트는 내부사용을 목적으로 개발된 인트라넷의 연장 개념이다. 인트라넷은 온라인으로 기업 뉴스, 정책, 업무처리 과정 등을 보고 처리하는 데 사용된다. 이에 비해 기업 포털사이트는 종업원으로 하여금 매출자료, 그룹웨어 도큐먼트, 캘린더 등과 같은 다양한 기업정보 데이터베이스를 볼 수 있게 해준다. 기업 포털은 종업원이 필요한 정보를 찾는 데 걸리는 시간을 절감시킴으로써 비용절감에 기여한다. Extranet은 기업포털로서 동업자 기업에도 개방하고 있다. Extranet의 극단적인 예로 선마이크로시스템즈의 Extranet을 들 수 있다. Sun사의 공급업체는 생산정보에 완벽하게 접근할 수 있으며 이 접근성을 이용해 자체 생산계획을 수립한다.

(5) 멀티미디어 기술 활용

사운드와 비디오 같은 실시간 멀티미디어는 현재 인터넷상에서 보면 품질이 낮다. 전송품질은 커뮤니케이션 채널 대역폭에 비례한다. 대역폭이 작은 채널은 오디오 및 비디오 품질의 저하로 나타난다. 그러나 시스코 등 네트워크 장비업체는 저렴한 가격에 대역폭을 증가시킬 수 있는 기술개발에 박차를 가하고 있다. 대역폭의 한계에도 불구하고 상당수 멀티미디어 기술이 사용 가능하다. 화상회의, 소프트웨어, 웹캠(Webcam), streaming audio, CD품질 오디오, Streaming Video, 인터넷전화(internet phone) 등이 그러한 첨단 멀티기술이다.

① 화상회의

화상회의 소프트웨어를 이용하여 사용자는 인터넷상에서 텍스트, 오디오, 비디오 회의를 개최할 수 있다. 심지어 사용자는 화이트보드를 공동으로 사용할 수도 있다. 인터넷 화상회의를 지원해주는 보편적인 프로그램 패키지로는 Microsoft NetMeeting과 Connectix Videophone이 있다.

② 웹캠

웹상에서 실시간 비디오 이미지를 송신할 수 있는 하드웨어 장치를 Webcam이라 한다. Webcam으로 실시간 비디오 화상회의를 할 수 있으며 다른 멀티미디어에 고정되어 사용되기도 한다. 보편적인 Webcam과 Intel사의 Create & Share 장치를 들 수 있다.

③ 스트리밍 오디오

이것은 인터넷상에서 주문에 맞춰 라이브 오디오나 저장 오디오를 전달해주는 장치이다. 스트리밍은 전통적인 파일 다운로드와 달리 사용자가 파일에 클릭을 하자마자 바로 오디오를 들을 수 있는 방식이다. RealNetworks사가 이 부문 개척기업이다. Yahoo Broadcast는 인터넷상에서 라디오, TV, 음악을 방송하는 데 RealNetworks사의 소프트웨어를 사용하고 있다.

④ CD품질 오디오

인터넷상에서 들을 수 있는 CD품질의 오디오에 관한 기준은 MP3파일이다. WinAmp는 MP3파일을 디코드하는 첫 번째 재생기였으며, Diamond Rio사는 MP3파일을 저장하고 재생시킬 수 있는 워크맨(Walkman) 형식의 기기를 처음 시장에 출시했다.

⑤ 스트리밍 비디오

이것은 스트리밍 오디오가 요구하는 대역폭보다 몇 배 더 많은 대역폭을 필요로 한다. 그 결과 스트리밍 비디오는 온라인상 대역폭 부족으로 더 많은 제약을 받게 되었다. 그럼에도 불구하고 라이브 비디오 및 주문형 비디오에 대한 미래는 밝다고 할 수 있다. 향후 방송산업 및 비디오 대여산업 등은 스트리밍 비디오의 위협을 받을 수 있다.

⑥ 인터넷 폰

인터넷 폰은 전화통화를 웹으로 대체함으로써 장거리 전화요금을 없애는 역할을 한다. 그러나 이 역시 문제는 대역폭이다. 통화품질은 아직 신뢰할 단계는 아니지만 스트리밍 비디오보다는 작은 대역폭을 필요로 하기 때문에 인터넷 폰은 가까운 장래에 매력사업으로 성장할 것이다. Dialpad, Net2phone, Aplio phone 등이 대표적인 기업이다.

(6) 지원기술

지원기술은 능력이 부족한 사람들이 컴퓨터를 작동시키는 데 필요한 작업을 지원하도록 디자인된 기술을 말한다. 장애인 등과 같이 이 제품을 필요로 하는 잠재고객은 수백만 명에 이른다. 이메일을 읽어주는 제품은 자동차를 운전하는 사람이 잠재시장이 된다. 또 지원기술은 장애를 가진 사람이 근로집단으로 진입할 수 있도록 해주는 기능도 할 수 있다.

① 목소리작동 컴퓨터(voice-activated computers)

목소리 명령에 따르는 컴퓨터를 말한다. 심지어 음성장애인도 목소리작동 컴퓨터를 사용할 수 있다. 또 콜센터에서도 유용하게 이용될 수 있다.

② 대형 스크린 화면표시기(large-type screen display)

시력이 나쁜 사람들이 컴퓨터 스크린에서 작업을 할 수 있도록 지원한다.

③ 문자음성전화 기술(type-to-speech or braille)

맹인들이 컴퓨터를 사용할 수 있도록 해주는 기술이다. 이러한 장르의 제품이 바로

IBM의 홈페이지 리더이다. 문자음성전환 기술은 GM의 OnStar 시스템과 같이 자동차에 탑재된 경우도 있으며, 이 시스템으로 운전 중에도 이메일이나 주식가격을 들을 수 있다.

④ 음성텍스트전환 전화기술

청각장애인을 위해 개발된 기술로 음성을 텍스트로 전환하는 기술이다. 따라서 청각장애인들은 온라인상에서 전화대화를 하거나 회의를 할 수 있게 된다.

⑤ 각막초점이용 타이핑 기술(eye gaze-to-type)

전신마비인 사람도 컴퓨터를 사용할 수 있도록 해주는 기술이다. 사용자는 스크린에 나타나는 통제 버튼을 응시함으로써 컴퓨터를 통제하게 된다.

(7) 멀티미디어 통합

현재 미디어 통합에 대한 논의가 점점 활발해지고 있으며, 따라서 통합 분야에서의 마케팅 기회는 상당하다고 판단된다. 멀티미디어 통합은 기업 네트워크상의 음성 · 데이터 · 무선기기 및 웹 그리고 방송매체의 결합하는 웹 등 세 가지 형태의 통합이 있을 수 있다.

기업 네트워크상에서의 음성, 비디오, 데이터의 통합

기업이 세 개의 별도 시스템을 운영하는 것이 아니라 음성, 비디오, 데이터 커뮤니케이션을 하나의 시스템으로 통합하는 것을 말한다. 시스코는 인프라와 IP 전화 등 최종 사용자 응용 프로그램까지 지원하고 있다.

무선전화기나 PDA의 웹과 통합

무선전화기나 PDA(Personal Digital Assistants)가 무선 인터넷 접근방식에서 선호되는 기술이 될 수 있을 것인가가 관건이다. 그러나 이러한 기기들이 합병될 가능성은 높다. Qualcomm.com사가 생산하고 있는 pdQ Smart Phone은 팜탑 컴퓨터 기술을 이용하고, 넷에서 이메일과 기타 다른 종류의 데이터를 수신할 수 있는 무선전화기이다.

TV와 라디오 등 방송미디어와 인터넷의 통합

최종통합은 인터넷을 통해서 방송 콘텐츠를 받을 수 있는 단일 미디어일 것이다. 이 통합모델에서 극복해야 할 장애는 모션 비디오를 지원할 수 있는 대역폭의 부족이다. 그러나 대역폭이 커진다면 웹이 단순히 주문형 TV나 오디오를 제공하는 데 머물지 않을 것이다. 이는 BrilliantDigital에서 미래의 모습을 엿볼 수 있다. BrilliantDigital사는 시청자가 보다 능동적으로 참여하도록 복수 플롯(multipath)을 가진 영화를 만든다. BrilliantDigital사 제작영화에서 시청자는 슈퍼맨이 로이스를 구하는 영화 혹은 지미를 구하는 영화를 취향에 따라 선택할 수 있다.

3 신제품 개발전략

신제품 개발전략에는 다음과 같은 여섯 가지가 있다. 기업은 마케팅 목적, 판매되고 있는 브랜드 종류 및 강도, 투자가능 자금, 경쟁업체의 상황 등과 같은 요인을 바탕으로 이들 전략 중 하나 혹은 몇 가지 전략을 선택할 수 있다.

(1) 불연속 혁신전략

불연속 혁신 제품은 음악 CD나 최초 개발 당시의 TV와 같이 그 이전에는 세상에 전혀 알려지지 않았던 제품을 말한다. 웹상에서의 인증 소프트웨어, 모뎀, 쇼핑에이전트, 검색엔진 등의 제품이 이러한 제품부류에 속한다. 인터넷상에서 신규로 도입될 수 있는 불연속 혁신 제품은 아직도 많이 있으나 문제는 이 전략이 매우 위험할 수 있다는 것이다. 그러나 성공에 대한 보상은 크다. 불연속 혁신 제품을 도입하기 위한 전제 조건은 고객이 전에는 한 번도 해본 적이 없는 새로운 행동을 배우고 또 수용해야 한다는 점이다.

(2) 신제품 라인 도입전략

신제품 라인 도입전략은 기존의 브랜드를 유지하면서 동시에 완전히 다른 범주의 제품을 새로이 개발, 판매하는 것을 말한다. 예를 들어, 마이크로소프트사는 Internet Explorer라는 다른 범주의 제품을 도입함으로써 신제품 라인을 창출했다. Internet Explorer의 경우 Netscape라는 프로그램이 1994년 4월 이미 시장에 출시되어 있었기 때문에 불연속 혁신 제품은 될 수 없었다.

(3) 기존제품라인에 신제품 추가 전략

이 전략은 기업이 기존제품라인에 새로운 기능, 모양, 크기 등의 제품을 도입하는 것을 말한다. New York Times Direct는 기존 New York Times와는 달리 온라인 배달을 목적으로 개발된 제품이다. 이 제품은 일간신문 내용, 주간 신간소개 등의 기사를 독자들에게 전달해주는 New York Times 라인의 또 다른 제품이라 할 수 있다. 그 외에도 온라인상에서 은행 업무를 볼 수 있는 온라인 뱅킹 서비스, 증권회사의 인터넷 영업도 이에 해당된다.

(4) 기존제품 업그레이드 전략

이 전략은 시장에 나와 있는 기존의 제품을 업그레이드하는 전략이다. CyberAction사는 홈페이지에서 다운로드받을 수 있는 디지털 멀티미디어카드를 개발함으로써 기존의 야구선수 카드를 업그레이드했다. 즉, 사용자가 카드를 클릭하면 애니메이션과 음악 그리고 선수의 실적 통계가 나타나도록 개선한 것이다. 인터넷상에서 경쟁력 있는 기업으로 남기 위해서는 이처럼 자기 브랜드를 지속적으로 향상시키는 노력이 필요하다.

(5) 위상 재정립전략

이 전략은 기존과 다른 시장을 목표로 하거나 새로운 용도로 제품을 홍보할 때 사용되는 전략이다. Yahoo는 검색 사이트로 시작해 현재는 포털사이트로 위상을 재정립했다. 그 결과 Yahoo는 선도기업이었던 AOL의 강력한 경쟁기업으로 자리를 잡았다. MSNBC는 젊은 세대에 적합한 새로운 방송국으로 위상을 정립했다.

(6) 저가전략

이 전략은 기존 브랜드와 경쟁할 목적으로 저가격을 제시하는 전략이다. AOL과 같은 ISP 기업들이 인터넷 접속에 대해 시간당 요금을 적용할 때 일부 기업들은 사용시간에 상관없이 월 $19.95의 일률 요금을 적용하였다. EarthNet과 같은 기업은 AOL이 소송을 제기해 고객을 다시 확보할 때까지 상당한 시장지분을 차지할 수 있었다.

4 성공적인 제품전략

인터넷마케팅에서 제품전략을 성공적으로 이끌기 위해서는 다음과 점을 고려하여야 한다.

첫째, 대량생산체제하의 표준화 제품이 아니라 고객욕구를 충족시키는 개인화된 제품을 구비해야 한다.

둘째, 인터넷제품은 손으로 직접 만지고 눈으로 확인할 수 없으므로 제품과 서비스에 대한 상세한 정보를 제공하고 이메일을 통한 부가서비스를 활성화해야 한다.

셋째, 인터넷 고객은 수집한 제품정보를 바탕으로 구매하기 때문에 신뢰 있고 상세한 제품정보가 필수적이다.

넷째, 인터넷 공간에서 제품과 서비스를 제공받아야 하므로 현실과 유사한 환경을 제공하여 실체감을 부여해주어야 한다.

다섯째, 제품을 만져보고, 사용하고, 시험해볼 수 없으므로 제품의 표준화가 필수적이다.

여섯째, 고객맞춤형 제품으로 고객정보를 수집 · 활용할 수 있고 새로운 수익을 창출할 수 있는 제품이어야 한다.

연습문제

1. 제품 믹스의 넓이/길이/깊이에 대하여 제품을 예로 들어 설명하시오.
2. 제품수명주기에 따른 마케팅전략의 중요성에 대해 설명하시오.
3. 제품수명주기의 유형에는 어떤 것이 있는지 예를 들어보시오.
4. 인터넷제품의 브랜드에 대해 설명하시오.
5. 일반 제품에 비해 인터넷제품의 가치는 어디에 있는지 설명하시오.
6. 인터넷제품에는 어떤 것들이 있는지 예를 들어보시오.

제 10 장

인터넷 가격전략

제1절 가격의 의의

제2절 인터넷가격의 의의

제3절 인터넷 가격책정

제4절 국제가격의 결정

학습목표

가격의 의미에 대해서 살펴본 후 가격에 영향을 미치는 요소에는 어떤 것이 있는지 알아본다. 다음으로 인터넷제품의 가격하락요인 및 인터넷가격의 유형에 대하여 학습한다. 이어서 국제가격의 결정방법 등에 대해서 학습한다.

제1장 인터넷비즈니스의 이해
제2장 인터넷마케팅의 이해
제3장 전자무역

제4장 인터넷 마케팅조사
제5장 인터넷 소비자행동분석

제6장 인터넷 마케팅전략
제7장 e-Segmentation
제8장 e-Targeting과 e-Positioning

제9장 인터넷 제품전략
제10장 인터넷 가격전략
제11장 인터넷 유통전략
제12장 인터넷 촉진전략

제13장 e-SCM
제14장 e-CRM

사례연구 인터넷 가격전략

애플과 타타의 마케팅전략

애플은 제조기업이라기보다 나이키, P&G 같은 마케팅회사다. 애플의 숨겨진 마케팅전략에는 가격도 있다. 애플은 목표시장에서 통할 수 있는 가격을 먼저 정하고 그다음에 원가를 맞추기 위해 생산혁신을 일으켰다. 선(先)가격 후(後)개발 전략이다.

'마케팅의 시조'로 불리는 테오도르 레빗(Theodore Levitt) 하버드 경영대 경영학과 명예교수의 논문에서 애플 마케팅전략의 의미를 찾을 수 있다. 레빗 교수는 1960년 『하버드비즈니스리뷰(HBR)』에서 「근시안적 마케팅(Marketing Myopia)」이라는 논문으로 대량생산 시스템의 효시가 된 포드 사례를 집중 분석했다.

포드자동차를 창업한 헨리 포드는 현대 경영의 시초로 불리는 대량생산 시스템을 최초로 개발해 큰 부를 축적했다. 보통 사람들은 포드가 대량생산에 맞는 조립생산 라인을 개발하고 생산원가를 낮췄다고 생각한다. 덕분에 충격적일 정도로 낮은 가격인 500달러에 자동차를 내놓을 수 있었고 소비자들이 앞다퉈 차를 구매했다고 추정한다. 당시 500달러 가치는 오늘날 7,800달러 정도 된다.

레빗 교수의 논문은 강조점이 다르다. 포드는 수백만 대 차를 팔기 위한 전략을 먼저 생각했다. 포드는 대량으로 팔려면 가격을 500달러로 낮춰야 한다는 결론을 내렸고, 가격을 맞추기 위해 대량조립 생산공정을 고안했다. 이것이 레빗 논문의 핵심이다. 이 논문은 2010년 HBR에서 선정한 '꼭 읽어야 할 핵심 논문 10선(10-Must-Reads Essentials)'에 포함됐다.

헨리 포드 본인도 가격 우선 전략을 여러 번 강조했다. 그런데 사람들은 포드가 대량생산을 했기 때문에 생산단위원가가 낮아졌고 낮은 가격에 제품을 팔 수 있었다고 오해하고 있다. 가격을 먼저 생각하라는 뜻은 소비자와 시장을 먼저 생각하라는 의미다. 소비자를 심도 깊게 연구해서 제품이 팔릴 수 있는 가격을 정한 뒤 제품 개발과 생산을 후속작업으로 남기는 것이 기업들의 지상과제가 되어야 한다.

스티브 잡스 애플 창업자가 노트북인 맥북에어(McBookAir)와 터치패드 기반의 태블릿 PC인 아이패드(iPad)를 선보일 때 가장 강조한 것은 가격이었다. 각각 999달러와 499달러로 시작하는 가격 전략을 공개했을 때 동종 전자업계는 살인적인 가격이라고 인상을 찡그렸다.

애플은 자신의 생태계를 만들기 위해 그 정도 파격적 가격이 적절하다고 생각했다.

인도의 타타(Tata)그룹은 한술 더 떠서 목표가격을 먼저 공개하고 그 후에 기술개발을 진행했다. 라탄 타타 회장은 2003년에 국민차 생산계획을 발표하면서 가격을 10만 루피(2,500달러)로 정했고, 5년 동안 뼈를 깎는 연구개발 끝에 2008년에 국민차 나노(Nano)를 선보였다. 사실 나노 개발은 그룹 회장의 말실수에서 시작되었다. 제네바 모터쇼에서 영국 「파이낸셜타임」지 기자가 미래 차에 대해 끈질기게 질문하자 라탄 타타 회장은 "10만 루피 정도의 국민차가 타타그룹의 미래 차가 될 것"라고 말했고 기자는 이 발언을 대서특필했다. '약속은 약속이다(Promise is promise)'라는 타타그룹의 경영철학에 따라 라탄 회장의 발언은 나노 로드맵으로 이어진다.

나노 로드맵 발표 이후 소비자(인도 국민)를 먼저 생각하는 선가격 후생산의 철학은 타타그룹의 핵심 경영지침으로 자리 잡게 되었다. 2009년 타타그룹은 단돈 2만 5,000원으로 5인 가족이 200일 동안 마실 수 있는 정수기 '타타 스와치(Tata Swach)'를 내놓기도 했다.

1950년대 포드가 대량 시스템으로 큰 성공을 거두자 미국 자동차업체들은 너나없이 막대한 시설투자로 대량생산에 열을 올렸다. 이후 미국 자동차업계는 큰 고전을 겪게 된다. 시장과 소비자를 생각하지 않고 대량생산이라는 수단만 교조적으로 따랐기 때문이다. 소비자가 무엇을 원하는지 마케팅목표를 정하고 그 목표를 위해 수단을 혁신할 때 시장은 열린다. 포드, 애플, 타타로부터 배우는 교훈이다. (조선일보, 2012.3.12)

토의과제

1. 애플과 타타의 마케팅전략의 공통점은 무엇인가?

2. 가격을 먼저 생각하는 마케팅전략이란 무엇을 의미하는가?

3. 결국 포드, 애플, 타타로부터 배울 수 있는 교훈은 무엇인가?

제1절 가격의 개념

1 가격의 의의

가격(price)이란 기업이 생산한 제품이나 서비스를 제공한 대가로 받는 화폐상의 가치라고 할 수 있는데, 국제기업에 있어서 가격결정의 문제는 다양한 해외시장의 특수성 때문에 국내 가격결정의 문제와 달리 훨씬 복잡하고 어려운 과정에 있다.

국제마케팅에 있어서 가격결정의 문제는 가격책정, 가격변경, 가격조정 등 크게 세 가지로 나눌 수 있다. 가격책정은 해외시장 진입시의 최초가격으로서 수출가격, 현지생산품가격, 라이선스 가격, 해외자회사 간의 이전가격이 포함된다. 가격조정은 다양한 상황과 시장기회에 대응하기 위한 가격차별화를 의미하는데 수출지역 및 시장에 따른 가격차별화, 제품수명주기에 따른 가격조정, 고객집단에 따른 가격차등, 해외자회사 간의 이전가격조정, 최종소비자가격의 조정 등이 포함된다. 가격변경은 환율변동에 따른 가격변경, 경쟁자의 가격변경에 따른 가격변동 등이 포함된다.

특히 국제가격 결정에 있어서 국제마케팅 관리자는 다음과 같은 요인을 고려해야 한다.

① 상대국시장에서의 동일품, 동종품, 대체품 등의 가격
② 상대국시장에서의 판매경쟁의 유무 및 그 정도
③ 현지국시장에서 경쟁자들은 어떤 가격정책을 사용하는가?
④ 현지국시장에 있어서 진출시킬 제품의 수명주기는 어느 단계에 있는가?
⑤ 진출 대상국시장의 소비자의 소비성향, 특히 가격변화에 얼마나 민감한가?
⑥ 상대국시장에서의 그 상품의 거래관습, 특히 중간상들에 대해 어떤 가격정책을 사용해야 하나?
⑦ 현지국 정부의 규제를 유발시킬 가능성은 없는가?

⑧ 세계시장의 시장가격

⑨ 환율변동에 따른 가격변화

⑩ 당해 제품의 기술수준과 브랜드, 특허관계

⑪ 전술적으로 가격을 어떻게 신축적으로 조절할 것인가?

2 가격의 특징

가격전략은 그 궁극적인 목표에 있어서 국내가격결정과 기본적으로 크게 다를 바 없다. 다시 말하면 제품의 가격은 고객들로 하여금 그들이 지불한 만큼 가치가 있다고 느끼도록 책정되어야 하는 동시에 회사의 전반적인 목적과 외부상황에 따라 단기 혹은 장기이익이 확보되도록 책정되어야 한다는 점에서 국내가격전략과 큰 차이가 없다고 할 수 있다. 그러나 국제가격전략은 본질상 복수국가의 시장을 대상으로 하며 해외시장에서의 진출상황도 다르기 때문에 다음과 같은 특징을 갖는다.

첫째, 국제가격전략은 생산국과 소비국이 상이한 제품, 즉 수출 · 입상품의 가격결정 문제를 다룬다. 이 경우 기업은 국경을 넘는데 따르는 추가적인 비용과 위험을 고려하여야 하며 본국의 고객들과는 여러 면에서 다르고 수입상품에 대하여 편견을 가지고 있을지도 모르는 해외고객들을 잘 알아야 한다.

둘째, 국제가격전략은 해외투자 혹은 라이선스 등을 통하여 해외에서 생산 · 판매되는 제품의 가격결정 문제를 다룬다. 제조국의 마케팅 관리자는 다른 국가에 위치한 본사로부터 여러 가지의 방침, 지시 혹은 통제를 받게 된다. 특히 본국 혹은 제3국의 관련 회사로부터 원료 및 부품 등을 공급받을 경우 가격결정은 본사의 이전가격전략에 의하여 영향을 받게 된다.

셋째, 국제가격결정은 한 국가시장에서의 가격결정이 다른 국가시장에 영향을 미치므로 세계적인 관점에서 가격전략을 조정하는 문제를 다룬다. 예를 들어, 국내가격과 수출가격의 차별화, 국별 소비자가격의 차이와 재정거래(arbitrage transaction)의 문제, 특정 해외시장에서의 전략목표를 위한 국제가격의 조정문제 등은 국제가격전략의 주요 과제라 할 수 있다.

넷째, 가격전략수립 시 고려해야 할 환경요소가 보다 복잡하고 다양하다. 국제가격결정은 해외시장의 다양한 환경요소, 예를 들면 수송비, 보험료, 관세, 수입부과금, 유통마진 등 최종소비자에게 전가되는 성질의 비용요소와 시장규모, 성장률, 수요탄력성 등의 수요조건, 그리고 경쟁자, 경쟁구조, 경쟁우위와 같은 경쟁조건 등을 국별로 파악하고 이를 가격전략에 고려해야 한다는 점에서 국내가격결정보다 훨씬 복잡하고 어려운 과정이라 할 수 있다.

3 가격전략의 목표

가격전략의 가장 주된 목적은 이윤극대화라 할 수 있으나 이밖에도 국제기업의 전략목표에 따라 다음과 같은 여러 가지 목적이 있다.

① 시장침투 목적

제품의 수요가 가격에 민감하거나 규모의 경제가 실현되어 단위당 생산비용을 충분히 절감할 수 있을 때, 그리고 실제 또는 잠재적 경쟁을 회피하고자 할 때 낮은 가격을 책정하여 그 목적을 달성할 수 있다.

② 시장점유율 목적

가격전략의 목표가 이익극대화일 때, 한계수익과 한계비용이 같아지는 점에서 이익극대화가 이루어진다고 본다. 기업이 단기적 이익에 급급하다 보면 고가격 및 독점이윤만을 추구하게 되어 장기적인 기업성장에 장애가 될 수도 있다. 그래서 기업은 가격결정의 목표로 이익극대화보다는 목표이익이나 시장점유율을 목표로 선택하는 경향이 있다.

③ 시장대응 목적

제품의 개발 초기에 주로 사용하는 방법으로 초기에 높은 가격을 책정한 후 부유층을 상대로 초과이윤을 얻고 시간이 지남에 따라 점차 가격을 인하하여 가격탄력성이 높은 소비자를 흡수하는 방법이다. 즉, 시간의 흐름에 따른 차별가격전략이라 할 수 있다.

④ 매출증대 목적

단기적인 이익이 크지 않더라도 매출을 높이고 시장점유율을 확대하여 장기적인 이익을 목표로 하는 가격전략이다. 매출지향적 목표를 설정하게 되면 적정한 마진을 설정해서 대량생산을 통해 가격을 떨어뜨리고, 대량판매를 유도하여 시장점유율을 높일 수 있는 마케팅 믹스를 설계해야 한다.

⑤ 현상유지 목적

자사제품이 시장에서의 지위를 어느 정도 확보하고 있을 때 차별화 전략으로 경쟁에 적절히 대응하며 가격을 안정시키는 가격전략이다. 마케팅 믹스에 의한 차별화전략으로 시장점유율을 유지하고 소비자의 우호적 태도를 이끌어내며 경쟁제품과는 가격경쟁을 피한다.

⑥ 특정제품의 판매촉진 목적

인기가 있는 한 제품의 가격을 낮게 책정함으로써 많은 고객이 몰려와서 다른 품목을 함께 구입할 수 있도록 유도하는 가격 및 판매촉진전략이다. 비인기품목의 매출이 증대되기 때문에 기업전체의 수익이 증대될 수 있다.

⑦ 조기 현금회수 목적

투하한 자본을 빨리 회수하기 위해 의도적으로 낮은 가격을 책정하는 방법이다. 경우에 따라서는 높은 가격을 책정함으로써 목적한바 자본을 조기에 회수할 수 있다.

⑧ 적정이익 추구 목적

적절한 목표수익률을 보장해주는 가격수준을 채택하는 것이다.

제2절 인터넷가격의 의의

1 인터넷가격의 개념

(1) 인터넷가격의 의미

흔히들 인터넷은 우리를 둘러싸고 있는 모든 것을 변화시킨다고 한다. 이러한 현상은 특히 기업경영에서 두드러지게 나타난다. 즉, 인터넷은 저렴한 비용과 용이한 접근성으로 광범위한 연결성을 제공해주는데, 이러한 인터넷의 속성이 기업의 경영 및 경영전략과 관련된 기존의 틀과 사업 모델을 완전히 재검토하도록 하고 있다는 것이다. 실제로 일부 기업들은 인터넷을 활용하여 기존의 품질경쟁에서 가격경쟁으로 경쟁의 틀을 변화시킴으로써, 산업의 경쟁구조와 수익성을 근본적으로 바꾸기도 한다.

인터넷 상거래의 주요 특징 중 하나는 저렴한 가격경쟁이다. 기업은 유통비용을 최소화하여 저가의 우수한 제품과 서비스를 최종소비자에게 인터넷을 통해 제공할 수 있다. 가격이 저렴한 이유는 물리적인 매장구입, 매장 유지비용, 서류작업 자동화, 중간상 배제로 인한 유통비용 절감이 가능한 데서 기인한다. 최근 일정한 규모의 고객이 가격을 책정하여 구매하는 공동구매와 경매를 통해 제품을 구매하는 사이트가 크게 증가하고 있다. 이러한 현상은 상거래 중심이 기존의 무조건적인 기업 중심에서 고객 중심으로 이동하고 있음을 보여준다.

또한 정보의 실시간 공유가 확대되면서 제품의 원가개념이 약해지거나 사라지고 있다. 이러한 이유로 인해 인터넷에서 저가화, 무료화, 무가화, 역가화 현상이 나타나고 있다. 즉 제조원가 이하로 판매하는 저가화, 이메일 계정을 무료로 제공하는 무료화, 소비자들이 자신이 원하는 가격에 물건을 구매할 수 있는 역가화, 광고를 보는 조건으로 상품을 무료로 제공하는 무가화 등이 나타나고 있다.

(2) 인터넷가격의 기능

효율적 시장으로서의 기능

많은 사람들은 인터넷이 효율적 시장이라고 생각한다. 이는 기업의 웹사이트, 쇼핑 에이전트, 유통채널을 통해서 정보를 쉽게 접할 수 있기 때문이다. 온라인상에서 판매되는 제품은 저렴하고, 가격탄력성이 높으며, 가격변동이 심하고, 가격변동 폭이 좁은 특성이 있다. 이러한 특성들 때문에 인터넷은 효율적 시장인 것이다. 아래에서는 온라인 제품은 왜 저렴한 가격으로 판매가 되는지에 대해서 알아보기로 한다. 표 10-1은 인터넷제품의 가격하락에 영향을 주는 요인을 정리한 것이다.

표 10-1 인터넷제품의 가격하락에 영향을 주는 요인

인터넷제품의 가격하락 요인
– 쇼핑 에이전트(Shopping agents) – 역경매(Reverse auction) – 면세구역(Tax-free zones) – 벤처자금(Venture capital) – 경쟁(Competition) – 저비용(Lower costs) – 높은 가격탄력성(High price elasticity) – 가격변화에 민감(Frequent price change) – 소폭의 가격변화(Smaller price change increments)

① 쇼핑 에이전트 역할

소비자들은 다양한 인터넷 쇼핑 사이트 중 자신이 원하는 제품을 최적의 가격으로 구매하기를 원하며, 실제 쇼핑처럼 다양한 제품을 비교 구매할 수 있기를 원한다. 이처럼 소비자들이 원하는 제품 이름을 입력하면, 인터넷 쇼핑 사이트를 돌아다니면서 판매 중인 상품 정보를 찾아 가격 및 다양한 제품서비스를 비교 구매할 수 있도록 도우미 역할을 해주는 것이 쇼핑 에이전트이다. 이 쇼핑 에이전트는 가격비교 형식으로 가장 낮은 가격부터 순차적으로 보여준다. 그러나 아직 국내 쇼핑 에이전트는 데이터베이스 양이나 검색결과에 많은 차이가 발생하기 때문에 데이터의 신뢰성 및 비교구매에 많은 어려움이 있다. 하지만 소비자로 하여금 제품정보를 수집하는 시간을 단축하도록 해주고 비교구매를 위한 정보 수집을 가능하게 하여 전자상거래에 접근을 용이하도록 해주고 있다.

② 역경매

역경매는 고객이 직접 가격을 제시하여 이에 맞는 제품을 탐색·결정하는 것이다. 예컨대, 항공권을 전문으로 취급하는 (역)경매 사이트인 스카이옥션은 회원 간에 항공권을 사고팔 수 있는 전문 사이트이다. 스카이옥션은 항공권 구매자가 목적지와 날짜를 입력, 항공권 구입의사를 표시하면 여행사 및 항공사에서 팔고자 하는 가격을 제시해 가장 저렴한 가격으로 낙찰받을 수 있다. 또한 판매자는 판매등록을 하면 구매자가 원하는 가격을 제시함으로써 매매가 이루어진다. 표 10-2 는 인터넷을 이용한 비용절감 방안 및 효과를 정리한 것이다.

표 10-2 인터넷을 이용한 비용절감 방안 및 효과

비용절감 방안	기대효과
주문처리: 셀프서비스	고객이 직접 주문서를 작성하기 때문에, 기업은 주문서입력직원과 서류처리과정에 따른 지출을 절감할 수 있다.
재고관리: JIT(적시생산 시스템)	수요시점에서 부품배달 및 재고 감소를 가능케 하여 비용을 절감한다.
간접비용 절감	온라인 상점은 건물을 임대하거나, 높은 임대료를 주고 공간을 확보할 필요가 없다.
고객 서비스 이용	오프라인에서보다 비용이 저렴하다.
온라인 카탈로그 발행	온라인 기업은 카탈로그 인쇄 및 배송비용이 들지 않는다.
디지털 제품(예: 전자서적) 이용	오프라인에서보다 유통비용이 저렴하다.

③ 세금이 면제되는 면세구역

대부분의 온라인 거래가 국가경계를 넘어서 발생하지만 구매에 따르는 거래세가 없다. 판매할 때 따르는 거래세금이 없다는 말은 그만큼 소비자에게 실질적인 비용혜택을 줄 수 있다는 말이다. 비록, 국내정부나 외국정부는 이에 대한 문제를 제기하고 있으나, 미국정부는 인터넷 구매에 대한 세금지불유예를 아직까지 지지하고 있다.

④ 벤처자금 사용 가능

대부분의 인터넷 기업은 벤처 혹은 엔젤 펀드에서 자금을 조달하고 있다. 수많은 투자자들은 인터넷 기업이 장기적인 투자 비전을 가지고 있으며, 이들이 성장하기 위해서는 단기적인 손실을 감내해야 한다고 생각하고 있다. 그렇기 때문에 기업의 입장에서는 시장가치 이하로도 제품을 판매할 수 있는 것이다.

⑤ 경쟁

온라인상에서의 경쟁은 대단히 치열하며 가시적이다. 이는 대부분의 경쟁업체들이 국내시장을 대상으로 운영되고 있으며, 브랜드 자산과 시장점유율을 확보하기 위하여 단기적인 손실을 각오하고 있기 때문이다. 실제로 Amazon은 1997년 Barnes & Noble이 온라인 사업에 착수했을 때 10%나 가격을 다운시켰다.

⑥ 저비용

온라인에서의 비용은 오프라인에서의 비용보다 훨씬 저렴하며, 이는 높은 수익성으로 연결된다. 기업은 온라인에서 여러 가지 방법으로 비용을 절감하여 여러 가지 효과를 기대할 수 있다.

⑦ 높은 가격탄력성

가격탄력성이란 가격에 대한 수요의 탄력성을 의미한다. 예컨대, 레저여행과 같은 항목은 높은 가격탄력성을 가진 시장이다. 각 항공사들이 요금경쟁에 돌입하게 되면, 소비자들의 항공권 수요는 엄청나게 된다. 또한 서적 및 CD와 같은 제품들은 오프라인 시장보다 온라인 시장에서 더욱 탄력적이다. 인터넷 소비자들은 가격 변화에 민감하기 때문이다.

⑧ 인터넷상에서의 빈번한 가격변화

온라인 시장은 기존의 오프라인 시장보다도 가격변화가 더욱 빈번한데, 이는 다음의 몇 가지 이유 때문이다.

첫째, 온라인 기업은 가격에 민감한 소비자를 유인하기 위해 경쟁업체와 항상 경쟁하여야 한다. 베스트바이어(http://bestbuyer.co.kr), 에누리(http://www.enuri.com), 바람소프트(www.shopbinder.com), 마이마진(http://www.mymargin.com)과 같은 쇼핑 에이전트는 소비자에게 가격 비교정보를 제공하며, 이러한 가격정보상에 나타난 소매업체들은 그들 중 우선순위를 점하기 위해 가격을 낮추게 된다.

둘째, 온라인 환경하에서 가격을 변화시키는 것은 오프라인에서 가격을 변화시키는 것보다 비교적 간단하다. 즉, 기존 소매점에서 가격표를 다시 붙이거나 카탈로그를 새로 만드는 일은 온라인에서보다 훨씬 어렵다.

셋째, 기업은 오프라인 환경에서보다 온라인 환경에서 적은 수량에 대해 쉽게 가격할인을 해줄 수 있다. 예컨대, 페더럴익스프레스는 선박수량에 기초하여 다양한 요금제를 적용하고 있는데, 이에 대한 요금표는 개별고객이 찾아볼 수 있도록 http://fedex.co.kr에서 제공하고 있다. 오프라인 기업이 종이로 다양한 가격표를 만드는 데 들어가는 비용은 기업이 추구하는 다양한 가격폭을 제한한다.

넷째, 온라인상에서의 실험은 더욱 쉽다. 즉, 온라인 기업들은 자주 가격을 바꾸기 때문에 이에 따른 수요가 어떻게 변화하는지 실험을 통해 관찰할 수 있다.

다섯째, 소폭의 가격변화가 가능하다는 것이다. 온라인상에서는 작은 단위의 가격변화가 가능하다. 오프라인에서의 최소 가격변화는 35%인 데 반해 온라인에서의 최소 가격변화는 1%라는 연구결과가 있다.

비효율적 시장으로서의 기능

인터넷은 효율적 시장으로서의 기능과는 반대로 비효율적 시장으로서의 기능을 지닌다. 즉, 특정 제품에 있어 가장 높은 가격과 가장 낮은 가격의 차이가 크다는 것이다. 다시 말하면, 시장의 상품가격이 하나의 가격으로 수렴되는 경향이 약하다는 것이다.

이는 동일한 책을 Amazon.com에서 구입한 경우와 enuri.com에서 구입한 경우, 그리고 auction.co.kr에서 구입한 경우에 가격이 모두 다르다는 것이다. 이는 온라인 유통채널이 아직 성숙되지 않았기 때문일 것이다. 이러한 채널의 미성숙으로 인하여 가격편차가 커지고 있다면, 이들이 성숙해짐에 따라 가격편차는 좁아질 것이다. 온라인제품의 가격편차를 가져오는 요인을 정리하면 **그림 10-1**과 같다.

그림 10-1 온라인제품의 가격편차 요인

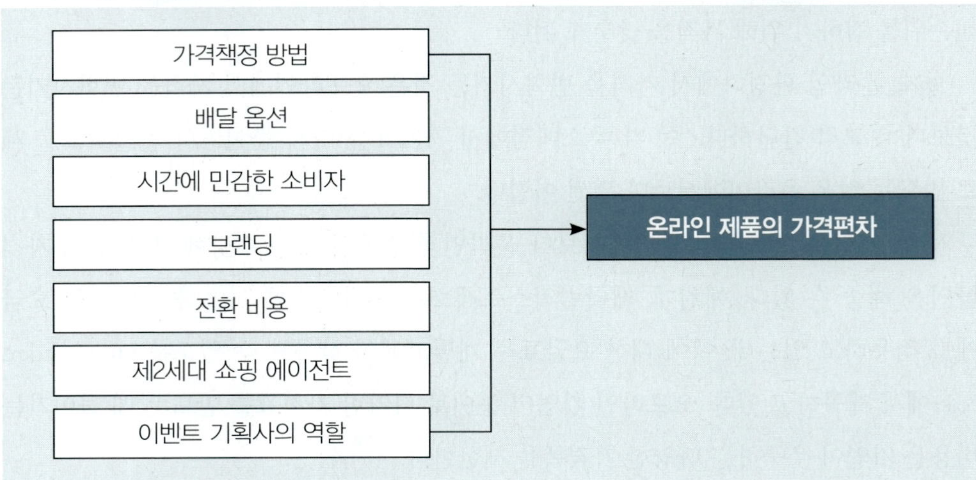

① 가격결정 방식의 차이

오프라인 제품은 고정가격에 의해 판매되지만, 온라인 제품은 다양한 가격에 의해 판매된다. 즉, 웹상에서는 같은 제품에 대해 고정가격, 역동적 가격, 경매가격 등의 여러 가지 가격을 접할 수 있다. 또한 특정 제품에 대해 얼마를 지불할 것인가를 결정하는 일에 소비자도 부분적으로 참여한다.

② 배달옵션의 가격편차

상이한 조건하에서 배달된 제품은 고객에 따라 그 가치가 다르다. 예컨대 식당에서 판매되는 맥주는 슈퍼마켓에서 판매되는 맥주보다 더 큰 가치를 지닌다. 비슷한 맥락에서 배달제품은 소매점에서 개인이 직접 구매한 제품보다 더 큰 가치를 지닌다. 배달제품은 일반적인 제품과 차별되는 추가적인 혜택을 지니고 있기 때문에 소매점에서 구매할 수 있는 제품과는 전혀 다른 것이다. 한편, 소비자는 제품이 배달되기까지 장시간을 기다려야 하는데, 이러한 현상은 요즘 차츰 변하고 있다. 예컨대, Amazon은 일부 대도시 지역에서 서적과 CD 등의 제품을 한 시간 내에 배달하겠다고 발표했으며 후발업체들도 이를 따를 전망이다.

③ 상품검색 시간의 낭비

시간에 민감한 소비자는 저렴한 가격의 상품을 검색하기 위해 시간과 에너지를 투자하는 것 자체를 꺼릴 수 있다. 소비자들은 저렴한 가격의 제품을 찾아내기 위해 많은 시간을 투자하지만, 일부 저렴한 가격의 제품을 제공하는 업체들은 사용자 편의성이 좋지 않기 때문이다. 또한 상호작용 자체가 어려운 사용자 인터페이스를 가진 홈페이지는 사용자가 검색하고 거래를 마치는 데 많은 시간과 에너지가 낭비된다.

④ 브랜딩의 가격편차

브랜드는 웹사이트의 폭발적인 증가에도 불구하고 사람들이 혜택 다음 찾는 항목이다. Admic 등의 연구에 의하면, 전체 웹사이트의 5%가 전체 웹 접속의 75%를 점유하고 있다고 한다. 따라서 웹의 경우 우위를 점한 자가 모든 것을 가진다는 법칙이 적용되는 것이다. 또한 소비자가 쇼핑 에이전트를 사용할 때에도 브랜드를 선호하게 되는데, 많은 소비자는 검색결과 가장 싼 가격의 제품이 아님에도 불구하고 특정 브랜드를 선호하게 되는 것이다. 이러한 브랜드의 중요성 때문에 최고의 브랜드로 정립된 웹사이트는 고객유인을 위해 많은 비용을 지출한다.

Amazon은 전체 매출액의 29%, 고객당 약 $29를 고객유인 비용으로 사용하고 있다. 반대로 Barnes & Noble은 전체 매출액의 4%만을 오프라인 서점의 고객유인 비용으로 사용하고 있다. 한편, Amazon에서는 브랜드 충성도가 높은 고객을 기반으로, 저가의 온라인 소매점보다 7%에서 12%정도 더 높은 가격을 받고 있다.

⑤ 전환비용에 따른 가격편차

고객은 자신이 사용해 온 온라인 소매점이 아니라 다른 온라인 소매점을 선택할 때 전환비용을 생각해야 한다. 만약 기존의 Amazon 고객이 다른 전자상거래점을 이용한다면, 이 고객은 익숙한 접속방식, 개개인에 맞춘 서적 추천 서비스, 원클릭 주문방식을 사용하지 못할 것이다.

⑥ 제2세대 쇼핑 에이전트의 가격편차

고객가치는 고객이 느끼는 혜택에서 비용을 뺀 것으로, 비용은 수치화하기 쉽지만 혜택은 수치화하기 어렵다. 제2세대 쇼핑 에이전트는 고객의 혜택을 수치화하려고 노력하고 있다. 만약 소비자가 어떠한 혜택을 높게 평가한다면, 소비자는 이러한 혜택을 얻기 위해 더 많은 비용을 지출할지도 모른다. 온라인 쇼핑몰 평가 및 추천 사이트인 비즈레이트(http://www.bizrate.com)는 기존고객에 의한 자료에 근거하여 소매점을 평가한다. 또는 비즈레이트는 검색결과를 더욱 단순화하여, 바람직한 혜택을 많이 주는 소매점이 우선순위에 오도록 결과를 제시한다.

⑦ 이벤트 기획사에 따른 가격편차

이벤트 기획사는 일생에 한 번 있는 이벤트나 자동차 구매와 같은 주요 자산 구입 등을 중심으로 서비스를 제공하는 웹사이트를 말한다. 국내에서는 선우(http://www.sunoo.com)가 이벤트 기획사로서 유명한데, 이는 고객이 신뢰하는 정보원천으로서, 주요 정보 인용처로서 성장을 거듭해 왔다. 이벤트 기획사를 이용하는 고객은 낮은 가격의 무명 소매상을 이용하기보다 이벤트 기획사의 추첨에 의하여 물건을 구매한다.

2 인터넷가격의 상승요인

인터넷제품의 가격하락에 영향을 주는 요인과 함께 **표 10-3** 에서 보는 바와 같이 인터넷제품의 가격상승에 영향을 주는 요인도 존재한다.

표 10-3 인터넷제품의 가격상승에 영향을 주는 요인

1. 유통(Distribution) 비용
2. 제휴 프로그램(Affiliate programs)
3. 사이트 개발 및 유지(Site development and maintenance) 비용
4. 마케팅과 광고(Marketing and Advertising) 비용

(1) 유통채널 비용

온라인 유통업체는 상당한 유통비용을 감당해야 하는데, 이는 각 제품이 배달지점까지 개별적으로 선적, 도착하기 때문이다. 이 비용구조는 카탈로그 소매업자의 유통비용 구조와 비슷한데, 그들은 선적비용을 소비자에게 전가시키며 이 사실을 주문의 마지막 시점에 알린다.

일부 업체들은 할인된 제품에 대한 손실을 만회하기 위해 소비자에게 선적비용을 부풀려 전가하기도 한다. 대부분의 소비자들은 이러한 초과요금에 대해 상당히 불쾌해하는 것으로 나타나고 있다.

(2) 제휴 프로그램

제휴 프로그램(affiliate programs)은 온라인상에서 가상적인 약정 관계를 체결한 사이트로부터 배너나 텍스트 링크를 통해 방문한 고객으로 인해 발생한 수익에 대해 일정한 보상을 해주는 방법이다. 예컨대, A라는 쇼핑몰이 패션 정보 사이트를 운영하는 B사이트와 제휴 프로그램을 운영하고 있다고 가정하자. 어떤 고객이 A쇼핑몰에 들어가 그곳에서 B사이트의 배너광고를 클릭해서 패션 의류 한 벌을 구매했다면 B사이트는 A사이트에 일정액의 수수료를 지불해야 한다. 수수료율은 대체로 7~15% 사이에서 결정되고 있다.

(3) 사이트 개발 및 유지비용

웹사이트 개발 및 유지에는 아주 많은 비용이 든다. 포레스트리서치에 의하면, 보수적인 사이트의 경우 개발비용이 $10,000에서 $100,000에 달하며, 개방적인 사이트의 경우 $1,000,000를 족히 넘는 것으로 추정하고 있다. 특히 유지비용은 하드웨어, 소프트웨어, 월 인터넷 접속비용을 합하면 그 규모가 상당히 크다.

(4) 마케팅과 광고비용

온라인에서의 마케팅과 광고비용은 오프라인에서보다 더 많이 소요된다. 보스턴컨설팅그룹에 의하면, 온라인 제품의 경우 매출액의 43%가 마케팅 및 광고비용으로 투입되며, 오프라인 제품의 경우에는 14.2%만이 마케팅 및 광고비용으로 투입된다.

제3절 인터넷 가격책정

제품에 적용되는 가격책정전략은 그야말로 다양하다. 대부분 오프라인에서의 가격전략이 온라인에서도 사용되는데, 여기서는 특히 전자상거래에 적합한 가격책정전략과 인터넷가격의 유형에 대해 살펴보기로 한다.

1 인터넷 가격책정전략

인터넷제품의 가격책정전략은 그림 10-2 에서 보는 바와 같이 일곱 가지로 정리할 수 있다.

그림 10-2 인터넷제품의 가격책정전략

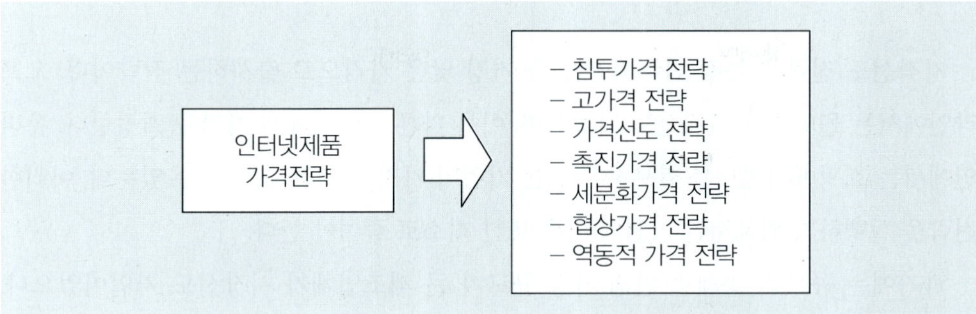

(1) 침투가격 전략

침투가격전략은 높은 시장점유율을 확보하기 위해 신제품을 저가격으로 책정하는 전략을 의미한다. 이 전략은 인터넷과 같이 가격에 민감한 시장에서 특히 효과적이다. 바이닷컴(http://www.buy.com)의 경우 제품을 제조원가 이하로 판매하면서 고객을 유인하고 있다. 바이닷컴은 이러한 가격 메리트를 통해 방문하게 되는 수많은 고객들에게 기업의 광고를 유지함으로써 수익을 확보하는 독특한 비즈니스 모델을 구사하고 있다.

(2) 고가격 전략

고가격 전략은 특정 제품의 혁신 소비자층과 초기 수용자층을 유인할 목적으로 고가격의 신제품을 출시하는 전략이다. 기업이 새로운 모델을 도입함에 따라 제품의 가격은 서서히 내려가게 되는데, 이때마다 제품은 새로운 고객집단을 요구하게 된다. 디지털 카메라, 디지털 녹음기, PDA, 비디오캡처 카드 등과 같이 기술집약적인 제품이 주로 이 범주에 들어간다. 고가격 전략을 사용하는 제품은 기술우위를 가지고 있기 때문에 경쟁자의 모방이 어려운 것이 특징이다.

(3) 가격선도 전략

가격선도 전략은 특정 범주의 제품을 가장 낮은 가격으로 출시하는 전략이다. 오프라인에서는 월마트가 가격선도 기업이며, 이는 다른 소매업체의 가격을 결정한다. 온라인에서는 쇼핑에이전트를 확보하고 있는 기업이 가격선도 전략을 쓸 수 있는데, 이러한 전략을 실행하기 위해서는 기업의 비용 또한 최소로 줄여야 한다.

과거에는 규모의 경제로 인해 가장 규모가 큰 제조업체가 시장선도 기업이었으나, 웹상의 수많은 벤처 기업들은 이들에게 도전장을 내밀고 있다. 이 전략은 인터넷 기업에게는 더할 나위 없이 좋은 전략이지만, 과잉경쟁이 발생하면 가격 선도력을 잃기 쉽다. 물론, 두 번째로 낮은 가격을 통해 판매를 독점할 수도 있지만, 이는 제품이 가격선도 제품보다 비교우위를 제공할 수 있을 경우 가능하다.

(4) 촉진가격 전략

온라인 소매업체의 경우, 최초구매나 반복구매를 촉진시켜 판매를 증대시키는 데 이러한 전략을 쓰고 있다. 온라인상에서의 촉진가격 전략은 최소한 다음의 세 가지 이점을 지닌다.

첫째, 이메일 메시지를 통해 고도로 표적화된 맞춤촉진 전략을 시행할 수 있다. 둘째, 인터넷 구매를 통해 고객은 높은 만족을 얻을 수 있다. 셋째, 고객은 오프라인에서보다 온라인에서 더욱 높은 충성도를 보인다. 즉, 고객은 오프라인에서의 쇼핑을 통해 발생하게 되는 개인신용정보 노출이나 부적절한 서비스를 감내하기보다 적절한 서비스로 기쁨을 제공하는 온라인에서의 쇼핑에 더욱 높은 충성도를 보인다.

(5) 세분화가격 전략

대부분의 기업들은 고객, 입지, 판매제품 등에 따라 가격을 조정할 수 있다.

첫째, 서로 다른 연령층의 고객이 같은 제품을 상이한 가격으로 구매하는 것은 흔한 일이다. 노인에 대한 할인혜택이 이에 속한다.

둘째, 기업은 입지에 따라 가격을 차별화시킨다. 예컨대, 미국 국 · 공립대학은 자기 주 출신이 아닌 학생에게는 더 많은 등록금을 받는다.

셋째, 제품은 비용을 반영하지 않는 방식으로 가격을 차별화한다. 즉, 불법복제를 방지하고 장래 관리자층이 될 학생들을 확보하기 위해 기업은 아카데미판 소프트웨어를 만들어 낮은 가격으로 학생들에게 공급한다.

넷째, 기업은 유통채널을 근거로 가격을 세분화할 수 있다. 온라인과 오프라인 모두를 사용하고 있는 기업은 온라인상의 가격이 더 높아야 할 것인지, 낮아야 할 것인지, 아니면 오프라인상의 가격과 같아야 할 것인지를 결정해야 한다. 하지만 대개 온라인 가격이 더욱 저렴하며, 이는 유통채널 간의 갈등을 유발시킨다.

(6) 협상가격 전략

대부분의 국가에서 가격은 흥정의 대상이 된다. 하지만 미국에서는 제품을 놓고 흥정하는 일이 거의 없다. 인터넷은 이러한 현상을 바꾸어놓고 있으며, 이는 온라인 경매 등을 통해 살펴볼 수 있다. 대부분의 고객은 경매의 스포츠적인 측면을 즐기며, 단지 거래과정을 지켜보는 것만으로도 만족을 느낀다. 또한 제품을 현금이 아닌 현물로 바꾸는 물물교환이 소비자들 사이에 인기 있는 방법으로 등장하고 있다. 스왑세븐(http://www.swap7.com)은 소비자가 현금을 주고받지 않고 온라인상에서 물건과 물건을 교환할 수 있도록 해준다. 소비자들은 자기가 가지고 있는 물건과 자기가 원하는 물건의 목록을 커뮤니티에 제시하고 상호 합의하여 물건을 교환한다.

(7) 역동적 가격전략

XML이나 여타의 기술로 역동적 웹페이지를 만들 수 있게 됨에 따라, 기업은 신제품을 개발하고 가격이 조절될 때마다 즉각적으로 제품의 데이터베이스를 업데이트할 수 있게 되었다. 역동적 가격전략이란 인터넷 사용자가 제품의 데이터베이스로 부터 원하는 즉시 최신의 가격정보를 받아 볼 수 있다는 것을 의미한다. 예컨대, FedEx는 선적용량에 근거한 수백만 종류에 이르는 서로 다른 가격체계를 유지하고 있으며, 이러한 역동적 가격을 웹페이지로 요청하기만 하면 특정 업무에 적합한 개별가격을 다운받을 수 있다.

2 인터넷가격의 유형

인터넷가격은 크게 침투가격과 스키밍가격으로 분류할 수 있다. 이들 유형을 그림으로 나타내면 **그림 10-3** 과 같다.

그림 10-3 인터넷가격의 유형

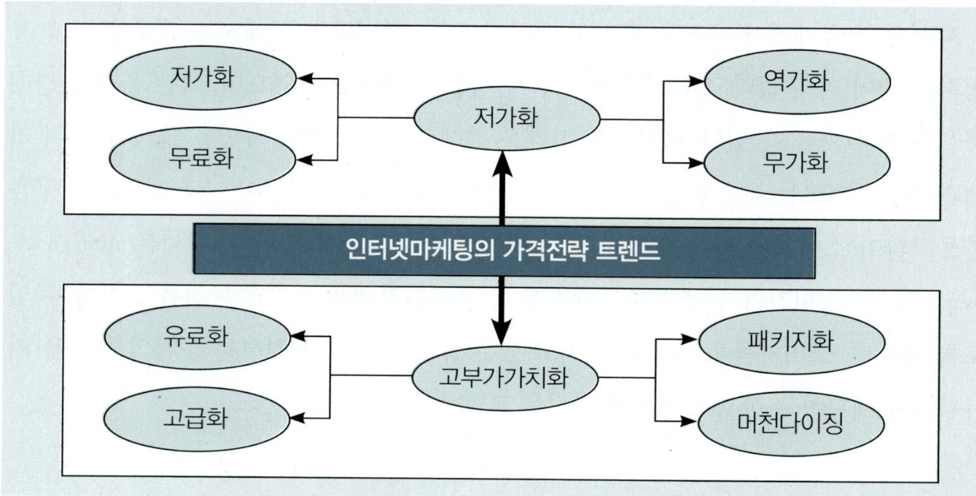

(1) 침투가격(penetration pricing) 전략

저가화

기업은 소비자와의 직접적인 거래, 장소와 인건비의 절감, 서비스의 자동화 및 A/S비용의 절감 등으로 인해 가격인하의 기회를 갖게 된다. 또한 인터넷에서는 제품가격이 쉽게 노출됨으로써 공급자 간 경쟁 격화로 가격이 점차 인하되는 경향이 있으며, 가격비교사이트 등의 출현으로 소비자의 가격인하 욕구가 더욱 높아지고 있다. 즉 중간상의 배제를 통해 유통마진의 최소화로 소비자들이 제품을 상대적으로 싼 가격으로 구입할 수 있도록 해준다. 중간상에 의해 공급되는 제품의 가격을 인터넷상에서 비교할 수 있게 되었으며, 중간상들 간의 가격경쟁으로 더욱 싼 가격을 제안받을 수 있게 되었다.

무료화

기업은 인터넷을 통해 고객확보 차원에서 서비스를 무료로 제공하는 경향이 늘어나고 있다. 예를 들어 무료 이메일 계정과 함께 홈페이지 공간, FTP 공간, 메일용량의 확대 등이 있다. 인터넷상에서는 상당수의 서비스가 무료로 제공되고 있으며 소액 결제수단이 아직 제대로 갖추어지지 않은 상황에서의 유료화는 쉽지 않은 실정이다. 또한 기업 간 소비자 확보를 위한 경쟁이 가속화됨에 따라 유료화보다는 광고수익에 관심을 가지는 경향이 높다.

역가화

전통적 마케팅에서 가격결정 권한은 기업고유의 영역이었다. 그러나 인터넷마케팅에서는 소비자가 가격결정을 하는 소비자 중심의 가격설정 모델이 늘어나고 있다. 경매사이트가 대표적인 예이다. 인터넷마케팅에서는 소비자 중심의 경제모델이 활성화되면서 역시장, 즉 소비자들이 원하는 가격에 제품을 제안받을 수 있게 되었다. 전통적 마케팅에서 가격의 설정은 기업의 고유권한에 가까웠지만, 인터넷마케팅에서는 이러한 수요자중심의 가격설정모델이 늘어날 것이다.

무가화

가격의 무가화 현상은 '무료화+알파'의 전략으로 무료화와 구분되며, 이는 가격의 무료화 현상이 가속화되면서 소비자의 입장에서는 아예 가격이 사라질 뿐 아니라 제품을 이용하는 만큼 부가적 보너스나 포인트를 제공받게 되는 극단적인 형태의 가격전략을 말한다. 예를 들면 소비자들이 광고를 일정 시간 보는 조건으로 고가의 상품을 무료로 제공하는 전략을 말한다.

그러나 가격의 무료화 현상에 대한 우려도 있다. 다수의 참여업체가 결국 한두 개로 축소되면서 치킨게임화되는 결과를 초래할 수 있기 때문이다. 치킨게임이란 어느 한쪽도 양보하지 않을 경우 양쪽 모두 파국으로 치닫게 되는 극단적인 게임이론으로, 1950~1970년대 미국과 소련 사이의 극심한 군비경쟁을 꼬집는 용어로 차용되면서 국제정치학 용어로 굳어졌다. 오늘날에는 정치학뿐 아니라 여러 극단적인 경쟁으로 치닫는 상황을 가리킬 때 인용된다.

(2) 스키밍가격(skimming pricing) 전략

인터넷 구매자의 상당수는 인터넷의 편리성 혹은 그 가치를 중요하게 여기는 사람들이다. 따라서 인터넷마케팅 담당자는 고객에게 그들이 원하는 소중한 가치를 제공한다면 반드시 가격을 싸게 해야 할 필요가 없음을 알아야 한다.

유료화

유료화는 반드시 고가격화/고부가가치화라고 할 수는 없지만, 인터넷마케팅에서의 가격전략이 대부분 저가 또는 무료화를 지향하고 있다는 점에서 다른 군으로 분류할 필요가 있다. 기업은 경쟁사와의 차별화된 독특한 콘텐츠나 서비스를 제공함으로써 유료화 전략을 구사할 수 있으며, 일대일 마케팅으로 고객 한 사람 한 사람의 욕구에 부합하는 맞춤형 서비스 제공, 경쟁사가 모방할 수 없는 방대한 양적 데이터 확보, 차별화된 콘텐츠 생산능력의 확보 등이 유료화의 관건이라 볼 수 있다.

고급화, 고가화

단순히 유료화에 머물지 않고 독특한 부가가치를 제공함으로써 기업은 서비스에 대한 고급화, 고가화를 추구할 수 있다. 소비자들이 무조건 가격파괴 매장을 찾는 것은 아니다. 소비자가 동일한 제품에 대해 비용을 더 지불하더라도 백화점을 찾는 이유에는 신뢰성이 브랜드 가치를 일조하는 것이다. 법률서비스, 마케팅서비스 등을 인터넷상에서 이용하는 경우 막연히 싼 가격을 찾기보다는 실력 있고 가치 있는 서비스를 찾기 위해 고가격을 지불할 수도 있는 것이다.

패키지화

패키지(Package)화는 하나의 프로세스에 관련된 토털 서비스를 제공하거나 각 상품 간의 연계성을 확보하고 새로운 부가 가치를 제안하여, 소비자에게는 상대적 가격 절감 혜택을 주고 기업으로는 고마진의 구조를 유지하는 전략이다.

머천다이징

머천다이징(Merchandising)은 유료화된 콘텐츠를 일정 기간이 경과한 후에 무료로 전환하여 광고 수입을 확보하고, 더 오랜 기간이 지난 후에는 타사에 제공하는 것이다.

(3) 온라인 옥션

인터넷상에서 사용할 수 있는 가격전략의 대표적인 예는 옥션방식에 의한 가격결정방식이다. 옥션이란 역사가 상당히 오래된 개념으로, 판매자와 구매자의 쌍방의사표시에 의한 가격협상에 의해서 가격수준이 결정되는 방식을 말한다. 옥션이 가능하기 위해선 다음의 두 가지가 충족되어야 한다.

첫째, 구매자와 판매자가 같은 자리(공간)에 모여서 의사표시를 하여야 한다.

둘째, 구매대상이 되는 물건들이 각 구매자들 간에 상이한 가치를 가져야 한다.

제4절 국제가격의 결정

수출은 일반적으로 기업이 최초로 해외시장에 진출하는 형태일 뿐만 아니라 가장 보편적인 해외영업활동이므로, 수출가격의 결정은 대부분의 기업에게 있어 국제가격전략의 기초라 할 수 있다. 여기서는 수출가격의 결정과 관련하여 그중에서도 특히 중요하다고 생각되는 문제들인 수출가격의 결정요인, 수출가격의 결정방법, 그리고 실무적인 측면에서의 수출가격표시를 중심으로 살펴보기로 한다.

1 수출가격의 결정요인

일반적으로 특정 시장에 있어서 가격은 원가, 수요, 경쟁 등 세 가지 기본적인 요소에 의하여 범위가 결정되는 것으로 받아들여지고 있다. 즉, 제품원가를 기초로 최저가격을 설정하고, 소비자들의 수요에 의해 최고가격이 정해지며, 최종적인 가격은 경쟁상황 등을 고려하여 책정되는 것이 보통이다. 이와 함께 정부규제, 환율위험, 물가상승 등의 위험요소는 국제가격결정 시 특히 중요한 고려요소라 할 수 있다.

여기서는 지속적으로 수출에 종사하고자 하는 기업이 장기적인 관점에서 이익을 극대화하고 시장지위를 확고하게 다지기 위해서는 어떠한 점들을 고려하여 수출가격을 결정하는 것이 바람직한가에 대해서 논의하고자 한다. 수출가격결정 시에는 **그림 10-4** 에서 보는 바와 같이 기업의 목표를 비롯하여 원가, 수요, 경쟁, 정부규제, 위험 및 기타의 비용요소 등 주요한 가격결정요인에 대한 면밀한 분석이 선행되어야 한다. 특히 이러한 요인들은 각국별로 다양한 형태로 나타나므로 가격결정 시 충분히 고려해야 한다.

그림 10-4 수출가격의 결정요인

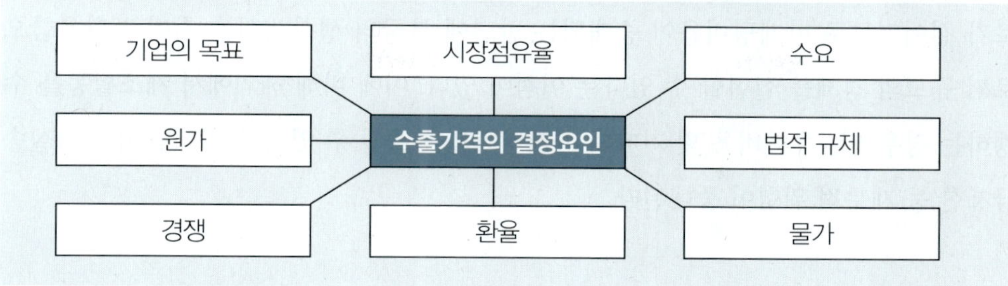

(1) 기업의 목표와 마케팅 믹스

기업의 목표는 항상 모든 경영의사결정의 출발점이 된다. 기업이 해외시장에서 달성하고자 하는 목표가 무엇인가를 명확히 하기 전에는 적정한 가격을 산출하기가 불가능하다. 예를 들어, 시장점유율을 확대하는 것이 최우선적인 목표일 경우와 이익을 극대화하는 것이 목표일 경우의 가격결정은 달라질 것이다.

또한 국제가격의 결정은 제품, 유통, 촉진 등의 여타 마케팅 믹스의 구성요소들에 의하여 영향을 받게 된다. 예를 들면, 특정 해외시장에서의 제품의 품질, 성능, 이미지에 따라 가격결정은 달라져야 한다. 특히 해외고객들에 의해 평가되는 제품원산지에 대한 이미지는 가격결정에 있어서 매우 중요한 고려요소라 할 수 있다.

(2) 원가

원가는 다른 변수들보다 측정이 상대적으로 용이하다는 점과 손익분기점을 넘어서기 위한 가격의 하한선을 제공해준다는 점 때문에 많은 기업들이 기본적인 가격결정도구로 활용하고 있다. 원가에는 제조비, 선적비용, 마케팅비용은 물론 연구개발비, 관리비, 조세, 감가상각비 및 기타 간접비 등 여러 가지 비용항목이 포함될 수 있다.

국제마케팅에 있어서 이러한 비용들이 가격결정에 차지하는 상대적 중요성은 해외시장진입방법 및 진출대상국에 따라 크게 다르다. 예를 들어, 수출의 경우에는 유통경로가 길어지므로 마케팅비용이 증대되는 반면에 본국의 생산시설을 최대로 활용함으로써 규모의 경제를 실현할 수 있다는 이점이 있다. 이에 비해 해외에서 제조활동을 수행하는 경우에는 유통비용 및 기타의 마케팅비용을 줄일 수 있지만, 환노출이나 과실송금제한 등 재무적 위험이 증대된다.

(3) 수요

수요는 기업이 판매하고자 하는 제품이나 서비스에 대해 소비자들이 부여하는 가치 및 소비자의 지불능력과 직결된다는 의미에서 기업이 설정할 수 있는 가격의 상한선이 어느 정도인가를 시사해준다. 수요의 개념은 매우 다양하지만 한 시장에서 특정 제품의 총구매량을 나타내는 시장수요와 특정 기업의 시장점유율을 나타내는 기업수요로 나눌 수 있다.

수요예측은 현재수요와 미래수요 그리고 수요량뿐만 아니라 수요탄력성의 예측이 필요하다. 해외시장에서 수요에 영향을 미치는 기본요소로는 인구통계적 요소, 관습, 전통 및 경제적 요소 등을 들 수 있는데, 이러한 요소들은 고객의 채택과정과 연관되어 있다. 따라서 해외고객의 외국제품 채택과정과 이에 영향을 미치는 요소들을 분석하는 것이 필요하다.

(4) 경쟁

원가와 수요는 각각 가격의 하한선과 상한선을 제시하여주는 데 비하여 해외시장의 경쟁조건은 이러한 상한선과 하한선의 중간 어디에서 실제가격이 결정되어야 하는가를 제시한다고 볼 수 있다. 가격이론에 의하면 시장구조 및 경쟁상황에 따라 가격전략은 달라져야 한다.

완전경쟁에 가까운 상황에서는 가격은 시장에서 정해지고 기업은 가격순응자일 수

밖에 없다. 이러한 경우 기업의 가격관련결정은 현재의 시장가격에 판매할 것인가의 여부만을 결정하는 문제이다. 유명상품 등으로 제품차별화가 이루어진 독점적 시장구조하에서는 소비자들의 해당제품에 대한 주관적 가치가 가격책정에 있어 주요한 결정요인이 되며, 과점적 경쟁구조하에서는 경쟁기업의 반응이 주요한 변수가 된다.

해외시장의 경쟁조건은 시장국별로 다르고 심지어는 특정국 내에서도 세분시장별로 상당한 차이가 있을 수 있다. 또한 경제적인 요인은 물론 문화적 · 법적 · 정치적인 요인들 모두 해외시장의 경쟁구조에 많은 영향을 미친다. 예를 들어, 특정국에서는 광고에 대한 엄격한 규제로 효율적으로 제품차별화를 수행하기가 불가능하기 때문에 치열한 가격전쟁 끝에 소수의 대규모 기업들만이 존속하는 곳도 있다. 그런가하면 국가에 따라서는 카르텔이나 기업의 매수 · 합병을 금지하는 강력한 법규정 및 가격통제로 인하여 상대적으로 중소기업들이 가격 이외의 측면에서 치열한 경쟁을 하는 경우도 있다.

(5) 법적 규제

국제가격결정과 관련하여 각국 정부들은 기업들의 지나친 가격조작을 규제하기 위한 법적 근거를 마련해놓고 있다. 물론 이러한 규제는 자국 소비자들의 이익이나 자국산업을 보호하기 위한 것이라고는 하나, 국제기업들이 국제가격을 결정하는 데 있어서 커다란 제약요인이 되고 있다.

우선 현지국 정부의 반덤핑(antidumping) 규제조치를 들 수 있는데, 실제로 우리나라 기업들은 미국, EU 등 주요 시장국에 제품을 판매함에 있어서 선진국, 특히 미국 및 유럽국가들의 반덤핑조항에 저촉되어 많은 피해를 입은 바 있다. 따라서 해외시장국의 반덤핑규제는 가격의 하한선을 결정함에 있어 반드시 고려되어야 한다.

또한 국가마다 정도의 차이는 있으나, 각국 정부들은 공정거래법(Fair Trade Act), 독점금지법(Anti-Trust Act)이라는 이름하에 기업들의 불공정행위를 엄격히 규제하고 있다. 대체로 선진공업국일수록 효율적 경쟁을 조장하기 위해 보다 강력한 규제를 실시하고 있는 것이 보통이다. 그리고 어떤 국가에서는 외국제품의 가격을 통제하기도 한다. 예를 들면,

수입가격이 너무 높거나 혹은 낮은 경우, 당해 제품의 수입허가서를 발행하지 않거나 외환사용을 불허함으로써 국내산업을 보호하고 불요불급품의 수입을 억제하려고 한다.

한편, 수입국의 관세율구조도 국제가격전략에 영향을 미친다. 관세부과는 일반적으로 수입품의 시장가격을 상승시키므로 해당시장에서 동일한 판매량을 유지하기 위해서는 수출가격을 인하해야 할 경우가 생긴다. 완제품의 관세율이 높은 반면에 중간재의 관세율이 낮은 해외시장국에서는 원재료 및 부품을 수입하여 현지에서 조립가공하는 것이 바람직하다고 볼 수 있다. 그러므로 해외시장국에 관심을 갖고 있는 기업들은 현지국 정부의 가격과 직 · 간접적으로 관련된 각종 법규정 등을 면밀히 검토한 후에 제품의 최종가격을 결정할 필요가 있다.

(6) 물가상승률

1970년대의 두 차례에 걸친 석유파동 이후 인플레이션은 거의 전 세계적인 현상이지만, 각국마다 인플레이션율에는 상당한 차이가 있다. 높은 인플레이션 현상은 급속한 원가상승요인이 되기 때문에 국내마케팅에 있어서도 가격결정 시 중요한 고려요소 중의 하나이지만 다음과 같은 이유 때문에 국제마케팅에 있어서는 특히 중요한 의미를 지닌다.

첫째, 인플레이션을 억제하기 위하여 현지국 정부가 가격통제를 실시하게 될 가능성이 있다. 이 경우 기업의 입장에서는 가격을 적극적인 마케팅전략 수단으로 활용할 수 있는 여지가 줄어든다.

둘째, 인플레이션율이 높은 나라일수록 엄격한 외환통제를 실시하는 것이 일반적이다. 이 경우 수출 자체가 불가능해질 수도 있으며, 현지국에서 아무리 많은 이익을 올린다 하더라도 높은 인플레이션 때문에 현지국 통화가 평가절하되면 실제이익은 얼마 되지 않고 그마저도 송금이 어려운 때가 많다.

따라서 해외시장에 제품을 판매할 때는 본국은 물론 현지국의 인플레이션율까지 고려하여 적정한 수준에서 가격을 책정함으로써 어렵게 포착한 해외시장기회가 기업에게 적자를 초래하는 일이 없도록 해야 한다.

(7) 환율

수출가격의 표시는 보통 외국화폐로 하기 때문에 수출가격의 결정은 환율, 즉 외국화폐 한 단위와 자국화폐의 교환비율을 고려해야 한다. 환율은 수출품의 해외시장가격과 특정 수출계약에서 수출대금에 영향을 미친다. 예를 들어, 달러화가 평가절하되면 우리나라 수출품의 미국시장가격은 상승하게 되고 가격경쟁력이 약화된다.

또한 환율변동 전에 체결된 달러표시 수출계약의 경우 수출대금을 나중에 원화로 환산하면 그 수출금액은 본래보다 줄어들게 되므로 기업은 큰 손해를 볼 수도 있다. 따라서 국제마케팅 관리자는 각국의 환율변화에 민감하여야 하며 환율예측능력을 갖추는 것이 필요하다.

(8) 시장점유율 및 조직구조

제품의 시장점유율이 높은 기업은 낮은 생산비용과 마케팅비용으로 규모의 경제를 달성할 수 있기 때문에 국제가격을 인하시킬 수 있다. 한편 기업 내의 조직구조에 따라 가격결정이 달라질 수 있다. 예컨대 소규모기업의 경우에는 마케팅부서나 판매부서보다는 최고경영자가 가격을 직접 결정한다.

2 수출가격의 누증문제

(1) 가격누증의 원인

해외시장에서의 수출물품의 최종소비자가격은 관세, 운송비, 보험료, 다양한 중간상들의 마진, 기타 수출에 부대되는 비용 등이 누적되어 국내 소매가격에 비해 상당히 높은 수준에서 결정되는 것이 보통이다. 특히 유통경로에 새로운 구성원이 추가되거나 조세가 새롭게 부과될 때 수입국에서의 최종소비자가격은 큰 폭으로 상승한다. 따라서 본국시장에서 아무리 낮은 원가로 생산된 제품이라도 수송비용, 제반 마케팅비용, 유통비용으로 인해 최종소비지에서는 가격이 높게 형성될 수 있다.

이와 같은 수출가격의 누증은 대개 기업이 통제하기 힘든 외부적 요인에 의해서 발생하기 때문에 국제기업의 마케팅 활동에 상당한 애로요인으로 작용한다. 예를 들어, 최종소비자가격을 국제적으로 일정한 수준으로 유지함으로써 재정거래(arbitrage transaction)의 가능성을 없애려 할 경우 수출가격의 누증현상은 심각한 장애요인이 된다. 해외시장별로 가격누증의 원인 및 크기가 다양하기 때문이다.

(2) 가격누증의 대안

수출가격의 누증문제에 대해 국제기업들이 취할 수 있는 대안적 방법으로는 다음과 같은 것들을 들 수 있다.

수출가격조정

수출가격을 가능한 한 국내가격보다 낮추어 책정함으로써 관세, 운송비, 중간마진 등으로 인한 최종소비자가격의 누적적 상승효과를 완화시킨다. 그러나 이때 가격인하에 따른 수출채산성의 악화와 수입국의 덤핑규제에의 저촉 여부에 주의해야 한다.

유통경로조직

도매상이나 대형 소매업체와 직접 접촉함으로써 유통경로를 단축시키거나 해외시장에서의 유통기능까지 수출업체가 직접 수행한다. 이러한 경우 중간 유통업체에 돌아가던 마진의 상당부분을 흡수할 수 있으나, 유통경로의 무리한 단축이나 충분한 해외시장 경험이나 지식이 없이 유통기능을 직접 수행하게 된다면 오히려 비효율과 추가적인 비용이 초래될 수도 있다.

생산입지조정

관세, 운송비, 제조원가 등을 절감하기 위하여 부분품이나 반제품 형태로 수출하여 현지에서 조립하여 판매하도록 한다. 특히 이러한 경우 자유무역지대(free trade zones)의 활용가능성은 적극 검토해볼 만한 가치가 있다. 다만, 최근 많은 국가들이 외국기업들의 현지에서의 단순조립이나 가공을 그다지 반기지 않고 있는 실정을 고려할 때, 라이센싱 혹은 다소 위험은 높더라도 본격적인 현지생산의 필요성도 또 다른 대안으로서 생각해볼 수 있다.

3 수출가격의 결정방법

(1) 원가중심의 수출가격

원가중심의 수출가격은 국제가격결정의 가장 단순한 방법으로 제품에 관련된 총비용에 일정한 표준이익을 가산하여 책정하는 방법이다. 이 방법에는 원가가산법과 이윤가산법이 있다. 원가가산법(cost plus pricing)은 건설업이나 조선업과 같이 사전에 총원가를 알 수 없을 때, 추후에 확정된 총원가에 일정률의 이윤을 가산하여 결정하는 방법이다. 이윤가산법(mark-up pricing)은 유통업이나 정유업에서 주로 사용하는 방법으로 사전에 확정된 원가에 일정률의 이윤을 가산하여 가격을 결정하는 방법이다.

원가중심의 수출가격은 판매자의 입장에서 수요보다 원가의 측정이 쉽고 확실성이 높다는 점, 동종산업 내의 모든 기업들이 이 방법을 사용한다면 가격이 비슷해져 가격경쟁이 축소될 수 있다는 점, 비교적 가격책정이 쉽고 사회적으로 공정하다는 장점이 있어 널리 사용된다. 그러나 경쟁기업의 가격 및 수요구조를 고려하지 않았다는 점, 정확한 원가의 산정 및 배분이 어렵다는 점, 이윤가산율도 산업과 기업에 따라 다르며 결정기준도 일정하지 않다는 점, 가격이라는 마케팅변수를 고정시킴으로서 다른 전체적인 마케팅전략의 목표를 등한시하였다는 단점이 있다.

(2) 목표중심의 수출가격

목표중심의 수출가격은 국제기업이 해외시장에서 추구하고자 하는 목표에 따라 국제가격을 결정하는 방법인데, 여기에는 침투가격전략과 초기고가전략이 있다. 한편 제품수명주기에 따라 가격전략도 달라져야 하는데 이를 정리하면 표 10-4 와 같다.

표 10-4 제품수명주기에 따른 가격전략

구분	도입기	성장기	성숙기	쇠퇴기
특성	– 낮은 매출 – 고객당 비용 높음, 이익은 적자 – 혁신층 고객, 소수의 경쟁자	– 매출 급속성장 – 고객당 비용 평균치, 이익 증대 – 조기수용층, 고객경쟁자 점차 증가	– 매출 최대 – 고객당 비용 낮음, 이익 최대 – 중간다수층, 고객경쟁자 증가 정체	– 매출 쇠퇴 – 고객당 비용 낮음, 이익감소 – 최후수용층, 고객경쟁자 감소
가격전략	– 원가가산가격	– 시장침투가격	– 경쟁대응가격	– 가격인하

침투가격전략

침투가격전략(penetration pricing)은 해외시장진입 시 저가격정책을 사용하여 많은 소비자를 흡수하면서 급속히 시장점유율을 확대하는 방법이다. 이 전략이 유리한 경우는 경쟁자가 나타날 가능성이 있을 때이다. 제품에 대한 높은 수요가 있을 때는 특히 경쟁자가 나타날 가능성이 많은데, 이런 경우 저가격전략을 택하면 경쟁자를 쉽게 뿌리칠 수 있다. 일본기업과 대부분의 개도국기업들이 국제시장에서 이 전략을 널리 채택하고 있다. 일본의 반도체 제조기업과 한국의 현대자동차가 미국시장을 공략할 때 이 방법을 사용하여 좋은 성과를 거두었다.

초기고가전략

초기고가전략(skimming pricing)은 해외시장진입 시 가능한 최고가격을 책정하여 고소득층을 흡수하고 점차 가격을 낮추어 저소득층을 파고드는 전략이다. 이 전략의 기본적인 목적은 제한된 수량의 판매를 통해 단지 수익을 극대화하는 데 있다. 이 전략이 유리한 경우는 제품의 질과 이미지가 좋을 때, 수요의 가격탄력성이 비탄력적일 때, 거액의 생산비를 조기에 회수하려 할 때, 모방이 어려울 때이다. 일본의 Sony가 베타맥스비디오로 미국시장에 침투할 때 이 방법을 사용하였다.

(3) 경쟁중심의 수출가격

경쟁중심의 수출가격은 제품의 원가나 수요요인 등을 무시하고 경쟁기업의 가격을 중심으로 제품가격을 책정하는 방법이다. 여기에는 모방가격책정법과 입찰가격책정법이 있다.

모방가격책정법(going-rate pricing)은 이미 결정되어 있는 기존의 시장가격을 그대로 따르는 방법이다. 이 방법이 유리한 경우는 원가나 수요의 탄력성을 측정하기 어려울 때, 경쟁자의 반응이 불확실할 때, 경쟁사의 가격을 따르는 것이 업계의 공통견해일 때이다. 현대자동차는 승용차를 수출할 때 경쟁사의 가격을 기준으로 소비자가격을 설정한 다음 딜러의 마진과 관세 등을 감안하여 가격을 책정하였다.

입찰가격책정법(sealed-bid pricing)은 경쟁입찰 시에 자사의 원가나 수요보다는 경쟁사들이 책정하게 될 가격을 예상하여 자사의 제품가격을 책정하는 방법이다. 이 방법은 기대수익수준에 따라 입찰가격을 제시하는 것이 원칙이나 낙찰을 받기 위해 경쟁사보다 가격을 낮게 책정하는 경향이 있다.

(4) 수요중심의 수출가격

수요중심의 수출가격은 시장의 수요, 수요의 가격탄력성, 소비자의 심리상태를 반영하여 가격을 책정하는 방법으로 여기에는 다음과 같은 것들이 있다.

명성가격책정법

명성가격책정법(prestige pricing)은 가격이 하락하면 판매량이 오히려 감소하는 소위 명성제품에 대해 제품의 실제가치보다 높게 책정하는 방법으로, 위신가격 또는 품위가격이라고도 한다. 고급제품의 경우에 권위가격을 많이 채택하는데 이런 제품의 경우 가격이 떨어지면 초기에는 수요량이 증가하지만 나중에는 오히려 수요가 감소하게 된다. 예컨대 보석, 모피, 고급시계 등이 여기에 해당된다.

가격차별화방법

가격차별화방법(price discrimination)은 같은 제품의 가격을 고객, 시장, 시간, 용도 등에 따라 둘 이상의 가격으로 판매하는 방법이다. 이 방법은 시장세분화가 가능해야 하며, 세분시장별로 수요의 강도가 달라야 하며, 가격차별화에 드는 비용이 그로 인한 이익보다 작아야 하며, 가격차별정책이 고객의 불만이나 나쁜 감정을 유발시켜서는 안 되며, 저가격시장에서 판매된 제품이 고가격시장으로 유입되어서는 안 되며, 경쟁기업이 고가격시장에 더 싼 가격으로 침투할 수 없어야 하며, 차별가격이 법률이나 상관습에 위배되어서는 안 되는 등의 조건들이 충족되어야 한다.

인식가치가격책정법

인식가치가격책정법(perceived-value pricing)은 구매자들이 제품에 대해 갖는 가치를 기준으로 가격을 책정하는 방법이다. 이 방법은 시장에서 구매자가 경쟁사의 제품에 비해 자사의 제품을 인식하고 있는 상대적 가치가 어떤가를 정확히 파악해야 한다. 만약 소비자가 인식하는 것보다 더 많은 가치가 있는 것으로 과대평가하면 과대가격이 설정되므로 판매량이 저조하게 될 것이다.

단수가격책정법

단수가격책정법(odd-even pricing)은 제품가격을 단수로 책정하여 소비자로 하여금 낮은 가격인 것처럼 착각을 일으키게 하는 방법이다. 예컨대 가격의 단위를 1,000원, 10,000원 등이 아닌 990원, 9,900원 등으로 설정해서 소비자들이 심리적으로 싸게 느끼도록 하는 것이다. 소매점에서 이러한 방식을 많이 사용한다.

계층가격책정법

계층가격책정법은 소비자들이 모두 같다고 느끼는 특정가격 사이의 가격범위를 고려하여 가격을 책정하는 방법이다. 예컨대 ₩90,000~99,000 사이의 가격범위를 같은 가격대라고 느낀다면 현재 ₩95,000에 판매되는 가격을 ₩90,000이나 ₩99,000으로 인하 또는 인상하여도 매출액에는 큰 변동이 없다. 이 전략은 가격탄력성이 개별가격점 간에는 매우 크나 개별가격점 내에서는 비탄력적인 경우 매우 유용하다.

유인가격책정법

유인가격책정법은 특정제품의 가격을 낮게 책정함으로써 소비자들이 다른 제품의 가격도 저렴한 것처럼 느끼게 하여 고객을 유치하는 방법이다. 예컨대 면도날을 판매하기 위해 면도기의 가격을 싸게 책정하는 경우가 이에 해당된다.

관습가격

관습가격이란 소비자들이 관습적으로 느끼는 가격으로, 소비자들은 이 가격을 당연하게 생각한다. 라면, 껌 등과 같이 대량으로 소비되는 생필품의 경우에 많이 적용되는데 이런 제품은 관습가격보다 제품가격을 높이면 매출이 감소하고, 낮추더라도 매출이 크게 증가하지 않는다.

(5) 경험곡선에 의한 수출가격

경험곡선가격결정법(experience curve pricing)은 향후 예상되는 제품의 단위당 생산비에 근거하여 가격을 결정하는 방법이다. **그림 10-5** 에서 보는 바와 같이 특정제품의 단

그림 10-5 경험곡선에 의한 가격결정

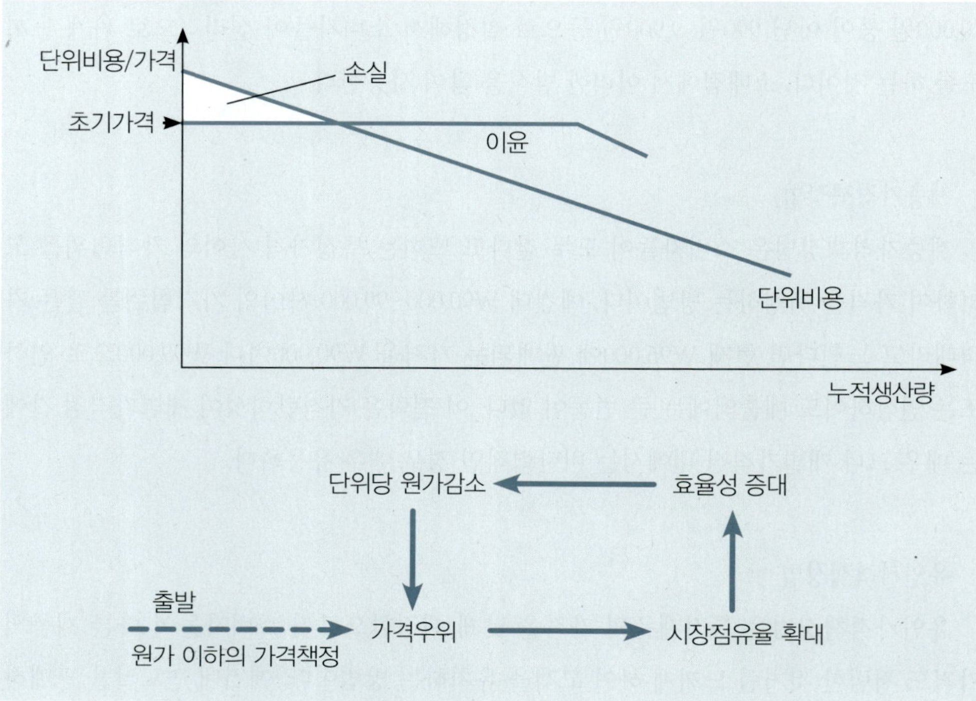

자료: J. C. Leontiades, Multinational Corporate Strategy, Lexington Books, 1985, p.91.

위당 생산비는 제품의 생산량이 누적됨에 따라 일정비율로 하락한다.

이 방법에 의하면 초기에는 원가보다 낮게 가격을 책정함으로써 경쟁자들에 비해 상대적으로 시장점유율을 확대할 수 있으며 확대된 시장점유율은 판매량과 생산효율성의 증대를 가져와 원가를 감소시킬 수 있게 된다. 결국 누적생산량이 일정한 수준에 도달하면 단위당 원가는 제품가격보다 낮아지게 되며, 이런 과정이 반복되어 기업은 경쟁자보다 낮은 가격수준을 유지하는 가운데 적당한 이윤을 누릴 수 있게 된다.

경험곡선은 비교적 단순한 분석으로 상당한 전략적 통찰력을 제시해 주는 장점을 가지고 있다. 그러나 경쟁자가 기술우위를 바탕으로 새롭게 시장에 도전한다면 경험곡선 자체의 의미가 사라질 수 있다. 즉 경쟁사가 고가격과 고기능 제품을 출시하여 시장의 새로운 트렌드를 주도한다면 자사의 고객이 이탈할 가능성이 커진다.

4 수출가격의 표시

수출업자와 수입업자 간에 계약을 체결함에 있어서 중요한 것은 표시통화를 어느 나라의 통화로 할 것인가, 그리고 수출입에 따른 각종 비용 및 위험을 누가 부담하는가 하는 무역거래조건(trade terms)이다.

(1) 표시통화

상품의 가격은 자국통화, 상대국통화, 제3국통화로 표시할 수 있는데 표시통화의 선정에는 교환성, 안정성, 유통성 등을 고려하여야 한다. 무역거래 시에 어느 통화로 결제하느냐 하는 것은 환율의 변동에 따른 환위험을 회피하는 데 매우 중요하다. 자국통화로 표시할 경우 아무런 환위험이 개재되지 않으나, 상대국통화나 제3국통화로 표시할 경우에는 환위험이 수반된다. 따라서 거래통화에 있어서는 국제적으로 널리 통용되는 안정적인 통화로 표시하여 환위험을 최소화하는 것이 바람직하다.

(2) 무역거래조건

가격산정의 기초가 되는 정형거래조건(trade terms)에 있어서는 국제상업회의소(ICC: International Chamber of Commerce)에서 제정한 '정형거래조건의 해석에 관한 국제규칙'(Incoterms: International Rules for the Interpretation of Trade Terms)이 전 세계적으로 이용되고 있다. Incoterms의 제정목적은 매매당사자 사이의 계약조건의 해석상의 차이에 따른 분쟁과 마찰을 해소함으로써 국제거래를 촉진하기 위한 것이다. Incoterms는 법적 구속력을 지닌 국제조약이 아니라 매매당사자 간의 합의에 의해서 사용될 수 있다.

Incoterms는 1936년 처음 제정된 이후 수차례에 걸쳐 부분적인 수정 및 보완을 거쳐 오늘에 이르고 있다. 현재 적용되고 있는 Incoterms 2000은 행정절차, 상거래, 운송분야에서 전자문서교환(EDI: Electronic Data Interchange)의 사용 확대와 복합운송의 발달에 따른 새로운 국제상관행을 반영하고, 그동안 사용되어왔던 조건들에 대한 일부 모호한 정의를 명확히 하기 위해 무역거래조건을 정형화하고 있다. Incoterms 2000에서는 13가지 무역조건을 3자로 된 국제표준약어(international code)의 머리글자를 기준으로 E, F, C, D의 네 가지 그룹으로 나누어 배열하고 있으며, 비용부담과 위험의 분기점을 동시에 고려하고 있다.

그림 10-6 과 **표 10-5** 에서 보는 바와 같이 먼저 E그룹(EXW), F그룹(FCA, FAS, FOB), C그룹(CFR, CIF, CPT, CIP)의 조건들은 모두 적출지에서 매도인에게서 매수인에게로 위험이 이전되는 적출지 인도조건이라는 점에서 공통점을 지닌다. 이들의 차이점은 수출국에서의 내륙운송비와 최종목적지까지의 운송구간에 대한 운임을 누가 책임지는가에서 찾을 수 있다. 이중에서 C그룹의 조건들은 비용과 위험의 분기점이 일치하지 않는다는 특징을 지니고 있다. 이에 비해 D그룹(DAF, DES, DEQ, DDU, DDP)의 조건들은 매도인이 목적지까지의 운임과 위험을 동시에 부담하는 양륙지 인도조건으로 구성되어 있다.

그림 10-6 가격조건별 위험분기점

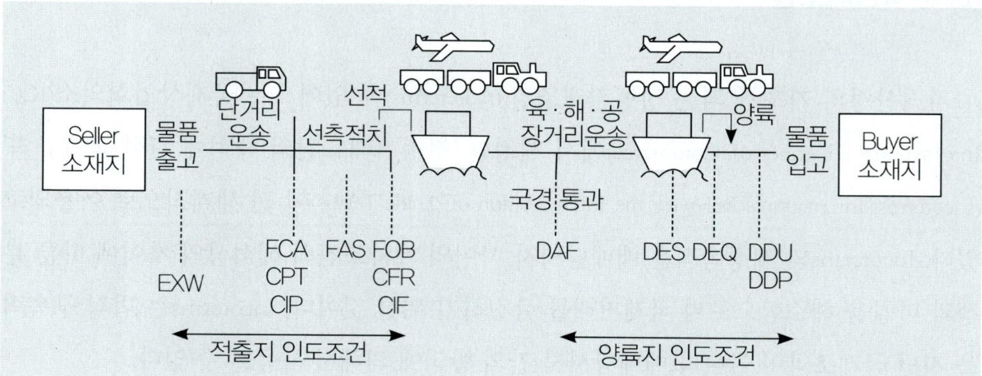

자료: ICC, Incoterms 2000.

표 10-5 Incoterms 2000의 무역거래조건

■ 매도인 □ 매수인

		가격 조건	제조 원가	포장 검사	반출 운송	수출 통관	운송 비	보험 료	수입 통관	반입 운송	비용 분기점	위험 분기점
적출지 인도 조건	E그룹 (출발지인도)	EXW	■	■	□	□	□	□	□	□	공장	공장
	F그룹 (운송비미지급인도)	FCA	■	■	■	■	□	□	□	□	운송인 장소	운송인 장소
		FAS	■	■	■	■	□	□	□	□	선적항 배 옆	선적항 배 옆
		FOB	■	■	■	■	□	□	□	□	선적항 본선난간	선적항 본선난간
	C그룹 (운송비지급인도)	CFR	■	■	■	■	■	□	□	□	목적항	선적항 본선난간
		CIF	■	■	■	■	■	■	□	□	목적항	선적항 본선난간
		CPT	■	■	■	■	■	□	□	□	목적지	운송인 인도
		CIP	■	■	■	■	■	■	□	□	목적지	운송인 인도
양륙지 인도 조건	D그룹 (도착지인도)	DAF	■	■	■	■	■	■	□	□	국경	국경
		DES	■	■	■	■	■	■	□	□	목적항 배	목적항 배
		DEQ	■	■	■	■	■	■	□	□	목적항 부두	목적항 부두
		DDU	■	■	■	■	■	■	□	■	수입국 지정장소	수입국 지정장소
		DDP	■	■	■	■	■	■	■	■	수입국 지정장소	수입국 지정장소

자료: ICC, Incoterms 2000.

공장인도조건

공장인도조건(EXW: Ex Works)이란 매도인이 물품을 수출통관하지 않은 채 운송차량 등에 적재하지 않고 자신의 영업장 구내 또는 그 밖의 지정된 장소에서 매수인이 인수할 수 있도록 조치하는 조건으로서, 매도인이 최소한의 의무를 지는 조건이다. 매수인은 매도인의 영업장 구내로부터 물품을 수령하는 데 따르는 모든 비용과 위험을 부담하는 조건이다. 매수인이 직접 또는 간접적으로 수출절차를 이행할 수 없을 경우에는 FCA조건을 사용해야 한다.

운송인인도조건

운송인인도조건(FCA: Free Carrier)이란 매도인이 수출통관한 물품을 지정장소 또는 지정지점에서 매수인이 지명한 운송인 등에게 인도하는 조건이다. 매도인의 영업장 구내에서 물품을 인도할 때는 매도인이 적재책임을 지고, 다른 모든 장소에서 인도할 때는 매도인이 양하책임을 지지 않는다. 이 조건은 복합운송을 포함한 모든 운송방식에 사용할 수 있다. 운송인이란 운송계약에서 철도, 도로, 항공, 해상, 내수로 또는 이들의 복합방식으로 운송하는 모든 업체 또는 그 운송대리인을 말하며, 매수인이 운송인이 아닌 사람(운송주선인, 매수인의 지사 등)에게 물품을 인도하도록 통지했을 때는 물품을 그 지정인에게 인도했을 때 물품 인도의무가 완료된다.

선측인도조건

선측인도조건(FAS: Free Alongside Ship)이란 물품을 지정된 선적항의 부두 또는 부선으로 본선의 선측에 인도하는 조건이다. 본선의 선측이란 본선이 사용하는 양하기, 양하도구 등 선적도구가 도달할 수 있는 장소를 말한다. 이 조건에서는 매도인이 물품의 수출통관을 하여야 하며, 해상운송이나 내수로 운송에만 사용할 수 있다. 주로 원목, 곡물, 광석 등 적재비용이 많이 드는 대량화물을 거래하는 데 사용된다.

본선인도조건

본선인도조건(FOB: Free On Board)이란 물품이 지정된 선적항에서 본선의 난간을 통과할 때 매도인의 인도의무가 완수되는 조건이다. 물품이 본선의 난간을 통과할 때부터 매수인이 물품에 대한 모든 위험과 비용을 부담한다. 이 조건은 해상운송이나 내수로 운송에만 사용할 수 있으며 항공운송과 같은 다른 운송방식이나 복합운송 방식에는 FCA조건을 사용해야 한다. 위험과 비용분담 측면에서 본선의 난간을 기준으로 물품을 인도할 필요가 없는 경우에도 FCA조건을 사용해야 한다.

운임포함인도조건

운임포함인도조건(CFR: Cost and Freight)이란 매도인이 지정된 목적항까지 물품을 운반하는 데 필요한 비용 및 운임을 지급하되, 물품이 선적항에서 본선의 난간을 통과한 때부터 그 물품에 대한 모든 위험과 추가비용은 매수인이 부담하는 거래조건이다. 이 조건은 해상운송이나 내수로 운송에만 사용할 수 있으며 항공운송이나 복합운송, 또는 계약 당사자들이 본선의 난간을 기준으로 물품을 인도할 의도가 없을 때에는 CPT조건을 사용해야 한다.

운임보험료포함인도조건

운임보험료포함인도조건(CIF: Cost, Insurance and Freight)이란 매도인이 물품을 선적항에서 본선의 갑판 위에 인도할 때까지의 모든 비용과 지정된 목적항까지의 운임, 해상보험료를 부담하되, 물품이 선적항에서 본선의 난간을 통과할 때 그 물품의 멸실 또는 손상의 위험에 대한 부담은 매수인에게 이전되고 물품이 본선의 갑판 위에 인도된 때부터 발생하는 모든 추가비용 역시 매수인이 부담하는 거래조건이다. 이 조건은 해상운송이나 내수로 운송에만 사용할 수 있으며 복합운송이나 항공운송과 같이 본선의 난간을 기준으로 물품을 인도할 수 없는 거래나 거래 당사자들이 본선의 난간을 기준으로 물품을 인도할 의도가 없을 때에는 CIP조건을 사용해야 한다.

운임지급인도조건

운임지급인도조건(CPT: Carriage Paid To)이란 매도인이 스스로 선택한 운송인에게 지정된 목적지까지 운송비를 지급하고 물품을 인도하는 거래조건이다. 물품이 운송인에게 인도된 이후 물품의 멸실, 손상 등 모든 위험과 추가비용은 매수인이 부담한다. 운송인이란 운송계약에서 육로, 철도, 해상, 항공, 내수로 또는 이러한 방식의 복합운송에 의해 운송을 이행하거나 그 이행을 조달할 것을 약속하는 모든 사람을 의미한다. 합의된 목적지까지 여러 명의 운송인이 사용되는 경우에 위험부담은 최초의 운송인에게 물품이 인도되었을 때 매수인에게 이전된다. 매도인은 물품을 수출통관을 해야 하며 이 조건은 복합운송을 포함한 모든 운송방식에 사용될 수 있다.

운임보험료지급인도조건

운임보험료지급인도조건(CIP: Carriage and Insurance Paid To)이란 매도인이 스스로 선택한 운송인에게 지정된 목적지까지의 운송비와 운송도중 물품의 멸실 또는 손상위험에 대한 보험료를 지급하고 물품을 인도하는 거래조건이다. 매수인은 물품이 운송인에게 인도된 이후 물품의 멸실, 손상 등 모든 위험과 모든 추가비용을 부담한다. 운송인이란 운송계약에서 육로, 철도, 해상, 항공, 내수로 또는 이러한 방식의 복합운송에 의해 운송을 이행하거나 그 이행을 조달할 것을 약속하는 모든 사람을 의미한다. 합의된 목적지까지 여러 명의 운송인이 사용되는 경우에 위험부담은 최초의 운송인에게 물품이 인도되었을 때 매수인에게 이전된다. 매도인은 물품을 수출통관을 해야 하며 이 조건은 복합운송을 포함한 모든 운송방식에 사용될 수 있다. 매도인은 운송도중 물품의 멸실, 손상 위험에 대비한 보험계약을 체결하고 보험료를 지급하여야 한다.

국경인도조건

국경인도조건(DAF: Delivered At Frontier)이란 물품을 수출통관한 뒤 수입통관하지 않은 상태로 국경의 지정된 장소와 지점에서 운송수단에서 양하하지 않은 채 매수인이 임의로 처분할 수 있게 인도하는 거래조건을 말한다. 매수인은 물품이 국경의 지정된 장소, 지점에서 인도된 때부터 물품의 멸실, 손상 등 모든 위험과 비용을 부담한다. 이 조건은 물품을 육상의 국경에서 인도할 때 복합운송을 포함한 모든 운송방식에 사용할 수 있으나, 물품을 목적항의 갑판상이나 부두에서 인도할 때는 DES 또는 DEQ조건을 사용해야 한다.

착선인도조건

착선인도조건(DES: Delivered Ex Ship)이란 물품이 지정목적항에서 수입통관되지 않은 채 본선상에서 매수인이 임의 처분할 수 있게 인도하는 거래조건이다. 매도인은 물품을 지정목적항까지 운반하여 양륙하기 전까지 들어가는 모든 위험과 비용을 부담하여야 하며 매수인은 양륙비용과 수입통관비용을 부담해야 한다. 만약, 매도인이 양륙비용과 위험을 부담하기를 원할 때는 DEQ조건을 사용해야 한다. 이 조건은 해상운송, 내수로 운송 또는 목적항의 선박 위에서 인도하는 복합운송에만 사용할 수 있다.

부두인도조건

부두인도조건(DEQ: Delivered Ex Quay)이란 매도인이 지정목적항의 부두에서 수입통관되지 않은 물품을 매수인이 임의 처분할 수 있게 인도하는 거래조건을 말하며, 매도인은 지정된 목적항까지 물품을 운송하고 부두 위에 양륙할 때까지 모든 비용과 위험을 부담해야 한다. 그리고 매수인은 물품의 수입통관 비용, 관세, 조세, 기타 부과금, 부두사용료, 최종목적지까지 반입운송비 등을 부담해야 한다. 이 조건은 물품을 해상운송, 내수로운송 또는 목적항의 부두에서 인도하는 복합운송에만 사용할 수 있으며, 매도인이 물품을 부두에서 다른 장소(창고, 터미널, 집하장 등)로 하역하는 비용과 위험을 부담하기를 원할 때는 DDU나 DDP조건을 사용해야 한다.

관세미지급인도조건

관세미지급인도조건(DDU: Delivered Duty Unpaid)이란 매도인이 물품을 수입통관하지 않고 수입국의 지정된 목적지에서 운송수단에서 양하하지 않은 상태로 매수인에게 인도하는 거래조건이다. 매도인은 수입통관비용과 관세 등을 제외하고 지정목적지까지 물품을 운반하는 데 따른 모든 비용과 위험을 부담한다. 매수인은 수입통관절차를 이행하고 수입통관비용과 관세 등을 부담해야 하며, 매수인이 적기에 수입통관을 하지 않아서 발생하는 모든 위험, 비용을 부담해야 한다. 이 조건은 모든 운송방식에 사용할 수 있으나 물품을 목적항의 갑판 위나 부두 위에서 인도해야 할 때는 DES나 DEQ조건을 사용해야 한다.

관세지급인도조건

관세지급인도조건(DDP: Delivered Duty Paid)이란 매도인이 물품을 수입통관하여 지정된 목적지에 도착한 운송수단에서 양하하지 않은 채로 매수인에게 인도하는 거래조건이다. 매도인은 목적지 국가에서 수입통관비용과 관세 등을 포함하여 목적지까지 물품을 운송하는 데 따른 모든 비용과 위험을 부담해야 한다. 이 조건은 매도인이 직접 또는 간접적으로 수입허가와 수입통관을 수행할 수 없을 때에는 사용할 수 없으며, 매수인이 수입통관절차를 수행하고 그에 따른 위험과 비용을 부담할 것을 원할 때는 DDU조건을 사용해야 한다. 이 조건은 모든 운송방식에 사용할 수 있으나, 물품을 목적항의 본선 갑판 위나 부두 위에서 인도하고자 할 때는 DES나 DEQ조건을 사용해야 한다.

연습문제

1. 수출가격에 영향을 미치는 요소에는 어떤 것이 있는지 설명하시오.
2. 국제가격의 표준화와 현지적응화의 사례를 들어보시오.
3. 국제가격의 결정방법에는 어떤 것이 있는지 설명하시오.
4. 온라인 옥션의 전망에 대하여 설명하시오.
5. 인터넷제품의 가격하락요인에는 어떤 것이 있는지 설명하시오.
6. 인터넷가격의 유형에는 어떤 것이 있는지 설명하시오.

제 11 장

인터넷 유통전략

제1절 유통경로의 개념

제2절 물적유통관리

제3절 인터넷유통의 개념

제4절 e-Marketplace

학습목표 유통경로의 개념 및 중요성에 대해서 살펴본 후 물류 시스템의 문제점 및 발전방향에 대해서 학습한다. 다음으로 일반 유통경로와 인터넷 유통경로의 차이점에 대해서 심도 있게 학습한다.

제1장 인터넷비즈니스의 이해
제2장 인터넷마케팅의 이해
제3장 전자무역

제4장 인터넷 마케팅조사
제5장 인터넷 소비자행동분석

제6장 인터넷 마케팅전략
제7장 e-Segmentation
제8장 e-Targeting과 e-Positioning

제9장 인터넷 제품전략
제10장 인터넷 가격전략
제11장 인터넷 유통전략
제12장 인터넷 촉진전략

제13장 e-SCM
제14장 e-CRM

사례 연구

인터넷 유통전략

진로의 일본시장 진출

일본에서 한국소주의 인기는 아주 높은 편이다. 한류 스타를 기용하여 판촉을 벌려온 진로는 그 인기를 더해가고 있으며, 일본 산토리에서 수입, 판매하는 경월(두산)의 판매량도 증가하고 있다. 그 밖에도 아사히 맥주에서 수입 판매하는 '보해'소주가 있다. 이와 같이 최근 들어 진로뿐만 아니라 한국의 타 소주 브랜드의 수출, 판매가 증가하고 있는 것은 한국소주의 불모지대에서 악전고투를 하면서 시장을 개척한 진로의 공이 절대적이라 하지 않을 수 없다.

황금시간대에 방송되고 있는 진로의 TV광고를 보면 소주란 말은 한마디도 나오지 않고 한국적인 뉘앙스도 풍기지 않는다. 단지 마시는 즐거움을 강조했고 진로는 소주가 아닌 'JINRO'라는 메시지 전달에 집중되어 있다. 광고만 보면 어느 나라 술인지, 어떤 종류의 술인지 전혀 알 수 없다.

일본에 출시되는 진로소주는 한국 내 소주와 맛이 크게 차이가 난다. 한국 진로의 끝맛이 단맛을 풍긴다면, 일본진로는 드라이한 맛이 난다. 일본진로는 당도를 한국의 10분의 1로 낮추고, 첨가물도 억제해 순수하면서도 드라이한 맛을 냈다. 이와 같은 제조법은 일본인의 입맛을 철저히 연구한 끝에 탄생되었다. 한국은 자극적인 음식이 많아 약간 단 소주가 어울리지만, 담백한 음식이 많은 일본인에게는 드라이한 맛이 어울린다.

진로소주는 싸구려가 아니다. 700㎖(25도)짜리 소비자가격은 838엔으로 경쟁제품인 다카라주조의 '順一준'의 720㎖(25도)짜리 소비자가격 748엔보다 10% 이상 비싸다. 희석식 소주 중에서는 가장 고급품에 속한다. 일본의 야키니쿠(한국식 불고기집)점에서는 1병당 2,500엔 정도를 받는다. 일본인들은 소주를 위스키와 동일하게 칵테일(미즈와리: 물에 타 먹는 방식)식으로 마시며 고급클럽에서도 취급하고 있고 먹고 남은 것을 보관해놓는다. 위스키, 와인등과 동일하게 취급을 받는 셈이다.

초기엔 야키니쿠 가게를 중심으로 한 한국 음식점등 업소판매량이 대부분이었으나 지금은 전체 판매량의 절반 이상이 일반 소비자용으로 판매되고 있다. 동네 주류 판매점에서 쉽게 진로를 손에 넣을 수 있는 판매망이 정비된 것이다. 진로는 주요상권을 중심으로 8개소의 판매거점을 설치하고 물류 시스템을 완비하여 현지 주류상에 대한 즉각적인 대응체제를 갖추고 있다.

영업사원들도 현지사정에 정통한 현지인 세일즈맨으로 구성되어 있다. 현지 상관습에 정통한 영업맨들이 현장을 누비면서 판매망을 관리하고 있는 것이다. 때로는 스포츠를 통해 때로는 한국문화(한류)를 통해 소비자에게 파고들면서 거래선과 돈독한 신뢰관계를 가지고 함께 성장하는 '신용제일주의'를 바탕으로 마케팅망을 정비, 확장해가고 있다.

일본에서 한국 소주의 인기는 높다. 최근에는 한류 스타의 붐에 힘입어 한국산 소주가 일본 여성층에도 인기를 모으고 있다. 일본에서 진로소주를 판매하고 있는 진로재팬 관계자에 따르면, 한국산 소주의 시장점유율 증가에 대한 견제로 일본의 주류업계가 식당, 슈퍼 등의 유통채널에 지배력을 강화하고 있어서, 한국소주의 판매가 둔화된다고 하지만 그 인기는 지속되고 있다.

진로는 향후 판매촉진의 방법으로서 여성의 감성과 친밀감을 중시한 시음회 등 긍정적인 이미지 확립을 가속시킬 예정이다. 특히 좋은 재료를 이용한 고급 소주의 개발이 필요하며, 한국 소주의 브랜드 이미지와 한류를 살린 시장 전략을 수립하는 것이 중요하다고 판단하고 소비자의 반응을 계속 주시하면서 새로운 제품개발 및 판매전략을 수립하고 있다. (KOTRA 내부자료)

토의과제

1. **진로가 일본시장 진입을 위해 수립한 전략은 무엇인가?**
2. **진로가 일본시장에서 성공할 수 있었던 요인은 무엇인가?**
3. **진로가 지니고 있는 핵심역량은 무엇이며, 지속적인 성장을 위해 어떤 노력이 필요한가?**

제1절 유통경로의 개념

1 유통경로의 의미

(1) 유통경로의 의의

유통(distribution)은 제품이나 서비스가 생산자로부터 소비자에게 이르는 흐름이며, 유통경로(distribution channel)는 유통과정에 관련되는 일체의 상호의존적인 조직을 말한다. 유통은 고객의 최종 구매반응과 밀접하게 연관되어 있으므로 기업은 표적시장의 소비자에게 적절한 시간, 장소에 제품을 공급해서 고객이 제품을 구매하는 데 장애를 느끼지 않도록 해야 한다. 유통경로는 비탄력적인 외부자원이다. 제품, 가격, 촉진믹스는 시장상황에 따라 수정하기가 상대적으로 수월하지만 유통경로는 구축하기도 힘들거니와 변경하려면 많은 시간과 자본이 소요된다.

한편 국제유통경로(international distribution channel)란 특정기업이 생산한 제품이나 서비스를 해외소비자들에게 이전시키는 데 관여하는 개인이나 조직 또는 그 총체를 뜻한다고 할 수 있다. 생산자와 소비자 사이에는 상품의 유통을 담당하는 여러 종류의 중간상들이 개입하게 되는데, 이러한 중간상에는 도매상, 소매상과 같이 소유권을 넘겨받아 판매차익을 얻는 형태도 있지만, 생산자의 직영점이나 거간과 같이 소유권의 이전 없이 단지 판매활동만을 하거나 그것을 조성하는 활동만을 수행하는 형태도 있다.

최적의 유통경로를 구축하는 것은 기업의 경쟁우위를 구축할 수 있는 자산이 되므로 기업은 제품의 특성, 소비자, 경쟁환경 등을 종합적으로 고려하여 최적의 유통경로를 구축해야 한다. 최적의 유통경로를 설계하려면 표적시장에서의 소비자 욕구를 가장 먼저 파악해야 한다. 일반적으로 유통경로를 설계할 때는 고객의 욕구를 분석하고 이를 바탕으로 유통경로 설계의 목표를 설정한 후 유통경로 정책을 결정하고 관리하는 단계를 거쳐야 한다.

생산자의 유통경로에 관한 의사결정은 기업의 제품이나 서비스를 표적시장에 효율적으로 도달시키는 방법을 결정하는 것으로, 시장 성공의 주요한 결정요인 중의 하나이다. 유통경로는 위에서 언급한 바와 같이 다른 마케팅 믹스 요소와는 달리 낮은 유연성과 비탄력성으로 인해 한 번 결정되면 다른 유통경로로의 전환이 용이하지 않고, 지역성이 있기 때문에 유통경로의 결정과 관리는 신중하게 이루어져야 한다. 유통경로의 길이, 중간상들의 기능 및 능률성, 합리적 유통경로의 결정 등은 기업의 경쟁력에 큰 영향을 주고 나아가서는 국가경제에도 큰 영향을 미친다.

(2) 유통경로의 필요성

유통경로상에서 중간상이 개입되면 상품의 가격은 높아지지만 이는 중간상이 창출하는 효용에 의해 상쇄된다. 유통경로에서 특히 중간상이 필요한 이유는 다음 다섯 가지로 설명될 수 있다.

총거래수 최소의 원칙

유통경로에서 중간상이 없다면 생산자와 소비자가 직접 거래하여야 하므로 거래수가 많아지지만, 중간상이 개입하면 거래수가 감소하므로 거래비용도 감소한다. 예컨대, 세 명의 생산자와 네 명의 소비자가 있는 경우 중간상이 없다면 총거래수는 3×4=12가 되지만, 중간상이 개입하면 총거래수는 3+4=7이 된다.

분업의 원칙

제조와 유통업무를 분담하여 생산자와 중간상이 각자의 업무만을 수행하면 경험효과에 따른 숙련도 및 노하우의 증진으로 일의 전문화(specialization)가 이루어지고, 이로 인해 효율성이 높아지는 것을 분업의 원칙이라고 한다. 유통경로상에서 수행되는 다양한 기능에도 분업의 원칙이 적용된다. 협상, 주문, 촉진, 금융, 정보 수집 등의 기능을 중간상들이 분담하여 수행하면 유통기능의 효율성이 높아져 전체 유통비용은 감소하고 상품의 가격도 낮아질 수 있게 된다.

변동비우위의 원칙

대부분의 제조업의 경우에는 고정비(fixed cost)의 비중이 크기 때문에 시설규모가 커지고 생산량이 증가할수록 단위당 고정비가 하락하여 단위당 비용이 하락하는 규모의 경제(economies of scale) 효과가 크게 나타난다. 반면에 유통업은 제조업에 비해 변동비(variable cost)의 비중이 크기 때문에 생산자가 제조와 유통을 통합하여 생산된 제품을 직접판매하는 경우 규모의 경제 효과가 오히려 적게 나타나게 된다. 따라서 이런 경우 제조와 유통을 분리하여 기능을 분담하는 것이 비용의 측면에서 효율적이다.

집중저장의 원칙

집중저장의 원칙은 중간상이 존재함으로써 사회 전체가 원활한 소비를 위해 저장(storage)해야 할 제품의 총량을 줄일 수 있다는 것이다. 특히 소매상이 필요로 하는 많은 품목을 도매상이 대량으로 저장함으로써 소매상이 저장해야 할 양을 줄여주게 된다. 따라서 집중저장의 원칙은 도매상의 존재이유를 설명하는 원리라고 할 수 있다. 이 원칙에 따를 때 만약 도매상이 없으면 소매상은 더 많은 양의 제품을 저장하고 있어야 하므로 사회 전체로는 저장량이 증대되어 유통의 효율성이 떨어진다는 것이다.

정보축약 및 정합의 원칙

중간상을 통하여 생산자는 수요정보를 얻고, 소비자는 공급정보를 얻는다. 이러한 수요정보와 공급정보는 유통과정을 통하여 집약적으로 표현되는데, 이를 정보축약 및 정합의 원칙이라고 한다. 정보축약 및 정합의 역할은 전통적으로 도매상이 담당해왔다. 도매상의 기능이 원활하게 이루어지면 수요정보와 공급정보는 도매단계로 집약된다. 이 정보에 의해 생산자는 생산을 조정하고 소매상은 구입 · 판매를 조정하여 공급과잉이나 공급부족의 사회적 비용을 극소화하게 된다.

2 유통경로의 기능

(1) 일반적 기능

유통경로의 기능은 일반적으로 해외소비자들에게 제품을 전달하는 것 이상으로 다음과 같은 기능을 가지고 있다.

① 생산자와 소비자의 연결: 생산자와 소비자를 연계시켜 교환을 가능하게 해주고, 운송 · 보관 등을 통해 재화나 서비스의 실체를 이동시켜주며 광고 · 정보 수집 · 위험부담 등을 통하여 기업의 마케팅 활동을 보조한다.

② 환경적응 및 홍보: 기업들이 외국에서 접하게 되는 이질적인 문화나 환경에 적응할 수 있도록 해주고 각국 소비자들에게 당해 기업들을 홍보해주는 역할도 수행한다.

③ 시간 및 공간효용 증대: 소비자들에게 제품을 적절한 시기에 제공함으로써 제품의 시간효용을 증대시키고 소비자들에게 제품을 쉽게 구할 수 있도록 적절한 위치에 있게 함으로써 제품의 공간효용을 증대시킨다.

④ 교환과정의 촉진: 중간상의 개입으로 교환과정을 보다 단순화할 수 있으므로 보다 많은 거래를 효율적으로 이루어낼 수 있다.

⑤ 제품구색의 불일치 완화: 생산자는 소수의 제품라인을 대량생산하고 소비자는 소수의 다양한 제품을 구매하고자 하는데, 양자의 욕구 차이에서 발생하는 제품구색과 생산 · 구매량의 불일치를 유통경로가 완화시키는 기능을 한다.

⑥ 소비자와 생산자의 연결: 생산자들은 중간상을 이용하면 적은 비용으로 더 많은 잠재고객에 도달할 수 있으며, 소비자들의 탐색비용도 절약할 수 있다.

⑦ 고객 서비스의 제공: 유통경로는 생산자를 대신하여 소비자에게 애프터서비스의 제공과 제품의 배달, 설치, 사용방법의 교육 등의 서비스를 제공한다.

⑧ 정보제공의 기능: 유통기관, 특히 소매업은 유형재인 상품의 판매기능뿐만 아니라

소비자에게 상품정보, 유행정보를 제공한다.

(2) 방향에 따른 기능

유통경로 구성원들이 수행하는 유통의 기능은 물적 취득, 소유권 이전, 촉진, 협상, 금융제공, 위험부담, 주문, 자본(판매대금) 이전기능 등으로 구분해볼 수 있다. 이러한 기능은 작용하는 방향에 따라 전방기능 흐름, 후방기능 흐름 및 양방기능 흐름으로 구분할 수 있다.

① 전방기능 흐름: 생산자로부터 최종소비자의 방향으로 이전되는 물리적인 상품과 소유권 등의 흐름을 말한다. 촉진(promotion)도 최종소비자를 대상으로 하므로 전방기능 흐름에 포함된다.

② 후방기능 흐름: 주문이나 판매대금의 결제와 같이 최종소비자로부터 소매상→도매상→생산자로의 흐름을 말한다.

③ 양방기능 흐름: 유통경로의 기능이 생산자로부터 소비자의 방향으로, 동시에 소비자로부터 생산자의 방향으로 이루어지는 흐름을 말한다. 협상과 금융, 위험부담기능 등을 들 수 있다.

3 유통경로의 계열화

유통경로는 생산자부터 소매상에 이르기까지 다양한 유통구성원들로 이루어진다. 일반적으로 유통경로의 구성원들은 구성원 모두의 이익을 추구하는 것이 아니라 각자의 이익만을 추구하려 하기 때문에 유통경로의 갈등이 생겨나게 된다. 이러한 복잡한 유통경로를 관리하고 문제점을 해결하기 위한 해답을 찾게 되면서 유통경로의 계열화라는 개념이 생겨나게 되었다.

유통경로의 계열화란 유통경로에서 일어나는 여러 가지 문제점과 갈등을 해소하고 유통경로 활동을 효율적으로 실행할 수 있도록 전문적이고 일관성 있는 관리체계를 만들어 전체의 이익을 극대화하려는 것을 말한다. 유통경로의 계열화는 크게 ① 수직적 마케팅시스템과 ② 수평적 마케팅시스템으로 나뉜다.

(1) 수직적 마케팅시스템

수직적 마케팅시스템(VMS: vertical marketing system)이란 유통질서를 유지하고 경쟁력을 강화시켜 유통과정의 효율을 증대시키기 위해서 생산, 도매, 소매 등의 역할을 하는 유통경로의 상하 단계를 체계적으로 통합하고 조정하는 것을 뜻한다. 전통적 마케팅시스템과 수직적 마케팅시스템과의 차이점을 그림으로 표현하면 **그림 11-1** 과 같다.

그림 11-1 전통적/수직적 마케팅시스템

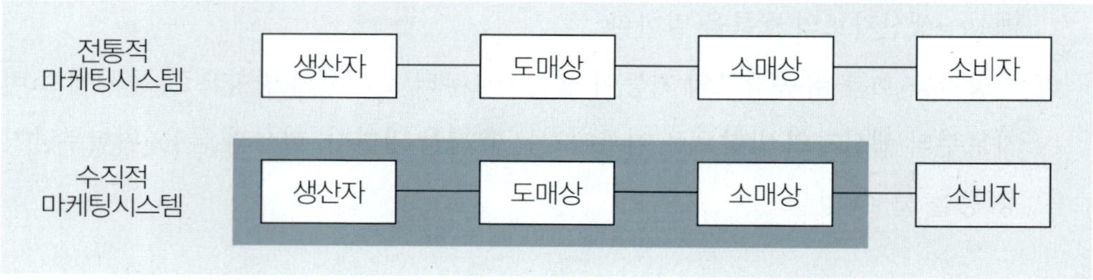

수직적 마케팅 시스템은 다음과 같은 이점을 갖는다.

첫째, 생산-유통-소비에 이르는 전체 과정에서 독립적인 경로구성원들이 수행하는 마케팅 활동의 중복을 제거하여 일관성을 도모하고, 유통질서를 확립한다.

둘째, 운영상 규모의 경제를 실현하고 판매망을 확보한다.

셋째, 마케팅경로 전체로서 시장에 대한 영향력을 극대화시켜 경쟁력을 강화한다.

수직적 마케팅 시스템의 유형은 다음과 같이 세 가지로 구분할 수 있다.

법인형 VMS

법인형 VMS(corporate VMS)은 생산과 유통의 연속적인 단계를 하나의 소유권이나 자본참여를 통하여 결합하는 형태이다. 경로구성원 간의 역할과 갈등을 공식적인 규정에 따라 내부적으로 조정할 수 있다.

관리형 VMS

관리형 VMS(administered VMS)란 경로구성원들 중에서 가장 규모가 크거나 시장영향력이 큰 구성원(경로지도자, channel captain)이 다른 구성원들에게 비공식적으로 영향을 미쳐 생산이나 유통활동을 조정하는 형태이다. 관리형 VMS의 근거는 소유나 자본참여가 아니라 규모나 시장에 대한 영향력이며 비공식적으로 작용하는 것이 특징이다.

계약형 VMS

계약형 VMS(contractual VMS)란 공식적인 계약을 근거로 하여 생산과 유통의 연속적인 단계에 참여하는 경로구성원들을 결합하는 형태이다. 규모의 경제와 마케팅노력의 상호조정을 목표로 하지만, 관리형의 경우에서처럼 각 경로구성원은 독립적인 기관들임에 유의해야 한다. 여기에는 소매상 주재 협동인쇄점, 도매상 주재 자유연쇄점, 프랜차이즈 시스템 등이 있다.

(2) 수평적 마케팅시스템

수평적 마케팅시스템(HMS: horizontal marketing system)이란 새로운 마케팅 기회를 개발하기 위해서 동일한 경로단계에 있는 두 개 이상의 개별적인 기업이 프로그램과 자원을 결합하는 것을 뜻한다. 수평적 통합이 발생하는 이유는 각각의 기업이 단독으로 효과적인 마케팅 활동을 수행하는 데 필요한 자본, 노하우, 마케팅 자원 등을 보유하고 있지 않을 때 수평적 통합을 통해 상승효과를 얻을 수 있기 때문이다. 새로 개발한 신제품의 적절한 유통경로가 없을 때, 또는 판로가 없는 중소기업의 경우는 해외 다른 기업의 유통경로를 이용하거나 다른 기업과 연합하여 새로운 유통경로를 개발함으로써 시장개척을 안정적으로 할 수 있다.

편의점 안에 있는 신용카드 현금 서비스 기기가 이러한 유형의 통합에 속하는데, 이 서비스 기기업체는 별도의 투자 없이 입지가 좋은 곳에 시장 진출을 가속화할 수 있고 편의점은 고객들에게 금융서비스를 제공하는 한편 서비스의 증대로 인한 고객증가 효과도 도모할 수 있다. 상품권을 은행이나 우체국에서 판매하는 것도 수평적 마케팅 시스템이라고 할 수 있다. 수평적 통합은 각 기업이 힘을 합쳐 서로의 이익을 증대시킬 수 있기 때문에 공생적 마케팅시스템(symbiotic marketing system)이라고도 한다.

4 유통경로의 유형

(1) 직접유통경로

직접유통경로는 자사의 판매회사나 판매요원을 통해 소비자에게 직접 전달하는 형태이다. 일반적으로 판매규모가 크고 시장이 집중되어 있는 경우 수익성과 안전성을 확보하기 위하여 이 형태를 취한다. 직접유통경로와 간접유통경로를 그림으로 나타내면 **그림 11-2**와 같다.

(2) 간접유통경로

간접유통경로는 중간상과 대리상을 거쳐 소비자에게 전달하는 형태이다. 중간상은 자기의 명의와 계산으로 판매활동을 하므로 구입가격과 판매가격의 차이가 곧 영업이익이 되며, 대리상은 생산자나 수출 및 수입업자의 위탁을 받아 당해 위탁자의 명의와 계산으로 거래를 하며 판매대금의 일정비율을 수수료형태로 수취하게 된다. 간접유통경로의 유형 및 특징을 요약하면 **표 11-1**과 같다.

그림 11-2 직접유통경로와 간접유통경로

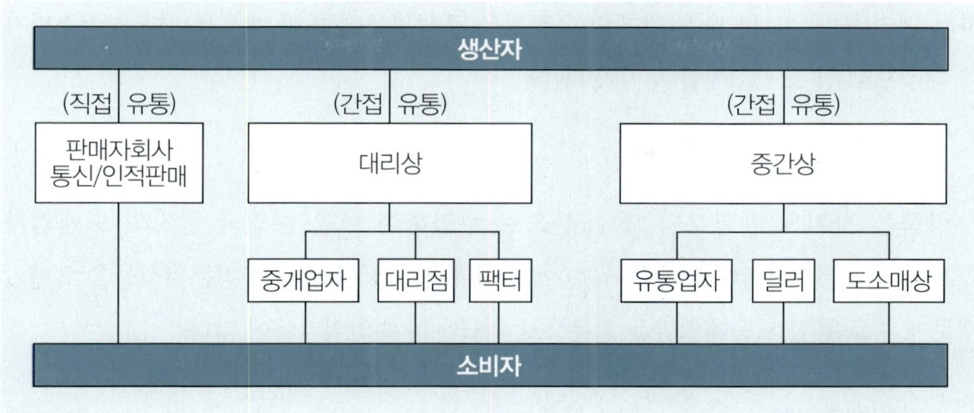

표 11-1 간접유통경로의 유형 및 특징

항목	대리상			중간상		
	중개업자	대리점	팩터	유통업자	딜러	도소매상
독립적 명의	×	×	×	○	○	○
소유권	×	×	○	○	○	○
지속적인 관계	아님	대개 지속적	지속적	지속적	지속적	지속적인 편
통제가능성	낮음	보통	보통	높음	높음	없음
가격조정권한	없음	없음	일부	일부	일부	자유재량
거래업체수	다수	극소수	극소수	소수	소수	다수
주요 취급물품	일차산품	공산품	공산품	공산품	공산품	소비재
제품계열	다양함	관련품목	다양함	중간	제한적	중간
경쟁품목 취급	○	×	×	×	×	○
촉진노력	없음	보통	없음	보통	많음	대개 없음
시장정보 제공	없음	많음	많음	보통	많음	없음

자료: P. R. Cateora, International Marketing, 6th ed., Homewood, Illinois: Richard D. Irwin, Inc., 1987, p.556.

중간상

중간상(merchant middlemen)에는 특정국에서의 독점적 판매권을 향유하며 해외의 제조업체와 긴밀한 유대관계를 맺고 있는 유통업자(distributor), 특정제품의 매매에 있어서 공급업자와 지속적인 관계를 유지하면서 산업재 또는 내구성소비재를 소비자에게 판매하는 딜러(dealer), 보다 낮은 단계의 유통경로 구성원들에 대한 재유통이나 최종소비자를 대상으로 한 도 · 소매상 등이 있다.

① 수입업자

상품을 자기의 위험부담 및 계산으로 수입하여 이를 수입국 현지의 도매업자(distributor or wholesaler)나 소매상(retailer)에게 판매한다. 제품에 대한 전문지식들을 요하기 때문에 주로 특정 제품계열만을 전문으로 취급하는 수입업자들이 많다.

② 제조업자

선진국의 제조업체들은 주문생산방식으로 기능인력이 풍부하고 저렴한 해외에서 노동집약적인 제품들을 제조하여 수입하는 경우가 많다. 이에 비하여 개도국의 제조업자들은 완제품 생산을 위한 기술적 노하우가 부족하기 때문에 특정 제품을 부품이나 반제품 상태로 해외로부터 수입하여 이를 약간의 가공 또는 조립단계를 거쳐 국내에 판매하게 된다. 이러한 제조업체들은 자사의 기존 판매망이나 전문수입업자들과 마찬가지의 도 · 소매 유통경로를 통하여 자사제품을 판매하게 된다.

③ 유통업자

해외의 유통업자(distributor) 또는 분배상은 독립적인 중간상의 대표적인 예로서, 대부분의 유통업자들은 특정국에서의 독점적 판매권을 향유하며, 해외의 제조업체와 긴밀한 유대관계를 맺고 있다. 따라서 이들은 공급업체에 대한 의존도가 상대적으로 높은 편이며, 계약관계도 장기적이고 지속적이다. 유통업자를 통하면 제조업자는 가격, 홍보노력, 재고, 서비스 제공 및 기타 유통 기능을 적절하게 통제할 수 있다. 라인이 유통업자에게 수익이 있을 경우, 그들은 그것에 의존하여 제조업체의 요구가 충족되도록 처리할 수 있다.

④ 딜러

일반적으로 딜러(dealer)란 특정 제품의 매매에 있어서 공급업자와 지속적인 관계를 유지하면서 산업재 또는 내구성 소비재를 소비자에게 직접판매하는 중간상이라고 할 수 있다. 특히 딜러는 공급업체와의 지속적인 관계를 바탕으로 특정 지역에 있어서 제조업체의 제품을 독점적으로 판매할 권한을 갖는 만큼 취급품목도 단일 제조업체의 것만으로 한정되는 것이 보통이다.

딜러는 대개 독립적인 중간상으로 활동하나 제조업체의 필요에 따라 딜러업체의 일정 지분을 보유하는 경우도 있다. 대표적인 예로 현대가 미국시장에 자동차를 수출함에 있어 이러한 딜러들을 통한 유통경로를 채택하고 있다. 딜러의 대표적인 예로는 Massey Ferguson과 세계 주요 도시마다 상인을 두고 있는 Caterpillar Tractor Company를 들 수 있다.

⑤ 도매상 및 소매상

오늘날 크고 작은 다양한 형태의 도매상 및 소매상들은 보다 낮은 단계의 유통경로 구성원들에 대한 재유통이나 최종소비자를 대상으로 한 유통을 위하여 직접 수입업무에 종사하는 경우가 많다. 특히 선진국의 소매상일수록 자사의 구매력 또는 자본력을 이용하여 도매업자를 통하지 않고 직접 수입업자들로부터 상품을 구매하기도 하고, 때로는 자사의 수입조직을 활용하여 직접 해외로부터 수입하여 제품을 판매하기도 한다. 또한 선진국의 대형 소매연쇄점들은 현지시장에서의 지명도를 십분 활용하여 해외의 제조업체에 대한 주문생산방식을 통해 수입제품에 자사상표를 부착하여 판매하는 경우가 허다하다.

⑥ 외국의 정부 관련 기관

각국 정부는 수행하는 사회서비스에 필요한 물자들을 대부분 직접 조달하기 때문에 마케팅 관리자들은 현지 정부 및 공공기관과 거래하게 될 수도 있다. 특히 외환사정이 어려운 개도국이나 동구권의 공산국가들은 국영무역공사(state trading corporation) 등과 같은 형태로 대외교역 창구가 일원화되어 있어 일반 소비재의 경우도 이러한 기관을 통하지 않고는 수출이 불가능하다. 그러나 일반적으로 외국의 정부가 공공기관을 대상으로 한 수출에 있어서는 대체로 특수 상품일 경우가 많고 거래규모가 크기 때문에 국제입찰과 같은 방식을 취하게 된다.

대리상

대리상(agent middlemen)에는 1차산품이나 음식료품을 주로 취급하면서 그 대가로 일정액의 중개수수료를 취득하는 중개업자(broker), 특정국의 도시 · 지역 · 시장에서 제조업체의 제품에 대한 판매권을 향유하는 대리점, 해외의 생산자 또는 수출업자가 맡긴 제품의 판매알선과 함께 구매자의 지급보증업무까지 수행하는 팩터(factor) 등이 있다.

① 중개업자

해외의 중개업자(broker)는 1차산품이나 음식료품을 전문적으로 취급하며, 그 대가로 일정액의 중개수수료(brokerage)를 취득한다는 점에서 대리상과 유사한 성격을 지닌 중간상이다. 이들은 대개 현지고객들에 대한 정보에 밝기 때문에 이들을 활용하면 적은 비용으로 현지시장에 신속히 침투할 수 있다는 이점이 있다.

② 대리점

해외대리점은 경우에 따라 특정 도시, 지역, 당해 시장국 또는 인접국에서의 제조업체의 제품에 대한 판매권을 향유하는 유통기구로서 구체적 거래형태에 따라 sales agent, resident sales agent, exclusive agent, commission agent, indent agent 등 다양한 명칭으로 불린다. 이들은 광범위한 시장을 커버할 수 있다는 이점 때문에 산업재 및 각종 소비재의 유통에 널리 활용되기도 하는데, 특히 일정한 통제권과 집약적 유통을 원하면서도 자체적인 해외판매조직을 갖출 만한 여력이 없는 수출제조업체들이 선호한다.

③ 팩터

팩터(factor)는 원래 중세의 이탈리아에서 발생하여 국제화된 조직으로서, 수출업자가 맡긴 물품의 판매알선과 함께 구매자의 지급보증업무까지 수행하게 된다. 이러한 경우

팩터는 일정액의 판매수수료(sales commission) 이외에 지급보증의 대가로서 지급보증수수료(del credere commission)까지 추가로 수취하게 된다. 팩터의 주요한 기능은 수출업체와 수입업자의 중간에서 신용위험을 덜어준다는 점이다.

제2절 물적유통관리

적절한 유통경로의 선정이 기업의 마케팅 활동을 위해 필수적이지만 물적유통시스템도 매우 중요하다. 유통경로에서는 재화의 재무적 흐름이 중시되지만 물적유통에서는 재화의 물리적 이동, 즉 운송, 보관활동, 재고통제, 보험, 물류 시스템 등이 중요시된다.

1 운송

운송(transportation)은 물품의 이동에 있어 시간적 및 장소적 효용을 창출할 수 있는 주된 기능으로 총물류비에서 차지하는 비중이 절반 이상이나 된다. 따라서 기업이 운송수단을 잘 선택활용하느냐 못하느냐에 따라 물류관리의 성패가 좌우된다.

운송물류의 주된 수단은 해상운송, 도로운송, 철도운송 및 항공운송 등으로 분류할 수 있으며, 적정한 운송수단 선택기준으로는 운송량, 운송거리, 발송지점과 수취지점의 입지여건, 운송품의 상태 및 운송비용 등을 고려하고, 운송의뢰인의 입장에서 운송수단별로 각기 다른 특성을 감안하여 경제성, 신속성, 정확성, 안전성 및 편리성 측면을 검토하여야 할 것이다.

(1) 해상운송

해상운송(shipping or ocean transportation)이란 선박을 운송수단으로 하여 타인의 화물이나 사람을 운송하고 그 대가로 운임을 취득하는 상행위를 말한다. 해상운송은 다른 운송형태와 마찬가지로 재화의 공간적 거리극복과 장소적 이전을 통해 재화의 장소효용을 극대화시킨다.

해상운송의 장점으로는 첫째로 대량수송이 가능하다는 점을 들 수 있다. 항공운송의 경우 신속성은 확보되지만 운송량은 제한되고, 육상운송의 철도의 경우 20톤 화차를 아무리 많이 연결하여도 수천 톤에 불과하지만 선박의 경우 수십만 톤의 화물선이 있다.

둘째로 해상운송은 주로 대양을 횡단하는 원거리운송이라는 점을 들 수 있다. 철도운송도 Siberian Land Bridge(SLB)나 American Land Bridge(ALB)와 같은 원거리수송이 있지만 해상운송은 주로 오대양을 횡단하는 수송이 많다.

셋째로 해상운송은 운송비가 저렴하다는 점을 들 수 있다. 해상운송은 육상운송과 달리 도로라는 시설이 필요치 않으며, 1회에 대량수송이 이루어지기 때문에 규모의 경제 원칙에 따라 단위당 수송비가 저렴하다.

넷째로 해상운송은 운송로가 자유롭다는 점을 들 수 있다. 육상운송의 도로나 철도와 같은 시설이 필요하지 않으며, 해양은 대부분 공해로 자유롭게 항해할 수 있다.

다섯째로 해상운송은 국제성을 지닌다는 점을 들 수 있다. 해상운송에서 입출항의 국적이 서로 다른 것이 일반적이며, 주 항로가 공해상이라는 점이 특정국가의 성격을 벗어난 것이다. 철도운송이 국경을 벗어나기 어려운 것과 비교하여 해상운송은 공해상에서 타국 상선대(商船隊)와 경쟁하게 된다.

여섯째로 해상운송은 속력이 느리다는 점을 들 수 있다. 해상운송은 대량운송이며 운임이 저렴한 반면 속력이 느린 점이 신속성을 필요로 하는 오늘날의 가장 큰 문제점이다.

이처럼 해상운송은 항공운송, 육상운송과 비교하여 신속성 · 편리성 · 정확성 등에서 뒤떨어지지만 규모의 경제에 의해 일시에 대량으로 장거리를 운송할 수 있다는 경제성으로 인하여 현재 수출입화물의 99.7%가 해운에 의존하고 있다.

(2) 항공운송

항공운송(air transportation)이란 항공기에 의하여 화물 또는 사람을 운반하는 것을 말하는데, 오늘날 국제교역량의 증가, 화물의 다양화, 항공운임의 인하로 항공운송의 비중이 점차 증가하고 있다. 항공운송의 특성은 야행성, 편도성, 비계절성 등으로 요약된다.

항공운송의 장점으로는 첫째로 수송기간이 짧다는 점을 들 수 있다. 따라서 예기치 못한 수요의 급격한 증가에도 즉각 대처할 수 있으며, 납기가 늦어짐으로써 발생할 수 있는 위약금이나 계약해제에 따른 손해도 막을 수 있다. 그리고 수송기간이 짧으므로 변질되기 쉬운 상품이나 판매수명이 짧은 상품도 원거리 시장에서까지 경쟁력을 유지할 수 있다. 이에 해당하는 예는 기계설비 및 선박의 부품 등과 같이 긴급히 운반하지 않으면 지대한 손실을 가져오게 되는 품목, 납기가 촉박한 상품, 계절상품이나 투기상품 등이다.

둘째로 재고비용이 절감된다는 점을 들 수 있다. 즉 제품이 신속하게 운송되면 각 지역에 다량의 재고품을 묶어둘 필요가 없기 때문에 재고비용이나 보관비용을 절감할 수 있다. 이에 해당하는 상품으로는 생선이나 식료품, 생화, 살아있는 동물, 방사성 물질과 같이 시간이 지나면 가치가 없어지는 화물 내지는 부패성 화물 등을 들 수 있다.

셋째로 수송조건이 좋다는 점을 들 수 있다. 이는 운반상태가 양호하고 안전함으로써 파손, 분실, 훼손의 위험이 감소됨을 의미한다. 이 때문에 부가가치가 높아 중량에 비하여 운임부담력이 있는 상품과 파손 및 도난의 위험이 높은 모피, 미술품, 귀금속, 시계, 약품, 고급의류, 전자기기, 통신기기, 광학기기 및 관련제품 등의 경우에는 주로 항공운송을 이용하게 된다.

한편, 항공운송의 단점으로는 우선 운임이 비싸다는 점, 화물의 크기에 제한이 있다는 점, 기후의 영향을 쉽게 받는다는 점, 소음공해와 에너지 소비량 높다는 점, 공항시설이 있는 대도시만 가능하다는 점 등을 들 수 있다.

(3) 복합운송

복합운송(multimodal transport)이란 복합운송인(MTO: Multimodal Transport Operator)이 화물을 자기 책임하에 인수하여 어느 국가의 한 지점에서 다른 국가에 위치해 있는 지정 인도지점까지 복합운송 계약에 의거 해상, 내수로, 항공, 철도나 도로운송 등 여러 운송방식 중 두 종류 이상의 운송수단을 사용하여 운송하는 것을 의미한다. 어느 한 운송방식에 의한 계약의 이행을 위해 부수적으로 행해지는 집화나 인도에 이용되는 운송 방식은 복합운송으로 간주되지 않는다.

복합운송은 국가 간의 무역운송에 있어 컨테이너화의 발달과 수송기술 및 장비의 혁신에 따라 종래의 Tackle to Tackle 운송개념이 CY to CY 개념으로 발전된 데 이어 더 나아가 Door To Door라는 더욱 앞선 운송형태로 나타나게 된 것이다. 특히 컨테이너에 의한 화물의 복합운송은 해상운송을 신속 · 저렴하게 하였을 뿐만 아니라 해상과 육상, 나아가서는 항공운송에 이르기까지 전 수송을 신속하고 효율적으로 연결한 중대한 수송 혁신이다.

복합운송의 장점으로는 첫째로 환적작업 검사, 사무수속 등 수송기관의 접점에서 발생하는 작업코스트를 절감할 수 있다는 점, 둘째로 작업흐름의 원활화 및 하역생산성 향상이 가능하다는 점, 셋째로 컨테이너화에 의해 수송수속의 간소화로 화물과 서류의 체크, 서류의 단순화가 가능하다는 점, 넷째로 복합운송업자에 의한 일괄 운송업무 수행으로 운송책임의 일원화가 가능케 됨으로써 그에 따라 클레임처리도 일원화가 가능하다는 점, 다섯째로 단일의 운송인에 의해 취급되므로 화물의 추적 시스템화(cargo tracing system)가 용이하다는 점 등을 들 수 있다.

복합운송의 연결 형태는 해상, 항공, 내륙수로(inland waterway), 철도나 도로운송 등 매우 다양한데 이들을 정리하면 **표 11-2** 와 같다.

복합운송은 국가 간의 이동, 복합운송계약의 체결, 복합운송인에 의한 전 구간 운송 책임의 인수, 운송수단의 복수성 등을 포함하는데, 단일운송에 비해 일반적으로 다음과 같은 특성을 갖고 있다.

표 11-2 복합운송의 형태

형태		내용
piggy-back	철도와 트럭	트레일러나 컨테이너를 철도의 무개화차에 적재하는 운송방식
fishy-back	해운과 트럭	트럭으로 운송된 컨테이너를 선박에 적재운송하는 방식
birdy-back	항공과 트럭	트럭으로 운송된 컨테이너를 항공기에 적재운송하는 방식
truck-air	트럭과 항공	트럭과 항공을 혼합 이용하는 방식
rail-water	철도와 수운	철도를 구비한 특수선박에 기차를 적재하고 운송하는 방식
ship-barge	선박과 부선	내륙수로와 연안항구간에 해운을 혼합 이용하는 방식
sea-air	해운과 항공	항공기와 선박을 혼합 이용하는 방식
sky-rail	철도와 항공	철도와 항공기를 혼합 이용하는 방식
pipeline		국가 간 파이프라인을 설치하여 이용하는 방식

첫째, 전 운송구간에 걸쳐 화주에게 단일책임을 부담한다.

둘째, 화주에게 전 운송구간을 커버하는 복합운송증권을 발행한다.

셋째, 각 운송구간마다 분할된 것이 아닌 전 운송구간의 단일화된 운임을 설정한다.

넷째, 반드시 두 가지 이상 서로 다른 운송방식에 의해 이행된다.

다섯째, 위험부담의 분기점은 송화인이 물품을 내륙운송인에게 인도하는 시점이다.

여섯째, 컨테이너를 이용하여 신속, 안전, 경제적으로 육 · 해 · 공을 연결하는 운송방식이다.

2 보험

마케팅 관리자가 직면하게 되는 가장 큰 문제점 중의 하나는 물품의 물리적 이동과정에서 발생하는 멸실 또는 손상의 위험이다. 따라서 매매 당사자들은 계약화물이 매도인의 창고나 공장을 떠날 때부터 해외의 매수인에 의해 지정된 목적지에 도달할 때까지 보험에 부보하여 화물을 위험으로부터 보호하여야 한다.

매매 당사자들의 관점에서 누가, 언제 부보의 의무를 지니는가를 좌우하는 결정적인 요소는 피보험이익이다. 피보험이익(insurable interest)이란 보험의 목적물에 대해 특정인이 갖는 금전적인 이해관계를 말하며, 대개는 계약화물의 법적인 소유자가 부보할 의무와 권리가 있다. 그러나 반드시 계약화물의 법적인 소유자가 아니라고 할지라도 재산상의 이해관계를 가질 수도 있다.

국제무역에 있어서는 오랜 관행상 운송인의 책임이 상당히 제한되어 있다. 또한 선적된 화물의 소유자는 일종의 항해단체를 구성하게 되어 자기화물에는 전혀 손상이 없는 경우에도 선박을 구하기 위하여 다른 사람이 입은 손실을 공동으로 배상해야 할 책임이 있다. 이러한 사유로 야기되는 불의의 손실을 피하기 위해서 국제매매계약의 당사자들은 항상 자신의 화물을 믿을 만한 회사와 보험계약을 체결하여 보험에 들어두는 것이 현명하다.

3 보관활동

(1) 보관의 의의

보관(storage)이라 함은 창고나 야적 등 보관시설을 통하여 재화를 물리적으로 저장하고 관리하여 분류, 검품, 출고 및 배송하는 작업을 수행하는 물류활동을 말하며 최근에는 보관시설이 저장(stock)기능으로부터 흐름(flow)기능 중심으로 변화하고 있다.

보관의 주요 기능을 보면, 생산과 판매 사이의 시간적 · 공간적 차이 극복을 통한 효율적인 재고관리, 고객의 주문품에 대한 인도장소, 수송과 배송 사이의 거점(node) 역할, 단순보관뿐만 아니라 분류, 유통가공, 재포장 등의 물류센터기능을 수행한다. 보관의 가장 중요한 역할은 고객과 공급업자 간에 품절이라는 최악의 상황에 직면하지 않도록 판매시점에 예비재고품을 제공하는 것이다.

보관시설인 창고를 시설구조에 따라 분류하면 ① 창고 내부에 아무런 설비가 없는 재래식 창고 또는 보통창고(ordinary warehousing system), ② 창고 내부에 선반(rack)시설을 하고 포크리포트 등에 의하여 운영되는 기계화 창고(merchandised warehousing system), ③ 컴퓨터에 의하여 입출고시스템과 정보 시스템이 연계되어 운영되는 입체화 자동화창고(automated warehousing system) 등 세 가지가 있다.

(2) 보관창고

'시속 0km의 수송'이라고 표현되는 보관물류 시스템은 설비자 또는 이용자의 다양한 재정적 및 제도적 요인에 따라 설치되나, 제품의 특성에 맞는 설비와 창고의 위치 및 종류를 선택하여 설비하고 이용하여야 한다. 이러한 단순보관기능뿐만 아니라, 유통기능을 수행하고 있는 창고물류 시스템에 대한 특성을 보면 다음과 같다.

일반보관창고

먼저 제조업체와 서비스업체에서 수요가 안정적이거나 특수한 창고보관 기술을 필요로 하는 경우에 자가창고를 소유하게 된다. 그 형태는 기업의 특수한 요구에 따라 설계되어 다양하고 동 업체의 사무실에 인접한 작은 공간에서부터 수만 평방미터에 이르기까지 다양하다.

자가창고는 임대창고에 비하여 효율적인 관리 및 비용이 저렴하고 보관상에 높은 유연성을 가지는 반면에 장기적이고 고정적인 화물수요가 없으면 투자비가 과다하여 경제성이 떨어진다. 다음으로 임대창고는 타인소유의 창고를 일시 또는 장기 임대하여 사용하는 창고를 말한다. 임대계약 내용에 따라 제한된 사용목적에 한정적으로 사용되는 단점이 있으나, 고정투자비가 필요 없고 창고형태가 표준화되어 있어 다목적의 장비를 활용할 수 있는 등의 이점이 있다.

특수보관창고

먼저 컨테이너화물 조작장(CFS: Container Freight Station)은 컨테이너화물 중 단일화

주로 가득 채워지지 않은 혼재화물(consolidated cargo), 즉 LCL 화물의 적입 · 적출 및 통관을 위하여 일시 장치하거나 보관하는 창고이다. 다음으로 저온창고(cold storage warehouses)는 온도조절을 요하는 과일, 음식, 냉동 및 냉장식품과 같은 부패성 식품을 저장하고 특수 화학물질이나 의약품 등 저온유지가 필요한 화물을 보관하기에 적합한 창고이다. 기타 유통창고로 상품을 저장, 유통 및 전시 판매하는 물류센터창고 등이 있다.

보세창고

보세장치장 및 보세창고는 통관되지 않은 수출입화물이 거치게 되는 곳으로, 수출화물의 선적시기를 조정할 수 있는 역할을 수행하기도 하고 수출입화물의 통관절차를 이행하는 보세화물의 장치장 또는 창고이다. 특허보세장치장은 통관을 하고자 하는 물품을 장치하기 위한 구역을 말하며 특허보세 장치장에는 자가장치장, 타소장치장, 영업용 장치장이 있다.

일반적으로 창고업체에서는 영업용 보세장치장의 면허를 취득하여 컨테이너 장치 보관 및 통관을 수행하고, 컨테이너 운송과 관련된 특별 간이보세운송, 철도소운송업 등에 참여하고 있다. 지정보세구역은 국가에서 건설한 부두 내의 일정구역을 국가 기관의 요청에 의하여 세관장이 지정한 구역이다.

(3) 보관활동

물류에서 보관은 소비자 수요의 예상에 따른 제품의 보관 이외에도 여러 가지 넓은 활동영역을 포함하고 있다. 예를 들면 소비자 수요를 충족할 수 있도록 많은 양의 선적물품을 소규모로 나누는 일, 또는 재선적을 위한 준비작업 같은 것들이 있다.

그러나 보관의 가장 중요한 역할은 고객과 공급업자가 품절이라는 최악의 상황에 직면하지 않도록 판매시점에 예비재고품을 제공하는 것이다. 국제시장에서는 소비시점에 예비재고품을 다량으로 준비할 필요성은 적지만, 수출국과 수입국 간의 거리가 멀어 오랜 운송시간이 소요되고 신뢰성이 적은 중요시장에서는 예비재고품을 대규모로 보유할 필요가 있다.

또한 시장국에 따라서는 보관시설이 부적절하거나 불충분한 경우가 많다. 특히 열대 지방과 같이 특수한 기후조건에 따라서는 제품의 열화를 방지하기 위한 냉장설비 등의 특별한 보관시설이 필요할 경우도 있으며, 그러한 경우에는 부가적인 비용이 발생하게 된다.

4 재고통제

(1) 재고의 개념

재고란 생산 및 판매에 사용되는 원재료 · 반제품 · 제품 등을 사용을 전제로 하여 일시적으로 창고 내에 보관하는 것을 말한다. 따라서 재고관리란 재고품의 수량이나 금액을 계획하고 통제하는 데 관련된 업무를 가리킨다. 재고관리라고 하는 것을 재고량을 관리하는 것으로 이해해서는 안 된다.

어떤 물류거점에서 상품의 재고가 있고, 그 수량을 파악하고, 필요한 경우 발주하여 보충한다라고 간단히 말할 수 있지만, 무엇을 위해서 수량을 파악하고, 발주하는 경우 그 발주량은 무엇을 기준으로 할 것인가의 질문에 당면한다면 재고관리라는 것이 단순히 작업관리는 아니라는 것을 알 수 있을 것이다.

재고량이나 발주량을 결정하는 것은 본래 물류 그 자체의 역할은 아니었으나, 어떻게 된 일인지 많은 기업에서는 그 수량결정을 물류부서에 위탁하고 있는 실정이다. 일반적으로 생산량을 결정하는 생산계획, 판매량을 결정하는 판매계획은 각각 생산과 판매부서에서 담당하지만, 그 중간에서 재고량을 결정하고 유통단계에서의 재고량을 배분하는 것은 물류부문인 경우가 많다.

그러나 재고량 결정이나 재고량 배분은 마케팅정책에 기초한 것이기 때문에 마케팅 지향적인 미국의 물류학자들은 "재고라고 하는 것은 마케팅 정책과 물류활동을 연결하는 것이므로 재고정책은 물류부문이 아니고 마케팅부문에서 결정할 사항"이라고 주장한다.

따라서 재고관리를 'inventory control'이라고 하지 않고 'inventory management'라고 하는 이유는 작업관리적인 성격보다 정책관리적인 성격이 강하기 때문이다. 재고를 죄악시하지 않고 재고량의 증대에 대해서는 엄격한 코스트 의식을 가지면서 재고의 적극적인 기능을 인식하는 것이 재고관리의 기본적 자세라고 할 수 있다.

재고는 공장에서의 생산재고, 생산에서 판매에 이르기까지의 유통과정에 있는 유통재고, 비축을 위한 재고 등으로 나눌 수 있고, 각각 다른 기능을 가지고 있다. 이를테면 생산재고는 생산에 필요한 원재료 · 부품을 생산계획에 맞춰 필요한 양만큼 보관하는 기능을 가지고 있다.

(2) ABC 분석

재고와 관련해서는 먼저 재고를 보관할 창고의 개수와 입지를 결정해야 한다. 이것은 창고를 어디에, 그리고 몇 개를 설치할 것인가에 관한 문제이다. 그런데 이러한 문제는 기업마다 각기 상이한 전략적, 전술적인 문제를 가지고 있기 때문에 일반화시키기에는 상당히 복잡한 요인이 존재하고 있다.

그래서 이러한 문제는 이미 결정된 것으로 보고, 이들 재고지점에 어떠한 제품을 재고로 보유할 것이지를 결정해야 한다. 공장창고, 지방창고, 배송센터 등의 여러 재고지점에 모든 제품을 재고로 보유한다는 것은 여간 비경제적인 일이 아닐 것이다. 보통은 적절한 분류기준에 의해 전 제품을 몇 개의 그룹으로 분류하고, 각 그룹마다 재고지점을 결정하는 방법을 이용한다. 이 분류방법이 바로 ABC분석이다.

이 방법에 의해 전 제품을 A그룹/B그룹/C그룹으로 분류하는데, 예를 들면 A그룹은 배송센터에, B그룹은 지방창고에, C그룹은 공장창고에 배치하는 방법이다. ABC분석은 H. F. Dickie가 1951년 파레토법칙을 재고관리에 적용하여 붙인 용어이다. 그 원류가 된 것은 1897년 이탈리아의 경제학자 Pareto가 개인소득의 분포상태를 조사하여 국가소득의 대부분이 소수의 상위자와 다수의 중 · 상위자에 의해 점유되어 있다고 한 소위 '파레토 법칙'이다.

이 법칙에서 상용한 분석법을 '파레토 분석'이라고 하며, 이것을 오늘날에는 'ABC분석'이라고 부르고 있다. 파레토 이후 많은 학자들을 거쳐 오늘날에는 재고관리, 생산관리, 마케팅 등에 폭넓게 사용되고 있다. 예를 들면 생산관리에서는 단위당 가격에 의해서 분류를 하는데, 소형이면서 가격이 높은 것을 A그룹, 가격이 낮으면서 무겁거나 부피가 많은 것을 C그룹으로 분류한다. 그리고 마케팅에서는 상품회전율을 기준으로 하여 회전율이 높은 것을 A그룹으로 하기도 한다.

(3) 재고통제

재고통제의 궁극적인 목적은 대고객 서비스를 위축시키지 않고 재고에 대한 투자를 가능한 한 낮게 유지하고자 하는 데 있다. 국제마케팅에 있어서 재고통제가 특히 중시되고 있는 이유는 국내에 비해 시장이 멀리 떨어져 있고 운송에 많은 시간이 소요되어 통상 국내시장보다 상대적으로 재고수준이 높기 때문이다.

현지시장에서의 재고수준을 축소시키기 위해서는 외국무역지역 또는 자유무역지역을 활용하는 방안이 있다. 자유무역지역은 대개 국제항에 설치되어 현지세관을 통과하지 않은 상태에서 제품의 보관, 가공처리, 환적될 수 있는 지역이다.

예를 들어 동남아시아지역에 제품을 판매할 경우, 이러한 자유무역지역을 사용하지 않는 기업은 시장국마다 일정수준의 예비재고를 확보할 필요가 있다. 그러나 싱가포르의 자유무역지역에 단일 예비재고센터를 설치하고 이곳에서 인접국시장에 제품을 운송한다면 재고수준을 현저히 낮출 수 있게 되어 거의 고정비에 가까운 재고비용을 크게 절감할 수 있다.

5 물류 시스템

(1) 물류의 정의

물류(physical distribution)라는 용어는 1960년대 초 미국에서 시작된 용어로 '물적유통' 또는 간단히 '물류'라고 사용하고 있으며, 국내에서는 '물류'와 '로지스틱스'를 동일한 의미로 혼용하는 경우가 많다. 물류는 소비자의 니즈(needs)를 반영한 판매수요예측을 통해서 원재료 조달부터 제품 사후관리까지 종합적인 관리, 계획, 통제하는 경영활동이다. 최근에는 협력업체 간에 원자재 공급부터 최종소비자에 이르기까지의 공급사슬관리(SCM: Supply Chain Management)라는 개념으로 발전되었다.

로지스틱스(logistics)란 원래 군대용어로 군사작전을 수행하는 데 필요한 군대의 수송, 야영 숙사의 배정, 무기, 탄약, 식료품, 피복의 배급, 보급 등에 관한 병참시스템을 말한다. 소비자가 필요로 하는 상품을 필요한 수량, 필요한 시기에 공급하는 활동과 관련된 모든 활동을 통합한 것이 로지스틱스이다. 따라서 종래의 물류의 여러 활동에 부가하여 구매활동, 생산 공장의 입지, 생산 관리 등을 추가한 상품공급과 관련된 모든 활동이 이에 포함된다. 여기에 상품의 반품, 회수, 폐기를 포함한 기업내외의 상품의 전 이동과정이 포함된다.

SCM이란 물자 및 정보 등이 공급자로부터 생산자, 도매상, 소매상 및 소비자에게까지 이동함에 따라 그 진행과정의 업무를 통합함으로써 경로 전체의 효율성을 높이자는 것으로, 최종목표는 재고를 감소시키는 것이다. SCM은 정보기술을 활용해 제조와 물류, 유통업체의 상품흐름을 한눈에 파악할 수 있도록 하는 총유통공급관리망을 말한다. 제조, 물류, 유통업체 등 유통과정상에 있는 모든 기업이 공동으로 데이터베이스를 구축함으로써 재고를 최적화하고 납기를 줄이는 전략적 제휴형태로 운영되기 때문에, 성공적인 SCM 정착을 위해서는 총유통공급망 안에 있는 모든 기업들이 전략적으로 협력적인 관계를 형성하는 것이 무엇보다 중요하다.

(2) 물류의 역할

기업경영에 있어서 물류의 역할은 무엇인가?

첫째로 물류는 마케팅의 절반이다. 현대는 고객조사 · 가격정책 · 판매조직화 · 광고선전만으로는 마케팅을 실현하기 힘들고, 결품방지나 즉납서비스 등의 물리적인 고객서비스가 수반되지 않으면 안 되는 시점이라고 할 수 있다.

둘째로 물류는 판매기능을 촉진한다. 물류는 고객 서비스를 향상하고 물류코스트를 절감하여 기업이익을 최대화하는 데 목표가 있다. 판매기능은 물류의 7R기준을 충족할 때 비로소 달성될 수 있다. 7R이란 right commodity, right quality, right quantity, right time, right place, right impression, right price 등이다. 여기에서 한 가지라도 부족하면 판매기능은 그 자리에서 정지되고, 그 이후의 주문은 경쟁업체에게 빼앗길 것이다.

셋째로 물류는 알려지지 않은 제3의 이익원이다. 이익을 높이기 위해서는 우선 매출증대이고, 다음으로는 원가를 절감시키는 것이다. 여기에 물류는 이익을 높일 수 있는 세 번째 방법이 될 수 있다. 예를 들어 매출액 대비 순이익률이 5%이고, 물류비가 매출액의 20%를 차지하고 있을 때 물류비를 10% 절감하면 순이익은 40% 상승한다.

넷째로 물류는 재고량을 삭감한다. 재고는 유동자산으로 평가되기 때문에 재무비율에는 긍정적인 영향을 미치게 된다. 그러나 과다한 재고의 보유는 재고유지비용을 증가시킴은 물론 현금과 달리 유동성이 부족하기 때문에 불황일 경우 자칫 흑자도산의 원인이 되기도 한다. 물류의 합리화를 이루게 되면 불필요한 재고를 보유하지 않아도 된다.

결국 물류는 고객을 만족시키는 고객 서비스를 보다 적은 물류코스트로 이루어내고, 시장경쟁에서 우위를 확보하며, 목표로 하는 매출증대와 이에 따른 이익을 만들어 기업번영에 기여하고자 하는 것이다. 이를 위해서 신속, 정확, 안전하게 그러면서도 저렴한 가격으로 목적을 이루고자 하는 것이다.

(3) 물류 시스템

물적유통의 다양한 측면들은 상호 밀접하게 연관되어 있기 때문에 한 측면에 대한 결정은 다른 결정에 영향을 미친다. 예를 들어 제조설비의 배치에 대한 결정은 창고배치와 적정한 수의 선정에 영향을 미치고, 창고에 대한 결정은 운송형태의 선정과 선적의 최적규모 및 포장 등에 영향을 미친다. 그러므로 물류와 관련된 제반 활동들은 하나의 총체적인 시스템이라는 관점에서 파악할 필요가 있다.

활용 가능한 물류 시스템의 다양한 대안 중에서 어떤 것을 선택할 것인가를 결정하는 데는 여러 가지 방법이 있을 수 있다. 대표적인 예가 총비용 접근방식인데, 이는 개개 활동들의 비용을 분리해서 보기보다는 물적유통의 총비용을 고려한 후 다양한 대안들의 비용/수익관계를 최적화하려는 시도로 집약된다.

물적유통비는 여러 가지 요소를 동시에 고려해야만 최소화가 가능하다. 예를 들면 운송비를 절감하기 위해 제품을 해상운송할 경우, 현지에서 그러한 제품의 재고를 유지하기 위한 보관 및 재고비용이 더 많이 요구될 수도 있다. 이러한 경우에는 운송비가 좀 더 들더라도 항공운송하는 것이 최적의 결정이 될 수 있다.

총비용접근방식을 활용하는 데는 여러 가지 비용항목들에 대한 충분한 검토가 있어야 한다. 물류에 있어서는 운송, 보관, 재고, 운반, 포장, 보험 등의 직접적인 물적유통비용에 추가해서 비용/수익에 영향을 미치는 다른 비용들이 존재한다. 이것은 보이지 않는 비용 내지는 유통관련 비용으로 분류될 수 있는데 판매기회의 상실, 유통업자 및 고객의 불만족, 재고손실 등을 포함한다.

이러한 총비용접근방식은 비용최소화만으로 제한되는 것이 아니며, 성과 또는 소비자 서비스 또한 고려대상에 포함되어야 한다. 물류의 목표가 해외고객에 대한 서비스를 극대화하는 것이라면 인도시간을 극소화하기 위한 시스템개발이 필요하다.

이러한 목표들이 항상 일치하는 것은 아니므로 물류 시스템에 있어서는 어떻게 서비스를 극대화하는 동시에 비용을 극소화할 수 있는가, 어떻게 비용을 줄이면서도 시스템이 정보의 피드백을 극대화할 수 있는가 등의 문제가 대두된다. 이에 대한 해답은 비용과 서비스의 상충과정을 조정하는 데서 찾을 수 있다.

제3절 인터넷유통의 개념

1 인터넷 유통경로의 의의

(1) 인터넷 유통경로의 의미

인터넷에서는 유통을 물리적인 개념, 즉 물류보다는 유통경로로서 이해하는 것이 필요하다. 매장의 개념은 외형적인 실제공간의 개념에서 가상상점으로 확대 및 인식된다. 물류체계는 중간 유통과정 없이 물류센터에서 고객에게 직접 연결되고 있다.

인터넷마케팅의 유통경로는 인터넷이라는 전자적 수단을 통해 중간상을 배제하고, 최종소비자와 생산자 간의 직접적인 거래로 개별고객과의 접근을 통한 직접 마케팅 전략을 창출하고 있으며, 중간상의 배제로 비용절감의 효과까지 거두고 있다.

마케팅시스템은 전체적인 유통비용을 줄이기 위한 시도를 계속적으로 하고 있으며, 환경적인 변화와 더불어 지속적으로 변화하고 있다. 특히, 인터넷이 등장하면서 대량생산 체제의 Many-to-Many의 체계에서 벗어나 고객과의 커뮤니케이션을 통한 One-to-One 마케팅으로 개별고객과의 접근을 통한 직접 마케팅전략을 펼칠 수 있다. 뿐만 아니라, 기존에는 유통경로의 다양화로 비용 상승을 피할 수 없었으나 인터넷 유통경로는 기업과 소비자가 직접 거래할 수 있도록 연결시켜주기 때문에 비용절감의 효과를 거둘 수 있다. 특히, 생산자는 고객과의 직거래를 통하여 수집되는 다양한 고객정보를 기반으로 고객 데이터베이스를 구축하여 경쟁력을 향상시킬 수 있다.

이처럼 유통경로의 변화는 소비자와 직접 연결되는 소매상뿐만 아니라 기업의 공급망에도 영향을 미치고 있다. 가령, Wal-Mart와 같은 대형 소매점의 출현으로 생산업자에서 소매업자에게 힘(power)이 이전되고 있는 환경하에서 월마트사는 JIT 재고관리 시스템, EDI 등의 도입을 통해 재고비용을 줄이고 공급업자들에게 품질과 효율을 높이고 비용을 낮추도록 압력을 가하고 있고, 또한 신속한 물품배달을 위해 공급자들을 엑스트라넷에 연결시키고 있다.

인터넷을 통한 마케팅은 기존의 시장점유율 지향적인 마케팅에서 벗어나 시간적 · 공간적 무제한성, 다양성, 쌍방향성을 통하여 개별고객에게 접근하여 고객과의 지속적인 관계를 유지할 수 있도록 하는 효과적인 마케팅 수단으로 급부상하고 있다.

(2) 인터넷 유통경로의 특징

유통단계의 축소

인터넷에서는 기업에서 소비자로의 직접적인 접근이 가능하여 유통단계 축소로 부가비용을 절감할 수 있다.

정보의 흐름 강조

소비자는 인터넷에서 제품을 구매하므로 양질의 정보를 원하고, 따라서 정보의 흐름이 중요하게 작용한다.

타 사이트와의 협력

웹에서는 한 번의 클릭으로 사이트를 옮겨 다닐 수 있으며 정보교환이 가능하여 자사가 갖지 못한 정보를 제공하는 사이트와 협력하여 강력한 유통채널을 구축할 수 있다.

2 인터넷 유통경로 패러다임의 변화

(1) 인터넷 유통경로의 변화

인터넷마케팅으로 인하여 가장 많은 변화는 바로 유통경로 구조에서 나타나고 있다. 생산자와 소비자, 생산자와 생산자 사이의 거래정보의 중개기능을 유통업체 대신 인터넷 네트워크가 수행함으로써, 생산자가 중간유통단계를 거치지 않고 가상공간에서 소비자에게 직접판매하는 가상직판체제가 확산되어가고 있다.

어떤 이들은 인터넷으로 인하여 모든 중간상들이 없어질 것을 예측하기도 한다. 실제로 항공사들이 비행기 좌석을 인터넷 홈페이지에서 판매하고, 호텔도 이를 통해서 고객들에게 객실예약 서비스를 제공하고 있다. 한편으로는 중간상이 현재의 지위를 유지하게 될 것이라는 주장도 있다. 그러나 분명한 것은 인터넷이 유통경로에서 차지하는 비중이 커질수록 전통적인 유통채널인 중간상들의 중요성은 점차 감소된다는 사실이다.

기존의 유통경로 체제를 무너뜨리면서 대두되고 있는 인터넷 유통경로 유형의 변화로는 크게 중간상의 배제와 중간상의 재창출 및 주문생산 체제를 들 수 있다.

중간상의 배제와 중간상의 재창출

디지털의 특성으로 인하여 시간과 공간이 제약이 줄어들게 되면서 기존의 도 · 소매상과 같은 유통경로의 중간기능이 점차 축소 내지는 소멸되어가고 있다. 이처럼 전자상거래와 엑스트라넷을 통한 전자적 연결(electronic linkage)이 이 유통경로 기능을 연결시켜 전체적인 비용을 절감시키고 있고, 소비자가 낮은 가격에 여러 가지 제품과 서비스를 효율적으로 선택할 수 있게 되면 소매상은 더 이상 필요 없게 된다. 생산자도 더 이상 고객을 연결시켜주는 기능의 중개상이 필요 없게 되는 것이다.

그림 11-3 은 이러한 인터넷 환경하에서 생산자와 소비자 쌍방이 직접 거래를 하거나 또는 이러한 거래 당사자를 연결시켜주는 새로운 중간상의 활동이 전개되고 있는 것

그림 11-3 중간상의 배제와 중간상의 재창출

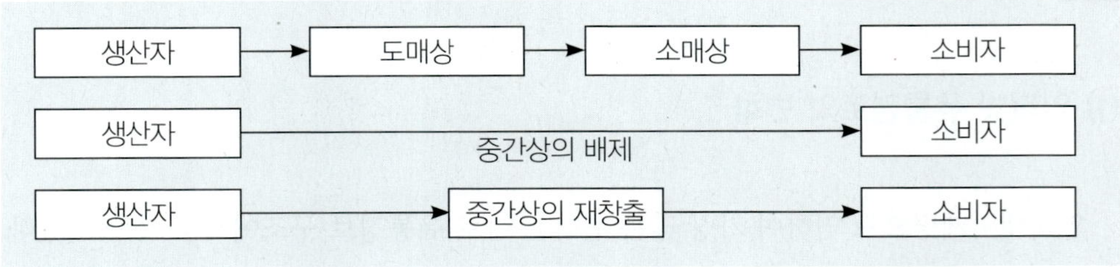

을 보여주고 있는데, 이런 현상을 중간상의 재창출(reintermediation)이라고 한다.

가령 amazon.com은 1955년 온라인 서점을 개설한 이후 70여 개국에 네트워킹을 구성하여 기존 서적판매의 선두주자였던 Barns & Nibles의 자리를 빼앗았고, CompareNet, Shopbinder와 같은 사이트들은 소비자에게 인터넷 구매에 앞서 방문하여 가격이나 제품의 성능 등을 비교하게 함으로써 합리적인 구매를 도모하고 있다. 이들은 인터넷 브로커(e-broker)라고 할 수 있다.

이러한 추세는 조직 내의 갈등 및 유통의 갈등으로 가시화되고 있다. 현재, Pioneer Electronics사는 기존 유통의 저항이 너무 커서 아직 온라인화하지 못하고 있으며, Estee Lauder사는 대형 유통업체들의 압력에 의해서 일부 품목만을 온라인 쇼핑에 의하여 직접 판매하고 있다.

이러한 변화에서 중요한 것은 마케팅의 기본원칙, 즉 보다 나은 품질의 제품을 제공하고 고객의 욕구나 필요를 더 잘 파악하여 고객욕구를 충족시키고, 고객과의 접촉을 위한 보다 나은 효율적인 시스템을 구축하여 신속하고 저렴한 가격으로 고객을 확보하는 것이다.

주문생산방식의 대규모화

현대 생산 시스템은 대량생산을 위한 벨트컨베이어 조립라인에 의한 다품종 소량생산, 주문생산방식 등으로 유사부품의 분류와, 표준화 및 컴퓨터화된 관리기법(material requirement planning) 등으로 정보 시스템화와 전산화를 구축하고 있다.

특히 인터넷의 출현으로 기존의 주문생산 시스템을 대량주문맞춤으로 손쉽게 전환하고 있으며, 이것이 새로운 유통경로에서 자리를 잡아가고 있다. 델컴퓨터사는 대량주문맞춤 생산방식으로 전환함으로써 매출을 증가시켰다. 그들은 웹에서 고객이 원하는 컴퓨터를 주문받으면 그에 맞는 부품을 골라서 약 4~5시간 내에 생산하여 고객들에게 그들의 욕구에 맞는 제품을 제공하고 있다.

주문생산방식의 가장 큰 특징은 인터넷을 통한 유통경로의 축소로, 보다 저렴한 가격으로 제품을 공급받을 수 있게 하고, 고객의 요구에 근거를 둔 생산체제이므로 고객의 수요를 보다 정확히 예측할 수 있어 재고부담을 줄일 수 있고, 고객들이 직접 주문을 하므로 수주실패율이 낮고, 그리고 유통 파트너 간의 긴밀한 협조로 의사소통 비용을 줄일 수 있다는 장점이 있다.

(2) 거래유형별 유통경로 구조의 변화

거리와 시간 개념을 소멸시킨 인터넷의 등장은 기업과 기업 간, 소비자와 공급자 간의 경계를 약화시키면서 기업이 핵심역량을 제외한 여타 부문을 아웃소싱하는 네트워크 경계를 발생시켰다. 또한 인터넷을 통한 상거래가 보편화되면서 수많은 공급자와 소비자가 등장하였고, 이들 사이를 원활하게 연결시켜주는 인터넷상의 중개상(intermediary)들이 등장하기 시작했다. 이들은 경매나 입찰 형태의 거래를 주선함으로써 다양한 형태의 협력을 이끌어내고 있다. 예를 들어, www.travelcity.com는 항공권 예약, 여행지, 렌터카, 호텔 등 거의 모든 정보를 제공하고, 각 고객의 여건에 맞는 다양한 업자들을 연결시켜줌으로써 상거래를 주선한다.

인터넷 유통구조는 고객정보를 제품화하여 판매를 제공하는 형태의 유통구조를 보이는데, 크게 세 가지 유형으로 나누어볼 수 있다. 기업 대 기업 간의 거래(B2B), 기업 대 소비자 간의 거래(B2C), 소비자 대 소비자 간의 거래(C2C)가 그것이다.

B2B

이는 중간상이 배제된 유통경로로 유통기관이 고객에 보다 쉽게 접근할 수 있도록 정보나 물품 등을 지원하고 이에 대한 수수료를 받는 개인이나 조직체를 말한다. 기업간(B2B) 마켓플레이스 모델은 대표적인 협력형 유통경로의 형태로, 여기에 참가하는 기업들은 서로의 생산계획을 공유하면서 최적의 수급량을 결정하게 된다.

여기에는 정보 수집 브로커가 있어서 정보를 전문적으로 수집하여 제공해주며, 광고업체와 같은 정보이용자에게 고객의 접근을 용이하게 해주고 또한 특정 제품의 고객 신상정보, 선호도 등의 정보를 수집하여 그 고객에게 맞는 판매처와 연결하여주는 역할을 수행한다.

B2C

고객의 측면에서 가장 중요하고 유용한 정보를 제공하는 것을 목적으로, 고객의 정보를 수집 및 분석하여 체계화하고 이를 이용한 정보서비스를 제공하는 사업단위를 말한다. 현재 인터넷 전문기업이라고 하는 대부분의 기업이 여기에 해당된다. 아마존과 같은 인터넷 기업들은 고객의 구매가치를 최대한 높여주기 위하여 고객의 과거 구매패턴을 분석, 현재 어떠한 구매가 최선인지를 확인하고 판매처를 탐색하여 적정가격으로 최적의 제품 및 서비스를 구매할 수 있도록 도와주는 기능을 수행하고 있다.

이러한 정보관리 노하우와 마케팅 노하우가 축적되면서 점차 다양한 서비스를 제공하고자 통합된 형태를 취하기도 한다. 야후나 AOL은 단순한 검색서비스와 온라인 서비스만을 제공하는 것이 아니라 다양한 쇼핑몰, 구매 에이전트, 미디어 제공자 등의 역할을 동시에 수행하고 있다. 또한 인터파크, CJ Mall, GS Shop 등과 같이 많은 국내 인터넷 쇼핑몰들도 이러한 유통경로로 운영하고 있다. 이 거래도 중간상을 배제한 것으로 빠르게 성장하고 있으며 각 고객들의 욕구에 맞는 맞춤형 서비스 제공을 시도하고 있다.

C2C

C2C는 인터넷의 특성인 시 · 공간의 제약을 벗어난 무제한성과 속도성으로 인하여 갈수록 규모가 커지고 효율적인 시장으로 성장하고 있다. 현재 이 분야의 선두업체로는 이베이가 있는데, 사업을 시작한 지 4년 만에 220억 불의 주가총액을 달성하였다.

이처럼 인터넷의 등장으로 유통경로 구조에 상당한 변화를 가져온 위의 거래 유형들은 참여자 모두에게 효율성 제고와 시너지 효과를 가져다줌으로써 상호 win-win이 가능한 모델로, 앞으로 인터넷을 통한 상거래의 핵심개념으로 부상할 것이다.

3 인터넷 유통경로의 기능

인터넷을 통한 물리적 제품과 콘텐츠의 유통은 디지털 기술의 발전과 함께 유통전략에 많은 변화를 가져왔다. 디지털 콘텐츠는 상대적으로 고정비가 높고 가변비용이 매우 낮기 때문에, 생산량이 늘어날수록 이윤의 극대화가 이루어진다. 특히 전자상거래, 엑스트라넷 등을 통한 전자적 연결(electronic linkage)은 채널 기능을 수행하는 데 있어 소요되는 전체적인 비용을 줄여준다. 유통경로의 기능이란 표적고객들에게 유통서비스를 제공하기 위하여 경로구성원들이 수행하는 마케팅 활동을 의미한다.

인터넷마케팅에 있어서 경로구성원이 수행할 경로기능은 고객에게 유통서비스를 제공할 목적으로 사용하고 있으며, 이에 기업은 고객이 욕구에 부응하는 유통서비스에 대하여 어느 정도의 서비스를 제공할 것인지를 결정해야 한다. 경로기능은 각각 생산자와 중개상, 중개상과 소비자 사이에서 발생하게 되는데, 인터넷마케팅에서는 기존 도매상과 소매상의 기능이 하나로 통합된 형태의 소매상 출현과, 직접적으로 거래에는 참여하지 않지만 필수적인 역할을 하는 거래지원적 성격을 가진 거래지원자(facilitator)의 역할이 두드러지게 나타나고 있다. 거래지원자의 종류를 살펴보면 표 11-3 과 같다.

이런 거래지원자와 인터넷 소매상 등이 수행하는 역할이 인터넷마케팅 환경하에서의 경로기능이다. 이러한 경로기능은 인터넷 소매상을 중심으로 하여 생산자와 소비자

표 11-3 거래지원자의 종류

기능	종류
물적운송	택배회사, 우편서비스, 퀵서비스, 기타화물 운송업체 등
대금결제	신용카드회사, 은행(계좌이체), 전자상거래 결제대행전문기업 등
커뮤니케이션	ISP(Internet Service Provider), 광고회사 등
보안	보안 소프트웨어 전문 업체

가 연결되고, 그 연결과정을 원활하게 하는 사람들이 거래지원자이다. 생산과 배송, 대금결제 등과 같은 부수적인 기능은 아웃소싱 등을 통해 원가절감과 비용우위를 추구하고, 인터넷 소매상은 제품기획과 머천다이징, 고객관리, 웹사이트 관리 등의 핵심부분에만 기업역량을 집중하여 쇼핑몰의 무형적 자산가치를 올리는 데 힘쓰고 있다. 이런 현상이 두드러질수록 유통기능에서 거래지원자가 담당하는 비중은 더욱 커질 것으로 예상된다. 이러한 현상은 기업 대 소비자 간의 B2C시장뿐만 아니라 B2B시장에서도 마찬가지이다.

4 인터넷 물류전략

(1) 인터넷 물류전략의 의미

유형재는 크기에 상관없이 유형의 제품이기 때문에 공간적 장소를 이동시키기 위해서는 절차가 필요하다. 여기에는 자체적인 배송체제를 구축하여 배송하는 방법과 외부의 배송업체에 의뢰하여 배송하는 방법이 있다.

자체적인 배송체제를 이용하는 방법

자체적인 배송체제를 이용하여 배송하는 경우에는 고객이 상품을 구매하고 배송과 관련하여 배송시간, 배송요청지 등과 같은 정보를 제공하면, 쇼핑몰의 발송부서는 배송

서비스 부서에 배송과 관련된 정보를 제공하여 상품의 배송을 지시한다. 인터넷유통경로 개념을 그림으로 나타내면 **그림 11-4** 와 같다.

그림 11-4 인터넷유통경로의 개념

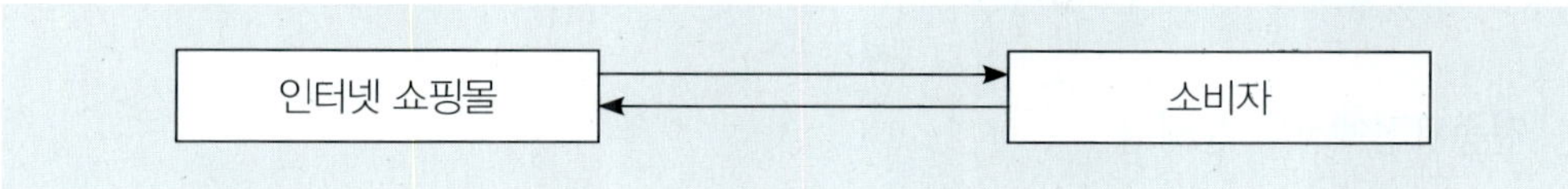

이 경우 고객이 온라인으로 주문하고 지불을 승인한 후 약속된 시간과 장소에 제품을 배달받기 위해서는 고객의 경우에는 주문 시 수취인과 배달위치 등과 같은 정보를 상세하게 운영자에게 전달해야 한다.

아웃소싱(outsourcing)하는 경우

외부의 물류회사를 이용하는 경우 자체적인 보관창고를 운영함으로써 단순 배송만을 위탁하는 형태와, 별도의 물류센터를 운영하는 배송업체 또는 생산지로부터 직접 배송하는 형태로 나눌 수 있다. 이들 모두는 **그림 11-5** 와 같이 쇼핑몰 운영자와 소비자 사이에 제3의 주체(배송업체가)가 개입되어 있다.

그림 11-5 인터넷유통의 아웃소싱

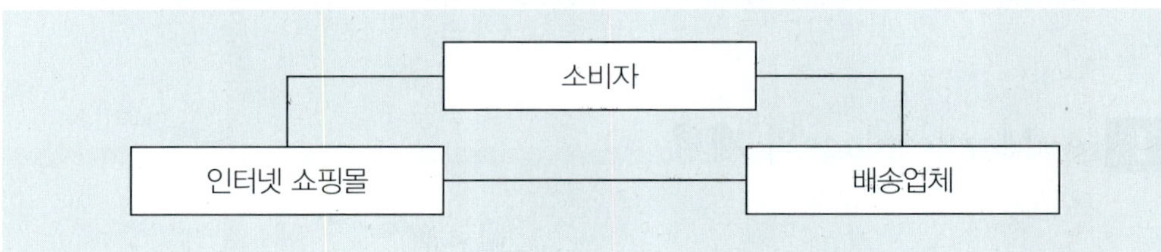

디지털상품은 유형의 형태를 지니지 않는다. 고객이 주문한 디지털 상품을 전송받기 위해서는 디지털 상품을 판매하는 사이트에서 고객이 등록하고 결제를 승인하면, 해당 고객에게 결제한 디지털 상품에 대해서 접근을 허용하고 상품을 선택하여 전송받을 수

있도록 한다. 디지털 상품의 배송은 상품의 특수성으로 인해서 물리적 상품의 배송보다 더 복잡한 문제를 야기할 수 있다.

(2) 인터넷 물류전략의 문제점

전송과정에서의 문제점

디지털 상품의 배송은 개방형 네트워크를 통해서 이루어지기 때문에, 전송과정에서 발생할 수 있는 제반 문제는 정보의 유출로 이어질 수 있다. 보안기술은 언제나 노출되어 있는 상황이다. 따라서 상품의 전송과정에서 정보가 유출되면 고객과 전송업체 모두가 피해를 입을 수 있다.

전송 후 고객의 소유과정에서의 문제점

전송이 완료된 후 고객은 소유권을 주장할 수 있다. 소유권이 고객에게 넘어간 이후에도 전송업체 입장에서는 불법복제나 변형에 의한 저작권의 침해를 받을 수 있다.

제4절 e-Marketplace

1 e-Marketplace의 개념

(1) e-Marketplace의 의의

e-Marketplace란 인터넷상에서 다수의 공급업자와 수요자들이 대면하고 거래를 이룰 수 있도록 해주는 가상시장(virtual market)을 말한다. 기존의 기업 간 전자상거래가 중개

자 없이 개별기업차원에서 이용되었다면, e-Marketplace에서는 구매자와 판매자 사이에 마켓메이커(Market Maker)라는 중개자가 등장하여 불특정 다수의 구매자와 역시 불특정 다수의 판매자 간에 자유롭게 거래를 할 수 있는 가상의 공간을 제공하고 이를 적절히 관리함으로써 거래를 활성화하고 관련 거래비용을 감소시킬 수 있다.

e-Marketplace는 인터넷상의 가상시장으로서 제품, 서비스, 정보 등, 기업의 구매 및 판매와 관련된 모든 서비스를 제공하는 공급자와 구매자의 B2B 전자상거래 커뮤니티(community)를 의미하는 것으로, e-비즈니스의 결정판으로도 불리고 있다. 과거의 기업 간 전자상거래가 중개자 없이 개별기업 차원에서 이용되었다면, 가상시장을 통한 기업 간 전자상거래는 구매자와 판매자 사이에 마켓메이커라는 중개자가 등장하는 형태라고 할 수 있다. 즉 가상시장에서는 중개자가 불특정 다수의 구매자와 판매자에게 자유롭게 거래를 일으킬 수 있는 가상의 공간을 제공하고 이를 적절히 관리함으로써, 시장의 거래가 활성화되고 거래비용을 감소시키는 효과를 가져올 수 있는 것이다.

현재 우리나라의 경우 e-Marketplace가 전자상거래에서 차지하는 비중은 작으나, 많은 국내외 연구기관들이 예측한 바와 같이 B2B 발전에 있어서 중요성이 지속적으로 증가하고 있으며, 이들 업체의 성공여부에 따라 우리나라 전자상거래 발전에 많은 영향을 미칠 것으로 전망된다. 그러나 국내 e-Marketplace는 글로벌 경쟁과 수익 모델 창출에 있어 여러 가지 문제점에 직면하고 있으며, 이들 업체가 B2B 전자상거래상의 중요한 역할을 수행하기 위해서는 많은 연구와 정책적 노력이 뒷받침되어야 할 것이다.

(2) e-Marketplace의 특징

e-Marketplace는 전자상거래의 핵심이 되는 특징 중 하나인 '시 · 공간의 제약 극복' 특징이 가장 잘 발휘되는 분야이다. 따라서 다양한 업종에 걸쳐 다양한 품목의 국제적 거래에 적합하다. 이러한 e-Marketplace의 특징은 다음과 같다.

첫째, 비즈니스 프로세스 근본적 변화라는 특징이 있다. e-Marketplace는 단순히 기존의 거래형태를 변화시키는 데 국한되지 않고, 비즈니스 프로세스를 근본적으로 변화시킨다. 즉, 오프라인상에서 이루어지던 불필요하고 복잡한 거래과정들을 합리적이고 효율적으로 변화시킨다. 또 혁신적인 프로세스와 투명한 거래를 통해 거래 소요시간 및 거래비용을 획기적으로 절감시킬 수 있다.

둘째, 전자상거래의 모든 특징을 계승한다. e-Marketplace는 오프라인상의 시장기능을 단순히 온라인상으로 옮겨놓은 것이 아니다. e-Marketplace는 전자상거래의 발전된 개념이고, 그 범위를 확장시킨 개념이기 때문에 전자상거래의 특징을 계승한다. 즉, e-Marketplace는 인터넷상의 가상시장으로서 제품, 서비스, 정보 등 기업의 구매 및 판매와 관련된 모든 서비스를 제공하는 공급자와 구매자의 B2B 전자상거래 커뮤니티이다.

셋째, 종합적 기능을 제공한다. e-Marketplace는 기존의 단순한 상거래 기능만 존재하던 B2B 쇼핑몰 사이트와는 완전히 다른 개념이다. 인터넷과 디지털 정보기술을 수단으로 구매기업과 공급기업 사이를 완벽하게 연결하고 통합해주는 혁신적인 패러다임이다.

e-Marketplace에서는 경매, 역경매, 거래소, 입찰, 공동구매 등 다양한 상거래 기능은 물론 공급망관리(SCM), 공동 생산계획과 같은 지능적인 기능과 다양한 공급자 및 구매자 정보, 광범위한 상품 카탈로그 등 강력한 콘텐츠와 커뮤니티 서비스를 제공할 수 있다. 그러므로 일반적 기업 간 전자상거래 이외에도 공급망관리 등이 포함됨에 따라 기업 간 e-Business 실행(B2B e-Business)의 결정체라고 할 수 있다.

2 e-Marketplace의 종류

e-Marketplace는 운영주체, 통합방향, 상거래기능, 구조, 주도자 등에 따라 다양하게 분류할 수 있다. 그러나 어떤 기준을 따르더라도 급격하게 변화하고 증가하는 e-Marketplace를 포괄적으로 분류하기는 어려운 실정이다.

먼저 운영주체에 따라 ① 판매자 주도형, ② 구매자 주도형, ③ 중립적 주도형 e-Marketplace로 분류할 수 있다. 다음으로 통합방향에 따라 ① 수직형, ② 수평형, 그리고 ③ vortal과 hortal을 결합시켜놓은 mega-market형 e-Marketplace로 나눌 수 있다. 또한 시장창출방식에 따라 ① 카탈로그형, ② 경매형, ③ 역경매형, ④ 교환형 e-Marketplace, ⑤ 상업적 e-Marketplace로 구분할 수 있다.

(1) 운영주체에 따른 분류

판매자 주도형(seller-driven) e-Marketplace

판매자 주도의 e-Marketplace는 하나의 판매기업이 e-Marketplace를 구축하고 이 기업에서 물품을 구매하는 다수의 구매자들이 참여하는 형태이다.

구매자 주도형(buyer-driven) e-Marketplace

구매자 주도의 e-Marketplace는 구매력이 강한 하나의 구매기업이 e-Marketplace를 구축하고 이 회사에 납품하고자 하는 다수의 공급자들이 참여하는 형태로, 대기업들이 e-Procurement를 위해 구축하는 사이트가 여기에 해당한다.

중립적 주도형(neutral-driven) e-Marketplace

중립적 주도의 e-Marketplace는 주로 솔루션공급업체 등 구매자나 판매자가 아닌 기업이 e-Marketplace를 구축하고 다수의 공급자와 다수의 구매자가 참여하는 형태이다.

(2) 통합방향에 따른 분류

수직형(vertical) e-Marketplace: vortal

자동차 부품, 화학 부품, 전자 부품, 소비재 등 특정 수직산업 안에서 구매자와 공급자의 상호작용을 자동화하는 데 초점을 둔다. 정보 교류를 중계하고 제품 카탈로그, 경매, 익스체인지와 같은 시장메커니즘을 제공함으로써 수직적 공급체인을 자동화한다. 수직적 e-Marketplace는 종종 현존하는 수요와 공급을 실시간으로 매칭시켜 시장의 유동성을 생성하는 데 초점을 둔다.

수평형(horizontal) e-Marketplace: hortal

다양한 산업군을 포괄하며 프로세스를 자동화한다. 예를 들면, MRO 구매, 여행 관리, 물류서비스, 복사 서비스, 직원 서비스, 이익관리 등이다. 주요 의도는 일반 관리 비즈니스 프로세스의 워크플로우와 거래를 자동화함으로써 프로세스와 비용의 효율성을 증대시키는 것이다. 수평적 e-Marketplace는 종종 ERP시스템이나 인트라넷 기반의 구매 솔루션 같은 기업 내부 애플리케이션의 연장선상에 있다.

mega-market형 e-Marketplace

mega-market형 e-Marketplace는 수직형 e-Marketplace와 수평형 e-Marketplace를 결합한 형식으로, 이를 그림으로 나타내면 **그림 11-6**과 같다.

그림 11-6 mega-market형 e-Marketplace

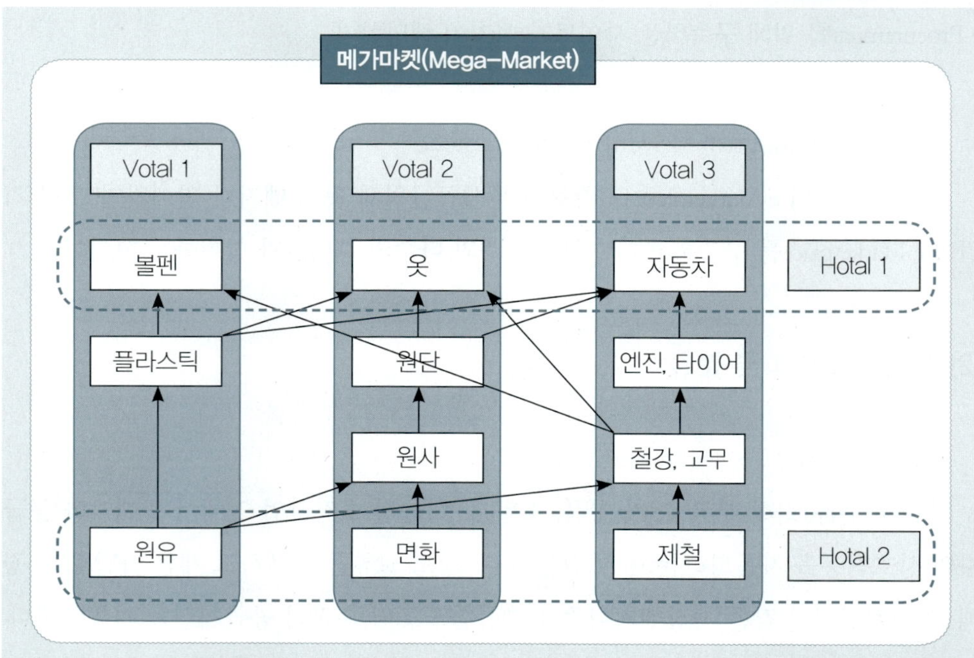

(3) 시장창출방식에 따른 분류

카탈로그형(catalog) e-Marketplace

판매자가 그들 상품의 가격, 특징 등의 정보를 웹(Web)상에 올려놓고 이를 본 구매자가 웹상에서 바로 구매하는 방식을 취하는 거래시장으로, 가격이 사전에 협상되어 있어 매우 고정적인 성격을 지닌다. 일반적으로 상품의 종류가 매우 다양하고 판매자와 구매자가 많아서 상품에 대한 검색 자체가 힘든 경우, 또는 소규모 거래로 인해 각각의 거래협상에 많은 비용이 소요되고 제품가격이 비교적 안정적인 경우에는 카탈로그형 마켓플레이스가 적합한 유형이라 할 수 있다. 예로는 e-Steel이나 paperExchage.com 등을 들 수 있다.

경매형(auction) e-Marketplace

경매 메커니즘을 이용한 최적의 결합(Matching)을 통해 상거래가 이루어지는 유형으로, 기업이 판매하고자 하는 물품을 공지하면 다수의 구매자가 가격을 입찰하고 최적의 가격을 제시한 구매자에게 이를 판매하는 방식이다. 경매형 마켓플레이스의 예로는 MetalSite를 들 수 있다.

역경매형(reverse auction) e-Marketplace

경매형의 반대개념으로 구매자가 자신이 사고자 하는 물품에 대한 조건을 제시한 후, 다수의 공급자 중 최적의 가격과 거래조건을 제시한 공급자로부터 구매하는 방식이다. 자동차 생산에 있어서 대규모 회사인 GM(General Motors)이 설립한 TradeeXchange.com이나 auto-Xchange 등을 예로 들 수 있다.

교환형(exchange) e-Marketplace

양방향 경매방식으로 제3의 중개자에 의해 매우 중립적인 시장의 형태로 이루어진다. 이 경우는 상품의 수급관계와 가격이 매우 유동적인 시장에서 상품의 사양(스펙:

specification)이 정해진 원부자재나, 범용성이 높고 표준화된 상품의 거래에 적합하다. 구매자의 입장에서는 필요한 부품, 상품을 신속히 조달할 수 있고, 판매자의 입장에서는 최적의 시장가격으로 상품을 판매할 수 있다는 이점이 있다.

상업적(commercial) e-Marketplace

제품 또는 서비스 공급자(예: 금융기관이나 공공기관), 또는 사립단체(예: 의료인 협의회)들이 가입자들에게 서비스를 제공하는 branded exchange이다. market manager는 구매자-판매자의 관계를 조정하고 가입자들의 구매량을 총합하여 공급자와 협상 시 유리한 가격과 서비스를 받을 수 있도록 한다. 상업적 e-Marketplace는 동시에 시장 관리자들이 서비스를 제공하고 구독료, 거래당 수수료, 커미션 등의 새로운 수익 모델을 만들 수 있게 하는 가상채널을 제공한다.

3 e-Marketplace의 요건

(1) e-Marketplace의 구성요소

e-Marketplace는 **그림 11-7**에서 보는 바와 같이 플랫폼 기반 위에 물류, 지불시스템, 인증 및 보안, 제도 및 정책 등의 기능적 요소 및 Contents, Community, Commerce, Collaboration 등의 4C로 구성된다.

그림 11-7 e-Marketplace의 구성요소

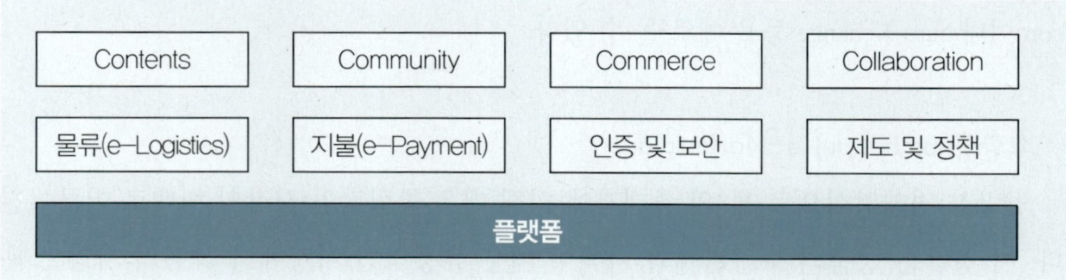

기반 플랫폼은 인터넷과 정보기술을 통해 e-비즈니스를 가능하게 해주는 기반 소프트웨어들의 집합을 의미한다. 여기에는 시스템 운영체제와 DBMS, 개발도구, 기술표준 등이 포함된다. e-Marketplace를 구성하는 기능적 요소는 e-Marketplace를 가능하게 하는 관리적 기술과 제도적 지원방안이다.

(2) e-Marketplace의 성공요건

시장으로의 침투

얼마나 많은 참여기업을 확보할 수 있느냐가 성공의 관건이다. 소수나 일부 대기업에만 의존할 경우 e-Marketplace는 특화점을 살리지 못하고 평이한 전자시장 중 하나로 존재할 수 밖에 없다. 따라서 Supply Chain 전 과정에 놓여 있는 관련업체, 유통업체 등 모든 경제주체들이 참여하도록 해야 한다. 그러기 위해서는 신뢰가 구축되어야 하고 데이터의 정확성과 품질, 거래이행에 대한 지원 등이 수반되어야 한다.

범용화 가능성 정도

쉽게 범용화가 가능한 제품은 구매비용을 절감시키고 업무의 효율성을 재고시킬 수 있다. 커스터마이징과 표준설정 등에 대한 합의가 충분히 있어야 고객의 요구사항에 적절히 대응할 수 있다.

SCM과의 연계

B2B 거래를 성공적으로 하기 위해서는 개별회사의 SCM에 효율적으로 연계되어야 있어야 한다. 많은 기업들은 이미 경영효율화를 위해 ERP 솔루션 등을 도입, 자체적인 전산시스템을 구축하고 있다. 이런 내부 경영시스템과의 연계가 지원되지 않고서는 온라인 B2B시장의 활성화를 기대하기 어렵다.

인프라 구축도의 필요

대규모의 자금이 이동하기 때문에 신용을 보증하거나 결제 인증기관이 필요하다. 또한 supply chain을 연계 시 기업 간에 정보의 공유가 수반되어야 하나, 아직 우리 기업들은 정보 공개에 대해 거부감이 크다.

통합지원의 필요

향후 보다 건설적인 방향으로 발전하기 위해서는 각 기업체가 해당 e-Marketplace를 통해 다양한 부가가치를 극대화할 수 있도록 연관된 비즈니스 서비스를 제공하는 업체와 긴밀한 파트너십을 형성하여 통합적 업무지원에 힘써야 한다.

4 e-Marketplace의 방향

(1) e-Marketplace의 진화과정

e-Marketplace의 진화과정은 표 11-4 에서 보는 바와 같이 다섯 단계로 구분하여 살펴볼 수 있다.

현재 국내외에서 구축되었거나 구축 중인 e-Marketplace는 1단계에서 4단계까지 다양한 형태를 보이고 있다. 그러나 경쟁력을 갖춘 초대형 e-Marketplace들이 등장하면서 5단계의 e-Marketplace가 출현할 것으로 예상된다.

e-Marketplace의 1단계 형태를 보이는 대표적인 예로는 미국의 Cisco, Dell, GE, GM, Ford 등과 국내의 현대자동차, 포항제철 등을 들 수 있다. 이들 기업은 자사에 납품하는 하청업체들을 중심으로 사이트를 구축하거나 자사의 제품을 구매하는 기업을 대상으로 한 사이트를 구축하였다. 1단계 e-Marketplace는 대부분 VAN 등 폐쇄적인 네트워크를 활용하였다. 그러나 인터넷의 확산에 따라 개방적 네트워크가 주로 활용되면서 2~3단계의 진화과정을 거쳐 현재는 산업별로 원자재공급업체부터 완성품생산업체까지 관

표 11-4 e-Marketplace의 진화과정

단계	내용
1단계	e-Marketplace의 초기 형태는 파워가 강한 구매자나 판매자를 중심으로 형성되는 e-Marketplace이다.
2단계	구매자나 판매자 중심으로 e-Marketplace가 발전하면서 중개자가 등장하고, 중개자를 중심으로 다수의 구매자와 판매자가 참여하는 e-Marketplace가 등장한다.
3단계	1, 2단계에서는 완성품 제조업체와 부품공급업체간에 e-Marketplace가 형성되다가 3단계로 발전하면서 그 범위가 공급체인상의 후방(원자재)으로 확대된다. 따라서 각 공급단계별로 e-Marketplace가 구축된다.
4단계	이 단계에서는 공급체인상의 모든 업체들이 참여하는 B2B e-Marketplace와 소비자를 대상으로 완성품을 판매하는 B2C 쇼핑몰이 존재한다.
5단계	공급체인상의 모든 기업과 소비자가 참여하는 B2B2C 형태의 e-Marketplace가 구축되어 하나의 온라인시장에서 모든 거래가 이루어지게 된다.

련업체들이 모두 참여하는 4단계 e-Marketplace[주로 보털(Vertical Portal)]가 주류를 이루고 있다.

그러나 e-Marketplace의 특성과 예측기관들의 전망을 고려해볼 때 1~2년 이내에 전 세계적으로 경쟁력을 갖춘 10여 개 내외의 초대형 e-Marketplace만이 생존할 가능성이 매우 높다. 따라서 공급체인상의 모든 기업과 최종소비자까지 거래와 관련된 모두가 하나의 온라인시장인 e-Marketplace에 참여하는 5단계 형태(B2B2C)를 띠게 될 것이다.

(2) e-Marketplace의 발전방향

e-Marketplace의 발전방향은 e-Marketplace에서 제공하는 기능의 확대 측면과 e-Marketplace가 포괄하는 범위 측면으로 구분하여 살펴볼 수 있다. 먼저 e-Marketplace가 제공하는 기능 측면에서 보면, 1999년 중반에 등장한 e-Marketplace는 기본적인 공급자 정보를 제공하고 접속한 구매자들이 이를 검색하여 거래하는 단순한 몇 가지 거래기능만을 제공했다.

e-Marketplace가 발전하면서 경매 및 역경매, 거래소, 입찰, 공동구매 등 다양한 상거

래 기능과 공급망계획, 공동 생산계획과 같은 인텔리전트 기능, 구매자정보, 전자 카탈로그, 분석가 의견, 토론실 등 다양한 콘텐츠와 커뮤니티 서비스 등이 추가되면서 산업군 전반의 정보와 프로세스를 담아놓은 포털과 시장이 인터넷상에서 완전히 결합된 형태로 발전하고 있다. 이러한 과정에서 오프라인 리더기업들과 소프트웨어(솔루션) 및 하드웨어 업체, 컨설팅업체, 보안 및 지불 관련 업체 등 다양한 업종의 기업들이 e-Marketplace에 참여하면서 여러 가지 형태로 발전해가고 있다.

한편 e-Marketplace가 포괄하는 범위 측면에서 보면, e-Marketplace는 후방통합에서 전방통합으로, 동일업종의 수직적 통합에서 다양한 업종을 포괄하는 수평적 통합으로 그 범위를 넓혀가고 있다. 즉, 초기에 구축된 e-Marketplace들은 동일업종 내에서 특정 공급자나 구매자를 중심으로 기업에 납품하는 다수의 납품업체와 기업의 상품을 구매하는 다수의 산업용 제품 구매업체 등이 참여하는 형태가 주류를 이루었다. 그러나 e-Marketplace에 대한 관심이 고조되면서 소비자 지향적이고, 다양한 업종을 포괄하는 초대형 e-Marketplace들이 등장하고 있다.

연습문제

1. 유통경로의 중요성에 대해서 설명하시오.
2. 복합운송의 중요성 및 장점에 대해서 설명하시오.
3. 물류 시스템의 문제점 및 발전방향에 대해서 설명하시오.
4. 일반 유통경로와 인터넷 유통경로의 차이점에 대해서 설명하시오.
5. Vortal과 Hortal의 실제 예를 들어보시오.
6. e-Marketplace의 성공요인 발전방향에 대해서 설명하시오.

제 12 장

인터넷 촉진전략

학습목표 먼저 촉진의 의미에 대하여 살펴본 후 일반 촉진방법과 인터넷촉진의 차이점에 대하여 학습한다. 이어서 인터넷광고, 인터넷 판매촉진, 인터넷PR 등에 대해서 구체적으로 학습한다.

제1장 인터넷비즈니스의 이해

제2장 인터넷마케팅의 이해

제3장 전자무역

제4장 인터넷 마케팅조사

제5장 인터넷 소비자행동분석

제6장 인터넷 마케팅전략

제7장 e-Segmentation

제8장 e-Targeting과 e-Positioning

제9장 인터넷 제품전략

제10장 인터넷 가격전략

제11장 인터넷 유통전략

제12장 인터넷 촉진전략

제13장 e-SCM

제14장 e-CRM

사례 연구

인터넷 촉진전략

힘을 얻는 PPL광고

이야기 흐름에 딱 맞아떨어질 때 비로소 PPL(Product Placement)광고는 힘을 얻는다. 방송 프로그램이나 영화에 특정 제품이나 브랜드를 노출시키는 PPL(Product Placement)광고 기법은 우리에게 익숙하다. 지금은 법이 개정되어 브랜드를 노출하는 것이 문제가 안 되지만, 얼마 전까지만 해도 직접 노출은 할 수 없어서 심지어 이를 소재로 한 개그 프로그램도 있었다. 개그콘서트에 나오던 수위아저씨 캐릭터는 늘 브랜드 이름을 말하지 않으려고 애쓰는데, 초코파이를 말하지 못해 '쵸코흐헝하이'라고 하거나, 오뚜기케첩을 '오뚜히헹헹'이라 말하며 안타까운 표정으로 웃음을 줬다.

인기리에 방영되었던 드라마 〈최고의 사랑〉은 차승원 씨가 연기한 유아독존 톱스타 '독고진'이라는 캐릭터로도 유명하지만 PPL광고가 유독 많이 등장하는 드라마로도 화제가 됐다. 우선 남자주인공 독고진의 얼굴이 새겨진 음료수는 코카콜라사의 '비타민워터', 등장인물들이 타고 다니는 자동차는 닛산의 '인피니티', 영화관에서 데이트할 때 고르는 영화는 한의사 역의 윤계상 씨가 출연한 영화 '풍산개' 등등.

〈최고의 사랑〉만의 얘기는 아니다. PPL광고는 따로 광고를 제작하고 집행하는 것보다 저렴한 비용으로 더 큰 효과를 볼 수 있을 거란 기대감에 많은 광고주로부터 〈최고의 사랑〉을 받고 있다. 반면 시청자의 입장에선 달가워하지 않는 사람도 많다. '과도하다'는 이유다. 하지만 단지 많이 등장했다는 이유만으로 불쾌감을 준다고 보기는 힘들다. PPL이 거부감을 준다면 그건 극이나 프로그램으로의 몰입을 방해하기 때문이다.

사실 단순히 노출빈도의 증가만을 위해 PPL 기법을 활용하는 경우도 있다. 고뇌하는 주인공의 얼굴 대신 뜬금없이 손에 쥔 커피 캔을 오래도록 비춰준다거나 하는 식이다. 하지만 그것이 콘텐츠의 흐름을 방해하는 요소로 작용할 때, 해당 브랜드에 대한 기억은 긍정보다는 부정적인 방향으로 기울 수 있다. 이는 광고를 하는 목적에 위배된다.

보다 효과적인 PPL광고를 위해 중요한 것은 '맥락 짓기'다. 무조건적인 노출이 아니라 제품이나 브랜드 자체가 스토리 안에서 하나의 역할을 해야 한다. 〈최고의 사랑〉에서 주인공의 얼굴이 그려진 음료수 병은 남녀의 감정변화를 드러내는 역할을 한다. 처음엔 자기 얼굴이 새겨진 쪽으로 마시지도 말라며 여주인공을 구박하던 톱스타가 그녀와 사랑에 빠진 뒤에는 자기 얼굴이 있는 쪽으로만 마셔야 한다고 말하는 식이다. 또한 기본적으로 거만하지만 미워할 수 없는 캐릭터 자체가 '자기 얼굴이 새겨진 음료수를 즐겨 마시는' 설정 안에 녹아 있다.

이렇게 스토리의 맥락 안에 위치한 브랜드는 거부감을 주지 않으면서도 긍정적인 인상을 남긴다. 심리학에서는 이를 '맥락효과(Context Effect)'라 하여, 주어진 경험이 자극의 해석에 영향을 미치는 효과라고 설명한다. 즉 좋은 영화나 방송 프로그램을 보았을 때의 긍정적 감정이 그 안에 녹아 있는 브랜드를 향한 호의적 인지를 형성할 수 있다는 얘기다.

비즈니스 커뮤니케이션에 있어서도 주제가 딱딱하거나 쉽게 상대방의 관심을 끌기 힘들 것 같다고 생각된다면 말하고자 하는 바를 직접적으로 전달하기보다는 마치 PPL광고를 하듯 감성적인 스토리 속에 자신의 주장을 끼워 넣는 것도 좋은 방법이다. 역사나 철학과 같은 진지한 얘기 속에 들어 있는 아이디어는 더욱 신뢰감 있게 들릴 것이고, 재미있고 행복한 얘기 속의 의견은 보다 쉽게 받아들여질 것이다. (조선일보, 2012.2.4)

토의과제

1. **PPL광고의 가장 큰 장점은 무엇인가?**
2. **광고의 효과를 극대화하기 위해서는 메시지를 어떻게 작성하는 것이 효과적인가?**
3. **통합마케팅 커뮤니케이션에서 광고의 효과를 극대화하기 위해서는 어떤 노력이 필요한가?**

제1절 인터넷촉진의 개념

1 인터넷촉진의 의의

(1) 인터넷촉진의 의미

인터넷촉진(e-Promotion)은 제품이나 서비스의 효용성을 다양한 채널을 통해 고객이 구매하도록 설득하는 과정을 말한다. 인터넷은 시간 및 공간의 제약이 없는 쌍방향 커뮤니케이션 광고매체이다. 따라서 인터넷촉진은 웹사이트를 통한 광고 및 홍보가 가능해지고 고객과의 실시간 대화를 통해 고객의 요구사항을 파악하고 이를 바탕으로 일대일 맞춤형 고객 서비스가 가능하다.

소비자의 욕구에 맞는 제품을 개발하고 소비자가 쉽게 접근할 수 있는 유통경로를 통해 적당한 가격으로 시장에 진입해도 촉진활동이 없으면 판매가 이루어지지 않는다. 기업의 촉진활동에는 광고, 인적판매, 판매촉진, 기업홍보 등이 있다.

결국 인터넷촉진은 인터넷을 통하여 고객들에게 광고, 판매촉진, 이벤트 등 모든 마케팅 커뮤니케이션활동을 가능하게 한다. 특히 인터넷은 대중매체에 결여된 일대일 마케팅을 수행할 수 있어 대중매체의 보완적 매체로서 그 역할이 증대되고 있다.

(2) 인터넷촉진의 특징

인터넷촉진은 다양한 고객에게 각종 기업정보를 신속 · 정확하게 제공하여 홍보매체로 활용한다. 또한 제품이나 서비스에 관한 정보 등 볼거리를 제공하여 판매를 유도하는 광고도구로 활용한다. 단순한 제품광고뿐 아니라 마케팅전략에 따른 각종 정보 제공 또는 시장조사도 가능하다. 기존의 촉진방법과 인터넷촉진의 차이를 정리하면 표 12-1 과 같다.

표 12-1 인터넷촉진의 특징

	타 매체	인터넷
정보전달방식	일방적 정보전달	쌍방향 정보전달
효과측정	효과측정이 어려움	효과측정이 용이함
시간 및 공간적 제약	시간 및 공간제약 존재	시간 및 공간제약 없음
정보의 양	전달되는 정보의 양이 적고 메시지 표준화	정보의 양이 방대하고 메시지가 다양함
비용	비용부담이 큼	비용이 적게 들어 중소기업에 유리

2 인터넷촉진 방법 및 유형

(1) 인터넷촉진의 방법

① 이벤트 및 부가정보 관리

② 배너광고 및 기업홍보

③ 웹광고: 검색엔진

④ 홈페이지를 이용한 광고

⑤ 가상상점 등을 이용한 광고

⑥ 인터넷 스폰서 광고: 웹사이트 내용을 광고주의 지원으로 제작하는 방식

⑦ 전자우편 광고: 인터넷 기능 중에서 가장 많이 사용

⑧ 오프라인 광고: 기존 광고매체 활용

(2) 인터넷촉진의 유형

인터넷촉진은 **그림 12-1** 에서 보는 바와 같이 다섯 가지로 나뉜다.

그림 12-1 e-Promotion의 유형

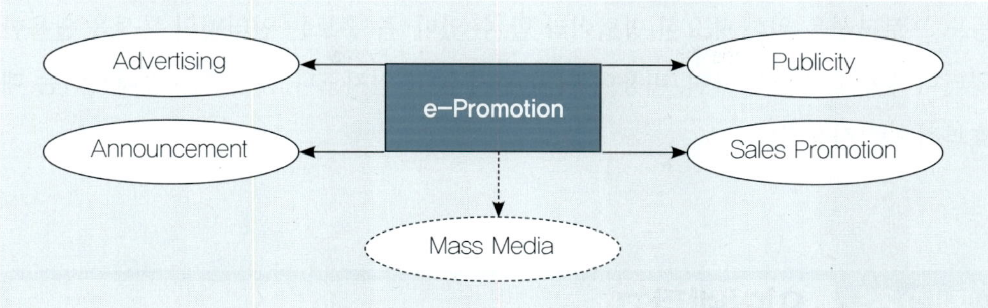

광고

광고(advertising)는 비용을 지불하고 광고스페이스를 사는 경우를 말한다. 즉 판매증대, 고객확보 등을 위해 미디어를 활용하여 광고하는 것을 의미한다.

판촉

판촉(sales promotion)은 바겐세일, 경품, 쿠폰 등 판매를 촉진할 수 있는 여러 가지 방법들을 말한다. 즉 이벤트, 바겐세일, 쿠폰 등을 제공하여 고객을 유인하는 것을 말한다.

어나운스먼트

어나운스먼트(announcement)는 인터넷상에서 비용을 들이지 않고 홍보를 할 수 있는 여러 가지 방법들을 말한다. 예를 들어 웹게시판에 글을 게재하거나 검색엔진에서 높은 랭킹을 얻도록 카피라이팅을 하는 것 등의 방법이 있다. 즉 인터넷상에서 거의 비용을 들이지 않고 수행할 수 있는 다양한 마케팅 프로모션 방법을 총칭한다.

홍보

홍보(publicity)는 신문에 비유하자면 보도자료를 내어 기사화시켜서 방문을 유도하는 경우를 말한다. 여기서 유의할 점은 인터넷을 중심으로 이야기하지만 오프라인도 연동시켜서 생각하여야 한다. 정확하게 이야기하자면 e-Promotion이라는 관점에서 접근하여야 한다. 가령 신문, 잡지 등의 오프라인 광고나 오프라인 매체에 대한 보도자료 배포 등도 프로모션을 위한 중요한 방법이라 할 수 있다. 즉 홍보는 인터넷의 특성을 활용한 멀티미디어 홍보를 말하며, 비용이 거의 들지 않고 인지도나 공신력을 증대시키는 데 효과적으로 사용된다.

제2절 인터넷광고

1 인터넷광고의 개념

(1) 인터넷광고의 의의

인터넷은 전 세계를 연결하는 네트워크이기 때문에 기업이 이를 잘 활용한다면 세계 시장을 상대로 자신의 사업영역을 확대할 수 있다. 이와 같이 엄청난 규모의 인터넷 시장에 진출한 기업은 인터넷브랜드의 존재를 전 세계 고객에게 알려야 한다는 점에서 광고전략은 매우 중요하다.

광고는 메시지를 전달하는 주체(광고주)가 자신의 비용을 들여 비인적 매체를 이용하여 제품, 서비스, 아이디어에 관한 정보를 제공하고 구매를 유도하는 촉진활동으로 정의될 수 있다. 전통적으로 TV, 신문, 잡지, 라디오를 이용한 대중매체광고가 대량 전달성, 즉 짧은 시간에 많은 사람들에게 정보를 전달할 수 있다는 특징 때문에 많은 기업들에 의해 선호되어왔다.

그러나 정보의 홍수라는 최근의 마케팅 환경에서 기업들 간의 경쟁적 광고활동은 광고혼잡현상을 초래하였고, 대중매체광고는 특정 고객집단에 대한 제한적 정보전달 능력으로 인해 고객의 욕구에 부합되는 깊이 있는 제품정보를 전달하는 데 한계가 있었다. 이에 따라 인터넷, PC통신과 같은 쌍방향 의사소통(two-way communication)을 가능하게 해주는 온라인 광고매체의 중요성과 이의 사용빈도가 갈수록 증가하고 있다.

(2) 인터넷광고의 목표

인터넷광고의 목표는 크게 호의적 브랜드이미지의 형성에 의한 브랜드자산의 구축(brand equity building)과 직접적 소비자반응의 유도(direct response)로 나뉜다. 두 광고목표 간의 차이는 보상(광고효과)이 실현되는 기간에 있는데, 브랜드자산의 구축은 상당 기간이 경과한 후에 얻어지는 보상인 반면 직접적인 소비자반응은 단기간 내에 발생되는 보상인 것이다.

인터넷광고의 주요 목표의 하나는 메시지의 반복적인 노출을 통해 긍정적 브랜드 이미지를 형성함으로써 인터넷브랜드의 자산가치를 구축하는 것이다. 일반적으로 많은 기업들이 웹 광고가 브랜드자산의 구축에 공헌할 가능성에 대해 회의적인데, 그 이유는 가장 전형적인 인터넷광고유형인 배너광고의 크기가 작아 고객의 주목률이 상당히 낮기 때문이다.

신문의 전면광고와 30초짜리 TV광고에 비해 가로 15센티미터, 세로 3센티미터에 불과한 직사각형의 배너광고(14 혹은 15인치 모니터의 경우 웹브라우저창의 10% 정도를 차지함)가 브랜드 인지도(브랜드자산)를 높이는 데 기여하는 바가 거의 없을 것으로 생각한다. 그러나 인터넷광고사무국(IAB: Internet Advertising Bureau)과 국제적 광고조사회사인 밀워드 브라운 인터렉티브(Millward Brown Interactive's)가 1997년에 실시한 인터넷광고의 효과에 관한 연구는 인터넷광고가 강력한 브랜드자산을 구축하는 데 긍정적인 영향을 미칠 수 있음을 보여주었다.

인터넷광고가 브랜드자산을 구축하는 데 유용한 커뮤니케이션도구가 되는 첫 번째 이유는 모니터 바로 앞에 앉아 있는 웹 사용자들이 웹에 대한 깊은 관여수준을 보이기 때문이다. 이에 반해 TV 시청자들은 TV에서 상당히 떨어진 거리에서 시청하여 광고시간에 잠깐 화장실에 다녀온다거나 과자를 먹으면서 한눈을 팔기 때문에 TV에 대한 관여수준이 매우 낮다. 또 다른 이유로는 배너광고에 대한 소비자의 높은 관심(주의)을 들 수 있는데, 이는 배너광고가 정적인 웹 페이지에서 유일하게 움직이는 애니메이션이며 해당페이지에서 가장 먼저 떠오르는(load) 내용이기 때문이다.

온라인상에서의 브랜드광고가 브랜드자산의 구축에 기여하는 또 다른 이유로 웹 사용자들의 차별적인 인구통계적 특성을 들 수 있다. 웹 사용자들이 초기에 비해 소득수준과 교육수준이 낮아지고 평균 연령층이 높아지고 있지만, 여전히 대부분의 웹 사용자들은 상위의 사회계층에 속하며 의견 선도자집단이다. 그러므로 기업이 온라인상의 광고를 통해 다수의 일반고객들에게 접근하는 데는 한계가 있지만, 시장성이 높은 상위계층의 잠재적 고객집단에게 접근할 수 있다.

인터넷광고의 또 다른 주요목표는 직접적인 소비자반응의 유도, 즉 광고주의 사이트로 소비자를 끌어들이는 것이다. 인터넷광고(온라인 광고)는 전통적인 텔레마케팅이나 다이렉트메일에 비해 기업에게 표적고객에의 접근성과 비용절감의 측면에서 상당한 우위를 제공한다. 기업은 전통적인 다이렉트마케팅에서 활용되는 것과 동일한 인구통계적 자료(소비자의 주소, 나이, 성별, 소득, 교육수준, 쇼핑 history 등)에 근거하여 보다 적은 비용으로 특정의 웹 이용자를 표적으로 한 인터넷광고를 내보낼 수 있는 것이다.

2 인터넷광고의 유형

인터넷광고는 텍스트, 사운드, 비디오, 이미지 등을 어떻게 결합하느냐에 따라 다양한 유형이 있는데, **그림 12-2** 에서 보는 바와 같이 크게 ① 배너광고, ② 삽입형 광고(interstitials), ③ 후원형(sponsorships) 광고, ④ 인터넷 Access형 광고 등으로 나뉜다.

(1) 배너광고

PC통신이나 인터넷에 들어가면 화면의 상단이나 하단에서 소비자의 눈을 끄는 긴사

그림 12-2 인터넷광고의 유형

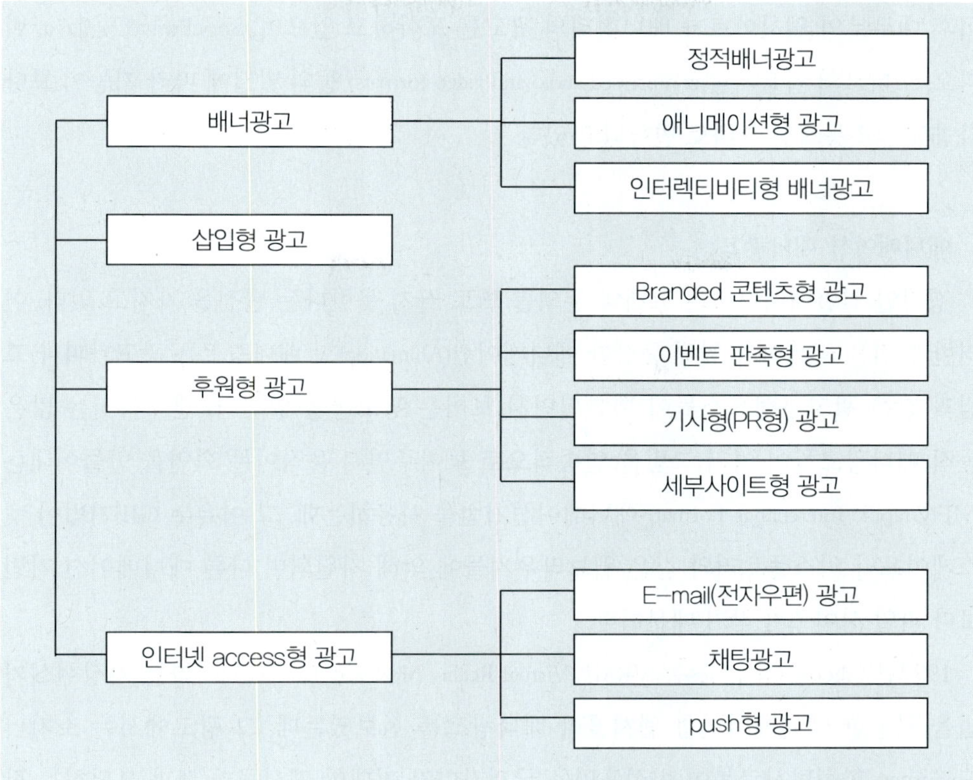

각형(띠) 형태의 광고를 볼 수 있는데, 이것이 바로 배너광고이다. 일반적으로 마우스를 갖다 대고 이곳을 클릭하면 광고주의 사이트로 이동하게 되며, 국내 인터넷광고의 대부분이 배너광고이다. 국내에서 배너광고는 1997년 들어 대형 신문사 사이트를 비롯한 각 검색 사이트에 배너광고가 등장하면서 본격적으로 시작되었다. 배너광고(Banner Ads)는 크게 정적(고정형) 배너광고, 애니메이션형 배너광고, 그리고 인터렉티비티(interactivity)형 배너광고로 나눌 수 있다.

정적 배너광고

정적 배너광고는 광고 메시지나 그림이 변화되지 않고 동일한 형태로 표현되는 광고물을 말한다. 1994년 HotWired사가 AT&T를 위해 정적인 배너광고를 처음으로 소개한 이후 대부분의 웹사이트가 배너형태의 광고를 포함하고 있으며, Shockwave 및 Java, 비디오, 오디오의 압축기술(compressed audio and video formats) 등의 발달에 따라 기능이 보다 다양해지고 동적인 형태로 변화되고 있다.

애니메이션 배너광고

정적인 일반배너광고는 고객의 주의를 별로 끌지 못한다는 단점을 가지고 있다. 이러한 단점을 극복하기 위해 등장한 애니메이션(Animation)형 배너광고는 광고카피나 그림과 같은 광고구성요소들이 변화되면서 보이는 광고물을 말한다. 현재까지는 많은 동적 배너광고들이 여러 그림을 연속적으로 보여주면서 움직이는 화면을 만들어내는 GIF(Graphic Interchange Format) 애니메이션기법을 사용하는데, 그 이유는 GIF기법이 넷스케이프나 익스플로러와 같은 웹브라우저들에 의해 지원되며 다른 애니메이션 기법보다 파일 사이즈가 작기 때문이다.

1997년 Silicon Graphics는 VRML(Virtual Reality Modeling Language)이라는 가상현실기법을 활용한 애니메이션형 펩시콜라 배너광고를 선보였는데, 그 광고에서는 소저너(Sojourner) 화성탐사로봇이 화성표면을 굴러가다가 거대한 펩시콜라 캔과 부딪히는 장면을 보여주었다. 넷스케이프 4.0 이상의 버전에서는 VRML을 지원하는 Silicon Graphics의 cosmo player 프로그램이 표준사양으로 제공되고 있기 때문에, 앞으로 VRML을 활용한 애니메이션 배너광고가 더욱 대중화될 것이다.

현재 거의 대부분의 배너광고가 주목률을 높이기 위해 애니메이션 형태로 이루어지고 있는데, 이는 애니메이션형 배너광고가 정적인 배너광고보다 클릭률(광고를 보고 보다 세부적인 정보를 얻기 위해 마우스를 누르는 비율)이 훨씬 높기 때문이다.

인터렉티비티형 배너광고

인터렉티비티형(interactivity) 배너광고(혹은 상호작용형 배너광고)는 웹 사용자들이 배너광고를 클릭해서 광고주의 사이트로 이동할 필요 없이 그 배너광고 안에서 소비자와 광고내용 간의 상호작용을 가능하게 하여 필요한 상품정보의 검색 및 획득, 광고된 상품의 구매가 이루어지는 형태의 배너광고를 말한다.

이러한 형태의 배너광고가 개발된 이유는 웹 이용자의 98% 이상이 자신이 방문한 사이트에 만족해서 배너광고를 클릭하기를 원하지 않는다는 사실을 발견했기 때문이다. 현재 Java나 Shockwave 등을 사용하여 인터렉티비티형 배너광고가 활용되고 있는데, 소비자의 관여도를 높이고 배너광고 안에서 거래가 이루어지게 할 수 있다는 점 때문에 새로운 광고모형으로 주목받고 있다.

인터렉티비티형 배너광고의 장점은 TV광고나 인쇄물광고에 비해 더 강력한 광고경험을 제공하는 데 있다. 고객들은 아이콘을 클릭하거나 메뉴의 여러 선택사항 중에서 하나를 선택하거나 단순히 광고 안으로 들어가봄으로써 광고된 브랜드와 상호작용을 하게 된다. 이러한 유형의 배너광고는 신기하면서도 재미있기 때문에 사용자들을 오랜 시간 동안 머물게 할 수 있는 것이다.

Narrative Communications사에 의하면 인터렉티비티형 배너광고에 접한 웹 이용자의 16~35%정도가 배너광고와 상호작용을 하는 곳으로 추정하고 있다. 인터렉티비티형 배너광고는 고객과의 상호작용과정에서 그들이 특정의 광고 아이템에 마우스를 클릭해 얼마나 오랫동안 머무르는지, 화면의 왼쪽과 오른쪽 중 어디에 더 많은 클릭을 하는지 등과 같은 고객과 배너광고 간의 상호작용에 관련된 다양한 정보를 수집할 수 있다. 이러한 정보는 광고를 보다 효과적으로 재설계하거나 판촉캠페인을 변경하는 데 활용된다.

(2) 삽입형 광고

인터넷상에서는 정보제공자와 정보사용자 간의 상호작용에 의해 정보가 교환되며, 이러한 상호작용은 순차적으로 이루어지게 된다. 즉 정보이용자는 하나의 정보를 요청한 후 그 결과를 확인하고 다시 새로운 정보를 요청하는 행위를 반복하는 것이다. 하나의 정보를 요청한 후 그 결과가 나타날 때까지 사용자는 높은 관여도를 유지할 수밖에 없다. 따라서 정보제공의 틈새를 이용하여 광고화면을 제공하면 높은 인지도를 획득할 수 있는데, 이러한 형태의 광고가 바로 삽입형(intersitials) 광고이다.

삽입형 광고는 TV프로그램의 전후에 광고가 방영되는 것처럼 사이트의 페이지가 바뀌는 중간에 전체화면 크기로 삽입된(나타나는) 광고를 말한다. 즉 고객이 페이지 A를 보는 동안 삽입형 광고파일이 화면 뒤에서 내려받기가 되어 있다가(다운로드되고) 고객이 페이지 B를 보기 위해 클릭하는 순간에 광고가 화면전체에 잠깐 나타나면서 페이지 B로 넘어가게 되는 것이다. 예를 들어, 사용자가 CNN 스포츠 채널의 main page에서 미식축구에 대한 항목을 선택할 경우 자신이 원하는 다음 페이지로 넘어가기 전에 광고화면이 나타나게 되며, 사용자는 광고 메시지에 무조건 노출될 수밖에 없게 된다.

삽입형 광고는 배너 광고에 비해 광고에 대한 주목률이 상대적으로 높아 전체 인터넷 광고 중에서 삽입형 광고가 차지하는 비중이 늘어날 것으로 예상되지만, 강제적인 광고 노출이나 인터넷이용시간의 지체 등으로 인해 발생되는 고객의 분노가 광고주에 대한 부정적 태도형성 및 광고를 게재한 해당 웹사이트의 회피 등과 같은 부정적인 광고효과를 발생시킬 수 있음에 유의해야 한다. 이와 같은 부정적인 고객반응을 예방하기 위해서는 삽입형 광고와 같은 대용량의 동화상 파일을 다운로드받을 때 생기는 지연적 문제를 극복하는 기술이 요구된다.

배너광고는 그 자체가 상업적 목적의 광고물이기 때문에 소비자의 관여도를 얻는 데 한계가 있다. 또한 소비자에게 노출되는 위치나 시점이 고정되기 때문에 소비자의 관여도를 얻는 데 한계가 있다. 또한 소비자에게 노출되는 위치나 시점이 고정되기 때문에 인터넷 사용자들을 따라 다니며 광고 메시지를 전달하는 것은 불가능하다. 따라서 소비자들이 많이 찾고 오랜 시간을 보내는 콘텐츠(contents)의 후원자가 됨으로써 브랜드 인지도를 강화하려는 형태의 광고가 활용되고 있다.

(3) 후원형 광고

후원형(Sponsorship) 광고란 기업이나 브랜드가 웹사이트의 특정 콘텐츠나 이벤트의 후원자(스폰서)가 되어 기업 및 브랜드의 인지도와 이미지를 제고하려는 형태의 광고를 말하는데, 대중매체에서의 협찬광고와 동일한 개념이다. 후원형 광고는 그 광고에 노출된 소비자들이 처음에는 사이트가 제공하는 콘텐츠(혹은 정보)라고 생각했던 것이 유료광고인 것을 발견하고 부정적 반응을 보일 가능성이 있다. 그러나 콘텐츠(contents)의 신뢰성을 유지하면서 이를 후원자의 브랜드와 잘 연계시키면 후원형 광고는 브랜드 이미지 제고의 강력한 도구가 될 수 있다.

코카콜라는 다양한 스포츠 정보의 제공을 통해 고정적인 사용자를 확보하고 있는 Sportsline 사이트 내에 '코카콜라 Red Zone'이라는 이름으로 NFL(National Football League: 미식 프로축구리그)정보를 제공하는 후원계약을 체결함으로써 코카콜라의 브랜드 인지도를 높이는 데 활용하였다. 후원형 광고의 구체적인 형태에는 Branded content형, 이벤트 판촉(event promotion)형, 기사형(PR형) 광고, 세부사이트(microsites)형 등이 있다.

Branded 콘텐츠형 광고

Branded 콘텐츠(contents)형 광고는 광고주의 브랜드가 특정 사이트의 한 부분(section)이나 사이트 전체를 후원하는 형태의 광고를 말한다. Branded 콘텐츠형은 TV의 프로그램에서 제시되는 '어떤 기업 협찬'이라는 멘트와 비슷하다고 볼 수 있다. Branded 콘텐츠형 후원광고의 경우에는 콘텐츠의 제작 · 편집은 광고주가 아니라 사이트에 의해 전적으로 통제되며 후원기업(브랜드)은 질 높은 콘텐츠와의 연상관계를 형성함으로써 긍정적인 광고효과(예를 들어, 호의적 브랜드이미지)를 얻게 된다.

Branded 콘텐츠형 후원광고는 장기계약에 의해 집행됨으로써 경쟁사를 포함한 다른 광고주들이 그 콘텐츠를 공유할 가능성을 배제시킨다. CBS Sportsline의 자동차 경주섹션을 GM자동차의 Oldmobile 모델이 후원을 한 것이나 Toyota 자동차가 Time Warner사의 '자동차&문화' 사이트의 전체광고예산을 후원하는 광고주가 되었던 것 등은 Branded 콘텐츠형 후원광고의 예가 된다.

이벤트 판촉형 광고

이벤트 판촉형 광고는 사이트가 실시하는 특별할인 제한, 콘테스트, 이벤트(행사)를 특정의 광고주가 후원하는 형식의 광고를 말하는데, 광고주의 콘텐츠 사이트가 제공하는 콘텐츠를 적절히 결합한 것이다. 이벤트 판촉형 후원광고의 예로는 야후가 볼보자동차의 후원을 받아 스칸디나비아여행이 대상 경품으로 걸려 있는 가상 도로주행 콘테스트를 시행한 것을 들 수 있다. 또 다른 예로서 Disney사가 영화 '101마리 달마시안(Dalmatian)' 개봉을 기념하기 위해 자사의 주요 사이트들의 배경에 영화에 등장하는 점박이 개를 연상시키는 검은 점들을 넣는 이벤트 실시한 것을 들 수 있다.

기사형 광고

기사형(advertorial) 광고는 특정 광고주의 유료 광고이지만 사이트의 콘텐츠 중간이나 한 부분에 삽입되어 마치 사이트가 제공하는 콘텐츠인 것처럼 지각되는 형태의 광고물이다. 통상적으로는 기사형 광고의 주위를 선으로 긋거나 사이트의 콘텐츠와 다른 글씨체로 유료광고임을 명시해주어야 하지만, 많은 온라인 사업자(사이트)들이 광고주의 기대를 충족시키기 위해 이러한 구분을 명확히 하지 않고 있다.

예를 들어, Forbes 잡지는 기사형 광고를 초기에 도입한 온라인 기업의 하나인데, 사이트 내 여러 섹션에 걸쳐 화면의 왼쪽에 기자의 기사(콘텐츠)를, 그리고 오른쪽에는 광고기사를 게재하였다. 처음의 1년 동안은 광고기사의 맨 위쪽에 굵은 활자체로 '광고'라고 표시함으로써 후원 광고주를 명확히 밝혔으나, 최근 들어 이와 같은 표시를 없애고 대신 광고기사 끝부분에 작은 글씨로 정규기사가 아님을 표기하는 방식으로 바뀌었다.

세부 사이트형 광고

세부 사이트형(microsites) 광고란 잡지 · 신문의 특정광고란과 같이 광고주가 사이트 콘텐츠들과 조화를 이루는 광고물 및 콘텐츠를 제공하는 특정의 세부 사이트를 후원하는 형태의 광고이다. 예를 들어 NBC의 홈페이지에는 Levi's의 'They go on'이라는 세부 섹션이 있는데, 이 세부 섹션은 Levi's의 광고물이지만 NBC가 방영하는 쇼 프로그램들인 Homicide(살인) 시리즈, Jay Leno가 사회를 보는 Tonight Show 등의 세부 섹션과 함께 마치 NBC의 콘텐츠인 것처럼 제공된다. 그러나 멋있는 페이지들로 구성된 이 세부 사이트는 젊은 커플의 대륙횡단 여행에 대해 이야기해주면서 방문자와의 토론의 장을 제공하고 있으나, 분명한 것은 Levi's의 'They go on'이라는 TV광고를 토대로 하여 Levi's 청바지를 광고하는 것이 주목적이다.

세부 사이트형 광고는 사이트 방문객들을 광고주 사이트로 이동하도록 유도할 필요 없이 사이트가 제공하는 콘텐츠의 주제와 조화를 이루는 메시지를 다룸으로써 방문객들로 하여금 광고주의 브랜드광고에 빠져들게 하는 이점이 있다. 인터넷 접속서비스 사업을 하는 ISP(Internet Service Provider)들 간의 가격경쟁이 심화됨에 따라 앞으로 일반화 될 가능성이 높은 광고형태이다.

(4) 인터넷 Access형 광고

인터넷 Access형 광고는 소비자에게 인터넷 사용을 무료로 제공하는 대신 특정 광고창을 보게 하는 형태의 광고를 말하는데, 전자우편광고, 채팅(대화방)광고, push형 광고 등이 그 대표적인 유형이다. 인터넷 Access형 광고의 장점은 사용자들의 취미나 관심사뿐만 아니라 나이, 성별, 거주지 등과 같은 인구통계적 자료를 포함하고 있는 등록 정보를 이용하여 보다 정확한 표적고객을 대상으로 광고를 실행할 수 있다는 것이다.

전자우편(E-mail) 광고

전자우편(E-mail) 광고는 고객들이 무료로 E-mail을 이용하는 대가로 고객의 E-mail계정이나 웹 페이지에 삽입되는 광고를 말한다. 고객들이 E-mail을 확인하기 위해 접속을 하게 되면 자신의 계정에 상업적 광고가 제공된다. E-mail 광고의 열독률을 높이기 위한 방법의 하나는 E-mail광고에 노출된 고객에게 점수를 제공하는 것인데 고객은 누적된 점수를 사용하여 광고주로부터 무료 선물을 받을 수 있다.

채팅광고

채팅광고(chat advertising)는 고객이 대화방에서 다른 고객들과 대화를 나누는 동안에 제공되는 광고를 말한다. 1997년 초 아메리카 온라인(AOL: America Online)은 채팅광고를 도입하면서, 광고주들로 하여금 15,000개가 넘는 대화방을 사용하는 수백만 명의 사용자들에게 광고를 보여줄 수 있도록 하였다.

채팅광고의 장점은 사용자들이 동일한 대화방을 사용하는 빈도가 높고 전형적인 웹사이트에 비해 머무르는 시간이 더 길기 때문에 사용자들의 마음속에 강력한 브랜드연상을 구축할 수 있다는 것이다. 또한 대부분의 대화방사이트는 사용자에 대한 인구 통계적 정보를 확보하고 있으므로 타깃광고가 가능하다는 점이다. 그러나 대화방에서 사용자들 간에 어떤 대화를 나눌 것이지를 예측하기 어렵기 때문에 대화내용에 적절하지 않은 브랜드 광고의 게재로 인해 사용자의 관심을 끌지 못하거나 브랜드에 대한 부정적 태도를 형성할 수 있다.

Push형 광고

Push형 광고는 Push기술을 이용하여 사용자에게 광고 메시지가 포함된 콘텐츠를 제공하는 것으로, PCN(pointcast.net)을 대표적인 예로 들 수 있다. 일반적으로 push형으로 제공되는 콘텐츠는 소비자가 선택한 것이기 때문에 이와 함께 제공되는 광고에 대해 크게 반감을 갖지 않게 된다. Push기술을 이용한 광고는 이미 등록되어 있는 사용자정보를 이용하여 정확한 표적고객을 선정할 수 있으며, 오디오와 비디오가 포함된 멀티미디어형 광고물의 제작이 가능하다는 장점이 있다. 그러나 등록된 사용자만을 대상으로 하기 때문에 광고의 범위가 제한적일 수 있다는 단점을 갖는다.

3 인터넷광고의 장단점

인터넷광고는 표 12-2 에서 보는 바와 같이 기존의 대중매체광고에 비해 다음과 같은 장단점이 있다.

표 12-2 인터넷광고와 대중매체광고의 비교

	인터넷광고	TV광고	신문광고	잡지광고	라디오광고
도달범위	낮음	매우 높음	높음	적정수준	높음
고객선택성	높음	매우 높음	적정수준	적정수준	낮음
피드백	매우 높음	매우 높음	낮음	낮음	매우 낮음
정보제공 능력	매우 높음	낮음	적정수준	적정수준	매우 낮음
단위당 비용	매우 높음	낮음	높음	높음	매우 낮음

(1) 인터넷광고의 장점

데이터베이스 확보 및 저비용

인터넷광고는 사용자의 데이터베이스(database)를 확보하는 데 용이하다. 따라서 사용자의 인구통계학적(demographic), 사회심리학적(psychographic), 행태분석학적(behavioral) 속성을 조합하여 보다 정확한 타깃팅에 기반을 둔 광고집행이 가능하다. 또한 기존의 대중매체광고는 불특정 다수를 대상으로 실시되므로 막대한 광고비가 드는 반면에 인터넷광고는 구매력 있는 특정의 소비자계층만을 표적으로 하여 적은 광고비용으로 높은 광고효과를 거둘 수 있다.

원투원

인터넷광고는 개별 고객의 요구를 파악한 후 이에 상응하는 즉각적인 피드백이 가능하다. 고객 개개인(One to One)의 프로파일을 기반으로 한 메시지 노출이 가능하다. 즉 특정의 표적소비자층을 겨냥한 맞춤광고(혹은 일대일 마케팅)를 가능하게 한다. 기업은 사이트에 가입한 회원의 연령, 성별, 소득, 거주지역, 직업, 취미 등에 관한 정보를 확보하고 있으므로 그 사이트를 방문하는 고객의 특성에 맞는 맞춤광고를 내보낼 수 있다.

상호작용성 및 신속성

인터넷광고는 기존의 매스미디어광고와 달리 인터랙티브한 광고를 제시함으로써 고객의 참여를 높여 관계성(Interactive)을 제고할 수 있다. 또한 타 매체에 비해 거의 실시간으로 상품정보의 갱신이 가능하다. 일반적으로는 신제품이 출시되어 이에 대한 대중매체광고를 준비하거나 상품카탈로그를 새로이 찍어내는 데 상당한 비용과 시간이 필요하다. 그러나 인터넷광고는 신상품이 추가되거나 고객정보가 새로이 습득, 분석될 때마다 광고상의 상품정보를 쉽게 바꿀 수 있는 유연성을 갖는다.

측정가능성

인터넷광고는 광고효과의 측정이 빠르고 용이하다. 광고주는 메시지 노출에 대한 효과를 즉각적으로 파악할 수 있고 기민하게 대응할 수 있다. 즉 인터넷광고는 어떤 이용자가 몇 번이나 광고를 보았고, 광고페이지에 얼마 동안 머물렀는지 등의 소비자반응을 바로 알 수 있다. 이는 소비자반응에 대한 데이터베이스 마케팅을 할 수 있는 중요한 근거가 된다.

시공간적 한계 극복

인터넷광고는 시간(time) 혹은 공간(space)에 대한 제약이 적으며 무한한 정보제공이 가능하다. 동영상, 음성, 이미지 등 멀티미디어(multimedia)를 활용함으로써 주목도를 높일 수 있으며 이를 상호작용적으로 구현할 수 있다.

(2) 인터넷광고의 단점

매체의 공신력이 낮음

인터넷광고는 매체의 공신력이 기존의 매스미디어와 비교해볼 때 낮다. TV나 신문광고의 집행에 비해 인터넷광고는 상대적으로 공신력과 진입장벽이 낮은 편이다.

매체 선정의 어려움

인터넷상에는 웹사이트가 무수히 존재하고 이를 이용하는 고객층 또한 넓게 분산되어 있어 기업의 목적과 의도에 적확한 매체를 선택하는 데 어려움을 겪을 수 있다.

콘텐츠나 커뮤니티 형성에 많은 노력이 요구됨

인터넷상에는 매일 엄청난 양의 새로운 콘텐츠나 사이트가 등장하고 사라져가며, 인터넷 이용자들의 속성상 이러한 매체에 대해 접근 시 의무감이 적고 선택권은 많아지게 된다. 따라서 기업은 제품뿐만 아니라 콘텐츠의 지속적인 업데이트나 커뮤니티 형성에 노력을 기울여 고객을 창출하고 유지할 수 있도록 하여야 한다.

배너 번아웃 현상

일단 동일한 이용자에게 같은 배너가 두 번 이상 노출되면 다시 클릭을 하지 않는 배너 번아웃(Banner Burnout) 현상이 발생하게 되며 따라서 배너는 기존의 매스미디어 광고에 비해 한시적이며 단기적이라 할 수 있다.

4 인터넷광고 효과의 측정

인터넷 광고시장에 대한 각 언론 매체 또는 조사기관의 전망은 밝으며, 인터넷은 TV, 신문, 잡지, 라디오와 함께 주요 광고매체로 자리 잡아갈 것으로 평가된다. 인터넷광고의 증가에 따라 제기되고 있는 주요 이슈 가운데 하나가 인터넷광고의 효과를 어떻게 측정하느냐 하는 것이다.

TV, 신문, 잡지, 라디오 등에 대한 광고효과 측정방법으로는 상호작용이라는 고유의 특성을 가진 인터넷광고의 효과를 정확히 측정하지 못할 수 있다. 웹 광고를 실시한 미국기업들을 대상으로 Forrester사가 조사한 결과에 따르면 광고주들은 웹 광고를 통해 기존의 대중매체와는 다른 광고효과를 기대하고 있는 것으로 나타났다. 즉 인터넷광고로부터 고객과의 관계구축강화, 고객의 광고노출에 대한 정확한 측정, 표적고객에 대한 신속한 정보의 전달 등과 같은 인터넷 고유의 광고효과를 측정할 수 있기를 기대하는 것이다.

(1) 인터넷광고 효과의 측정용어

광고업계에서는 인터넷광고가 게재될 웹사이트에 대한 고객의 traffic을 측정하기 위해 다양한 용어와 측정방법들을 사용하고 있다. 인터넷광고의 효과를 측정하기 위해 광고업계에서 흔히 사용되는 용어들을 정리하면 다음과 같다.

Hits

Hits는 인터넷 방문자가 요청한 각 인터넷 페이지나 그래픽의 총수효를 말하는데, 웹사이트 traffic을 측정하는 기준으로 가장 먼저 사용되었다. 기술적으로 정의하면 인터넷 사용자가 특정의 웹사이트에 접속할 때마다 해당 웹 서버(Web Server)의 로그파일(log file)에 자동적으로 기록되는 숫자를 의미한다.

이 측정방법의 문제점은 한 페이지를 전송하는 데 있어 그 안에 포함된 각종 그래픽, 아이콘까지도 각각 한 개의 Hit로 기록된다는 것이다. 그러므로 실제로 해당 페이지가 얼마나 많은 사용자들에게 노출되었는가와 상관없이 각각의 페이지 디자인이나 구성에 따라 Hit수가 달라질 수 있는데, 어떤 웹 페이지는 한 번 접속할 때마다 수십 개의 Hits로 기록되는가 하면 다른 페이지는 1개의 Hit로 기록되는 경우가 발생된다.

Visitors/Users

이는 인터넷 사이트를 방문하는 각 개인을 의미하는 visitor나 적어도 한 번 이상 인터넷의 사이트를 방문한 사람을 의미하는 user의 수를 측정하는 것이다. 이를 위해 cookie 기술(user의 컴퓨터 하드디스크에 사용자와 관련된 아주 작은 양의 정보를 입력함으로써 해당 사용자가 특정 웹사이트에 접속했을 때 이를 자동적으로 파악하거나 update된 정보를 기록하는 기술)을 이용하거나 사용자 등록(registered user name)을 요구함으로써 정확한 사용자수를 추정할 수 있다.

Visit/Session

이는 한 사용자가 특정의 웹사이트에 방문해서 여러 페이지를 연속적으로 접속했을 때 이를 하나의 visit(방문)으로 간주하는 방법을 말한다. 사용자가 일정 시간이 지난 후 다시 해당 웹사이트에 접속하면 이는 또 다른 visit로 추가된다. visit는 한 사용자에 의한 일련의 페이지 접속과정을 1회의 노출로 보기 때문에 실제의 사용자수에 관계없이 접속 횟수가 과대 추정되는 문제점이 방지될 수 있다.

Page Views, Exposure, impression

Page Views(특성 웹사이트가 방문자에게 제공된 페이지의 총수), Exposure(각 방문자가 배너광고와 접촉한 횟수), Impression(웹 페이지가 게재된 배너광고에 노출된 방문자의 수) 등은 배너광고가 포함되어 있는 웹 페이지가 사용자에게 전송된 수를 토대로 광고효과를 측정하는 방법으로써, 배너광고가 포함된 페이지가 한 번 전송되면 사용자가 그 광고에 노출된 것으로 간주하여 1개의 Impression으로 기록된다.

Ad Clicks, Click Rate, Click Through Rate(CTR), Duration Time

Ad Clicks(사용자들이 실제로 특정 웹사이트의 배너광고를 클릭한 총횟수)이나 Click Rate(배너광고가 포함된 페이지를 본 사용자들 가운데 광고를 실제로 클릭하여 광고주의 웹사이트로 옮겨간 사용자의 수), Duration Time(사용자가 특정 웹사이트에 머문 평균시간) 등의 기준은 인터넷의 양방향 특성을 반영한 측정방법이다.

이와 같은 측정방법들은 실제로 얼마나 많은 사용자들이 광고가 게재된 페이지를 선택했는지를 파악할 수 있을 뿐 아니라 사용자에 대한 광고 메시지 전달과정도 간접적으로 확인할 수 있다는 점에서 광고회사나 광고주에 의해 선호되고 있다. 그러나 이와 같은 광고 효과 측정방식은 Page View나 Hit수의 보장을 통해 광고주를 확보하려는 인터넷 사이트에게는 불리할 수 있는데, 배너광고의 클릭수를 높이는 방법은 매체사가 아닌 광고회사의 크리에이티브에 의해 결정될 수 있기 때문이다.

(2) 인터넷광고 효과의 측정방법

현재 인터넷 업계에서 주로 사용하고 있는 광고효과 측정방법은 크게 사용자 중심 측정방법과 사이트 중심 측정방법으로 나뉜다.

사용자 측정방법은 웹 사용자를 중심으로 그들의 인터넷상에서의 활동(반응)을 측정하고 분석하는 기법인데, 인터넷 사용자 중에서 일정수를 표본으로 추출해서 그들의 웹 행동을 측정하고 분석해서 얻어지는 결과를 전체 인터넷 사용자 모집단의 추정에 이용하는 방법이다. 사용자 중심의 측정방법은 People Meter를 사용하여 TV시청자를 측정하는 방법과 유사하게 패널 구성원의 동의하에 그들의 컴퓨터에 웹 행동을 모니터하고 기록하는 소프트웨어를 설치한 후 일정 시간 간격으로 이 기록을 수거하여 분석하는 기법을 사용한다.

사용자 중심 측정방법이 사이트 중심측정방법과 구별되는 점은 인터넷광고에 노출된 청중에 대한 자료수집이 컴퓨터의 서버에 위치한 로그파일에서가 아니라 개개 패널 구성원으로부터 이루어진다는 것이다. 따라서 광고 노출효과에 관심을 갖는 광고업계에 고유한 개인에 대한 정보를 제공할 수 있다는 장점을 갖는다. Media Metrix/Relevant Knowledge나 Nielsen/Netratings, PC Data 같은 시장조사회사가 이 기법을 도입하여 인터넷광고에 노출된 청중을 측정하는 서비스를 제공하고 있다.

사이트 중심의 측정방법은 각 웹사이트 서버의 로그파일을 분석하여 웹사이트에 대한 고객 트래픽(traffic)을 측정하는 기법이다. 이 방법에 사용되는 기술은 특정 사이트를 방문하는 방문자들의 사이트 내의 활동을 서버에 설치된 소프트웨어가 로그파일에 기록하고 이 자료를 가지고 각 소프트웨어 회사가 개발한 공식을 적용해 방문자의 수와 페이지뷰(Page View), Impression 등을 산출하는 것이다. 개별 소비자로부터 자료가 수집되는 사용자 중심 측정방법과는 달리 사이트 운영 서버의 로그파일을 통해 측정과 분석이 이루어지는 것이 특징이다. I/Pro, Doubleclick, FlyCast, Interse, NetGravity, NetCount, WebTrend, Adknowledge, Accipiter, MatchLogic 등 수많은 마케팅 자문회사 및 소프트웨어 개발회사가 사이트 중심 측정방법을 도입하여 광고에 노출된 청중에 대한 트래킹 자료를 수집, 분석, 제공하고 있다.

인터넷광고에 노출된 청중을 측정하는 방법에 대해 업계의 구성원들 간에 합의를 도출하기 어려운 이유는 위에서 살펴본 바와 같이 두 가지 다른 측정체계가 존재하고 있다는 것, 이미 이렇게 상이한 체계를 사용하여 비즈니스를 운영하고 있는 광고주 및 서비스 제공자들이 형성되어 있다는 것, 그리고 각 측정방법별로 문제점들이 존재한다는 것 등 때문이다. 이런 현실적 문제점을 개선하기 위해 광고업계에서는 여러 단체들이 통일된 인터넷 광고효과측정에 관련된 기준을 마련하려고 노력하고 있다.

제3절 인터넷판매촉진

1 인터넷판매촉진의 의의

판매촉진(sales promotion)이란 기업이 소비자로 하여금 자사상품을 즉각적으로 구매하도록 유도하기 위해 추가적인 인센티브를 제공하는 마케팅 활동을 말한다. 인터넷 기업과 관련하여 판매촉진을 설명하면, 고객의 즉각적인 사이트 방문이나 사이트에서 판매되는 상품의 구매를 유도하기 위해 다양한 인센티브를 제공하는 마케팅 활동이다. 이러한 정의에서 알 수 있듯이 판매촉진은 즉각적인 매출증대를 목적으로 하는 비교적 단기적인 고객동기부여수단을 총칭한다는 점에서 광고와 구별된다.

예컨대, 광고는 주로 장기적으로 상품의 구매이유를 제공하는 데 그 목적이 있는 반면 판매촉진은 바로 지금 시점에 구매할 이유를 제공하는 촉진방법인 것이다. 판매촉진에서는 인터넷시장에서 고객의 반응(예를 들어, 자사사이트의 방문이나 상품구매)을 보다 빠르게 또는 강하게 촉진하기 위래 여러 가지 방법(도구)들이 사용되는데, 가격할인, 무료샘플, 쿠폰제공, 경품행사, 리베이트(rebate) 등이 그 대표적인 예이다.

최근 들어 판매촉진이 전체 마케팅예산에서 차지하는 비중이 증가하고 있는데, 그 원인을 살펴보면 다음과 같다.

첫째, 광고혼잡현상(ad clutters)에서 기인한다. 최근 들어 인터넷 기업들이 온라인과 오프라인상에서 광고의 홍수라고 표현될 만큼 많은 광고물을 혼잡스럽게 진행하고 있다. 이러한 상황에서 광고가 소비자의 주의를 끄는 것 자체가 쉬운 일은 아니다. 인터넷상에서의 배너광고가 고객의 주목을 별로 끌지 못한다는 것은 이미 밝혀진 사실이다. 이러한 매체환경 때문에 많은 인터넷 기업들이 소비자에게 직접적인 반응을 불러일으키는 판매촉진을 강화하고 있는 것이다.

둘째, 경쟁 인터넷브랜드들 간에 제공되는 서비스 및 상품의 표준화(brand parity)로 인해 소비자의 가격에 대한 민감도가 증가된 것도 판매촉진 강화의 한 원인이다. 인터넷 내의 경쟁 사이트들이 제공하는 서비스(콘텐츠)나 상품의 차별화 정도가 높지 않음에 따라 소비자의 특정 인터넷브랜드에 대한 충성도를 유지하기 위해 기업은 가격에 의존하거나 경품 등의 추가적인 인센티브를 제공하는 등의 판매촉진을 활용하게 되었다.

셋째, 판매촉진은 광고보다 마케팅성과를 측정하는 것이 용이하고 단기간에 가시적인 소비자반응을 이끌어낼 수 있다. 앞에서 설명하였듯이 광고는 효과측정이 쉽지 않고 비교적 장기간에 걸쳐서 그 효과가 발생한다. 이에 따라 많은 인터넷 기업들이 단기적인 판매성과를 높이기 위해 광고보다 판매촉진을 보다 선호하게 된다.

넷째, 판매촉진과 관련하여 인터넷 사이트들 간에 경쟁의 심화이다. 판매촉진은 경쟁사에 의해 쉽게 모방될 수 있는데, 예를 들어 한 인터넷 사이트가 포인트 서비스를 제공하면 경쟁사도 바로 같은 서비스를 도입할 수 있다. 이런 이유 때문에 한 기업의 판매촉진 활동은 즉각적으로 경쟁사에 의해 모방되고 이러한 악순환이 연속되면서 판매촉진 경쟁이 야기되는 것이다. 이러한 모방용이성은 판매촉진이 경쟁우위수단으로 갖게 되는 한계이다.

2 인터넷판매촉진의 목표

판매촉진은 인터넷상에서 단기적 판매의 증대와 자사사이트 방문자수의 확대를 통해 시장점유율을 높이는 것을 주목표로 한다. 이러한 목표는 소비자들의 자사사이트에 대한 방문이나 자사사이트가 취급하는 상품의 시험구매를 유도하기 위한 것일 수도 있고, 소비자들이 경쟁 사이트를 방문하거나 경쟁 사이트의 상품을 구매하는 것을 막기 위한 것일 수도 있고, 또는 자사의 인터넷브랜드에 대한 충성도가 높은 고객들을 지속적으로 자사고객으로 유지하기 위한 것일 수도 있다.

특히 인터넷 내에서 시장점유율이 낮은 인터넷브랜드를 가진 기업은 판매촉진을 매우 유용한 마케팅수단으로 사용하는데, 그 이유는 이들이 예산상의 제약으로 인해 시장선두기업처럼 많은 광고예산을 사용할 수 없기 때문이다. 또한 낮은 시장점유율을 가지고 있는 기업들은 소비자들에게 사은품, 가격할인 등의 판촉수단을 사용하지 않으면 소비자들이 자사의 인터넷브랜드(인터넷 사이트)를 구매하지(사용하지) 않을 가능성이 높기 때문에 판매촉진을 중요한 촉진수단으로 사용한다.

판매촉진은 즉각적인 매출(소비자반응)을 높이기 위해 제공되는 추가적인 인센티브이므로, 판매촉진이 끝나면 추가적인 인센티브도 함께 사라져서 소비자의 구매욕구를 더 이상 자극하지 못하게 된다. 즉 판매촉진 때문에 특정 인터넷브랜드를 구매한(사용한) 소비자는 자신이 그 브랜드를 구매한 이유를 추가적인 인센티브의 제공이라는 외적요인 때문인 것으로 간주하게 되어 그 외적요인이 사라지면 더 이상 구매의 이유가 없다고 생각하게 되는 것이다. 따라서 충성도를 끌어내기가 어렵다. 즉 판매촉진은 주로 단기적인 판매효과를 가져다주며 그 효과는 오래 지속되지 않는 경향이 있다.

이러한 맥락에서 판매촉진은 소비자 프랜차이즈 지향적 판매촉진(consumer-franchise building sales promotion)과 비소비자 프랜차이즈 지향적 판매촉진(non consumer-franchise building sales promotion)으로 구별하여 살펴볼 필요가 있다.

소비자 프랜차이즈 지향적 판매촉진은 **표 12-3** 에서 보는 바와 같이 소비자의 일시적인 구매(사이트 방문)가 아니라 반복적인 구매를 유도하기 위한 판매촉진 활동을 말하는데, 무료샘플, 상용고객 우대제도 등이 이에 해당된다. 즉 소비자 프랜차이즈 지향적 판매촉진은 인터넷 브랜드의 차별화를 높이거나 머천다이징(혹은 콘텐츠)과 광고활동을 지원함으로써 해당 브랜드에 대한 소비자의 장기적인 호감을 획득하기 위한 촉진노력인 것이다.

예를 들어, 무료샘플제공이나 실연 등은 브랜드의 차별적 특징을 소비자에게 인식시켜 브랜드가치를 형성하는 데 도움을 주는 판촉도구이다. 이에 반해 비소비자 프랜차이즈 지향적 판매촉진은 즉각적인 판매증대를 목적으로 하는 판매촉진활동을 말하는데, 일반적으로 가격소구형(경제성 소구형) 판촉도구들이 이에 해당된다.

표 12-3 소비자와 비소비자 프랜차이즈 지향적 판촉도구

	비가격소구형 판촉수단	가격소구형 판촉수단
소비자 프랜차이즈 지향적 판매촉진	샘플링 데먼스트레이션(실연) Royalty 프로그램	없음
비소비자 프랜차이즈 지향적 판매촉진	프리미엄 콘테스트(경연) 추첨(sweepstakes)	가격할인 보너스 팩 리베이트(rebate, 환불제도)

비소비자 프랜차이즈 지향적 판매촉진은 단기적으로 매출증대를 실현할 수 있지만, 이는 소비자가 해당 브랜드에 대한 호감에 의해 나타난 결과라기보다 가격이라는 인센티브에 의해 유발된 것에 불과하다. 그러므로 매출증대는 인터넷브랜드 이미지의 증대에 의해 나타난 결과가 아닌 것이다.

비가격소구형 판촉수단 가운데 프리미엄, 콘테스트, 추첨 등도 단기적인 매출증대에는 공헌하지만 소비자에게 브랜드의 가치를 인식시켜주는 데 유용한 수단이 아니므로 비소비자 프랜차이즈 지향적 판매촉진도구에 해당된다.

3 인터넷판매촉진전략

현실세계와 인터넷 간에 마케팅 활동에서 차이가 있으므로 기업은 인터넷의 고유한 특성을 이용한 차별적 판매촉진전략을 개발실행해야 한다.

(1) 무료제공전략

흔히들 웹상으로 귀중한 상품정보를 제공하면 현실세계상에서의 판매가 줄어들 것이라고 생각하기 쉽다. 하지만 그렇지 않은 경우도 있다. 서적의 경우는 오히려 온라인상으로 정보를 가졌을 때, 현실세계에서의 판매가 더욱 증가한 것으로 나타났다. 가령 MIT출판사의 경우 무료로 온라인 버전을 이용할 수 있게 한 후 현실세계에서 책의 판매가 두 배 내지 세 배 정도 증가했다. 즉, 비록 동일한 상품을 인터넷상과 현실세계에서 동시에 판매한다고 할지라도 이들이 대체재의 관계보다는 보완재의 관계를 맺는 경우가 많기 때문에 웹상에서 무료로 상품을 제공하여주는 것도 매우 적절한 인터넷 비즈니스의 판매촉진전략 중 하나가 될 수 있다.

고객을 확보하기 위해 실제로 물건을 고객에게 무료로 나누어주는 사이트도 있다. 온라인 채팅으로 유명한 ichat의 경우 라디오 사연 콘테스트와 마찬가지로 Live Chat Contest를 통해 모뎀, 그래픽 카드, 닌텐도 게임기, CPU 등의 물건을 고객들에게 무료로 나누어줌으로써 고객을 확보하는 전략을 사용하고 있다. 이러한 전략이 가지는 장점은 단시일 내에 고객을 많이 확보할 수 있음에 있지만 장기적으로는 지속적인 관리가 소홀할 경우 다시 고객을 잃어버릴 수 있다는 단점이 있다.

(2) 시장 키우기 전략

비디오테이프가 처음 나왔을 당시 일반인들이 비디오를 보는 것은 매우 힘들었다. 그 이유는 당시에는 VCR의 값이 너무 고가였기 때문이다. 따라서 비디오에 대한 수요가 없어서 VCR시장의 규모 역시 작을 수밖에 없었다. 하지만 적정 이윤을 포기하고 비디오테이프를 매우 싼값에 대여하기 시작한 이후로 비디오테이프의 수요와 VCR의 수요가 둘 다 폭발적으로 증가했다. 이에 따라 VCR의 가격도 급속히 하락하였다. 이를 보면 초기에 약간의 손해를 보더라도 시장을 키우는 것이 시간이 지나 시장의 규모가 커지면서 기업에게 이익이 됨을 알 수 있다.

인터넷에서 제공되는 프리웨어와 셰어웨어가 시장을 키우는 전략에 해당한다고 할 수 있다. 다수의 사용자들에게 무료로 사용하게 해서 자신의 프로그램에 익숙해지도록 만들고 또한 자신만의 시장을 키운 다음 일정 시간이 지난 후 제값을 받는 전략이다. 예를 들어, 새롬 데이터맨은 처음에는 무료로 제공되는 프리웨어였으나, 시장을 확보한 지금은 돈을 받고 판매하는 유료 프로그램이다.

(3) 버저닝 전략

버저닝(Versioning)이란 고객의 기호와 필요에 따라 가장 적절한 버전(Version)을 선택해 구입하도록 하는 전략을 말한다. 이 전략은 분해와 합성이 비교적 쉬운 디지털 상품의 판매에 있어 아주 유용한 전략이다. 가령, 다우존스 인터랙티브(Dow Jones Interactive)의 경우 고객의 요구에 맞춰 다양한 종류의 버전을 제공하고 있다. 텍스트 정보만 필요로 하는 고객에게는 텍스트 정보를 제공하고 의견이 필요한 고객을 위해서는 자세한 정보를 제공하면서 가격을 높게 받고 있는 전략을 취하고 있다.

(4) 온라인 이벤트 제공

온라인 이벤트(Online Event) 제공은 무료로 상품을 제공하는 것 다음으로 가장 인기 있는 방법이다. 온라인 이벤트(Online Event)의 가장 대표적인 형태는 유명 연예인과의 라이브 채팅 또는 주위에서 구하기 힘든 오래된 음반이나 또는 해외의 유명 공연에 대한 비디오 파일 등을 제공하는 것이다. Auction.co.kr의 경우 스타와의 데이트 이벤트나 바둑의 최고수와 일반인의 대국을 주선해주는 이벤트를 마련함으로써 많은 고객을 확보할 수 있었다.

(5) 무료 e-mail 계정 제공

고객에게 무료로 전자우편 계정을 만들어주는 것은 고객으로 하여금 자사의 홈페이지를 방문하도록 유도하는 좋은 수단이다. 메일리스트를 잘 운영하는 예로는 Yoyoyne을 들 수 있다. 이 회사는 고객에게 아주 특별한 서비스를 제공한다. 이 사이트의 운영자인 Wendy Hall이 고객에게 자신의 회사에 대한 이야기가 아니라 일주일 동안 자신에게 있었던 사생활 이야기를 제공하고 있다. 가령, 그녀의 고양이가 아팠던 이야기, 잠을 자는데 문제가 있었던 날 등과 같이 지극히 개인적인 일들을 고객에게 뉴스레터(Newsletters) 형식으로 전달하고 있다. 즉, 보다 친근한 감정을 고객들에게 전달함으로써 많은 고객을 확보할 수 있다.

(6) 자사 URL 알리기 전략

인터넷비즈니스 시스템을 알리고 또 많은 고객이 찾아오도록 만드는 좋은 방법 중의 하나가 회사와 관련된 모든 것에 홈페이지 URL을 표시하는 것이다. 명함이나 안내장, 모든 TV나 라디오 광고 시에도 자신의 URL을 알리도록 노력해야 한다. 이런 노력으로 자사의 딱딱한 홈페이지 주소가 더 친숙하게 고객에게 다가갈 수 있도록 하는 것이 주 목적이다. 회사의 URL을 집중 광고해주는 사이트도 있다. 가령, Web-Fuel는 홈페이지를 알리기 위한 캔디 박스를 제작해주고, ZapWarks는 광고를 부탁한 업체의 마우스 패드를 제작해서 고객에게 배포한다.

(7) 가상공동체 형성

인터넷이 가지고 있는 구전효과는 인터넷 사이트의 성공에 매우 중요하다. 이러한 구전효과를 적절하게 활용함으로써 기업의 웹사이트를 알리거나 고객을 확보하는 데 이용할 수 있다. 구전효과를 효과적으로 활용하기 위해서는 가상공동체의 형성과 관리가 필수적이다.

가상공동체는 게시판 하나만을 만들어놓았다고 해서 형성되는 것이 아니다. 적절한 지원과 투자가 있어야 기업은 가상공동체가 주는 효과를 얻을 수 있다. 이를 가장 잘 활용하고 있는 예가 코스메틱랜드(코랜)이다. 코스메틱랜드는 가상공동체 형성을 위한 운영에는 관여하지 않고 회원 자율에만 맡기고 시스템 지원만 해줌으로써 효과적인 가상공동체 형성에 모범적인 케이스로 언급되고 있다.

(8) 검색사이트에 등록하기

인터넷비즈니스 시스템이 완성되면 유명한 검색 사이트에 등록하는 것 또한 비즈니스를 알리는 좋은 방법이 된다. 왜냐하면 다수의 네티즌들이 자신이 원하는 정보를 찾기 위해 검색엔진을 이용하고 있기 때문이다. 따라서 인터넷비즈니스 시스템을 눈에 띄게 만드는 작업이 중요하다. 야후에 있는 수백만 개의 홈페이지 중에서 네티즌의 눈에 띄는 것은 매우 어려운 일이다.

네티즌들은 검색된 웹사이트 리스트 중 처음 20여 개 정도만 참조하기 때문에 우리 회사의 검색엔진 랭킹을 어떻게 하면 향상시킬지 생각할 필요가 있다. 랭킹을 올릴 수 있는 좋은 수단 중 하나는 여러 사이트의 가장 기본적인 정보, 가령 회사 이름, 관계자, 그리고 회사에 대한 소개를 25단어, 50단어, 100단어 등의 여러 텍스트로 마련하는 방법이 있다.

(9) 제휴 프로그램

제휴 프로그램(Affiliate Program)이란 서로 다른 인터넷비즈니스 시스템끼리 광고를 해주고 해당 시스템을 통하여 고객이 자사의 시스템에 접속한 경우에 추천비용(Referal Fee)을 제공하는 것이다. 예를 들어, A라는 시스템에 접속한 고객이 그곳에 있는 B라는 시스템의 배너광고를 보고 클릭을 하여 B시스템에 접속하게 되면 B에서의 고객활동에 따라 B가 A에게 추천비용을 지불하는 프로그램이다.

현재까지 가장 유명한 제휴 프로그램은 아마존에서 1996년 7월부터 시행하고 있는 Amazon Associates라는 제휴 프로그램으로서 지금까지 약 25만 개의 사이트와 제휴관계를 맺고 있는 것으로 알려져 있다. 현재 아마존에서는 일반적으로 다른 사이트를 통해서 아마존에 접속한 고객이 직접 서적을 구입한 경우, 해당 서적 가격의 5%를 다른 사이트에 지불하고 있다. 그 밖에도 AutoWeb.com 같은 경우에는 다른 사이트를 통해 접속하여 중고차 광고를 게재한 고객 한 사람당 5불의 수수료를 지불하고 있으며, CarPrince.com의 경우는 약 9천 개의 제휴프로그램으로부터 추천받은 고객이 신차에 대한 가격을 조회한 경우, 고객당 3불을 제휴 사이트에 지불하고 있다.

4 인터넷판매촉진 도구

(1) 샘플링

샘플링(sampling)은 소비자에게 샘플을 무료로 제공하여 시용(시험구매)을 유도할 목적으로 활용되는 판매촉진 도구로서 신제품 도입 시 주로 사용된다. 샘플 제작 원가가 낮고, 소량의 제품사용만으로도 상표의 특성과 편익이 소비자에게 쉽게 전달될 수 있는 제품군의 경우에 효과적이다. 샘플링은 비교적 많은 비용을 필요로 한다는 단점이 있지만 고객의 시용을 유도하는 데 가장 효과적이라는 장점을 가지고 있다. 예를 들어, 애경이나 태평양화학 등의 화장품회사들은 인터넷상에서 응모자들에게 신제품 샘플을 제공한 다음 이들의 반응을 조사하고 사용구매를 유도한다.

(2) 쿠폰

쿠폰(coupon)이란 구매되는 제품에 적용될 할인액과 할인조건 및 유효기간 등을 명시한 조그마한 증서(쪽지)이다. 쿠폰은 미국 등지에서는 판촉도구로서 오랜 역사와 높은 활용도를 가지고 있지만 우리나라에서는 아직 크게 활성화되지 않고 있다. 쿠폰은 소비자의 사용구매와 반복구매를 유도하고 가격할인의 효과가 직접적으로 소비자에게 전달되는 장점을 가진다. 반면에 쿠폰 없이도 정가에 자사제품을 구매할 기존고객에 의해 사용될 수 있다는 단점을 가진다.

인터넷상에서 제공되는 사이버쿠폰은 신문을 뒤지거나 쿠폰책자를 얻기 위해 수고를 들이지 않고 쉽게 쿠폰을 획득할 수 있게 한다. 소비자들은 언제든지 인터넷에 접속하여 마우스를 몇 번 클릭함으로써 쿠폰을 획득할 수 있는데, 최근에는 할인쿠폰을 한자리에 모아놓은 쿠폰전문 사이트가 생겨나 쿠폰이용이 더욱 쉬워졌다.

오프라인에서 제공되는 할인쿠폰이 갖는 문제점은 대부분의 대량마케팅(mass marketing)기법들과 마찬가지로 단방향의 마케팅도구라는 것이다. 예를 들어, 소비자가 토마토소스 한 병을 구매하는 데 쿠폰을 사용한다고 하더라도, 제조업체는 그 소비자가 단골고객인지 또는 처음으로 구매하는 고객인지를 분간할 수 없다. 그러나 이태리음식 브랜드인 라구(Ragu)의 웹사이트는 방문객이 이름과 주소를 공개하면 할인쿠폰을 우송해준다. 또한 전자메일주소를 제공할 경우 Ragu 사이트가 새로운 콘텐츠를 첨가하거나 신상품을 출시할 때마다 이를 전자메일로 알려준다. 이와 같이 Ragu 사이트는 할인쿠폰을 받는 대가로 소비자들로 하여금 자신에 관한 정보를 제공하도록 함으로써 할인쿠폰의 제공과정을 쌍방향적인 것으로 만든 데 성공하였다.

(3) 사은품

사은품(premium)은 제품 구매 시 무료로 제공되는 일종의 선물이다. 사은품은 충동구매를 유발할 만큼의 가치를 제공할 수 있어야 효과적이다. 따라서 판촉도구로서의 사은품의 효과는 그 독특함과 유인가치에 달려 있다. 사은품은 가격대에 대한 법적 제약이 있다는 문제점이 있다.

(4) 경연과 추첨

경연(Contest)이나 추첨(Sweepstake)은 모두 소비자에게 소정의 상금이나 상품을 제공하는 판촉도구이다. 다만 경연은 소비자의 노력과 지식이 어느 정도 요구되며 추첨은 순전히 운에 의해 결정된다는 것이 차이점이다. 예를 들어, 배너광고 속에 광고주의 홈페이지에 숨겨진 보물의 위치, 모양, 수 등에 관한 힌트를 제공하고, 소비자가 이 힌트를 기억했다가 광고주의 홈페이지에 들어가 보물을 찾아내면 상금을 주는 경우가 경연에 해당된다.

경연의 또 다른 예로 기아자동차가 리오자동차의 시판을 기념하여 실시한 리오퍼즐 맞추기 행사를 들 수 있는데, 기아자동차가 리오자동차 홈페이지에 게재된 '리오퍼즐'을 이용하여 리오자동차 모형을 완성하는 고객 1,000명에게 순위에 따라 30만 원 상당의 주유권을 나누어주었다. 이에 반해 네티즌들이 배너광고를 클릭하면 배너광고에 숨어 있는 경품의 당첨여부를 즉석에서 알려주는 즉석 추첨식 광고판촉 캠페인은 추첨의 한 예이다.

경연이나 추첨은 참여를 위해서 많은 경우 제품의 구매가 요구되지만 그렇지 않은 경우도 흔히 있다. 경연이나 추첨은 웹사이트에 대한 소비자의 관여도를 높이는 데 기여하는 장점이 있다. 그러나 소비자의 관심이 제품이 아니라 상금이나 상품 등에 기울어질 가능성이 있으며 경연이나 추첨과 관련된 많은 법적 제약이 있다는 문제점이 있다.

(5) 보너스 팩

보너스 팩(Bonus Pack)은 정상가격으로 보다 많은 양의 제품을 제공하기 위해 큰 용기나 몇 개의 기존 용기를 묶은 것을 판매하는 경우를 말한다. 예컨대, 한 개 값으로 두 개의 제품을 제공하는 판촉(two for one) 등이 이에 해당된다. 보너스 팩은 단순한 가격할인과 비교하여 가격할인의 효과는 같으면서 많은 양을 구매하도록 하는 장점이 있으며, 특히 자사제품을 기존 사용자에게 보다 많은 양을 구매하도록 함으로써 경쟁사의 판촉활동에 반응할 가능성을 사전에 차단시켜준다. 특히 인터넷상에서 상품을 제공하거나 업데이트된 소프트웨어를 제공하는 방식으로 보너스 팩이 효과적으로 활용될 수 있다.

(6) 가격할인

가격할인(Price-offs)은 제품가격을 일시적으로 인하시키는 형태의 촉진도구를 말한다. 가격할인은 가격이라는 제품속성의 특성을 직접 이용하기 때문에 판매촉진 도구 중에서 소비자에게 전달되는 가치가 가장 명백하게 나타나는 판촉도구이다.

(7) 환불

제품을 구매한 소비자가 구매를 증명하는 서류(영수증 등)를 제조업자에게 보내면 제조업자가 구매가격의 일정액을 돌려주는 것을 말한다. 환불(rebate)은 소비자가 일정액을 돌려받기 위하여 감수해야 하는 번거로움과 시간의 지체 때문에 리베이트의 액수가 클수록 효과적이다. 이러한 이유로 인해 내구재나 자동차와 같이 마진이 크고 고가격의 제품에서 보다 효과적으로 활용된다. 미국의 자동차 제조업체들은 전통적으로 특정 이벤트 기간 동안에 구매한 고객들에게 몇 천 달러의 리베이트를 제공해왔다. 마찬가지 방식으로 자동차 제조업체들은 인터넷사용자들에게 자동차 구매계획과 관련된 서베이(설문)를 실시하고 이에 응한 대가로 그 사용자가 신차를 구매할 경우 몇 천 달러의 리베이트를 제공할 수 있다.

미국의 오프라인 전문 증권사인 이트레이드(e-trade)는 공격적인 리베이트 프로그램을 운영하여 성공하였는데, 고객의 거래횟수가 늘어날수록 더 많은 할인폭을 제공하였다. 예를 들어, 이트레이드를 통해 미국 나스닥 주식을 거래할 경우 한 분기(4개월)를 기준으로 수수료가 1~29회까지는 19.95달러, 30~74회까지는 14.95달러로 5달러가 리베이트되며, 75회 이상 거래하는 고객의 경우는 9.95달러가 수수료로 책정되어 10달러의 리베이트가 제공된다.

제4절 인터넷PR

1 PR의 개념

(1) PR의 의미

Public Relations News지는 "PR(Public Relations)은 공중의 이익에 입각해서 각 개인이나 조직체의 정책 및 절차를 밝혀서 공중의 이해와 수락을 얻기 위하여 계획을 세우고 실시하는 관리기능"이라고 정의한다. 이를 기업의 관점에서 다시 표현한다면, PR은 기업의 다양한 이해관계자들로 하여금 호의(goodwill)를 갖도록 하는 데 활용되는 마케팅커뮤니케이션도구라고 할 수 있다.

홍보(publicity)는 비용을 들이지 않고 기업이나 제품을 매체의 기사나 뉴스의 소비자들에게 알리는 것을 일컫는 반면, PR은 홍보활동 이외에도 기업의 대 언론 관계활동, 기업에 대한 이해를 돕기 위한 사내외적 커뮤니케이션, 국회의원들의 입법활동이나 정부관료들의 규제에 직접적 또는 간접적으로 영향을 미치기 위한 합법적인 설득활동, 경영층에게 사회적 이슈나 회사 이미지에 관하여 조언을 하는 일 등을 모두 포함한다.

PR은 일반적으로 광고보다 저렴하면서도 높은 신뢰성을 가질 수 있는 촉진방법이며, 보다 적은 비용으로 높은 효과를 얻을 수 있기 때문에 PR부서는 회사 내에서 중요한 위치를 차지하는 경우가 많다. 어떤 기업은 전문적으로 PR프로그램을 개발하고 진행하는 외부의 기업과 계약을 하여 자사의 효과적인 PR을 위하여 노력하기도 한다.

이렇게 넓은 의미와 역할을 갖는 PR은 광고, 판매촉진 등의 다른 촉진믹스와 통합되면, 호의(goodwill) 구축이라는 본질적인 목표 이외에도 브랜드 인지도 제고와 브랜드에 대한 호의적인 태도 형성 및 구매행동의 촉진 등 커뮤니케이션 과정의 각 단계에서도 긍정적인 영향을 미치게 된다. 전통적으로 PR은 특정 제품을 촉진시키거나 구매행동에 직접적인 영향을 미치기보다 기업 전반에 대한 호의 구축을 목적으로 실시되어왔다. 따라서 기업의 PR 활동은 마케팅부서와는 독립된 PR부서에 의해서 실행되어왔다.

그러나 최근에 와서 PR이 다른 촉진믹스 요소와 통합되어야 하는 필요성이 인식되면서 많은 마케팅 지향적 기업들이 PR을 통합적 마케팅 프로그램(integrated marketing program)의 한 구성요소로서 관리하고 있다. PR 활동에 의해 도움을 받을 수 있는 마케팅 목표에는 브랜드 인지도의 제고, 소비자에 대한 정보제공 및 교육, 기업 및 제품에 대한 이해의 증진, 신뢰의 구축, 소비자에 대한 구매이유의 제공, 소비자 수용도를 높이기 위한 동기부여 등이 있을 수 있다.

(2) PR의 대상

PR은 공중(public), 즉 다양한 이해관계자가 집단을 그 대상으로 하는데, 대표적인 것들로는 기업의 조직원 집단, 주주와 투자자 집단, 거래고객집단, 언론기관, 정부 및 공공기관 등이 있다.

기업의 조직원

기업의 조직원은 내부집단으로서 매우 중요한 PR의 대상이다. 이는 조직원의 사기가 기업의 성패에 중요한 요소이기 때문이며, 나아가서는 조직원 개인이 모두 외부공중을 대상으로 한 기업 커뮤니케이션의 창구역할을 하기 때문이다. '내부고객의 만족 없이 외부고객의 만족 없다'라는 말도 이러한 차원에서 이해될 수 있다. 조직원을 위한 PR의 구체적인 수단으로는 사내보, 사내방송, 인터넷을 이용한 사내 컴퓨터망 등이 이용된다.

주주와 투자자

미국 등지에서는 오래전부터 주주와 투자자들을 대상으로 한 PR이 실시되어왔으며, 이를 특별히 IR(Investors Relations)이라고 말한다. 그러나 국내에서는 최근에 들어서 이들의 중요성에 대해 인식하게 되었다. 주주와 투자자들에 대한 PR 활동은 기업에 대한 재무적인 평가는 물론 주가에도 큰 영향을 미칠 수 있으며, 기업의 연간 기업보고서나 투자설명회, 사이버 IR 등이 이용된다.

거래고객집단

최종소비자와 상품을 공급하는 거래업체를 포함한 고객집단과의 우호적인 관계구축은 인터넷시장에서의 기업성과에 결정적인 영향을 미치게 되므로, 기업 PR 활동의 대상으로서 고객의 중요성은 아무리 강조해도 지나치지 않는다.

언론기관

언론기관은 실질적인 기업 PR 활동에서 가장 큰 비중을 차지하는 대상이다. 이는 언론기관을 통한 PR이 기타 집단에도 간접적으로 큰 영향을 미치기 때문이다. 예를 들어, 한 기업의 사이트나 그 기업이 개발한 인터넷제품에 대한 호의적인 평가가 신문이나 TV, 뉴스 등에서 다루어지면 그 효과는 광고에 의한 것과는 비교할 수 없을 정도로 클 것이다. 특히 광고를 위해 집행되어야 하는 비용을 고려하면 더욱 그러하다. 이런 이유 때문에 과거에는 많은 기업들이 PR을 언론기관에 국한해서 이해하고 관리하기도 하였다.

정부 및 공공기관

정부와 공공기관 등도 주요한 PR의 대상이다. 이는 정부의 규제나 공공기관 등의 평가가 제품의 생산비용이나 시장성공에 결정적 요소가 될 수 있기 때문이다. 일례로 독점방지를 위해 미연방법원이 마이크로소프트사에 대해 내린 기업분할 판결은 마이크로소프트사의 시장성과(시장점유율)에 큰 타격을 줄 수 있음을 생각해보면 쉽게 이해될 수 있다. 따라서 합법적인 대정부 활동(Lobbying) 등은 기업 PR의 중요한 영역이다.

2 인터넷PR의 수립과정

인터넷PR의 수립절차 중 첫 번째 단계는 **그림 12-3** 에서 보는 바와 같이 다른 마케팅 활동과 마찬가지로 표적고객 및 PR 목표의 설정이다. 표적고객 및 PR 목표가 결정되면 이를 달성하기 위한 PR 메시지와 전달수단을 선택하고, 실제로 이를 실행하고 난 후에 그 결과를 평가하는 단계를 거친다.

그림 12-3 PR의 수립과정

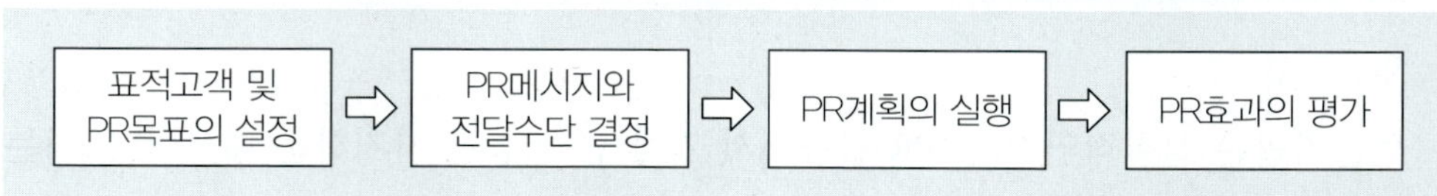

PR 목표의 설정은 기업의 사이트와 그 사이트에서 판매되는 제품에 대한 고객의 태도, 즉 여론(public opinion)을 파악하는 데서 시작된다. 여론은 단순히 개인의 의견이 아니라 사회구성원 간의 커뮤니케이션을 통해 형성되는 것이기 때문에 여론의 파악은 PR 계획의 수립에 매우 중요하다.

기업의 PR 담당자는 기업 이미지나 관련이슈에 대한 여론을 수립하는 데 있어 제3자에 의해 조사된 결과에 의존하거나 조사기관을 직접 활용할 수 있다. 최근 들어 기업들은 여론의 파악을 위해 인터넷을 활용하고 있는데, 직접 공중을 찾아가 설문지나 인터뷰를 통해 여론을 파악하는 기존의 방식에 비해 인터넷을 이용한 여론조사는 적은 시간과 비용으로 실시될 수 있다.

인터넷은 여론을 파악하는 데 유용한 여러 정보원천을 제공해주고 있는데, 우선 가장 대표적인 것이 뉴스그룹이다. 예를 들어 미국의 빌 클린턴 대통령과 전 백악관 인턴 직원 모니카 르윈스키 간의 섹스스캔들과 관련하여 인터넷이 인쇄매체인 신문보다 더 많은 특종을 터뜨려 화제를 불러일으켰다. 여기서 뉴스그룹이란 세계 각국의 네티즌들이 특정주제에 관해 정보(기사)를 게재하는 일종의 게시판을 말한다. 흔히 이런 뉴스그룹의 집합체를 '유즈넷(usenet)'이라고 한다. PR 담당자들은 자신의 조직과 관련된 분야의 뉴스그룹을 찾고 주기적으로 이러한 뉴스그룹에 게시되는 의견들을 확인해야 한다. 또한 기업의 성격에 따라 차이는 있겠지만 위기관리 차원에서의 모니터링도 함께 이루어져야 한다.

다음으로 여론의 파악에 유용한 정보원천은 야후(www.yahoo.com), 구글(www.google.com), 네이버(www.naver.com)와 같은 검색엔진, 또는 관심분야의 네티즌 메일 목록을 제공하거나 관련 뉴스그룹을 전문으로 검색해주는 리츠(www.liszt.com)와 같은 서비스를 활용하는 것이다. 이와 같이 PR 담당자는 인터넷을 통해 회사에 대한 공중의 생각을 모니터링하고 세분화된 공중들을 직접 찾아갈 수 있다. 그리고 그들이 어디에 있고 무슨 대화를 나누는지를 인터넷상의 다양한 서비스를 통해 쉽게 파악할 수 있다. 이는 다양한 공중에 대한 PR전략의 수립에 있어 유용하게 활용될 수 있는 정보들이다.

기업은 조사를 통해 파악된 공중의 태도를 토대로 하여 PR의 타깃과 그들로부터 궁극적으로 얻고자 하는 것(PR 목표)을 구체적으로 결정하여야 한다. PR은 그 대상도 광범위하고 다양하며 그 영역도 매우 넓은 범위에 걸쳐 있기 때문에 명확한 표적청중의 결정과 구체적 목표의 설정이 성공적인 PR을 위한 필수적인 요인이다. 표적청중은 거주지, 나이, 성별, 직업, 소득 등의 인구통계적 특성과 자사 웹사이트 방문경력의 여부(예를 들어, 자사 웹사이트를 인지하지 못한 청중, 방문빈도가 낮은 청중 등) 등을 고려하여 결정되어야 한다. PR의 목표설정은 표적청중으로부터 기대하는 반응을 결정하는 것이다.

웹사이트의 PR 활동에 노출된 청중(고객)은 **그림 12-4** 에서 보는 바와 같이 인지, 행위적 반응, 기록, 재방문의 단계적 반응과정을 거치게 된다. 인지는 각종 매체를 통하여 웹사이트의 PR 활동에 노출된 청중이 이를 인식하고 관심을 보이는 것을 말한다. 행위적 반응은 웹사이트에 도메인명을 입력하여 웹사이트를 방문하는 행위를 말한다. 기록은 방문한 웹사이트에 만족하여 이를 북마크해두거나 재방문을 위하여 도메인명을 온라인 또는 오프라인상에 기록해두는 것을 의미하며, 재방문은 만족한 웹사이트를 다시 방문하는 것을 말한다.

그림 12-4 웹사이트 PR 활동에 대한 청중의 반응과정

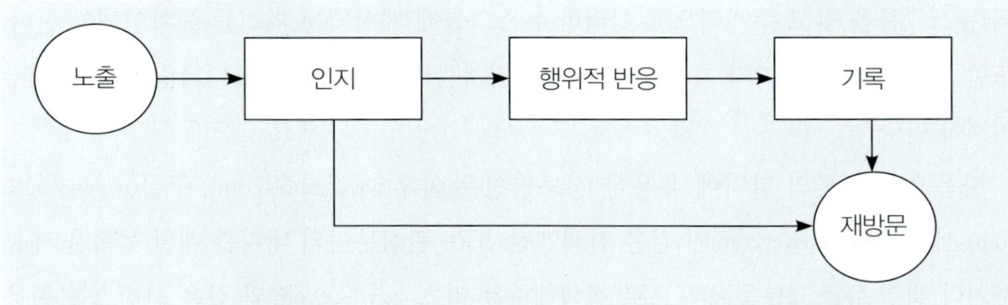

PR의 목표는 PR 활동에 의해 표적청중으로부터 기대되는 반응을 토대로 설정되어야 한다. 예를 들어, 아직까지 자사의 사이트를 방문한 경험이 없는 청중으로 하여금 처음으로 방문하도록 유도한다거나, 최근 몇 달간 자사의 웹사이트를 방문한 적이 없는 방문자 가운데서 몇 퍼센트를 재방문하도록 만든다거나, 웹사이트에 대한 재방문의 빈도를 몇 퍼센트로 증가시키도록 하는 것 등을 예로 들 수 있다.

PR의 목표가 설정되면 이를 달성하기 위해 구체적인 PR 메시지를 결정하고 이를 전달하는 수단을 결정해야 한다. 메시지의 소구(호소)방식은 크게 청중의 합리적 판단(이성)에 호소하는 방식과 감정에 호소하는 방식으로 나누어진다. 이성에 소구하는 메시지(rational appeal)는 개인적인 이익, 사회적 공헌 등을 강조함으로써 PR 활동에 노출된 청중의 관심을 유발한다. 감정에 소구하는 메시지(emotional appeal)는 개인적인 이익, 사회적 공헌 등을 강조함으로써 PR 활동에 노출된 청중의 관심을 유발한다. 감정에 소구하는 메시지(emotional appeal)는 표적청중의 긍정적 또는 부정적 감정(예를 들어, 사랑, 유머, 긍지 등)을 불러일으킴으로써 웹사이트에 대한 호의적 태도와 방문을 유도한다.

PR 메시지의 전달수단으로는 메시지를 기사화하여 언론사에 전달하는 방법, 기업이 직접 특별행사를 기획하는 방법 등 다양한 도구들이 있다. 따라서 기업은 자사 웹사이트의 PR 목표와 표적청중을 고려하여, 가장 효과적이고 효율적인 PR 메시지 전달수단을 이용하여 PR을 실행해야 한다.

모든 촉진활동과 마찬가지로 PR도 실행결과에 대한 평가가 이루어져야 한다. PR효과를 측정하는 가장 손쉬운 방법으로는 노출횟수의 측정이 있다. 측정하기 용이한 방법의 하나는 기업의 웹사이트나 인터넷제품에 대한 기사가 오프라인의 매체에 개재된 빈도를 측정하는 것이다. 또 다른 방법은 PR 활동 전과 후의 자사 사이트에 대한 트래픽의 변화를 추적함으로써 PR 활동의 성과를 파악하는 것이다. 이 방법들은 측정하기 용이하다는 장점은 있지만 실제로 메시지를 듣거나 볼 청중의 생각과 태도의 변화를 알 수 없다는 한계가 있다.

따라서 PR 효과는 PR 활동에 대한 표적청중의 반응과정에 초점을 맞추어 평가될 필요가 있다. 고객의 반응은 인지, 행위적 반응, 기록, 재방문의 단계를 거치는데 이를 이용하여 PR 프로그램을 전개할 수 있을 것이다. 예를 들어, 인지도는 높아졌으나 인지한 청중들의 행위적 반응비율이 낮다면, 자사 사이트를 이미 인지한 청중들의 관심사를 파악하여 이들의 흥미를 유발하는 PR을 전개함으로써 웹사이트의 방문자를 증대시킬 수 있을 것이다. 또한 기록의 비율이 낮다면 강화된 콘텐츠에 대한 PR 활동을 통해 방문자들의 기록과 재방문을 유도할 수 있을 것이다.

3 인터넷PR의 주요수단

많은 마케터들은 PR과 홍보(publicity)를 동일한 개념으로 사용하고 있는데, 이는 PR

활동의 많은 부분을 언론매체를 통한 메시지의 전달이 차지하기 때문이다. 사실 홍보는 기업 PR노력의 한 부분이라고 볼 수 있으며 PR은 그보다 훨씬 넓은 영역에서 실행될 수 있으며 그 구체적인 수단들도 다양하다. 매체관계 사이트의 구성요소를 정리하면 표 12-4 와 같다.

표 12-4 매체관계 사이트의 구성요소

항목	내용
최신 뉴스	매체관계 사이트에서는 항상 최신의 뉴스를 제공한다. 특히 앞으로는 어떤 사건 · 사고 발생 시에 많은 기자들이 정보를 얻기 위해 해당 사이트를 방문할 것이다. 홈페이지는 당신이 원하는 정보를 게시하는 데 어떠한 제약도 없으므로 가장 중요한 소식을 그에 맞게 다루어야 한다.
연락처	방문한 기자들이 더 많은 정보를 원할 경우 활용할 수 있도록 담당자 이름/전화번호/e-mail/책임부서 등을 기록한다. 이러한 연락처는 혹시라도 매체 사이트에서 원하는 정보를 얻지 못해 발생하는 불신과 짜증스러움을 방지할 수 있게 한다.
회사 입장표명	모든 회사들은 사업의 영역에 있어 정부, 소비자 단체, 경쟁사, 공중들의 불만을 유발할 수 있다. 따라서 이미 이러한 이슈에 대해 확고한 회사의 입장을 홈페이지를 통해서도 적극적으로 알려야 한다.
회사 주요행사 일정	가능하다면 회사에서 발생하는 많은 행사에 대한 시간, 장소 등에 대해 사전에 공지해준다.
보도자료 보관	보도자료를 데이터베이스화하고 이를 날자, 제품, 지역, 주제별로 목록화하여 언제든지 관련 보도자료를 찾기 쉽게 정리해두어야 한다.
연설	회사의 경영자 도는 핵심적인 간부들의 월례사 또는 연설문을 텍스트 형태로 제공하거나 사운드 파일로 실제 연설을 다운로드받아 청취할 수 있도록 한다. 그러나 이때는 반드시 매체가 관심을 가질 만한 가치가 있거나 연설 중 요약내용을 제공하는 등의 편리성을 고려해야 한다.
회사 및 경영진 정보	매체들로부터 기본적으로 문의를 받는 사항들, 즉 회사의 설립연도, 합병시기, 종업원 수, 연혁 그리고 경영진과 관련해서는 약력과 사진 등을 제공하면 홍보업무에서 많은 시간을 절약할 수 있다.
제품 · 서비스 정보	회사의 홈페이지를 통해서도 제품과 서비스 정보는 제공되지만, 매체를 대상으로 하는 매체관계 사이트에서는 이와는 좀 더 차별화된 정보를 제공해야 한다. 예를 들어, 제품 사진, 제조공정, 소비자 현황 등 관련정보를 제공하거나 이를 다운로드받을 수 있도록 해주어야 한다.

(1) 뉴스 공지

뉴스 공지(Press Release)는 언론매체에 기삿거리를 제공하는 활동을 말한다. 이렇게 제공된 정보가 기사화되면 그 내용에 노출된 소비자가 부여하는 높은 신뢰도로 인하여 PR효과는 매우 크게 나타난다. 이러한 이유 때문에 많은 기업이 자사의 사이트와 인터넷 제품에 대한 정보를 여러 경로(홈페이지나 언론사 기자들)를 통하여 언론사나 일반 공중에게 제공하고 있다.

따라서 기자나 뉴스 담당자에게 자사에 대한 정보가 기사로 채택되게 하기 위해서는 정보 자체가 표적청중은 물론 담당자의 흥미를 끌 수 있어야 하며 전달방법도 단순히 팩스 등을 이용하는 것보다 경쟁사와 차별화된 방법(Press Kit 등)을 사용하여야 한다. 최근 들어 기업들이 홈페이지에 매체관계 사이트를 설치함으로써 기자들이 회사의 기본적인 자료를 쉽게 찾는 데 도움을 주고 PR 담당자의 반복적인 단순 업무를 줄이고 있다.

뉴스 공지를 성공적으로 이용하기 위한 가장 주요한 요소는 준비할 수 있는 기간을 충분히 두는 것이다. 주간 출판물의 경우 PR 담당자는 일주일보다 그 전에 저널리스트들과 미리 간단한 브리핑을 가져야 한다. 그리고 일간 신문일 경우 (웹사이트 매체를 포함하여) 하루 전에는 알려야 한다. 월간 출판물에는 뉴스에 대한 브리핑을 생각하지 않아도 상관없다.

공식적인 뉴스 공지 전에 사전 브리핑하는 것은 매체사들에게 있어서 기사작성을 준비하는 시간을 절약해준다는 점에서 하나의 전통적인 방법이 되었지만, 인터넷은 이러한 과정을 복잡하게 하였다. 웹 이전의 시대에서는 기사공지 발표 일주일 전에 사전브리핑을 해야 주간지들이 기사공지 날짜에 맞추어 해당 기사를 출판할 수 있었다. 그러나 현재는 대부분의 주간지들이 매주 인쇄되는 정규지 이외에도 그들의 웹사이트에 매일 기사를 제공하게 됨에 따라 기업의 뉴스 공지에 대한 관리를 더욱 복잡하게 만들어 놓은 것이다.

(2) 회견

정치인들이 개인이나 정당의 정책 등을 기자회견을 통해서 국민에게 전달하듯이, 기업도 획기적인 신제품이나 신기술의 개발을 알리거나 기업 간의 주요한 인수 · 합병 및 전략적 제휴 등을 알리기 위해서 회견(Press Conference)을 이용한다.

(3) 특별 행사

기업의 PR 담당자는 특별행사를 이용하여 기업이나 제품에 대한 공중의 주의를 끌 수 있다. 예컨대 기업이 새로운 인터넷 상품, 예를 들어 마이크로소프트사의 Windows XP를 출시하면서 기념회나 투자자를 대상으로 하는 투자설명회를 개최하는 것 등이 이에 해당된다. 기업의 PR 활동으로서 특별행사를 직접 기획하지 않고 후원하는 방법도 빈번히 활용된다. 예를 들어, 전람회, 음악회, 운동경기 등의 후원을 통해서도 효과적인 PR이 가능하다.

(4) 공공캠페인 활동

인터넷 기업은 건전한 사회운동과 관련된 캠페인을 주도하거나 후원하는 방법에 의해 호의적인 기업 이미지를 구축할 수 있다. 예를 들어, 인터넷 기업은 결식아동돕기, 환경보존운동, 심장병 어린이 돕기 등의 사회운동을 직 · 간접적으로 후원하여 호의적인 기업 이미지의 형성과 확대를 추구할 수 있다. IBM의 경우는 홈페이지의 지역사회관계(community relations) 사이트를 통해 회사의 사회봉사활동, 환경보호활동 등에 대한 정보를 전하고 있다. 또한 공공문제(public affairs)와 관련하여 전 세계적인 정보화의 확산으로 대두된 정보화사회에서의 삶에 대한 공중의 궁금증 및 변화하는 삶에 대한 이들의 두려움을 해소하려는 목적으로 「정보화사회에서의 삶(living in the information society)」이라는 소식지를 시리즈로 만들어 인터넷을 통해 읽거나 다운로드받을 수 있도록 하고 있다.

(5) 간행물 발행

기업의 사보나 연간기업 보고서 등의 간행물은 PR의 수단으로서 가장 오랜 역사를 가지고 있고 지금도 광범위하게 이용된다. 특히 여러 기업들이 최고경영자의 경영철학이나 경험 등을 자서전으로 발행하는 것도 같은 맥락에서 해석될 수 있다. 최근 들어 기업들은 인터넷을 통해 최고경영자의 이미지를 관리하는 PI(president identity)활동을 수행하고 있는데, 이는 일반 공중에게 최고경영자의 경영철학을 전달하여 기업 이미지를 제고시키는 것은 물론 회사의 구성원들과 최고경영자 간의 거리를 좁혀 사내 커뮤니케이션을 활성화시키는 도구로 활용된다.

외국의 주요기업들은 회사의 홈페이지 내에 최고경영자의 기본적인 이력과 경영철학, 연설문, 기고문, 관련 언론보도기사 등을 소개하고 있다. 예를 들어 인텔사 홈페이지(www.intel.com)는 앤드류 그로브(Ansrew Grove) 회장의 소박하고 검소한 경영자 이미지를 강조하기 위해 일반사원과 동일한 규모의 회장집무실을 360도 회전하면서 동영상으로 소개하고 있다. 또한 앤드류 그로브 회장과의 의견교환코너도 만들어 많은 사람들의 질문에 회장이 직접 답변을 해주고 있다.

(6) 온라인 커뮤니티의 활용

특정한 주제에 대하여 활발한 토론이 이루어지는 온라인 커뮤니티는 웹사이트 홍보를 위한 또 다른 효과적인 매체가 된다. 웹사이트가 온라인 커뮤니티 회원들의 관심영역을 담은 콘텐츠를 제공할 수 있다면 회원들로 하여금 그 웹사이트를 한번쯤 방문하도록 유도하는 것은 그리 어려운 일이 아닐 것이다. 웹사이트의 직 · 간접적인 홍보가 가능한 온라인 커뮤니티에는 메일링 리스트(Mailinglist), 뉴스그룹(Newsgroup), PC통신 등이 있다.

메일링 리스트는 특정한 주제 영역에 관심 있는 사람들이 email을 통하여 토론을 할 수 있도록 하는 네트워크로서, 특정 주제에 관심 있는 사람이 메일링 리스트에 등록을 하면 email을 통하여 다른 사람들이 제공한 글을 중재자를 경유하여 제공하는 방식으로 운영된다. 이러한 메일링 리스트에는 특정 주제에 관심이 있는 사람들이 주로 모이게 되므로 적절한 메일링 리스트에서 자사의 웹사이트를 노출시키는 것은 표적청중을 겨냥한 웹사이트 홍보방안이 될 수 있다. 그러나 메일링 리스트는 주로 특정의 주제영역에 관심 있는 사람들이 비공식적으로 의견을 주고받는 비상업적 목적의 공간이므로 웹사이트를 공개적으로 소개하는 행위가 스팸으로 인식되기 쉽다.

뉴스그룹 역시 메일링 리스트와 마찬가지로 특정의 주제에 대하여 관심이 있는 사람들이 주로 참여하게 되므로 자사의 웹사이트와 관련된 적절한 뉴스그룹은 효과적인 홍보공간이 될 수 있다. 그러나 뉴스그룹에 글을 게재할 때에도 자사 사이트와 관련된 글이 스팸으로 인식되지 않도록 신중하게 접근해야 한다. 특히 어떤 뉴스그룹은 상업성을 철저하게 배제하여 어떤 유형의 기업 홍보활동에 대해서도 강력하게 대응하므로 뉴스그룹에 글을 싣기 전에 기존에 실렸던 글들을 충분히 검토한 후 신중히 홍보활동을 전개해야 한다.

PC통신은 많은 가입자를 보유하고 있으며, 이들 가입자는 독립적으로 또는 PC통신 내 커뮤니티에서 의사소통을 하고 있다. PC통신 가입자들은 실질적 또는 잠재적으로 웹사이트 홍보활동의 표적청중이 될 수 있는데, PC통신을 웹사이트 PR에 이용하는 데에는 두 가지 접근방법이 있을 수 있다. 하나는 PC통신에서 제공하는 광고를 이용하는 것이고, 다른 하나는 게시판, 동호회, 채팅, 토론방 등 PC통신 내의 각종 커뮤니티활동에 참여하여 웹사이트를 알리는 것이다.

(7) 다양한 링크원의 활용

웹사이트를 홍보하는 또 다른 효과적인 방법의 하나는 서치(검색)엔진이나 디렉토리와 같이 자사의 웹사이트로의 링크를 제공하는 다양한 유형의 사이트를 활용하는 것이다. 이러한 사이트 중에서 대표적인 것으로는 쿨사이트(디자인이 뛰어나고 정보가 풍부하고 흥미 있어 한 번 정도 방문해볼 만한 사이트)를 소개하는 사이트, 어나운스먼트

(announcement) 사이트(웹에 새로이 등장하는 사이트를 소개하는 사이트), 시상사이트(특정 영역별로 뛰어난 웹사이트를 선정하여 발표하는 사이트) 등을 들 수 있다.

쿨사이트의 리스트는 국내외 검색엔진이나 디렉토리에서 제공하고 있는데, Cool Site를 키워드로 이용하여 찾을 수 있다. 예를 들어, 야후코리아는 엔터테인먼트의 하위 메뉴인 쿨사이트를 통해 야후 방문자들이 추천하는 오늘의 추천 사이트와 금주의 추천 사이트를 제공한다. 마찬가지로 Netscape의 What's cool 사이트도 콘텐츠와 디자인을 평가하여 점수가 높은 몇 개의 사이트들을 매일 소개하고 있다.

웹사이트가 많지 않았던 초창기에는 서치엔진이나 디렉토리에서 구할 수 없었던 정보를 얻기 위해 많은 사람들이 어나운스먼트 사이트를 방문하였다. 그러나 최근 들어 인터넷상에 정보가 풍부해짐에 따라 새로운 정보를 찾기 위하여 어나운스먼트 사이트를 이용하는 빈도가 감소하고 있다. 시상사이트는 쿨사이트 중에서 연간 또는 월간 가장 뛰어난 사이트를 선정하여 발표하고 시상을 한다는 점에서 쿨사이트 리스트를 제공하는 사이트와 차이가 있다.

예를 들어, 1998년 야후 코리아는 네티즌들의 투표를 통해 카테고리와 테마 두 분야로 나누어 베스트 사이트를 선정하였다. 예술과 인문, 비즈니스와 경제, 컴퓨터와 인터넷, 교육, 엔터테인먼트, 정부, 건강과 의학, 뉴스와 미디어, 레크리에이션과 스포츠, 자연과학, 사회과학, 사회와 문화 등 12개의 카테고리와 전자상거래상, 아이디어상, 콘텐츠상 등 3개의 테마 부문에 걸쳐 네티즌을 대상으로 투표를 통하여 베스트 사이트를 선정 · 시상하였다.

4 인터넷PR전략 지침

다음은 성공적인 PR전략의 수립 · 실행에 있어 인터넷 기업의 PR 담당자들이 고려해야 할 지침에 관한 것이다.

① PR의 대상이 될 청중에 대해 잘 알아야 한다

성공적인 PR전략의 출발점은 다음과 같은 체계적인 접근방법이 요구된다. 첫째로 누가 자사의 사이트를 이용할 것인가를 파악해야 한다. 둘째, 고객들이 어떤 매체에 관심을 보이는지 파악해야 한다. 그러나 웹사이트 홍보를 하는 데 있어 반드시 기술적이고 인터넷 지향적인 매체가 사용되어야 하는 것은 아니다. 셋째, 자사가 제공하고자 하는 이야기에 관심을 보일 출판사와 저널리스트를 찾아야 한다.

예를 들면, 매일경제신문의 김철수라는 기자가 정보기술에 대하여 영향력 있는 칼럼기사를 쓴다고 하자. 만약 한 인터넷 기업이 정보통신업계에서 주도적인 회사와 전략적 동반관계를 맺었다는 정보를 그에게 보내면, 전혀 관심을 보이지 않을 수 있다. 왜냐하면, 기자의 칼럼이 주로 개인용 컴퓨터기술에 관한 것이므로 기업이 제공한 정보가 PC 사용자와 관련된 것이 아니라면 전혀 관심을 보이지 않을 것이기 때문이다.

전자우편이 개발된 이후로 저널리스트들의 가장 큰 불만 가운데 하나는 기업들이 보내는 정보들이 그들이 다루는 분야와 전혀 관계가 없는 것이라는 점이다. 스팸메일성의 PR에 지친 저널리스트들은 그 회사에 대해 불평하는 기사를 쓸 가능성이 높다. 그러므로 PR 담당자는 서점, 도서관 그리고 웹에서 자사의 고객이 관심을 두고 읽는 기사의 저널리스트가 누구인지 파악하여 그들의 출판물을 정기적으로 읽고, 그들의 방송에 귀를 기울이거나, 그들이 웹사이트를 확인해야 할 것이다.

② 기사제공의 사적인 원천이 되어야 한다

실제로 뉴스 공지(뉴스를 통한 촉진; Press Release)는 자사에 대한 기사를 제공하는 데 있어 가장 비효율적인 방법일 수도 있다. 1996년 미디어소스(MediaSource)에 의해 실시된 600여 개의 잡지와 신문의 비즈니스 편집자들에 대한 조사 결과에 의하면 언론의 기사 가운데서 14%만이 뉴스 공지(Press Release)를 통해 작성된 반면, 59%는 기자들이 확보하고 있는 개인적인 정보원천에 의해 작성되었다.

③ 개인적인 접촉을 하는 것이 효과적이다

저널리스트가 자사에 대한 기사를 쓸 때, 어느 부분에 가장 관심을 두는지를 알아보기 위한 제일 좋은 방법은 직접 질문하는 것이다. 발표 전에 미리 계획을 세우고 저널리스트에서 간단한 E-mail을 보내서 우리 회사가 미래에 어떠한 발표를 할 것인가에 대해 설명한다. 거의 예외 없이 저널리스트는 직접적인 접근에 대해 감사함을 느낄 것이며, 그가 적절하지 않는 저널리스트였다 할지라도 기꺼이 어느 담당자에게 연락해야 할지에 대해 알려줄 것이다. 언론인들의 E-mail 주소를 아는 방법은 그다지 어렵지 않다. 많은 경우에 출판물을 인쇄할 때 주 편집자에게 연락을 하기 위한 E-mail 주소를 표시하며, 웹에서 Who, Where 같은 이름 검색 디렉토리를 이용하는 것도 한 대안이 될 수 있다. 이 서비스는 스스로 등록한 사람들에 대해서만 검색 가능한데, 웹의 중요성을 인식한 저널리스트들이 이미 등록하였다.

PR 담당자가 E-mail을 통해 보도자료를 제공할 때 유의해야 할 몇 가지 원칙이 있다. 첫째, 자료는 첨부파일로 보내지 않아야 한다. 첨부는 관련 사진으로 한정짓는 것이 좋다. 세부적인 내용이 필요할 경우 그 내용과 관련된 홈페이지의 주소를 명기하여 이를 필요로 하는 사람들이 자료를 찾을 수 있도록 안내해주면 된다. 둘째, 제목으로 평범하면서도 정보제공적인 표제를 선정한다. 이는 기존의 인쇄물로 제공되는 보도자료에서도 중요하지만, E-mail의 경우에는 반드시 편지를 읽도록 하기 위해서 주의를 끄는 제목이 더욱 중요한 역할을 한다.

④ 매체사의 논평일지를 활용한다

기업의 PR 담당자는 저널리스트들과 이야기할 기회가 있을 때마다 다음 주나 다음 달에 나갈 기사를 준비하는 데 있어 어떤 것을 도와줄 수 있는지에 대해 질문해야 한다. 기자들로부터 어떤 기사를 쓰고 있는지 직접 듣는 것이 그의 작업과정을 파악하는 데 가장 효과적인 방법이지만, 많은 기업들이 매체사로부터 공개적으로 구할 수 있는 논평일지(editorial calender)를 활용하기도 한다. 논평일지로부터 매체사들이 다루기를 원했던 기사들의 특징을 파악함으로써 자사에 알맞은 어떤 주제를 발견할 수 있을 것이다. 어떤 매체사들은 그들의 논평일지를 자신들의 사이트에 올려놓지만, 또 어떤 매체사들은 문의가 있을 때 팩스로 보내준다.

연습문제

1. 국내촉진과 국제촉진의 차이점에 대해서 설명하시오.
2. 기존의 촉진방법과 인터넷촉진의 차이점에 대해서 설명하시오.
3. 인터넷광고의 효과에 대한 측정방법 및 문제점은 무엇인지 설명하시오.
4. 인터넷광고의 유형별 사례를 들어보시오.
5. 인터넷판매촉진전략의 장점은 무엇인지 설명하시오.
6. 인터넷PR의 어려운 점은 무엇인지 설명하시오.

INTERNET MARKETING

제5부

인터넷마케팅 관리

제13장 e-SCM

제14장 e-CRM

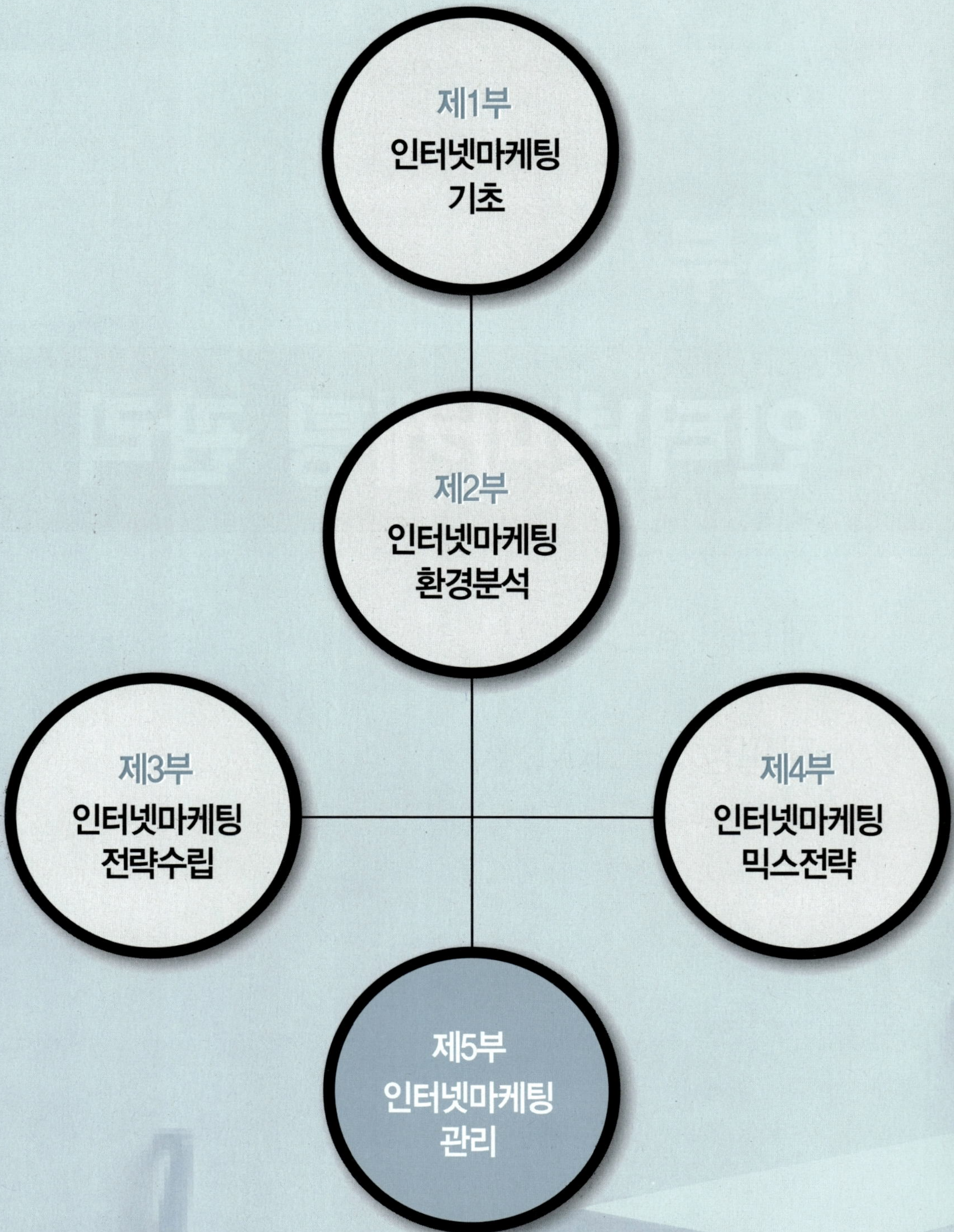
제1부
인터넷마케팅
기초
제2부
인터넷마케팅
환경분석
제3부
인터넷마케팅
전략수립
제4부
인터넷마케팅
믹스전략
제5부
인터넷마케팅
관리

제 13 장

e-SCM

학습목표 SCM의 필요성 및 SCM의 효율적인 운영에 대해서 알아본 후 SCM과 e-SCM의 차이점에 대해서 학습한다. 다음으로 e-SCM의 가치에 대하여 성공사례를 중심으로 심도 있게 학습한다.

제1장 인터넷비즈니스의 이해

제2장 인터넷마케팅의 이해

제3장 전자무역

제4장 인터넷 마케팅조사

제5장 인터넷 소비자행동분석

제6장 인터넷 마케팅전략

제7장 e-Segmentation

제8장 e-Targeting과 e-Positioning

제9장 인터넷 제품전략

제10장 인터넷 가격전략

제11장 인터넷 유통전략

제12장 인터넷 촉진전략

제13장 e-SCM

제14장 e-CRM

사례 연구 e-SCM

팀 쿡, 잡스 후계자 된 까닭은 SCM 전문성

최근 공개된 애플 분기 순익은 아이폰과 아이패드 판매 호황으로 전년대비 2배가량 올라 116억 달러를 기록했다. 이 회사는 실제 가동하는 공장 하나 없이 제조협력사 조달에만 의존해 복잡한 제품을 생산할 수 있는 체제를 다져왔다. 팀 쿡 애플 최고경영자(CEO)가 故 스티브 잡스 후계자로 지목된 이유는 그의 탁월한 공급망관리(SCM) 노하우 때문이라는 게 업계 중론이다. 그는 잡스가 아직 애플 CEO일 당시 최고운영책임자(COO)라는 2인자 위치에서 애플의 중추인 SCM 전문가로 활약해왔다. 특히 SCM 프로세스를 총괄하는 역량이 작용했으리란 풀이다.

구매SCM 솔루션업체 엠로의 김태준 전무는 컨설팅사업본부장으로서 한층 구체화된 분석을 제시한다. 잡스가 쿡을 차기 애플 수장으로 지목한 배경에 COO 업무 중에서도 '최고구매책임자(CPO)' 역할이 컸을 것이라는 의견이다. 김 본부장은 SCM분야 전문 컨설턴트 출신으로 엠로 창립멤버다. 엠로는 애플과 경쟁, 협력관계인 대기업 제조사들에게 지난 10여 년간 구매SCM 시스템을 공급, 구축하며 성장해온 중견 소프트웨어(SW)기업이다. 김 본부장은 구매SCM 분야의 발전방향과 최근 부상한 CPO 개념 등 전자구매분야 흐름에 대해 다음과 같이 언급했다.

김 본부장에 따르면, SCM은 기업이 제품을 내놓기 위해 구매, 생산, 조달, 물류를 아울러 관리하는 체계로 요약된다. 구매SCM은 그 앞단에서 구매절차에 드는 비용을 최적화해 이익을 창출하는 데 초점을 맞춘 것이다. 매출 성장보다 구매프로세스상의 비용을 줄이는 게 이익 늘리기에 더 효율적이란 전제다.

"구매란 게 간단히 말하면 돈 주고 필요한 물건 사는 거죠. 제조업이라면 부품이나 소모재를 조달하는 수단이고요. 이걸 전산화해 투명화, 효율화하는 방식을 전자구매(e-procurement)라 부르죠. 요청, 입찰, 계약, 정산, 납품까지 웹에서 온라인으로 처리하고 구매, 재고 비용도 최적화해줍니다. 기업들이 전자구매 시스템을 일반화, 고도화하면서 전략적 구매가 필요하단 인식이 생겼죠. 조달이 그냥 물건을 사는 절차라 비용 덩어리였다는 과거 인식이 많이 바뀌었어요."

전략구매개념은 다른 기업활동과 마찬가지로 구매과정에 '선택과 집중'을 통한 차별화와 제반 절차에 대한 고도화를 수행하는 것으로 요약된다. 팀 쿡이 애플 COO로 있을 때 SCM 전문가 역량을 발휘해 생산부문 협력사의 수를 세 자리에서 두 자리로 줄이고 이익률을 끌어올린 일화도 전략적 구매의 한 사례다. 제품 개발단계부터 참여해 부품공급사 선정과 관리, 구매절차 정립, 조직구성과 시스템 구축까지 아우르는 업무 수행으로 구매업무를 실행하는 것이다. 전략구매를 위한 CPO 역할 개념은 일반화가 덜 됐지만 애플이 SCM 최적화를 위해 내린 의사결정은 그런 전문임원의 역할에 해당한다고 김 본부장은 설명했다.

"CPO 개념이 2000년 이후에야 생겼는데, 등장한 의미가 크죠. 전체 SCM 운영정책상 중요한 영역을 맡는 자리니까요. 가트너 같은 조사업체는 글로벌기업들의 구매분야 의제를 조사해 만드는 'CPO 아젠다' 같은 보고서도 내요. 이런 분야에 신경을 쓰는 기업들은 작은 규모에서라도 보통 최고경영자(CEO) 직속으로 두고 큰 조직이면 CPO 자리를 만들죠. 생산, 물류, 재무 쪽까지 힘을 쓸 수 있어야 하거든요. 과거 기업들이 본부장급 임원을 SCM 담당에 앉혔는데 이러면 비용을 최적화하는 데 한계가 있어요."

요약하면 SCM 가치사슬에서 조달이나 물류 영역에 비해 구매분야에 요구되는 역할이 커져 CPO라는 직책이 대두됐다는 얘기다. 다만 모든 기업들이 그 중요성에 공감하는 단계는 아닌 모양이다. 한 대기업 제조사는 몇 년 전 임명한 외국인 출신 CPO를 SCM 총괄 임원으로 뒀다가 최근 그를 해임한 것으로 알려졌다. 이 사례는 종전처럼 의사결정 순위가 상대적으로 덜한 직책으로 권한이 축소된 것이란 평가도 나온다. 그러나 장기적으로는 SCM 전체 최적화를 위해 내부 조직 간 조율과 외부 협력사들과의 상생이 필연적이라고 김 본부장은 강조했다. (ZDNet Korea, 2012.4.27)

토의과제

1. **SCM의 필요성 및 가장 큰 유익은 무엇인가?**
2. **기업마다 SCM을 강화하는 이유는 무엇인가?**
3. **SCM의 효율적인 운영을 위해서 한국기업들이 갖추어야 할 것은 무엇인가?**

제1절 SCM의 의의

1 SCM의 개념

(1) SCM 등장배경

SCM은 언제, 왜 시작되었으며 시대별로 어떻게 발전해왔을까? SCM의 태동은 1920년대 최초의 자동차 대량생산 라인을 보유했던 포드사로 거슬러 올라간다. 포드는 당시 '철강 원석(광산)→이송→반제품(제련소)→조립(공장)→배송→판매'라는 공급망을 보유하고 있었고 이를 효율화하려는 노력을 기울였다. 하지만 북미 및 유럽의 선진기업들이 물류에 대하여 본격적인 관심을 갖기 시작한 시점은 1960년대 중반부터라고 할 수 있다.

그러나 이때까지도 기업들은 물류문제보다 구매문제에 더 관심을 가졌으며, 단지 물류부분에서 비용 절감을 통해 채산성을 향상시킬 수 있다고 인식하였을 뿐이었다. 1970년대에 들어와서야 기업들은 물류(Logistics)의 총비용을 최소화하기 위한 실질적인 경영계획과 관리활동을 시작한다. 이러한 총비용관리의 개념은 1980년대에 들어서서 기업 전체의 물류 프로세스를 효율화하여 전체 최적화를 추구하는 개념으로 확장, 발전하였다. 특히 전자문서 교환, 인터넷, 바코드 같은 정보기술과 통신 기술의 발달로 기업 내 부문 간 정보교환이 보다 용이하게 되면서 이러한 통합적인 물류관리의 도입이 빠르게 확산되었고 실제 기업의 물류 프로세스를 개선하는 데 크게 기여하였다.

1990년대에 들어서는 개방화와 국제화의 물결에 의해 기업을 둘러싼 환경이 크게 변하고 시장 경쟁이 더욱 치열해졌다. 이러한 상황에서는 제품이 고객의 요구에 얼마만큼 빠르고 정확하게 제공될 수 있는지의 여부가 기업의 승패를 가름하게 된다. 즉 제품 납기시간(lead time)과 유연성이 중요한 요소로 부각된 것이다. 이와 더불어 제품의 수명주기가 단축되는 추세에다 마진이 점차 줄어들고 있고 고객의 기대수준은 갈수록 높아졌다.

이러한 시장환경에 대응하기 위해 노력하던 중, 기업들은 부가가치의 60~70%가 제조 밖의 Supply Chain에서 발생하고 업종에 따라 10~14%의 물류비용이 소요되는 것을 파악하게 되었다. 이후 기업들은 본격적으로 자사의 물류 효율 최적화뿐만 아니라 공급망 내의 참여 기업 간의 물류 프로세스 통합관리에 초점을 둔 SCM의 개념을 기업 경영에 도입하기 시작했다.

또한 정보기술의 발전으로 1990년대부터 ERP, MRP와 같은 기업 내 자원관리 솔루션 도입이 확산되면서 사내외 정보의 통합 개념으로서의 SCM 솔루션 또한 주목받게 되었다. 1990년대 중 · 후반 이후 인터넷의 빠른 보급과 관련 정보기술의 발달로 인해 공급자, 제조사, 판매자, 고객 간의 협업(Collaboration)을 강화한 SCM 솔루션들이 개발되고 있다. 2000년대에 들어와서는 물류의 가시성, 그린 물류, 보안 물류 같은 부분이 새로운 트렌드로 부각되는 등 SCM은 지금도 끝없는 진화를 거듭하고 있다.

(2) SCM의 정의

공급망관리 또는 공급사슬관리(SCM: Supply Chain Management)란 제품의 생산단계에서부터 소비자에게 최종적으로 판매될 때까지의 모든 과정을 연결시켜 관리하는 것을 말한다. 더 나아가서는 제품의 폐기될 때까지의 과정도 포함하는데, SCM은 이러한 일련의 과정들을 각각 하나의 채널로 보는 비즈니스 프로세스로서 고객 서비스 수준을 만족시키면서 시스템 전반적인 비용을 최소화할 수 있도록 공급자, 제조업자, 보관업자, 소매상들을 효율적으로 통합하는 접근법이라고 할 수 있다.

세계적으로 선도적 위치에 있는 제조업체, 물류업체, 유통업체들은 이와 같은 목적을 달성하기 위하여 그들의 거래선들과 협력함으로써 그 이익을 훨씬 더 극대화하였으며, SCM을 추진 중에 있는 대표적인 업체로는 P&G, Wal-Mart, Unilever, Kellogg's, Coca-Cola, J. C. Penney 등이 있다. 한편 SCM은 적용되는 산업별로 그 표현을 달리하고 있다. 즉, 의류부문에서는 QR(Quick Response), 식품부문에서는 ECR(Efficient Consumer Response), 의약품부문에서는 EHCR(Efficient Healthcare Consumer Response), 신선식품부문에서는

EFR(Efficient Foodservice Response) 등으로 불리고 있다. **그림 13-1**은 통합적 공급망관리(Integrated Supply Chain Management)의 예를 보여준다.

그림 13-1 통합적 공급망관리

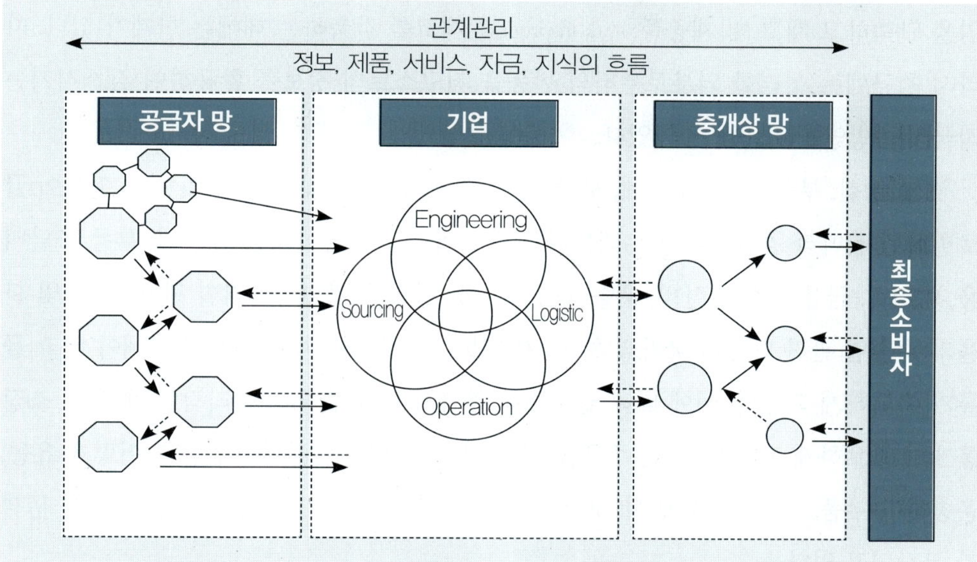

(3) SCM의 필요성

제조업체들은 종래에 라인, 공장, 또는 기업 내의 생산성 향상, 리드타임 단축, 원가 절감, 품질제고를 위하여 다양한 합리화 방안[리엔지니어링, 기업통합 및 정보화, 자동화 및 컴퓨터통합생산(CIM) 구축 등]을 수행하였다. 그러나 최근에는 제조단계부터 외부의 가치사슬 또는 공급사슬 관리를 더 중요하게 인식하는 경향이 있다. 그 이유는 다음과 같다.

첫째, 미국의 경우 제조업의 물류비용은 업종에 따라 10~15%에 이른다. 일반적으로 고객이 주문 후 납품까지의 주문 사이클타임 중에서 순수 제조에 소요되는 시간보다 유통을 위하여 공급사슬상에서 소요되는 시간이 훨씬 길다. 제조업체들이 공장 자동화나 CIM 구축을 위해 막대한 투자를 하고 있으나 고객 서비스 수준을 높이는 데는 주문처리, 물류관리, 구매 조달 등에서의 개선이 더욱 큰 효과를 거둘 수도 있으며, 이 같은 노력은 적은 규모의 투자로 개선이 가능하다.

둘째, 부품 및 기자재 공급의 납기 및 품질의 불확실성과 수요 및 주문의 확실성을 제조업체 내에서 수동적으로 흡수하여, 생산계획을 세우고 재고를 관리함으로써 리드타임을 단축하고 재고 및 재공품(work-in-process) 재고를 감축하는 데에는 한계가 있다. 따라서 최근에는 이러한 외부로부터의 변동을 저코스트의 정보를 활용하여 감소시키는 적극적인 방안을 강구하게 되었다.

셋째, 생산, 부품 조달 및 구매, 보관 및 물류, 운송, 판매 및 유통 등의 기업 활동이 글로벌화됨에 따라 공급사슬상의 리드타임이 길어지고 불확실해졌다. 또한, 부품 조달비용, 인건비, 금융비용, 생산비, 운송 및 물류비용 등의 국가별 · 지역별 편차, 관세 및 환율과 수출입 관련 법규의 국가별 차이, 지역별 제품사양의 차이 등을 감안해야 하고 물류가 복잡하게 되었다. 이에 따라 글로벌한 공급사슬 및 물류의 합리적인 계획 및 조정 통제가 중요하게 되었다. 어떤 주문을 언제 어디서 어떻게 얼마나 만들고 어떻게 유통, 운송하고 부품조달을 어떻게 할 것인가에 대한 계획 및 의사결정, 실행 및 추적의 문제가 부각되고 있다.

넷째, 종래의 표준화된 제품을 대량생산하여 고객에게 밀어내던 방식에서 탈피하여 고객의 다양한 요구에 맞추어 제조, 납품해야 하는 Mass Customization이 보편화되고 있다. 이러한 Mass Customization에 따라 유통 대상 품목이 많아지고 재고 및 물류관리가 복잡해지며 주문관리, 생산계획, 정보관리 및 추적관리가 복잡해진다. 동시에 리드타임이 길어지고 불확실해지며 재고가 증가하고 주문충족도가 악화되는 등 공급사슬의 효율이 급속히 저하되게 되었다. 이에 따라 공급사슬관리의 중요성이 더욱 부각되었다.

다섯째, 기업 간의 경쟁이 치열해짐에 따라 코스트 및 납기의 개선이 시급하게 되었다. 특히, 고객지향, 고객만족, 시장요구에 대한 적응을 위해 공급사슬의 혁신 요구가 증대되고 있다.

끝으로, 최근 ERP(Enterprise Resource Planning) 등에 의해 기업 내 프로세스가 정보화, 통합화되고 EDI(Electronic Data Interchange), Internet 및 WEB, 전자상거래 등의 기술이 급

속히 발전되고 있다. 이에 따라, 공급사슬 간의 정보공유 및 전달과정을 혁신하고 공급사슬 간의 프로세스를 적극적으로 통합할 수 있게 됨에 따라 관련 개념 및 기법의 보급이 확산되고 있다.

공급사슬관리를 위해서는 공급사슬 관련 프로세스 및 제품설계를 혁신하는 공급사슬 리엔지니어링, 공급사슬상의 업체 간의 전략적 제휴, 공급사슬관리를 위한 조직의 개선, 공급사슬 간의 정보 공유 및 프로세스의 통합, 공급사슬 네트워크의 전략적 설계, 공급사슬 계획 및 관리 시스템 구축 등의 중요성이 증대되고 있다. 이들 각 방안들은 대개 공급사슬상의 부서 및 업체 간에 정확한 정보를 신속하게 전달, 공유하고, 구매 조달, 운송 및 보관, 유통 및 판매 등의 업무 프로세스를 네트워크 및 정보기술에 의해 통합하는 작업을 수반한다.

2 SCM의 전략적 가치

(1) SCM의 범위

공급사슬관리의 개념이 일반화되기 이전, 기업물류(Logistics)의 초점은 이미 생산된 재화의 유통(distribution)을 합리화하는 것에 맞추어져 있었으나, 기업 내부, 공급업자 네트워크, 소비자를 포괄하여 제품과 정보의 흐름을 관리하는 공급사슬관리로 발달하여 왔다. 최초의 물적유통 시스템의 관리는 완제품을 소비자에게 효율적으로 유통시키는 것에 초점을 맞추었다. 그 이유는 기업의 재고에 대한 투자 중 40%를 차지하는 완제품의 관리가 중요했기 때문이다. 이 단계에서는 고객의 만족도와 기업의 투자비용 간의 균형을 유지하는 것이 경영자의 관심이 된다.

2단계에서 기업은 보다 진보적인 기업물류관리를 실현하게 되며 기업내부의 구매, 생산, 분배 활동의 통합적 관리에 초점을 맞추게 된다. 각 활동의 내용이 바뀌는 것이 아니라 이들 활동들 간의 연결 및 조정 메커니즘이 추가되는 것이라고 할 수 있다. 이 단계에서는 재고 관리를 재고 수준의 관리(inventory level management)라기보다는 재고 흐름의 관리(inventory flow management)라는 측면에서 접근하게 된다.

3단계에 이르면 기업은 기업의 내부와 외부를 통합적으로 연결함으로써 진정한 의미의 공급사슬관리를 실현할 수 있게 된다. 이는 기업의 공급사슬상 하류에 있는 모든 조직, 곧 기업이 의사소통해야 하는 모든 공급업자와 고객을 포괄하여 관리한다는 것을 의미한다. 이러한 통합은 이전 단계에서의 기업 내부 부서 간의 의사소통 이상의 것을 필요로 하는 것이며, 추가적인 기업 역량을 필요로 하는 것이다. 공급업자의 관리, 추가적인 불확실성의 관리, 수요예측과 생산계획 간의 연동, 기업 외/내부의 물류 시스템과 정보 시스템의 통합 등은 공급사슬관리의 주요한 의사결정들이다.

(2) SCM의 효과

SCM을 통해 얻는 효과와 이익은 SCM을 적용하는 산업과 적용하는 범위와 깊이에 따라 다르다. 또한 여기에 참여하는 기업에 따라 차이가 있기 마련이다. SCM의 가장 기본적인 사상인 정보를 적시에 제공하고 그 정보를 SCM에 참여하는 모든 거래 당사자들이 공유하는 것과 공급망 전체의 당사자들이 공동으로 계획하고 실천함으로써 SCM의 효과와 이익은 모든 부분에서 얻어질 수 있다. SCM은 재고감소, 업무절차의 간소화, 업무처리의 시간단축, 부가가치 없는 작업제거 등의 효과를 얻을 수 있다.

재고 감소

SCM의 기본사상은 공급망 전체를 보고 계획하고 실천하는 것이다. 따라서 재고측면에서도 생산/유통/판매를 위한 정보가 적시에 제공되어 전체 공급망에 상품이 필요한 수준으로 물 흐르듯 하는 흐름개념으로 파악하고 관리하게 된다. 이는 각 업체들이 공급망 내의 자사에 해당하는 부분을 연결된 공급망의 일부분으로 보지 않고, 단절되고 독립적인 것으로 생각하여 각각 자기의 계획에 따라 상품의 흐름을 파악하면서 그에 필요한 안전재고를 확보하는 것에 비하여 재고수준을 현저하게 줄일 수 있다. 이곳에 자사에 안전재고가 없더라도 필요한 때에 틀림없이 필요한 상품이 필요한 만큼 필요한 곳에 공급된다는 확신이 있으므로 가능하다. 이렇게 공급망 내의 모든 거래 파트너들이 하나의 조직처럼 믿고 자기의 맡은 기능을 가장 효율적이고 탁월하게 수행할 수 있도록 확신과 신뢰의 관계를 구축하는 것이 SCM의 목표이다.

부가가치 없는 작업 제거

공급망 내의 모든 거래 당사자들이나 각 기능/서비스 제공업체들은 거래에 필요한 정보를 사전 또는 적시에 받을 수 있고, 그러한 정보를 별도의 처리나 가공 없이 업무에 그대로 사용할 수 있다. 때문에 정보 습득과 처리를 위한 기능이 필요 없어지게 된다. 또한 종래에는 특히 구매 같은 업무에서 보면 구매 시마다 공급가격, 납품시기, 결재조건, 납품 및 검품 등의 과정을 거치면서 매 과정마다 서류문서가 작성되고 결재 등의 여러 가지 계층을 거치므로 해서 많은 시간이 소요됐다. 결재라인의 상이한 처리 취향에 따라 여러 차례의 수정 및 재작업이 습관화되어 있었다.

이에 비해 전자상거래 환경에서의 업무처리는 업무처리에 필요한 절차와 정보형식을 미리 약속하고 정해진 절차에 따라 자동적으로 진행하므로 종래의 업무 관행에서 발생하는 낭비요소나 수정/재작업 등을 완전히 제거할 수 있다. 따라서 업무절차가 획기적으로 간소화되고, 업무의 처리 시간이 대폭 단축됨으로써 업무비용을 최소화시켜 경쟁력을 올릴 수 있다.

(3) SCM의 효율적인 운영

공급사슬의 효율적 설계와 운영을 위해서는 첫째, 시스템의 목표를 명확히 정의하여 각 단계가 시스템의 목표를 달성하는 방향으로 의사결정을 내리게 유도한다. bullwhip 효과가 생기는 근본적 원인은 시스템 안의 각 구성원들이 자신의 이익을 극대화하는 방향으로 미시적 의사결정을 하기 때문이다. 따라서 통합적 의사결정을 통해 발생한 추가적 이익을 공평하게 분배함으로써 시스템의 이익을 최대화하도록 구성원들에게 동기

부여를 하는 것이 무엇보다 중요하다.

둘째, 소비자의 서비스수준 향상에 기여하는 성과측정치를 개발한다. 특히 JIT, QR(quick response), ECR(efficient consumer response) 등을 활용하여 세분화된 소비자 그룹의 요구를 잘 만족시킬 수 있는지를 측정하여야 한다. 배달주기나 수송량의 불확실성을 줄여야 공급업자, 생산자, 소비자 모두의 비용을 절감할 수 있다.

셋째, 'risk-pooling'을 통해 시스템과 관련된 불확실성을 최소화한다. risk-pooling은 시스템 내에 분포되어 있는 불확실성을 하나의 그룻에 모음으로써 시스템전체의 불확실성을 줄이자는 것이 그 목적이다. 예를 들면 배달트럭이 각 소매상에 도달하여 그 소매상과 앞으로 방문할 소매상들의 재고수준을 고려하여 할당량을 정하는 동적 재고할당 정책이나, 배달트럭이 중앙창고나 소매상을 떠나면서 앞으로 방문할 소매상들의 재고수준을 고려하여 방문 순서를 정하는 동적 배달경로정책을 활용하면 시스템의 불확실성을 감소시킬 수 있다. 또한, Benetton의 경우처럼 먼저 옷을 완성시킨 후 색상별 주문량에 따라 염색을 하는 방식으로 최종 제품의 조립을 지연시킴으로써 비록 원가는 증가하더라도 재고를 줄이고 유연성을 증가시켜 궁극적인 비용 감소와 수익 증대를 달성한 예도 찾아볼 수 있다.

넷째, 정보를 공유하고 의사결정에 적극적으로 활용한다. 즉 물적 흐름과 정보의 흐름을 효과적으로 통합하는 것이 필요하다. Wal-Mart나 ToysRus는 재고를 정보로 대체한다는 개념을 도입하여, EDI나 인공위성을 통해 하위단계의 수요 및 재고정보를 모든 단계가 공유하여 의사결정에 반영함으로써 수요에 대한 반응시간을 최소화하였다.

다섯째, 정보의 공유와 통합적 의사결정이 이루어지는 것을 가능하게 하기 위해서는 부서 간 협동을 유도하는 것이 매우 중요하다. 새로운 시스템의 도입에 있어 부서 간 형평성을 유지하는 것이 가장 큰 어려움 중의 하나이다.

여섯째, 하부구조에 대한 과감한 투자를 수행하며 미래 확장 가능성에 대비할 수 있어야 한다. Wal-Mart의 경우 장기적 관점에서 지역분배센터(Regional Distribution Center)를 먼저 건설하고 그 주위에 소매점포를 위치시키는 방법을 사용하여, 초기 투자는 다른 경쟁기업에 비해 많이 들었으나 가장 효율적인 분배시스템을 소유한 기업이 될 수 있었으며, 이것이 미래 기업 경쟁력의 원천이 되었다.

일곱째, 아웃소싱을 적극적으로 활용하여 비용과 시간을 절감하는 것은 물론 기업의 경쟁력을 최대화하는 방향으로 자신의 자원과 외부 기업의 자원을 결합하여야 한다. Saturn의 경우 Ryder Trucks에게 National Semiconductor와 Laura Ashely의 경우는 Federal Express에게 수송부분을 아웃소싱하고 있다. 아웃소싱의 대상이 되는 기능을 선택할 때 기업의 핵심역량과 관련하여 중요하지 않다거나, 추가적 자본투자의 규모가 큰 것과 같은 기준을 사용하기보다는, 그 기능을 외부의 기업이 자신보다 더 잘할 수 있는가의 기준을 사용하여 결정되어야 할 것이다. General Motors가 대체부품 분배시스템의 설계와 운영을 Schneider에 아웃소싱한 것은 적절한 기준 사용의 예라고 할 수 있다.

3 SCM의 기능

SCM은 전략(Strategy), 전술(Tactic), 실행(Operative)의 각 비즈니스 레벨에 대해 수요, 생산, 자재, 수/배송, 회수의 각 부문에 대한 계획과 실행 그리고 모니터링의 역할을 수행한다. SCM 솔루션들은 정보기술을 기반으로 이 과정을 자동화, 효율화하는 데 도움을 준다.

(1) 전략

전략(SCS: Supply Chain Strategy) 영역은 SCM의 최상위 레벨로 각 기업들이 전사적으로 중장기적인 물류 최적화 전략을 수립하는 단계이다. 이를 지원하는 SCM IT 솔루션으로 '공급망설계 최적화(Supply Chain Network Optimization)'가 있다. 이 솔루션은 기업의 위치, 공장수, 센터수와 같은 공급망 인프라들을 효율적으로 고려하여 어떤 제품이 어떤 로케이션에서 얼마만큼의 수량으로 제조되고 보관해야 하는지를 평가하고 확인해볼 수 있다. 기업은 해당 솔루션을 통해 물류 네트워크의 소싱, 생산, 능력, 자재, 분배 등 다양한 비용과 제약을 고려하여 주어진 고객 서비스 수준을 충족하는 최소 비용 혹은 최대 이익을 산출하기 위한 물류 네트워크의 최적화 구성을 도출할 수 있다.

특히 Global SCM 확산, 복잡화되는 공급망, 유가상승 같은 최근의 물류 경향에 대한 대응방안으로 공급망 전 영역의 물류 최적화된 전략을 수립하는 Network Optimization Tool이 기업 SCM 전략으로 대두되고 있다. 이 솔루션을 구축한 회사들은 공급망 비용 절감, 매출과 수익 극대화, 자원 활용 효율 향상 같은 ROI를 얻을 수 있다.

대표적인 예로 전 세계 영업 Channel 및 복잡한 자동차 산업의 Supply Chain을 보유하고 있는 연매출 600억 달러의 대표적인 자동차 회사인 BMW와 같은 경우, SC Network Optimization을 통해 최적화된 sourcing 전략을 구현해서 신제품에 대해 10% 이상의 수익성을 향상시켰다. 또한 특정 부품 조달에 대한 아웃소싱과 자체 제조의 의사결정 시 활용하였고 환율 변동에 따른 최적화된 공급 sourcing 전략을 수립하여 리스크 관리가 가능해졌다.

미국의 Food 제조업체인 Pillsbury는 Pet Foods와 합병에 따른 새롭게 최적화된 물류 네트워크 전략 수립을 위해 시스템을 도입했고 'SC Network Optimization'을 통해 최적의 물류센터 수와 적정 Capacity를 결정해서 23개의 물류센터를 9개로 축소하여 운송비와 관리비가 현격히 감소했지만 고객 서비스 기준은 기존 서비스 레벨을 유지하는 효과를 얻었다.

(2) 계획

계획(SCP: Supply Chain Planning)은 경영전략, 연간예산, 자재조달, 수요예측, 재고계획, 생산계획 등을 주별 계획 이상의 계획(Plan)을 수립하는 영역이다. 이러한 계획의 수립을 효과적으로 지원하는 솔루션으로 생산계획(MP: Master Planning), 수요계획(DP: Demand Planning), 재고보충 계획(Replenishment Planning), 판매계획(S&OP: Sales & Operation Planning), 비용계획(Revenue Optimization), 협력적 예측 보충 시스템(CPFR: Collaborative Planning, Forecasting & Replenishment) 및 공급사 재고관리(VMI: Vender Managed Inventory) 등이 있다.

MP/DP/RP/S&OP

먼저 APS(Advanced Planning & Scheduling)라고 알려진 생산(MP), 재고보충(RP), 수요관리 시스템의 기능을 살펴보자. 기업은 수요계획(DP) 시스템을 통해 고객 접점에 있는 영업사원이나 판매시점으로부터 수요정보를 용이하게 획득할 수 있다. 즉, 공급망 주체 간 통합된 협업 기반의 수요예측 정보를 기반으로 판촉행사나 1+1 같은 프로모션 정보의 예를 통해 관리함으로써 실수요예측 정보를 제공받을 수 있다. DP를 통해 산출된 수요예측 정보는 보통 재고보충(RP) 관리시스템의 Input data가 된다. RP는 DP에서 나온 수요예측 정보를 기준으로 각 물류거점별 재고보충 여부 및 수량 및 단위를 산정해준다.

최근의 RP의 경향은 물류 거점별이 아닌 전사의 공급망 전체 단계(Multi-echelon)에서의 통합적인 재고변동 상황을 고려해서 최적의 재고할당계획(수송/가용재고)을 산정하는 것이 특징이다. 또한 기존의 RP와는 상관없이 생산계획(MP)을 수립하고 실행했던 전통적인 방식에서 진화되어, 최근의 MP는 RP와 동기화되어 수행된다. 기업은 MP를 통해 RP 기반의 Pull 방식(수요가 생산을 창출하는 방식)의 생산계획을 수립하지만 제약사항을 반영해서 RP에 피드백해서 생산제약사항이 재고보충 계획에 반영되게 할 수 있다.

즉, APS를 통해 동기화된 수요/재고 보충/생산/구매 계획을 수립할 수 있다. 그리고 MP/RP/DP를 잘 활용하기 위해서는 단순한 회의 이상의 IT 인프라 기반의 협업적인 생산 및 판매 계획(S&OP: Sales & Operation Planning)이 요구된다. 현재까지는 국내기업은 S&OP 프로세스를 위해 엑셀을 이용함으로써 S&OP 인프라 구축을 통해 얻을 수 있는 재고감축, 재고회전율 증대, 고객 서비스 증대 같은 효과를 얻지 못하고 있는 실정이다. 해외에서 S&OP를 구현한 글로벌 최대 식품 가공회사인 Heinz 같은 경우는 구현 후 주 단위 수요예측 및 정확도가 15~20% 향상되고 Planner 인력 감축과 일 단위 재고 보충 기반 확립이라는 ROI을 획득했다.

DRM

DRM은 Demand & Revenue Management의 약자로 수요와 매출의 동시 최적화를 목

표로 하는 시스템이다. 기존의 SCM 전략이 재고나 운송비 절감 같은 비용 절감에 보다 초점을 맞추었다면 DRM은 매출증대에 보다 초점을 둔 수요관리이다. 즉, 가격이나 판촉 정보 등 판매량에 변동을 일으킬 수 있는 시장정보를 수요예측에 반영시켜 정확도를 향상시키고, 또한 판촉과 가격을 다양한 시뮬레이션을 통해 최적화시켜 보다 많은 고객이 우리 기업의 상품을 구매하도록 유도하는 수요창출을 발생시키는 것을 의미한다. DRM은 과거 판매정보(혹은 주문 정보)와 상품 원가정보, 현 재고수량, 고객정보 등이 필요하다.

그 외에 경쟁사 정보 등 다양한 변수를 제약사항으로 추가할 수 있다. 이러한 정보를 바탕으로 시스템의 수요모델과 Price 엔진이 작동하면 해당 산출물로서 시장정보가 반영된 수요 예측치 및 상품별 최적가격과 판촉 정책, 기대수익 같은 정보가 산출된다. 영국의 5대 슈퍼마켓 체인 중에 하나인 소머필드(Somerfield)는 수요예측 정확도 수준을 향상시키고자 기존의 예측시스템에 DRM 솔루션의 일부인 Promotion Optimization을 구축하여 담당자가 프로모션 결과를 예측하는 시간을 대폭 감축했으며 점별/상품별 최적의 프로모션을 채택해서 매출증대를 가져왔다.

CPFR/VMI

최근 물류 선두기업들을 기점으로 공급망 전반의 이해관계자와 정보를 공유하고 의사결정을 지원받는 협업(Cross-Enterprise Collaboration) 구현의 중요성과 필요성이 확산되고 있다. CPFR(collaborative planning, forecasting and replenishment)은 공급망상의 여러 기업들/구성원들이 함께 같은 정보를 사용하여 수요를 예측하고 생산을 계획하며 재고를 보충해나가면서 supply chain에서 발생할 수 있는 bullwhip effect나 예기치 못한 event를 최소화하는 SCM 솔루션이다. 즉 판매/재고데이터를 이용해 소비자 수요 예측과 주문관리에 이용하고, 제조업체와 공동으로 생산계획에 반영하는 등 제조와 유통업체가 예측, 계획, 상품보충을 협업하여 운영하도록 지원해주는 시스템이다.

공급망관리에서 생산 및 판매에 비해서 상대적으로 관심이 부족했던 자재조달에 있어서도 자재 구매처의 글로벌화에 따라 조달 물류비용의 증가와 납기 불안정이 예상되고 이는 경기침체기에 제품 가격경쟁력 저하와 공급 차질을 가속화시켜 결국 판매 기회 손실과 이익 감소를 초래하므로 공급처의 현지화, 납품 공동물류화, 공급경로의 재구성, VMI(Vendor Managed Inventory)을 이용한 공급협업화 전략도 최근 각광받고 있는 방안이다.

VMI는 공급자가 직접 판매자의 매장 재고 또는 물류센터 재고를 관리하는 전략을 말하며, 고객수요에 대한 유연한 대응과 재고투자비용의 절감을 위해 사용된다. 국내 L전자는 최근 상호공급기획 예측프로그램(CPFR)을 구축, 협력사와 주문 · 생산계획을 실시간 협의할 수 있도록 해 연 100억 원 이상의 비용을 절감했고, 창고를 거치지 않고 공장에서 바로 제품을 배송하는 직출하율을 75%에서 96%로 높였다.

(3) 실행

실행(SCE: Supply Chain Execution)은 창고, 보관 업무, 수/배송 관리 등 주로 현장 물류의 업무를 일별 이하의 스케줄링(Scheduling)을 수립해서 실행하는 기능이다. 수배송(TMS: Transportation Management System), 창고업무(WMS: Warehouse Management System), 주문(OMS: Order Management System) 같은 실행 시스템과 바코드, RF 등을 사용해서 물류 실행 업무를 효율화하는 데 목적이 있다.

WMS

WMS(Warehouse Management System)는 물류센터에 작업을 해야 할 각종 예정정보(ASN: Advanced Shipping Notice)를 바탕으로 창고 안의 입고부터 출하까지의 모든 개별 단위작업을 컨트롤하고, 재고 및 관련정보에 대한 가시성을 제공하는 시스템으로 정의할 수 있다.

WMS는 통상적으로 기본기능과 확장기능으로 나뉘는데, 기본기능이란 물류센터의 업무를 지원하기 위한 일반적인 입고부터 출고까지의 업무모듈이 이에 해당된다. 확장기능은 통상 필수적인 요구기능은 아니지만, 물류센터의 운영패턴이나 물리적인 속성,

혹은 생산성을 고도화하기 위해 추가적으로 모듈화를 통해 기본기능과 조립되어 운영되는 기능(WOS, FRID, Voice Picking)을 지칭한다.

WMS는 입고예정정보(ASN)를 통해 정보의 공유로 물류센터 내의 재고보관 Capacity, 예상물량을 고려하여 제약조건하에서 작업자를 배치시키고, 입고부터 출하까지의 각 단계별 작업현황을 실시간 모니터링하여 결과값을 KPI로 관리할 수 있다. 또한 운영프로세스의 측면에서 매뉴얼 작업 및 비표준 작업을 표준화하고 시스템 가이드에 의한 작업지시를 통해 물류창고의 작업자들의 피로도 및 관리자의 작업부하를 경감해줌에 따라 솔루션 도입 이후 적지 않은 기업들이 다양한 효과를 획득할 수 있다. SCM 솔루션 중에서 가장 빠르게 국내 시장에 도입되었으며 전 세계 96%, 국내 대부분의 물류기업이 WMS를 보유하고 있다.

최근에는 기존의 WMS를 보유하고 있는 많은 업체들이 솔루션 확장 및 업그레이드에 관심을 가지고 있다. WMS의 경우 기존의 C/S 기반의 노후된 시스템을 서비스 지향 아키텍처와 웹 기반 시스템으로의 업그레이드를 통해 점점 글로벌화되어가는 SCM에 대응하기 위한 전사시스템 구축의 시도와 요구가 진행되고 있는 중이다.

TMS

TMS(Transportation Management System)는 흔히 운송관리시스템이라 불린다. 운송은 고객이 원하는 시간과 장소에 물품을 전달하여 고객 만족을 충족시키는 고객과의 접점에 위치한 고객 서비스 향상의 핵심행위이다. TMS 솔루션은 Daily Operation Level을 지원하기 위해 계획, 실행, 모니터링의 세 가지 기능을 기본적으로 포함하고 있어야 한다.

먼저 계획기능은 출하 물량에 따라 적재조건, 운송 노선, 최적 운송사, 납기일 등을 고려하여 통합 수/배송 계획 지원하는 역할을 한다. TMS를 통해 기업들은 제한된 자원과 제약사항 내에서 수/배송 노선 최적화, 물품 적재 계획 최적화, 운송요율/이동거리 최적화된 운송 계획을 수립할 수 있다.

두 번째로는 실행기능이다. 이 기능은 화주 및 운송사의 운송 관련 Transaction을 관리하며, 운송업무의 Life-cycle 최적화, 배차 및 관리기능을 지원하는 부분으로 배차 관리,

운송사 확정 및 운송비 정산, 감사 기능과 실적 및 보고서 관리 부분을 포괄하고 있다.

마지막으로 모니터링 기능으로 계획 대비 실행 정보의 현황을 트랙킹하고 예외상황에 대한 사전 대처 기능을 지원한다. 이러한 기능을 가진 TMS를 도입하면 기업들은 다량의 주문을 짧은 시간 안에 다양한 제약조건을 반영하여 운송 계획을 자동 수립해 고객에 대한 Delivery time을 단축하고 결국 고객 물류 서비스의 품질을 향상시켜 고객만족을 극대화할 수 있다. 이와 더불어 최적배차 계획으로 운송비가 절감되고 시스템을 통한 정산/마감 업무로 운송비에 대한 투명성 확보 및 운송 실행에 대한 가시성 확보가 가능해진다.

YMS

YMS(Yard Management System)는 야드(Yard) 내에서 차량, 도크, 컨테이너 등을 효율적으로 관리하는 솔루션이다. 최근 대형 물류센터를 짓거나, 각 권역별로 나뉘어졌던 센터를 통합하면서 물류센터의 규모가 커지고 있고 차량이 많아지는 상황에서 과거의 매뉴얼이나 수작업 방식의 차량 입출하, 도크, 야드 관리는 생산성이나 효율성 측면에서 문제를 발생시킨다. 또한 많은 기업들이 WMS와 TMS에 많은 투자를 했지만 Yard 관리 부실로 물류흐름에 병목이나 단절 구간이 생기는 현상이 발생하고 있다.

이러한 배경으로 새롭게 부각되고 있는 시스템이 바로 YMS이다. 야드 관리 시스템으로 사용자는 물류센터 내 차량 · 원자재 · 컨테이너를 효율적으로 관리하고 WMS와 TMS 간의 단절 없는 물류환경을 조성해 정보의 정확도를 향상시키며 물류의 전반적인 가시성을 확보할 수 있다.

YMS의 세부기능을 살펴보면 보통 'Gate Management(GM)', 즉 물류센터 Gate를 기준으로 실시간 차량 입출문 관리 및 검수, Gate In/Out 차량 및 컨테이너의 booking 및 실적관리 기능이 있다. 'Dock Management(DM)' 기능은 센터 도크의 스케줄 관리, Dock 할당/대기/Loading/Unloading을 구현할 수 있다. 또한 'Container Yard Management(CYM)' 기능을 이용해 실시간 컨테이너 로케이션 관리, 컨테이너 피킹 및 적치, 출고관리도 가능하다. 현재 국내에서는 유통업체 L사의 신규 물류센터에서 물류센터에 차량이 들어

오면 도크까지 안내하는 RFID와 결합한 YMS가 구축되어 있고, S전자 러시아 법인 물류센터에서 Dock 관리와 컨테이너 관리 기능을 위해 YMS가 구축된 사례가 있다.

(4) 모니터링

최근에 SCM 영역 중 가장 성장세가 두드러지는 영역은 모니터링(SCV: Supply Chain Visibility)이다. AMR Research는 "가시성(Visibility)이란 계획(Plan)되고 실행(Execute)되는 실물흐름에 대한 정보가 통제(Control)를 담당하는 의사결정자에게 얼마나 실시간으로 정확하게 보여지는가(Monitor)를 알리는 과정과 시스템이다"라고 정의하고 있다.

이러한 어원을 가진 Visibility가 많은 기업들의 최대 관심사가 된 배경에는 점점 더 불확실해지는 내/외부 환경에서 가시성(Visibility) 구축을 통해 공급망의 민첩성(Agility)을 확보해서 다이내믹하게 변동하는 시장상황에 발 빠르게 대처하기 위함이다. 거기에 구매, 생산, 판매에 이르는 비즈니스의 글로벌화가 가속화되면서 공급망에서의 다양한 물자의 흐름을 모니터링하고 이상상황을 사전에 파악해야 하는 필요성이 점점 더 중요한 요소로 인식되고 있다.

이러한 환경에서 Visibility 솔루션은 공급망의 제반 활동을 모니터링하고 평가하여 비용, 성과 및 서비스 측면에서 현재 운영상태의 이상 유무를 판단할 뿐만 아니라 개선을 위한 피드백과 사전 예방기능을 제공하기 때문에 많은 회사들이 관심을 가지고 있는 것이다. 이 솔루션을 통해 기업들은 비용절감 및 고객 서비스 증대 기회를 찾아내고, 전략적 의사결정을 위한 정보를 축적할 수 있으며, 외부 관계사와도 협업체제 구축 기반을 다짐으로써 국내 혹은 글로벌 전체 공급망 운영을 최적화할 수 있다.

효율적인 Visibility를 구현하는 단계는, 첫째로 다양한 이기종 시스템으로부터 필요한 정보를 취합하는 것이고, 둘째로 수집된 데이터를 운영 프로세스 기준으로 모니터링하는 것이다. 셋째로는 이벤트를 정의해서 발생하는 예외사항에 대한 경고를 할 수 있는 SCEM(Supply Chain Event Management) 적용이고, 그다음은 Visibility 성과분석을 하는 것이다. 마지막으로, 지속적인 개선과 통제(Continuous Closed Loop Control)를 통해 의사결정 시지원/활용하고, 공급망을 최적화하는 것이다.

최근 SCM은 기업들에게 높은 서비스 수준과 낮은 비용을 동시에 달성시킬 수 있는 경영 패러다임일 뿐 아니라 새로운 기회를 창출할 수 있는 무기로 각광받고 있다. 하지만 SCM은 IT 기술에 힘입은 새로운 SCM 솔루션 도입 및 급변하는 시장환경을 동력으로 계속 변화, 진화하면서 기업들에게 끊임없는 도전을 요구하고 있다.

4 SCM 주요 응용기술

(1) 자동발주시스템

자동발주시스템(CAO: Computer Assisted Ordering)은 ASO(Automated Store Ordering)라고도 한다. 자동발주시스템은 고객에 대한 반응과 효율적인 상품보충 측면에서 상당한 잠재적 개선을 이룰 수 있도록 하는 데 중요한 역할을 한다. 즉 POS(Point of Sale) 데이터와 상품보충과정을 연계함으로써 비용을 줄이고, 매매공간의 효율적인 활용으로 상품판매 효과를 높일 수 있으며, 판촉활동에 의해 발생하는 제품수요에 즉각적으로 대응할 수 있게 된다. 현행 주문관행과는 대조적으로 자동발주시스템을 통해 소매업체는 보다 신속하게 소비자의 수요에 반응할 수 있을 뿐만 아니라 동시에 운영비를 절감하고 재고수준을 낮출 수 있다.

기존의 수작업에 의한 발주에서는 담당 직원이 일일이 상품수량을 파악하여 주문내역을 결정하고, 이러한 주문내역은 다시 수작업을 통해 주문시스템에 입력하여 물류센터로 전달하는 방식을 취하였다. 자동발주시스템은 POS 데이터를 근거로 수작업 없이 점포에서 주문을 할 수 있게 한다. 주문은 EDI를 통해 물류센터로 전송되고, 즉각적으로 재고보충이 이뤄지게 된다. 이러한 업무처리과정을 통해 물류의 동기화 및 수요관리의 통합화가 가능해진다.

자동발주시스템의 성공적인 구현을 위해서는 실제 상품의 판매량과 보충 상품의 필요수량 사이의 차이를 효과적으로 관리하는 것이 매우 중요하다. 매주 판매량과 같이 반복적인 구매형태에 의해 발생하는 차이는 파악하고 관리하기가 상대적으로 쉬우나, 판촉활동 등 불규칙적인 구매형태에 의해 발생하는 차이는 제대로 관리되지 못하는 실정이다. 특히 판촉상품의 영향을 받는 상품 카테고리에서는 이러한 문제가 심각하다. 또한 문제시되는 것 중의 하나가 원인파악이 힘든 재고손실과 지역적으로 과다하게 산재하고 있는 재고로서 이들로 인해 제품의 실제 재고와 차이가 발생하게 된다.

(2) 지속적인 상품보충

지속적인 상품 보충(CRP: Continuous Replenishment Programs)은 상품을 소비자수요에 기초하여 유통소매점에 공급하는 방법으로(이를 Pull방식이라고 함) 기존에 유통소매점에 재고가 있음에도 불구하고 상품을 공급하는 것(이를 push방식이라 함)과는 차이가 있다.

지속적인 상품보충은 거래선 간에 상품이 공급되는 모든 지점에 적용될 수 있는 개념이다. CRP의 초기단계에서는 유통공급과정에서 상품을 공급받기 위해 유통업체의 물류센터 또는 도매배송업체의 출고데이터를 사용한다. CRP의 발전단계에서는 POS 데이터를 사용하여 상품보충 프로세스를 보다 개선시킬 수 있다.

CRP는 유통공급망에 종사하는 거래업체들 간에 서로 협력하는 업무관행으로서, 이는 주문수량에 근거하여 물류업체가 주문을 하는 전통적인 상품보충 프로세스로부터 실질적인 상품수요와 예측수요를 근거로 상품보충을 하는 것이다. CRP를 구현하게 되면 다빈도 배송이 가능하게 되어 재고수준과 운영비를 낮출 수 있다. CRP에서는 판매데이터와 판매예측을 근거로 한 소비자 수요를 통해 상품보충에 필요한 주문과 배송을 실시하게 된다. 가장 보편적인 형태로 운영되는 공급자 재고관리(VMI: Vendor Managed Inventory)는 물류업체에서 재고데이터와 점포별 주문데이터를 매일 공급업체에 전송하면, 공급업체는 물류업체가 소매점포의 상품수요를 충족시킬 수 있는 주문업무를 책임져야 한다.

CRP의 근간은 바로 전자문서교환시스템(EDI)이다. EDI는 소매업체가 제조업체에게 상품의 출고요청을 전송할 수 있도록 한다. 비록 초기단계에서는 소매업체 창고의 출고 데이터를 기초로 EDI 문서를 전송하게 되지만, POS 데이터의 통합관리 능력이 증대됨에 따라 점포에서 실제 판매된 판매량에 근거한 EDI 문서전송이 가능해진다. 이를 통해 각각의 단품별 판매에 따른 제조업체의 단품별 보충이 가능하게 된다. 판촉활동이 없다고 가정한다면, POS 데이터에 근거한 상품보충은 제조업체로부터 소매점포까지 원활하게 흘러갈 수 있게 되며, 심지어 상품흐름에 대한 예측도 가능해질 수 있다.

CRP는 전반적인 유통공급과정에서 상품에 대한 주문기능을 향상시킨다. 본능적인 예감에 의해 주문을 하기보다는, 상품보충을 위한 주문수량은 실질적인 소비자수요와 판촉행사로 인해 예상되는 수요예측에 의해 결정된다. 정보는 컴퓨터에 의해 처리되므로 유통공급과정상 발생되는 수많은 데이터 입력시점에서의 수작업이 제거되어 비용을 절감할 수 있다. 또한 정보의 흐름이 정보통신망을 통해 전자적으로 처리됨에 따라 상품의 보충주기가 단축되어, 결과적으로 소비자수요에 대한 반응도를 높일 수 있다.

CRP는 또한 유통공급과정에서의 상품의 흐름을 향상시킬 수 있다. 한 번에 많은 양의 상품을 배송하는 대신, 소매업체와 도매업체 창고의 재고수준을 낮출 수 있도록 소량단위의 배송빈도를 증대시킬 수 있게 된다. 또 다른 이점이라고 한다면 타 산업의 거래업체들과 보다 나은 업무적 협조관계를 구축할 수 있다는 점을 들 수 있다.

(3) 크로스도킹

크로스도킹(Cross Docking)은 창고나 물류센터로 입고되는 상품을 보관하는 것이 아니라, 곧바로 소매점포에 배송하는 물류 시스템이다. 보관 및 피킹작업 등을 제거함으로써 물류비용을 상당히 절감할 수 있다. 크로스도킹은 입고 및 출고를 위한 모든 작업의 긴밀한 동기화를 필요로 한다. 크로스도킹은 다음과 같은 세 가지 수준에서 구현될 수 있다.

파렛트 크로스도킹

파렛트 크로스도킹은 한 종류의 상품으로 적재된 파렛트별로 입고되고 소매점포로 직접 배송되는 형태로서 가장 단순한 형태의 크로스도킹이다. 이러한 방법은 양이 아주 많은 상품에 적합하다.

케이스 크로스도킹

이 방법은 **그림 13-2** 에서 보는 바와 같이 보다 보편화된 크로스도킹의 형태로서 한 종류의 상품으로 적재된 파렛트 단위로 소매업체의 물류센터로 입고된다. 이렇게 파렛트 단위로 입고된 상품은 각각의 소매점포별로 주문수량에 따라 피킹되고, 남은 파렛트 상품은 익일 납품을 위해 잠시 보관된다.

그림 13-2 케이스 크로스도킹

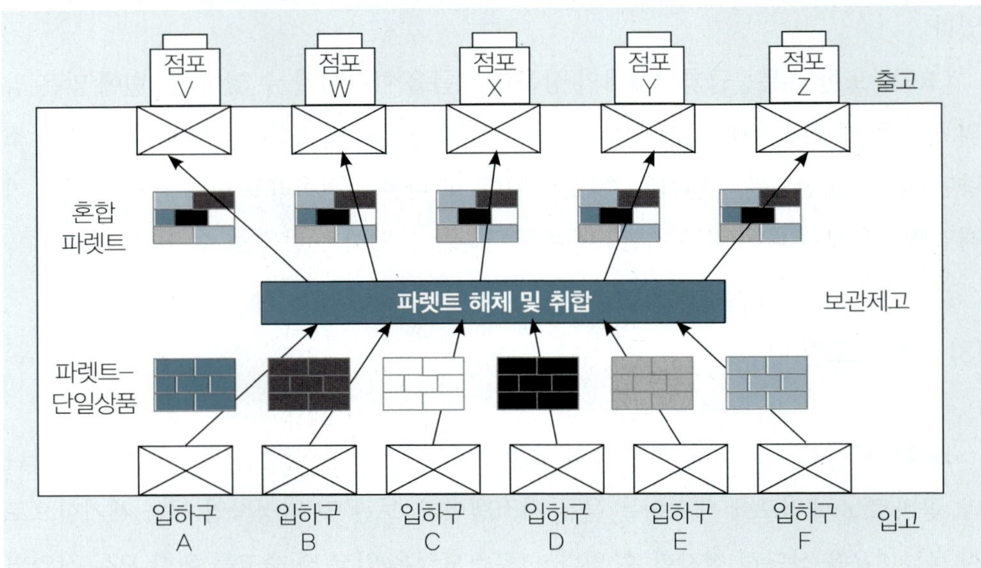

사전 분류된 파렛트 크로스도킹

이 방법은 드물게 사용되는 것으로서, 사전에 제조업체가 상품을 피킹 및 분류하여 납품할 각각의 점포별로 파렛트에 적재하여 배송하게 된다. 이 경우에는 제조업체가 각각의 점포별 주문사항에 대한 정보를 사전에 알고 있어야 한다. 따라서 이러한 방법에 의한 크로스도킹은 제조업체에게 종종 추가적인 비용을 발생시킨다.

(4) ASN

ASN(Advanced Shipping Notice)이란 제조업체와 도매업체가 상품을 실제로 창고에서 출하한 시점에서 그 상품에 관한 자세한 정보를 소매업체에 전송하는 것을 말한다. 소매업체의 유통센터와 점포는 이 ASN(Advanced Shipping Notice) 정보를 사용하여 검품작업을 줄여 검품의 신속화를 꾀할 수 있고, 해당상품에 관한 정보가 바르게 상품마스터에 등록되어 있는지 여부, 점포의 POS 가격 검색파일에 올바르게 등록되어 있는지 여부를 확인해볼 수 있다. 더욱이 ASN 정보가 소매업 측에 사전에 전송됨으로써 상품 도착 전에 필요한 작업의 스케줄을 잡을 수 있다.

예를 들면 소매업 유통센터의 수납도크에 공간이 없어서 배송트럭이 기다리지 않으면 안 된다든가, 검품계가 최고로 작업량이 많을 때의 양을 수습할 수 없게 되어 상품이 기다려야만 하는 것과 같은 현상이 발생하면, 그만큼 상품이 매장에 나오기까지의 대기시간이 길어지게 된다. 그러나 ASN만 있으면 그 같은 사례를 미리 예측해서 사전에 필요한 대책을 강구해둘 수 있다.

5 SCM의 사례

(1) 델컴퓨터

미국의 Dell 컴퓨터는 중간단계를 제거하고 시간적으로 축약된 공급사슬을 구축함으로써 가장 성공적인 기업 성장사례를 탄생시켰다. 컴퓨터 산업은 회사 내에서 모든 것을 생산하는 초기 단계에서 전문화의 단계를 지나 가상적 통합(virtual integration)의 단계로 접어들고 있다. Dell의 경영모델은 크게 세 가지 구성요소, 즉 원가상의 우위, 고객과의 밀착, 가상적 통합으로 이루어진다. 가상적 통합은 수직적 통합과 전문화의 이점을, 즉 조정의 용이성과 원가 효율성을 결합한 것으로서 공급업자와의 통합과 소비자와의 통합을 동시에 추구한다. 따라서 과거의 엔지니어 중심의 사고방식을 탈피하여, 소비자 가치 증대에 초점을 두고 모든 의사결정이 이루어지게 된다.

Dell은 가상적 통합을 위해 적은 수의 공급업자와의 장기적 계약을 통해 대부분의 부품이나 서비스 인력 등을 아웃소싱하여 Direct Business Model이라 불리는 신속하고 유연한 구매, 생산, 판매 시스템을 구축하였다. 정보/통신 기술의 활용을 통해 이들과 실시간으로 정보를 공유할 수 있게 하였으며, 판매/서비스 인력을 활용하여 수요 예측의 정확도를 높였다. 따라서 고객으로부터 주문을 받아 생산하는 주문생산 시스템(Pull System)을 도입하는 것이 가능해지고, 배달기간도 평균 5~6일로 줄어들었다. 효율적 정보/통신 시스템을 활용하여 JIT 시스템을 도입함으로써 재고의 회전률이 1년에 30회 이상으로 높아졌고, 가격경쟁력도 갖추게 되었을 뿐 아니라, 새로운 기술의 출현에 신속하게 반응할 수 있게 되었다.

또한 매출의 90% 이상이 기관에 대한 것이라는 사실을 인식하고 이러한 기관 고객을 세심하게 관리하고, 시장세분화를 통해 고객의 다양한 요구를 충족시키고자 하였다. R&D그룹의 가장 중요한 임무는 고객이 원하는 것을 가장 잘 충족시킬 수 있는 적절한 기술을 시장으로부터 선택하여 조합하는 것이다. 가상적 통합은 공급사슬을 시간적으로 축약함으로써 높은 효율성과 변화에 대한 적극적인 반응을 동시에 추구하는 것이며, Dell은 대표적인 성공사례를 제공하고 있다. 1997년 Dell Computer는 P/E 비율 60%, 5년 평균 연간 수익증가율 55%, 5년 평균 연간 주가성장률 133%를 기록하며 매출액이 120억 달러에 이르는 회사로 급성장했다는 사실이 이를 입증한다.

결국 Dell은 기존의 물류방식을 개선시켜 유통단계를 없애고 공급자, 제조업자, 고객의 3단계의 단순화된 모습을 제시하고 있다. 고객이 인터넷이나 전화를 통해 주문하면 텍사스의 오스틴에 있는 공장으로 주문이 전달된 후 6시간 내에 물건이 생산되어 배달되는 것이다. 특히 Dell의 물품 구매는 인터넷의 주문과 인트라넷이 연동됨으로써 적시생산(JIT) 개념에 의해 다수의 공급자로부터 적정 재고량을 유지하여 필요한 때 부품을 공급받으며, Dell은 이러한 효율적인 재고관리를 통해서 경쟁업자의 재고수준이 80일치인 데 반하여 7일치에 그치고 있다.

(2) 페덱스와 다우케미컬

미국의 FedEx사는 웹상에서 고객이 화물의 위치를 실시간 추적할 수 있을 뿐 아니라, 직접 운송장 및 상업송장 등의 국제무역에 필요한 서류를 준비할 수 있는 인터넷 Shipping Manager라는 프로그램을 구축하였다. 기업 고객들은 페덱스의 공급망관리(SCM)시스템의 혜택을 받아 자사의 공장, 창고 혹은 페덱스에서 제공하는 창고에 있는 재고들을 적절하게 분배하고 물류비용을 현저하게 절감할 수 있을 뿐 아니라(최고 20~30% 절감) 상품을 원하는 고객에게 빠르게 전달할 수 있으므로 고객만족도가 높아져 더욱 경쟁력을 갖추게 되었다.

Dow Chemical사는 모든 고객 '접점(touch-points)' 즉 고객과 Dow사의 거래를 보다 쉽고 빠르며 편리할 뿐만 아니라 원가절감을 이룰 수 있는 기술적용의 기회로 인식하고, 정보기술, 프로세스 및 자원의 통합을 통해 고객과의 상호작용을 확대, 강화하는 데 초점을 두고 있다. Dow사는 Siebel System의 첨단 데이터베이스 프로그램을 활용하여 6개의 사업 분야와 3개의 내부 기능을 포괄하는 고객정보 관리체제를 구축하고 있다. 또한 첨단 전자통신 수단을 활용, 실시간 정보공유를 통해 직원들에게 권한을 이양함으로써 고객과의 끊임없는 커뮤니케이션이 가능해졌다. 이를 통해 Dow사는 다양한 제품이 거래되는 화학산업에서 특정 세분시장의 독특한 니즈를 충족시키고 동시에 다양한 고객을 만족시키는 것이 가능해졌다.

제2절 e-SCM의 의의

1 e-SCM의 개념

(1) e-SCM의 등장배경

IT기술이 발달하고 인터넷의 보급이 확산됨에 따라 많은 기업들이 인터넷 및 디지털 기술들을 전략적으로 활용하여 기업의 공급사슬관리의 효과성과 효율성을 최적화함으로써 고객만족도 및 기업성과를 높일 수 있게 되었는데, 이러한 배경하에서 등장한 것이 바로 e-SCM(e-Supply Chain Management)이다. 즉 e-SCM을 한마디로 말하면 전자상거래를 포함한 e-비지니스 환경하에서의 디지털기술을 활용하여 공급자, 유통 채널, 소매업체, 그리고 고객 등과 관련된 물자, 정보, 자금 등의 흐름을 신속하고 효율적으로 관리하는 것을 의미한다.

인터넷을 통한 전자상거래의 출현은 기업과 고객 간의 쌍방향 의사소통이 보다 원활해지고 고객이 요구하는 제품과 서비스를 신속하게 진행함으로써 고객만족도와 연결되고 강력한 상품인지도와 고객충성도로 이어져 기업경쟁력 강화에 기여할 수 있게 되었다. e-비즈니스는 단순히 SCM을 효율적으로 운영하는 데 그치지 않고 과거 SCM을 운영하던 전통적인 질서와 법칙에 혁신을 가져옴으로써 새로운 유형의 SCM을 발전시키는 커다란 원동력 역할을 하고 있다. 이러한 배경에서 디지털 기술 특히, 인터넷을 활용하여 공급자, 유통채널, 소매업체, 고객 등과 관련된 물자, 정보, 자금의 흐름을 신속하고 효율적으로 관리하는 e-SCM이 등장했다.

(2) e-SCM의 의의

e-SCM이란 디지털 기술을 활용하여 공급자, 유통채널, 소매업자, 그리고 고객과 관

련된 물자/정보/자금 등의 흐름을 신속하고 효율적으로 관리하는 것을 의미한다. 즉 e-SCM은 공급자에서 고객까지의 공급체인상의 물자/정보 등을 디지털 기술을 활용하여 총체적인 관점에서 통합하고 관리함으로써 e-비즈니스 수행과 관련된 공급자, 고객, 그리고 기업 내부의 다양한 니즈를 만족시키고 업무의 효율성을 극대화하려는 전략적 기법이다.

국제물류의 환경은 국제운송이 국제물류로 기능적 전환을 하고 기술진보와 정보화의 역할에 의해 다빈도, 소량배송이 국제적으로 빈번하게 이루어지고 있다. 이런 배경에서 수출기업들은 국제무역에서 발생하는 불확실성과 편리성을 위하여 수출계약을 운송인과 체결하던 관행을 개선하고 복합운송중개인에게 의뢰함으로써 즉시 대응체계(QR: Quick Response)를 수출절차에 도입하고 가치사슬의 입장에서 모든 활동의 부가가치 극대화를 위한 공급사슬관리(SCM: Supply Chain Management)의 차원으로 전환시킴으로써 국제물류의 새로운 시대를 열어가고 있다.

제3자 물류의 활성화와 더불어 아웃소싱을 통해 시장조사, 연구개발, 소비에 이르는 가상기업이 모든 공급망관리를 총괄하는 물류중심의 기업운행방식인 제4자 물류(4PL: Fourth Party Logistics)가 출현하고 있다. 글로벌 e-SCM은 이런 공급사슬을 통합함에 있어서 필요한 수단이며 글로벌 e-SCM의 전략적인 구축에 따라 NGV 수출기업의 전체적인 공급사슬관리의 효율성과 경쟁력이 영향을 받게 된다.

(3) SCM과 e-SCM의 차이

전통적으로 SCM의 문제점으로는 첫째, SCM과정이 처음부터 끝까지(End-to-end) 잘 정의되어 있지 않아 수요예측과 생산계획, 부품주문 계획 등이 매끄럽게 연동되지 않는다는 것이다. 이러한 기능들이 잘 연동되지 않을 경우 때로는 과잉재고 혹은 재고부족 사태를 초래할 수 있다. 둘째, 수행차원에서 구매, 재고관리, 배송기능이 통합되지 않아 정보교류가 원활하지 않고, 이로써 계획대로 물류기능이 수행되지 않는 경우가 많이 나타나고 있는 것이다.

e-SCM은 이러한 다양한 SCM의 기능이 통합 수행되어 정보가 한곳에 집중 관리되며 네트워크 등을 통해 계획 및 수행정보가 관련부서, 관련회사 등에 신속하고 일관성 있게 전달되는 시스템을 말한다. 전통적으로도 SCM이 있었지만 VAN을 통한 EDI방식을 사용하기 때문에 많은 한계가 있었다. 그러나 이제는 인터넷의 등장으로 이러한 한계를 극복할 수 있게 되었다. 인터넷의 등장은 기업에게 기회만 제공하는 것이 아니라 인터넷 상거래의 등장으로 이제는 고객의 욕구에 맞는 제품을 누가 얼마나 빨리 제공하느냐에 기업의 성패가 결정되게 되었다.

이러한 상황에서 가장 중요한 것은 무엇보다도 고객정보를 빨리 획득해서, 고객을 만족시키는 것으로, 수시로 변하는 고객의 욕구에 맞는 제품을 고객이 원하는 시간에 고객이 원하는 장소에서 값싼 가격으로 제공하는 것이 중요하게 되었다. 이러한 점에서 e-SCM은 인터넷 기술을 활용해 공급자, 유통업자, 소매업자, 고객과 관련된 물자, 정보, 자금 등의 흐름을 신속하고 효율적으로 관리해 고객요구를 빠르게 충족시킬 수 있게 한다. 표 13-1 은 전통적인 SCM과 e-SCM을 각각의 요소에 따라 비교해놓은 것이다.

표 13-1 전통적 SCM과 e-SCM

	전통적 SCM	e-SCM
Supply Chain Process	예측가능 channel의 견고성	유동성 channel의 붕괴
경쟁력	고정자산 낮은 비용	스피드와 지식 고객 서비스
변화주기	년/월	주/일
Supply Chain 직거래	1-1 접점거래 1-2 고정가격	N-N 전자상거래 동태적 가격 결정
Planning	관리자와 분석가 계획 후 실행	모든 참여자 계획과 실행의 동시성
업무환경	지시와 통제	권한의 분산

2 디지털 환경과 e-SCM

디지털 기술의 발전으로 등장한 인터넷을 통해 기업들은 매우 저렴한 비용으로 상호 연계가 가능하게 되었고, 누구나 활용 가능한 표준 제정이 가능하게 되었다. 이를 통해 기업은 off-line 환경하에서의 공급체인관리와는 전적으로 다른 보다 효율적인 공급체인 관리가 가능하게 된 것이다. 디지털기술이 SCM에 미친 중대한 영향으로는 수직적 가치 사슬의 해체, 직거래, 보유자산의 최소화 등을 들 수 있다.

(1) 수직적 가치사슬의 해체

과거 기업들이 수직적 가치사슬을 구축하였던 가장 큰 이유 중 하나는 공급자, 유통 채널, 고객 등과 관련된 정보의 신속한 획득 및 전달이 가능하게 되고, 이를 통해 업무 프로세스의 효율성을 높일 수 있었기 때문이다. 따라서 기업들이 구축한 가치사슬의 수직적 통합은 기업에 있어 가장 강력한 경쟁력확보의 원천이었다.

그러나 인터넷을 기반으로 한 전 세계 정보망의 연결은 기업과 관련된 모든 정보들을 매우 손쉽게 기업 내/외부가 공유할 수 있도록 하였다. 즉, 관련 정보를 검색하고 거래 업체를 변경하는 것이 과거와 달리 매우 간단하고 저렴한 비용으로 가능하게 된 것이다. 이 결과 기업들은 가치사슬상의 일정 부분을 직접 소유하지 않거나 또는 비즈니스 프로세스상의 특정부문의 업무를 통합/폐지하는 것이 가능하게 되었다.

컴퓨터 판매회사인 델(Dell)은 DDM(The Dell Direct Mode)이라는 온라인 판매방식의 비즈니스 모델을 활용하고 있다. 기존 off-line 유통망을 통해야만 마케팅이 가능할 것이라는 고정관념을 버리고 온라인으로 승부한다는 전략을 실천에 옮긴 것이다. 기존 공급체인의 통합을 통해 델은 도매점/소매점 등 기존 유통단계를 제거하고, 이를 통해 재고비용을 타 업체의 1/8로 줄이는 효과를 거두었다.

인터넷의 등장은 기업의 수직적 가치사슬은 해체시키는 반면, 기업들이 e-비즈니스의 연관 분야 또는 타 산업으로 진출하는 수평적 확장 현상을 가속화시켰다. 기업들은 이러한 확장을 통해 향후 통합된 경쟁력을 바탕으로 지속적인 성장을 추구할 수 있게 된다. 따라서 e-비즈니스의 인프라 및 타 산업 분야와의 연계성을 고려하여 제품/정보의 흐름이 효율적으로 이루어질 수 있도록 공급체인을 관리할 수 있는 방안의 모색이 필요하다.

초기 웹을 통한 도서 판매에 치중하던 아마존은 점차 사업영역을 음반, 전자제품 및 소프트웨어, 장난감, 게임기기 등의 판매 외에도 경매, 고객 주문을 처리하기 위한 물류 부문까지 사업 영역을 확장하고 있다. 또한 1995년에 설립된 전자시장인 PlasticsNet는 초기 Resin, Industrial Supplies 등 플라스틱 제품의 구매자와 판매자를 연결시키는 역할에 주력하였다. 그러나 이러한 거래를 지원하기 위해 재무, 물류 등의 수평적 분야로 그 업무 영역을 확대하고 있다.

(2) 직거래

인터넷의 등장으로 기업들은 웹사이트를 구축하고, 고객 및 공급업체와의 직접 접촉이 매우 용이하게 되었다. 이에 따라 과거 중요 정보/물자 흐름을 점검해줌으로써 가치를 창출하는 중간 유통업자의 입지는 상대적으로 약화되었다.

예를 들어 기존 음악산업의 경우, 음반이 제작되면 이러한 음반은 도매업자, 그리고 소매업자의 손을 거쳐 고객에게 판매되며, 또한 라디오/TV 방송을 통해 고객들이 시청/청취하였다. 그러나 e-비즈니스 환경에서는 온라인 판매 웹사이트 및 뮤직 포털을 통해 중간 유통업체를 거치지 않고, 고객들에게 직접 음악을 전달하고 판매하는 것이 가능하다. 팝 가수인 David Bowie의 경우 자신의 웹사이트를 구축하고, 이를 통해 고객들에게 자기 앨범을 직접판매하고 있다.

고객과의 직거래가 가능해짐에 따라 기존 중간 유통업체의 입지는 약화되지만, 복잡하고 다양한 정보의 취사/선택을 도와줌으로써 고객들이 보다 폭넓은 선택이 가능하도록 도와주는 새로운 중간업체(Infomediary)가 등장하고 있다. 이러한 중간업체는 고객과 기업 사이에서 정보 교환의 효율성을 높여주는 가교 역할을 수행한다. 이러한 업체를 적절히 활용함으로써 기업은 거래 업체 및 고객을 모색하는 데 투입되는 비용을 절감할 수 있으며 고객들은 보다 다양한 정보 획득 및 효율적인 구매가 가능하게 된다.

(3) 보유자산의 최소화

인터넷을 기반으로 한 e-비즈니스의 등장은 자본이 많이 투입되는 분야나 비핵심적인 분야에 대한 아웃소싱 또는 전략적 제휴를 용이하게 만들어줌으로써, 기업이 최소한의 인원/자산을 가지고 효과적으로 사업을 운영할 수 있도록 해주고 있다.

1995년도에 설립되어 컴퓨터를 생산/판매하고 있는 Monorail의 경우, 고객 주문 접수는 CompUSA와 FedEx를 활용하고 있으며, 컴퓨터 생산은 SCI 등 하청업체를 활용한다. 또한 고객에 대한 제품 배송은 FedEx를, 부도수표 확인, 대금청구/지불 등과 같은 재무서비스는 SunTrust 은행을 활용하며, 제품 수리 등 지원서비스는 FedEx Service Center를 활용하고 있다. 이와 같은 다양한 전략적 제휴를 통해 Monorail은 최소한의 인원과 자산을 보유하면서도 고객에게 최선의 서비스를 성공적으로 제공하고 있다.

3 e-SCM의 발전단계

e-SCM은 고객과의 접점 확대에 중점을 둔 채널확장(Channel Expansion) 단계에서부터 Supply Chain상에서 고객 및 공급업체와 관련된 중간단계의 통합을 모색하는 채널통합(Channel Integration)단계, 그리고 아웃소싱의 강화 및 전략적 제휴를 통한 통합조정(Collaboration)단계로 발전되어왔다. 통합조정단계에서는 보다 핵심적인 경쟁우위에 역량을 집중하고 다른 부문은 과감히 아웃소싱해버리는 전략이 필요하다. 그리고 전략, 조직, 프로세스 등을 변화시켜 새로운 비즈니스 모형 및 시장을 창출하는 수평적 확장(Synchronization)의 단계로 나아가야 한다. 이러한 e-SCM의 발전단계와 그 특성들은 **그림 13-3**에 도시되어 있다.

그림 13-3 e-SCM의 발전단계

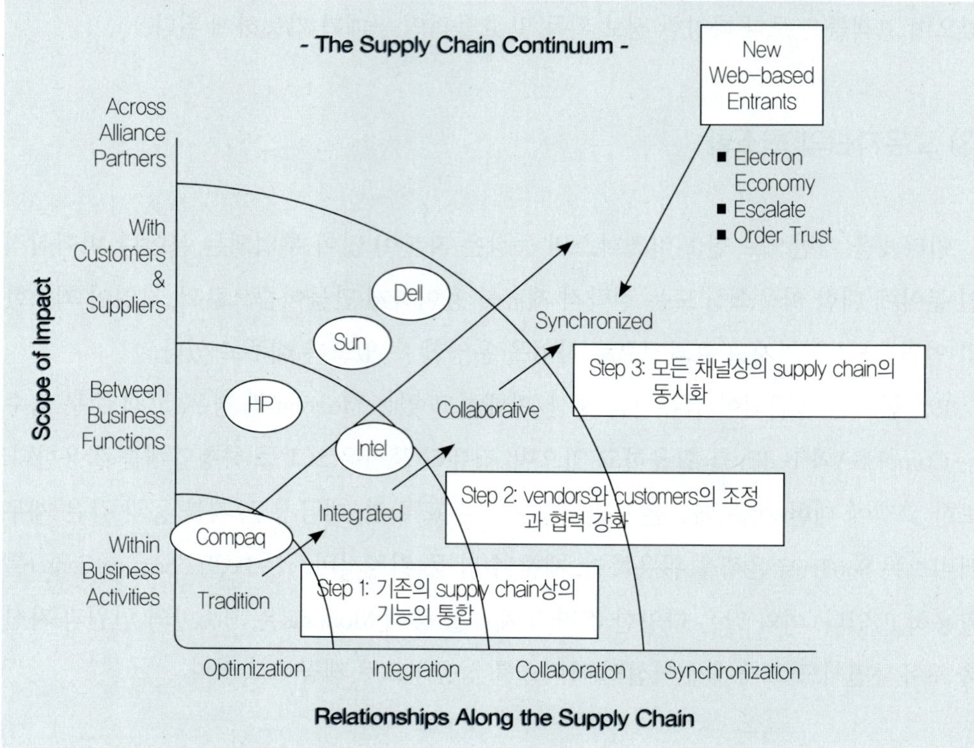

(1) 초기단계

전통적인(traditional) SCM에서 e-SCM으로의 초기단계는 우선 고객접점 확대와 마케팅혁신을 위해 기업들은 회사의 미션, 제공하는 제품 및 서비스 내용, 기타 유용한 정보를 제공하는 웹사이트를 개설하면서 시작된다. 이때 기업들은 인터넷을 활용함으로써 공급업체와 고객에 대한 보다 다양하고 심층적인 정보획득이 가능하다. 그러나 이 단계에서는 정보 시스템 및 공급사슬이 완벽하게 통합되지 않았기 때문에 전자조달(e-procurement)의 실시 또는 배송서비스에 대한 혁신은 미진하다.

(2) 통합단계

통합(integration)단계는 고객가치 제공을 위해 공급사슬상에서 고객 및 공급업체와 관련된 사업기능 간의 통합 가능성부터 모색하게 된다. 이 단계에서는 중간 유통단계를 거치지 않고 고객/공급업체와 직접거래를 수행하고 개별고객의 욕구를 충족시킬 수 있는 서비스도 제공하지만 아직 완벽한 정보공유는 이루어지지 못한 상태이다.

(3) 협력단계

협력(collaboration)단계는 고객 및 공급선과 실시간 정보교환이 가능해짐으로써 구매업체/공급업체 간의 상호 커뮤니케이션 및 협력이 보다 활성화되고 프로세스 효율화가 가능해진다. 예를 들어 월마트의 경우에는 공급선과 네트워크로 연결되어 대부분의 온라인 고객정보가 공급선에게 바로 전달되며 이를 위해 공급선의 종업원이 아예 월마트 본부에서 근무할 정도로 협력하고 있다.

(4) 동시화단계

동시화(synchronization)단계에서는 공급선과 고객은 물론 기업 내외부의 모든 기능과 프로세스에 있어서 실시간 정보교환이 이루어진다. 따라서 수요와 공급의 동기화 및 이를 통한 공급사슬 흐름의 신속화를 통해 고객 서비스가 향상되며 대응체제도 사전제조(Build-to-Stock)방식에서 주문생산(Build-to-Order)방식으로 쉽게 이동이 가능하다.

이 단계에서 국제기업은 글로벌 아웃소싱의 강화 및 전략적 제휴 등을 통해 보다 효율적으로 공급사슬을 관리하고 자신은 보다 핵심경쟁우위를 가지고 있는 분야에 주력한다. 이때 국제기업은 브랜드, 마케팅 등 기업의 핵심역량을 활용하여 제휴업체에 대한 전략적 통제를 실시하며, 투하자본의 절감과 신속한 프로세스 진행을 통해 고객 서비스 제고와 이익극대화를 추구하게 된다.

요약하면 인터넷 기반의 e-Marketplace와 e-SCM은 마치 동전의 앞뒷면처럼 매우 밀접한 관계가 있음을 알 수 있다. 이러한 e-Marketplace 및 e-SCM의 적용범위가 국경을 넘어 해외의 공급선과 고객으로까지 확대되면서 글로벌 전자상거래시대의 새로운 경영혁신기법으로 등장하고 있는 것이 진정한 글로벌 e-SCM이라 할 수 있다.

제3절 e-SCM 실행전략

1 e-SCM 실행전략의 유형

디지털 기술을 기반으로 한 e-비즈니스의 등장은 SCM의 전략적 활용을 통해 기업의 성과를 제고시킬 수 있는 새로운 기회와 위협을 가져다주었다. 기업들은 이러한 변화에 맞추어 사업 모델을 재수립하고 여기에 대응할 수 있는 적절한 e-SCM 전략을 수립해야 한다. e-SCM의 실행전략은 크게 기업주도형과 시장포털형으로 구분이 가능하다.

(1) 기업주도형

기업주도형 모델은 기업이 웹사이트를 구축하고 주도적으로 관련 데이터를 통합/관리하는 접근법이다. 즉, 해당 기업은 공급업체로부터 데이터를 제공받아 필요에 따라 적절한 포맷으로 전자카탈로그를 설정하고 이를 관리한다. 따라서 전자카탈로그에 등록되는 아이템 및 공급업체들은 사전에 결정되거나 등록이 필요하다. 기업주도형 접근법은 관리 기업이 자신의 필요에 따라 언제나 아이템 변경이 가능하기 때문에 관리 유연성이 높고, 공급업체에 대한 통제가 용이하다. 또한 매우 전문적이고 고도의 기술이 요구되는 제품의 경우 개별 고객들의 필요에 부합하는 전문적인 서비스 제공도 가능하다. 그러나 사전 등록된 제품의 구매만 가능하기 때문에 구매의 유연성은 떨어진다.

(2) 시장포털형

포털접근법은 업종 또는 산업 공통의 온라인 전자시장을 활용하여 고객 및 공급자에 대한 접근성 및 효율성을 제고시키는 방법이다. 포털업체 또는 Infomediary가 공급업체들의 모든 데이터 및 정보를 수집하여 데이터를 표준화시키고, 마스터 카탈로그를 설정한다. 따라서 구매자 및 판매자는 포털을 통해 서로 연결된다.

시장포털형의 경우 고객은 마스터 카탈로그가 지원하는 다양한 제품의 구매가 가능하며, 판매업체도 고객에 대한 도달성이 높아져 다수의 고객에게 자신의 제품을 판매하는 것이 가능하다. 또한 시장 포털은 구매 안내, 지급 보증, 위험 관리, 제품 배송, 지불, 보관 등과 같은 부가 서비스를 제공할 수 있으며, 경매, 제품 교환 등 다양한 거래 서비스 제공도 가능하기 때문에 기업주도형 모델보다 확장된 서비스를 제공할 수 있다. 반면 구매업체의 경우 기업주도형 모델에 비해 자신이 원하는 최적의 물품을 구매하는 데는 한계가 있다.

2 e-SCM 실행전략의 선택기준

e-SCM 실행전략의 유형인 기업주도형 또는 시장포털형 전략대안의 선택을 위해서는 비용매력도, 기업의 역량, 시기의 적절성 등을 고려해야 한다.

(1) 비용매력도

두 가지 e-SCM 실행전략 모두 장단점을 가지고 있지만 어떠한 모형을 선택할 것인가는 비용이 중요한 결정요소가 된다. 기업주도형 접근법은 하드웨어 비용, 라이선스 비용, 사용비용, 교육 및 유지비용 등 사이트를 유지하는 데 많은 비용이 투입된다. 그러나 시장포털모델은 이러한 비용을 제3의 업체인 포털이 부담하게 된다. 결론적으로 기업주도형 모델이 기업의 입장에서 보면 기업 필요에 맞는 서비스를 획득할 수 있지만 투입비용 측면에서는 시장포털형 모델이 보다 바람직한 대안이 될 수 있다.

(2) 기업의 역량

기업주도형 모델을 실행하는 것은 단순히 소프트웨어를 실행하는 것 이상의 많은 자원이 필요하다. 즉, 기업주도형 모델은 기업 스스로 업무관행, 프로세스 자동화, 기존 및 새로운 공급업체와의 관계 변화를 위한 새로운 시스템을 구축해나가야 한다. 따라서 이러한 시스템을 구축할 수 있는 역량확보가 필수적이다. 따라서 기업내부에서 관리할 수 있는 스킬과 인적자원을 가지고 있는가, 그렇지 않다면 자원을 획득하는 것이 가능한가, 프로세스의 일부분 또는 전체를 아웃소싱하는 것이 가능한가 등을 점검하고 의사결정을 해야 한다.

(3) 시기의 적절성

e-SCM을 통해 기업은 핵심 경쟁우위를 확보할 수 있지만, 이의 실행에는 해당 산업의 디지털 환경/인터넷 활용의 성숙성 정도를 고려해야 한다. 해당 산업의 인터넷 활용의 필요성/긴급성이 높을수록 e-SCM의 성공 가능성이 높기 때문이다. 만약 기업이 속한 산업에서 전자거래시장이 아직 존재하지 않는다면, 기업주도형 전략을 선택할 것인가 또는 시장포털이 등장하기를 기다릴 것인가에 대한 의사결정은 해당 산업에 대한 광범위한 전략적 분석을 필요로 한다.

전략적 분석은 과거의 전통적인 판매 및 구매 프로세스(거래 방식, 거래 파트너 모색 방안 및 프로세스, 제품 검색 프로세스, 수송 및 배송 인프라와 같은 Supply Chain 관리 등)의 비효율성에 중점을 두어야 한다. 근본적으로 인터넷 전자시장이 등장하기 위해서는 다음과 같은 조건들이 성숙되고 기업경영환경에 미치는 영향이 커야 한다.

① 커뮤니케이션 채널의 효율성 향상 및 커뮤니케이션 채널의 증가/감소로 인한 기업 및 고객과의 정보 흐름 향상
② 디지털 환경의 활용을 통한 프로세스 비용 감소 및 제품 경쟁력 향상
③ 인터넷 활용을 통해 제품 및 서비스의 시장도달성이 높아지고 이를 통해 새로운 시장 형성 및 제품유동성 향상이 가능한 경우

일반적으로 기업이 속한 산업현황이 다음과 같은 경우는 시장포털 접근법이 보다 바람직할 수 있다.

① 신속한 시장진입이 사업 성공의 핵심요소인 경우
② 사이트 관리, 카탈로그 운영 등과 관련된 기술역량의 축적 및 내부 학습곡선의 상승 가능성이 낮은 경우
③ 현재 활용되고 있는 기술 및 마케팅이 성숙단계에 있고, 신뢰성이 높은 경우

또한 이상의 두 가지 접근법 중 어느 것을 택할 것인가는 기업이 속한 산업, 제품, 구매자와 공급업체 간의 힘의 균형, 산업 내에서의 기업의 중요성(bargaining power)도 고려해야 한다. 일반적으로는 산업 내에서 어느 정도 제품상의 우위와 bargaining power가 있어야 기업주도형 전략의 활용이 가능하다.

현재 추세, 특히 기업과 기업 간 거래인 B2B(Business to Business) 시장은 개별 기업 수준의 접근법보다는 한 업종이나 산업 부문에서 다수의 기업들이 공동으로 참여해 시장을 형성하는 복합적인 전자상거래 방식, 즉 시장포털형 전략이 주가 되고 있다. 대표적 예로, 2000년 3월 미국의 빅3 자동차 업체가 오토엑스체인지닷컴(autoxchange.com)을 만들어 공동구매를 하겠다고 발표하였다.

이러한 전략은 비용절감 차원에서 아주 효율적일 수 있다는 측면과 시장지배력을 지속할 수 있다는 측면에서 긍정적인 평가를 받아 GM 같은 자동차업체의 주가가 오르기 시작했고, 이와 함께 솔루션을 제공하는 업체들의 주가도 크게 올랐다. 또한 GE의

TPN(Trading Process Network)의 경우처럼 초기에는 내부 구매/조달과정 개선을 위해 기업주도형 모델로 개발되었지만, 외부 업체의 참여가 가능하도록 점차 시장을 확장하여 시장포털로 발전하는 경우도 있다. 어떠한 접근법을 활용한다 하더라도 현재 e-비즈니스시장의 발전속도에 비춰보면, 바람직한 대안을 위한 고려 및 준비를 지금 시작해야 한다.

3 e-SCM 실행전략 사례

(1) 기업주도형: Boeing

보잉의 부품사업 부문의 고객은 크게 세 종류로 분류가 가능하다. 첫째, 주요 항공사 및 항공기 정비회사로서 전체 부품 주문량의 60%를 차지한다. 이들 회사와의 거래는 배치형의 EDI(Electronic Data Interchange) 방식을 활용하였다. 이러한 방식을 활용하는 경우 정상적인 상황에서는 거래가 원활히 진행되었으나, 긴급한 물량이 발생한 경우에는 이를 신속하게 해결하지 못한다는 문제점이 발생하였다. 둘째, 유럽, 중동, 중남미 등의 소규모 업체로서 부품 주문량의 20%를 차지하며, 텔렉스 기반의 EDI 방식을 사용하였다. 셋째, 팩스/전화를 이용하는 기타 고객으로서 나머지 20%를 차지하고 있다.

보잉은 부품 주문프로세스의 효율성 제고를 위해 PART(Part Analysis and Requirement Tracking) 시스템을 구축, 고객들이 인터넷을 활용하여 보잉의 부품 재고 및 주문 상태를 파악하고 온라인으로 주문을 할 수 있도록 하였다. 이를 통해 보잉은 주문 처리비의 25%를 절감하는 동시에 팩스나 서류 이용 주문 시 발생하는 서류 작업의 절감, 주문과정에서의 오류를 감소할 수 있었다. 또한 고객들은 주문 상황 및 배송 상황을 인터넷을 통해 실시간 확인이 가능하게 되었고, 주문하지 않은 엉뚱한 부품이 배달되는 경우가 급격히 줄어드는 등의 혜택을 얻을 수 있었다.

(2) 시장포털형: FastParts

반도체와 전자부품의 거래 및 경매를 위한 전자시장 역할을 하고 있는 FastParts는 1996년부터 인터넷 온라인서비스를 실시하였다. Fastparts를 통해 거래를 원하는 기업들은 등록을 해야 하며, 등록기업 중 일시적인 부품과다 또는 부족이 발생한 기업들은 웹을 통해 무기명/실시간으로 접촉하여 가격/수량 등의 거래 조건을 협상한다.

이러한 프로세스를 통해 판매기업은 자신의 기업정보를 노출하지 않고, 잉여재고를 커다란 손실 없이 판매할 수 있다. 또한 구매기업도 다양한 종류 및 사이즈의 물품을 저렴한 가격으로 신속하게 구매하는 것이 가능하다. 특히 FastParts가 거래성사 후 배송, 지불 등 사후업무를 모두 책임지고 처리해주기 때문에 구매자/판매자 모두 주문이행에 대한 부담에서 벗어날 수 있다. FastParts는 거래성사 후 평균 96시간 내에 물품을 구매기업에게 배송해주고 있으며, 여기에서 발생하는 비용은 판매기업으로부터 받는 12%의 거래수수료로 충당하고 있다.

4 e-SCM의 성공요인 및 사례

(1) e-SCM의 성공요인

e-SCM의 성공적 추진을 위해서는 다음과 같은 점을 고려해야 한다.

첫째, e-SCM은 기술적 이슈가 아닌 사업 전략적 이슈임을 명심해야 한다. 상이한 전략 목표에 따라 다양한 공급체인 구조의 선택이 가능하기 때문이다. 기업은 자사의 전략을 분석하는 동시에 수요, 생산 규모, 전략적 스케줄링, 성과측정 방안 등 공급체인과 관련된 기본요소를 어떻게 운영할 것인가를 결정해야 한다.

둘째, 조직문화의 변화이다. SCM은 단지 시스템이 갖추어진다고 해서 성공적으로 이루어질 수 없다. 시스템을 움직이는 것은 결국 구성원이다. 구성원들은 이제 단순히 구매/배송을 담당하는 좁은 의미의 역할수행자가 아니라, 전체적인 관점에서 업무를 수행하고 상황변화에 적절히 대응할 수 있는 지식근로자로 전환되어야 한다. 특히 조직적 변화에 대한 저항을 피하기 위해서는 최고경영층을 비롯한 모든 기능들이 모델설정 초기단계부터 참여해야 한다.

셋째, 경쟁우위 확보의 원천으로서의 IT활용이 필수적이다. e-SCM을 위한 시스템을 구축하기 위해서는 매우 다양한 애플리케이션 패키지 활용, 기존 시스템 및 지역 간 통신네트워크 통합 등 다양한 IT기술이 필요하다. 이러한 IT요소를 활용하여 타 기업과 차별화된 서비스를 제공할 수 있는 공급체인을 구축해야 한다.

(2) e-SCM의 성공사례

스타벅스는 기업 아이덴티티의 구축에 노력을 기울여 성공할 수 있었다. 스타벅스는 1987년 시애틀의 작은 커피전문점으로부터 출발한 회사이다. 스타벅스의 사장인 하워드 슐츠는 유럽을 방문했을 때 수많은 사람들이 길가의 에스프레소 바에 앉아 담소를 나누며 시간을 보내는 것을 보고 이러한 개념을 미국에 도입하기로 결심하였다. 사실 미국에서 커피는 물처럼 너무나도 일상화된 음료라 그것을 마시러 따로 가게를 찾아간다고는 아무도 생각하지 못했던 시절이었다.

스타벅스는 1990년에는 1백만 달러도 채 안 되는 이익을 내며 고전했으나 1992년 410만 달러, 1995년에는 2,610만 달러로 이익이 수직 상승하며 성공했다. 성공의 비결에는 여러 가지가 있겠지만 그중에서도 특색 있는 것은 바로 기업 아이덴티티의 개발 및 지속적인 유지이다.

우선 스타벅스는 다른 체인점과의 차별점을 처음부터 분명히 했다. 이것저것 파는 것이 아니라 제대로 된 커피를 분위기 있는 장소에서 마실 수 있다는 것을 명확히 한 것이다. 물론 제대로 된 커피라는 아이덴티티를 유지하기 위해서는 커피의 보관, 분쇄, 추출에서 물의 양까지 엄격한 관리가 이뤄졌으며 1주일 된 커피는 폐기하고 미리 만들어진 커피는 절대로 팔지 않았다. 또한 제대로 된 커피맛을 유지하기 위해 직영점만을 고

집했으며, 플라스틱 용기에 담아 파는 슈퍼마켓용 시장에도 진출하지 않았다. 용기가 커피맛을 해칠지도 모른다는 우려 때문이었다. 이처럼 일관적인 기업의 행동이 강력한 아이덴티티를 창조한 것은 물론이다.

여기에 덧붙여 심벌 및 커뮤니케이션 요소 또한 자연스럽고 현대적인 요소가 결합되어 있다. 긴 머리의 여인상이 등장하는 초록색의 심벌은 자연스럽고 환경을 중시한다는 느낌을 주며, 중후한 대리석의 점포 카운터, 부드럽고 윤이 나는 마룻바닥, 현대적인 트랙 조명 및 순백색의 컵 등은 인스턴트 커피가 아닌 제대로 된 커피를 먹을 수 있는 곳이라는 이미지를 주고 있다.

스타벅스의 성공에는 이처럼 기업의 실제 행동, 그리고 이것과 결합된 심벌 및 커뮤니케이션의 지원을 통한 강력한 기업 아이덴티티의 구축이 바탕으로 작용한 것이다. 최근 스타벅스는 슈퍼마켓 커피시장에 진출하고 스타벅스 브랜드를 여피족 대상의 일종의 토털 브랜드화하려는 움직임을 보이고 있다. 강력한 기업 아이덴티티를 저해할 수 있는 이러한 움직임은 최근 들어 성과의 저하로 귀결되고 있다. 스타벅스가 이를 어떻게 극복할 수 있을지 관심을 가지고 지켜볼 필요가 있다.

연습문제

1. SCM이 필요한 이유는 무엇인지 설명하시오.
2. SCM의 효율적인 운영을 위해서는 어떤 노력이 필요한지 설명하시오.
3. WMS, TMS, YMS의 차이점은 무엇인지 설명하시오.
4. SCM과 e-SCM의 차이점은 무엇인지 설명하시오.
5. 기업주도형 및 시장포털형 e-SCM의 실행전략 사례를 들어보시오.
6. e-SCM의 성공사례를 들어보시오.

제 14 장

e-CRM

학습목표 CRM의 등장배경 및 개념에 대해서 살펴본 후 CRM과 e-CRM의 차이점에 대하여 학습한다. 다음으로 e-CRM 시스템을 효과적으로 운영하기 위해서는 어떤 전략이 필요한지 e-CRM의 적용사례를 중심으로 학습한다.

제1장 인터넷비즈니스의 이해

제2장 인터넷마케팅의 이해

제3장 전자무역

제4장 인터넷 마케팅조사

제5장 인터넷 소비자행동분석

제6장 인터넷 마케팅전략

제7장 e-Segmentation

제8장 e-Targeting과 e-Positioning

제9장 인터넷 제품전략

제10장 인터넷 가격전략

제11장 인터넷 유통전략

제12장 인터넷 촉진전략

제13장 e-SCM

제14장 e-CRM

사례 연구

e-CRM

고객 DB가 서 말이라도 꿰어야 보배

최근 한 온라인 종합쇼핑몰이 1년 동안 40억 원을 들여 고객의 구매성향, 정서적 취향, 선호도 등을 분석할 수 있는 고객관계관리(CRM) 시스템을 구축해 화제가 됐다. CRM 시스템 치고는 제법 큰 투자였기 때문이다. 그러나 온라인 비즈니스에 관심이 있는 사람이라면 결코 막대한 투자라고 말할 수 없을 것이다.

몇 년 전만 해도 기업은 고객에게 큰 관심을 갖지 않아도 됐다. 하지만 IT의 발달에 따라 상황이 변했다. 경쟁사들이 늘어나고 고객의 선택폭이 넓어지면서, 축적된 고객 데이터가 마케팅의 핵심요소가 되고 있다. 즉 고객이 판매자를 찾아다니는 '셀러 마켓(Seller's Market)'에서 판매자가 고객을 찾아다니는 '바이어 마켓(Buyer's Market)'으로 바뀐 것이다. 기업들이 고객과 맞춤형 관계를 형성하기 위해 CRM 시스템 구축에 많은 투자를 하는 이유다.

CRM의 필요성은 스마트폰, 태블릿 PC 등 모바일 환경이 확대되면서 더욱 커지고 있다. 실시간으로 생성되거나 유통되는 정보의 양이 폭발적으로 증가하면서 처리해야 할 데이터가 급증하고 있기 때문이다.

해외의 한 조사에 따르면 기업에 쌓이는 소비자 정보의 양은 매해 두 배씩 증가하고 있다. 특히 고객이 스마트 기기를 이용해 기업과 직접 접촉하거나 소셜네트워크서비스(SNS)를 통해 다양한 정보를 즉각적으로 생산, 유통하는 사례가 빠르게 늘고 있다. 이에 따라 고객의 구매정보나 쇼핑 습관뿐만 아니라 온라인 검색 통계, 위치 정보, 소셜미디어 등 다양한 경로로 축적된 '빅 데이터'를 분석, 활용하는 것이 기업 경쟁력의 핵심요소로 부상하고 있다.

기존에는 제품을 구매할 가능성이 있는 고객만을 골라 생일과 기념일에 맞춰 상품안내 메일이나 쿠폰을 보냈다. 이제는 빅 데이터와 CRM을 접목해 세분화된 고객을 대상으로 평소 갖고 싶어 하거나 필요로 하는 상품 아이템을 골라서 구매를 유도할 수 있다. 이처럼 CRM의 범위도 단순히 서비스 제공에서 전반적인 고객경험을 관리하는 형태로 발전하는 추세다. 단순한 고객행동의 결과뿐 아니라 고객의 습관과 생각 등 행동의 맥락에 대한 접근이 가능해진 것이다. 온라인 전문쇼핑몰에서도 고객관리는 중요한 운영요소다. 단순히 매출을 올리기 위한 방편이 아니라 새로운 고객을 창출하고 고객충성도를 강화하면서 기존고객을 유지해야 지속적인 성장이 가능하다.

"구슬이 서 말이라도 꿰어야 보배"라는 속담이 있다. 지금 이 시간에도 다양한 채널을 통해 무수한 '구슬(고객 데이터)'들이 차곡차곡 쌓이고 있다. 하지만 이를 의미 있는 단위로 연결하지 못하면 아무런 가치가 없다. 수요보다 공급이 많은 시대다. 무엇을 생산하고, 판매하고, 소비하든 간에 고객을 먼저 생각해야 한다. 고객 데이터를 어떻게 관리하고 활용하느냐가 비즈니스의 성패를 가르는 키워드가 됐다. (이데일리, 2012.4.9)

토의과제

1. CRM의 필요성 및 유익은 무엇인가?
2. 기업마다 CRM을 강화하는 이유는 무엇인가?
3. CRM을 효율적으로 운영하기 위해서는 어떤 노력이 필요한가?

제1절 CRM의 의미

1 CRM의 개념

(1) CRM의 의미

인터넷 사업이 황금알을 낳는 거위로 급부상하던 1990년대 중 · 후반기에 인터넷 비즈니스를 지향하는 대부분의 기업들은 모두 신규고객 확보에 혈안이 되어 있었다. 그 당시 인터넷 기업의 가치와 기업주가를 반영하는 제1척도는 '보유회원의 수'였기 때문이다. 따라서 기업전략의 목표는 모두 신규회원 확보로 이어졌고, 무차별적인 회원 확보에 기업의 역량이 집중되었다.

그러나 소위 벤처기업의 주식이 주로 상장되어 있었던 나스닥(NASDAQ)과 코스닥(KOSDAQ) 주가의 잇따른 붕괴는 인터넷 기업의 목표가 잘못 설정되어 있음을 보여주었다. 여러 측면에서 그 원인이 분석되었고, 특히 무차별적인 고객 확보보다는 일단 확보한 고객의 이탈을 방지하는 것이 비용면에서 유리하다는 사실이 널리 인식되기 시작하였다. 이러한 상황에서 기업은 기존고객과의 관계를 강화하고, 개별고객의 수익성을 극대화하기 위한 방법을 모색하였고, 여기에서 등장하게 된 것이 고객관계관리 즉 CRM(Customer Relationship Management)이다.

CRM은 신규고객의 확보보다는 기존고객과의 관계 강화를 통한 수익성 증대를 그 목표로 하고 있다. 그 이유는 '파레토의 법칙'에서 찾아볼 수 있는데, 이것은 '20 대 80의 법칙'으로도 불리는 것으로 상위 20%의 고객이 전체수익의 80%를 창출한다는 이론이다. 물론 산업과 제품특성에 따라 차이가 있으나 우량고객의 중요성을 단적으로 나타내는 말이라 하겠다.

미국 AT&T의 경우 상위 10%의 고객이 전체수익의 절반 이상을 차지하고 있다. 또한 미국의 장거리전화 이용고객의 경우에도 이 법칙이 적용되는데, **그림 14-1** 에서 보듯이 단지 4%의 고객이 전체수익의 53%를 차지하고, 36%의 고객들이 전체수익의 89%를 차지하고 있음을 알 수 있다.

그림 14-1 미국의 장거리전화 고객과 수익분포

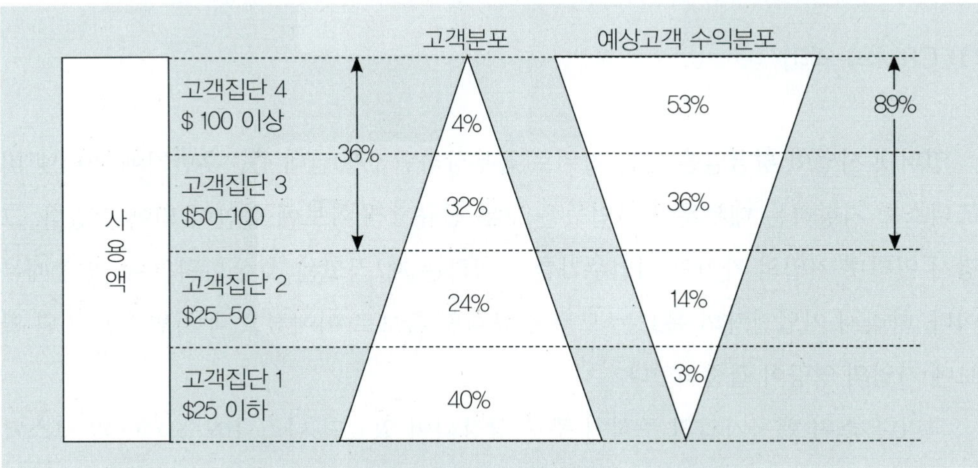

또 다른 예로 일본 백화점의 경우 상위 10%의 고객 1명을 잃는 것은 하위 10%에 속하는 고객 86명을 잃는 것과 같다고 하고, 현대백화점의 경우 상위 20%의 고객 1명은 하위 20% 고객 55명과, 상위 10%의 고객 1명은 하위 10%의 고객 109명의 고객가치와 같다고 한다. 이와 같이 우량고객은 기업의 핵심 수익원이므로 우량고객의 관리가 절실히 중요하며, 비우량고객을 우량고객으로 전환하는 노력이 요구된다.

(2) CRM의 등장배경

고객관계관리(CRM: customer relationship management)는 크게 경영환경의 변화, 고객가치의 변화 그리고 정보기술의 발전에 따라 나타나게 되었다. 경영환경의 변화에서는 시장환경의 성숙과 고객 중심으로의 변화라는 두 가지 상황을 생각해볼 수 있다. 과거에는 상품을 가장 많이 가장 빨리 만드는 기업이 고객을 가장 많이 획득할 수 있었다.

그러나 점차로 생산설비가 많은 기업에 갖추어지고 기업의 생산력이 증대되면서 많은 기업에서 대량생산이 가능하게 되었다. 공급이 크게 증가되어 수요를 충족시키는 정도로까지 되어 수급균형이 이루어졌다. 즉, 시장환경이 성숙해졌으나 이에 따른 전체수요는 늘지 않아 경쟁이 치열해졌다. 성숙된 시장에서는 제품의 품질이 비슷해져서 경쟁제품과 차별화가 어렵게 되었다.

따라서 고객을 경쟁사보다 더 만족시켜야 하는 것이 중요하게 되었다. 또한 고객의 요구는 더욱 복잡해지고 애매해져 기업의 다양한 방식의 대응을 요구하게 되었다. 이제 고객을 유지하고, 신규고객을 획득하기 위한 활동이 기업의 이익에 중대한 영향을 미치게 된 것이다.

모든 고객이 똑같은 고객은 아니다. 고객 중 기업에게 수익을 가져다주는 고객은 전체의 일부에 지나지 않으며, 이러한 고객은 지속적으로 투자해야 할 대상이다. 이들 고객을 유지하는 활동을 하는 것이, 신규고객을 획득하는 위해 투자하는 것보다 훨씬 적은 비용으로 높은 효과를 창출할 수 있다. 따라서 기업은 고객층을 파악하고 세분화해서, 이익을 높이는 방향으로 마케팅을 전개하기 시작한 것이다.

CRM은 관계마케팅 이론과 시대적 변화, 즉 기술의 발전, 경쟁의 심화, 고객욕구의 다양화, 새로운 마케팅 커뮤니케이션의 등장에 의한 산물이라고 볼 수 있다. 예를 들어 시골마을에서 작은 서점을 운영하고 있는 서점 주인은 그 마을에 있는 사람들 한 명 한 명이 과거에 어떤 책을 샀는지 기억하고 있기 때문에 그들의 관심사가 무엇인지를 잘 알고 있다. 따라서 어떤 손님이 찾아오더라도 그 손님의 취향에 맞는 카테고리의 책을 추천할 수 있다. 또한 얼마 만에 한 번씩 책을 구입하는지, 어떤 책을 주로 구입하는지 등 판매와 관련된 직접적인 정보뿐만 아니라 생일, 취미, 가족사항 등 자세한 것까지 알고 있어서 이러한 얘기를 주고받으며 대면접촉에 의한 일대일 마케팅이 가능하다. 또한 자주 오는 손님에게는 할인도 해준다. 이렇듯 이 서점 주인은 고객들과의 관계가 워낙 좋아 한번 고객은 시내의 큰 서점보다도 동네 서점을 더욱 많이 이용하게 된다. 그런데 이 작은 동네에 커다란 변화가 생기기 시작했다. 대단위 아파트 단지가 들어서면서 인구가 급격히 늘어났고, 집집마다 인터넷 전용선이 깔렸고, 다른 경쟁 서점도 들어서기 시작했다. 자, 이 서점 주인은 어떻게 이 변화를 헤쳐나갈 것인가?

기업의 궁극적인 목표는 이윤창출이며, 이윤을 창출하기 위해서는 어떤 기업이든 고객이 있어야 한다. 고객의 중요성은 경영학 특히 마케팅에 있어서 전혀 새로운 것이 아니다. 이른바 관계마케팅(Relationship Marketing) 이론에서 CRM의 이론적 근간을 찾을 수 있는데, 관계마케팅이란 약속의 실행을 통해 고객관계를 구축 · 유지 · 제고 및 상업화하는 과정을 의미한다. 일반적으로 기업은 장기적인 수익성 창출을 위해 고객과 친밀한 관계를 구축하려고 한다. 그리고 이렇게 구축된 관계는 기업과 고객 서로에게 유리한 것으로 밝혀지고 있다.

결국 CRM은 갑자기 나타난 것이 아니라 기존의 관계마케팅을 통한 고객충성도 증대라는 패러다임이 시대의 변화에 따라 그 옷을 바꿔 입었을 뿐 근본적인 원리는 같다고 할 수 있다. CRM이 주목받고 있는 이유를 정리하면 **그림 14-2** 와 같다.

그림 14-2 CRM의 등장배경

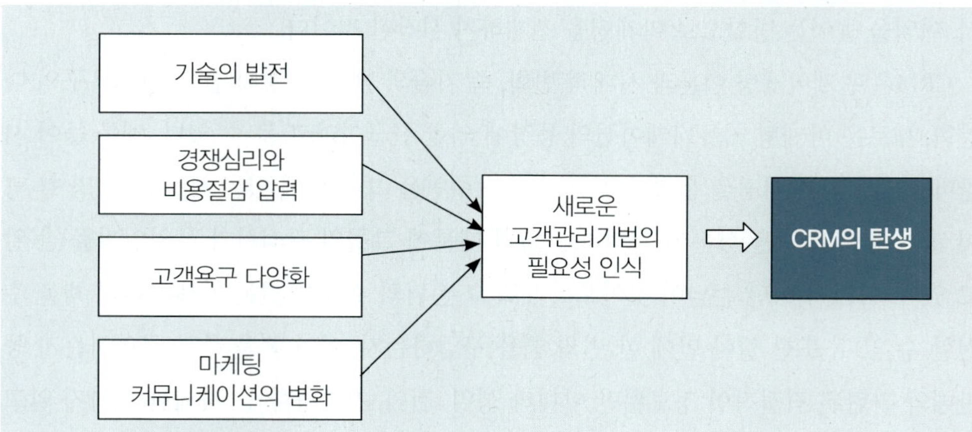

기술의 변화

현대의 기업들은 수많은 고객을 효율적으로 관리하기 위해 각종 데이터베이스와 콜센터(CTI: Computer Telephony Integration), 자동응답장치(IVR: Interactive Voice Response), 인터넷과 인터넷폰 등 많은 기술을 활용하고 있다. 최근 고성능 컴퓨터와 관련 장비의 가격이 떨어짐에 따라 통신기술도 눈부시게 발전하여 기업의 마케팅 활용도 많은 변화가 일어난 것이다. 특히 인터넷은 기존의 마케팅 채널에 비해 비용이 저렴하여 인터넷 이용으로 기업의 고객관리비용이 43% 감소된다고 한다. 소프트웨어 측면에서 많은 기업에서 ERP 시스템이 구축되어 데이터웨어하우징을 통해 고객 데이터가 전사적 차원에서 운영될 수 있다. 또한, 인공지능과 데이터마이닝 기술의 발전으로 고객 데이터를 대상으로 한 고객의 구매 패턴이나 행동분석, 향후 예측이 가능하다. 즉, 이러한 정보통신기술의 발전은 원투원 마케팅과 CRM을 실현 가능하게 해주는 기본적 배경이 되었다.

경쟁 심화와 비용 절감의 압력

경쟁이 날로 심화되어가고 있는 현대 산업사회의 기업들에게는 판매를 통한 매출액 증대도 중요하지만, 생산에 소요되는 원가를 절감하는 것도 매우 중요한 과제로 인식되고 있다. 이러한 측면에서 고객 유지와 기존고객의 수익성 강화가 대표적 목표인 CRM은 비용 측면에서 유리하다고 할 수 있다. 일반적으로 새로운 고객을 획득하는 비용은 기존고객을 유지하는 데 드는 비용의 3~5배가 소요되기 때문이다. 또한, 기존고객과의 관계 강화를 통해 그 수익성을 극대화할 수 있기 때문이다.

고객욕구의 다양화

인터넷이라는 정보혁명의 매체는 시간과 공간을 초월하여 전 세계를 단일시장으로 재탄생시켰다. 이 시장의 규모는 엄청나며, 시장의 욕구 또한 다양해졌음은 말할 것도 없다. 따라서 지속적으로 변화하고 다양해지고 있는 고객의 욕구를 충족시키기 위해, 개별고객을 충분히 만족시킬 수 있는 차별화된 마케팅전략의 필요성이 더욱 중요시되었다.

마케팅 커뮤니케이션의 변화

인터넷의 등장은 일상생활뿐 아니라 각종 경영활동 전반에 큰 변화를 가져다주었다.

특히, 인터넷과 데이터베이스를 통한 일대일 마케팅은 개별고객과의 관계를 개발하고 강화시키는 데 중요한 역할을 하였다. TV나 신문과 같은 기존의 마케팅 커뮤니케이션은 무차별적으로 대중에게 전달되는 반면, 일대일 마케팅은 세분시장과 개별고객에게 원하는 메시지를 정확하게 전달할 수 있다.

(3) CRM의 정의와 목적

CRM의 정의에 관해서는 아직 널리 알려진 것이 없지만 일반적으로 "고객관리에 필수적인 요소들을 고객 중심으로 정리하고 통합하여 고객활동을 개선함으로써 고객과의 장기적인 관계를 구축하고 기업의 경영성과를 개선하기 위한 경영방식"으로 정의할 수 있다. 즉 고객관계관리(CRM: customer relationship management)란 신규고객의 획득, 기존고객 유지 및 고객수익성을 증대시키기 위하여 지속적인 커뮤니케이션을 통해 고객행동을 이해하고 영향을 주기 위한 광범위한 접근이라고 할 수 있다.

따라서 CRM의 목적은 신규고객의 유치에서부터 시작하는 고객과의 거래관계를 고객의 전 생애에 걸쳐 유지 및 제고해나가면서 장기적으로 고객의 수익성을 극대화하는 데 있다. 즉 새로운 고객과의 거래를 시작한 후 다양한 마케팅 활동을 전개하여 그 고객과의 관계를 강화시켜 평생고객으로 발전시켜나가는 것이다. **그림 14-3** 에서는 기업의 관점에서 개별고객의 생애를 크게 세 단계로 나누고 있다.

1단계는 고객유치 단계 또는 고객관계구축 단계로서 신규고객과 처음 거래가 이루어지는 시점이다. 이 단계의 특징은 아무 고객이나 무차별적으로 접근하기보다는 우량고객을 닮은 신규고객들은 선별하여 적절한 방법과 유인을 통해 그들과 신규거래관계를 형성하는 것이다. 이것은 일종의 로열티를 축적할 수 있는 고객을 선별하는 과정이다. 따라서 이렇게 하면 고객이탈률을 줄이고 이탈된 고객을 다시 돌아오게 하는 데(customer win-back) 드는 비용을 줄일 수 있다. 그러나 대부분의 신규고객이 이러한 비용을 상쇄하고 수익을 가져올 때까지는 많은 시간이 걸리므로 이 단계는 음(−)의 고객수익성을 나타낸다.

그림 14-3 CRM 통합 모델

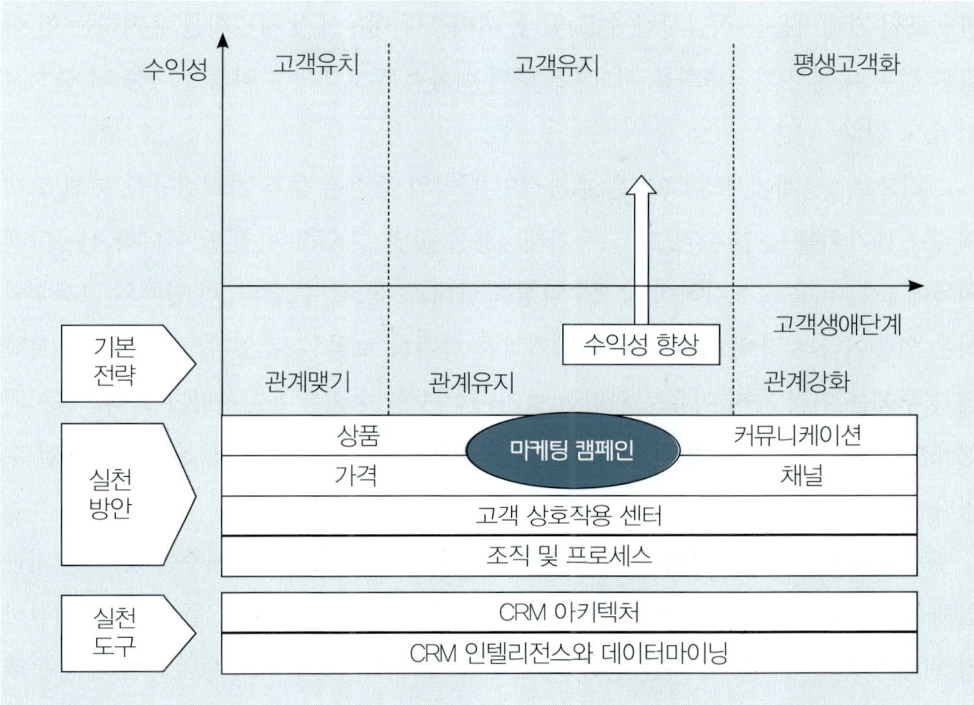

2단계는 일단 거래를 시작한 고객이 반복구매는 물론, 거래량과 거래의 폭을 늘리면서 신뢰에 기반을 둔 고객관계 강화 및 유지 단계이다. 이 단계에서 기업은 고객의 욕구를 잘 이해하고 그에 맞는 적절한 상품과 서비스를 제공해야 하며, 동시에 차별화된 고객 서비스를 통해 고객과의 관계 강화를 위한 노력을 경주해야 할 것이다. 2단계에 이르러서야 비로소 기업은 초기의 음(−)의 수익성을 양(+)의 고객수익성으로 전환시킬 수 있다.

3단계는 거래관계가 최대한으로 확장되면서 평생고객이 되도록 하는 평생고객 또는 동반자관계 단계이다. 가령 한 소비자가 백화점과의 관계가 깊어지게 되었다면 이 고객이 다른 백화점으로 옮겨가기에는 전환비용이 크므로 이 백화점과 평생 파트너가 된다는 말이다. 또한 이 단계에서 심화된 거래관계로 고객의 로열티가 높아지고, 또 이 백화점을 적극적으로 옹호하여 신규고객을 추천하기도 한다. 백화점 입장에서는 장기간 거래해온 고객의 거래 종류나 형태는 이미 잘 알고 있으므로 그 고객과의 거래를 자동화함으로써 거래비용을 절감시킬 수도 있다. 서비스나 대우에서 차별화를 유지하는 한 적절한 범위 내에서 가격변화를 시도함으로써 백화점은 고객의 수익성을 한층 더 증진시킬 수도 있다.

그러므로 3단계에서의 CRM은 추가적인 수익의 증진은 물론 가격변동을 통해 고객의 총거래가치를 높일 수 있고, 고정거래비용을 줄일 수 있으며, 뿐만 아니라 신규고객 획득에 드는 비용도 절감하여 고객수익성을 극대화해나갈 수 있다. 이 단계의 고객수익성은 업종이나 시장에 따라서는 계속 가파른 증가를 보일 수도 있다. 하지만 유통시장의 경우에는 여러 가지 이유로 완만한 증가나 비슷한 수준을 유지하다가 고객으로서의 생애가 끝나는 시점에는 원점으로 돌아가는 고객생애주기(customer life cycle)로 생각할 수 있다.

결국 CRM의 목적은 한마디로 고객에 대한 회사의 고민을 해결해주는 것이다. 최근 업체들의 고민은 지나친 경쟁에 따른 고객의 이탈과 수익의 감소라 한다. 이를 해결하기 위해서 고객의 이탈 방지를 위한 고객 분석 시스템이 필요하고, 수익성 분석을 통해 이익을 가져다주는 고객과 그렇지 않은 고객을 구별하여 서비스와 마케팅을 차별화하는 것이 CRM의 목적인 것이다. 그리고 기존의 전통적인 채널에서 새로운 채널로의 이행에 따라 새로운 판매 프로세스를 도입하고 새로운 채널에서 경쟁력을 확보하기 위해서도 CRM 시스템은 반드시 필요하다.

다시 말하면 CRM의 궁극적인 목적은 고객을 보다 편리하고 즐겁고 행복하게 함으로써 고객과의 유대관계를 강화하고 효과적인 고객관계 관리를 통해서 수익성을 보다 높이려는 것이다. 고객의 이탈, 고객의 불만, 새로운 상품에 대한 마케팅 전개방법 등 다양한 고민이 있는데 가장 중요한 고민부터 해결해주는 것이 CRM 시스템의 목적이라고 할 수 있다. 따라서 진정한 고객만족을 통해서만이 기업의 장기적인 이익의 실현이 가능한 것이다. CRM의 주요과제는 창구에서 수집된 고객 데이터를 한군데로 모아 고객중심으로 재편한 뒤 이를 활용하는 것이다.

2 CRM의 혜택

CRM은 일종의 경영전략이면서, 취사선택할 수 있는 전략이 아니라 반드시 수행해야 하는 전략으로 인식되고 있다. 궁극적으로 기업의 목적을 생각했을 때 고객이 없는 기업은 존재할 수 없으며, 계속 고객을 놓친 기업의 운명은 보지 않아도 알 수 있기 때문이다. 이러한 상황에서 고객관계 관리의 중요성은 더욱 크다.

그러면 과연 CRM은 그 당사자들에게 어떤 혜택을 가져다주는가? CRM의 혜택은 기업의 측면과 고객의 측면에서 살펴볼 수 있는데, 두 당사자 모두에게 이익이 돌아가는 전형적인 윈윈전략이라고 할 수 있다.

(1) 기업 측면의 혜택

CRM 전략 실행을 통한 혜택을 기업 측면에서 살펴보면 **그림 14-4** 와 같이 나타낼 수 있다.

그림 14-4 CRM의 혜택(기업 측면)

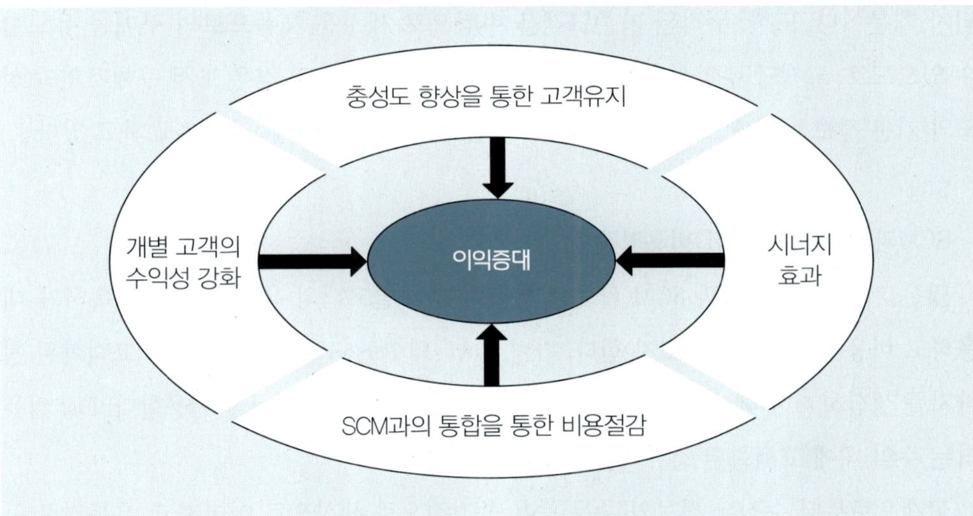

충성도 향상을 통한 고객 유지

CRM은 기본적으로 신규고객 확보보다는 기존고객을 유지하는 데 초점을 맞춘 전략이다. 고객의 개인정보를 통해 고객을 확인하고 차별화과정을 거쳐 고객화된 전략을 수행하여 궁극적으로 고객만족을 통한 충성도 향상을 기대할 수 있다.

고객화된 마케팅 믹스를 실행하면 기업과 고객의 관계는 더욱 밀접해지고, 개별고객은 다른 경쟁사를 이용하는 것보다 현재의 기업을 계속 이용하는 것이 더 유리하다는 판단을 하게 된다. 즉, 다른 경쟁사로 구매결정을 바꿀 경우 일어나게 되는 비용적인 측면(신규정보 탐색비용 지불, 새로운 구매 프로세스 학습비용, 충성도 프로그램의 혜택 등)을 지각하여 현재의 기업과 계속적인 거래관계를 유지하게 된다. 또한, 지속적인 거래를 통한 브랜드에 대한 신뢰도 · 충성도를 향상시키는 원인이 된다.

개별고객의 수익성 강화

기업의 주 수익은 상위 우량고객에 의해 창출된다. 이러한 우량고객이 전체고객의 얼마만큼(%)을 차지하느냐에 따라 궁극적인 기업의 수익성은 더욱 향상된다. 기존고객을 유지하는 것은 여러 가지 면에서 신규고객을 확보하는 것보다 비용우위를 가져다준다. 누적된 기존고객의 수가 지속적으로 증가할수록 촉진비용과 기타 부대비용이 절감되기 때문이다. 또한, 누적된 기존고객을 바탕으로 새로운 제품으로의 구매를 유도할 수 있으므로, 고객당 수익성은 더욱 높아지게 된다. Amazon의 경우 도서 구매자의 충성도와 기본 정보를 바탕으로 음반, 비디오, 장난감 등을 교차판매(cross-selling)하고 있다.

SCM과의 통합을 통한 비용절감

많은 기업들이 CRM과 SCM 활동을 통합하여 개별고객의 욕구에 대해 신속하게 대응하고 비용우위를 달성하고자 한다. 가령, Levi's의 Person Pair 프로그램은 고객화된 청바지를 생산하기 위해 공장에 직접 치수를 보내도록 전자 스캐너를 이용한다. Del 컴퓨터는 수일 내에 고객화된 컴퓨터를 생산하고 선적한다.

고객으로부터 수집된 정보와 주문 등은 즉각적으로 생산으로 이어지고, 유통경로 구성원과의 긴밀한 협조하에 다시 고객에게 전달되어야 한다. 또한, 주문과 생산 사이에 소요되는 각종 자원의 할당은 실시간으로 통제될 수 있도록 통합 모델이 필요하다. 이런 과정에서 재고감소, 물류비용 축소, 촉진비용 절감 등의 효과를 볼 수 있게 된다.

여기에서는 개괄적인 내용만을 다루고 있으나, 실제로 고객에 관한 정보와 구매결정, 구매습관 등을 실시간으로 유통 · 생산과 연결시키는 이러한 통합 모델은 기존의 기업 시스템을 새로이 짜야 하기 때문에 통합 모델 구축에 많은 어려움이 있다.

시너지 효과

CRM을 위한 기업 간 전략적 제휴는 양 기업 모두에게 이익을 준다. A기업이 B기업과 사업상 제휴를 맺고 역량을 집중하면, 개별기업이 계획한 목표치보다 높게 달성되는 경우가 있다. 이러한 것을 시너지 효과라 하며 아마존이 좋은 사례에 속한다. 아마존에서만 구입할 수 있었던 도서를 제휴된 웹사이트에서도 판매를 하자 아마존의 매출은 크게 늘어났다. 제휴한 웹사이트를 통해 매출이 발생하면 아마존은 매출의 일정 부분을 해당 사이트에 지급하였다. 따라서 매출이 증가할수록 아마존과 제휴 웹사이트의 수익도 자연스럽게 늘어났다. 서로에게 도움을 주는 윈윈전략에 해당된다.

인터넷이라는 가상세계에서도 새로운 사업의 파트너십을 창출할 수 있다. 일례로 마이크로소프트와 NBC의 관계를 들 수 있다. NBC는 인터넷 진출을 위해 1996년 초부터 5년 동안 200만 달러를 투자했다. NBC는 뉴스수집, 보도, 그리고 광고판매전문가집단을, 마이크로소프트는 인터넷 기술을 제공했다. 흥미로운 것은 두 개의 상이한 기업문화임에도 불구하고 상호보완적인 관계였다는 사실이다. 결국, 두 기업의 협력으로 매출은 크게 상승하였으며, 기술적인 측면에서도 진일보된 성과를 얻었다.

(2) 고객 측면의 혜택

CRM이 기업에만 혜택을 제공하는 것은 아니다. 개별고객에 대하여 일대일관계를 맺고, 고객의 입장에서 고객의 욕구를 이해하고, 개별고객에 대한 차별적인 대응을 통하여 고객과의 신뢰를 지속적으로 형성하는 것이 CRM을 채택하는 주요 목적이다. 즉 CRM이 잘 구축된 기업일수록 고객에게 제공되는 서비스의 질은 더욱 높아질 수밖에 없다.

예를 들어 평소 최신가요와 팝송에 관심이 많은 사람이 음반판매 사이트의 회원으로 가입하여 자신의 취향을 입력해두면, 그 사이트에서는 고객의 취향에 맞는 음악과 CD를 추천해주고, 최신 팝송에 대한 정보를 커뮤니티와 이메일 등을 통해 지속적으로 제공해주므로 정보 획득에 큰 도움이 된다. 또한, 비회원에 비해 저렴한 가격과 경품 등의 혜택을 받을 수 있으므로 개별고객은 편리함과 저렴한 가격, 양질의 서비스라는 혜택을 제공받는다.

3 CRM의 과정

CRM 전략을 수행하기 위한 첫 번째 단계는 그림 14-5 에서 보는 바와 같이 현재 및 잠재고객을 확인하기 위한 조사를 수행하는 것이다. 두 번째 단계는 이들을 수익성

그림 14-5 CRM 프로세스

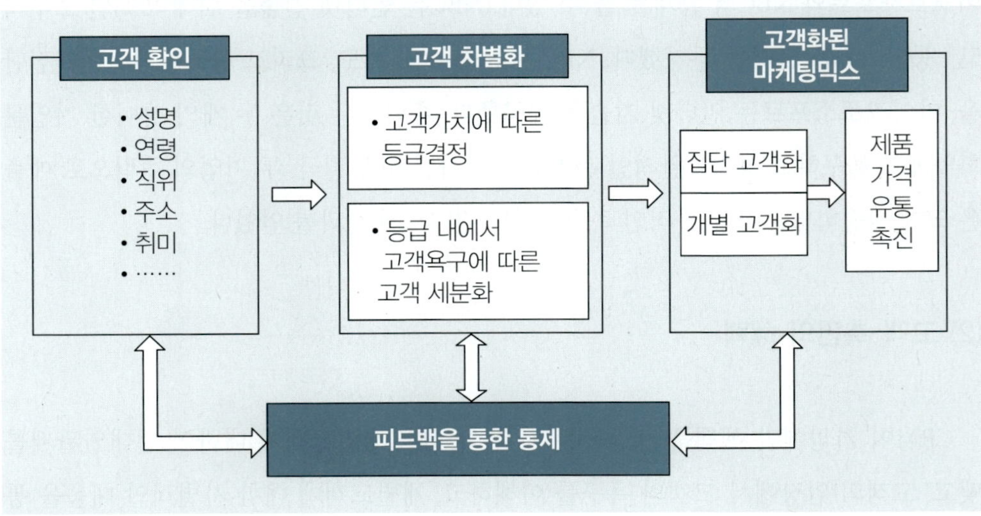

이 높은 집단과 그렇지 않은 집단으로 세분화하고 차별화하는 것이다. 마지막으로 기업은 개별 고객의 욕구를 충족시킬 수 있도록 고객화된(customized) 마케팅 믹스를 제공해야 한다. 또한, 이들 각 프로세스가 잘 진행되고 있는지 피드백을 통한 통제를 실시해야 한다.

(1) 고객 확인

CRM을 통한 원투원 마케팅을 구현하는 첫 번째 단계는 개별고객을 다른 고객들과 구분하는 일이다. 예를 들어 개별고객을 성명, 연령, 직위, 주소, 전화번호, 취미 등의 인구통계학적 특성으로 분류하는 것이다.

기업은 판매원, 서비스 접점, 바코드 스캐너, 웹사이트 등으로부터 다양한 개인에 대한 정보를 수집할 수 있다. 보다 많은 정보를 가질수록 더 정확하고 적절한 전략을 통해 가치있는 고객을 선별할 수 있다. 특히, 인터넷을 통해 고객의 과거 구매습관, 구매력 등을 추적함으로써 고객으로부터 더 많은 정보를 얻을 수 있다. 인터넷이 보편화됨에 따라 정보기술이 전통적인 시장세분화 기준보다 더욱 상세한 분화 기준을 제공해주고 있는 것이다.

그러나 실제 기업의 전략에 활용할 수 있는 핵심정보를 가려서 활용하는 것은 쉬운 일이 아니다. 먼저, 개인정보를 상업적으로 이용하는 것은 고객의 불쾌감을 불러일으키는 요인이 될 수 있다. 경우에 따라서는 힘들게 축적해온 신뢰를 한순간에 무너뜨릴 수 있는 원인이 되기도 한다. 또한 고객의 구매습관과 행동특성, 인구통계학적 특성을 적절히 조합하여 분류해내는 일은 통계학적인 지식과 프로그래밍 기술을 필요로 한다.

(2) 고객 차별화

서로 다른 고객을 각각 다르게 대우하기 위해서는 무엇보다도 먼저 고객들 사이의 차이를 파악해야 한다. 고객 차별화에 있어 핵심과제는 특정 고객이 기업에게 얼마나 가치가 있으며 기업에게 무엇을 원하고 있는가, 즉 욕구를 파악하는 것이다. 고객의 가치란 누가 누구보다 더 가치가 있다는 것과 같은 상대적인 것으로 이를 바탕으로 기업의 역량을 우선적으로 할당함으로써, 이들의 충성도를 높이고 개별 고객의 수익성도 확대시킬 수 있다.

또한 특정 고객의 욕구를 충족시킨다는 것은 그 고객과의 관계를 구축하고 고객의 충성도를 강화하는 데 있어서 가장 중요한 요소가 된다. 이와 같은 고객차별화 프로세스는 ① 고객의 가치에 따른 고객등급 결정(특정 고객이 갖고 있는 가치에 의해 등급 및 중요도를 결정), ② 등급 내에서 고객욕구에 따른 고객 세분화(고객의 욕구를 등급 간, 등급 내에서 세분화) 등 2단계로 수행된다.

고객가치에 따른 고객등급 결정

고객의 가치를 평생가치와 잠재가치로 나누어 추정해볼 수 있다. 평생가치는 실제가치라고도 하는데, 현재부터 미래까지 개별 고객으로부터 발생할 수 있는 모든 이익을 순현가(NPV) 즉 현재가치로 환산한 것을 의미한다. 고객의 잠재가치란 고객의 성장잠재력을 의미하는 것인데, 기업의 전략을 통해 개별 고객으로부터 추가적으로 창출해낼 수 있는 가치를 의미한다.

예를 들어 어떤 고객이 'A사 신용카드'와 'B사 신용카드'를 가지고 있다면, A사의 입장에서 이 고객의 평생가치는 현재 A사 카드를 이용함으로써 창출해주는 미래이익을 순현재가치로 환산한 것이 된다. 또한, 이 고객은 B사의 신용카드를 가지고 있으나 A사가 고객화할 수 있다. 즉 마케팅전략을 통해 B사의 신용카드를 쓰는 것을 포기하도록 하고 A사의 신용카드를 쓰도록 유도함으로써 추가이익을 노릴 수도 있다. 따라서 고객가치를 분류할 때는 평생가치와 잠재가치를 함께 고려해야 하며, 그에 따른 비용을 산출해내는 것도 소홀히 해서는 안 된다.

등급 내에서 고객욕구에 따른 고객 세분화

개별고객의 가치를 기준으로 고객의 등급을 결정하였다면, 고객의 욕구를 기준으로 고객을 분류해야 한다. 우선 고객의 욕구가 파악되고 나면, 기업은 그 고객의 욕구를 충족시킬 수 있도록 고객화하고, 그 고객과 기업이 접촉할 때마다 기업이 제공하는 제품이나 서비스를 고객의 욕구 및 취향에 맞추어가야 한다. 따라서 기업이 자기 고객의 욕구를 얼마나 이해하고 있느냐 하는 것은 그 기업의 고객관계관리의 핵심이라 할 수 있다.

또한 고객의 욕구를 집단욕구와 개별욕구로 나누어볼 수 있는데, 집단욕구는 어떤 특정 세분집단이 공통적으로 가지고 있는 욕구이다. 따라서 한 고객이 속해 있는 집단의 욕구를 파악하면 개별 고객의 욕구도 추정할 수 있을 것이다. 또한 반대로, 개별욕구를 알게 되면 그것을 토대로 집단의 욕구도 측정할 수 있을 것이다. 여기서 개별욕구란 개별고객이 다른 고객과 공유하지 않는 독자적인 욕구를 말한다. 예를 들면, 자장면에는 반드시 고춧가루를 넣어 먹어야 하는 것과 같은 아주 개인적인 욕구이다. 고객이 자장면 배달을 시킬 때마다 고춧가루를 따로 부탁해야 하는 중국집과, 그 개별욕구(자장면엔 고춧가루)를 정확히 파악하고 항상 욕구를 충족시켜주는 중국집이 있다면 고객은 틀림없이 후자를 선택하게 될 것이다.

집단욕구와 개별욕구를 정확하게 분석하는 것은 궁극적으로 고객을 만족시켜 그 충성도를 향상시키는 근본 원칙이 되는 것이다. 고객의 욕구를 파악하는 방법은 여러 가지가 있을 수 있으나, 설문조사나 구매행동 관찰 등과 같은 전통적 방법 외에 인터넷의 구매행동을 추적할 수 있는 로그파일 분석, 개인정보 분석, 게시판과 방명록, 온라인 고객센터 등을 이용할 수 있다. 이러한 집단욕구와 개별욕구의 분석은 전 단계에서 수행된 고객가치 등급 범위 내에서 이루어져야 한다.

(3) 고객화된 마케팅믹스 설계

고객이 원하는 것과 욕구를 정확히 파악하였다면 다음은 그것을 충족시키기 위한 행동, 즉 개별고객에 대한 지식을 이용하여 개개의 고객을 상대하는 고객화를 실행해야 한다. CRM을 실행하는 구체적 전략은 주로 고객화된 마케팅믹스를 통해 나타나게 되는데, 여기에서는 대표적으로 사용되는 전략들을 살펴본다.

대량고객화

대량고객화(mass customizing)란 가능한 고객들에게 각자가 원하는 형태의 상품과 서비스를 제공해주는 것을 의미한다. 일반 상점에서 기성복 청바지를 판매하는 것이 전통적 방법이라면, 대량고객화 전략은 고객이 직접 사이즈와 디자인을 고를 수 있도록 25개의 허리 사이즈, 30개의 히프 사이즈, 35개의 다리길이, 100가지 색깔을 제공한다. 고객의 입장에서는 자신이 원하는 대로 제품의 사양을 고를 수 있다는 장점이 있고, 기업은 다양한 고객의 욕구를 정해진 범위 안에서 충족시켜줄 수 있다. 대량고객화 전략을 실행한 대표적인 기업은 델컴퓨터이다. 델은 주문생산방식을 적용하여 개별고객이 원하는 사양대로 생산을 하였고, 유통경로 축소와 전자상거래를 통해 성공을 거두었다.

옵트인메일 서비스

옵트인메일 서비스(opt-in-mail service)란 특정 사이트에 회원으로 가입할 때 광고수신 여부와 필요로 하는 정보를 등록하도록 함으로써 허가를 받은 사람에게만 관심 있는 정보를 이메일로 보내주는 서비스를 말한다. 이러한 옵트인메일을 통하여 기업의 신제품 소식, 뉴스, 최신자료 등의 정보들을 정기적으로 발송해주고 해당 기업과 제품을 환기시킴으로써 긍정적 관계 강화를 꾀하는 것이다. 옵트인메일은 개인이 자발적으로 원한 관심사에 대해 스팸메일이 아닌 정보성 메일을 보냄으로써 보다 고객화된 마케팅전략을 구사할 수 있다는 장점이 있다.

유형적 보상

최근 들어 고객관리에 대한 중요성이 널리 인식되기 시작하면서, 대부분의 웹사이트와 기업들은 회원제 고객관리를 지향하면서, 회원관리를 통한 고객유지와 충성도 향상을 꾀하고 있다. 그 이유는 회원가입과 활동에 대해 여러 가지 혜택을 부여하고, 그 혜택을 지각한 소비자가 경쟁사로 전환하는 것을 방지하고자 하는 것이다. 그 혜택 중 대표적인 것으로 유형적 보상을 들 수 있는데 이는 가격할인, 경품제공, 쿠폰, 누적 포인트 등을 제공하는 것을 말한다.

즉각적인 피드백 시스템

어떤 기업과 관계를 맺게 된 고객은 여러 경로를 통해, 자신의 행동이나 태도를 해당 기업이나 타인에게 전달한다. 일반적으로 제품이나 광고 등을 접하고 충분히 만족한 고객은 그에 대해 타인에게 추천하거나 재구매 등을 고려할 것이고, 그렇지 않은 고객은 부정적인 구전(word-of-mouth)을 하거나 고객센터 등을 통해 불만을 표시해 올 수도 있다. 물론, 제품에 대한 개선점이나 기타 문의사항 등도 기업에게 전달될 것이다

기업은 이런 고객의 의견이나, 기업과 제품에 대한 공중의 반응을 즉각적으로 잡아내고, 반응할 수 있는 체계를 갖추어야 한다. 요즘 등장하고 있는 콜센터(CTI: Computer Telephony Integration)나 인터넷 방명록, FAQ 게시판과 고객상담센터는 고객과의 피드백을 위한 중요 경로가 되며, 고객만족과도 직결되는 중요한 고객접점이기도 하다. 고객과의 피드백은 마케팅 활동의 개선점을 마케팅 활동 수혜자들 입장에서 들을 수 있다는 점에서 지속적인 고객만족을 위해 중요한 역할을 한다. 특히, 인터넷은 기존의 매체와 달리 즉각적인 쌍방향 커뮤니케이션을 적은 비용으로 제공해주므로 고객과의 상호작용의 질을 더욱 향상시킬 수 있다.

고객 간 관계활동 지원

CRM 전략에서는 기업과 고객 간의 상호작용이 중점적으로 다루어지나, 기업은 고객 간의 커뮤니케이션에 대해서도 소홀히 하여서는 안 된다. 특히, 인터넷 쇼핑몰은 제품 명세와 시진 등의 정보에 의존해 구매의사결정이 이루어지는 경우가 많다. 따라서 해당 제품이나 서비스를 먼저 사용해본 고객의 사용후기나 제품평은 구매의사결정에 결정적 영향을 미칠 수도 있다.

뿐만 아니라, 동일한 욕구나 취미를 가진 고객을 위한 커뮤니티를 제공하는 것도 고객 간 관계활동 지원 차원에서 기업의 인지도나 신뢰도를 축적하는 도구가 될 수 있다. 동호회 형식의 커뮤니티를 통한 타깃광고가 가능할 뿐만 아니라 고객의 불만사항이나 개선문의가 접수되는 통로가 되기 때문이다.

고객화된 광고

CRM 프로세스의 첫 번째 단계인 고객확인을 통해 고객의 욕구가 파악되면, 그 정보를 이용하여 무차별적인 광고가 아닌 개별고객 개개인의 욕구와 직결되는 촉진 활동을 할 수 있다. 예를 들어, A라는 고객이 작년 아내의 생일에 립스틱을 선물했다는 정보를 가진 쇼핑몰이라면, 올해 생일이 다가오는 시점에는 "작년 아내의 생일엔 립스틱을 선물하셨군요? 올해는 장미꽃다발과 향수가 어떨까요?"라는 문구와 함께 향수광고를 한다면 구매와 이어질 가능성이 매우 커질 것이다.

포털사이트나 쇼핑몰 사이트의 배너 광고 역시 무차별적인 광고를 지양하고, 검색어나 로그인 후 고객의 특성, 취미, 과거 구매행동에 따라 좀 더 고객의 욕구와 관심사에 부합하는 고객화된 광고를 하기 위한 노력을 하고 있다. 포털사이트의 경우, 20대의 여학생이 로그인했을 때와 40대의 중년주부가 로그인했을 때 서로 다른 광고가 나타난다. 또한, 검색엔진에서 검색어를 '자동차'와 '보험'으로 하였을 경우 서로 다른 배너광고가 나타나게 할 수 있다. 각각의 검색어는 해당 고객의 취향과 욕구, 관심사항을 반영하므로 검색어와 관련된 광고를 검색 결과 페이지에 제시함으로써 광고의 효과를 높이고자 하는 것이다.

추천 및 리마인드 서비스

추천 서비스는 고객에게 신제품이나 인기 있는 제품을, 정보탐색 순간이나 구매 결정 시에 자동으로 추천하는 서비스를 말한다. 고객의 과거 구매 리스트나 취미, 관심분야, 직업 등을 통해 고객의 욕구와 근접한 추천을 할 수 있는 장점이 있다. 특히, 인터넷 쇼핑몰에서는 웹사이트에 구축한 추천 엔진이 자동적으로 상품을 추천한다.

서점에서 웹 프로그램과 관련된 A라는 책을 구매한 고객에게 'A책을 사신 다른 분들은 B책과 C책도 사셨습니다'라는 문구와 함께 웹 프로그램과 관련된 인기서적을 함께 보여줄 수 있다. 또 구매형태가 일정한 고객에게는 구매시점이나 관련제품을 상기(remind)시켜줄 수도 있다.

서스펜션 서비스

고객이 구입할까 말까 망설이고 있는 상품정보를 전용 페이지에 기록해둘 수 있는 서비스이다. 이 기능이 있으면 그때까지는 구입하지 않았지만 구매하려고 했던 상품 리스트를 웹사이트상에 기록해둘 수 있다. 서스펜션(suspension)이란 미결정을 의미한다. 일반적으로 인터넷 쇼핑몰에서의 장바구니 서비스나 쇼핑카트 서비스와 동일한 개념이다.

제휴 프로그램

제휴 프로그램은 특정 회사의 회원고객이 그 기업과 제휴한 다른 기업을 이용할 경우 할인혜택이나 경품 등을 제공하고, 제휴기업으로부터는 일정한 수수료를 취하거나 광고를 제공하는 것을 말한다. 제휴 프로그램을 통해 회원은 각종 혜택을 받을 수 있는 이점이 있으며, 제휴 프로그램을 실시하는 기업은 각자의 고객을 공유하게 된다. 또한 많은 제휴 프로그램을 통해 고객의 이탈을 방지하는 효과를 기대할 수 있다.

또한 인터넷에서는 규모가 큰 포털사이트나 유명 사이트에서 개인 사이트나 소규모 사이트를 대상으로 프로그램 참가자를 모집하여, 이들 사이트에 링크를 달아두어, 이 링크를 통해 접속해 들어온 이용자가 상품이나 서비스를 구입한 경우 일정한 수수료를 참가 사이트에 지불하는 형태이다. 아마존닷컴은 이와 같은 제휴 프로그램을 적극적으로 활용함으로써 매출을 크게 확대할 수 있었으며, 현재는 제휴 프로그램 계약 사이트가 10만 개를 넘고 있다.

(4) 통제

CRM의 중요한 프로세스 중 하나는 통제과정이다. 통제란 계획의 집행과정을 추적하고, 집행결과가 대체적으로 목표한 대로 되어가는지를 분석하고, 집행결과가 계획목표와 차이가 크면 대응조치를 강구하는 피드백 과정을 말한다. CRM 프로세스에서는 고객과의 피드백 과정을 통해 고객확인과 차별화를 위해 필요한 자료를 수집할 수 있고,

지속적으로 고객화의 효과를 평가할 수 있다.

앞에서 CRM의 프로세스를 '고객확인-고객차별화-고객화된 마케팅믹스 설계'의 3단계로 나누었다. 그러나 기업경영과 관련된 어떠한 프로세스도 피드백을 통한 지속적 개발이 없으면 유기적인 시스템으로서의 역할을 하지 못한다. 특히 고객과의 관계강화를 목적으로 하는 CRM 프로세스에 있어 지속적으로 고객욕구를 반영하는 것은 기본적인 3단계의 프로세스보다 더욱 중요한 것이다.

제2절 e-CRM의 의미

1 e-CRM의 개념

(1) e-CRM의 등장배경

1990년대 말부터 기업의 경영환경에 있어서 경쟁이 심화되고 정보기술의 잠재 도입 효과가 커짐에 따라 경영혁신은 기업생존의 필수 조건이 되었고, 고객관리는 기업혁신에 있어서 매우 중요한 부분으로 인식되었다. 기존의 판매자 중심의 시장에서는 고객이 물건을 파는 사람을 찾아야 했지만, 현재의 고객 중심의 시장에서는 기업이 고객의 특성 및 요구사항을 정확하게 파악하여 제품과 서비스를 공급해야만 기업의 핵심역량을 강화할 수 있다. 이에 따라 기업의 마케팅 패러다임은 제품 판매 중심에서 기존의 우수고객을 유지하고 신규고객을 확보하는 관계마케팅(Relationship Marketing)으로 이동하고 있다.

이와 관련된 정보기술 발전을 살펴보면 정보접근도구(Information Access Tool)의 발전과 인터넷의 발전으로 나누어 살펴볼 수 있다. 정보접근도구의 측면에서는 관계형 데이터베이스(Database)의 일반화 및 데이터 웨어하우스(Data Warehouse)의 발전을 들 수 있다. 기업들은 관계형 데이터베이스를 이용하여 트랜잭션(transaction) 중심의 정형화된 데이터를 효과적으로 관리하고 있으며, 데이터 웨어하우스를 이용하여 의사결정지원과 관계된 핵심데이터의 관리를 수행하고 있다. 인터넷의 발전 측면을 살펴보면, 인터넷을 기반으로 기업들은 온라인 마케팅, e-mail 마케팅 등의 수단으로 고객에게 더욱 효과적으로 접근할 수 있게 되었으며, 마케팅 비용을 절감하는 동시에 정보를 전략적으로 제공, 수집할 수 있게 되었다.

결국 정보기술의 발전을 이용하여 효과적인 고객관리를 수행하기 위해 도입된 개념이 고객관계관리(CRM: Customer Relationship Management)이며, 이를 인터넷 중심으로 적용한 개념이 e-CRM(electronic-CRM)이다. 정보접근도구는 고객정보의 관리 및 분석 측면에서 효과적으로 활용되고, 인터넷 기술은 고객정보의 수집 및 고객 마케팅 측면에서 전략적으로 활용된다. 즉, e-CRM 시스템은 정보접근도구 및 인터넷 기술을 효과적으로 적용하여 인터넷 채널을 중심으로 정보분석, 정보유통 측면에서 고객정보를 효과적으로 관리하여 전략적으로 활용하기 위한 시스템이다.

(2) e-CRM의 정의

고객관계관리(CRM: Customer Relationship Management)는 고객의 행동양식에 대한 깊은 이해를 바탕으로 기업경영의 질을 높이기 위한 전략, 조직, 프로세스 및 기술상의 변화과정을 의미하는 것으로 마케팅, 판매, 고객 서비스 등을 포함한다. 따라서 CRM의 구현은 대고객 활동들과 관련된 조직과 업무 프로세스 및 정보기술 인프라의 고객가치 위주로의 재편을 의미한다. 실제로 CRM을 이용하여 기업들은 고객정보를 전략적으로 관리함으로써 '신규고객 획득→우수고객 유지→고객가치 증진→잠재고객 활성화→평생고객화'의 고객사이클(customer life-cycle)을 효과적으로 지원하여 고객가치를 극대화하려 하고 있다.

e-CRM도 고객관계관리 솔루션으로 개인 고객의 성향에 맞춰 차별화 정보를 제공한

다든지, 사후 서비스를 지원하는 등의 기술이 모두 여기에 포함된다. e-CRM이 최근에 각광받게 된 주된 이유는 역시 인터넷이라는 미디어의 등장과 무관하지 않다. 인터넷과 정보기술의 발전은 고객의 생활환경과 구매환경에 커다란 변화를 가져왔고, CRM에도 'e'자를 붙여 e- CRM이라는 좀 더 새로운 개념의 고객관리 전략을 만들어냈다. CRM과 e-CRM의 차이점을 정리하면 **표 14-1** 과 같다.

표 14-1 CRM과 e-CRM 비교

구분	CRM	e-CRM
주요 이용대상	서비스, 금융 등 오프라인 중심기업	E-BIZ. 기업
고객접점	콜센타 오프라인 중심	온라인(인터넷) 중심
구성요소	SALES+SERVICES+MARKETING	E-SALES+SERVICES+E-MARKETING
판매관련요소	전화 판매+판매 자동화	전자상거래(B2B, B2C)
서비스관련요소	기술지원+필드 서비스	온라인 자체 서비스, E-MAIL관리
마케팅관련요소	캠페인 관리+분석 도구	E-MARKETING+개인별 서비스
데이터 수집	영업사원의 방문, DM, 구매 데이터 등 복수의 분산된 채널	웹기반의 단일 통합채널(웹로그, e-메일, 웹콜센터, 구매 데이터 등의 통합)
데이터 분석	고전적 통계기법, 데이터 마이닝	실시간 고객성향 분석, OLAP, 고객행동 패턴 분석
데이터 활용	마케팅 캠페인, 영업 강화, CTI, 프로모션	원투원 마케팅, 웹사이트 개인화, 실시간 추천 시스템
비용	높은 인건비로 인해 고객 관리비용이 상대적으로 높음	초기 IT 도입비용이 높은 반면 지속적인 관리 유지비용이 낮음
시간, 공간적 범위	제한된 시간, 지역적 한계 존재	지역, 시간적 제약 탈피

표 14-1 에서 보는 바와 같이 e-CRM은 온라인을 중심으로 고객관계관리가 이루어진다. 고객접점은 온라인이며, 인터넷상에서의 판매와 대고객 프로모션(promotion)을 중심으로 고객관리를 지원한다. 또한 서비스도 인터넷을 중심으로 e-Mail을 이용하여 제공하든가 개인별로 서비스를 지원받을 수 있도록 시스템이 구성된다. 마케팅 측면에서는 유사하지만 개인화(personalization)측면에서 개인별로 서비스를 더욱더 효과적으로 지

원하여 일대일 마케팅(one-to-one marketing)을 지원한다. 즉, e-CRM시스템은 주 이용대상이 e-비즈니스 기업으로 온라인상에서 e-Sales, e-Service, e-Marketing을 포함하는 고객관계관리를 지원함으로써 고객사이클을 지원하여 고객가치를 극대화하는 동시에 기업의 경영혁신을 전략적으로 지원하는 시스템이다.

(3) e-CRM의 위치

e-CRM 시스템도 CRM 시스템과 같이 기타 기업 관련 정보시스템과 통합되어야 효과적으로 활용 가능하다. 회사의 기본적인 정보 인프라를 제공하는 기업자원관리(ERP: Enterprise Resource Planning) 시스템의 영업부문 및 생산계획 부문과 데이터 웨어하우스를 통합하여 판매 관련 정보를 제공받고 고객의 수요를 제공해야 한다. 또한 기업의 공급망을 관리하는 공급망관리(SCM: Supply Chain Management) 시스템과 연동되어 고객에게 제품 또는 서비스가 효과적으로 유통되도록 시스템이 설계되어야 한다. 이 두 시스템 이외에도 고객정보와 관련된 시스템이 기업에 존재한다면 그 시스템들과의 통합도 고려되어야 한다.

성공적인 e-CRM을 위해서는 고객 Data를 확보/분석하고, 장기적 관점을 견지하며, e-CRM의 중요성에 관한 전사적인 컨센서스를 확보해야 한다. 그러나 그보다 더 근본적으로 중요한 것은 자사의 상황에 적합한 e-CRM 전략을 세우는 것이다. 여기서 자사의 상황에 적합해야 함은 기본적으로 자사가 속한 업종 혹은 비즈니스 모델에 적합한 e-CRM이어야 한다는 것이며, 또한 자사만의 특수한 상황에 적합한 e-CRM이어야 한다는 것이다. 똑같은 업종, 똑같은 비즈니스 모델이라고 하더라도 선발 주자와 후발 주자가 필요로 하는 e-CRM 전략이 동일할 수 없다. 그러나 특정 기업의 특수한 상황에 따른 e-CRM의 유형은 수없이 다양할 수 있기 때문에 e-Business Model에 따라 적합한 e-CRM은 무엇인가에 대해서 생각하는 것이 바람직하다.

2 e-CRM의 전략

e-CRM 시스템도 CRM 시스템과 같이 기타 기업 관련 정보 시스템과 통합되어야 효과적으로 활용이 가능하다. 회사의 기본적인 정보인프라를 제공하는 기업자원관리(ERP: enterprise resource planning) 시스템의 영업부문 및 생산계획 부문과 데이터 웨어하우스를 이용 통합하여 판매 관련 정보를 제공받고 고객의 수요를 제공해야 한다. 또한 기업의 공급망을 관리하는 SCM(supply chain management) 시스템과 연동되어 고객에게 제품 또는 서비스가 효과적으로 유통되도록 시스템이 설계되어야 한다. 이 두 시스템 이외에도 고객정보와 관련된 시스템이 기업에 존재한다면 그 시스템들과의 통합도 고려되어야 한다.

e-CRM의 특징적인 전략은 일대일 마케팅(one-to-one marketing)이다. 일대일 마케팅은 기존의 대중 마케팅(Mass Marketing) 전략을 통해 실시하던 집단적인 DM 발송이나 불특정 다수를 위한 광고 정책보다는, 고객을 특성에 따라 세분화하고 고객의 성향과 개인정보를 활용하여 만족도를 최대한 높이는 전략을 사용한다.

e-CRM을 도입한 대표적인 사이트 ironsure.com의 경우, 고객의 방문 기록을 놓치지 않고 데이터베이스에 저장한다. 여기에는 고객이 관심사에 따라 흘러간 루트까지도 기록된다. 기업은 이러한 정보를 통해 고객을 더 이해하고 고객의 관심사에 따라 만족도를 높일 수 있는 유용한 정보를 이끌어낸다. 또 한 번 확보한 고객은 머슴이 주인을 섬기듯 지속적인 서비스를 제공한다. 기업은 이를 통해 한 번 고객은 평생고객이라는 캐치프레이즈에 걸맞게 '고객의 평생가치(LTV: life time value)'를 이끌어내는 것이다.

e-CRM에는 복잡해진 생활환경만큼이나 다양한 고객과의 의사소통 채널이 요구된다. e-CRM은 세일즈맨이 방문하는 고전적인 형태의 마케팅은 물론이며, 콜센터를 통한 전화방문이 진화한, 컴퓨터를 활용한 통합 전화서비스(CTI: computer telephony integration)를 요구한다. 또 고객이 거쳐 지나는 웹사이트의 경로에 관한 정보를 저장할 데이터웨어하우스(DW: data warehouse)라는 거대한 정보창고를 필요로 하며, 여기에서 필요한 정

보를 캐내는 데이터 마이닝(data mining) 기술도 빼놓을 수 없다.

기업 일각에는 엄청난 자본과 기술을 투자해서 어느 정도의 목적을 달성할 수 있을지에 대한 우려의 목소리도 있다. 또 개인정보의 공개를 꺼려하는 현대인의 특성도 간과할 수 없는 상황이다. 하지만 기업이 고객을 이해하고 꾸준한 의사소통을 통해 진정한 '맞춤 서비스'를 제공하고자 한다면, 고객의 입장에서는 이러한 신기술들이 계속 발전하기를 느긋하게 기다려보는 것도 나쁘지 않을 것이다

3 e-CRM의 기대 효과

e-CRM은 e-Business 환경 속에서 전개되는 CRM을 의미한다. 따라서 e-CRM은 기존의 CRM에 비해 인터넷을 통해 고객 데이터를 수집하고, 고객과 커뮤니케이션할 수 있다는 특징이 있다. 또한 e-Business의 특징인 실시간 반응(real time reaction), 실시간 가격 책정(real time pricing) 등을 CRM에 도입할 수 있다는 장점이 있다. 그러나 e-CRM과 기존의 CRM은 고객을 바라보는 관점과 고객 대응에 관한 방향성과 그리고 기본적인 활동은 동일하다.

CRM에 대해서는 다양한 견해가 있으나, 고객에 대한 심층적이고 광범위한 지식을 바탕으로 개개인에 적합한 차별적 서비스를 개발/제공함으로써 고객과의 관계를 지속적으로 강화하고, 장기적으로 자사의 경쟁력을 제고해가는 마케팅 프로그램이라는 데에는 대부분 인식을 같이한다. CRM은 제품차별화가 어려운 성숙기 사회에서, 수익의 원천은 제품이라기보다는 고객이며, 고객에 대한 적응력이 기업의 사활을 결정할 것이라는 인식에서 출발하였다.

CRM은 데이터를 바탕으로 고객을 보다 가치 있는 고객과 그렇지 않은 고객으로 나누고, 가치 있는 고객에 대해 고객이 좋아할 만한 혜택을 제공한다. 그렇게 함으로써 고객이 이탈하지 않고 더 많은 상품을 구매하고, 다른 사람에게 자사에 대해 우호적인 이야기를 하도록 유도한다. 이때 결정적 역할을 하는 것은 현재 가치 있는 고객 혹은 미래

에 가치 있을 것으로 예상되는 고객을 잘 찾아내는 것과, 그 고객이 좋아할 만한 혜택을 제시하는 것이다. 고객에게 제공할 수 있는 혜택(Benefit)은 크게 금전적 혜택과 비금전적 혜택으로 나누어볼 수 있다.

금전적 혜택은 다시 상품 자체에 대한 혜택과 유관 상품에 의한 혜택, 기타 서비스에 의한 혜택 등으로 나누어볼 수 있다. 상품 자체에 의한 혜택은 고객의 개별적 Needs를 충족시킨다거나, 할인/Cash Back 등을 제공하는 것을 의미한다. 신상품 출시 시 시험사용(Trial) 고객으로서의 지위를 부여한다든가, 유관 상품을 끼워준다거나 하는 것을 의미한다. 비금전적 혜택에는 여러 가지가 있겠으나, 일반적으로 많이 활용되는 것은 친근감 강화와 자기 존경 욕구 충족을 목적으로 한다.

친근감 강화라는 것은 다양한 이벤트나 편지 등을 통해 고객이 단순한 이익 창출의 대상이 아니라, 회사의 친구이자 동반자라는 감정을 갖도록 하는 것을 의미한다. 또 자기 존경 욕구 충족은 고객 자신이 수많은 고객 중의 하나가 아니라 특별한 고객이라는 느낌을 들도록 하는 활동을 의미한다. 구체적으로는 불만/문의 시 전담 상담원의 응대, 감사/축하 편지 발송 등이 해당된다. 이러한 여러 가지 혜택 중 어느 것이 고객에게 효과적으로 받아들여질 것인가는 기업의 상황에 따라서 다르다.

4 e-Business model과 e-CRM

e-Business model에 따라 어떠한 e-CRM 활동이 적합한가를 살펴보면 다음과 같다.

(1) Commerce model과 e-CRM

Commerce model의 핵심은 off-line 기업에 비해, 또 다른 e-Business 기업에 비해 뛰어난 상품을 고객에게 전달해주는 것이다. 여기서는 Commerce model 중 판매모델에 관한 설명에 국한한다.

따라서 Commerce model에서는 제품이나 서비스의 사용이 고객 만족으로의 연결을 보장할 수 있는 추적(Tracking)형 e-CRM이 필요하다. 주문에서 납품, AS에 이르는 전 과정 속에서 고객의 반응을 기록하고, 그것을 바탕으로 고객의 충성도(Loyalty)를 제고하고, 추가적인 판매로 연결될 수 있게 해야 한다.

인터넷으로 주문을 받아 맞춤형 자전거를 생산하는 Seven Cycles는 고객이 구매 후 갖게 되는 의문이나 불만에 대해 해당 자전거를 직접 생산한 용접공이 대응하도록 하고 있다. 이런 노력으로 Seven Cycles의 고객들은 대부분 그들의 자전거를 생산한 용접공을 신뢰하게 되고, 해당 용접공 및 회사에 대해 거의 팬(Fan) 수준의 관심과 애정을 보낸다고 한다.

인터넷으로 꽃 배달 서비스를 제공하는 1-800-Flowers는 인터넷을 통한 주문 과정 및 문제 발생 시 고객의 짜증과 불만을 즉시 해결하기 위해 인터넷상에서 상담원과 직접 통화를 할 수 있는 길을 열어놓고 있다. 인터넷을 통한 상거래는 때로는 유연하지 못해서 답답할 때가 있다. 이럴 때는 그것이 주문에서 AS에 이르는 어떤 단계의 일이든지 간에 바로 직접 상담원이 해결할 수 있도록 한다는 것이다.

Commerce model의 CRM에서 한 가지 또 생각해야 할 요소는 고객이 자사를 선택하는 이유, 즉 고객의 니즈가 무엇인지를 명확히 파악하고 그 니즈 충족을 극대화하는 방향에서 e-CRM이 전개되어야 한다는 점이다.

예를 들어 On-Line 식료품점(Grocery)에서의 e-CRM을 생각해보자. 식료품점은 Off-Line에서도 마진이 박하고 경쟁이 심한 업종이다. On-Line에서도 마찬가지다. 최초의 On-Line Grocery인 Peapod.com은 사실상 도산하였다. 그러나 비슷한 사업을 하는 Streamline.com은 아직까지 성공적으로 사업을 추진하고 있다. 이 회사는 사람들이 현실 점포를 놔두고 On-Line Grocery에서 구매하는 것은 단순히 식료품이나 생활용품에 대한 Needs가 있어서라기보다는 편리함에 대한 Needs가 크기 때문이라는 사실을 깨닫고, 세탁물 수거/배달 서비스, 우편 발송 대행 등으로 사업 영역을 넓혔다. 그 결과 고객 1인당 매출을 높일 수 있었다. 이처럼 사업의 핵심이 고객 편의 확보와 편의에 바탕을 둔 취급 품목 확장(Customer Extension)에 있는 경우, e-CRM도 고객의 편의를 최대한 확장하는 방향으로 전개되어야 한다.

이와 같은 Needs based e-CRM은 비단 Commerce model뿐만 아니라 모든 e-Business model에서 필요하다.

(2) Service model과 e-CRM

Service model에서 e-CRM의 핵심은 서비스라는 상품의 특징에서 찾을 수 있다. 서비스라는 상품은 재화와 비교해서 생산과 소비가 동시에 일어나며, 그에 따라 재고가 없고, 공급 능력이 제한적이며, 불량 발생 시 사후 회복이 어렵다는 특징을 지니고 있다. 초보 미용사가 쥐가 뜯어먹은 듯이 잘라놓은 머리카락은 회복이 불가능하다는 것을 생각하면 서비스 불량의 중요성은 쉽게 실감할 수 있다. 따라서 서비스 산업에서의 e-CRM은 불량을 예방하고, 불량이 발생했을 때의 피해(damage)를 최소화하는 데 초점이 맞춰져야 한다.

예를 들어 ASP 서비스 사업자 같은 경우, 고객별 사용량 및 빈도(Traffic & Load)를 분석해서 향후 발생할지도 모를 잠재적 위험에 대비해야 한다. 또, 고객의 우량성 등에 따라 자원을 차등적으로 할당함으로써 우량고객에 대한 서비스 불량 발생 가능성을 줄일 수도 있다. 일단 서비스 불량이 발생하면, 신속한 대응 및 적절한 보상 활동으로 연결되어야 한다. 이런 사항들이 Service model의 e-CRM에 반영되어야 한다.

또한, 고객의 서비스 이용 행태를 분석하여 고객이 서비스를 보다 효과적으로 이용할 수 있는 방법을 제시함으로써, 고객과 e-Business 사업자가 함께 발전할 수 있는 길을 제시하는 노력도 필요하다.

예를 들어 무료 홈페이지 사이트의 경우, 흔히 일률적으로 30MB 혹은 100MB의 저장용량을 할당한다. 그러나 방문자수가 많고 update 주기가 잦은 홈페이지의 경우, 이런 제약들을 유연하게 완화해주면 고객의 만족도가 높아질 뿐만 아니라, 홈페이지의 내용도 충실해지고, 그에 따라 광고 노출 빈도도 높아지게 된다.

(3) Information model과 e-CRM

Information model도 Service model과 마찬가지로 Information이라는 상품의 성격에서 CRM의 방향성을 찾을 수 있다. 정보의 생명은 적합성과 신선함이다. 즉, 입맛에 맞는 정보가 좋은 정보이며, 요즘처럼 빠르게 변하는 세상에서는 새로운 정보가 좋은 정보라는 의미다. 그런데 입맛에 맞는 정보를 찾는다는 것은 쉬운 일이 아니다. 특히 엄청난 양의 정보가 넘쳐나는 오늘의 현실에서는 자신이 찾는 정보가 어딘가에 있음에도 그 존재와 위치를 알 수 없는 경우가 종종 생긴다.

따라서 Information model에서의 e-CRM은 고객이 선호하는 종류의 정보를 찾는 데 도움을 주는 방향에서 전개되는 것이 바람직하다. 즉, 고객의 과거 정보 검색 이력 등을 바탕으로 관심이 있을 만한 정보를 적극적으로 고객에게 제시하는 것이다. 이런 노력을 통해 고객은 해당 사이트에 대해 만족하게 되고 장기적인 Loyalty 형성으로 이어질 것이다.

(4) Complex model과 e-CRM

복합적인 가치를 전달하는 e-Business 기업의 경우 e-CRM도 그 복합적인 가치 각각에 대응하는 내용으로 채워져야 한다. 물론 이때, 다른 Business model과 마찬가지로 고객의 Needs에 바탕을 둔 e-CRM이 되어야 함은 물론이다.

e-CRM은 어느덧 e-Business 기업에게 선택이 아닌 필수과목이 되어버렸다. 그러나 필수과목이라고 해서 무턱대고 수강하기보다는, 과연 그 과목에서 자신이 핵심적으로 공부해야 할 부분이 무엇인지, 또 그것을 어떻게 응용할 수 있을지에 대한 치열한 고민이 필요하다.

제3절 e-CRM 시스템

1 e-CRM 시스템의 구성요소

고객에 대한 전반적인 관리를 지원하는 e-CRM 시스템은 크게 고객정보분석 부문과 실행 부문으로 나누어진다. 고객정보분석 부문에서는 데이터 웨어하우스, 통계 패키지 등을 이용하여 고객의 세분화, 고객 요구사항 파악, 고객별 마케팅 방안에 대한 분석이 이루어진다. 실행 부문은 실제 고객과의 접촉이 이루어지는 부문으로 고객에게 정보제공, 판매, 서비스 측면에서 지원이 가능하도록 시스템이 구성된다. 고객정보분석 부문과 실행 부문은 또한 통합되어 효과적인 고객관계관리가 이루어지도록 시스템이 구성된다.

(1) 실행부문

고객의 행동 패턴을 분석해보면 고객의 행동은 세 가지로 나누어볼 수 있다.

첫째, 고객은 상품 또는 서비스를 구입하기 이전에 그에 해당하는 정보에 대한 분석을 한다. e-Mail, 잡지, 신문 등의 매체를 통한 정보 접근 등이 이에 해당된다.

둘째, 고객은 실제 구매를 수행한다.

마지막으로, 고객은 해당 기업의 상품 또는 서비스에 대해 질의를 한다.

e-CRM 시스템의 특성 중 하나는 CRM과 달리 사용자 대부분의 행동에 대한 대응을 시스템이 자동적으로 수행한다는 것이다. 즉, e-CRM 시스템의 실행 부문은 자체적으로 수행되는 것이다. 이에 따라 사용자와의 인터페이스는 앞에서 언급한 바와 같이 온라인을 중심으로 웹브라우저, e-Mail, 무선단말기를 이용하여 이루어진다. e-CRM시스템은 고객의 행동에 대응하기 위해 e-판매(e-Sales), e-서비스(e-Service), e-판촉(e-Promotion) 부분으로 나누어 고객에 대한 지원을 수행한다.

e-판매

일반적인 CRM의 경우 대인판매, 전화판매 등의 방법으로 판매가 이루어지는 반면, e-CRM에서는 온라인을 중심으로 구매가 이루어진다. 이에 따라 e-CRM 시스템의 e-판매 부분에서는 전자상거래(e-Commerce)시스템과 연동하여 고객에 대한 상품 또는 서비스의 판매 프로세스를 지원한다. 또한, 고객의 행동 자료를 수집하여 고객정보분석 부문에서 정보를 활용 가능하도록 지원한다.

e-서비스

고객은 상품 또는 서비스를 구매하기 이전에 기업의 상품 또는 서비스에 대한 질문을 하는 경우가 있으며, 상품구매 후 질문을 하는 경우가 있다. 온라인상에서는 질문이 대부분 e-mail로 이루어지는 만큼 e-mail관리 소프트웨어가 필요할 것이며, 고객의 궁금한 사항과 불편 사항을 접수하여 향후 서비스 및 신제품 또는 업그레이드 제품 개발에 반영이 되도록 정보가 관리되어야 한다. 또한 많은 사이트에서는 현재 FAQ(Frequently Asked Questions)란을 운영하여 자주 질문이 이루어지는 사항에 대한 답을 제공하고 있다.

e-판촉

고객은 상품 또는 서비스를 구매하기 이전에 그에 해당하는 정보를 입수한다. 정보의 입수 방법은 e-mail, 잡지 등의 매체 또는 타인으로부터의 정보입수 등이 있다. 현재 많은 e-비즈니스 기업들은 이에 따라 온라인 광고, 오프라인 광고를 하고 있으며, 세분화된 고객에 대해서는 e-CRM시스템의 e-mail 마케팅 부분을 이용하여 판촉을 수행하고 있다. 예컨대, A제품을 구매한 고객에게는 A제품과 유사한 B제품을 추천하여 구매를 유도하고 있다.

(2) 고객정보 분석부문

고객 중심의 경쟁환경에서 고객에 대한 정보분석은 필수적이다. 고객의 세분화를 통해 우수고객과 불량고객을 구분하여 차별화된 서비스를 제공하는 것은 물론이고, 신규 잠재고객을 확보하기 위해서 고객의 요구사항을 파악하는 것 또한 매우 중요하다. 또한 거시적인 차원에서 고객에 대한 정보는 기업의 경영전략에 직접적으로 연관되는 만큼 고객정보의 분석은 기업의 성공과 직접적으로 연관된다.

e-비즈니스 기업들의 이용 대상인 e-CRM 시스템은 실행부문이 온라인으로 이루어지는 만큼 효과적인 정보 수집이 가능하고, 데이터 흐름이 즉시 일어나므로 정보분석이 기존의 CRM 시스템에 비해 정확하게 이루어질 수 있다. 또한 분석된 고객정보는 실행부문에서 전략적으로 활용 가능하다. 현재 정보기술의 발전으로 고객정보분석을 위한 도구가 다수 존재하는데 그중 대표적인 것으로 데이터 마이닝(data mining), 통계 툴(statistical method), 데이터 웨어하우스(data warehouse)가 있다.

데이터 마이닝

데이터 마이닝은 복잡하고 다양한 데이터에서 특정 규칙이나 트렌드를 찾아주는 분석 방법으로 신경 네트워크(neural network), 클러스터링 알고리즘(clustering algorithm), 의사결정 트리(decision tree) 등의 다양한 기술로 구성되어 있다. 클러스터링 알고리즘과 의사결정 트리는 고객의 세분화에 중점적으로 활용되며, 신경 네트워크는 고객의 향후 트렌드 분석 및 수요예측에 주로 사용된다.

통계 툴

통계 툴(statistical method)은 고객의 성향, 요구사항 파악과 시뮬레이션에 주도적으로 활용된다. 다양한 통계적 기법으로 고객의 성향을 파악하여 고객 계층을 정의할 수 있으며, 고객의 행동 패턴(pattern)을 파악할 수 있다. 또한 통계 패키지의 다양한 기능을 사용하여 향후 전략에 대한 시뮬레이션이 가능하다. 즉, 특정 전략을 세웠을 때 향후에도 지금의 고객패턴이 지속된다면, 그에 해당되는 결과를 시뮬레이션 도구를 이용하여 얻을 수 있다.

데이터 웨어하우스

데이터 웨어하우스(data warehouse)는 기업의 의사결정 지원에 중점을 두고 있는 시스템으로 OLAP(Online Analytical Processing) 기술을 활용하는 시스템이다. 데이터베이스가 트랜잭션(transaction) 위주의 정형화된 데이터를 중심으로 정보를 관리한다면, 데이터 웨어하우스는 OLAP를 이용하여 목적별로 다차원의 정보를 관리하는 시스템이다. e-CRM 시스템의 복잡하고 다양한 고객정보는 데이터 웨어하우스에 의해 목적별로 효과적으로 관리 가능하며, 데이터 웨어하우스는 타 정보 시스템과의 인터페이스(interface) 부문에서도 활용된다.

2 e-CRM 시스템의 특징

(1) 다양한 고객 니즈의 파악

e-CRM은 다양한 고객 니즈의 파악이 용이하다. 기존의 오프라인상에서 일어나는 고객의 행동정보를 장기간 수집하여 다양한 통계적 기법으로 접근하여 고객을 분석하는 전통적인 방법보다는, 다양한 접점으로부터 실시간으로 일어나는 고객의 행동 정보를 바탕으로 이뤄지는 e-CRM은 고객의 니즈를 파악하고 분석하는 데 보다 장점을 지니고 있다. 이는 시시각각 변화하는 고객의 니즈를 파악하고, 변화된 고객의 니즈에 맞는 응대와 정보를 제공함으로써 고객만족을 위한 다양한 전략 수립을 지원한다.

(2) 고객정보의 통합

e-CRM은 고객정보의 통합이 원활하다. 고객들이 기업에 접촉하는 다양한 온라인 채널이 존재한다. 온라인 채널(online channel)로 대표되는 고객접점은 기업의 웹사이트, e-Mail, 모바일 등으로 나눠질 수 있다. 인터넷상에서 고객이 기업에 접촉하는 수단은 다

양한 형태로 진행될 수 있으며, 기업은 고객이 어떤 채널을 통해 기업에 접촉하더라도 동일한 고객임을 인지하고, 고객의 니즈를 파악할 수 있어야 한다. 고객정보의 통합은 다양한 채널로 접촉한 고객의 정보를 획득하여, 고객의 니즈를 파악하고 일관성 있는 고객 응대를 위한 체계적인 정보의 분류 형태라고 말할 수 있다. 각 채널로부터 획득된 고객정보를 데이터베이스로 관리하여 각 고객별 채널의 이용현황, 채널별 관심도 등 채널로부터 획득된 다양한 고객정보를 비즈니스 목적에 맞게 활용한다.

(3) 차별적인 서비스

e-CRM은 차별적인 서비스가 가능하다. 기업은 e-CRM을 통해 고객정보를 획득하고 다양한 관점에서 고객을 분석하여, 개별 고객에게 차별화된 서비스와 정보를 제공함으로써 일관성 있는 고객 응대를 전략적으로 수행할 수 있도록 한다. 차별화된 고객 서비스는 e-CRM의 궁극적인 목적이기도 하다. 고객의 니즈는 동일하지 않으며 고객의 특성과 성향에 따라 다른 욕구를 나타낸다. 이에 기업은 고객의 각기 다른 니즈를 파악하기 위해 개별 고객의 수집된 정보를 바탕으로 맞춤화된 정보를 제공할 수 있어야 한다. 기업은 가치 있는 고객정보를 통합 분석하여, 보다 차별화되고 장기적인 서비스와 정보를 제공하며 이를 바탕으로 기업의 안정적인 수익을 유지하기 위한 전략이 e-CRM이다.

(4) 신속한 고객정보 파악

e-CRM은 상대적으로 빠른 시간 안에 고객들에 대한 정보와 지식을 파악할 수 있다. e-CRM의 가장 큰 장점은 자동화(automatic)와 실시간(real time)에 있다. 온라인 인프라에서는 전통적인 방식에서는 찾아볼 수 없었던 보다 빠르고 손쉽게 고객에 대한 지식과 경험을 전사적으로 공유할 수 있게 되었다는 점에서 그 의미가 크다. 공유된 정보는 각 조직과 과에서 필요로 하는 정보로 가공되어 발 빠른 고객대응을 가능하게 하고, 이는 기업의 전략수립의 기반이 되어 기업의 수익성을 증대하는 데 지대한 영향을 미치게 된

다. 기업과 고객이 소통하는 채널이 온라인화되고, 양방향 소통이 가능해지면서 기업이 고객을 위한 올바른 판단과 대응을 보다 신속히 처리할 수 있어야 하고, 고객은 기업의 응대를 위해 더 이상 기다려주지 않는다는 것에 주목해야 한다.

(5) 고객관리를 위한 프로세스 자동화

e-CRM은 고객관리를 위한 프로세스가 자동화된다. e-CRM을 통해 고객을 응대하기 위해서는 그에 따르는 지원시스템을 갖추어야 한다. 이러한 시스템의 특징은 고객을 관리하기 위한 각 프로세스가 자동화되어 몇 가지 작업만을 통해 수많은 고객들을 관리할 수 있도록 되어 있다. 솔루션, 프로그램으로 대표되는 다양한 지원시스템은 보다 원활한 고객 데이터의 관리, 고객분석, 다양한 커뮤니케이션 활동을 유기적으로 수행할 수 있게 절대적인 도움을 주고 있다. e-CRM 솔루션은 각 비즈니스 수행을 위한 업무 프로세스에 따라 분류 · 설계되어 있고 솔루션 간의 연동(interface)을 통해 유연한 통합이 가능하다.

(6) 고객별 맞춤서비스의 제공

e-CRM은 고객별 맞춤서비스의 제공이 가능하다. e-CRM의 목적은 궁극적으로 고객만족도를 상승시켜 기업의 수익을 증대하는 데 있다. 그리고 다양한 접점을 통해 발생된 고객정보의 획득, 분석, 전략 수립, 수행에 이르는 일련의 전략적 비즈니스의 행위는 '고객의 입맛에 맞는 맞춤 정보'를 제공하는 데 있다. 이는 e비즈니스를 수행하는 기업은 물론, 모든 비즈니스에서 일하는 사람들의 목표라고 할 수 있다. 더 이상 고객의 특성과 차이를 고려하지 않고, 동일한 전략을 모든 고객에게 동일하게 적용하는 매스 마케팅 시대가 아니기 때문이다.

3 e-CRM 시스템의 효과

e-CRM의 성공여부는 결국 고객의 입장에서 보다 편리하고 저렴한 비용의 거래가 가능해졌느냐에 달려 있다. e-CRM의 효과는 고객만족 수준의 증가, 기업 운영비용의 감소, 기업 영업수익의 증가의 세 가지 측면에서 살펴볼 수 있다.

(1) 고객만족수준의 증가

전자상거래 서비스를 고객 자신의 스케줄에 맞추어 시간과 공간의 제약이 없이 어느 때건 이용이 가능해진다. 불만이나 추가적인 서비스의 요구 등이 즉각적으로 접수되고 이를 처리하는 과정 또한 통일되고 신속한 대응으로 고객만족도가 증가한다. 기업과 고객 간에 계약체결 이후의 추가적인 고지사항이나 요구사항이 적시에 보완되어 전달된다. 고객입장의 거래 비용이 저렴해진다.

(2) 기업 운영비용의 감소

사람의 노동력을 필요로 하지 않는 자동화 시스템으로 거래 가능 시간이 하루 24시간으로 확대되더라도 이에 따른 운영비용은 오히려 감소하게 된다. 자동화 판매 시스템으로 거래당 판매비용이 감소한다. 기업 내의 여러 부서 간 통합된 정보를 공유함으로써 정확한 업무처리가 가능해지고 처리과정이 단순해짐으로써 오류가 줄어든다. 고객 관련 정보에 대한 접근이 수월해짐으로써 이를 기반으로 보다 효과적인 의사결정이 가능해진다.

(3) 기업 영업수익의 증가

고객만족도의 증가는 결국 고객유지율의 증가를 가져와 고객이탈에 따른 손실을 막아준다. 인터넷을 이용한 거래는 기업 영업의 시간적, 공간적 범위를 확대시킴으로써 수익 창출의 폭을 넓혀준다. 고객 접점에서의 정보는 즉각적인 분석이 가능해져 시장상황의 변화에 따른 대응을 효과적으로 할 수 있다. 인터넷을 이용한 보다 다양한 서비스의 제공은 결국 새로운 판매기회를 창출한다.

제4절 e-CRM의 적용

1 은행 및 보험업

(1) 은행에서의 e-CRM 적용

텔레뱅킹을 이용하다 보면 은행 계좌번호, 주민등록번호, 비밀번호 등 수많은 숫자의 입력과정에서 하나의 거래 처리에 드는 집중력은 흡사 입시를 치르는 수험생에 뒤지지 않는다. 혹시 잘못된 입력으로 '처음부터 다시 이용해주십시오'라는 멘트를 듣고 나면 인내력은 한계에 달한다. 이러한 불편함에도 불구하고 텔레뱅킹의 이용률은 점차 증가하고 있다. 고객은 계좌이체나 잔액조회 등의 단순한 업무처리를 위해 직접 은행을 방문하기보다는 전화를 이용하여 집이나 직장에서 처리하기를 원한다. 인터넷은 장시간 전화기를 귀에 대고 안내원의 지시를 기다릴 필요가 없으며 입력오류로 거래를 다시 시작해야 하는 불편함도 해소시킨다. 은행에서의 인터넷의 도입은 우선 거래처리 비용 측면에서 기존의 매체보다 우월하기 때문이다.

환경적인 요인을 들자면 전자화폐, 스마트카드 등의 확산이 가져올 지불수단의 변화에 대응하기 위한 필요도 있다. 고객관점에서는 신속하고 정확한 업무처리, 거래처리 이외에 은행에서 제공하는 각종 금융정보, 세무정보 혹은 법률정보의 획득, 신상품의 내용 공지, 각종 이벤트 행사에 참여 등의 혜택을 인터넷이라는 하나의 공간에서 받을 수 있다는 이점이 있다. 그러나 아직까지는 대부분의 거래내용은 잔액조회, 계좌이체 등의 수준이며 이를 통한 금융상품의 구입은 거의 이루어지지 않고 있다.

현재까지의 인터넷의 활용은 CRM의 관점에서 고객 DB의 구축을 위한 정보의 취득이나 지속적인 고객관계의 유지를 위한 수단으로서 매우 유용한 도구가 된다. 미국의 경우에도 현재까지의 인터넷의 이용은 주로 수익창출 수단이라기보다는 고객과의 관계를 향상시키기 위한 목적에서 이용되고 있다. TM이나 DM이 초기에 적극적인 판매수단이 되지 못하였으나 점차적으로 기존의 판매망을 대체해왔던 점을 감안하면 인터넷을 이용한 상품판매 역시 전자상거래의 정착에 따른 제공되는 정보의 질적 수준의 향상, 거래정보의 보완성, 가상공간에 적합한 상품의 개발 등의 진전에 따라 확산될 것으로 보인다.

(2) 보험업에서의 e-CRM 적용

보험업의 경우도 은행의 경우와 크게 다르지 않다. 단지 거래비용 측면에서 은행보다 인터넷을 이용한 거래에 대한 요구가 절실하다. 보험의 경우는 주된 판매경로가 설계사를 통한 인적접촉에 의존한다. 설계사의 교육에 드는 비용과 설계사 이탈에 따른 손실(1993년도 이탈률 42%)을 고려하는 경우 인적접촉으로 인한 거래비용은 인터넷을 이용한 비용보다 현저하게 크다. 우리나라의 보험상품의 판매가 인적접촉에 의한 방법이 주된 경로가 되는 원인은 연고판매가 보험판매 방식의 대부분을 차지하기 때문이다.

최근에 'ins OK'라는 보험중개회사는 국내 11개 보험사의 상품을 비교하여 고객의 요구에 가장 적합한 상품의 제공을 하는 서비스로 급속한 성장을 보이고 있다. 이러한 내용은 연고보다는 상품 구성이 소비자의 요구에 보다 적합한가의 여부나 가격 등이 보다 중요한 상품선택 기준이 된다는 것을 보여준다. 인터넷을 이용한 판매가 상품가격이나 기타 요건에서 소비자의 요구에 부합한다면 설계사를 통한 판매에 비해 거래비용을 크게 감소시킬 수 있다.

고객DB 구축과 관련하여 보험사가 은행에 비하여 어려운 점은 우선 고객 관련 정보의 관리가 본사 차원이 아닌 설계사 중심으로 관리되므로 고객정보의 입수통로가 분산되어 정보의 관리와 사후 변경 사항의 보완작업에 추가적인 노력을 요구한다는 점이다. 은행의 경우는 상품 판매 이후에도 계좌이체, 공과금 납부 등의 업무로 고객이 자발적으로 은행과의 접촉이 가능하여 고객관계의 지속성이 유지되기 수월하나, 보험사의 경우는 상품계약 후에는 고객이 보험사를 찾을 동기가 없어 보험사가 추가적으로 고객관계의 유지를 위해 노력해야 한다는 어려움이 있다.

2 e-CRM의 적용사례

on-line 기업들 중 우리나라의 대표적인 경매 사이트 '옥션'을 예로 들어 고객관계마케팅을 어떻게 실천하고 있는지 살펴보기로 하자. 이 사이트의 특징을 한마디로 요약하면 '단돈 1,000원으로 100만 원짜리 제품을 구할 수 있다'는 것이다. '이곳'에서 파는 모든 신상품의 최저가격은 항상 1,000원이다. 경매 마니아나 새내기의 경우 10원만으로도 물품을 구매할 수 있다. 이것이 옥션이 이야기하는 기본 마케팅전략이며, 다른 인터넷 쇼핑몰에 대응할 수 있는 가장 큰 무기이다.

이제 옥션을 e-CRM 관점에서 살펴보자. 옥션의 경우 처음 회원가입 때부터 고객관리를 위한 여러 데이터베이스 자료들을 수집하고 있다. 고객의 이름, 주민등록번호, 주소(e-Mail포함), 전화번호뿐만 아니라 고객의 직업, 결혼 여부, 결혼기념일, 취미, 관심 물품, 차량 소지여부(차량의 차종 및 회사, 모델명, 주행거리등 차량의 모든 정보를 기록), 심지어는 고객의 컴퓨터 회선 사양까지 수집을 한다. 그것으로 고객들의 구매 성향을 파악할 수 있고, 고객으로부터 수집한 직접적인 정보를 이용할 수 있다.

물론 옥션에서는 이것을 바탕으로 고객에게 '딱 맞는' 맞춤 서비스, one-to-one 서비스를 이룩함으로써 고객의 만족을 증대시키고, 고객 지향적인 마케팅을 펼칠 수 있다. 또한 옥션으로부터 서비스를 제공받은 고객이 지속적으로 이 기업의 서비스를 이용함으로써 기업의 궁극적인 목표인 이윤 증대도 이루어지게 되는 것이다. 옥션은 이를 통해 일반 콘텐츠 제공업체들과 차별화를 한다는 전략이다. 실제로 자신이 입력한 정보에 따라 매일 e-Mail로 옥션 소식지가 발송되고 있다. 특히 기념일의 경우 축하 메시지와 함께 그날 사이트 이용 시 혜택을 주는 옵션까지 제공하고 있다. 또한 경매 참여 시 지속적인 경매 상황을 알려줌으로써 고객을 옥션 사이트에 묶어둘 수 있는 효과를 얻고 있다.

(1) 마케팅전략

① 고객 행태분석을 통해 고객세분화, 목표고객 선정: 고객 가입 성향을 분석해 고객을 세분화하고 고객 신용도에 따라 서비스를 차별화

② 고객별 마케팅수단 제공: 고객의 신용도에 따라 결제 방식의 차별화 및 마케팅의 차별화

③ 다차원 분석 정보를 제공해 고객의 신속한 의사결정 지원: 고객의 관심 분야에 관한 전문적인 정보 제공→고객의 제품구매

④ 고객 행위의 데이터베이스화를 통해 경매 비즈니스 모델 도출: 옥션 콜센터와 고객문의 데이터를 이용, 분석을 통해 차별화된 서비스 제공

⑤ e-CRM 기반 요소를 마련한 후 개인화 one-to-one 서비스 실현: 일대일 서비스를 통해 고객의 확보를 통한 기업의 이익 증대 실현

(2) 생산전략

고객으로부터 수집한 데이터와 고객센터의 고객 제안을 바탕으로 고객 관심분야의 경매 물품을 제휴된 off-line상의 기업들에게 제안함으로써 그 off-line상의 기업들로부터 물품을 공급받는다. 현재 옥션의 경우 1,100여 개의 off-line상의 기업들과 제휴를 맺고 있다.

(3) 가격전략

기존 온라인 콘텐츠 제공업체들의 인터넷 쇼핑몰이 내세우는 가장 큰 무기는 편리함과 싼 가격이라 할 수 있다. 쉽게 말해 책상에 앉아 자신이 필요로 하는 물건을 저렴하게 구입할 수 있다는 것이다. 그리고 off-line상의 모든 물품뿐만 아니라 중소기업의 제품들까지 쉽게 구매를 할 수 있기 때문에 다양한 물품을 접할 수 있다는 것도 경쟁 요소이다. 하지만 이런 기존 온라인 콘텐츠 업체들과 다른 차별화를 두기 위해 옥션이 선택한 것은 여기에 '재미' 와 '흥미'라는 요소를 더한 것이다. 즉, '경매'를 통해 물품을 구매한다는 것 이외에 '재미'와 '흥미'를 더해준다는 것이다.

실제 옥션의 사이트에는 가격 알아맞히기 사이트가 있다. 이것은 여러 사람이 참가하는 오락과도 같은 쇼핑으로, 이용자가 몰입하게끔 만들어버린다. 또한 저렴하고 필요한 상품을 적절히 공급하여 이용자의 구매의욕을 자극하는 쇼핑이기 때문에 '단지 산다는 만족감' 이외에도 '재미'와 '흥미'라는 요소를 추가함으로써 다른 인터넷 쇼핑몰과 차별화를 두고 있는 것이다. 옥션에 나오는 제품의 가격은 고객들이 결정한다는 특징이 있다. 타 인터넷 쇼핑몰의 제품 가격의 경우 일정한 할인율에 의해 공급된다. 하지만 옥션의 경우 가격결정권이 고객에게 있다고 할 수 있다. 한 제품에 대해 여러 고객이 입찰을 할 경우 그만큼 높은 가격에 제품이 팔리는 것이고, 고객이 한 사람밖에 없다면 싼 가격에 그 제품을 고객이 구매를 하는 것이 된다.

이렇게 될 경우 제품을 제공하는 공급자의 입장에서 보면 손해라고 생각 할 수도 있지만 실제로는 공급하는 회사는 엄청나게 싼 가격에 홍보 효과를 거두고 있는 것이다. 실제 인터넷 경매에 참여하는 사람들은 다른 쇼핑몰을 이용하는 고객들보다 비교가 안 될 정도로 구매 의욕이 강하다. 실제 옥션의 경우 중소업체의 신상품이 주를 이루는 특가경매는 100%의 경매 성사율을 보이고 있다. 이때 제품을 공급하는 공급 회사는 이들을 대상으로 자사의 상품을 제공하고 구매의욕을 자극함으로써 이용자들에게 자사 상품의 뚜렷한 이미지와 브랜드를 함께 전달하는 효과를 거둘 수 있다. 이 때문에 옥션의 경우 좋은 제품을 가지고 있지만 마케팅이 부족한 중소업체들의 참여가 높다.

옥션의 경우 off-line회사들과의 제휴로(현재 옥션의 경우 1,100여 개의 off-line상의 협력업체와 제휴하고 있으며 더욱더 늘어날 전망) 유통마진과 여러 기타 비용을 줄인 저가에 물품을 공급받아 고객에게도 저가에 물품을 공급하는 저가가격정책을 이행하고 있다. 또한 옥션의 또 다른 가격정책의 하나로 포인트제를 들 수 있다. 이것은 포인트 적립을 통해 지속적인 고객 접속을 유도하는 것이다. 포인트가 늘어남에 따라 경매에 참여할 수 있는 기회가 많아지고 좀 더 실속 있는 제품경매에 참여할 수 있도록 하고 있다. 그리고 포인트 우수고객에 대한 수수료를 싸게 책정함으로써 제품을 좀 더 싼 가격에 공급한 결과를 얻을 수 있도록 한다. 그렇게 함으로써 그 고객이 찾는 경매 사이트를 옥션으로 묶어둘 수 있다.

(4) 유통전략

옥션에서는 제품을 제휴된 off-line 회사로부터 공급받아 판매하기 때문에 유통망은 기존의 off-line상의 제조업체 유통망을 사용하고 있다. 따라서 기업 자체 유통망에 많은 비용을 들이지 않아도 된다. 고객의 입장에서 보면 기존의 믿을 수 있는 기업의(옥션과 제휴된 off-line 회사) 유통망을 이용함으로써 온라인 구매 시의 제품의 파손, 분실, 뒤바뀜 등을 걱정하지 않아도 된다. 또한 옥션에서는 고객으로부터 수집한 데이터베이스를 바탕으로 고객의 위치를 파악해, 가장 저렴하게 이용할 수 있는 유통방법을 제시함으로써 고객에게 한발 다가선 고객관계마케팅을 펼치고 있다.

예를 들면 유통방법으로 기존의 택배 서비스뿐만 아니라, 우편발송(등기, 소포, 일반 우편 등), 옥션 자체의 옥션 택배 서비스의 세 가지 방법을 제시하고 있다. 여기서 고객의 위치가 어디냐에 따라 고객에게 가장 알맞은 택배방법을 제시한다. 옥션 택배의 경우 발송 중 물품의 위치를 고객이 수시로 파악할 수 있다. 우편발송의 경우 고객의 위치에서 가장 가까운 우체국으로 물품을 배달함으로써 고객의 불필요한 추가비용 지출을 막고 있다. 기존의 택배 서비스를 이용할 경우 물품의 배송상태와 그 결과를 고객에게 수시로 e-Mail을 통해 알려줌으로써 one-to-one 서비스를 실현하고 있다.

(5) 광고전략

요즘 off-line상에서 확산되고 있는 기업의 사내추천제도를 on-line상의 신규고객 유치에 적용해 새로운 고객을 유치한 고객에게 일정한 보상을 지급함으로써 홍보 및 고객 확보의 두 가지 이점을 동시에 얻는 방법을 사용하고 있다(옥션 회원 가입 시 추천인 아이디로 등록되면 일정한 포인트를 적립해주는 방법이다). e-Mail과 안내 우편물을 통한 광고를 이용해 일대일 서비스, 즉 직접판매를 유도함으로써 그 고객과의 관계 유지 마케팅을 실천한다. 한 번 등록된 고객에게는 지속적인 광고 및 홍보전략으로 여러 가지 이벤트를 제시함으로써 고객과의 관계를 더욱 가까이 할 수 있다. 10원짜리 경매, 1,000원짜리 경매, 역경매 등 단순한 경매뿐만 아니라 경매를 통해 재미를 느껴 고객이 계속 옥션에 관심을 가지고 찾을 수 있도록 유도한다.

연습문제

1. CRM의 등장배경은 무엇인지 설명하시오.
2. CRM이 성공하기 위해서는 어떤 전략이 필요한지 설명하시오.
3. CRM과 e-CRM의 차이점에 대해서 설명하시오.
4. e-CRM 시스템을 효과적으로 운영하기 위해서는 어떤 노력이 필요한지 설명하시오.
5. e-Business model에 따른 e-CRM 활동에 대해서 설명하시오.
6. e-CRM의 적용사례를 들어보시오.

찾/아/보/기

ㄱ

ㄷ

ㄹ

ㅁ

ㅂ

ㅅ

ㅇ

ㅈ

박 길 상

■ 경력

경영학박사(고려대학교)
한국국제통상학회 이사
한국인터넷전자상거래학회 이사
무역협회(KITA) 무역아카데미 교수
YMCA 이사
CCC 부이사장
미국 University of Washington 교환교수
영국 Oxford University 초빙교수
상지대학교 경상대학장
상지대학교 대학원장
현 상지대학교 무역학과 교수

■ 저서 및 논문

국제경영(공저), 학현사
무역학개론, 법문사
국제경영, 법문사
국제기업과 해외투자, 무역경영사
국제마케팅, 비앤엠북스
대일무역 역조요인과 그 시정방안에 관한 연구
다국적기업의 경영전략에 관한 연구
다국적기업에서의 Human Right 분쟁에 관한 연구
MNC의 구조적 특성 및 경영성과에 관한 연구
한국 섬유산업의 해외직접투자에 관한 연구
WTO 체제하의 우리나라 국제통상전략
한국기업의 해외직접투자에 관한 연구
개도국의 해외직접투자에 관한 이론적 고찰
한국기업의 지적재산권보호에 관한 연구
해외직접투자기업의 소유권전략에 관한 연구
해외직접투자의 환경요인과 성과에 관한 실증적 연구
해외직접투자기업의 마케팅전략에 관한 연구
한국기업의 기술이전 전략에 관한 연구
한국기업의 중국 서비스산업 진출방안 외 다수

■ E-mail 및 홈페이지

kspark@mail.sangji.ac.kr
http://kilsang.net

인터넷마케팅

2013년 7월 29일 초판 인쇄
2013년 8월 2일 초판 1쇄 발행

저 자 : 박 길 상
발행인 : 정 광 식
발행처 : **비앤엠북스**
서울시 금천구 가산동 319번지(호서대벤처타워 B1-103)
등 록 2004. 12. 29. / 제313-2004-00298호
전 화 2627-5710~13, 팩스 2627-5720
홈페이지 www.대학교재.net
이 메 일 bnmbook@daum.net

정가 33,000원 ISBN 978-89-6821-005-1